Auf den Spuren
der schriftgelehrten Weisen

Beihefte zur Zeitschrift für die
alttestamentliche Wissenschaft

Herausgegeben von
Otto Kaiser

Band 331

Walter de Gruyter · Berlin · New York
2003

Auf den Spuren
der schriftgelehrten Weisen

Festschrift für Johannes Marböck
anlässlich seiner Emeritierung

Herausgegeben von
Irmtraud Fischer, Ursula Rapp und Johannes Schiller

Walter de Gruyter · Berlin · New York
2003

Gedruckt auf säurefreiem Papier,
das die US-ANSI-Norm über Haltbarkeit erfüllt.

ISBN 3-11-017889-3

Bibliografische Information Der Deutschen Bibliothek

Die Deutsche Bibliothek verzeichnet diese Publikation in der Deutschen Nationalbibliografie; detaillierte bibliografische Daten sind im Internet über <http://dnb.ddb.de> abrufbar.

© Copyright 2003 by Walter de Gruyter GmbH & Co. KG, D-10785 Berlin

Dieses Werk einschließlich aller seiner Teile ist urheberrechtlich geschützt. Jede Verwertung außerhalb der engen Grenzen des Urheberrechtsgesetzes ist ohne Zustimmung des Verlages unzulässig und strafbar. Das gilt insbesondere für Vervielfältigungen, Übersetzungen, Mikroverfilmungen und die Einspeicherung und Verarbeitung in elektronischen Systemen.

Printed in Germany

Einbandgestaltung: Christopher Schneider, Berlin

Johannes Marböck

Vorwort

In den letzten Jahren ist jenes Buch, dem Johannes Marböck sein Lebenswerk gewidmet hat, „en vogue" geworden. Monographien und Kommentare, Bibliographien und Textausgaben sind erschienen und haben zu einer bereits allseits so genannten „Sirach-Renaissance" geführt. Der Sirazide versteht sich, deutlich sichtbar im sogenannten „Väterlob", als ein aus der Tradition der Schriften Israels Kommender und an ihr Weiterarbeitender. Als schriftgelehrter Weiser schöpft er aus dem Überlieferten und aktualisiert es für seine Gegenwart.

Dieser Band, der Johannes Marböck zu seiner Emeritierung ehren möchte, tritt in die Fußstapfen des Siraziden: Schriftgelehrte vieler Länder, die mit dem Grazer Bibelwissenschaftler durch den Forschungsgegenstand, durch Kooperation oder Freundschaft, aber auch mit ihm als Lehrer verbunden sind, bringen die vielfältigen Weisheitstraditionen der Bibel zum Sprechen. Der vorliegende Band ist ein bunter Strauß von Studien zur „Sophia Israels" geworden. Von der Tora über die Prophetie bis zu den Schriften wurde anhand von Texten oder Themen den sapientialen Traditionen, die sich nicht nur in den als „Weisheitsschriften" bezeichneten Büchern finden, nachgegangen. Dass nach den Beiträgen zu den drei Kanonteilen der hebräischen Bibel die Studien zum Sirachbuch den größten Raum einnehmen, ist in einer Festschrift für Johannes Marböck wohl kein Zufall.

Den sehr frühen Planungen zu diesem Band ist es zu verdanken, dass der 2001 verstorbene Kollege und Freund von Johannes Marböck, der geschätzte Zürcher Alttestamentler Prof. Dr. Odil Hannes Steck, noch einen Beitrag dazu beisteuern konnte. Es war sein letzter Artikel und ist allein deswegen ein Kleinod. Herrn Prof. Dr. DDres. mult. h.c. Otto Kaiser danken wir für die Aufnahme der Festschrift in die renommierte Reihe der BZAW, dem Verlag für die bewährte Zusammenarbeit, den Mitarbeiterinnen des Lehrstuhls für „Altes Testament und Theologische Frauenforschung" in Bonn für die Erledigung der über Jahre gehenden Korrespondenz sowie Mag.[a] Sigrid Eder (Graz) für die Unterstützung bei der Endredaktion der Druckvorlage. Vor allem aber gilt unser Dank den Autorinnen und Autoren für ihre Bereitschaft und ihre Kooperation.

Irmtraud Fischer   Ursula Rapp   Johannes Schiller

Bonn – Feldkirch – Graz, im Juli 2003

Grußwort

Dass von der Feier der Karwoche und vom Gehen des Kreuzweges Judenpogrome ihren Ausgang nahmen, gehört hoffentlich der Geschichte an. Immer noch – oder wieder neu – lassen Prediger den Ruf nach einem neuen Gott erschallen, der den ausgedienten allmächtigen Gott des Alten Bundes endlich ablösen soll. Wann werden Christenmenschen lernen, dass der Gott Israels und der Gott und Vater Jesu Christi ein und derselbe Gott aller Menschen ist?

Lieber Johannes, es ist wohltuend, in Deinen Schriften zu lesen. Passend für die Karwoche, habe ich in Deinem Psalmenbüchlein (Beten – Menschsein vor Gott, Linz 1981) meditiert und dann nochmals Deine Arbeit „Lohn – Verdienst – umsonst?" (in: Trummer, Peter u.a. [Hg.], Kann die Bergpredigt Berge versetzen?, Graz u.a. 2002) gelesen. Wohltuend ist Deine Kunst, zusammenzudenken, was zusammengehört. Ich gehe wohl kaum fehl in der Annahme, dass Du das bestimmt auch von Jesus Sirach, dem großen Synthetiker der vorchristlichen Zeit, gelernt hast. Ich freue mich schon auf den großen Kommentar, den wir von Dir erwarten dürfen.

Die bei Dir gelernt haben, Spannungen nicht voreilig zu nivellieren oder aufzulösen, sondern sie auszuhalten – die gelernt haben, dem „entweder ... oder" – wenigstens im Zweifelsfall – ein „nicht nur ... sondern auch" vorzuziehen, werden keinen neuen Gott erfinden müssen. Sie haben gelernt, wie gut die Spannungen in Gott für seine Geschöpfe sind: „Die Vorstellung von zwei Thronen Gottes, wonach sich Gott vom Thron der Gerechtigkeit zum Thron der Gnade begibt, zeigt dabei überaus berührend, dass im Zweifelsfall das Maß des Erbarmens mehr wiegt als das des Gerichts" (Lohn, 142).

Warum ich mich hier besonders zu Wort melde: Als langjähriger stellvertretender Vorsitzender des Wissenschaftlichen Beirats des Österreichischen Katholischen Bibelwerks hast Du das Colloquium Biblicum Vindobonense mitgetragen. Seit 1980 treffen sich in Wien alle zwei Jahre Exegetinnen und Exegeten des Alten und Neuen Testaments aus Österreich, dem Südtirol und den (ehemaligen) Ostländern, um sich drei Tage lang einem Thema zu widmen. Der Schwerpunkt liegt jeweils auf den Diskussionen. Für mich hat da ein erstaunlicher Lernprozess stattgefunden. Anfangs noch kam es wiederholt zu heftigen Kontroversen über das Verhältnis der Testamente. Sorge, wenn nicht Angst war zu spüren, daß Christliches zu kurz kommt, wenn der Eigenwert des Alten Testaments betont wird. Aber noch bevor sich der Katechismus der Katholischen Kirche zur Formulierung durchrang: „Im übrigen will das Neue Testament auch im Licht des Alten Testamentes gelesen sein" (Nr. 129), fand diese Fragestellung auf den Wiener Colloquien allgemeine Akzeptanz. Es kam zu einem Zusammenrücken der beiden theologischen Disziplinen Altes und Neues Testament. Gesamtbiblische Themen wurden nicht mehr disjunktiv-exklusiv behandelt, Jesu Gleichnisse wurden auf dem Hintergrund des Alten Testaments und der zeitgenössischen jüdischen Gleichnisse zu lesen versucht, die Auslegung alttestamentlicher Texte zielte nicht mehr auf die Enterbung des Judentums.

Lieber Johannes, zu diesem gelungenen Dialog hast Du mit Deiner ausgleichenden und gewinnenden Art wesentlich beigetragen. Wo andere eher aufbrausten, hast Du aus Deiner profunden Kenntnis vor allem der alttestamentlichen Weisheitsliteratur mit Argumenten aufwarten können. Mit dem Wunsch, dass Dir nach der verdienten Emeritierung viel Zeit und Kraft für die Kommentierung Deines geliebten Ben Sira geschenkt ist, verbinde ich den Wunsch, dass uns Dein Engagement für das Colloquium Biblicum Vindobonense weiterhin erhalten bleibt.

Gottfried Vanoni
Vorsitzender des Wissenschaftlichen Beirats
des Österreichischen Katholischen Bibelwerks

St. Gabriel, Mödling, Ostern 2003

Inhaltsverzeichnis

Thomas Krüger
Gesetz und Weisheit im Pentateuch 1

Georg Braulik
Die sieben Säulen der Weisheit im Buch Deuteronomium 13

Irmtraud Fischer
Abigajil: Weisheit und Prophetie in einer Person vereint 45

Georg Hentschel
Die weise Frau von Tekoa (2 Sam 14,1–24) 63

Hans-Winfried Jüngling
Vatermetaphorik und Müttermemoria 77

Odil Hannes Steck (†)
Zur konzentrischen Anlage von Jes 1,21–26 97

Johannes Schiller
Die „Nebenfigur" im Zentrum. Beobachtungen zur Syntax und
Semantik von Jer 20,16 105

Franz D. Hubmann
Ezechiel 37,1–14 in der neueren Forschung 111

Frank-Lothar Hossfeld
Schöpfungsfrömmigkeit in Ps 104 und bei Jesus Sirach 129

Erich Zenger
„Durch den Mund eines Weisen werde das Loblied gesprochen"
(Sir 15,10). Weisheitstheologie im Finale des Psalters Ps 146–150 139

Georg Fischer
Spuren des Schöpfers. Zur Rolle der Natur im Ijobbuch 157

Ilse Müllner
Erkenntnis im Gespräch. Zur Bedeutung der (verbalen) Begegnung
im Ijobbuch 167

Walter Groß
Satzteilfolge – Übersetzung – Auslegung. Beobachtungen zu deren
Verhältnis am Beispiel von Spr 1,20–23 und 23,13–14 181

Norbert Lohfink
Jeder Weisheitslehre Quintessenz. Zu Koh 12,13 195

Ludger Schwienhorst-Schönberger
Vertritt Kohelet die Lehre vom absoluten Tod?
Zum Argumentationsgang von Koh 9,1–6 207

Ernst Haag
Weisheit und Heilsgeschichte. Das Dankgebet Daniels
in Daniel 2,20–23 221

Pancratius C. Beentjes
Tränen, Trauer, Totenklage. Eine kleine Studie über Ben Sira 38,16–23 ... 233

Nuria Calduch-Benages
Dreams and Folly in Sir 34(31),1-8 241

Alexander A. Di Lella
Free Will in the Wisdom of Ben Sira 15:11–20. An Exegetical and
Theological Study 253

Heinz-Josef Fabry
Jesus Sirach und das Priestertum 265

Maurice Gilbert
Venez à mon école (Si 51,13-30) 283

Otto Kaiser
Göttliche Weisheit und menschliche Freiheit bei Ben Sira 291

Josef M. Oesch
Textdarstellungen in den hebräischen Sirachhandschriften 307

Ursula Rapp
Der gottesfürchtigen Frau ein guter Mann? Zur Lektüre der Aussagen
über gute und schlechte Ehefrauen im Sirachbuch 325

Georg Sauer
Ben Sira in Jerusalem und sein Enkel in Alexandria 339

Adrian Schenker
Erlässt Umkehr Schuld oder vermindert sie Strafe? Jesus Sirach
(Sir 17), Nabots Weinberg (1 Kön 21), Ezechiel (Ez 18), zugleich
ein Beitrag zum Verhältnis zwischen massoretischem Text und
Septuaginta in 1 Kön 21 349

Armin Schmitt
Enkomien in griechischer Literatur 359

Gerhard Bodendorfer
David, der weise Toragelehrte. Zur Funktion Davids
im babylonischen Talmud 383

Günter Stemberger
„Ich habe nichts Besseres für den Menschen gefunden
als Schweigen" (mAv 1,17) 401

Gesetz und Weisheit im Pentateuch

Thomas Krüger

I.

Gesetz und Weisheit[1] werden im Alten Testament vor allem an zwei relativ späten Stellen programmatisch miteinander identifiziert: bei Jesus Sirach (Kap. 24, hier besonders V. 23) und im apokryphen Baruchbuch (3,9–4,4, besonders 4,1). Johannes Marböck hat die hier entwickelten theologischen Konzeptionen, ihren zeitgeschichtlichen Kontext und ihre traditionsgeschichtlichen Voraussetzungen und Folgen mustergültig herausgearbeitet.[2] Sir 24 konzipiert eine Verbindung von Weisheit und Gesetz, in der sich beide gegenseitig interpretieren und ergänzen. Die Weisheit verkörpert sich – zumindest für Israel – maßgeblich im mosaischen Gesetz. Zugleich wird aber auch das Gesetz als eine unausschöpfliche Weisheitslehre verstanden, die allen daran Interessierten offen steht.

„Vielleicht darf man so formulieren: für Israel ist die Weisheit, mit allem, was darunter verstanden werden kann (24,23 ταῦτα πάντα) am sichersten und besten greifbar in der Torah; vor den Völkern der Welt ist die Torah Israels Weisheit. Beide aber kommen vom Herrn, sind Weisen seines Wirkens und seiner Gegenwart in der Welt."[3]

Verglichen mit Sir 24 ist in Bar 3f. „[d]er Horizont ... noch enger geworden. Bei Baruch gibt es keine von Gesetz und Israel unabhängige Weisheit mehr".[4] Die im Gesetz verkörperte Weisheit besteht nach Bar 3f. in Handlungsanweisungen, die es zu befolgen gilt (und nicht in Einsichten, die zu

---

1 Vgl. Blenkinsopp, Joseph, Wisdom and Law in the Old Testament. The Ordering of Life in Israel and Early Judaism, OBS, Oxford ²1995.
2 Vgl. Marböck, Johannes, Weisheit im Wandel. Untersuchungen zur Weisheitstheologie bei Ben Sira, BZAW 272, Berlin u.a. ²1999, 34ff.; ders., Gesetz und Weisheit. Zum Verständnis des Gesetzes bei Jesus Ben Sira, in: ders., Gottes Weisheit unter uns. Zur Theologie des Buches Sirach, HBS 6, Freiburg i.Br. u.a. 1995, 52–72, hier bes. 57ff.; ders., Gottes Weisheit unter uns. Sir 24 als Beitrag zur biblischen Theologie, in: ders., Gottes Weisheit, 73–87, hier bes. 85f.
3 Marböck, Weisheit (s. Anm. 2), 94f.
4 Marböck, Weisheit (s. Anm. 2), 57. – Während in Sir 24 „das Gesetz in die weiterreichende Weisheit einbezogen" wird, gilt nach Bar 3f.: „Nichts anderes als das allein Israel gegebene Gesetz ist diese Weisheit; hier ist ihr einzig zugänglicher Ort" (Steck, Odil H., Das apokryphe Baruchbuch. Studien zu Rezeption und Konzentration „kanonischer" Überlieferung, FRLANT 160, Göttingen 1993, 156, vgl. 116ff.).

unerschöpflichem weiteren Nachdenken anregen). In den Differenzen zwischen diesen beiden Konzepten spiegeln sich unterschiedliche Erfahrungen und Deutungen der Auseinandersetzung mit hellenistischer Kultur und Weisheit vor und nach der Krise unter Antiochus IV.[5] Darin und dahinter verweisen sie aber auch auf eine Reihe von theologischen Sachproblemen.

Versucht man, Gesetz und Weisheit idealtypisch einander gegenüberzustellen, so geht es beiden auf je verschiedene Weise darum, die menschliche Lebensführung zu bestimmen oder mindestens zu beeinflussen. Während ein Gesetz moralische und rechtliche Normen menschlichen Verhaltens verbindlich festlegt und unter Androhung von Sanktionen deren Befolgung fordert,[6] will eine Weisheitslehre handlungsleitendes Orientierungswissen (über Tatsachen, Normen oder Werte) vermitteln und damit zu einer erfolgreichen Lebensführung befähigen. Das Gesetz verdankt seine Geltung der Autorität des Gesetzgebers und fordert unter Strafandrohung den Gehorsam derer, für die es gilt. Demgegenüber appelliert die Weisheit an die Einsicht des Menschen und beruft sich auf die Bewährung ihrer Ratschläge in der Lebenserfahrung (wobei der Akzent auf aktuellen Erfahrungen des Weisheitslehrers und/oder seiner Adressaten liegen kann oder auf den Erfahrungen früherer Generationen, also auf der Tradition). Während ein Gesetz in seinem Geltungsbereich von allen Menschen zu befolgen ist, sind nicht alle Menschen in gleichem Maße für Weisheitslehren empfänglich (es gibt „Weise" und „Toren"). Andererseits wendet sich die Weisheit an alle einsichtsfähigen Menschen, unabhängig von ihrer ethnischen oder kulturellen Zugehörigkeit, während das Gesetz nur für eine begrenzte Gruppe Geltung beansprucht.

Mit dem Verhältnis von Weisheit und Gesetz stehen somit u.a. die folgenden Sachprobleme zur Diskussion: Welche Bedeutung haben kollektiv gültige Normen einerseits und individuelle Erfahrungen und Einsichten andererseits für die Lebensorientierung und Lebensführung des Menschen und wie sind beide Gesichtspunkte miteinander zu verbinden? In welchem Verhältnis stehen Tradition, göttliche Offenbarung und eigene Erfahrung, Einsicht und Erkenntnis zueinander? Und wie verhalten sich kulturspezifische („israelitische") Erfahrungen, Einsichten, Werte und Normen zu solchen, die kulturübergreifend („interkulturell") geteilt werden? Johannes Marböck hat die Entwicklung dieser Diskussion in der alttestamentlichen und der spätisraelitischen Literatur im Vorfeld von Sirach und Baruch und im Anschluss

---

5   Zur Datierung von Sirach um 175 v.Chr. vgl. Marböck, Johannes, Das Buch Jesus Sirach, in: Zenger, Erich u.a., Einleitung in das Alte Testament, KStTh 1,1, Stuttgart u.a. ³1998, 363–370, 367f., zur Datierung von Baruch (nicht lange) nach 164 v.Chr. siehe Steck, Baruchbuch (s. Anm. 4), 285ff.

6   Das gilt jedenfalls für *Rechts*gesetze, die hier zunächst im Blick sind, mit Einschränkungen auch für *moralische* bzw. *Sitten*gesetze. Anders verhält es sich bei sog. *Seins*gesetzen, die hier ausgeklammert bleiben können.

daran bereits sorgfältig nachgezeichnet.[7] Im Folgenden soll das Augenmerk speziell auf einige Ansätze zur Diskussion dieser Fragen im Pentateuch gerichtet werden.

II.

Den deutlichsten Anknüpfungspunkt für eine Identifikation von Gesetz und Weisheit im Pentateuch bietet zweifellos Dtn 4,5–8,[8] wo Mose zu Israel spricht:

(5) Sieh, ich habe euch Ordnungen und Rechtsbestimmungen (חֻקִּים וּמִשְׁפָּטִים) gelehrt, wie es mir Jahwe, mein Gott, geboten hat, damit ihr danach handelt in dem Land, in das ihr nun einzieht, um es in Besitz zu nehmen. (6) Haltet sie ein und handelt danach! Denn darin besteht eure Weisheit und eure Einsicht (כִּי הִוא חָכְמַתְכֶם וּבִינַתְכֶם) vor den Augen der Völker. Wenn sie all diese Ordnungen (חֻקִּים) hören werden, dann werden sie sagen: „Das ist aber ein weises und einsichtiges Volk (עַם־חָכָם וְנָבוֹן), dieses große Volk!" (7) Denn welches große Volk hat Götter, die ihm so nahe sind, wie Jahwe, unser Gott, (uns nahe ist,) wann immer wir zu ihm rufen? (8) Und welches große Volk hat Ordnungen und Rechtsbestimmungen (חֻקִּים וּמִשְׁפָּטִים), die so gerecht sind wie dieses ganze Gesetz (תּוֹרָה), das ich euch heute vorlege?

Es ist nicht ganz klar, ob in V. 6 die „Ordnungen (und Rechtsbestimmungen)" des Gesetzes als „Weisheit und Einsicht" der Israeliten bezeichnet werden sollen oder deren Einhaltung durch Israel.[9] Sachlich besteht zwischen beiden Deutungsmöglichkeiten allerdings kein großer Unterschied. Jedenfalls sind die Gesetzesbestimmungen „gerecht" (V. 8), und deshalb ist es weise und vernünftig, sie zu befolgen. Zu dieser Einsicht müssen nach Dtn 4 nicht nur die Israeliten kommen, sondern auch alle anderen Völker, die von der Thora Kenntnis erhalten. Das setzt voraus, dass Israel das Gesetz (entgegen der Forderung von Bar 4,3) den anderen Völkern nicht vorenthält, sondern es ihnen zur Kenntnis bringt (vgl. Sir 24,31ff.). Es setzt weiter voraus, dass die anderen Völker ebenso wie Israel im Stande sind, die Qualität des Gesetzes zu erkennen und insofern auch selbst über ein gewisses Maß an „Weisheit und Einsicht" verfügen. Allerdings haben die anderen Völker nach Dtn 4 nicht so gerechte Gesetze wie Israel. Das ist ein Hinweis darauf, dass sie zwar in der Lage sind einzusehen, dass das ihnen vorgelegte Gesetz Israels gerecht und vernünftig ist, nicht aber aus eigener Einsicht Gesetze von gleicher Qualität aufzustellen vermögen. Mit der Behauptung der Einsichtigkeit

---

7 Siehe oben Anm. 2.
8 Vgl. dazu (neben den Kommentaren) Braulik, Georg, „Weisheit" im Buch Deuteronomium, in: Janowski, Bernd (Hg.), Weisheit außerhalb der kanonischen Weisheitsschriften, VWGTh 10, Gütersloh 1996, 39–69, 54ff.; ders., Weisheit, Gottesnähe und Gesetz – Zum Kerygma von Deuteronomium 4,5–8, in: ders., Studien zur Theologie des Deuteronomiums, SBAB 2, Stuttgart 1988, 53–93.
9 Vgl. Braulik, „Weisheit" (s. Anm. 8), 56f.

und Vernünftigkeit des Gesetzes wird nach Dtn 4 seine Offenbarungsqualität demnach keineswegs in Frage gestellt.

Das Verhältnis von Weisheit und Gesetz wird so in Dtn 4 nochmals anders bestimmt als in Sir 24 und in Bar 3f.: Die besondere Weisheit Israels besteht darin, dass es gerechte Gesetze hat und diese befolgt. Das ist nach Ansicht von Dtn 4 auch anderen Völkern einsichtig, sobald sie das Gesetz zur Kenntnis nehmen. Um dies erkennen zu können, müssen die anderen Völker aber auch selbst – unabhängig von der Thora – über ein gewisses Maß an „Weisheit und Einsicht" verfügen. Wenn Israels „Weisheit und Einsicht" in seiner exzellenten Rechtsordnung und Gesetzesbefolgung besteht, wird damit des Weiteren auch die Möglichkeit offen gelassen, dass andere Völker eine Israel überlegene „Weisheit und Einsicht" in anderen Bereichen (wie etwa der Kosmologie oder der Technologie) besitzen können. Nicht „*die* Weisheit" ist Israel im Gesetz mitgeteilt, sondern „*Israels* Weisheit" unter den Völkern besteht in seiner Auszeichnung durch das (gerechte) Gesetz.

Dass auch die anderen Völker die Thora zur Kenntnis nehmen und ihre Qualität (an)erkennen, kommt im Pentateuch sonst nicht in den Blick.[10] In Bezug auf Israel wird dagegen mehrfach darauf hingewiesen, dass das Gesetz nicht (nur) wegen der Autorität des Gesetzgebers zu befolgen ist,[11] sondern (auch) aufgrund der Einsicht, dass seine Bestimmungen vernünftig sind. An diese Einsicht appellieren etwa die Begründungen von Rechtssätzen, die auf allgemein-menschliche Erfahrungen verweisen[12] oder spezielle geschichtliche Erfahrungen Israels in Erinnerung rufen, die für seine kulturelle Identität bestimmend sind.[13] Wenn die Israeliten sich nach Ex 24,3–8 am Sinai zweimal ausdrücklich zur Einhaltung der ihnen von Mose verkündigten und dann noch einmal verlesenen Gebote Gottes verpflichtet haben, wird damit verdeutlicht, dass ihnen das Gesetz nicht aufgenötigt wurde, sondern Inhalt eines „Bundes" zwischen Jahwe und Israel ist, dem Israel freiwillig und aus Einsicht zugestimmt hat (vgl. Dtn 26,16–19; 28,69).[14]

Ausdrücklich hervorgehoben wird die Einsichtigkeit und Vernünftigkeit des Gesetzes in Dtn 30,11–14:[15]

---

10 Vgl. v.a. Jes 2,1–5/Mi 4,1–5 sowie Jes 42,1–3; 51,4f.; Fischer, Irmtraud, Tora für Israel – Tora für die Völker. Das Konzept des Jesajabuches, SBS 164, Stuttgart 1995.
11 In Dtn 6–11 wird mehrfach auf geschichtliche Erfahrungen Israels hingewiesen, die die Autorität und Sanktionsgewalt des göttlichen Gesetzgebers deutlich machen (vgl. auch Dtn 4,3f.).
12 Vgl. etwa Ex 22,15f.; 23,8; Dtn 15,18; 16,19; 20,19; 24,13.
13 Vgl. etwa Ex 23,9; Dtn 4,15ff.; 5,15; 23,4ff.
14 Diese Pointe der Verbindung von Bund und Gesetz im AT wird deutlich im Vergleich mit der Legitimation des Rechts durch die Autorität des von den Göttern eingesetzten Königs in Mesopotamien, vgl. z.B. TUAT I, 24f.30f. (Lipit Eschtar); 40ff.75ff. (Hammurapi).
15 Vgl. zur neueren Diskussion über diesen Abschnitt Otto, Eckart, Das Deuteronomium im Pentateuch und Hexateuch. Studien zur Literaturgeschichte von Pentateuch und Hexa-

(11) Denn dieses Gebot (מִצְוָה), das ich dir heute erteile, es ist nicht zu schwierig für dich und es ist nicht (zu) fern. (12) Es ist nicht im Himmel, sodass man sagen müsste: „Wer steigt für uns in den Himmel und holt es uns, damit wir es hören und befolgen können?" (13) Es ist auch nicht jenseits des Meeres, sodass man sagen müsste: „Wer überquert für uns das Meer und holt es uns, damit wir es hören und befolgen können?" (14) Nein, das Wort ist dir sehr nahe in deinem Mund und in deinem Herzen, sodass du es befolgen kannst.

Das Gesetz ist leicht zugänglich, praktikabel und „deinem Mund und deinem Herzen nahe". Im Kontext ist dieser Abschnitt wohl nicht so zu verstehen, dass die Nähe der Thora zum Herzen der Israeliten das Resultat einer aktiven „Verinnerlichung" und „Beherzigung" des Gesetzes durch Israel ist, wie sie Dtn 6,6ff. und 11,18ff. fordern, oder dass sie eine Konsequenz der in V. 6 den aus dem Exil heimgekehrten Israeliten verheißenen Beschneidung des Herzens durch Jahwe darstellt.[16] Vielmehr begründet Dtn 30,11–14 den in V. 10 vorangehenden Aufruf an die (exilierten) Israeliten zu einer (erneuten) Thora-Beherzigung mit dem Hinweis darauf, dass das Gesetz der menschlichen Vernunft (dem „Herzen") nicht widerspricht, sondern ihr entgegenkommt.[17]

III.

Nicht nur für das Verständnis des Gesetzes benötigt der Mensch Weisheit und Einsicht, sondern auch für seine Anwendung in der Rechtsprechung. Deshalb müssen Richter „weise, einsichtig und erfahren" (חֲכָמִים וּנְבֹנִים וִידֻעִים) sein (Dtn 1,13.15) und dürfen sich nicht bestechen lassen, denn „Bestechung macht die Augen von Weisen blind" (Dtn 16,19).[18] Ex 18,13–26 formuliert mit etwas anderer Terminologie ganz ähnliche Anforderungen an die Richter, wobei besonders bemerkenswert ist, dass die Rechtsordnung Israels hier auf die Initiative eines Midianiters zurückgeführt wird. In Ex 18

---

teuch im Lichte des Deuteronomiumrahmens, FAT 30, Tübingen 2000, 153f. mit Anm. 179.
16 Vgl. Braulik, Georg, Deuteronomium II. 16,18–34,12, NEB.AT 28, Würzburg 1992, 219: „Nach 6,6f ist das Gesetz auswendigzulernen (‚Herz') und ständig zu rezitieren (‚Mund'). Wenn Israel sich daran hält, braucht es niemals auf die Suche nach dem Gotteswillen zu gehen." Im vorliegenden Textzusammenhang (Dtn 30,1–14) wird der Abschnitt V. 11–14 nach Braulik dann allerdings durch V. 6 in dem Sinne neu interpretiert, dass Gott selbst den Israeliten das Gesetz in ihr Herz gibt: „Da Gott die Herzen beschneiden wird, ist das Gesetz im Herzen (6), und ‚Hören' (...) und ‚Handeln' nach ihm (...) sind dem Menschen möglich." Zu dieser letzteren Deutung vgl. auch Spieckermann, Hermann, Gottes Liebe zu Israel. Studien zur Theologie des Alten Testaments, FAT 33, Tübingen 2001, 171.
17 Es würde wenig Sinn machen, wenn V. 11–14 zur Begründung des Aufrufs zur Thora-Beherzigung auf einen Sachverhalt verweisen würde, der erst aus der geforderten Beherzigung der Thora resultiert.
18 Vgl. Braulik, „Weisheit" (s. Anm. 8), 43ff.60ff.

wie in Dtn 1 wird den Richtern ein Entscheidungsspielraum eingeräumt, der ihnen eine gewisse Freiheit gegenüber dem Gesetz zugesteht (das in Ex 18 ohnehin noch gar nicht erlassen worden ist). Schwierige und gewichtige Fälle müssen sie allerdings Mose vorlegen.

Dessen Nachfolge übernehmen dann nach Dtn 17,8–13 Priester bzw. Richter am Zentralheiligtum. Ihre Entscheidung, die wechselweise als „Wort" (דָּבָר), „Urteil" (מִשְׁפָּט) und „Weisung" (תּוֹרָה) bezeichnet wird, ist verbindlich und unter Androhung der Todesstrafe zu befolgen. Wie die Priester und Richter zu ihren Entscheidungen kommen, sagt der Text nicht.[19] Sein Interesse scheint eher darin zu bestehen, Freiräume in der Gesetzesauslegung durch Verfahrensregeln zu begrenzen, als darin, solche Freiräume zu eröffnen. Damit zeigt er aber – vielleicht wider Willen –, dass das Gesetz – gerade wenn seine Abgeschlossenheit und Unveränderbarkeit betont wird (Dtn 4,2; 13,1) – das Leben nicht vollständig und lückenlos regulieren kann.

Neben der Anwendung des Gesetzes in der Rechtsprechung erfordert auch seine Tradierung eine verständige Mitwirkung menschlicher Instanzen. Es muss nicht nur als schriftliches Dokument verwahrt, vervielfältigt und verlesen werden (Dtn 31; 17,18); Eltern müssen es auch ihren Kindern bekannt machen und erklären, damit diese es verstehen und befolgen können (Ex 12,26f.; 13,8; Dtn 6,20–25). Wenn von Josua als dem Nachfolger Moses gesagt wird, er sei vom „Geist der Weisheit" erfüllt gewesen, und die Israeliten hätten ihm gehorcht und das Gesetz Moses befolgt (Dtn 34,9),[20] ist hier wohl die Weisheit im Blick, deren es bedarf, um das Gesetz so zu vermitteln, dass es dem Volk verständlich und von ihm aus Einsicht eingehalten wird.

Die Hinweise darauf, dass für die Anwendung des Gesetzes in der Rechtsprechung und für seine Tradierung und Propagierung besondere Weisheit erforderlich ist (III.), stehen in einer gewissen Spannung zu der Überzeugung, dass die Gerechtigkeit und Vernünftigkeit des Gesetzes für jedermann unschwer einzusehen ist (II.). Trotzdem halten sie daran fest, dass die besondere Kompetenz, über die Richter oder Gesetzeslehrer verfügen müssen, sich nicht wesentlich unterscheidet von den Kompetenzen, die für andere spezialisierte Tätigkeiten erforderlich sind, oder von der Kompetenz zu einer gerechten und vernünftigen Lebensführung – in all diesen Fällen handelt es sich um „Weisheit".

---

19 Zu vermuten ist die Anwendung divinatorischer Mittel, vgl. Ex 22,7; Lev 24,10ff.; Num 5,11ff.; 15,32ff.
20 Vgl. dazu Braulik, „Weisheit" (s. Anm. 8), 63ff.

IV.

Dem scheint nun allerdings Num 15,37–41 zu widersprechen. Hier stehen die Gebote der Thora in schroffem Gegensatz zur eigenen Einsicht und Vernunft der Israeliten:

> (37) Und Jahwe sprach zu Mose: (38) Sprich zu den Israeliten und sage ihnen, dass sie sich Quasten an den Zipfeln ihrer Kleider anbringen sollen, sie und ihre Nachkommen, und dass sie an dieser Zipfel-Quaste eine Schnur aus violettem Purpur befestigen sollen. (39) Das soll eure Quaste sein. Wenn ihr sie seht, sollt ihr an alle Gebote (מִצְוֹת) Jahwes denken und sie befolgen und nicht eurem Herzen und euren Augen nachforschen,[21] sodass ihr euch von ihnen zur Unzucht verleiten lasst[22] (40) – damit ihr an alle meine Gebote denkt und sie befolgt und heilig seid für euren Gott. (41) Ich, Jahwe, bin euer Gott, der ich euch aus dem Land Ägypten geführt habe, um euer Gott zu werden; ich, Jahwe, bin euer Gott.

Hier kommt eine tiefe Skepsis gegenüber den Möglichkeiten menschlicher Weisheit und Einsicht zum Ausdruck.[23] Sie verführen die Israeliten geradezu zum Götzendienst.[24] Das menschliche „Herz" ist ja nicht nur Organ der vernünftigen Überlegung und des Willens, sondern auch der Lust und des Begehrens.[25] Und die „Augen" vermitteln dem Menschen nicht nur Einsichten in die Realität, sondern auch Anreize, die seine Begehrlichkeit wecken und ihn zu unvernünftigen und ungerechten Handlungen verleiten können.[26] Deshalb sollen sich die Israeliten in ihrer Lebensführung nach Num 15 nicht an ihren eigenen Erfahrungen und ihrer eigenen Vernunft orientieren, sondern an den Geboten Jahwes.

Dabei bleibt allerdings unklar, welche Rolle das Herz und die Augen für das Verständnis und die Anwendung der göttlichen Gebote spielen – immerhin müssen die Israeliten ja zumindest ihre Augen gebrauchen, um sich von den Quasten an ihren Gewändern an die Gebote Jahwes erinnern zu lassen. Die in Num 15,32–36 vorangehende Episode suggeriert, dass hier kein wirkliches Problem besteht: Fälle, für die sich im Gesetz keine eindeutigen Regelungen finden, sind nicht etwa durch eigene Überlegung zu lösen; vielmehr ist eine neuerliche göttliche Offenbarung abzuwarten (vgl. Lev 24,10–23). Doch auch diese muss ja wahrgenommen und verstanden werden. Sind das Verständnis und die Befolgung des Gesetzes dann nicht in noch radikalerer Weise durch die Schwächen menschlicher Vernunft und Einsicht gefährdet, als Num 15,37ff. annimmt?

---

21 Vgl. HALAT (s.v., ad loc.): „nachspüren" (anders Gesenius – Buhl: „folgen, sich v. etw. verlocken lassen").
22 Wörtlich: „Unzucht treibt hinter ihnen her" (אֲשֶׁר־אַתֶּם זֹנִים אַחֲרֵיהֶם).
23 Vgl. etwa Spr 16,1ff.; 21,30f.; 30,1ff.
24 Vgl. die atl. Belege für זנה qal + אַחֲרֵי in HALAT s.v. 2.a sowie Ez 6,9.
25 Vgl. HALAT und Stolz, Fritz, לֵב lēb Herz, THAT 1 (1971), 861–867.
26 Vgl. Jenni, Ernst – Vetter, Dieter, עַיִן 'ājjin Auge, THAT 2 (1976), 259–268.

Davon gehen eine Reihe von Aussagen in Dtn 29–32 aus: Herz, Augen und Ohren der Israeliten waren zumindest bis zum Zeitpunkt der Moserede im Deuteronomium gar nicht fähig, aus den Erfahrungen seit der Befreiung aus Ägypten die richtigen handlungsleitenden Konsequenzen zu ziehen (Dtn 29,3). Das Sinnen und Streben (יֵצֶר) der Israeliten lässt Mose schon vor dem Einzug in das verheißene Land erkennen, dass sie das Gesetz nicht befolgen werden (Dtn 31,21.29). Israel ist ein törichtes und unweises Volk (עַם נָבָל וְלֹא חָכָם), deshalb wendet es sich von Jahwe ab (Dtn 32,6).[27] Diese Aussagen führen das Gesetzesverständnis im Pentateuch (und besonders im Deuteronomium) in eine Aporie: Israel als Volk und die einzelnen Israeliten sind für eine gedeihliche Lebensführung angewiesen auf das von Gott offenbarte Gesetz. Um das Gesetz verstehen, akzeptieren und befolgen zu können, bedürfen sie der Weisheit und Einsicht. Daran aber mangelt es ihnen so sehr, dass sie weder selbst zu einer förderlichen Lebensorientierung in der Lage sind noch die ihnen von Gott im Gesetz angebotene Lebensorientierung annehmen können.

Einen Ausweg aus dieser Aporie zeigt Dtn 30,6 auf:[28] „Bis heute" (d.h. bis zur Verkündigung des Deuteronomiums durch Mose) hat Jahwe den Israeliten noch „kein Herz gegeben, das erkennen kann, keine Augen, die sehen können und keine Ohren, die hören können" (Dtn 29,3). Dereinst aber wird Jahwe „dein Herz und das Herz deiner Nachkommen beschneiden, sodass du Jahwe, deinen Gott, lieben kannst von ganzem Herzen und von ganzer Seele, um deines Lebens willen" (Dtn 30,6). Jahwe selbst muss und wird also die Voraussetzungen schaffen, die das Verständnis und die Befolgung des Gesetzes allererst ermöglichen. Diese Erwartung eines göttlichen Eingriffs ist in Dtn 30,1–10 eng verschränkt mit Aussagen über Israels „Umkehr" zu Jahwe und Befolgung seines Gesetzes:

- Wenn Israel in der Diaspora zu Jahwe umkehrt (שׁוב) und „von ganzem Herzen und von ganzer Seele" auf sein Wort hört, dann wird Jahwe Israel wieder (שׁוב) sammeln und in seine Heimat zurück bringen (V.1–5).
- Jahwe wird das Herz der Israeliten beschneiden, sodass sie ihn „von ganzem Herzen und von ganzer Seele" lieben werden. Israel wird wieder (שׁוב) auf das Wort Jahwes hören und seine Gebote halten (V.6–8).
- Jahwe wird Israel im Land Wohlstand schenken und wieder (שׁוב) Freude an seinem Volk haben, wenn Israel auf sein Wort hört, sein Gesetz befolgt und zu ihm „umkehrt" (שׁוב) „von ganzem Herzen und von ganzer Seele" (V.9f.).

---

27 Vgl. Gen 6,5; 8,21 und ähnliche Aussagen in den Prophetenschriften (siehe Krüger, Thomas, Das menschliche Herz und die Weisung Gottes. Elemente einer Diskussion über Möglichkeiten und Grenzen der Tora-Rezeption im Alten Testament, in: Kratz, Reinhard G. u.a. (Hg.), Rezeption und Auslegung im Alten Testament und in seinem Umfeld. Ein Symposion aus Anlass des 60. Geburtstags von Odil Hannes Steck, OBO 153, Freiburg/Schweiz u.a. 1997, 65–92, 81f.).
28 Vgl. Jer 24,7; 31,33; 32,39f.; Ez 11,19; 36,26f. (siehe Krüger, Herz [s. Anm. 27], 82ff.).

Die Umkehr Israels und seine Gesetzesbefolgung, die V. 1–5 und V. 9f. als Bedingung und Voraussetzung seiner Heimkehr aus der Diaspora betrachten, sind nach V. 6–8 ihrerseits erst ermöglicht durch einen Eingriff Jahwes, der Israel dazu befähigt, das Gesetz zu verstehen und zu befolgen. Andererseits schließt aber V. 6–8 narrativ bruchlos an das in V. 1–5 Vorhergehende an, sodass der Eindruck entsteht, die Beschneidung des Herzens finde erst nach der Umkehr und Heimkehr Israels statt.[29] Diese Spannung legt die Annahme nahe, dass es sich bei V. 6–8 um einen späteren Zusatz handelt.[30] Sie kann aber zugleich auch als sachgemäßer Hinweis darauf verstanden werden, dass Umkehr und Gesetzesbefolgung Israels *zugleich* als dessen eigenes Handeln *und* als Wirken Jahwes begriffen werden müssen. Beides kann voneinander unterschieden, aber nicht zeitlich auseinander gelegt und gegeneinander verrechnet werden.[31] In diesem Sinne lassen sich dann auch die Ankündigung einer Beschneidung des Herzens durch Jahwe in Dtn 30,6 und die Aufforderung an die Israeliten, ihre Herzen zu beschneiden, in Dtn 10,16 miteinander verbinden.[32]

Wie aber soll man sich die Beschneidung des Herzens durch Jahwe oder durch die Israeliten selbst konkret vorstellen? Die Texte sagen darüber kaum etwas aus, deuten aber im jeweiligen Kontext (Dtn 10,12–22; 30,1–10) mindestens an, dass dabei das Bemühen um ein Verständnis und eine Befolgung des Gesetzes sowie das Lernen aus guten wie schlechten geschichtlichen Erfahrungen[33] eine Rolle spielen. So scheint es am Ende auch (!) das Gesetz selbst zu sein, das dem Menschen die Weisheit und Einsicht vermittelt, deren er bedarf, um das Gesetz als vernünftig zu begreifen und in die Tat umsetzen zu können. Als Wirken Gottes ist diese Transformation der Vernunft durch das Gesetz jedoch für den Menschen nicht verfügbar und nicht erzwingbar. Vor allem aber hat die „Beherzigung" des Gesetzes nicht wie in Num 15 das Ziel, menschliche Erfahrung („Augen") und Überlegung („Herz") auszuschalten, sondern diese von hartnäckiger (vgl. Dtn 10,16!) Verblendung und Selbsttäuschung zu befreien.

---

29 Vgl. Braulik, Deuteronomium II (s. Anm. 16), 218; Rose, Martin, 5. Mose, 2. 5. Mose 1–11 und 26–34, Rahmenstücke und Gesetzeskorpus, ZBK.AT 5/2, Zürich 1994, 555f.
30 Vgl. Krüger, Herz (s. Anm. 27), 79f.
31 Vgl. Phil 2,12f. Die Spannung resultiert daraus, dass (und führt nicht in einen logischen Widerspruch, weil) es hier um ein Handeln Gottes geht, das menschliche Handlungsfreiheit (wieder) herstellt.
32 Vgl. Jer 4,6 und Ez 18,31 neben den oben (Anm. 28) genannten Aussagen bei Jer und Ez.
33 Vgl. Dtn 10,15(Erwählung der Väter durch Jahwe).19(Aufenthalt Israels in Ägypten).21 (erfahrene Wundertaten Jahwes).22(Vermehrung Israels in Ägypten); 30,1(Eintreffen von Segen und Fluch; Diaspora).

V.

Die Aussagen über die Verblendung Israels und ihre Beseitigung durch Jahwe in Dtn 29–32 implizieren, dass die Bedingungen des Verstehens und der Befolgung des Gesetzes sich im Laufe der Geschichte verändern. Dies wird in den Texten freilich nur (durch einige späte Zusätze) angedeutet. Einer geschichtlichen Relativierung des Gesetzes selbst stehen im Deuteronomium sowohl die sog. „Kanonformel" (Dtn 4,2; 13,1) entgegen als auch die Überzeugung, dass dieselbe Thora, die Mose einst vor dem Einzug Israels ins verheißene Land verkündete, auch für die Jahrhunderte später exilierten Israeliten verbindlich ist (Dtn 30,2). Daneben gibt es im Pentateuch allerdings auch einige Hinweise, die eine geschichtliche Entwicklung des Gesetzes zumindest möglich erscheinen lassen.

Die Entstehung der mosaischen Thora wird im Pentateuch als ein längerer geschichtlicher Prozess dargestellt. Jahwe übermittelt Mose das Gesetz auf dem Sinai in mehreren Etappen (vgl. Ex 20,21; 24,12; 34,1ff.). Danach empfängt Mose weitere Bestimmungen im Zeltheiligtum (Lev 1,1; Num 1,1), zum Teil ad hoc angesichts konkreter Problemfälle (Lev 24,10ff.; Num 15,32ff.; 36). Im Deuteronomium verkündet Mose nach vierzigjährigem Aufenthalt in der Wüste, bei dem nahezu die gesamte Exodusgeneration gestorben ist, noch einmal die ganze Thora einer neuen Generation von Israeliten. Dabei wird in Dtn 5 wie in Ex 20 der Dekalog als grundlegende ethische Orientierung den ausführlichen und detaillierten Rechtsbestimmungen vorangestellt.

In diesen Rechtsbestimmungen gibt es nun aber zwischen Ex–Num und Dtn Differenzen, die auch für „vorkritische" Leser kaum zu übersehen sind.[34] Die in der „Kanonformel" fixierte Abgeschlossenheit und Unveränderlichkeit des Gesetzes kann so mit Blick auf den vorliegenden Pentateuch als Ganzes kaum im Sinne einer buchstäblichen Fixierung aller Einzelheiten verstanden werden. Vielmehr enthält der Pentateuch die für eine ethische und rechtliche Orientierung notwendigen „Lehren" und „Weisungen" (תּוֹרָה), die Entscheidungen in konkreten Fällen ermöglichen, solche Entscheidungen aber auch immer wieder erfordern (s.o. III.).[35] In seiner vorliegenden literarischen

---

34 Vgl. z.B. die z.T. widersprüchlichen Bestimmungen über das Passa in Ex 12 und Dtn 16 oder über Schuldenerlass und Sklavenfreilassung in Ex 21; Lev 25 und Dtn 15.

35 Dem entspricht etwa das Thora-Verständnis der Qumran-Gemeinschaft. Sie hatte offenbar in ihrer „Frühphase ... ein noch recht fließendes, dynamisches Torahverständnis mit der Möglichkeit neuer Torah-Anweisung durch den ‚Lehrer'", während sich in den „späteren Perioden eine Beschränkung auf die Anwendung und interpretierende Adaptierung der vorhandenen Torah-Traditionen" zeigt. „Diese letzteren lagen in einem viel weiteren Umfang schriftlich fixiert vor, als man noch vor wenigen Jahren ahnen konnte, jedenfalls steht fest, daß es geschriebene Torah auch außerhalb des Pentateuchs gab und daß für die Qualität einer Einzelregelung als ‚Torah' nicht maßgeblich war, ob sie im Pentateuch vorhanden oder von dorther begründet werden konnte ... Das Phänomen einer über den

Gestalt stellt der Pentateuch m.a.W. keinen „Codex" dar, sondern ein „Rechts(lehr)buch".³⁶ Als solches will er seinen Lesern ethische und rechtliche Kompetenz – d.h. in der Sprache des AT: „Weisheit" – vermitteln.

VI.

Die skizzierten Beobachtungen deuten darauf hin, dass die Diskussion über das Verhältnis von Weisheit und Gesetz, die im 2. Jh. v.Chr. bei Sirach und Baruch greifbar wird, im Pentateuch selbst bereits angelegt und vorbereitet ist, auch wenn dabei nicht immer der Terminus „Weisheit" verwendet wird. Das ist von der Sache her auch nicht anders zu erwarten, geht es doch im Gesetz wie in der Weisheit – mit je verschiedener Akzentsetzung – um die Regulierung und Orientierung der Lebensführung des Menschen.

Der Pentateuch bringt immer wieder die grundlegende Überzeugung zum Ausdruck, dass es weise und vernünftig ist, das Gesetz zu befolgen – weil das Gesetz dem Menschen als weise und vernünftig einsichtig ist. Gesetz und Weisheit sind dementsprechend eng miteinander verbunden. Beide sind dem Menschen aber nicht selbstverständlich gegeben. Die Völker erkennen die Weisheit und Gerechtigkeit des Gesetzes Israels, waren aber offenbar selbst nicht dazu in der Lage, sich ebenso weise und gerechte Gesetze zu geben (Dtn 4). Und Israel verfügte zum Zeitpunkt der Gesetzesverkündigung (noch) nicht über die nötige Weisheit, um die Gerechtigkeit und Vernünftigkeit des Gesetzes einsehen und es befolgen zu können (Dtn 29f.). Gesetz und Weisheit sind also gleichermaßen Gaben Gottes.

Wenn das Gesetz im Pentateuch als Offenbarung Gottes verstanden wird, wird damit sowohl seine Einsichtigkeit als auch seine Unerschwinglichkeit für die menschliche Vernunft festgehalten. Das Gesetz ist eine – durch Tradition vermittelte – Vorgabe für die menschliche Lebensführung und Lebensorientierung, die immer wieder neu verstanden, interpretiert und angewendet

---

Pentateuch hinausgehenden Torahtradition ist nicht erst durch die Qumrantexte belegt", wie ein Vergleich von Neh 10,35 mit dem Pentateuch einerseits und mit Jub 21,12–14 und 11Q19 Kol. 23–25 andererseits zeigt (Maier, Johann, Die Qumran-Essener. Die Texte vom Toten Meer, 3. Einführung, Zeitrechnung, Register und Bibliographie, UTB 1916, München u.a. 1996, 13f.).

36 Während Codices „präskriptiv Rechtsentscheide normieren wollen", haben Rechtsbücher „eher eine Funktion in der Schreiber- und Beamtenausbildung der Schreiberschulen und wollen in den Rechtsentscheid einüben" (Otto, Eckart, Gesetz I. AT, in: Bauer, Johannes B. u.a. [Hg.], Bibeltheologisches Wörterbuch, Graz u.a. ⁴1994, 231–233, 232). Vgl. Otto, Eckart, Die Bedeutung der altorientalischen Rechtsgeschichte für das Verständnis des Alten Testaments, ZThK 88 (1991), 139–168; ders., Kodifizierung und Kanonisierung von Rechtssätzen in Keilschriften und biblischen Rechtssammlungen, in: Lévy, Edmond (Hg.), La codification des lois dans l'antiquité. Actes du colloque de Strasbourg 27–29 novembre 1997, Travaux du Centre de Recherche sur le Proche-Orient et la Grèce Antiques 16, Paris 2000, 77–124.

werden muss – auch im „interkulturellen" Dialog (der wenigstens ansatzweise in Dtn 4 in den Blick kommt). Der Pentateuch betont dabei stark den Vorgabecharakter des Gesetzes und fordert zum Festhalten am Gesetz als lebensorientierender Tradition auf (in problematischer Zuspitzung in Num 15; vgl. Bar 3f.). Recht und Notwendigkeit einer kritischen Weiterentwicklung des Gesetzes werden in anderen Traditionsbereichen des Alten Testaments (v.a. Prophetie und Weisheit) – und dann im Neuen Testament – deutlicher erkennbar. Bei genauerem Zusehen lassen sich aber schon im Pentateuch selbst Ansätze zu einem „liberaleren" Gesetzesverständnis entdecken, wie es dann etwa Jesus Sirach – für seine Zeit – durch die Identifikation von Weisheit und Gesetz in Sir 24 zu formulieren versucht hat.

Die sieben Säulen der Weisheit im Buch Deuteronomium

Georg Braulik, O.S.B.

Die literarische Architektonik als Vergleichspunkt

Das Haus, das sich Frau Weisheit nach Spr 9,1 gebaut hat, wird von sieben, aus Stein gehauenen Säulen getragen. In dieses Sieben-Säulen-Gebäude lädt sie die „Unwissenden" zum Gastmahl der Lehre, damit ihr Leben gelingt (9,2–6). Über die architektonische bzw. metaphorische Deutung der sieben Säulen wurde schon viel diskutiert.[1] Trotz des archäologischen Realienhintergrunds interpretiert man sie heute wohl am plausibelsten als Anspielung auf die mit sieben Überschriften versehenen Teile des Sprichwörterbuches.[2] Die Weisheit bittet also die Unerfahrenen zu Bankett und Studium in den Proverbien-„Palast" als ihr Lehrgebäude. Das Motiv der sieben Säulen der Weisheit ist im Alten Testament singulär. Wenn der Titel dieses Beitrags es trotzdem mit dem Deuteronomium verbindet, dann nicht, um eine analoge Bauweise des Buches Deuteronomium, eine Siebenteilung oder gar eine explizit siebenfältige Gliederung durch Überschriften bzw. Redeeinleitungen, zu suggerieren.[3] Ebenso wenig geht es um eine „weisheitliche" Prägung des Deuteronomiums.[4] Der Vergleichspunkt liegt vielmehr in der Siebenzahl als

---

1 Die wichtigsten Erklärungsmodelle resümieren z.B. Maier, Christl, Die „fremde Frau" in Proverbien 1–9. Eine exegetische und sozialgeschichtliche Studie, OBO 144, Freiburg/Schweiz u.a. 1995, 231–233, und Baumann, Gerlinde, Die Weisheitsgestalt in Proverbien 1–9, FAT 16, Tübingen 1996, 202–207.
2 Baumann, Weisheitsgestalt (s. Anm. 1), 207–209.
3 Z.B. gegen Christensen, Duane L., Deuteronomy 1:1–21:9, revised, WBC 6A, Nashville 2001, xciiif. Eine solche Siebenteilung dürfte im Pentateuch das Buch Levitikus aufweisen. Zu seiner siebengliedrigen Komposition, die durch strukturrelevante Einleitungsformeln der Gottesreden angezeigt wird, und zur theologischen Programmatik dieser Einteilung siehe Zenger, Erich, Das Buch Levitikus als Teiltext der Tora/des Pentateuch. Eine synchrone Lektüre mit kanonischer Perspektive, in: Fabry, Heinz-Josef u.a. (Hg.), Levitikus als Buch, BBB 119, Berlin u.a. 1999, 47–83, 65–76. Zu Siebenergruppierungen von Schlüsselwörtern und siebenteiligen Mikro- und Makrostrukturen in diesem Buch siehe Warning, Wilfried, Literary Artistry in Leviticus, BIS 35, Leiden u.a. 1999, 27–29. 133–135.170f. Analoge Phänomene dürften auch im Amosbuch vorliegen – vgl. Möller, Karl, A Prophet in Debate. The Rhetoric of Persuasion in the Book of Amos, JSOT.S 372, Sheffield 2003, 83–86.
4 Sie wird v.a. von Weinfeld, Moshe, Deuteronomy and the Deuteronomic School, Oxford 1972 (=²1990), 244–319, vertreten. Dass die an Thematik, Terminologie und Stil beob-

rhetorischem und didaktischem Ordnungsprinzip, dessen sich das Deuteronomium analog zur Frau Weisheit bedient. Denn die Architektonik des Deuteronomiums wird in paränetischen Abschnitten, in Einzelgesetzen, Gesetzesgruppen, ganzen legislativen Bereichen und im Moselied von Siebenergruppierungen verschiedenster Art strukturiert, teilweise dekoriert; einige durchformen sogar das ganze Buch.[5] Dazu kommt, dass die Weisheitsgestalt, die sich im Proömium des Sprichwörterbuchs zugleich als „Weg der Einsicht" präsentiert (9,6), ihr analoges Gegenstück, ja ihr traditionsgeschichtliches Vorbild,[6] im „Prolog des deuteronomischen Gesetzes" findet, wo „Weisheit und Einsicht" mit der Tora des Deuteronomiums identifiziert werden (Dtn 4,6).[7] Nicht zuletzt lädt wie die Weisheit auch das Deuteronomium zu einem Fest des Lernens: Die Priester und Ältesten sollen in jedem siebten Jahr, wenn sich ganz Israel zum Laubhüttenfest im Jerusalemer Tempel versammelt, die Tora feierlich vortragen, alle sollen zuhören und sie rezitierend lernen (31,9–13).[8] Diese und manch andere Gemeinsamkeiten[9] lassen darauf schließen, dass zwischen der Organisation des Sprichwörterbuchs, symbolisiert durch die sieben Säulen der Weisheit, und den Siebenerrhythmen des Deuteronomiums ein Zusammenhang besteht. Allerdings gleichen die Siebenergruppierungen im Deuteronomium eher den Gewölberippen romanischer Dome oder auch gotischer Kathedralen bzw. dem verästelten Maßwerk ihrer Fenster, während sie im Sprichwörterbuch zu sieben Pfeilern geworden sind, die das ganze literarische Bauwerk tragen.[10] Die Wirkung

---

achteten Phänomene jedoch anders, nicht-weisheitlich zu interpretieren sind, habe ich in meinem Artikel „Weisheit" im Buch Deuteronomium, in: ders., Studien zum Buch Deuteronomium, SBAB 24, Stuttgart 1997, 225–271, nachgewiesen.

5 Braulik, Georg, Die Funktion von Siebenergruppierungen im Endtext des Deuteronomiums, in: ders., Studien, SBAB 24 (s. Anm. 4), 63–79, 63f. Zusätzliche Beispiele verzeichnen Dahmen, Ulrich, Weitere Fälle von Siebenergruppierungen im Buch Deuteronomium, BN 72 (1994), 5–11, und Berg, Werner, Siebenerreihen von Verben und Substantiven, BN 84 (1996), 10–15, 15.
6 Vgl. Baumann, Weisheitsgestalt (s. Anm. 1), 298f., die sich in Anm. 86 allerdings auf eine von mir nicht mehr vertretene Parallele zwischen der Weisheit und der Beobachtung (sic) des Gesetzes bezieht.
7 Braulik, Weisheit (s. Anm. 4), 250f.
8 Siehe dazu Braulik, Georg, Das Deuteronomium und die Gedächtniskultur Israels. Redaktionsgeschichtliche Beobachtungen zur Verwendung von lmd, in: ders., Studien, SBAB 24 (s. Anm. 4), 119–146, 133–137.
9 Hinzuweisen wäre z.B. auf das Leben, das die Weisheit in Spr 9,6 denen verspricht, die ihren Weg gehen (vgl. 8,35). Diese Verheißung entspricht der Zusage glücklichen Lebens für das Gehen auf JHWHs Wegen, das heißt, das Beobachten der deuteronomischen Gesetze, in Dtn 30,15–20. Siehe dazu Baumann, Weisheitsgestalt (s. Anm. 1), 163–165.
10 Unabhängig von dem erst in Spr 9 explizit gebrauchten Bild eines Monuments stellt Carrière, Jean-Marie, Théorie du politique dans le Deutéronome. Analyse des unités, des structures et des concepts de Dt 16,18–18,22, ÖBS 18, Frankfurt a.M. u.a. 2001, 425, für das Deuteronomium (genauer: seinen „Verfassungsentwurf" 16,18–18,22) fest, „que les effets créés par l'usage des chiffres 7 et 10, tant du point de vue de la spatialité du texte

dieser stilistischen Technik des Deuteronomiums auf die „Werbung für Haus und Ordnung der Weisheit im Spruchbuch"[11] soll in dieser Festschrift für Johannes Marböck andeuten, dass sein wissenschaftliches Lebenswerk nicht zuletzt der Verbindung von Tora und Weisheitsschrifttum gegolten hat.

Zu Auswahl und Grundkategorien der Siebenerfiguren im Deuteronomium

In meinem Artikel über Siebenergruppierungen im Endtext des Deuteronomiums habe ich rund 25 Beispiele verschiedener Typen vorgestellt, ihre literarischen wie aussageorientierten Funktionen kurz systematisiert und ein paar methodische Probleme besprochen.[12] Im folgenden Beitrag muss ich mich aus Platzgründen mit einer Auswahl von 65 einzeln besprochenen Beispielen aus den seither gesammelten Belegen begnügen. Vielleicht ist es noch zu früh, von einem typisch deuteronomischen Gebrauch zu sprechen. Denn dazu müsste das Phänomen auch außerhalb des Deuteronomiums umfassender als bisher erforscht sein. Es ist ja weder auf dieses alttestamentliche Buch noch auf die Bibel beschränkt.[13] Dass ein Text die Technik von Siebener-

---

que du point de vue de son élaboration sémantique et conceptuelle, ressort d'un phénomène d'architecture plus que d'une conception discursive de l'écriture. Ce qui implique que l'acte de lecture du texte passe, entre autres, par un *mesurer*, par un *parcourir*, par un *demeurer* dans l'espace architecturé du texte. Deux exemples viennent à l'esprit lorsque nous parlons d'architecture: celle de la cathédrale – romane ou gothique – et celle du Temple – dans les cultures anciennes. Plusieurs suggestions peuvent être faites à partir de la symbolique de ces exemples."

11 Marböck, Johannes, Zwischen Erfahrung, Systematik und Bekenntnis. Zu Eigenart und Bedeutung der alttestamentlichen Weisheitsliteratur, in: Loader, James A. u.a. (Hg.), Vielseitigkeit des Alten Testaments. Festschrift für Georg Sauer zum 70. Geburtstag, Wiener Alttestamentliche Studien 1, Frankfurt a.M. u.a. 1999, 121–136, 123.

12 Braulik, Funktion (s. Anm. 5). Ich verweise im Folgenden nur dort auf meine schon früher erwähnten Beispiele, wo eine neue, jetzt beschriebene Siebenerfigur davon mitbetroffen ist.

13 Zur Zahl „sieben" stellt Davis, John J., Biblical Numerology, Grand Rapids 1968, 124, zusammenfassend fest: „After analysing available data on the antiquity of symbolic numbers it was shown that: (1) Symbolic or significant numbers were used prior to the time of Moses and were common literary phenomena among his contemporaries; (2) When numbers were used symbolically they only conveyed general concepts (e.g., completeness, fullness, etc.); (3) The number seven is the only number which *clearly* shows symbolic usage in the Bible and the concepts it conveys are those that are common to contemporary texts; (4) The exegetical method of ascribing theological values to numbers is of Greek origin and finds its development primarily among the Gnostics, Neo-Pythagoreans, and Jewish allegorists. The Christianization of this system was a Post-Apostolic development pursued mainly by the Church Fathers." Die bisher umfassendste Studie v.a. der Zahl „sieben" und einer siebenfachen Wiederholung von Schemata, Formeln, Ausdrücken, Wörtern und Partikeln in der semitischen Literatur und speziell dem Alten Testament stammt von Avishur, Yitzhak, The Forms of Repetition of Numbers Indicating Wholeness (3, 7, 10) – in the Bible and in Ancient Semitic Literature, Beer-Sheva 1

ensembles gerade aus dem Deuteronomium übernommen hat, lässt sich deshalb nur in Verbindung mit anderen Argumenten wahrscheinlich machen.[14] Mit meiner Beschränkung auf Siebenerfiguren bzw. eines Mehrfachen von Sieben möchte ich nicht ausschließen, dass im Deuteronomium auch noch anderen Zahlenverhältnissen Aussage- und Strukturwert zukommen können, zum Beispiel Zehnergruppen.[15] Die besondere Vorliebe des Deuteronomiums für die Siebenergruppierung literarischer Materialien dürfte freilich außer Zweifel stehen.[16] Sie gehört zu den wichtigsten Unterstreichungsmethoden seiner Rhetorik.

Abgrenzen möchte ich meine Untersuchung jedoch von „logotechnischen" Kompositionstechniken wie „clusters and series of seven divine speeches" der „menorah-patterns", die Casper J. Labuschagne im Pentateuch (und anderswo) entdeckt hat.[17] Analoges gilt auch für die „quantité de lignes", die

---

(1973), 1–55 (neuhebr.). Er beobachtet unter anderem, dass sich Siebenergruppen v.a. in literarischen Gattungen finden, die in Beziehung zum Kult stehen. Wegen der literarischen Beziehungen zwischen den Thronnachfolgeverträgen Asarhaddons und dem Deuteronomium sind besonders die Beobachtungen von Siebenergruppen als Leitwortsystemen in den sogenannten VTE wichtig, die Steymans, Hans U., Die neuassyrische Vertragsrhetorik der ‚Vassal Treaties of Esarhaddon' und das Deuteronomium, in: Braulik, Georg (Hg.), Das Deuteronomium, ÖBS 23, Frankfurt a.M. u.a. 2003, 89–152, 108–118, zusammengestellt hat.

14 Ein Beispiel dafür bildet das Rut-Buch – siehe dazu Braulik, Georg, Das Deuteronomium und die Bücher Ijob, Sprichwörter, Rut. Zur Frage früher Kanonizität des Deuteronomiums, in: ders., Studien zum Deuteronomium und seiner Nachgeschichte, SBAB 33, Stuttgart 2001, 213–293, 260–267.

15 Siehe dazu Carrière, Théorie (s. Anm. 10), z.B. 422–425 und die Liste aller Belege 469–474. Ferner Brongers, Hendrik A., Die Zehnzahl in der Bibel und in ihrer Umwelt, in: Studia Biblica et Semitica Theodoro Christiano Vriezen qui munere professore theologiae per XXV annos functus est, ab amicis, collegis, discipulis dedicata, Wageningen 1966, 30–45. Er beschränkt sich allerdings auf das Zahlwort „zehn". Die Zehnzahl ist „in der Bibel und im Judentum v.a. als Ausdruck der Vollständigkeit und Vollkommenheit" anzusehen (40). Sie bleibt aber an Häufigkeit – nicht zuletzt im Neuen Testament (42f.) – weit hinter der Siebenzahl zurück, „die im gesamten semitischen Kulturkreis eine überragende Stellung einnimmt" (44).

16 Doch können Siebener- und Zehnerfigur auch kombiniert sein, z.B. bei der Wurzel, die siebenmal als Verb נסה Piel „versuchen" (4,34; 6,16a.b; 8.2.16; 13,4; 28,56; 33,8) und dreimal als Nomen מסה „Prüfung" (4,34; 7,19; 29,2) belegt ist.

17 Siehe dazu Labuschagne, Casper J., Numerical Secrets of the Bible. Rediscovering the Bible Codes, North Richland Hills 2000. Das „Menora-Modell" beschreibt er z.B. in: ders., Deuteronomium, IA, De Prediking van het Oude Testament, Nijkerk 1987, 30, wie folgt: „Hier gaat het om een ‚grotere' of ‚kleinere' teksteenheid die uit 7 onderdelen bestaat, een heel vaak gebruikt compositiemodel. De benaming is onleend aan et feit dat de structuur doet denken aan de zevenarmige kandelaar. Twee opvallende verschijnselen doen zich bij dit model voor: ten eerste dat de typische structuurgetallen of hun veelvouden vaak te vinden zijn in de som van twee of meer corresponderende ‚armen'; ten tweede dat het voornaamste onderdeel, de essentie van de tekst, in het midden staat, met daaromheen twee, al of niet symmetrische, corresponderende delen. Het menora-model heeft een onmiskenbare focus-functie: wat in het midden staat wordt scherp in focus ge-

Jean-Marie Carrière bei der rhetorischen Disposition einzelner Abschnitte des deuteronomischen „Verfassungsentwurfs" festgestellt hat.[18] Alle diese Strukturbeobachtungen basieren auf dem Masoretentext und seinem Akzentsystem. Wir müssen heute weiter zurückgehen und versuchen, ein dem Urtext möglichst nahes hebräisches Vorstadium des Masoretentextes textkritisch zu rekonstruieren und eine mit der Kantillation seines Akzentsystems teilweise konkurrierende, ältere Tradition von Rezitation und rhetorischer Textgliederung zu eruieren.[19] Siebenerstrukturen von (Sprech-)„Zeilen", die nicht auf dem frühesten erreichbaren vormasoretischen Textzeugnis und seiner Vortragsweise erstellt wurden, führen bei historisch-kritischer Rückfrage nicht weit genug zurück.[20] Allerdings hat Labuschagne in seinem Kommentar zum Deuteronomium[21] auch immer wieder die Siebenzahl oder ihr Vielfaches bei Belegen bestimmter Ausdrücke festgestellt. Ähnliches gilt für die Monographie von Carrière. Diese Siebenerfiguren müssten einmal in einer Gesamtliste von bisher beobachteten Siebenergruppierungen erfasst werden. Von Ausnahmen abgesehen werde ich sie allerdings im Folgenden nicht abermals anführen und besprechen.

Anders steht es mit einigen Überlegungen Carrières zu ihrer Verwendung und Klassifizierung.[22] Vor allem seine Unterscheidung zwischen einer „Reihe" (*série*), die eine abgegrenzte Texteinheit strukturiert, und einer eher unsystematisch gebrauchten „Gruppe" (*ensemble*) von sieben Belegen eines Ausdrucks usw. verdient Berücksichtigung.[23] Ich übernehme diese beiden

---

bracht." Der Vorwurf von Labuschagne, Casper J., The Setting of the Song of Moses in Deuteronomy, in: Vervenne, Marc u.a. (Hg.), Deuteronomy and Deuteronomic Literature. Festschrift C.H.W. Brekelmans, BEThL 133, Leuven 1997, 111–129, 115 Anm. 15, ich hätte seine Entdeckungen von Siebenergruppen in den in Braulik, Funktion (s. Anm. 5), 112 Anm. 4, genannten Studien nicht berücksichtigt, ist unangebracht, weil es dort um andere, von mir bewusst ausgeklammerte Phänomene wie Redeeinleitungsformeln und Rückverweisformeln auf Gottesreden geht.

18 Carrière, Théorie (s. Anm. 10), 60–64.88f. Eine „Sprechzeile" bestimmt er wie folgt: „Une ligne, c'est en fait cette unité simple de l'acte du discours, dont la taille est variable; la ligne est *comme* la bouchée de nourriture, *comme* cette quantité des paroles que nous prononçons entre deux respirations; pour l'esprit qui lit par le moyen des yeux, le ‚retour à la ligne' autorise une pause qui est *comme* une respiration." (64).

19 Siehe dazu Braulik, Georg, Beobachtungen zur vormasoretischen Vortragspraxis des Deuteronomiums, in: ders., Deuteronomium (s. Anm. 13), 245–267.

20 Das gilt auch für die „numerical composition" des Deuteronomium, wie sie Christensen, Deuteronomy 1:1–21:9 (s. Anm. 3), ci–cvii, im Anschluss an Labuschagne nachzuweisen versucht, ebenso für seine „prosodic analysis" und ihre Zahlenkompositionen (lxxx–lxxxvii) als ein mit der Übersetzung verbundenes festes Element der jeweiligen Textauslegung (im zitierten ersten wie auch im zweiten Kommentarband: Deuteronomy 21:10–34:10, WBC 6B, Nashville 2002).

21 Labuschagne, Casper L., Deuteronomium, I–III, De Prediking van het Oude Testament, Nijkerk 1987–1997.

22 Carrière, Théorie (s. Anm. 10), 197–199.

23 „Par *série* d'occurrences, nous entendons le fait qu'un nombre particulier d'occurences

Grundkategorien Reihe und Gruppe, so dass fortan die folgende Sprachregelung gilt: Unter den Oberbegriffen „Siebenerfiguren" bzw. „Siebenerstrukturen" wird zwischen „Siebener*reihe*" und „Siebener*gruppe*" unterschieden. Eine „Reihe" ist – abgesehen von der Beschränkung auf einen geschlossenen Textzusammenhang – vor allem durch ein gemeinsames Thema und/oder eine ornamental regelmäßige Abfolge ihrer Belege gekennzeichnet. Ihre Sequenz kann zum Beispiel durch verschiedene Formen von Rahmung, Palindromie, grammatikalisch-syntaktische Gemeinsamkeiten usw. strukturiert sein. Bei der Abgrenzung der Texteinheiten, in denen sie sich finden, folge ich der deutschen Einheitsübersetzung bzw. meinem Deuteronomium-Kommentar[24].

Eine „Reihe" bzw. die gegenseitige Durchdringung verschiedener Siebener-„Reihen" in einem größeren Abschnitt wirft noch stärker als eine „Gruppe" die Frage nach der Funktion[25] ihres offenbar intendierten, weil planmäßigen, Gebrauchs auf. Jedenfalls sind Siebenerreihen als Interpretationsanweisungen für die Textpassage(n), die sie mit ihren Belegen überspannen bzw. miteinander verklammern, zu berücksichtigen. Sie verstehen diese Perikope(n) unter einem bestimmten Gesichtspunkt als Einheit. Außerdem bestehen vor allem die folgenden Möglichkeiten, eine Siebenerreihe durch die regelmäßige Abfolge jeweils gleich gestalteter Elemente innerlich zu gliedern und Aussageakzente zu setzen. Sie können erstens palindromisch angeordnet sein oder 3 + 1 + 3 Elemente gruppieren, dann liegt das Schwergewicht im Zentrum. Zweitens können 4 + 3 oder 3 + 4 Elemente miteinander verbunden werden. Die dritte Grundformation ist achterlastig und betont mit 6 + 1 oder 3 + 3 + 1 oder 2 + 2 + 2 + 1 Elementen den letzten Beleg[26].

---

d'un terme dans un ensemble textuel déterminé présente des charactéristiques précises, telles que: jeu d'oppositions entre ce terme et d'autres, ou entre deux usages du terme en deux positions différentes de l'ensemble textuel, articulations marquées avec d'autres termes. Une série d'occurences signale que le législateur effectue par le moyen de cette disposition et de ces articulations un travail conceptuel *autour* de la notion dénotée par le terme, sans que pour autant cette transformation concerne nécessairement le terme lui-même. ... L'hypothèse est ici que la série d'occurences est un phénomène structurant, parce qu'elle forme système à l'intérieur de l'ensemble textuel donné. Par contraste, nous entendrons par *ensemble* d'occurences un nombre particulier d'occurences d'un terme dans un ensemble textuel déterminé disposées de telle manière que les liens ou les articulations entre ces occurences ne forment pas un système précis. On est ici davantage devant des phénomènes de glissement de sens ou d'usage, plus au niveau d'une thématique déployée par l'écriture de législateur, ou de la prise en compte d'une réalité par le terme en question sans que la pensée du législateur opère un véritable travail conceptuel sur cette réalité." (Carrière, Théorie [s. Anm. 10], 198f.).

24 Braulik, Georg, Deuteronomium 1–16,17, NEB.AT 15, Würzburg ²2000 (=1986); ders., Deuteronomium II. 16,18–34,12, NEB.AT 28, Würzburg 1992.
25 Zu den Interpretationsproblemen einer Siebener*reihe* im definierten Sinn siehe Carrière, Théorie (s. Anm. 10), 423–425.
26 Warning, Artistry (s. Anm. 3), 29, stellt Analoges im Buch Levitikus fest: „Repeatedly the author of Leviticus seems to have divided a *seven-part* structure into *three* plus *four*

Sie kann aber auch genau umgekehrt gewichtet sein und setzt dann den Akzent bereits auf die erste Stelle.

Bei meiner Auswahl von Beispielen aus dem synchron gelesenen Deuteronomium gebe ich Siebener*reihen* den Vorzug, weil sie das stilistische Phänomen stärker profilieren als die manchmal wie zufällig wirkenden Siebener*gruppen*. Außerdem liegt das Schwergewicht auf Siebenerfiguren einzelner Ausdrücke und Wendungen, von denen die meisten „theologische, soziale oder juristische Zentralwörter und Schlüsselaussagen des Deuteronomiums"[27] betreffen. Siebenerrhythmen anderer Kategorien, etwa syntaktischer Phänomene,[28] eines verbindenden Themas[29] oder einer bestimmten

---

or *four* plus *three* units, both on the micro- and macrostructural levels. ... At times even in a seven-part structure the seventh spot features prominently. The significance of the number seven is therefore a dual one: first, in groups of seven this pattern can correctly be seen as a conscious striving for a literary usage based on this ‚perfect' number, and, second, in a variable-length list often the *seventh* slot is emphasized by using a rare or even a unique term or phrase."

27 Braulik, Funktion (s. Anm. 5), 78.

28 Zur Illustration bringe ich einige, teilweise bereits bekannte Beispiele geordnet nach ihren Belegen im Deuteronomium. Der geschichtliche Teil der ersten Moserede (1,6–3,29) verwendet siebenmal einen *dativus ethicus* (1,6.7.40; 2,3a.b.13; 3,26 – Hinweis von N. Lohfink). Das Sabbatgebot verpflichtet in 5,14, abgesehen von seinem direkten Adressaten, sieben im Familienbereich „Arbeitende". Das zweite Begehrensverbot in 5,21 (10. Dekaloggebot) umschreibt sieben, von אוה „begehren" abhängigen Objekten den gesamten beweglichen und unbeweglichen Sachbesitz des Nächsten, nach dem man nicht trachten darf (Berg, Siebenerreihen [s. Anm. 5], 15). In 6,4–9 folgen in Abhängigkeit vom Imperativ „Höre Israel" (6,4) sieben Injunktive bzw. w^eqatalta-Formen (vgl. Veijola, Timo, Moses Erben. Studien zum Dekalog, zum Deuteronomismus und zum Schriftgelehrtentum, BWANT 149, Stuttgart u.a. 2000, 78). Außerdem sind in 6,6–9 הדברים האלה „diese Worte" siebenmal Subjekt oder Objekt der Aussage (Lohfink, Norbert – Fischer, Georg, „Diese Worte sollst du summen". Dtn 6,7 *wedibbartā bām* – ein verlorener Schlüssel zur meditativen Kultur in Israel, in: Lohfink, Norbert, Studien zum Deuteronomium und zur deuteronomistischen Literatur III, SBAB 20, Stuttgart 1995, 181–203, 187). Die Liebe Israels zu JHWH wird siebenmal mit dem Infinitiv אהבה + ל „zu lieben" formuliert (10,12; 11,13.22; 19,9; 30,6.16.20). In der literarisch genau durchkonstruierten Einheit 22,1–12 sind von den 14 (=2x7) verschiedenen Vorschriften (vgl. Barbiero, Gianni, L'asino del nemico. Rinuncia alla vendetta e amore del nemico nella legislazione dell'Antico Testamento [Es 23,4–5; Dt 22,1–4; Lv 19,17–18], AnBib 128, Roma 1991, 143 Anm. 52) sieben Prohibitive (V. 1.4.5aα.aβ.9.10.11). Wie eine ganze Perikope in mehreren syntaktischen Siebenerfiguren aufgebaut sein kann, illustriert 30,1–10: „30,1–10 enthalten insgesamt 22 verbale Hauptsätze, was den Buchstaben des Alphabets entspricht. Vor der ersten Siebenerreihe steht ein Temporalsatz. Nach der ersten Siebenerreihe zeigt sich durch den Konzessivsatz 30,4a ein Neubeginn, der inhaltlich da einsetzt, wo die erste Siebenerreihe aufgehört hat, bei der Sammlung Israels. Das siebte Glied der neuen Reihe ist 30,6. Vom ואתה am Anfang von 30,8 an ist die chiastisch gebaute Untereinheit bis zu 30,10 wieder eine Siebenerreihe. Der für die Zahl 22 noch fehlende Satz ist in 30,7 als Nebenbemerkung eingeschoben. Ähnliche Formprobleme, die sich aus der Kombination von Siebenerreihen mit der Alphabetzahl 22 ergeben (3x7=21!), finden sich im Bau mancher Psalmen. Der Gottesname kommt in 30,11–14 nicht vor. In 30,1–10 steht er dagegen 14 = 2x7-mal, und zwar 7-mal als Subjekt von Hauptsätzen, 7-mal in

Gattung[30], aber auch Beobachtungen zur Konzentration von Siebenergruppierungen in einzelnen Texten,[31] bleiben einer späteren Untersuchung vorbehalten. Ich folge der alphabetischen Reihenfolge der Lexeme, außer eine andere Siebenerfigur ist mit dem besprochenen Beispiel verflochten. Dann erkläre ich sie in den meisten Fällen sofort an dieser Stelle. Auch erhält jedes Beispiel eine eigene Nummer, es sei denn, es wird nur in einer Anmerkung behandelt.

Siebenerreihen und -gruppen einzelner Ausdrücke

1. Das Deuteronomium entwirft eine geschwisterliche Gesellschaft und tendiert deshalb dazu, die Frau sowohl im liturgischen[32] wie im sozialen Bereich zu emanzipieren[33]. Das gilt bereits aus der Perspektive der Kinder. Daher werden öfter als in anderen Gesetzeskorpora beide Elternteile ausdrücklich

---

sonstiger Verwendung. Vor und nach 30,6 finden sich je 6 Belege. Damit ist 30,6 zweifellos auch auf dieser Ebene der Gestaltung als Zentrum unterstrichen." (Lohfink, Norbert, Der Neue Bund im Buch Deuteronomium, ZAR 4 [1998], 100–125, 122).

29 In den Kap. 1–3 gibt es z.B. sieben geschichtstypologische Aussagen (1,30; 2,12; 2,20–22; 2,28f.; 3,2.6.21), die durch כאשר „wie" eingeleitet und innerhalb des Komparativsatzes mit ל עשה „dem ... getan hat" formuliert sind (Lohfink, Norbert, Geschichtstypologisch orientierte Textstrukturen in den Büchern Deuteronomium und Josua, in: ders., Studien zum Deuteronomium und zur deuteronomistischen Literatur IV, SBAB 31, Stuttgart 2000, 75–103, 76–87). Siebenmal (5,29; 6,2; 8,6; 10,12f.; 13,5; 17,19f.; 31,12) verbindet sich die JHWH-Furcht motivierend mit der Beobachtung der Gebote (siehe dazu ders., Jeder Weisheitslehre Quintessenz. Zu Koh 12,13, in diesem Band S. 195–205). Der Rückblick auf die Sünde Israels am Horeb beschreibt den Zorn Gottes (nach der Ankündigung von 9,7) in 9,8–22 mit sieben, palindromisch verteilten Wörtern, fünf Verben und zwei Nomina (siehe ders., Der Zorn Gottes und das Exil. Beobachtungen am deuteronomistischen Geschichtswerk, in: Kratz, Reinhard G. u.a. [Hg.], Liebe und Gebot. Studien zum Deuteronomium. Festschrift zum 70. Geburtstag von Lothar Perlitt, FRLANT 190, Göttingen 2000, 137–155, 145). Zur Begründung des Exils verwendet 29,21–27 sieben chiastisch strukturierte Zornaussagen (vgl. Lohfink, Zorn, 154).

30 So ergehen z.B. in den Kap. 1–3 sieben Befehle Gottes an das Volk, gefolgt von ihrer Ausführung (1,6–8/1,19; 1,40/2,1; 2,3–6/2,8; 2,9.13a/2,13b; 2,18f./2,37; 2,24f.31/2,26–30.32f.; 3,2/3,3 – Hinweis von N. Lohfink). Kap. 31 ist in sieben Reden Moses und JHWHs gegliedert, die thematisch eine genaue Abfolge aufweisen und regelmäßig zwischen einer langen und einer kurzen Rede wechseln – siehe dazu Lohfink, Norbert, Der Bundesschluß im Land Moab. Redaktionsgeschichtliches zu Dt 28,69–32,47, in: ders., Studien zum Deuteronomium und zur deuteronomistischen Literatur I, SBAB 8, Stuttgart 1990, 53–82, 73–75.

31 Z.B. in Kap. 28.

32 Siehe dazu Braulik, Georg, Durften auch Frauen in Israel opfern? Beobachtungen zur Sinn- und Festgestalt des Opfers im Deuteronomium, in: ders., Studien, SBAB 33 (s. Anm. 14), 59–89.

33 Schäfer-Lichtenberger, Christa, Beobachtungen zur Rechtsstellung der Frau in der alttestamentlichen Überlieferung, WuD 24 (1997), 95–120.

genannt und bilden mit אב + אם „Vater + Mutter" eine Siebenerreihe (5,16; 21,13.18.19; 22,15; 27,16; 33,9). Der siebente Beleg ist von den übrigen Stellen dadurch abgehoben, dass er eine Aktion gegen die Eltern, konkret den kompromisslosen Einsatz der Leviten, positiv bewertet. Die vorausgehenden sechs Belege sind ihrem Thema nach chiastisch angeordnet. Im äußeren Rahmen dieser Figur (A und A') geht es um die Elternehrung (5,16; 27,16). Der innere Rahmen (B und B') behandelt das positive Verhältnis von Eltern und Tochter (21,13; 22,15), die beiden Stellen in der Mitte dagegen das negative Verhältnis von Eltern und Sohn (21,18.19).

A		5,16	Dekalogsgebot, Vater und Mutter zu ehren
	B	21,13	die Kriegsgefangene beweint Vater und Mutter
		C 21,18	der Sohn hört nicht auf Vater und Mutter
		C' 21,19	Vater und Mutter bringen den störrischen Sohn vor die Torversammlung
	B'	22,15	Vater und Mutter bezeugen die voreheliche Unschuld ihrer Tochter
A'		27,16	Dodekalogsverfluchung dessen, der Vater oder Mutter schmäht
		D 33,9	*Levi, der auf seinen Vater und seine Mutter keine Rücksicht genommen hat*

2. Der im Deuteronomium besonders häufige und für seine „Geschwisterethik" charakteristische Begriff אח „Bruder" ist im Deuteronomium 48-mal belegt. Doch gibt es drei klar abhebbare, untereinander auch wieder thematisch unterschiedene Textbereiche, wo er jeweils siebenmal verwendet wird. Den ersten bildet der Geschichtsrückblick der ersten Moserede (1,6–3,29). In ihm steht der „Bruder"-Terminus in den Perikopen über die Einsetzung der Autoritäten (1,9–18), den Unglauben in Kadesch Barnea (1,19–2,1) und den Marsch durch das Ostjordanland, genauer beim Zug durch Edom (2,2–14) an seinem Beginn und bei den Vorbereitungen zur Eroberung des Westjordanlandes an seinem Ende (3,18–29). אח unterstreicht über alle Standes-, Stammes-, ja Volksgrenzen hinweg die Verwandtschaftsbande zwischen den Richtern und ihren Klienten (1,16bα) wie den Streitenden untereinander (1,16bβ), zwischen den Kundschaftern und dem Volk (1,28), den Israeliten und Edomitern (2,4.8) und schließlich zwischen den Rubenitern, Gaditern wie dem halben Stamm Manasse einerseits und den übrigen Stämmen Israels andererseits (3,18.20). Man wird diese über die gesamte Wüstenerzählung gestreuten, unterschiedlich konnotierten Belege als Siebenergruppe (1,16bα.β.28; 2,4.8; 3,18.20) bewerten müssen. Sie ist dadurch profiliert, dass in der gesamten anschließenden Paränese (Kap. 4–11) – mit Ausnahme des Levitenspruches in 10,9 – nicht mehr vom „Bruder" geredet wird. Das geschieht erst wieder in den Sozial- und Ämtergesetzen des deuteronomischen Kodex.

3. Auf die beiden folgenden Siebenerfiguren des deuteronomischen Kodex habe ich schon früher aufmerksam gemacht.[34] Ich erwähne sie aber nochmals, um sie wegen ihrer semantischen Gemeinsamkeiten jetzt als „Reihe" zu

---

34 Braulik, Funktion (s. Anm. 5), 71.

klassifizieren. In ihnen ist אח jeweils das Leitwort eines thematisch kohärenten Gesetzesblocks. Zunächst verbindet eine wirtschaftstheologische Siebenerreihe die drei Gesetze, die sich auf den Schuldenerlass in „jedem siebten Jahr" (15,1.9.12) beziehen (15,1–6.7–11.12–18). Der „Bruder" ist hier der bedürftige, näherhin der verschuldete (V. 2.3.12) bzw. der „arme" (V. 7a.7b.9.11) Mitisraelit.

4. Der „Verfassungsentwurf" (16,18–18,22) wird von einer politisch-theologischen Siebenerreihe von אח geprägt. Denn der König (17,15bα.β.20), der Stamm Levi bzw. die levitischen Priester (18,2.7) und der von JHWH erweckte Prophet (18,15.18) kommen aus der Mitte ihrer Brüder und leben mitten unter ihnen. Die Bruderbeziehung hebt also die Distanz zu den Amtsträgern auf.[35]

5. Das Verb אכל „essen" durchzieht mit seinen 80 Belegen zwar alle Buchteile. Doch spielen die Speisevorschriften in 14,3–21 mit ihrem Katalog reiner und unreiner Tiere eine theologisch wie literarisch exzeptionelle Rolle. Sie enthalten sieben Essensverbote (V. 3.7.8.10.12.19.21) und erlauben siebenmal das Essen einer bestimmten Fleischart (V. 4.6.9.9.11.20.21). Während sich die Rahmenstellen singularisch auf Israel (V. 3) bzw. auf den Fremden (V. 21) und damit auf die gesetzlich oppositionellen Konsumenten beziehen, sind die übrigen Stellen pluralisch formuliert. אכל wird im Qal gebraucht, abgesehen von 14,19, wo das Nifal steht. Diese Abweichung erklärt sich aus dem Zusammenhang mit Lev 11,20.41. Die Liste der Speisetabus verschränkt also innerhalb eines Gesetzes durch Rahmung wie Numerus der Verbbelege zwei Siebenerreihen miteinander.

6. Eine Siebenergruppe mit אכל ist auch in die Fluchsanktionen von Kap. 28 verwoben. Einerseits verzehren Nichtisraeliten in den Frustrationsflüchen der V. 31.33 und in den Feindplünderungen des V. 51 das Vieh und die Ernte (in V. 39 war es der Wurm), andererseits zwingt die Hungerblockade die eingeschlossenen Israeliten dazu, ihre eigenen Kinder zu essen (V. 53.55.57). Die Belege in den V. 33.51.53 vernetzen außerdem durch die Verbindung mit פרי „Frucht" die beiden Großabschnitte der V. 20–44.47–68. Dieses Wort פרי wird selbst wieder in Kap. 28 in einer Siebenerreihe gebraucht.[36]

---

35 Die beide Reihen Nr. 3 und 4 sind in die Brüderlichkeitstheologie des deuteronomischen Kodex mit weiteren zwanzig Belegen eingebettet. Unter ihnen fordern 22,1–4 geradezu emphatisch eine tatkräftige ethische Verantwortung für verlaufenes Vieh und verlorene Habe eines Volksgenossen. Dabei wechseln der sechsmal belegte Bruderterminus mit acht darauf bezogenen enklitischen Personalpronomina, womit indirekt ein Mehrfaches von Sieben (2x7) erreicht wird. Der Bruderbegriff erscheint in diesen vier Versen nicht zuletzt auch dadurch so stark profiliert, dass er im vorausgehenden Kap. 21 und im anschließenden Kapiteltext 22,5–29 fehlt (vgl. Barbiero, asino [s. Anm. 28], 133). Das „Ideal der Brüderlichkeit" des deuteronomischen Gesetzes hat jetzt Carrière, Théorie (s. Anm. 10), 257–262, nach der zahlenmäßigen Verteilung des Terminus und der ökonomischen, politischen und ethischen Seite der Bruderbeziehung analysiert.
36 Siehe dazu Nr. 58.

7. Die Fülle des Segensgenusses im Verheißungsland fasst das Deuteronomium in der Formel שבע + אכל „essen und satt werden" zusammen. Sie soll nicht nur für den freien israelitischen Bauern, sondern auch für die bodenbesitzlosen Gruppen, die „Fremden, Waisen und Witwen" (14,29) und „Leviten" (26,12), Wirklichkeit werden. Diese zentrale Thematik durchzieht in einer Siebenergruppe Paränese und Gesetz (6,11; 8,10.12; 11,15; 14,29; 26,12; 31,20).

8. Die Gotteslehre von Kap. 4 entwickelt eine präzise theologische Terminologie, in der JHWH und אלהים „Gott, Götter" genau definiert verwendet werden.[37] אלהים kommt in 4,1–40 25-mal vor (V. 1.2.3.4.5.7a.b.10.19.21. 23a.b.24.25.28.29.30.31.32.33.34a.b.35.39.40). An 18 Stellen ist es Apposition zu JHWH (V. 1.2.3.4.5.7b.10.19.21.23a.b.24.25.29. 30.31.34b.40). So bleiben sieben Belege mit אלהים allein: V. 7a.28.32.33. 34a.35.39. Bei genauerem Zusehen zeigt sich, dass in dieser Siebenergruppe praktisch die monotheistische Gotteslehre entwickelt wird. Sie gebraucht אלהים als Appellativ und singularisch, also auf JHWH allein beziehbar, im Rahmen von Unvergleichlichkeitsaussagen (V. 7.33.34) bzw. einer Denkvoraussetzung bei der Schöpfung (V. 32). Als Plural steht אלהים, wenn Götter gemeint sind (V. 28) – obwohl das Kapitel niemals von „anderen Göttern" spricht, was ja ihre Existenz implizieren würde. Dagegen wird JHWH niemals bloß „Gott" genannt; er ist vielmehr אלהים (V. 35.39), *„der* Gott" schlechthin, eben der einzige.[38]

9. In seinem Rückblick auf die Zeit der Wanderung vom Horeb nach Moab (1,6–3,29) zitiert Mose achtmal eine an ihn selbst gerichtete JHWH-Rede, in der er einen Auftrag erhalten hat (1,6.42; 2,2.9.17.31; 3,2.26). Von ihnen ergeht nur die erste Gottesrede, formuliert mit דבר Piel, in 1,6 אלינו an „uns", schließt also Mose mit Israel zusammen. Die übrigen Reden werden

---

37 Siehe dazu Braulik, Georg, Das Deuteronomium und die Geburt des Monotheismus, in: ders., Studien zur Theologie des Deuteronomiums, SBAB 2, Stuttgart 1988, 257–300, 281–285.

38 Diese Siebenerfigur überschneidet sich in 4,32–40 mit einer anderen, die allerdings אלהים auch als Apposition zu JHWH und damit für das Gottesverhältnis Israels gebraucht wird. Sie kann wahrgenommen werden, weil die Verse aussagemäßig und syntaktisch als eigener Abschnitt von ihrem Kontext abgehoben und nach einem dreiteiligen Schema der Beweisführung strukturiert sind. V. 32 eröffnet den Geschichtsrückblick (I) mit der Zeit, als „Gott" (A) den Menschen erschuf. Die V. 33.34 greifen aus dem historischen Panorama zwei bei irgendeinem „Gott" (A) nie beobachtete Machtmanifestationen in Wortoffenbarung und geschichtlicher Befreiung heraus, wie sie aber nach V. 34b JHWH, „euer Gott" (B) vollbracht hat und ihm die V. 36–38 dann mit Horebtheophanie und Herausführung aus Ägypten explizit zusprechen. Die V. 35.39 ziehen daraus (II) die glaubensmäßige Folgerung, dass JHWH „der", nämlich einzige, „Gott" (A') ist. Deshalb kann die Gebotsparänese (III), die sich in praktischer Konsequenz aus dieser Glaubenseinsicht ergibt, langes Leben in dem für alle Zeit von JHWH, „deinem Gott" (B') gegebenen Land verheißen (V. 40). Somit ergibt sich in der Siebenerreihe folgende regelmäßige Sequenz: (I) A – A – A – B / (II) A' – A' / (III) B'.

sechsmal mit der Formel ויאמר יהוה אלי „und JHWH sprach zu mir" (1,42; 2,2.9.31; 3,2.26) und einmal mit וידבר יהוה אלי לאמר „und JHWH redete zu mir (folgendermaßen)" eingeleitet. Die breitere Formulierung steht betont im Zentrum:

1,42	ויאמר יהוה אלי
2,2	ויאמר יהוה אלי
2,9	ויאמר יהוה אלי
2,17	*וידבר יהוה אלי לאמר*
2,31	ויאמר יהוה אלי
3,2	ויאמר יהוה אלי
3,26	ויאמר יהוה אלי

10. Allerdings zitiert Mose dann in Kap. 4, dem paränetischen Teil seiner ersten Rede, noch einen Gottesauftrag, der an ihn bei der Horebtheophanie ergangen ist. Er wird als Umstandssatz formuliert: באמר יהוה אלי „als JHWH zu mir sprach" (4,10). Durch die Präpositionalverbindung באמר entsteht dann eine Siebenerreihe von אמר-Einleitungen innerhalb der gesamten ersten Moserede Kap. 1–4.

11. Welch wichtige Rolle die Reden gerade im narrativen Geschichtsrückblick spielen, zeigt auch der – meist unübersetzte, durch Doppelpunkt ausgedrückte – präfigierte Infinitiv לאמר, der siebenmal in Kap. 1 (V. 5.6.9.16.28. 34.37) und siebenmal beim Zug durch das Ostjordanland sowie bei den Vorbereitungen für die Eroberung des Westjordanlandes in den Kap. 2–3 verwendet wird (2,2.4.17.26; 3,18.21.23). Er fehlt natürlich wegen des nichtnarrativen Textcharakters in Kap. 4 und findet sich im übrigen Deuteronomium in keiner Texteinheit mehr als Siebenergruppe.

12. Das Deuteronomium verwendet an mehreren Stellen ארץ für das verheißene „Land" als Leitwort und zeichnet es deshalb in genau umgrenzbaren Textbereichen mit drei Siebenerreihen aus. Die erste Reihe (1,21.22.25a.b.27. 35.36) konturiert den Rückblick auf den Aufenthalt in Kadesch Barnea (1,19–46), genauer auf die verweigerte Inbesitznahme Kanaans (V. 19–40). Denn seine erste wie letzte Stelle sprechen von Landgabe JHWHs (V. 21.36 נתן [לפניך/לו] את־הארץ). Außerdem sind sechs der Belege mit den referierten Reden des Mose (V. 21), des Volkes (V. 22.27), der Kundschafter (25b) und JHWHs (V. 35.36) verbunden. Nur ein Beleg steht in der Erzählung über die Tätigkeit der Kundschafter (V. 25a), bereitet aber gerade dadurch das Aussagezentrum vor. Denn in der privilegierten Mitte des Redenzyklus und der Siebenerreihe, nämlich an vierter Stelle, sagen die Kundschafter vom Land: טובה הארץ „Prächtig ist das Land" (V. 25b). Um diesen Nominalsatz sind die anderen „Land"-Stellen auf der syntaktischen Ebene konzentrisch herumgelegt: das „Land" bildet ein Akkusativobjekt (V. 21) – ein Akkusativobjekt (V. 22) – eine Präpositionalverbindung mit מן (V. 25a) – ein Prädikatsnomen

(V. 25b) – eine Präpositionalverbindung mit מן (V. 27) – ein Akkusativobjekt (V. 35) – ein Akkusativobjekt (V. 36).[39]

13. Die zweite „Land"-Reihe steht in 8,7–10, dem Vordersatz des großen Bedingungssatzgefüges der V. 7–18. Die Gabe des Verheißungslandes wird in einer palindromisch gestalteten,[40] somit intendierten, Siebenerstruktur (V. 7a.b.8a.b.9a.b.10)[41] fast hymnisch beschrieben, wobei die Rahmenbelege mit der Präpositionalverbindung אל־ארץ טובה (V. 7a) bzw. על־הארץ הטובה (V. 10) einen fünfgliedrigen Preis dieses „prächtigen Landes" umschließen.[42] Im äußeren Rahmen quillt in ihm Wasser in Tal und „Berg" (V. 7b) und holt man Erz aus seinen „Bergen" (V. 9b); der innere Rahmen nennt fünf Pflanzenarten, die im Land wachsen (V. 8a) und spricht vom Verzehr seiner Produkte (V. 9a); im Zentrum (V. 8b) aber steht „ein Land des ölreichen[43] Olivenbaums und des Honigs".

14. Die Bedeutung des Landes unterstreicht schließlich auch die dritte Siebenerreihe in 29,21–27.[44] Sie strukturiert das „Abfolgeschema einer Strafgrunderfragung", in dem sich die Völker nach der Ursache der Katastrophe, die das Land getroffen hat, erkundigen und mit der Apostasie Israels bzw. dem Zorn Gottes beantworten. Die Reihe ist konzentrisch um „dieses Land" (V. 23) angelegt:

---

39 Rechnet man noch die drei Belege in 1,7–8 dazu, käme man auf eine Zehnzahl. Dass aber primär eine Siebenerreihe wahrgenommen werden soll, ergibt sich aus deren konzentrischer Anordnung.
40 Das hat Gomes de Araújo, Reginaldo, Theologie der Wüste im Deuteronomium, ÖBS 17, Frankfurt a.M. u.a. 1999, 251f., nachgewiesen.
41 Sie wurde bereits von Alonso-Schökel, Luis, Estructuras numericas en el Antiguo Testamento, in: ders., Hermenéutica de la Palabra, 2. Interpretación literaria de textos bíblicos, AcChr 38, Madrid 1987, 257–270 (= Strutture numeriche nell'Antico Testamento, Strumenti critici 3 [1969], 331–342), 262, beobachtet.
42 Dass es sich um eine bewusste Siebenerstruktur handelt, zeigt auch der Vergleich mit der Vorlage in 2 Kön 18,32: Die drei Aussagen über das Land des assyrischen Herrschaftsbereichs, in das der Rabschake die Judäer umsiedeln will, sind in Dtn 8,8 auf fünf erweitert und ausgebaut worden. Siehe dazu Gomes de Araújo, Theologie (s. Anm. 40), 245–255.
43 Dtn 8,8 hat die in 2 Kön 18,32 verwendete Verbindung זית יצהר durch זית שמן ersetzt. Diese Umformulierung dürfte mit Dtn 32,13 zusammenhängen. Im Deuteronomium werden nur dort, verteilt auf die beiden Stichen V. 13bα und β, דבש מסלע „Honig aus dem Felsen" und שמן מחלמיש צור „Öl aus Kieselgestein" als Güter des Verheißungslandes parallelisiert. Der Bezug zu 32,13bβ ist auch durch 8,15 mit der Wendung מצור החלמיש gegeben, ihren beiden einzigen Belegen im Alten Testament (vgl. noch Ps 114,8). Diese Bezüge werden auch noch dadurch bestätigt, dass das Deuteronomium דבש sonst ausschließlich in der Wendung ארץ זבת חלב ודבש „ein Land, wo Milch und Honig strömen", und zwar sechsmal (6,3; 11,9; 26,9.15; 27,3; 31,20 [hier mit dem synonymen אדמה]), verwendet. Was wäre näher gelegen als mit dieser Formel eine Siebenergruppe zu bilden, hätte nicht in 8,8 ein anderer Bezug den Vorrang erhalten müssen. Doch wird auch dann דבש siebenmal im Deuteronomium verwendet.
44 Sie wurde bereits von Braulik, Georg, Die Völkervernichtung und die Rückkehr Israels ins Verheißungsland. Hermeneutische Bemerkungen zum Buch Deuteronomium, in: ders., Studien, SBAB 33 (s. Anm. 14), 113–150, 140–142, ausführlich beschrieben.

A			29,21a	מארץ רחוקה	„aus fernem Land"
	B		29,21b	הארץ ההוא	„dieses Land"
		C	29,22	כל־ארצה	„sein ganzes Land"
			D 29,23	*לארץ הזאת*	*„diesem Land"*
		C'	29,24	מארץ מצרים	„aus dem Land Ägypten"
	B'		29,26	בארץ ההוא	„gegen dieses Land"
A'			29,27b	אל־ארץ אחרת	„in ein anderes Land"

Dagegen verwendet V. 27a für das Land – offenbar um die Siebenzahl nicht zu überschreiten – das synonyme Lexem אדמה.

15. In den drei Perikopen 4,1–40; 5,2–33 und 9,9–10,11 erzählt Mose von der Gotteserscheinung auf dem Horeb, bei der „der Berg in Feuer" stand und JHWH „mitten aus dem Feuer" zu Israel sprach. Ihr Themawort ist אש „Feuer". Mit ihm werden zwei Siebenerreihen (Nr. 15 und 16) gebildet, während eine dritte (Nr. 17) sie teilweise aufgreift. Zunächst akzentuiert Kap. 4 die Gestaltlosigkeit der JHWH-Erscheinung, um mit ihr das Bilderverbot als Hauptgebot zu begründen, rückt aber dann als weitere Begründung das Wesen JHWHs selbst in die Mitte der Reihe.

A			4,11	ההר בער באש	„der Berg brannte (bis in den Himmel hinein)"
	B		4,12	וידבר מתוך האש	(JHWH) „sprach mitten aus dem Feuer"
	B		4,15	דבר מתוך האש	(JHWH) „sprach mitten aus dem Feuer"
		C	4,24	יהוה אלהיך אש אכלה הוא	„JHWH, dein Gott, ist verzehrendes Feuer"
	B		4,33	דבר מתוך האש	(hat ein Volk einen Gott) „mitten aus dem Feuer sprechen (hören)"
A'			4,36bα	הראך את־אשו הגדולה	(JHWH) „ließ dich sein großes Feuer (auf der Erde) sehen"
	B'		4,36bβ	דבריו שמעת מתוך האש	„mitten aus dem Feuer hast du seine Worte gehört"

16. Die in Kap. 5 um den Dekalog gelegte Erzählung von der Horebtheophanie unterstreicht in einer Siebenerreihe durch das „Feuer" den schreckenerregenden Aspekt (vgl. V. 5.26). Das Mittelglied (C) vermerkt eigens (V. 23), dass auch nach der Dekalogsverkündigung ההר בער באש „der Berg immer noch in Feuer stand". Außerdem wiederholen die Rahmenelemente מתוך האש בהר (A) bzw. מתוך־האש (A') viermal (V. 4.22 und 24.26), dass die Rede bzw. Stimme JHWHs „(am Berg) mitten aus dem Feuer" kam:[45]

---

[45] In diese Siebenerreihe des Kap. 5 ist noch eine Siebenergruppe mit einem zweiten Theophanieelement, dem קול „Donner", eingehängt. Um den Zusammenhang zwischen den Horebtexten nicht undeutlich zu machen, bespreche ich sie erst an ihrer alphabetischen Stelle in Nr. 61.

A		5,4	בהר מתוך האש
	B	5,5	מפני האש
A		5,22	בהר מתוך האש
		C 5,23	*ההר בער באש*
A'		5,24	מתוך האש
	D	5,25	האש הגדלה הזאת
A'		5,26	מתוך האש

17. Die Theophanieschilderungen der Kap. 4 und 5 sind durch einen Teil ihrer Belege mit 9,9–10,11, dem Rückblick auf den Horebaufenthalt Moses, zu einer dritten Siebenerreihe vernetzt. Sie legt den Nachdruck sachentsprechend auf den Berg. Deshalb gehören zu ihr alle Belege, die אש mit הר kombinieren. Dabei wechseln dann Aussagen vom „Berg, der in Feuer stand" (A), mit solchen, in denen JHWH „auf dem Berg mitten aus dem Feuer *mit* euch sprach" (B) bzw. „*zu* eurer vollzähligen Versammlung / *zu* euch sprach" (B'). Die Belege der Kap. 4 und 5 und ebenso die der Kap. 9 und 10 bilden jeweils einen kleinen in sich geschlossenen Aussagenkreis:

A	4,11	ההר בער באש
B	5,4	דבר עמכם בהר מתוך האש
B'	5,22	דבר אל־כל־קהלכם מתוך האש בהר
A	5,23	ההר בער באש
B'	9,10	דבר עמכם בהר מתוך האש
A	9,15	ההר בער באש
B'	10,4	דבר אליכם בהר מתוך האש

18. Deutlich abgegrenzt von den auf die Paränese beschränkten, erwähnten drei Stellen mit בער I Qal (immer im Partizip) „brennen" gibt es zehn Belege mit בער II Piel (immer als Injunktiv in der Form ובערת) „wegschaffen". Sie stehen jeweils am Ende von Gesetzen, die man in der Forschung als *bi'arta*-Gesetze bezeichnet hat,[46] und die sich gewöhnlich gegen Kapitalverbrechen richten. Diese „Ausrotte"-Formel ist für das Deuteronomium typisch und findet sich dort nur im Kodex der Einzelgesetze. Die Belege der Formulierung ובערת הרע מקרבך „du sollst das Böse aus deiner Mitte wegschaffen" bilden eine Siebenerreihe (13,6; 17,7; 19,19; 21,21; 22,21.24; 24,7).[47]

19. Im Zusammenhang mit der Opferzentralisation des Deuteronomiums regeln die zwei Gesetze 12,13–19.20–28 die sogenannte Profanschlachtung. Im Gegensatz zu den Opfern ist zwar „das Fleisch" als Nahrung überall und jedem erlaubt, doch darf niemals „das Blut", „die Lebenskraft", genossen werden. Das Schlüsselwort dieser Unterscheidungen ist also (ה)בשר „(das) Fleisch", das im Deuteronomium 13-mal gebraucht wird, hier aber in einer Siebenerreihe auftritt. An den ersten vier Stellen fehlt der Artikel, weil nicht differenziert wird: Durch die Profanschlachtung kann man אכל בשר „(Tier-)Fleisch essen", wann

---

46 Vgl. L'Hour, Jean, Une législation criminelle dans le Deutéronome, Bib. 44 (1963), 1–28.
47 Auf sie hat Carrière, Théorie (s. Anm. 10), 471, zwar hingewiesen, sie aber nicht weiter interpretiert.

immer man Appetit[48] darauf hat (12,15.20aα.20aβ.20b). Doch steht הבשׂר, wo der Umgang mit dem Blut präzisiert wird: „das Fleisch" darf „nicht zusammen mit der Lebenskraft" gegessen werden (V. 23). Das gilt erst recht bei Opferfleisch: Während bei Brandopfern „das Fleisch und das Blut" verbrannt werden (V. 27a), wird bei Schlachtopfern das Blut auf den Altar geschüttet und „das Fleisch gegessen" (V. 27b).

20 und 21. Wie kein anderer Text des Deuteronomiums charakterisiert 4,1–40, der zweite, paränetische Teil der ersten Moserede, Israel in mehrfacher Hinsicht als גוי (V. 6.7.8) bzw. עם (V. 6.10.20) „Volk" im Vergleich mit einem anderen „Volk", einem גוי (V. 34) bzw. עם (V. 33), und vor dem Horizont der „Völker", der גוים (V. 27.38) bzw. עמים (V. 19.27). Beide Lexeme werden hier, wie ihre unmittelbare Parallelisierung beweist (V. 6.27, auch V. 33 in Verbindung mit 34), weithin im gleichen Sinn und für Israel wie für die anderen Völker verwendet, wollen also offenbar zusammen in den Blick genommen werden.[49] Ich behandle sie deshalb hier auch gemeinsam. Die Besonderheit Israels zeigt sich nicht nur an der zitierten Bewunderung der Völker (V. 6) und an der Unvergleichlichkeit seiner Gottesbeziehung (V. 7–8.20) und Gotteserfahrung (V. 33–34), sondern auch an seiner Zerstreuung unter die Völker (V. 27) wie seiner Vernichtung größerer und mächtigerer Völker (V. 38). Die theologische Bedeutung des Volks- bzw. Völkergedankens wird durch jeweils eine Siebenerreihe mit גוי (V. 6.7.8.34.34) bzw. גוים (27.38) und eine zweite mit עם (6.10.20. 33) bzw. עמים (6.19.27) unterstrichen.

22. Das Deuteronomium fordert so häufig wie kein anderes alttestamentliches Buch dazu auf, aus bestimmten heilsgeschichtlichen Erfahrungen die ihnen jeweils entsprechenden praktischen Konsequenzen zu ziehen. Schlüsselwort dieser pragmatischen Erinnerung an Gottes Taten ist זכר Qal „gedenken". Siebenmal soll sich Israel an Ägypten „erinnern"[50] – an seine Knechtschaft in diesem Land (5,15; 15,15; 16,12; 24,18.22), an alles, was JHWH mit dem Pharao und Ägypten gemacht hat (7,18), vor allem an den Tag des Auszugs (16,3). Dieser vierte, also in der Mitte stehende Beleg der Siebenergruppe (16,3)

---

48 Die Verbalformen אוה Hitpael (A) (5,21 in einem Prohibitiv) wie Piel (B) (12,20; 14,26, beide mit נפשׁ als Subjekt) „begehren" und das Nomen אוה „Appetit" (C), immer in der Präpositionalverbindung בכל־אות נפשׁ (12,15.20.21;18,6), bilden eine eigene Siebenergruppe. Ihr erster Beleg erscheint durch seine abweichende Formulierung besonders profiliert: (A) 5,21 – (C) 12,15 – (B) 12,20 – (C) 12,20 – (C) 12,21 – (B) 14,26 – (C) 18,6.

49 Gleiches gilt auch für das Moselied 32,1–43. Hier bilden zwar עם und עמים eine Siebenergruppe (V. 6.8.9.21.36.43a.43b), doch bezeichnet in V. 21 לא־עם in Parallele zu גוי־נבל (eine in V. 6 für Israel verwendete Bezeichnung) ein fremdes Volk, während sich in V. 28 גוי auf Israel bezieht.

50 Diese Siebenergruppe überschneidet sich mit einem genau konstruierten siebengliedrigen Aussagensystem, das Israel aufgrund eigener offenbar glücklicher Zeit als גר „Fremder" in Ägypten (10,19; 23,8) bzw. leidvoller Erfahrung als עבד „Sklave" (5,15; 15,15; 16,12; 24,18.22) zu einem sozialen Verhalten gegenüber dem גר bzw. עבד motivieren soll. Siehe dazu Braulik, Funktion (s. Anm. 5), 73.

ist theologisch als Kerygma der Pesach-Mazzot-Feier und syntaktisch als der einzige subordinierte Satz, nämlich als Finalsatz, herausgehoben.

23. Dass die syntaktische Ebene zu beachten ist, ergibt sich daraus, dass sieben Belege als Injunktiv וזכרת „du sollst (daran) denken" (5,15; 8,2.18; 15,15; 16,12; 24,18.22) formuliert sind.

24. Das Deuteronomium spielt wahrscheinlich auf einen konkreten Ritus an, wenn es siebenmal חוה Hištafel (+ל) „sich niederwerfen (vor)" oder „(ihnen) huldigen, (sie) anbeten"[51] mit עבד „dienen" zu einem festen Doppelausdruck verbindet. Die Siebenergruppe ist durch Paränese und Gesetzeskodex hindurch weitgespannt: 4,19; 5,9; 8,19; 11,16; 17,3; 29,25; 30,17. Die Verehrung gilt mit Ausnahme von 4,19 immer אלהים אחרים „anderen Göttern", andernfalls steht חוה Hištafel (לפני) allein (einziger Beleg ist 26,10 beim Darbringen der Erstlingsfrüchte „vor JHWH"). 4,19 ist Teil einer Auslegung von 5,6–9 über das erste (und zweite) Dekaloggebot, die wegen der monotheistischen Gotteslehre des Kap. 4 nicht von „anderen Göttern" spricht. Insofern stellt auch 4,19 keine echte Ausnahme dar und bezieht sich sachlich auf „andere Götter".[52] Wo die verbotenen Kultobjekte mit חוה Hištafel und עבד unmittelbar verbunden sind (11,16; 17,3; 29,25; 30,17), sind sie dem von beiden Verben zuerst genannten als Objekt zugeordnet. Im übrigen geht dem Doppelausdruck חוה Hištafel und עבד immer noch ein anderes Verb voraus: In den Rahmenbelegen 4,19 und 30,17 ist es נדח Nifal „verleiten", das im Deuteronomium nur an diesen beiden Stellen in diesem Sinn verwendet wird.[53] So entsteht eine Art „Inklusion" der Siebenergruppe. Sie wird nochmals dadurch verstärkt, dass die Verben des Doppelausdrucks in 4,19 und 30,17 in der Abfolge (1) חוה Hištafel und (2) עבד gereiht sind. Das gilt allerdings auch noch für 5,9, also für den Text, auf den 4,19 interpretierend vorausverweist. In 8,19; 11,16; 17,3; 29,25 ist die Abfolge umgekehrt, also (1) עבד und (2) חוה Hištafel. Die Siebenergruppe zeigt somit eine locker gestaltete Systematik.

25. Die Aufforderung von 30,15–20, sich für „Leben" und „Glück" zu entscheiden, verbindet so häufig wie nirgends im Deuteronomium, nämlich sechsmal, Verb und Nomen חיה „leben" (V. 16.19) und חיים „Leben" (V. 15. 19.19.20). Die Bedingung für dieses Leben ist die Liebe zu JHWH, die sich im Gehorsam gegenüber seinen Geboten äußert (V. 16; vgl. V. 20). Sie steht unter der Voraus-Setzung der Herzensbeschneidung durch JHWH, die letztlich ermöglicht, למען חייך „dass du Leben hast" (V. 6). Die Siebenerreihe des „Le-

---

51 Zur Diskussion siehe Emerton, John A., The Etymology of hištaḥᵃwāh, in: Instruction and Interpretation. Studies in Hebrew Language, Palestinian Archaeology and Biblical Exegesis, OTS 20, Leiden 1977, 41–55; Kreuzer, Siegfried, Zur Bedeutung und Etymologie von hištaḥᵃwāh/yštḥwy, VT 35 (1985), 39–60.
52 Dtn 5,9 bezieht sich mit להם bzw. dem enklitischen Personalpronomen ‑ם auf אלהים אחרים in V. 7 zurück. Analoges gilt für 8,19, wo der Ausdruck mit der vorausgehenden Wendung הלך אחרי „hinterhergehen" verbunden ist.
53 5,9 schließt an V. 7 היה ל an. In 8,19 geht הלך אחרי voraus, in 11,16 סור „abweichen", in 17,3 und 29,25 jeweils einfaches הלך „gehen".

bens" verklammert deshalb V. 6, die theologisch zentrale Segenszusage der V. 1–10, mit den Segensverheißungen der V. 15–20.

26. Die levitischen Priester, überhaupt der ganze Stamm Levi haben in Israel keinen חלק „Anteil" und „Erbbesitz", weil JHWH selbst ihr „Erbbesitz" ist (10,9). Das Deuteronomium konstruiert deshalb mit חלק im Zusammenhang mit den Leviten eine Siebenerreihe (10,9; 12,12; 14,27.29; 18,1.8.8). Nur 18,8 weicht völlig von der Formulierung der übrigen Stellen ab und ist positiv formuliert: die Leviten aus den Landstädten sollen den gleichen „Anteil" wie ihre levitischen Brüder am Jerusalemer Tempel erhalten. חלק כחלק „die gleiche Zuteilung" am Ende der Reihe erscheint dadurch besonders gewichtig.[54]

27. Das Entbrennen des אף יהוה „des Zorns JHWHs" wird vom Deuteronomium mit Hilfe des Verbs חרה „entbrennen" (6,15; 7,4; 11,17; 29,26; 31,17) und seiner beiden Derivate חרון (13,18) und חרי „(Zornes-)Glut" (29,23) beschrieben, die insgesamt eine Siebenergruppe bilden.[55]

28. So häufig wie kein anderes vergleichbares alttestamentliches Buch spricht das Deuteronomium von יום „Tag" in verschiedenen Gebrauchsweisen. Seine Bedeutung wird auch durch verschiedene Siebenerfiguren hervorgehoben. Daraus unter den Nr. 29–32 vier Beispiele. Siebenerreihen betonen vor allem das „Heute". Das kann in der einfachen Wiederholung von היום geschehen, wie es siebenfach Kap. 30 durchzieht. Dabei werden seine Sinnabschnitte durch vier Promulgationssätze (אשר אנכי מצוך היום „worauf ich dich heute verpflichte" V. 2.8.11.16) und drei Koinzidenzaussagen (V. 15 נתתי לפניך היום „hiermit lege ich dir heute vor", V. 18 הגדתי לכם היום „erkläre ich euch heute", V. 19 העידתי בכם היום „rufe ich heute als Zeugen gegen euch an") vernetzt. Sie sind deutlich von der Pluralform in den Wendungen ימים Hifil ארך (V. 18) und ארך ימים (V. 20) abgehoben.

29. Die Siebenerreihe kann aber auch durch einen regelmäßigen Wechsel zwischen einfachem היום „heute" (A) und der Präpositionalverbindung כיום הזה „wie es heute ist/geschieht" (B) profiliert werden. In Kap. 4 wird dadurch der mittlere, vierte Beleg (V. 26) besonders hervorgehoben, in dem Mose höchst feierlich Himmel und Erde als Zeugen anruft:

A		4,4	היום
A		4,8	היום
	B	4,20	כיום הזה
A		*4,26a*	*היום*
	B	4,38	כיום הזה
A		4,39	היום
A		4,40a	היום

---

54 Vor dem Hintergrund der Levitenprärogative bezeichnet das Moselied 32,9 mit dem einzigen weiteren Beleg von חלק im Deuteronomium Israel als den „Anteil" und „Erbbesitz" JHWHs.

55 Zu anderen, mit dieser Thematik verbundenen Siebenerrhythmen s. Anm. 29.

30. Dass bei יום tatsächlich zwischen Singular und Plural geschieden werden muss, beweist eine weitere Siebenerreihe in Kap. 4, die sich mit der eben beschriebenen überschneidet. Sie hebt die erste Stelle dadurch von den übrigen ab, dass in den folgenden Belegen die mit ימים zu stereotypen Wendungen verbundenen Ausdrücke chiastisch angeordnet sind und somit eine eigenständige Figur bilden[56]:

A		4,9	כל ימי חייך	„alle Tage deines Lebens"
A'		4,10	כל־הימים	„alle Tage" (die sie im Land leben)
	B	4,26b	ארך Hifil ימים	„die Tage (im Land) nicht lange machen"
		C 4,30	באחרית הימים	„in den späteren Tagen"
		C' 4,32	לימים ראשנים	„in den früheren Tagen"
	B'	4,40bα	ארך Hifil ימים	„die Tage (im Land) lange machen"
A'		4,40bβ	כל־הימים	„alle Tage"

31. Nochmals anders ist die Siebenerreihe gebaut, die das Pesachgesetz 16,1–8 auszeichnet. Sie betrifft den Zeitpunkt und die Dauer der Speisevorschriften von Mazzot, Pesach und abschließender Festversammlung, also das liturgische Herzstück (V. 3.4.8). יום bzw. ימים werden hier ausschließlich in zusammengesetzten Ausdrücken gebraucht, die in ihrer Abfolge regelmäßig variieren:

A		16,3a	שבעת ימים	„sieben Tage"
	B	16,3bβ	את־יום צאתך	„den Tag deines Auszugs"
		C 16,3bγ	כל ימי חייך	„alle Tage deines Lebens"
A		16,4a	שבעת ימים	„sieben Tage"
	B'	16,4b	בערב ביום הראשון	„am Abend des ersten Tages"
		C' 16,8a	ששת ימים	„sechs Tage"
A'		16,8b	ביום השביעי	„am siebten Tag"

Diese Figur wird noch dadurch verdeutlicht, dass weder das vorausgehende noch das nachfolgende Gesetz von יום bzw. ימים sprechen. Die Figur überlagert das Zeitschema der drei Wallfahrtsfeste von 16,1–17, für das siebenmal die Zahl „sieben" maßgeblich ist.[57]

32. Die Siebenerreihe mit יום bzw. ימים läuft in 16,8 bei der „Festversammlung für JHWH, deinen Gott" noch mit einer anderen Siebenerreihe zusammen, die sich von V. 8 abgesehen in allen Versen des Pesachgesetzes ohne „Tag" bzw. „Tage" findet. Sie wird durch יהוה אלהיך „JHWH, dein Gott" gebildet (16,1a.b.2a.5.6.7.8). Dass sie als solche trotz der Häufigkeit der Wendung im Deuteronomium intendiert ist, ergibt sich einmal daraus, dass in V. 2b „JHWH" ohne Apposition gebraucht wird, wofür es außer der beabsichtigten Siebenzahl von יהוה אלהיך keinerlei Begründung gibt (vgl. dagegen die gleiche Formel in V. 6).[58]

---

56 Zu einer ausführlichen Beschreibung der Wendungen in ihrem Kontext siehe Braulik, Georg, Die Mittel deuteronomischer Rhetorik erhoben aus Deuteronomium 4,1–40, AnBib 68, Rom 1978, 98f.
57 Siehe dazu Braulik, Funktion (s. Anm. 5), 68.
58 Nicht zuletzt werden auch die mit dem Opfermahl verbundenen, speziellen liturgischen Wendungen זבח/עשה פסח „das Pesach halten/schlachten", אכל מצות „ungesäuerte Brote

33. Carrière⁵⁹ stellt für ישב „sitzen, wohnen" innerhalb des deuteronomischen Gesetzeskodex zwei Siebenergruppen auf, die sich durch die Konnotationen des Verbs unterscheiden sollen. In 13,14.16; 17,18; 21,13; 23,14.17; 25,5 meine ישב „sesshaft sein, stabil sein, wohnen", wobei ein expliziter Bezug zum Einzug ins Verheißungsland oder dessen Gabe durch JHWH fehle.⁶⁰ Er sei dagegen für die zweite Gruppe in 12,10a.10b.29; 13,13; 17,14; 19,1; 26,1 kennzeichnend. Carrière muss allerdings einräumen, dass ישב in 13,13 entgegen der grammatikalischen Form der anderen Belege dieser zweiten Gruppe nicht als w^eqatal formuliert und keine Folge des Einzugs (12,10; 17,14; 26,1) oder der Völkervernichtung (12,29; 19,1) ist.⁶¹ Mit 13,13 ist tatsächlich der neuralgische Punkt genannt: Die Stelle unterscheidet sich auch semantisch: לשבת bezeichnet (nach der etwas freien Wiedergabe der Einheitsübersetzung) den „Wohnort". 13,13 muss also ausscheiden. Doch wäre noch 11,31 zu berücksichtigen. Der Beleg steht zwar außerhalb des Kodex, entspricht aber allen Anforderungen der zweiten Reihe. Bei ihren sieben Stellen handelt es sich um historische Gebotseinleitungen, die den Blick auf die Zeit im Land lenken.⁶² Das trifft zwar im strengen Sinn nur für 11,31 (alle Gesetze); 12,29 (Kultbräuche); 17,14 (König); 19,1 (Asylstädte) und 26,1 (Darbringung der Erstlingsfrüchte) zu, die jeweils mit כי „wenn" eingeleitet werden. Die temporale Konjunktion fehlt in den zwei Belegen von 12,10, wo alles in einer Serie von w-qatal-Sätzen an das Vorangehende angeschlossen ist. Doch geht es auch hier bei der charakteristischen Wendung ישב ב um das „Wohnen im" Land bzw. seinen Städten und Häusern (19,1), das den Zeitpunkt für das Inkrafttreten konkreter Bestimmungen präzisiert und es unter die Prämisse des Landbesitzes stellt. Sie findet sich im Deuteronomium sonst nicht mehr. Man wird also bei ישב in 11,31; 12,10a.b.29; 17,14; 19,1; 26,1 von einer gattungsmäßig und semantisch profilierten Siebenerreihe sprechen müssen.

---

essen" und – im Zentrum – לחם עני „die Speise der Bedrängnis" als Ausdruck des besonderen Feierkerygmas in einer regelmäßigen Siebenerstruktur eingesetzt:

A		16,1	עשה פסח
A'		16,2	זבח פסח
	B	16,3a*	אכל מצות
		C 16,3a*	*לחם עני*
A'		16,5	זבח פסח
A'		16,6	זבח פסח
	B	16,8	אכל מצות

59 Vgl. Carrière, Théorie (s. Anm. 10), 214(–219).451.
60 Aus diesen Stellen ist aber 23,14 im Lagergesetz (23,10–15) auszuklammern, wo ישב das „Hinhocken" zur Notdurft bezeichnet.
61 Vgl. Carrière, Théorie (s. Anm. 10), 214f.
62 Auf den festen Zusammenhang zwischen ישב und der historisierenden Gebotseinleitung in diesen Stellen verweist bereits Lohfink, Norbert, Die Väter Israels im Deuteronomium. Mit einer Stellungnahme von Thomas Römer, OBO 111, Freiburg/Schweiz u.a. 1991, 41 Anm. 34. Das Verb bezeichnet im Deuteronomium sonst nur noch in 30,20 das „Wohnen im Land", hat aber hier die Konnotation des „(Wohnen-)Bleibens".

34. Im historischen Rückblick (2,2–3,17) auf den Zug durch die ostjordanischen Gebiete der Edomiter, Moabiter und Ammoniter und auf die Eroberung von Sihons Königsreich wird ישׁב „sitzen, sich setzen" 14-mal (=2x7) ausschließlich für das Wohnen von Fremdvölkern verwendet. Es betrifft die Nachkommen Esaus (2,4.8.12.22a.b.29)[63], die Emiter (2,10), die Horiter (2,12), die Raphaiter (2,20), die Ammoniter (2,21), die Awiter (2,23a), die Kaftoriter (2,23b), die Moabiter (2,29) und König Sihon (3,2). Die Reihe bindet die archivarischen Bemerkungen des Bucherzählers in den Erzählzusammenhang ein.

35. In der Erzählung über die Sünde Israels und die Verzögerung des Bundesschlusses am Horeb bilden die לחת „Tafeln" mit dem Bundestext das entscheidende Requisit. Ihr Zerbrechen und ihre Neuanfertigung spiegeln das Geschehen. Deshalb wird in 9,9–17 siebenmal von den beiden ersten, schließlich zerschmetterten Tafeln (9,9aα.aα.10.11b.b.15.17) und in 10,1–5 siebenmal von den durch Mose neu ausgehauenen Tafeln (10,1.2aα.aβ.3a.b.4.5) gesprochen.[64]

36. Die beiden durch ihren Erzählort bestimmten Reihen werden untereinander mittels einer formal profilierten Siebenerreihe verklammert. Sie spricht stets von שני לחת den „beiden Tafeln" (9,10.11.15.17; 10,1.3a.b), einmal präzisiert als „(die) beiden Steintafeln" (9,10.11; 10,1.3a) oder als „die beiden Tafeln des Bundes" (9,15).

37. Außerdem verknüpfen die „Tafeln" noch die Erzählung von der Horebsünde in Kap. 9–10 durch eine Siebenerreihe mit den Rückblicken Moses auf die Horeboffenbarung in Kap. 4 und 5. Ihr Kennzeichen sind die לחת אבנים „die Steintafeln", die in der durch Artikel determinierten Form (9,9) oder in der Wendung שני לחת (ה)אבנים (4,13; 5,22; 9,10.11; 10,1.3) auftreten. Insgesamt dürfte das komplexe System der Vernetzungen von letztlich vier Siebenerreihen eine Hauptursache für den sonst unerklärlichen Formulierungswechsel der Verbindungen sein, in denen die „Tafeln" auftreten.

38. Dass JHWH (A) die Kriege seines Volkes führt, wenn die Israeliten (B) bzw. Israel (B') seinem Auftrag gemäß kämpfen, drückt das Deuteronomium neben anderem dadurch aus, dass es die beiden Kombattanten als Subjekte der sieben Stellen von לחם Nifal „kämpfen" (1,30.41.42; 3,22; 20,4.10.19) in kunstvoller Sequenz aufeinander folgen lässt (A – B – B – A / A – B' – B').[65]

---

[63] Diese sechs Stellen sprechen von den בני עשׂו; nur in 2,5 wird, und zwar zum einzigen Mal im Deuteronomium, der Name עשׂו absolut verwendet. Dem Grund für diese, dem Trend zu einheitlichen Siebenergruppen entgegenstehende isolierte Formulierung kann hier nicht weiter nachgegangen werden. Doch ist zumindest mit dem Namen „Esau", wie auch mit anderen wichtigen Namen, eine Siebenergruppe gegeben.

[64] Darauf hat schon Talstra, Eep, Deuteronomy 9 and 10. Synchronic and Diachronic Observations, in: Moor, Johannes C. de (Hg.), Synchronic or Diachronic? A Debate on Method in Old Testament Exegesis, OTS 34, Leiden u.a. 1995, 187–210, 201.205, aufmerksam gemacht. Er scheint allerdings die Siebenzahl als Spezifikum einer bestimmten Schicht zu bewerten, was sie gewiss nicht sein kann.

[65] Diese Beobachtung verdanke ich meinem Dissertanten Kurt Udermann.

Die Belege sind auf die Erzählung vom Aufenthalt Israels in Kadesch Barnea (1,19–2,1) bzw. die Vorbereitungen zur Eroberung des Westjordanlandes (3,18–29) und auf die Kriegsgesetze (Kap. 20) beschränkt. Trotz der Zusage (A) יהוה אלהיכם ההלך לפניכם הוא ילחם לכם „JHWH, euer Gott, der euch vorangeht, wird für euch kämpfen" (1,30), verweigert Israel aus Unglauben den Zug gegen die Amoriter. Nach dem Strafurteil Gottes schlägt sein Ungehorsam der Passivität in den Ungehorsam eines nun eigenwillig aufgenommenen Gotteskrieges um: (B) die Israeliten wollen kämpfen (1,41), obwohl JHWH ihnen verbietet, (B) dass sie kämpfen (1,42), was unvermeidlich zur Niederlage führt. Vor dem Zug ins Verheißungsland und der Promulgation der Gesetze begründet Mose seine Aufforderung zur Furchtlosigkeit erneut mit der Zusage: (A) כי יהוה אלהיכם הוא הנלחם לכם „Denn JHWH, euer Gott, ist es, der für euch kämpft" (3,22).[66] An die Modellerzählungen vom JHWH-Krieg in Kap. 1–3 anknüpfend motiviert auch die Schlachtenpredigt des ersten Kriegsgesetzes die Mahnung zur Furchtlosigkeit: (A) כי יהוה אלהיכם ההלך עמכם להלחם לכם „Denn JHWH, euer Gott, zieht mit euch, um für euch zu kämpfen" (20,4).[67] Unter diesem Vorzeichen sprechen dann die folgenden Kriegsgesetze einfach nur mehr vom (B') Kampf Israels gegen eine nahe (20,10) bzw. fern gelegene Stadt להלחם עליה (20,19)[68].

39. Das Schlüsselwort deuteronomischer Gedächtniskultur ist למד Qal „lernen". Es wird im gesamten Buch, in Paränese wie Gesetz, siebenmal verwendet: 4,10; 5,1; 14,23; 17,19; 18,9; 31,12.13. Was an sechs Stellen dieser Siebengruppe gelernt werden soll, ist „JHWH zu fürchten". Nur 18,9 verbietet, die Nachahmung der Greuel der Völker zu lernen.[69]

40. In seinem einleitenden Rückblick auf die Wüstenwanderung spricht Mose siebenmal von מדבר „Wüste": 1,19.31.40; 2,1.7.8.26. Die einzelnen Stellen dieser Siebenergruppe verstehen unter „Wüste" freilich unterschiedliche topographische Größen.[70]

---

66 In die Stellen der Kap. 1–3 ist eine mit מלחמה „Krieg" gebildete Siebenergruppe eingehängt: 1,41; 2,9.14.16.24.32; 3,1. Sie kann wahrgenommen werden, weil der nächste Beleg erst in 4,34, und zwar im Zentrum einer Siebenerreihe verschiedener Bezeichnungen des Gotteswirkens an Ägypten, steht. Danach wird das Nomen erst wieder im ersten Kriegsgesetz in Kap. 20 verwendet.
67 Innerhalb dieses Kriegsgesetzes (20,1–9) gehen לחם Nifal (V. 4) drei Belege von מלחמה „Krieg" voraus (V. 1.2.3) und folgen weitere drei (V. 5.6.7), so dass eine auf Gottes Mitkämpferschaft zentrierte, aus Nomen und Verb gemischte Siebenerreihe entsteht. Davon ist die Wendung עשה עמך מלחמה „mit dir Krieg machen" in 20,12a und 20 deutlich abgehoben. Sie bildet zusammen mit צור „belagern" in V. 12b und 19 eine Art Doppelrahmen um die weiteren Kriegsgesetze.
68 Sie werden durch eine Siebenergruppe mit dem Leitwort „Stadt" (20,10.14.15a.b.16.19. 20) miteinander verbunden, vgl. Carrière, Théorie (s. Anm. 10), 230 Anm. 87.
69 Dagegen bezieht sich das zehnmal gebrauchte למד Piel „lehren" (mit juristischer Konnotation) fast ausschließlich auf das Gesetz bzw. Moselied. Zu beiden Verwendungsweisen siehe Braulik, Gedächtniskultur (s. Anm. 8).
70 Siehe dazu Gomes de Araújo, Theologie (s. Anm. 40), 45–113.

41. Die Einzelgesetze der Kap. 19–21 kommentieren das Tötensverbot des Dekalogs.[71] So verwundert es nicht, dass מות Qal „sterben" als eine Art Leitverb die Gesetzesgruppe durchzieht. Es wird siebenmal verwendet: 19,5.11.12; 20,5.6.7; 21,21. Im letzten Gesetz (21,22f.) folgt das Verb zwar nochmals, aber im Hofal für „hingerichtet werden". Diese Form knüpft zwar an das Themawort an, zerstört aber nicht die vorangehende Siebenzahl.

42. Zentralbegriff des Gesetzes über die Reinheit des „Heerlagers" (23,10–15) ist naturgemäß מחנה das „Lager". Es wird im Deuteronomium nur innerhalb dieses Paragraphen und zwar siebenmal gebraucht. Dabei folgen die ersten sechs Belege chiastisch aufeinander. Diese in sich gerundete[72] Struktur profiliert den letzten, außerhalb davon stehenden Beleg als Spitzenaussage: V. 15aβ.[73]

A			23,10	מחנה (על איביך)	Israel zieht gegen seine „Feinde" ins „Lager"
	B		23,11bα	אל־מחוץ למחנה	„nach draußen vor das Lager" hinausgehen
		C	23,11bβ	אל־תוך המחנה	nicht „ins Lager" kommen
		C	23,12	אל־תוך המחנה	„ins Lager" kommen
	B'		23,13	מחוץ למחנה	einen Platz „außerhalb des Lagers"
A'			23,15aα	בקרב מחנך	JHWH hält sich „in der Mitte deines Lagers" auf, ... um dir „deine Feinde" auszuliefern
		D	*23,15aβ*	*מחניך קדוש*	*„dein Lager soll heilig sein"*

43. In der ersten Moserede, oder genauer: von dort an, wo Mose über den Gottesbefehl, den Arnon zu überschreiten, und über das Kriegsorakel gegen König Sihon referiert (2,24), bis zu seiner Anweisung an Josua (3,21), also in der Erzählung über die Eroberung der beiden ostjordanischen Königreiche und dem Rückverweis darauf, wird zehnmal von מלך „König" (2,24.26.30; 3,1.2.3.6.8. 11.21) und viermal von ממלכה „Königreich" (3,4.10.13.21) geredet, also insgesamt 14-mal (2x7) die Wurzel מלך (im Singular und Plural) verwendet.

44. Im ganzen Deuteronomium bildet ממלכה eine Siebenergruppe, die ziemlich Divergentes bezeichnet. Sie verbindet das „Königreich" Ogs im Baschan (3,4.10.13) und „alle Königreiche" Kanaans (3,21) mit dem „Reich" des israelitischen Königs (17,18.20) und „allen Königreichen der Erde", die vor dem verfluchten Israel erschauern (28,25).

45. Unter den sieben Opferarten, die sofort zu Beginn der Opfergesetzgebung des deuteronomischen Kodex repräsentativ für alle Opfer genannt werden,[74] findet sich als erstes der beiden pflanzlichen Opfer מעשר „der Zehnte"

---

71 Siehe dazu Braulik, Georg, Die deuteronomischen Gesetze und der Dekalog. Studien zum Aufbau von Deuteronomium 12–26, SBS 145, Stuttgart 1991, 62–72.
72 Quer dazu verbinden die auf das „Lager" bezogenen Verben jeweils zwei inhaltlich unterschiedliche Aussagen: יצא Qal (23,10.11bα) – בוא (V. 11bβ.12) – היה (V. 13.15aβ). Diese Systematik isoliert als abweichenden Lager-Beleg V. 15aα – dass sich „JHWH, dein Gott, in der Mitte deines Lagers aufhält". Doch sind die beiden theologisch ausgezeichneten Belege von V. 15 durch die nur ihnen gemeinsame Form מחנ(י)ך „dein Lager" verknüpft.
73 Siehe dazu Nr. 60.
74 Braulik, Funktion (s. Anm. 5), 77.

(12,6 im Plural). מעשׂר ist im Deuteronomium der einzige Opferterminus, der siebenmal genannt wird, was seine Bedeutung unterstreicht.

A	12,6	ואת משׂרתיכם ואת ותרומת ידכם	„eure Zehnten und Handerhebungsopfer"
A	12,11	מעשׂרתיכם ותרמת ידכם	„eure Zehnten und Handerhebungsopfer"
B	12,17	מעשׂר דגנך ותירשׁך ויצהרך	„den Zehnten deines Korns, Weins und Öls"
B	14,23	מעשׂר דגנך תירשׁך ויצהרך	„den Zehnten deines Korns, Weins und Öls"
C	14,28	את־כל־מעשׂר תבואתך	„den ganzen Zehnten deiner Jahresernte"
C	26,12a*	את־כל־מעשׂר תבואתך	„den ganzen Zehnten deiner Jahresernte"
D	26,12a*	שׁנת המעשׂר	„(im) Zehntjahr"

Der „Zehnte" gehört auch zur Liste des zweiten Opfergesetzes (12,11 im Plural) und wird im dritten Opfergesetz als „Zehnter von Korn, Wein und Öl" präzisiert (12,17). Diese Aufzählung findet sich auch in der Bestimmung über den jährlichen Zehnten für das Zentralheiligtum (14,23) und wird mit dem „ganzen Zehnten", der jedes dritte Jahr vor Ort für die Armen abzuliefern ist, aufgegriffen (14,28). In diesem dritten Zehntjahr (26,12aβ) muss nach der Ablieferung aller Zehntanteile der Ernte (26,12aα) für die grundbesitzlosen Leviten, Fremden, Waisen und Witwen ein Gebet gesprochen werden, das im liturgischen Anhang des Kodex vorgeschrieben wird. Die ersten sechs Belege dieser Siebenerreihe sind ihrer Abfolge nach paarweise gleichgestaltet,[75] zeigen also einen bewussten Formwillen (A/A, B/B, C/C). Die siebte Stelle bezeichnet im sachlichen Rückgriff auf 14,28 das dritte Jahr mit einem terminus technicus als „Zehntjahr" (26,12) und rundet damit die Gesamtfigur ab. Durch diese formulierungsmäßige Zuordnung jeweils zweier aufeinanderfolgender Stellen werden die Blöcke der drei Opfergesetze (12,4–7.8–12.13–19) und der drei Zehntengesetze (14,22–27.28–29; 26,12–15) auch über die thematisch bedingten Blockgrenzen hinweg miteinander verklammert (12,13–19 + 14,22–27).

46. Die eigentlichen Zehntgesetze sind gegenüber den bloßen Erwähnungen des Zehnten in den Opferkatalogen nochmals durch eine eigene Siebenergruppe abgehoben. Sie ergibt sich aus dem Gebrauch der Wurzel עשׂר in Nomen (14,23.28; 26,12.12) und Verb (14,22 zweimal Piel; 26,12 Hifil). So wird das Gesetz über die jährlichen Abgaben am Jerusalemer Tempel in 14,22 volltönend durch die figura etymologica עשׂר תעשׂר „gewissenhaft verzehnten" eröffnet, ebenso thematisiert die Gebetsbestimmung in 26,12 mit עשׂר Hifil „den

---

75 Vgl. dazu die Aufeinanderfolge von jeweils zwei Belegen des gleichen, mit dem Heerlager verbundenen Verbs in 23,10–15 – s. Anm. 72.

Zehnten entrichten" sofort den eigentlichen Anlass des Bekenntnisses. Den Verben folgen dann jeweils zwei Belege mit dem Nomen.[76]

47. Die Erzählung Moses über die Wüstenwanderung Israels (1,6–3,17) vernetzt verschiedene Bewegungsverben miteinander, von denen נסע „aufbrechen" und פנה „sich wenden" jeweils eine Siebenergruppe bilden und teilweise unmittelbar miteinander verbunden sind.[77] נסע bezeichnet im Deuteronomium ausschließlich Aufbrüche Israels im Rahmen der Wüstenwanderung, betrifft allerdings unterschiedlich gewichtige Etappen: 1,7.19.40; 2,1.24; 10,6.7.[78]

48. Die Siebenergruppe mit פנה ist textmäßig auf den historischen Rückblick der ersten Moserede beschränkt und markiert konkrete Wendepunkte Israels auf dem Weg vom Horeb bis ins Ostjordanland – 1,7.40; 2,1.3.8; 3,1 –, in 1,24 die Wendung der Kundschafter ins amoritische Bergland.

49. Die homogene Gesetzesgruppe 22,13–29 thematisiert die eherechtliche Stellung der Frau. Drei Fälle betreffen eine verheiratete Frau (22,13–19.20–21. 22), zwei eine verlobte Frau (V. 23–24.25–27) und einer eine noch ledige Frau (V. 28–29).[79] Neben dem siebenmal mit איש verbundenen Verb מצא Qal und Nifal „ein Mann (wird) entdeckt"[80] und der auf 22,22–29 beschränkten Siebenerreihe שכב עם „bei (jemandem) liegen" ist נערה „Mädchen" das Leitwort dieser Sammlung von Sexualdelikten, das 14-mal (=2x7) verwendet wird: 22,15a.b.16.19.20.21.23.24.25.26aα.aβ.27.28.29 (außer in V. 19 immer im Qere). Es findet sich im Deuteronomium nur innerhalb dieser Rechtssätze.

50. Auch ein Allerweltverb wie נתן „geben" kann in Einzelgesetzen theologisch relevant werden. So betont das Gesetz über die Darbringung der Erstlingsfrüchte (26,1–11) sechsmal, dass JHWH das Land (V. 1.2.3.9.10) und letztlich all das Gute (V. 11), das es hervorgebracht hat, dem israelitischen Bauern bzw. Israel gegeben hat. Diese Stellen rahmen einen weiteren Beleg in ihrer Mitte, also an vierter Stelle, dessen Subjekt die Ägypter sind: Sie „gaben" den Israeliten harte Fronarbeit (V. 6). Seine Position verstärkt den inhaltlichen Kontrast. Die Siebenerreihe ist erkennbar, denn die Landgabeformel erweist sich in 26,1 durch die Wiederaufnahme der Wendung „das Land, das JHWH, dein Gott, dir als Erbbesitz gibt," aus dem vorausgehenden Amalekitergesetz (25,19) als Neueinsatz, während in 26,12 das Subjekt des „Gebens" wechselt, wenn der einzelne Israelit seine Ablieferung des Armenzehnten bekennt.

---

76 Insgesamt wird die Wurzel עשר somit zehnmal im Deuteronomium verwendet.
77 Dagegen bilden בוא „einziehen, einmarschieren" bzw. „erreichen" (1,7.8.19.20.22.24. 31.37.38.39) und עלה „hinaufziehen" (1,21.22.24.26.28.41a.b.42.43; 3,1) eine Zehnergruppe.
78 Im Gegensatz zu den anderen Stellen erfolgen die Aufbrüche in 10,6f. von sonst unbekannten Orten mit teilweise symbolischer Bedeutung.
79 Zur Systematik dieses Korpus siehe Braulik, Gesetze (s. Anm. 71), 80–86.
80 Braulik, Funktion (s. Anm. 5), 69 Anm. 20. Damit ist eine weitere, mit עיר „Stadt" gebaute Siebenergruppe (22,15.17.18.21.23.24.24aα.aα) verwoben, vgl. Carrière, Théorie (s. Anm. 10), 230 Anm. 87.

51. Der reiche Segen des Landes, das JHWH „gibt" (נתן 15,4), könnte in Israel den Skandal der Armut beseitigen. Er markiert (V. 10) und normiert (V. 14) auch die folgenden Sozialgesetze. Wenn in diesem gottgebenen Land (V. 7) dennoch Arme existieren, dann verpflichtet das Gesetz über die Kredithilfe (V. 7–11), dem armen Bruder zu „geben" (V. 9.10aα.aβ). Auch dem aus der Selbstverknechtung wieder entlassenen Bruder (V. 12–18) ist für seine neue Existenz von der Herde, Tenne und Kelter zu „geben" (V. 14). Will er aber für immer als Sklave in der Familie seines Herrn bleiben, soll ein Pfriem durch sein Ohr in die Tür „gegeben", das heißt, gestoßen werden (V. 17). Gerade diese eigenartige Formulierung zeigt, dass die Siebenergruppe (V. 4.7.9.10aα.aβ. 14.17) in den drei Gesetzen über den Schuldenerlass in jedem siebten Jahr[81] intendiert ist. Während nämlich die Parallelstelle in Ex 21,6 vom „Durchstechen" (רצע) des Ohres mit dem „Pfriem" (מרצע) spricht, drückt Dtn 15,17 den gleichen Vorgang singulär mit ונתתה באזנו (לקח את־מרצע) „(den Pfriem nehmen) und (ihn) durch sein Ohr geben" aus. Außerdem ist wiederum der mittlere, vierte Beleg der Gruppe in V. 10aα besonders hervorgehoben, diesmal durch die figura etymologica נתון תתן (לו) „du sollst (ihm) [unbedingt] geben".

52. Die beiden Gesetze über die Asylstädte und über die Unverrückbarkeit der Grenzen des Erbbesitzes verwenden an sieben Stellen das Verb „geben" (נתן): 19,1.2.8bα.bβ.10.12.14. Fünfmal gibt JHWH das Land, was zur Einrichtung von Asylstädten führt (19,1–10.11–13)[82] und auch die Unverrückbarkeit der Grenzen des Erbbesitzes begründet (19,14).[83] Diese Landgabe wird durch einen Rückverweis auf den Schwur JHWHs, den Vätern das Land zu geben (V. 8bβ), ergänzt, der seiner Bedeutung entsprechend an vierter, also mittlerer Position innerhalb der Siebenergruppe steht. Die Landgabesätze (V. 1.2.8bα.10) strukturieren das Gesetz über die Asylstädte in Hauptfall (V. 1–7) und Unterfall (V. 8–10). Sie akzentuieren die Aussage, dass das Asyl für Totschläger jetzt an den über das ganze Land hin verteilten Asylstädten hängt. Der Gegenfall zum Gebrauch der Asylstädte (V. 11–13) regelt die Auslieferung des Mörders: Dieser ist der singulären Wendung zufolge in die Gewalt des Bluträchers zu „geben" (V. 12). Nur dieser Beleg fällt aussage- und formulierungsmäßig aus der Siebenergruppe mit נתן heraus. Das Verbot der Grenzverrückung (V. 14) ist durch seinen Wortgebrauch stark an die Asylgesetze angepasst und wird so in seinen theologisch fundamentalen Zusammenhang gestellt: Die Übergabe des Landes (V. 14a) sanktioniert die Grenzen des Familienerbes.

---

[81] Es ist der gleiche Gesetzesblock, in dem אח eine Siebenerreihe bildet (siehe dazu oben Nr. 3).
[82] Es verwundert deshalb kaum, dass auch eine mit עיר „Stadt" gebildete Siebenergruppe (19,1.2.5.7.9.11.12) die beiden Gesetze durchzieht, vgl. Carrière, Théorie (s. Anm. 10), 230 Anm. 87.
[83] Zur Systematik der drei Gesetze im Kontext von Kap. 19 siehe Braulik, Gesetze (s. Anm. 71), 63–65.

53. Der Dekalog 5,6–21 verwendet so häufig wie kein mit ihm vergleichbarer Text des Deuteronomiums die Wurzel עבד. Er macht aus ihr eine Siebenergruppe. Die Wurzel ist im Sabbatgebot konzentriert (עבד Qal „arbeiten" V. 13, עבד „Sklave" V. 14bα.bβ.15), rahmt aber auch den ganzen Dekalog (V. 6.21). Sie bestimmt Thema wie Struktur dieses deuteronomischen „Sabbatdekalogs"[84]. Einmal findet sich außerdem in beiden Dekalogfassungen עבד Hofal „sich zum Dienst (gegenüber anderen Göttern) verpflichten" (Dtn 5,9 wie in Ex 20,5). Sonst ist sie an den parallelen Stellen des Exodus-Dekalogs nur noch viermal belegt (Ex 20,2.9.10.17).

54. Eine zweite Siebenergruppe der Wurzel עבד findet sich noch im Sanktionskapitel 28. Obwohl sie hier mit verschiedenen Objekten sechsmal als Verb „dienen" (V. 14.36.47.48.64) bzw. (Weinberge) „pflegen" (V. 39) und einmal als Nomen „Sklave" (V. 68) gebraucht wird, dürfte sie einen gewissen Signalwert haben.

55. Wenn man aus der Zahl der Belege der Wurzel עלה in Nomen und Verb Rückschlüsse ziehen darf, kommt den עלות „Brandopfern" (im Deuteronomium immer im Plural) unter den in Kap. 12 aufgelisteten sieben Opferarten besondere Bedeutung zu. Sie werden in jedem der vier Opfergesetze und in Verbindung mit anderen Opfern stets an erster Stelle genannt (V. 6.11.13.14.27).[85] Die ersten zwei Belege verbinden עלות mit בוא Hifil „hinaufbringen", die beiden folgenden bilden dort, wo zwischen Opfer und Schlachtung unterschieden wird (V. 13–19), mit dem Verb עלה Hifil eine figura etymologica (V. 13.14). Der letzte Beleg spricht vom עשה עלות „Darbringen der Brandopfer" auf dem Altar (V. 27). Wegen der thematischen Konzentration und einer gewissen regelmäßigen Abfolge der Formulierungen wird man die Belege wohl als Siebenerreihe qualifizieren.

56. Wie schon in den beiden ineinander geschobenen Siebenerreihen in 4,1–40[86] tritt Israel auch im Rückblick auf die Horebtheophanie in 9,9–10,11 als „Volk" in den Blick und deshalb ist es als solches mit einer Siebenerreihe (9,12.13bα.13bβ.26.27.29; 10,11) hervorgehoben.[87] Was Gott dabei an Israel, sich von ihm distanzierend, als dem Volk Moses kritisiert – שחת Piel (A) + עמך (B) „dein Volk läuft ins Verderben" (V. 12), העם הזה (C) „dieses Volk" (V. 13), עם קשה ערף (D) „ein halsstarriges Volk" (V. 13) –, all diese Elemente greift Mose im Gebet auf und bindet sie in die besondere Beziehung JHWHs an Israel zurück: שחת Hifil (A') + עמך (B') + ונחלתך (E) „bring nicht das Verderben

---

[84] Siehe dazu Lohfink, Norbert, Zur Dekalogfassung von Dt 5, in: ders., Studien I (s. Anm. 30), 193–209. Er hat auch für die deuteronomische Fassung die Bezeichnung „Sabbatdekalog" geprägt (209).
[85] Der einzige weitere Beleg steht in 27,6.
[86] Siehe dazu oben die Nr. 20 und 21.
[87] Anders als in Kap. 4 gehen עם und גוי nicht ineinander über. עם wird in diesem Bereich nur mit Referenz auf Israel gebraucht, גוי dagegen mit Referenz auf ein neues, von Mose abstammendes, Israel ersetzendes Gottesvolk (9,14).

über dein (Gottes) Volk und deinen Erbbesitz" (V. 26), קְשִׁי (D') + הָעָם הַזֶּה (C') „den Starrsinn dieses Volkes" (V. 27), עַמְּךָ (B') + וְנַחֲלָתְךָ (E') „dein Volk und dein Erbbesitz" (V. 29). Deshalb steht dann am Ende der Befehl Gottes an Mose, an der Spitze des Volkes aufzubrechen (10,11).

57. Das עם „Volk, Stamm, Geschlecht" wird zuletzt auch im Mosesegen samt seinem Rahmenpsalm (33,1–29) vor dem Horizont der עמים „Völker" profiliert. Eine Siebenergruppe verbindet die Singular- und Pluralformen. Sie gipfelt im letzten Beleg in der Unvergleichlichkeit Israels (33,3.5.7.17.19.21. 29). Dagegen fehlt גוי im gesamten Text.[88]

58. Vor allem in Segens- und Fluchtexten, insgesamt aber 21-mal (=3x7) und damit vergleichsweise am häufigsten im Alten Testament spricht das Deuteronomium von פרי „Frucht" des Leibes, Viehs und Ackers bzw. des Verheißungslandes: 1,25; 7,13(2x)[89]; 26,2.10; 28,4(3x).11(3x).18(2x).33.42.51(2x).53; 30,9 (3x).[90] In 28,15–68, dem Fluchteil des Sanktionskapitels, bildet פרי eine eigene Siebenerreihe.

A		28,18a*	פרי בטנך „Frucht deines Leibes"
	B	28,18a*	פרי אדמתך „Frucht deines Ackers"
	B	28,33	פרי אדמתך „Frucht deines Ackers"
	B	28,42	פרי אדמתך „Frucht deines Ackers"
		C 28,51a*	פרי בהמתך „Frucht deines Viehs"
	B	28,51a*	פרי אדמתך „Frucht deines Ackers"
A		28,53	פרי בטנך „Frucht deines Leibes"

Während die Rahmenstellen 28,18 (erster Beleg im Fluchabschnitt) und 28,53 von פרי בטנך „Frucht deines Leibes" (A) sprechen, steht an allen anderen Stellen des Fluchteiles (V. 18.33.42.51) פרי אדמתך „Frucht deines Ackers" (B); nur V. 51 verwendet außerdem noch (wie 28,4.11 im Segensteil) פרי בהמתך „Frucht deines Viehs" (C).[91] Es handelt sich wohl um eine Reihe. Sie ist von den in 28,4.11 vorausgehenden Belegen abgesetzt, die jeweils eine Dreiersequenz von פרי בהמתך – פרי אדמתך – פרי בטנך (mit unterschiedlicher Abfolge des zweiten und dritten Ausdrucks) gebrauchen.

59. In der ersten Moserede konstituiert 4,1–40 die Situation einer juristisch verbindlichen Gesetzesbekanntmachung.[92] Diese Funktion wird von einer Siebenerreihe mit צוה Piel „eidlich verpflichten"[93] unterstrichen. Das Verb

---

88 Zu einer weiteren, mit עם gebildeten Siebenerreihe s. unten Nr. 60.
89 Die in 7,13 mit פרי verbundenen Segensobjekte bilden außerdem eine eigene Siebenergruppe. Analog dazu nennt 28,22 in sieben Präpositionalausdrücken die Bedrängnisse, mit denen JHWH Israel schlagen wird.
90 Zehnmal findet sich die Wendung „die Frucht des Ackers" (7,13; 26,2.10; 28,4.11.18.33. 42.51; 30,9).
91 Zu Verknüpfungs- und Abgrenzungsfunktion der Wortwahl von V. 51 siehe Steymans, Hans U., Deuteronomium 28 und die *adê* zur Thronfolgeregelung Asarhaddons. Segen und Fluch im Alten Orient und in Israel, OBO 145, Freiburg/Schweiz u.a. 1995, 327f.
92 Braulik, Georg, Deuteronomium 1–4 als Sprechakt, Bib. 80 (2002), 249–257.
93 Zu dieser Bezeichnungsfunktion von צוה im Deuteronomium siehe Lohfink, Norbert,

findet sich in keinem anderen vergleichbaren Text des Deuteronomiums so häufig wie in Kap. 4. In den Rahmenversen verpflichtet Mose auf den Wortlaut bzw. die Gebote JHWHs in Moab (מצוה V. 2a.b und מצוך V. 40), im Zusammenhang der Horebtheophanie „verpflichtet" JHWH selbst Mose und Israel (צוני V. 5 – צוה V. 13.14 – צוך V. 23).

60. Nicht nur für das sogenannte Heiligkeitsgesetz, sondern auch für das Deuteronomium ist die Heiligkeit Israels von zentraler Bedeutung. Das kommt in einer mit קדוש „heilig" gebildeten Siebenerreihe zum Ausdruck (7,6; 14,2.21; 23,15; 26,19; 28,9; 33,3). Sie verwendet fünfmal den Würdetitel עם קדוש „heiliges Volk" (7,6; 14,2.21; 26,19; 28,9), der Israel in den göttlichen Bereich hineinzieht. Ihm stehen כל־קדשיו „alle Heiligen" eines jeden Volkes gegenüber, über die JHWH herrscht (33,3). Der mittlere, vierte Beleg der Reihe gebraucht das Adjektiv nicht unmittelbar für Personen, sondern für das Kriegslager Israels, das durch ein körperliches Verhalten heilig gehalten werden soll (23,15).

61. Neben dem Feuer wird auch das Theophanieelement des קול יהוה, der donnernden Offenbarungsstimme JHWHs, zu einer Siebenerreihe ausgebaut. Sie ist mit שמע „hören" verbunden und auf die Kap. 4 und 5 beschränkt: 4,12.33.36; 5,23.24.25.26.[94]

62. Rechtsrelevante Erklärungen erfolgen öfters in einer Kleinform, bei der sich aus einer Feststellung eine Aufforderung ergibt.[95] Dieses Faktum-Appell-Schema wird im Deuteronomium siebenmal durch den erstarrten Singularimperativ ראה „schau" eingeleitet (1,8.21; 2,24.31; 4,5; 11,26; 30,15) und wird gerade durch diese Interjektion als eine für dieses Buch typische Form gekennzeichnet.[96] In den Belegen geht es entweder um die Übereignung des Landes durch Gott (1,8.21; 2,24.31) oder um die juristisch verbindliche Vorlage des Gesetzes durch Mose (4,5; 11,26; 30,15).

63. Eines der Sozialnetze, die vom Deuteronomium ausgeworfen werden, um in Armut Gefallene aufzufangen, bildet die שמטה „die Brache, der Schuldenerlass" in jedem siebten Jahr. Dieser Begriff findet sich innerhalb des Alten Testaments ausschließlich in diesem Buch, und zwar fünfmal. Das zugehörige Verb שמט Qal und Hifil „brachliegen lassen" begegnet zwar auch in anderen Büchern, wird aber im deuteronomischen Gesetz nur zweimal verwendet. Die Belege der Wurzel bilden also eine Siebenerreihe, die die Gesetze von Ackerbrache und Kredithilfe (15,1–11) durchzieht, sich aber auch auf die Toraverle-

---

Prolegomena zu einer Rechtshermeneutik des Pentateuch, in: Braulik, Deuteronomium (s. Anm. 13), 11–55, 31.

94 Von ihr ist die im Zusammenhang einmal vorkommende Wendung שמע בקול יהוה „hören auf die Stimme JHWHs" (4,30) zu unterscheiden, siehe Nr. 64.

95 Dies wird von Braulik, Sprechakt (s. Anm. 92), 252, kurz beschrieben.

96 Vgl. dazu auch die Siebenergruppen mit dem Imperativ von שמע „höre" (4,1; 5,1; 6,4; 9,1; 20,3; 27,9 [immer mit dem Vokativ „Israel"]; 33,7 [mit dem Vokativ „JHWH"]) und השמר לך „hüte dich" (4,9; 6,12; 8,11; 12,13.19.30; 15,9).

sung am Laubhüttenfest im Brachjahr erstreckt. Nomen (A) und Verb (Qal B / Hifil B') sind in regelmäßiger Abfolge gereiht, wobei im Zentrum, dem vierten Beleg, die „Brache für JHWH" steht:

A		15,1	שמטה
A		15,2a	שמטה
	B	15,2a	שמט Qal
A'		*15,2b*	*שמטה ליהוה*
	B'	15,3	שמט Hifil
A		15,9	שמטה
A		31,10	שמטה

64. In Ermangelung eines eigenen Verbs für „gehorchen" verwendet das Alte Testament dazu vor allem die Formel שמע בקול „auf die Stimme hören",[97] die in der deuteronomisch-deuteronomistischen Literatur konzentriert ist. Im Deuteronomium steht sie 21-mal (=3x7): 1,45; 4,30; 8,20; 9,23; 13,5.19; 15,5; 21,18. 20; 26,14.17; 27,10; 28,1.2.15.45.62; 30,2.8.10.20. Am häufigsten wird sie auf JHWH bezogen.[98] Davon stehen sieben Belege in Bedingungssätzen von Segen- und Fluchtexten (13,19; 15,5; 28,1.2.15.45; 30,2).

65. Die deuteronomische Paränese setzt erstmals mit Kap. 4 volltönend ein. Leitverb ist שמר, das in 4,1–40 siebenmal gebraucht wird. Es steht entweder in prononcierter Position (V. 2.6.40) im Prolog (V. 1–8) und Epilog (V. 32–40) für das „Beobachten" der mosaischen Gebote oder es strukturiert als paränetische Zuwendung im Sinn von „sich hüten", verbunden mit einem dativus ethicus (V. 9a.a.15.23), den Mittelteil des Kapitels (V. 9–31).[99]

Siebenerstrukturen als intendierte und wahrnehmbare Stilfiguren

Dass die Siebenerreihen und -gruppen von ihren Verfassern beabsichtigt und von den Adressaten des Deuteronomiums auch erkannt wurden, dürfte bei dieser offenbar weitverbreiteten und häufig verwendeten literarischen Technik außer Zweifel stehen. Auch die meisten der besprochenen Beispiele, die sich auf theologisch zentrale Themen beziehen und deren Belege oft systematisiert aufeinanderfolgen, lassen – vor allem bei einem eng umgrenzten Text – kaum eine andere Folgerung zu. So möchte ich diese Fragen der Pro-

---

97 Lohfink, Norbert, Das Hauptgebot. Eine Untersuchung literarischer Einleitungsfragen zu Dtn 5–11, AnBib 20, Rom 1963, 65–68.
98 Von drei Stellen abgesehen geht es immer um das Gehorchen gegenüber Gott. Nur in 1,45 hört JHWH nicht auf die Stimme des weinenden Israel und in 21,18.20 verweigert der störrische Sohn seinen Eltern den Gehorsam. Aurelius, Erik, Die Stimme Gottes. Die Wandlung einer theologischen Vorstellung, SEÅ 64 (1999), 65–78, 68, meint sogar, die Wendung meine konkret „den zehn Geboten gehorchen". Dann stünde sie der auf die Horebtheophanie beschränkten Siebenerreihe שמע קול יהוה „die Stimme JHWHs hören" (Nr. 61) auch sachlich besonders nahe.
99 Siehe dazu Braulik, Sprechakt (s. Anm. 92), 254–256.

duktions- und Rezeptionsästhetik noch kurz von einer ganz anderen Seite, nämlich mit ein paar Bemerkungen eines modernen, international renommierten Romanciers, beleuchten – des Tschechen Milan Kundera, der wie kaum ein anderer Schriftsteller öffentlich und eingehend über sein „Handwerk" reflektiert hat. Natürlich lässt sich altorientalische Literatur, zumal das Deuteronomium, nicht einfach mit mitteleuropäischen Romanen der Gegenwart vergleichen. Dennoch gibt es im Bereich literarischer Architektonik trotz unterschiedlicher Bauprinzipien und Funktionen auffallende Gemeinsamkeiten.

Das Verhältnis zwischen spontaner künstlerischer Freiheit und den Erfordernissen der Komposition hat Kundera zunächst an Altmeistern wie Denis Diderot studiert. Beruht die „herrliche Unordnung" seines Romans „Jacques, der Fatalist" (1793) auf „raffiniert berechneter Konstruktion" oder „reiner Improvisation"? Schon diese Frage ließ Kundera verstehen, „daß dieser trunkenen Improvisation eine außergewöhnliche architektonische Möglichkeit innewohnt, die Möglichkeit einer komplexen, reichen Konstruktion, die zugleich perfekt berechnet, bemessen und geplant wäre, wie notwendigerweise selbst die überbordendste architektonische Phantasie einer Kathedrale bemessen und geplant war."[100] Kunderas eigene Romane bestehen, von einer Ausnahme abgesehen, immer aus sieben Teilen. Zu diesem „architektonischen Plan" befragt, betont er, „daß es sich bei mir weder um eine abergläubische Koketterie mit einer magischen Zahl noch um eine rationale Berechnung handelt, sondern um etwas zutiefst Zwingendes, Unbewußtes, Unverständliches, um eine archetypische Form, der ich nicht entrinnen kann. Meine Romane sind Varianten der gleichen Architektur, die auf der Zahl sieben beruht."[101] Diese „‚mathematische Ordnung' ergibt sich ganz natürlich als zwangläufige Form und ist auf Berechnungen nicht angewiesen."[102] Die Form von Kunderas Romanen erweist sich als „polyphone Komposition, welche heterogene Elemente durch eine auf der Ziffer Sieben beruhende Architektur zusammenfaßt".[103]

Es braucht uns also nicht weiter zu beunruhigen, wenn wir den Kompositionsprozess der polyphonen Stränge der Siebenerfiguren des Deuteronomiums in seinen verschiedenen Phasen nicht mehr voll rekonstruieren können. Dennoch kann kein Zweifel daran bestehen, dass sie den Säulen der Weisheit vergleichbar das Lehrhaus des Deuteronomiums mittragen.[104]

---

100 Kundera, Milan, Verratene Vermächtnisse. Essay, Fischer Taschenbücher 12988, Frankfurt a.M. [4]2001, 24.
101 Kundera, Milan, Die Kunst des Romans. Essay, Fischer Taschenbücher 6897, Frankfurt a.M. 1998, 95f.
102 Kundera, Kunst (s. Anm. 101), 97.
103 Kundera, Kunst (s. Anm. 101), 106.
104 Ich danke N. Lohfink für seine kritische Lektüre des Manuskripts und C. Kussbach für seine Mithilfe bei der Durcharbeitung des Textmaterials.

Abigajil: Weisheit und Prophetie in einer Person vereint

Irmtraud Fischer

Johannes Marböcks Lebenswerk ist geprägt vom Buch des „schriftgelehrten Weisen" Jesus Sirach.[1] Dieses in bezug auf die Entstehung der Bibel späte Werk jüdischer Theologie, das in die Hebräische Bibel keinen Eingang fand, blickt auf den Großteil des Kanons zurück und versucht bereits das, was wir heute Systematisierung von theologischen Vorstellungen und Gedankenwelten nennen. Johannes Marböck hat sich nicht nur als Forscher, sondern auch als Lehrer nie in den Einzelfragen der exegetischen Zunft verloren, sondern nach gründlicher Aufarbeitung der Spezialprobleme immer den großen Horizont der alttestamentlichen Theologie geweitet. Für die Öffnung dieses Horizontes und die Vermittlung der Einsicht, wie wichtig die Spätschriften für eine adäquate Exegese auch der älteren Texte sind, sei ihm mit dem folgenden Artikel herzlich gedankt.

1. Die Verbindung von Prophetie und Weisheit – ein ausschließlich spätes Phänomen?

Die traditionelle, historisch-kritisch orientierte Forschung hat aufgrund der Suche nach dem jeweiligen Sitz im Leben von Ereignissen, Gesetzen, Institutionen und theologischen Vorstellungen mit der Ansicht gearbeitet, dass in Alt-Israel eine klare Trennung von Ämtern, Funktionen und Institutionen – und damit auch von Gesetz, Prophetie und Weisheit – vorauszusetzen sei. Ob nun eine solch klare Separation der historischen Realität entsprochen haben mag oder nicht, die Spätschriften der Hebräischen Bibel setzen mit ihrem Interesse einer Systematisierung der theologischen Traditionen die Phänomene eindeutig zueinander in Beziehung, ja identifizieren sie zum Teil sogar.[2] Gleichzeitig wurde aber auch gesehen, dass in Tora und Prophetie

---

1 Vgl. dazu neben der Monographie Marböck, Johannes, Weisheit im Wandel. Untersuchungen zur Weisheitstheologie bei Ben Sira, BZAW 272, Berlin u.a. ²1999, den Artikel Marböck, Johannes, Sir 38,24–39,11: Der schriftgelehrte Weise. Ein Beitrag zu Gestalt und Werk Ben Siras, in: ders., Gottes Weisheit unter uns. Zur Theologie des Buches Sirach, HBS 6, Freiburg i.Br. u.a. 1995, 25–51.
2 Vgl. Marböck, Johannes, Gesetz und Weisheit. Zum Verständnis des Gesetzes bei Jesus Ben Sira, in: ders., Gottes Weisheit (s. Anm. 1), 52–72, sowie ders., Gottes Weisheit un-

weisheitliches Gedankengut vorhanden ist (vgl. z.B. die Josefsgeschichte oder Jer 17,9–11), in der Weisheit prophetische Gattungen und Worte verwendet werden und das Gesetz eine entscheidende Rolle spielt (vgl. z.B. Spr 6,20–23). In bezug auf die erzählenden Werke der Hebräischen Bibel, die traditionell früh bzw. nahe an den Ereignissen datiert wurden, waren solche Passagen teils Anlass zur literarkritischen Beanstandung. Allzu selten wurden sie als Beleg dafür herangezogen, dass auch in nicht geringen Teilen der erzählenden Werke die Verbindung von Tora und Prophetie, von Tora und Weisheit und die Verbindung aller drei zentralen Theologumena vorauszusetzen ist oder aus diesen gar Konsequenzen für die Datierung der Texte zu ziehen sind.

2. Die Abigajil-Erzählung von 1 Sam 25

Die Geschichte Abigajils, die in 1 Sam 25 erzählt wird, ist eine dieser Erzählungen, in denen Weisheit und Prophetie verschmelzen. In der herkömmlichen Forschung wurden bei der Einzelexegese zwar prophetische[3] und weisheitliche[4] Elemente erhoben, für die Auslegung der Geschichte waren diese jedoch nur bedingt von Bedeutung.

„Die alte Überlieferung berichtete, wie David die Frau des reichen Herdenbesitzers Nabal erwarb."[5] Diese historische Geschichte sei sodann wesentlich später als „weisheitliche Lehrerzählung stilisiert"[6] worden. Silvia Schroer geht in der Bewertung der historischen Zuverlässigkeit sogar so weit, dass sie die Erzählfigur der Abigajil für die Epoche des Übergangs von der vorstaatlichen Zeit zur Königszeit sozialgeschichtlich auswertet. Sie stilisiert Abigajil zum „Prototyp einer klugen und angesehenen Frau zur Zeit der frühen Monarchie", die einen „Frauentyp [repräsentiere], der am Rande der Wüste gedeihen konnte, wo Männer und Frauen häufig über längere Zeit getrennt ihren Geschäften nachzugehen hatten und auf sich selbst angewiesen waren."[7]

---

ter uns. Sir 24 als Beitrag zur biblischen Theologie, in: ders., Gottes Weisheit (s. Anm. 1), 73–87.

3 Am deutlichsten hebt die prophetische Funktion Abigajils Bach, Alice, The Pleasure of Her Text, in: dies. (Hg.), The Pleasure of Her Text. Feminist Readings of Biblical & Historical Texts, Philadelphia 1990, 25–44, 29, hervor: „... Abigail is God's chosen prophet-intermediary."
4 Vgl. Schroer, Silvia, Die Weisheit hat ihr Haus gebaut. Studien zur Gestalt der Sophia in den biblischen Schriften, Mainz 1996, 90–95.
5 Stolz, Fritz, Das erste und zweite Buch Samuel, ZBK.AT 9, Zürich 1981, 158.
6 Stolz, Samuel (s. Anm. 5) 159. „Historisch ist es nicht undenkbar, daß es tatsächlich zu einer Auseinandersetzung zwischen Nabal und David kam, in deren Verlauf Nabal umkam und Abigail in Davids Besitz überging." (160).
7 Schroer, Silvia, Die Samuelbücher, NSK-AT 7, Stuttgart 1992, 112.

Solche Deutungen setzen ein literarisches Wachstum über einen längeren Zeitraum voraus. Befreit man sich von den Zwängen, die einem die Annahme eines historisch zuverlässigen Kerns auferlegt, so kann, wie im folgenden gezeigt werden soll, die Geschichte durchaus als sinnvolle Einheit gelesen werden. Die Verbindung von Prophetie und Weisheit muss dann aber als originär betrachtet werden. Das hat freilich Konsequenzen für die Datierung der Geschichte, die in den übrigen Davidserzählungen nur durch die Haremslisten 1 Sam 27,3; 30,5; 2 Sam 2,2 und die genealogischen Notizen der Nachkommen Davids verankert ist, wobei der gemeinsame Sohn Abigajils und Davids in 2 Sam 3,3 Kilab heißt, in 1 Chr 3,1 jedoch Daniel. 1 Sam 25 könnte durchaus als später Einschub in den Erzählzusammenhang gesehen werden, da weder Abigajil noch ihr Kind in einer der Geschichten um die Thronfolge eine Rolle spielen,[8] obwohl der Sohn der biblischen Chronologie nach älter als der zweite Thronanwärter Abschalom wäre.

Die Geschichte um Abigajil, Nabal und David[9] ist – wie viele Prosatexte der Hebräischen Bibel – derart stark von den Reden der Handelnden geprägt, dass die Szenenabgrenzungen beinah lückenlos mit den nur durch kurze narrative Passagen eingeleiteten Reden konform gehen.

2.1 Samuels Tod als Kontext der Geschichte (25,1)

Die Geschichte von 1 Sam 25 um den Konflikt zwischen dem Ehepaar Nabal und Abigajil einerseits und David und seiner Freischärlertruppe im südlichen Juda andererseits ist Teil der Aufstiegsgeschichte Davids zum König in Hebron. Sie ist eingebettet zwischen zwei Erzählungen von der Verfolgung durch Saul und dessen Schonung durch David (1 Sam 24.26).

Die Geschichte beginnt mit der Notiz über den Tod und das Begräbnis Samuels (25,1). Jener Mann, der sich gegen Saul gewandt (vgl. 16,1ff.) und David als Gegenkönig gesalbt hatte, ist tot, das „prophetische Amt"[10] damit verwaist. Häufig wird in der Forschung betont, dass diese Notiz aufgrund redaktioneller Prozesse im DtrG zur Vorbereitung der Erzählung um die Frau

---

8 Die Deutung von Bach, Pleasure (s. Anm. 3), 36, „Since there is no sexual life between Abigail and David, Abigail enjoys no further textual life either" ist zwar in bezug auf die dynastische Funktion von Davids Ehefrauen interessant, jedoch vermutlich in ihrer Relevanz überfrachtet. Die literarhistorische Erklärung scheint mir einleuchtender.
9 Diese Hervorhebung der Frau an erster Stelle ist insofern gerechtfertigt, als sie die einzige Figur ist, die mit allen anderen im unmittelbaren Dialog steht; siehe dazu bereits Bach, Pleasure (s. Anm. 3), 26.
10 Der Kanonteil der Vorderen Prophetie folgt hier der Vorstellung des Dtn, dass jeweils eine weitere prophetische Figur in der Nachfolge des Mose von Gott erweckt werden wird. Siehe dazu Fischer, Irmtraud, Gotteskünderinnen. Zu einer geschlechterfairen Deutung des Phänomens der Prophetie und der Prophetinnen in der Hebräischen Bibel, Stuttgart u.a. 2002, 32–60.

von En Dor an diese Stelle geraten sei.[11] Eine genauere Lektüre der Reden Abigajils wird jedoch erweisen, dass diese Eingangsnotiz für das Gesamtverständnis des Textes als Teil des Kanonteils der Vorderen Prophetie entscheidend ist.

2.2 Die verständige Abigajil an der Seite ihres dumpfen Ehemannes Nabal (25,2–3)

David trifft auf der Flucht vor Saul zum Zeitpunkt der Schafschur auf den reichen Viehzüchter Nabal. Es ist bezeichnend für den Fortgang der Erzählung, dass noch vor Nabals Identität sein Reichtum vorgestellt wird, da das Bewahren desselben ihm zum Verhängnis werden wird.[12] Da das Scheren der Schafe einer Ernte gleichkommt, hat ein Herdenbesitzer diesen Anlass sicherlich mit seinem ganzen Haus und mit den am Erfolg der Arbeit Beteiligten gefeiert (vgl. Gen 38,13ff.; 2 Sam 13,23ff.). An einem solchen Fest, an dem üblicherweise die Arbeitgeber ihre Freigebigkeit erweisen, will David offensichtlich partizipieren (V. 2.4f.).

Die Vorstellung des Ehepaares deutet den Verlauf der Geschichte bereits an. Sie wird chiastisch in Szene gesetzt, wodurch zwar vorerst der *Name* des *Mannes* und dann erst der seiner *Frau*, sodann aber die ausschließlich positiven *Eigenschaften* der *Frau* vor den ausnahmslos negativen des *Mannes* mitgeteilt werden:

„Der Names des Mannes war Nabal.
  Der Name seiner Frau Abigajil.
    Und die Frau war von gutem Verstand und von schöner Gestalt.
  Der Mann aber war starrköpfig und böse in seinen Handlungen.
Und er war ein Kalebiter."[13] (V. 3)

Der wohlhabende Herdenbesitzer trägt einen sprechenden Namen,[14] durch den vorab klargestellt wird, was die erzählende Stimme im Text von ihm

---

11 So etwa Caquot, André – Robert, Philippe de, Les Livres de Samuel, CAT 6, Genève 1994, 305.
12 Siehe dazu Brueggemann, Walter, First and Second Samuel, Interpretation, Louisville 1990, 175.
13 Qere כָּלִבִּי, „Kalebiter", LXX liest aufgrund der Assonanz zum hebräischen Wort „Hund" als Kyniker; auch Ketiv כַּלִבּוֹ, „wie sein Herz", ergibt einen hervorragenden Sinn (vgl. V. 37). Zu den assoziativen Wortspielen mit den Namen Nabal und Kalebiter siehe Nicol, George G., David, Abigail and Bathsheba, Nabal and Uriah. Transformations within a Triangle, SJOT 12 (1998), 130–145, 132 Anm. 9.
14 Sprechende Namen finden sich überwiegend in nachexilischen Erzählungen (vgl. etwa die Namen im Rutbuch oder die Ortsnamen in Gen 38). Der historische Gehalt der Erzählung, der oft beschworen wird (vgl. Stoebe, Hans J., Das erste Buch Samuelis, KAT 8/1, Gütersloh 1973, 453, oder Schroer, Samuelbücher [s. Anm. 7], 105), ist aber nicht allein deswegen in Zweifel zu ziehen. Auch die dtr Formulierungen aufgreifende Sprache dieser kunstvoll gestalteten Erzählung, vor der die meisten Literarkritiker kapituliert haben, sprechen für eine späte Entstehungszeit (zum semantischen Befund der Erzählung,

hält: Nabal[15], der „Tor", der „Geizhals", verhält sich nicht nur seinem Namen gemäß, wenn er die Delegation Davids unhöflich empfängt und ihre Bitte barsch zurückweist. Er entspricht ganz und gar der Typisierung eines Menschen, der das Gegenteil von weise ist, wenn er sich im Verlauf der Geschichte derart betrinkt, dass er nicht einmal mehr ansprechbar ist (V. 36; vgl. z.B. Spr 20,1; 23,20ff.; 31,4–6).

Abigajil hingegen wird in der Einführung bereits als Kontrast zu ihrem Mann vorgestellt: Die Güte ihrer Geisteskraft, ihr brillianter Verstand (טוֹבַת־שֶׂכֶל),[16] wird ergänzt von der Schönheit ihres Äußeren. Abigajil wird also im Gegensatz zu ihrem Mann in die Sphäre der Weisheit gestellt, während er der Kategorie der schändlichen, bewussten Abwendung von einsichtigem Handeln und der Sturheit[17] zugereiht wird. So sind mit diesen Bewertungen, die „gut" der Frau zuordnen und „böse" dem Mann, die Rollen in der Geschichte bereits verteilt.[18]

2.3 Die Bitte Davids an Nabal (25,4–8)

Nach diesem Schwenk, der die Aufmerksamkeit von David, der Hauptfigur des Erzählkomplexes, weg hin zu einem reichen Ehepaar lenkte, wird die Aufmerksamkeit wieder auf den Flüchtling und seine Männer konzentriert. Aus ihrem sozialen Kontext herausgerissen, fehlt es ihnen am Lebensnotwendigen (vgl. z.B. 1 Sam 22,2.10). David schickt daher eine Abordnung seiner jungen Männer zu Nabal: „Und fragt ihn in meinem Namen nach dem Frieden" (V. 5).

„Schalom" ist zwar zuallererst der bis heute in Israel übliche, alltägliche Gruß, aber die Worte, die David ihnen auszurichten befiehlt, sind mit ausge-

---

der auf dtr Verfasserschaft hinweist, siehe Veijola, Timo, Die ewige Dynastie. David und die Entstehung seiner Dynastie nach der deuteronomistischen Darstellung, STAT 193, Helsinki 1975, 51–53).

15 Über die Schwierigkeiten, נבל treffend zu übersetzen, siehe Marböck, Johannes, נָבָל nâbâl, ThWAT 5 (1986), 171–185, 180.

16 Mit derselben Wurzel שׂכל wird etwa auch die sprichwörtliche Weisheit und intellektuelle Kraft Salomos in der Chronik vorgestellt (1 Chr 22,12; 2 Chr 2,11) oder die Güte eines Ratgebers (1 Chr 26,14) und das Wissen und die Erfahrung von kultischem Personal beschrieben (2 Chr 30,22; Esr 8,18). In Ps 111,10 werden damit die Menschen bezeichnet, die als Anfang der Weisheit in der Furcht JHWHs handeln.

17 קָשֶׁה kommt häufig in der Wendung עַם־קְשֵׁה־עֹרֶף „halsstarriges/stures Volk" vor (vgl. Ex 32,9; 33,3.5; 34,9).

18 „Gut" und „Böse" haben Leitwortfunktion in diesem Teil der Davidsgeschichte. Siehe dazu Dietrich, Walter, Von David zu den Deuteronomisten. Studien zu den Geschichtsüberlieferungen des Alten Testaments, BWANT 156, Stuttgart u.a. 2002, 55. Dass diese „Definitionen" des Erzählers im Verlauf der Geschichte nicht eindeutig aufgehen, zeigt anschaulich Emmerich, Karin, Schuld und Macht. Die Erzählung von Nabal, Abigajil und David – eine alttestamentliche Dreiecksbeziehung, in: Heininger, Bernhard u.a. (Hg.), Wahrnehmung der Geschlechterdifferenz in religiösen Symbolsystemen, Geschlecht – Religion – Symbol 1, Münster 2003, im Druck.

suchter Höflichkeit formuliert. Drei Mal kommt in der direkten Rede der Frage „nach dem Frieden" das Wort Schalom, „Frieden", „Wohlergehen", vor. Er wünscht ihn Nabal, seinem Haus und allem, was ihm gehört (V. 6). Sodann lässt er die Männer den Anlass ihres Kommens, das Fest der Schafschur, erwähnen (V. 7a), um sogleich in die jüngste Vergangenheit zurückzublenden und Nabal klar zu machen, was David und sein Gefolge ihm *nicht* getan haben: Sie haben die Männer Nabals *nicht* beleidigt und *nichts* fehlte ihnen während all der Zeit, in der sie in deren Nähe waren. Dies könnten nach der Meinung Davids auch Nabals Hirten bestätigen (V. 7b–8aα), was sich in V. 14–16 sodann als zutreffend erweist. Wie Ellen van Wolde[19] aufgezeigt hat, suggeriert die Formulierung „die Hirten, die mit uns waren", dass diese seine Perspektiven teilen müssten; die Aussage verkehrt allerdings die Tatsache, dass nicht David in der Gegend ansässig ist, sondern Nabal. Weil Davids Truppe friedlich war, ersucht er nun Nabal an diesem „guten Tag", dem „Feiertag" der Schafschur, dass seine jungen Männer in „deinen Augen Gnade *finden* (מצא) mögen" und er geben möge, „was deine Hand für deine Knechte und für deinen Sohn David *findet* (מצא)" (V. 8).

„Friede" und „Gnade" sollten nach der Vorstellung des darbenden Flüchtlings also ihren materiellen Ausdruck finden. Ulrike Bechmann[20] hat diese Bitte Davids als mafiöse Schutzgeldforderung gedeutet und liegt aufgrund der aus V. 10f. rückblickend zu erhebenden Tatsache, dass Nabal die aufgenötigte Dienstleistung nicht gewollt hat, richtig. Aus den Reden Nabals (V. 10) und Abigajils (V. 28f.) ist später allerdings zu erschließen, dass David als Verfolgter Sauls in der Gegend bereits bekannt war. Vom *Erzählzusammenhang* ist es daher gar nicht so ungewöhnlich, dass dieser freie Mann, der in den Philisterkämpfen viel für die Sicherheit seines Volkes geleistet hat und aufgrund von Unrecht auf der Flucht ist, seinen Anteil am Festschmaus begehrt. Jene Exegeten und Exegetinnen, die einen historischen Kern der Geschichte annehmen und daher mit einer historischen Begebenheit im Hintergrund rechnen, die noch vor Davids Erhebung zum König stattgefunden habe, müssen diesen Zusammenhang aber notwendigerweise gering achten.

2.4 Die törichte Antwort des Mannes namens „Tor" (25,10–11)

V. 9 erzählt sodann die Ausführung von Davids Befehl, wobei explizit betont wird, dass seine Männer sich nicht offensiv, sondern abwartend verhalten. Nabal aber antwortet ihnen in V. 10 aufbrausend mit einer Beleidigung: „Wer

---

[19] Siehe Wolde, Ellen van, A Leader Led by a Lady. David and Abigail in I Samuel 25, ZAW 114 (2002), 355–375, 358.
[20] Vgl. Bechmann, Ulrike, „Gelobt sei Deine Klugheit!" Bibelarbeit zu Abigajil (1. Sam. 25), IKZ 89 (1999), 139–147, 140. Brueggemann, Samuel (s. Anm. 12), 176, dessen Auslegung viel Sympathie für den sich der Erpressung verweigernden Nabal zeigt, spricht von Einschüchterung und Konfiszierung.

ist David? Und wer ist der Sohn Isais? Heute reißen sich viele Sklaven los, jeder von seinem Herrn."

Brot, Wasser und Fleisch, die Explikation der Gaben, die David als Teilhabe am Fest erbeten hatte, kommen in Nabals Rede nur in einer rhetorischen Frage vor. Seiner Meinung nach gehört all dies *nur ihm*, so deuten es die Possessivpronomina an. Leuten, von denen er nicht weiß, woher sie kommen, und denen er unterstellt, dass sich entlaufene Sklaven[21] unter ihnen finden könnten, ist er nicht bereit, von seinem Überfluss abzugeben (V. 10f.). Wenn er David unter Weglassung des Eigennamens als Sohn seines Vaters definiert, soll dies einerseits bewusst despektierlichen Klang haben (vgl. 20,27.30), andererseits stellt es aber klar, dass Nabal um David weiß, da dieser sich durch seine Männer nicht mit dem Vaternamen vorstellen ließ.[22] Bereits in dieser Szene erweist der Name Nabal seine Wahrheit. Der Mann ist ein bösartiger Geizhals, der in seiner Rede auch nicht ein Minimum an Anstand wahrt, um die Männer mit ihrer Bitte abzuweisen.

2.5 Die Reaktion Davids auf den rüden Empfang der Boten (25,12–13)

Die nächste, überwiegend narrativ gestaltete Szene beginnt mit der getreuen Berichterstattung durch Davids Männer, die offensichtlich auf die Beschimpfungen Nabals nicht unmittelbar reagierten (V. 12). Ließ David mit seiner Rede durch die Gesandtschaft, die Frieden bringen sollte, *dreimal* „Schalom" ausrichten, so befiehlt er nun, dass ein jeder sein „Schwert" nehme. Die Sprache ist militärisch geprägt, keine Spur mehr von Höflichkeit; seinen Männern befiehlt er. *Dreimal* ist vom Schwert die Rede, das für das Gegenteil von Frieden steht. Mit vierhundert Mann ist David soeben dabei, kriegerisch gegen Nabal vorzurücken (V. 13).

2.6 Die aufrüttelnde Rede des jungen Mannes an Abigajil (25,14–17)

In V. 14–19 blendet der Text sodann eine zum Gespräch Davids mit seinen Knechten zeitgleiche Szene ein. Sie wird invertiert eingeleitet: „Aber Abigajil, die Frau Nabals, informierte einer der jungen Männer von den Bediensteten" (V. 14a). Bereits durch diese grammatikalische Eigenheit wird deutlich, dass die Frau den von Nabal und David eingeleiteten Unheilszusammenhang durchbricht.

Der junge Mann berichtet der Frau detailliert, jedoch nicht unparteilich, vom Konflikt der Männer. Er betont vorab, wie unhöflich Nabal sich benommen habe, während doch David in der Absicht, ihn zu segnen, ge-

---

21 Zum Risiko, entlaufene Sklaven zu unterstützen, siehe Codex Hamurapi §15–19 (vgl. Fischer, Irmtraud, Die Erzeltern Israels. Feministisch-theologische Studien zu Genesis 12–36, BZAW 222, Berlin u.a. 1994, 102f.). Zur zweifelhaften Zusammensetzung von Davids Truppe vgl. 1 Sam 22,2.
22 Dies hat bereits Stoebe, Samuelis (s. Anm. 14), 447, gesehen.

kommen sei (V. 14b). Ausdrücklich betont der Bedienstete, die Worte Davids aus V. 7b bestätigend, wie gut dessen Männer die ganze Zeit über zu den Hirten gewesen waren (V. 15f.), während Nabal zu nichts nutze sei (V. 17b).[23] Er fordert Abigajil zum Erkennen und zum Sehen auf, um in dieser aus der unbelehrbaren Unverschämtheit „unseres Herrn" entstandenen bösen Lage das Richtige zu tun (V. 17a). Der junge Mann, der zu Nabals Haus, jedoch nicht zu seinem Gesinde gehört und den man sich daher als Freien vorzustellen hat, verlangt von der Hausherrin eine Entscheidung, um das drohende Unheil abzuwenden. Obwohl die Männer Davids sich ruhig verhielten, ist dem Mann klar, dass eine solch unfreundliche Behandlung durch seinen Dienstherrn nicht folgenlos bleiben wird. Seine Aufforderung an Abigajil, das Gesetz des Handelns an sich zu reißen, kommt einem Ultimatum gleich: Sie soll das bevorstehende Unheil abwenden, von dem die Lesenden wissen, wie real es bereits ist (V. 17; vgl. V. 13).

2.7 Abigajil reagiert, wie es einer weisen Frau geziemt (25,18–19)

Abigajil hört sogar auf einen Untergebenen und handelt umgehend, wodurch sie sich bereits als weise Frau im Gegensatz zu ihrem Mann, der gegen Worte immun ist, zu erkennen gibt (V. 17). Sie beeilt sich, Proviant von Brot, Wein, Schlachtvieh, Getreide, getrockneten Trauben und Feigenkuchen für eine ganze Kompanie auf Esel zu packen. Was sie hier mitnimmt, ist qualitativ (Wein statt Wasser) und quantitativ wesentlich mehr als das, woran Nabal gedacht hat, dass David es von seinem Besitz beanspruchen könnte. Mit diesen tatsächlich reichen Gaben beladen schickt Abigajil ihre Esel unter der Obhut ihrer jungen Männer vor sich her. Ihrem Mann aber sagt sie nichts. Die Wurzel נגד hif., „künden", „informieren", rahmt damit die zu Davids Handeln zeitgleiche Szene von V. 14–19: Die verständige Frau wird informiert, der Tor von Mann nicht.

Es gehört offensichtlich zur Torheit dazu, zu glauben, der Besitz gehöre nur dem Manne, wie Nabal in V. 11 behauptet. Abigajil erweist dagegen in V. 18f., dass sie die Verfügungsgewalt über all das von David Erbetene hat. Während der junge Mann Nabal noch als „*unseren* Herrn" bezeichnet, ist von der Gesamtheit des Gesindes in der narrativen Passage von V. 19 als „*ihre* jungen Männer" die Rede: Der mobile Besitz, von dem David einen Teil als Gabe wollte, und das Personal sind bereits von Nabal an Abigajil übergegangen und unterwegs zu David!

---

23 Bechmann, Klugheit (s. Anm. 20), 141, betont, dass das Dienstpersonal beider Seiten sich einig ist, und zeigt damit eine Linie der sozialen Solidarität auf. Brueggemann, Samuel (s. Anm. 12), 177, hingegen hebt den konstruierten Gegensatz David – Nabal hervor.

2.8 Der Augenblick der Begegnung Abigajils mit David (25,20–22)

V. 20 bringt die beiden zeitgleichen Geschehnisse auf halbem Weg zusammen. Abigajil steigt hinab, und David kommt ihr bereits mit seinem Gefolge entgegen. Die Begegnung selber erleben die Lesenden aber nicht an seiner Seite, sondern auf jener Abigajils[24] (vgl. auch V. 23ff.): „Sie stieß auf sie" in dem Moment, als David und seine Männer zu ihrem bevorstehenden Überfall unterwegs sind und er nochmals die Gründe dafür darlegt. Wie bereits in V. 7 und in V. 15 wird der (allerdings ungefragt!) geleistete Schutz betont, wobei die Geschichte aus seiner Sicht heraus wiederum mit dem polaren Wortpaar „gut" und „böse" gedeutet wird (V. 21b; vgl. V. 15a.17b). Die Vorstellung von V. 3 hatte „gut" – im Gegensatz zu ihrem bösen Mann – mit Abigajil in Verbindung gebracht. Sie trifft nun auf David, der „gut" gehandelt hatte, und der gerade dabei ist, einen Fluch unter Anrufung Gottes auszustoßen (V. 22). Der *Friedens*wunsch (V. 5b.6), der vom Gesinde Nabals als *Segens*wunsch verstanden wurde (V. 14), verwandelt sich gerade in diesem Augenblick in einen ordinären *Fluch*.[25] Die Vorschau auf den nächsten Tag, der nach Davids Willen den Tod für alle männlichen Mitglieder des Hauses Nabals bringen wird, beschließt den szenisch zweigeteilten Abschnitt.

2.9 Abigajils Rede – ein Meisterwerk der Diplomatie (25,23–31)

Die folgende Szene, die zentrale der ganzen Geschichte (V. 23–31), führt Abigajil als Subjekt einer Serie von schnellen Handlungen ein (V. 23). Als die Frau David sieht, beeilt sie sich, vom Esel zu steigen und sich vor ihm niederzuwerfen, sich bis zur Erde zu verneigen und vor seine Füße zu fallen. Wie in einem orientalischen Hofzeremoniell gestaltet sie ihren Auftritt bei David. Mit einer ausführlichen Rede, die ein Lehrstück diplomatischer Rhetorik ist (V. 24–31), deutet sie diese Gesten der Bitte und der Anerkennung ihres Gegenübers. Der Text spricht damit Abigajil die diskursive Dominanz[26] in der Begegnung zu. Ihr wird das Wort nicht erteilt, sondern sie selber er-

---

24 Vgl. dazu nun auch Wolde, Leader (s. Anm. 19), 360.
25 Wolde, Leader (s. Anm. 19), 361, bringt die Formulierung „an die Wand pissen" mit der Herkunftsbezeichnung Nabals als „Kalebiter", was wörtlich auch „vom Stamm der Hunde" heißen könnte, in Verbindung. Dies mag zwar assoziativ als weiterer sprechender Name mitschwingen, die Formel findet sich aber häufiger im dtr Sprachgebrauch (z.B. 1 Kön 14,10; 16,11; 21,21) und ist daher nicht auf die Kalebiter zu beschränken. Wolde weist schlüssig nach, dass mit dieser vulgären Bezeichnung sonst immer die Ausrottung der männlichen Mitglieder eines Königshauses angesprochen wird (373). Sie stützt damit die durch Gunn, David M., The Fate of King Saul. An Interpretation of a Biblical Story, JSOT.S 14, Sheffield 1980, 96f., angestoßene Hauptthese ihres Artikels, der Repräsentation von Saul durch Nabal.
26 Von einem „Wortschwall weiblicher Geschwätzigkeit ..., in dem Kluges und Törichtes durcheinandergeht" (Stoebe, Samuelis [s. Anm. 14], 457) kann also keine Rede sein. Zur Kritik einer solch stereotypen Auslegung siehe bereits Veijola, Dynastie (s. Anm. 14), 47.

greift es, wenngleich sie zweimal höflich um Gehör bittet und sich als seine Magd bezeichnet (V. 24b).[27] Wie David sich und die Seinen als „Knechte" Nabals bezeichnete und als „Sohn", so ist auch die Anrede der Frau zu deuten. Sie hat nichts mit Unterwürfigkeit[28] oder Schmeichelei zu tun, sondern mit höflicher Rede eines Menschen, der einen anderen um etwas bittet. Abigajil spricht David, der Krisensituation entsprechend, mit „mein Herr" an. Insgesamt zehn Mal spricht sie diese Ehrfurchtsbezeugung aus (V. 24–29.31.41). Auch dies ist als Anrede zwischen freien Personen in der Bibel – bei beiden Geschlechtern – häufiger belegt (vgl. z.B. Gen 31,35; 33,8.13–15). Und sie nimmt, offensichtlich um Schonung zu erreichen, vorab „die Schuld" (V. 24a) auf sich.[29] Ob dies die Schuld, die durch die Unverschämtheit Nabals verursacht wurde, meint, geht aus dem Text nicht klar hervor.[30]

In V. 25 beginnt sie ihre Argumentation mit einer illusionslosen Ätiologie des Namens ihres Mannes: „Wie sein Name, so ist er. Nabal, ‚Tor', ist sein Name und Torheit ist mit ihm!" Die Stimmen des Erzählers von V. 3 und des jungen Mannes von V. 17b vereinen sich in Abigajils Worten. Sie betont, von der Gesandtschaft nichts mitbekommen zu haben.

Nach dieser offensiven Darstellung der verfahrenen Situation und ihrer Ursachen, versucht Abigajil, Davids Blick ausschließlich auf Gegenwart und Zukunft zu richten. Wie der junge Mann sie zum Handeln aufgefordert hatte, um Unheil zu vermeiden, so tut sie es nun mit David: „Jetzt aber ..." (V. 17.26).[31] Sie redet David das vierte Mal in diplomatischer Sprachwahl als „mein Herr" an, ruft aber vorerst JHWH an, und wünscht dem Mann sodann – ähnlich wie David ursprünglich dem Toren Nabal (V. 6) –, dass er leben möge. Aber sie begründet diese Anrufung damit, dass JHWH ihn davon abgehalten habe, Blutschuld auf sich zu bringen. Denn Blutschuld hätte es bedeutet, wenn er sich selber gerächt und mit dem schuldigen Nabal dessen ganzes unschuldiges Haus vernichtet hätte. Damit wird deutlich, dass „die Schuld", von der sie in V. 24 spricht, nicht ihre eigene Schuld sein kann, auch wenn sie sie auf sich nimmt. Es ist aber auch nicht jene Nabals, sondern es ist die Blutschuld, die David gerade dabei ist, auf sich zu laden, und vor

---

27 Zu Magd und Sklavin in diplomatischen Gesprächen am Königshof siehe Engelken, Karen, Frauen im Alten Israel. Eine begriffsgeschichtliche und sozialrechtliche Studie zur Stellung der Frau im Alten Testament, BWANT 130, Stuttgart u.a. 1990, 146–148.
28 Engelken, Frauen (s. Anm. 27), 146 benennt die Selbstbezeichnung mit Magd oder Sklavin als „Unterwürfigkeitsformel", wobei sie in der Überschrift vorerst Anführungszeichen setzt, die sie dann aber weglässt (148). Schroer, Samuelbücher (s. Anm. 7), 108, hält die Dynastieansage durch Abigajil für Schmeichelei.
29 Dass selbst bei gravierenden Verfehlungen wie der Verfluchung des Königs das Eingeständnis, gesündigt zu haben, eine verschonende Wirkung hat, erweist 2 Sam 19,21.
30 Zu den vielfältigen Deutungsmöglichkeiten dieses Schuldbekenntnisses siehe Emmerich, Schuld (s. Anm. 18).
31 V. 17 und V. 26 werden mit וְעַתָּה eingeleitet, wobei jeweils die Aufforderung zur Entscheidung, Recht oder Unrecht zu tun, folgt.

der sie ihn bewahren will. Erst nach dieser Deutung von Davids Handeln, die in einem Fluch über Nabal endet (V. 26), deklariert sie das Mitgebrachte als Segensgabe für ihn und seine Knechte (V. 27).

Den zweiten Gedankengang ihrer Rede (V. 28–31) leitet sie wiederum mit einer als höfliche Entschuldigung zu lesenden Bitte, David möge ihr für ihre Frevel vergeben, ein. Was sie sodann dem jungen David zuspricht, ist nicht „*almost like* an official declaration",[32] sondern inhaltlich bis in die sprachliche Formulierung hinein tatsächlich nichts anderes als die Natansverheißung[33] von 2 Sam 7,11 (-לְ עָשָׂה + בַּיִת, „für [David] ein Haus machen"). Obwohl vom Erzählfortgang die Zusage an David, die *Führungsrolle* zu übernehmen und darin auch Bestand zu haben, nicht das erste Mal vorkommt,[34] findet sich dennoch hier, am Tiefpunkt von Davids Karriere, erstmals die *Dynastie*zusage. Damit ist der qualitative Sprung von einer je neu durch die Prophetie legitimierten Königssalbung zu einem dynastischen Herrscherhaus gegeben.[35] Abigajils Worte sind dennoch nie so berühmt geworden wie jene der Natansverheißung. Ob dies am Geschlecht der Sprecherin liegt? Häufig haben jene Thesen, die mit einem historischen Kern der Erzählung rechnen, Teile dieses Redegangs als sekundär betrachtet.[36] Die literarkritische Scheidung erfolgt jedoch nicht, weil es einen Stilbruch oder inhaltliche Spannungen gäbe, sondern ausschließlich aufgrund der Tatsache, dass man die Abigajilgeschichte als historisch ansah und es daher unmöglich angehen konnte, dass sie *vor* der dann zumindest in Teilen für authentisch gehaltenen Natansweissagung die Dynastie bereits angekündigt hätte.[37] Das einzig wirkliche Kriterium für derlei Operationen ist das niemals als solches deklarierte des Geschlechts.

Dass 1 Sam 25 keine isolierte Einzelerzählung war und ist, sondern für den Erzählzusammenhang verfasst ist, zeigen die folgenden Verse. Abigajil verankert in V. 28b–29 ihre Segenswünsche wohl in der augenblicklichen Lebenslage Davids als Krieger JHWHs, dem zwar Saul derzeit nach dem Leben trachtet, aber dessen Leben verschont werden wird. Mit V. 30 kehrt sie

---

32 Brueggemann, Samuel (s. Anm. 12), 178 (Hervorhebung I.F.).
33 Zur Bedeutung der Rede Abigajils im Rahmen der Verheißungen der Führungsrolle, speziell der Königsverheißungen siehe Weiser, Artur, Die Legitimation des Königs David. Zur Eigenart und Entstehung der sogen. Geschichte von Davids Aufstieg, VT 16 (1966), 325–354, insbes. 344.
34 Die Auslegung von Stolz, Samuel (s. Anm. 5), 161, „In Abigails Mund *wiederholt* sich also, was bereits Jonathan und Saul angekündigt hatten (vgl. zu 24,21; 23,17)" (Hervorhebung I.F.), ist daher falsch und einzig und allein durch den Gender-Bias zu erklären.
35 Vgl. ebenso Wolde, Leader (s. Anm. 19), 372.
36 Vgl. etwa den Versuch von Veijola, Dynastie (s. Anm. 14), 47–51, der ausgehend von der unterschiedlichen Selbstbezeichnung Abigajils als „Magd" und „Sklavin" und der angeblich störenden langen Redepartie ab V. 21 alle politisch relevanten Passagen aus ihrer Rede an David ausscheidet und einer dtr Redaktion zuschreibt. Seine Argumente überzeugen nicht.
37 Vgl. z.B. Weiser, Legitimation (s. Anm. 33), 348.

wiederum zur prophetisch[38] zu nennenden Ankündigung zurück, dass JHWH David all „das Gute tun" und ihn zum „Fürsten über Israel" bestellen wird. Für den Zeitpunkt der Erfüllung dieses Wortes will sie David davon abhalten, dass er sich selber rächt und damit Blutschuld auf sich lädt. Sie beschließt ihre Rede mit der Aufforderung, dass er sich an sie erinnern möge, wenn JHWH ihm dieses „Gute" tun wird (V. 31).[39]

Mit dem überraschenden Ausgang dieser Rede übernimmt Abigajil der Funktion nach das prophetische Amt,[40] das nach Samuels Tod (V. 1) verwaist war.[41] Sie hat damit dieselbe Funktion inne wie ihr Nachfolger Natan, der David – in der erzählten Zeit Jahre später – ebenso die Dynastiegründung zusagen wird. Aufgrund dieser Parallelen ist Abigajil unter die Prophetinnen zu reihen.[42] Mit mäeutischer Methode bringt sie David zur Erkenntnis, dass sein soeben projektiertes Handeln gegen Nabal seine Karriere als Fürst und König gefährden würde,[43] und erreicht somit die Verschonung ihres eigenen Hauses. Wie später ihr Nachfolger Natan im Gleichnis vom Lamm (2 Sam 12), so zeigt auch sie den Sachverhalt seiner Sünde auf, die er im Begriff ist, zu begehen. Abigajil stellt dies so diplomatisch dar, dass David – ohne zornig zu werden – erkennen kann, dass er gerade dabei ist, Unrecht zu tun. Indem sie sich selber der Schuld bezichtigt, nimmt sie ihm den Wind aus den Segeln, und er kann ohne Angst über sein eigenes Vorhaben, das unweigerlich zur Schuld führen wird, nachdenken und es revidieren.[44]

---

38 Der prophetische Aspekt der Rede Abigajils und der Zusammenhang zur Natansverheißung wurde bereits häufig thematisiert. Vgl. etwa Levenson, Jon D., 1 Samuel 25 as Literature and as History, CBQ 40 (1978), 11–28, 20, der auf die Auslegung von Kimchi verweist.

39 Diese Bitte ist häufig als (ungebührender) Heiratsantrag von Seiten der Frau betrachtet worden (vgl. etwa Stolz, Samuel [s. Anm. 5], 161, oder Schroer, Samuelbücher [s. Anm. 7], 108). Dagegen betonte jedoch bereits Stoebe, Samuelis (s. Anm. 14), 457, dass es zu den Königspflichten gehört, sich der Wohltaten der Untertanen zu erinnern.

40 Zum Amt der Prophetie in der Nachfolge des Mose, das in der Vorderen Prophetie auch Frauen innehaben, siehe die Überblickstabelle bei Fischer, Gotteskünderinnen (s. Anm. 10), 36. Ähnlich sieht die prophetische Funktion Abigajils zwischen Samuel und Natan nun auch Wolde, Leader (s. Anm. 19), 367.371.

41 Weder steht die Notiz vom Tod Samuels an unpassender Stelle noch verweist sie darauf, dass mit seinem Tod für David „ein Rückhalt fortgefallen" wäre (so Stoebe, Samuelis [s. Anm. 7], 452), da gerade in den Verfolgungsgeschichten nach Kap. 20 der Prophet nirgends unterstützend auftaucht.

42 Der Talmud Meg 14 führt Abigajil unter den Prophetinnen an, allerdings nicht aufgrund der Nähe ihrer Prophezeiung zur Natansverheißung, sondern aufgrund der Ankündigung von Blutschuld (hebr. Plural), die bereits auf den Ehebruch mit Batseba und den anschließenden Auftragsmord an Urija verweise. Zu den Verbindungen zu dieser Geschichte siehe Nicol, David (s. Anm. 13), 135–145.

43 Ähnlich auch Hertzberg, Hans W., Die Samuelbücher, ATD 10, Göttingen ⁷1986, 166.

44 Vgl. dazu auch Hobbs, T. Raymond, Hospitality in the First Testament and the ‚Teleological Fallacy', JSOT 95 (2001), 3–30, 27.

2.10 David zeigt Einsicht und revidiert seinen Plan (25,32–35)

Das erste Wort des einsichtigen und daher zur Herrschaft prädestinierten Mannes an Abigajil (V. 32–34) ist daher eine Preisung JHWHs, der ihm Abigajil an diesem Tag sandte. Mit dieser Formulierung wird deutlich, dass David die *prophetische Sendung* der weisen Frau erkannt hat. Sodann preist er zweifach die Urteilskraft der Frau und sie selber, die ihn vor Blutschuld durch den Vollzug der Vergeltung mit der eigenen Hand bewahrte. Ausdrücklich greift er daher noch einmal auf seine vulgären Worte im Fluch über Nabal zurück, mit dem er zur Rache aufrief (V. 34b; vgl. 22b). Hier wird ganz offensichtlich nicht nur die Satzung Gottes, die Rache ihm zu überlassen, anerkannt, sondern auch David davor bewahrt, wie Nabal zu werden und Böses zu tun.[45] Der *dreifachen* Erwähnung des Schwertes (V. 13) entspricht die *dreimalige* Wendung vom sich selber Helfen (יש״ע: V. 26.31.33), das Abigajil durch ihre Intervention verhindert hat.

Die ausführliche Rede Abigajils stellt David in die Position des Belehrten, und er versteht, die Lehre anzunehmen. In den Handlungen und Worten der Frau erkennt auch er – wie Abigajil es ihm gedeutet hatte – die Gottheit Israels am Werk. Die selbstreferentiellen Passagen beziehen sich ausschließlich auf seinen als Unrecht erkannten Rachewillen, wodurch die königliche Figur in ihrem Wollen durch Wort und Tat der Frau mit brilliantem Verstand um hundertachtzig Grad gewendet wird.

Als David das von ihr Mitgebrachte übernimmt, das er nun ohne Blutvergießen dennoch bekommt, entlässt er sie in Frieden nach Hause (V. 35). Man könnte meinen, nun ist doch wieder alles so, wie es in V. 6 begonnen hatte, nämlich mit durch Geschenke gesichertem Frieden. Aber dem ist nicht so: David ist von Abigajil bewahrt worden, Böses *an ihr* zu tun (V. 34a), und er lässt sie zurückkehren in *ihr* Haus, nicht in das Haus Nabals. Wenn er sodann davon spricht, dass er ihr Angesicht erhoben habe, so ist dies nicht als Rückkehr zu den klassischen Rollen patriarchaler Machtverhältnisse zu missdeuten. Aus der Rede ist zwar auf den Code hierarchischer Verhältnisse zu schließen, von ihrer Funktion in der Erzählung her ist sie aber als offiziell deklarierte Zusage, dass er ihre Bitte um Verschonung, um derentwegen sie mit all den Gütern zu ihm kam (V. 35b; vgl. V. 23b), tatsächlich erhört hat. *Ihr* Haus hat nun tatsächlich nichts mehr zu fürchten.

2.11 Die verständige Frau trifft den sich als König gebärdenden Tor (25,36–38)

Die nächste Szene spielt vorerst wiederum im Hause Nabals. Als Abigajil von ihrer Mission zurückkehrt, ist sie zwar noch „*seine* Frau" (V. 37), die in

---

45 „... vengeance on Nabal is rendered both unnecessary and unwise." (Brueggemann, Samuel [s. Anm. 12], 179).

"*sein* Haus" zurückkehrt, aber ihr Ehemann ist vom Feiern derart betrunken, dass sie nicht mit ihm reden kann (V. 36; vgl. 17b). Er, der ein Gastmahl wie ein König gibt und sich benimmt wie ein Tor (vgl. Spr 31,4), verliert nicht nur seine Frau an einen sich wahrhaft wie ein König verhaltenden Mann, der zu hören versteht und sich raten lässt (vgl. Koh 4,13), sondern auch sein Leben (V. 37f.). Als einzige der Szenen ist diese ohne Rede: Das Gespräch mit Nabal ist verstummt. Die auktoriale Passage drückt damit die Überzeugung aus, dass es zwecklos ist, ihn mit Worten zu etwas zu bewegen.

Erst am Morgen, als Nabal wieder nüchtern ist, informiert ihn seine Frau von den Geschehnissen. Seine Reaktion ist wohl von derart großem Erschrecken geprägt, dass er einen Infarkt erleidet und nach guter Wochenfrist verstirbt. Sein Tod wird vom Erzähler als Schlag JHWHs gedeutet, wodurch sich Abigajils Worte an David bereits zu erfüllen beginnen (vgl. V. 29).

2.12 Abermals kommen die Boten – Brautwerbung um Abigajil (25,39–43)

Die letzte Szene blendet wieder zu David hin, der die Nachricht vom Tode Nabals bekommt und JHWH abermals preist, da er ihn nicht nur vor Bösem bewahrt, sondern offensichtlich für ihn auch die Rache übernommen hat.

Abigajil antwortet daher den Knechten Davids, die als Brautwerber für ihn kommen, wie es den Boten eines Fürsten, den sie für ihn ja prophezeit hatte, geziemt: Sie beugt sich, wie Tage zuvor vor David, bis zur Erde nieder (V. 41; vgl. 23f.) und bezeichnet sich als „Magd Davids", die selbst die Sklavinnendienste des Füßewaschens an den Knechten Davids zu übernehmen bereit ist. Ist dies die Rückkehr einer selbstbewussten Frau zur typisch weiblichen Demut und Selbsterniedrigung? Die altorientalische Sprache macht unsere heutigen Ohren dies glauben. Aber Abigajil erweist sich einerseits als eine Frau von perfekten Sitten in bezug auf Gastfreundschaft[46] und diplomatisch geschulte Höflichkeit, die nicht nur den Herrn, sondern auch seine Knechte achtet, und andererseits bestätigt sie mit ihrem Gehabe ihre eigenen Prophezeiungen: Der Mann, der im Begriff ist, sie zu heiraten, wird König werden und sein Haus wird Bestand haben! Auch diese Szene hängt also mit der prophetischen Funktion der Frau zusammen.

Nicht von ungefähr wird daher die Geschichte von der Notiz über die Frauen Davids abgeschlossen (V. 43). Haremsbildung gehört in der Kultur des Alten Israel ausschließlich an den Herrscherhof.[47] Die Notiz verweist also nicht darauf, dass die selbstbewusste Abigajil nun als unscheinbare

---

[46] Dass das Angebot zum Füßewaschen ein stehender Ausdruck im Rahmen des Angebots von Gastfreundschaft ist (vgl. Gen 18,4; 19,2; 24,32; Ri 19,21), darauf hat Klein, Ralph W., 1 Samuel, WBC 10, Waco 1983, 252, verwiesen.

[47] Kessler, John, Sexuality and Politics: The Motif of the Displaced Husband in the Books of Samuel, CBQ 62 (2000), 409–423, 421f., sieht aufgrund des im Königsgesetz von Dtn 17,17 geschriebenen Verbots von vielen Frauen in dieser Haremsbildung eine Spitze gegen David und seine Verzweckung von Sexualität als politischem Mittel.

Zweitfrau ihr Leben fristen müsse, sondern ist als Anfang der Erfüllung *ihrer* Weissagung zu lesen. Die explizite Erwähnung Michals, der Tochter des regierenden Königs und ersten Ehefrau Davids, die durch ihren Vater Saul von David zwangsgeschieden wurde (V. 44), bestätigt diese Deutung.

3. Eine fähige Frau für David – fragt sich nur, wofür

„Eine fähige Frau – wer findet sie?" Mit dieser Frage beginnt das Lob der als „Powerfrau" in allen Lebensbereichen dargestellten Frau in Spr 31,10. Wie in der neueren Forschung[48] eindrücklich nachgewiesen, ist diese Frau keine „tüchtige Hausfrau" (Luther), sondern eine, die nicht nur einem agrarischen (V. 16) und handwerklichen (V. 13.18f.24), sondern auch einem Handelsbetrieb (V. 14.24) vorsteht. Sie ist eine Frau mit Bildung (V. 26), sozialem Verantwortungsbewusstsein (V. 20f.27) und mit Gottesfurcht (V. 30), die selbstverständlich verheiratet ist und Kinder hat (V. 11.28), für die ihre Familie jedoch keineswegs der einzige Lebensinhalt ist. Die Figur der Abigajil erweist sich durch ihre Umsicht, ihren Weitblick und ihr tatkräftiges Handeln für sich und ihr Haus als eine solche exemplarisch fähige Frau.[49] Abigajil gewährleistet nicht nur wie die fähige Frau aus Spr 31 die Bereitstellung der Ressourcen für die politische Karriere des Ehemanns (vgl. 31,23), sondern auch seine moralische Integrität für diese. Wenn sie ihm zudem die Einsetzung zum Fürsten und die Errichtung eines Hauses[50] prophezeit, ist dieser doppelt von ihr ermöglichten Karriere ein hohes Ziel gesetzt: Der Mann, der auf die Stimme der weisen Frau gehört hat (1 Sam 25,35b), wird König werden!

Nach des Toren Tod sendet David eine Delegation zur Brautwerbung an Abigajil, damit sie seine Frau werde.[51] Die Possessivpronomina,[52] die in der

---

48 Siehe dazu vor allem Yoder, Christine R., Wisdom as a Woman of Substance. A Socioeconomic Reading of Proverbs 1–9 and 31:10–31, BZAW 304, Berlin u.a. 2001.

49 Dies betont bereits Berlin, Adele, Characterization in Biblical Narrative: David's Wives, JSOT 23 (1982), 69–85, 78.

50 Dass diese beiden Ankündigungen in Spannung stehen würden (so Stoebe, Samuelis [s. Anm. 14], 458), ist nur dann zutreffend, wenn man die Rede für authentisch hält. Wenn die Geschichte in Kenntnis des Kontextes verfasst wurde, fungiert sie hier als Bindeglied für die unterschiedlichen Herrschaftsvorstellungen der Aufstiegs- und der Thronfolgegeschichte. Zur unterschiedlichen Vorstellung der im prophetischen Kontext stehenden Führungsverheißung des *nagid* und der Königsverheißung siehe vor allem Murray, Donald F., Divine Prerogative and Royal Pretension. Pragmatics, Poetics and Polemics in a Narrative Sequence about David (2 Samuel 5,17–7,29), JSOT.S 264, Sheffield 1998, 298–301. Wolde, Leader (s. Anm. 19), 366, merkt treffend auch die polare Sichtweise von Nabal, der ihn zum Sklaven macht, und Abigajil, die ihn zum Fürsten erhebt, an.

51 Da die Zustimmung der Frau erforderlich und eine Ablehnung daher möglich ist, wirbt nicht er selber um sie, sondern lässt dies (wie in der Brautwerbungsgeschichte um Rebekka in Gen 24) vermittelt durch die Knechte tun.

ganzen Geschichte wie Wegweiser zur Macht gesetzt sind, bringen damit Abigajil samt ihrem ganzen (ererbten?)[53] Besitz in den Machtbereich Davids: Sprach Nabal von *seinem* eigenen Besitz, von dem David seinen Teil erbat (V. 11), so der junge Bedienstete Nabals von „unserem" Herrn, den er als Tölpel charakterisierte. Abigajil betrachtet den Besitz jedoch als den ihren und nimmt „*ihre* jungen Männer" (V. 19), um die Lasttiere zu David zu geleiten. Was David aus der *Hand Nabals* (V. 8) erbat, erhält er nun als Gabe aus der *Hand Abigajils* (V. 35). David nennt daraufhin den Besitz „*dein* Haus" (V. 35), Abigajils Haus. Es ist nicht mehr Nabals Haus, in dem dieser zwar noch feiert wie ein König, über dem aber bereits der Schatten seines Todes hängt.

Abigajils Aufgabe oder Ziel ist nicht die quasi „typisch weibliche" der Ehe. Ihre erste Ehe mit Nabal, von der nicht deutlich wird, ob sie kinderlos blieb, wird im Erzählverlauf bestenfalls als zur Fabel notwendiges Beiwerk präsentiert. Ihre zweite Ehe mit David wird jedoch von der Exegese häufig als Ziel der Erzählung gesehen. So schreibt etwa Stoebe: „Es handelt sich nicht eigentlich um eine Heldengeschichte ..., viel eher um ein Stück Familiengeschichte. ... Es geht in dieser Familiengeschichte darum, zu zeigen, wie David eine Frau findet, wer und wie diese Frau ist ..."[54] Diese Deutung bezeugt zwar schon Josephus, wenn er die Beschreibung von Abigajils Vorzügen und Schönheit nicht nur in V. 3, sondern zudem noch in die letzte Szene einträgt und sie damit als ideale Ehefrau vorstellt.[55] Aber bereits V. 1 wehrt sich, wie bereits gezeigt, gegen eine solche trivialisierende Deutung als „Privatgeschichte":[56] Abigajil tritt in die Nachfolge des soeben verstorbenen Samuel, indem sie einerseits die Führung des Gesalbten übernimmt und ihn vom Unrechttun abhält und andererseits, indem sie seine prophetische Funktion fortsetzt und David die Dynastiegründung ankündigt. Eine geschlechterfaire Lektüre der Erzählung erweist Abigajil in der Nachfolge Samuels und als Vorgängerin Natans. Die Erzählung will also kein Modell für innerfamiliäre Tugenden vorstellen, sondern steht in der Tradition gleich zweier großer

---

52 Auch der jüngst erschienene Beitrag von Wolde, Leader (s. Anm. 19), 356–359, hebt die Bedeutung der Possessivpronomina hervor.

53 Ein Erbrecht vom Ehemann ist vermutlich nur bei *kinderlosen* Witwen vorauszusetzen, wenn es keine Brüder vom zuvor erblassenden Vater gibt. Bereits Levenson, 1 Samuel 25 (s. Anm. 38), 26f., hat darauf hingewiesen, dass Abigajil David die politischen und ökonomischen Voraussetzungen für seine Herrschaft in Hebron verschafft.

54 Stoebe, Samuelis (s. Anm.14), 454.

55 Siehe dazu Begg, Christopher T., The Abigail Story (1 Samuel 25) According to Josephus, EstB 54 (1996), 5–34, 32.

56 So deutet etwa Klein, Samuel (s. Anm. 46), 250, das Gespräch zwischen Abigajil und David als „private conversation". Er sieht die Erzählung als Präsentation eines „model of family virtues" (253). Levenson, 1 Sam 25 (s. Anm. 38), 28, konstatiert hingegen: „The lovely tale of the handsome warrior and the beautiful, clever lady masks a political struggle with the greatest consequences."

Stränge der alttestamentlichen Überlieferung: der weisheitlichen und der prophetischen, die beide entscheidend in die politischen Belange Israels eingreifen. Die nach dem Ausweis der Davidserzählungen zur Führung des Königs über ganz Israel unverzichtbaren Gottesgaben der Weisheit und der Prophetie sind in Abigajil vereinigt.

Die Konfrontation menschlichen Handelns mit der Gottheit durchzieht die gesamte Geschichte wie einen roten Faden: Dem dreifachen Friedenswunsch Davids in V. 6 wird sein Fluch von V. 22 polar gegenübergestellt und dem wird wiederum der Segen Abigajils in V. 27f. entgegengesetzt. David erwidert ihn in V. 32f. mit einem Segen für sie. Nach ihrer Intervention kann er zwei Mal die Preisung JHWHs aussprechen (V. 32a.39). Nabal, der gottlose Tor, wird bezeichnenderweise niemals mit der theologischen Dimension verbunden. Weise Menschen hingegen verstehen ihr eigenes Tun, das auf eigenverantwortlicher Entscheidung beruht, als von Gott geleitet. Das Tun von Menschen, die ihnen den rechten Weg weisen, erkennen sie ebenso als göttliche Führung an, ohne dass dadurch die menschliche Leistung geschmälert würde. Exegesen wie jene von Fritz Stolz,[57] der Abigajil ihren Part zugunsten JHWHs Anteil abspricht, entsprechen keinesfalls dem Denken altorientalischer Menschen. Wenn Gott durch Menschen spricht oder handelt, macht er sie nicht zu Marionetten. Er macht sie zu prophetisch Begabten oder zu Weisen – oder wie im Falle Abigajils zu beidem.

---

57 „... hinter Abigail steht freilich Jahwe, der die Frau in ihrer Handlungsweise geleitet hat." (Stolz, Samuel [s. Anm. 5], 161).

Die weise Frau von Tekoa (2 Sam 14,1–24)

Georg Hentschel

Die „weise Frau" von Tekoa, die am Ende die Weisheit des Königs preist, gehört bis heute zu den rätselhaften, aber auch faszinierenden Gestalten des Alten Testaments. Es sei erlaubt, dem Jubilar, dessen Name so eng mit der Weisheitsliteratur im allgemeinen und mit dem Buch Jesus Sirach im besonderen verbunden ist, einen Beitrag zu widmen, der auf einige Aspekte der Erzählung aus der Hofgeschichte Davids eingeht. Die Erzählung in 2 Sam 14 bietet immer noch ungeklärte Probleme. Welche Haltung nahm David gegenüber seinem Sohn Abschalom ein? War die Frau von Tekoa wirklich eine weise Frau oder nur das gefügige Werkzeug des schlauen Joab? Worin unterscheidet sich der Auftritt der weisen Frau von ähnlichen prophetischen Szenen? Wie lässt sich der etwas schwierig formulierte Dialog richtig übersetzen? Welche Rolle kam dem König bei der Rechtssprechung zu? Durfte er bei einem Rechtsfall in das Sippenrecht eingreifen oder nicht? Die aufgeworfenen Fragen werden noch dadurch verschärft, dass die jüngste Monographie zur Erzählung einen neuen methodischen Ansatz wählt, der die Auslegung von 2 Sam 14 revolutionieren könnte. Wenn wir uns damit auseinandersetzen, werden wir auch die „traditionellen" Probleme berühren müssen.

1. Ein neuer intertextueller Ansatz

L.L. Lyke beabsichtigt, die Erzählung über den Auftritt der Frau aus Tekoa intertextuell auszulegen. „I shall demonstrate that the narrative represents, in highly condensed and idiomatic form, a complex accumulation of overlapping biblical topoi".[1] Aus diesem Grund untersucht er auf der breiten Basis anderer biblischer Überlieferungen drei Topoi, die uns in der Erzählung begegnen: die Schilderung des Brudermords (V. 6), den Auftritt der Frau mit einer Klage (V. 5–7) und die Gattung des Maschal. Die umfangreiche Analyse führt zweifellos zu wichtigen Ergebnissen: Der Bericht über den Brudermord (V. 6) hat seine engste thematische Parallele in der Erzählung von Kain und Abel (Gen 4,8). Der Topos „woman with a cause" kann sich auf

---

1 Lyke, Larry L., King David with the Wise Woman of Tekoa. The Resonance of Tradition in Parabolic Narrative, JSOT.S 255, Sheffield 1997, 12.

Frauen beziehen, die einen Rechtsstreit entfachen, wenn sie auf der Leviratsehe bestehen (Dtn 25,5–10; Gen 38; Rut 4). Sie sind dann daran interessiert, dass ihre Familie nicht ausstirbt. Frauen können aber auch eine Entscheidung am Hof (1 Kön 1,11–31; 3,16–28; 2 Kön 6,24–30; Ester) oder vor dem kommenden König suchen (1 Sam 25,23–35). Dann werden sie selbst oder auch der König als weise bezeichnet. In 2 Sam 14 fallen beide Anliegen zusammen. Beim Maschal unterscheidet Lyke aufgrund der Parallelen (Ri 9,6–20; 2 Sam 12,1–12; 1 Kön 20,35–43) zwischen „mashal proper", „response" und „application". Diese Erkenntnis lasse sich auch auf die hiesige Erzählung anwenden (V. 1–7.8–11.12–20). Lyke entdeckt in seiner Arbeit eine Fülle von intertextuellen Bezügen, von denen er nicht behauptet, dass sie alle von vornherein beabsichtigt gewesen wären.[2] Gegen diese vielfältigen Beobachtungen wird man wenig einzuwenden haben.

Lyke verfolgt aber noch ein zweites Ziel. Er möchte die Mehrdeutigkeit – „the multivocal and polysemous quality" – des Textes hervorheben.[3] Damit hebt sich Lyke deutlich von der bisherigen Auslegung ab. „Standard historical treatments of our mashal, as well as of most biblical narrative, seek univocal readings. As a result they tend to concentrate on individual authors and/or redactors as the source of meaning in the text. In other words, such treatments presume that the text mean what the author or redactor wanted them to mean."[4] Da aber hinter den Erzählungen nicht ein einzelner Autor steht, sondern eher eine Gemeinschaft, müsse man schon deshalb mit der „pluriform and polysemous quality of the Tekoite's mashal and narrative" rechnen.[5] Zu welchen Ergebnissen kommt Lyke unter diesem Aspekt? Seine wichtigsten Thesen sollen zu Beginn erst einmal genannt werden, bevor wir sie auf den Prüfstand stellen.

Lyke weist darauf hin, dass die Einstellung Davids gegenüber Abschalom zu Beginn der Erzählung nicht klar genug beschrieben ist (V. 1). War das Herz des Königs Abschalom „zugeneigt" oder gegen ihn aufgebracht? Der hebräische Ausdruck עַל־אַבְשָׁלוֹם ist „quite vague".[6] Zieht man den näheren Kontext (2 Sam 13,37.39) heran, wird die Sache nicht einfacher. Lyke folgert aus dieser „ambiguity", dass es zwei Möglichkeiten gäbe: War David immer noch zornig auf Abschalom, dann suchte Joab den König mit einer List dazu zu bringen, Abschalom zurückzuholen. Wusste Joab aber, dass David tief in seinem Herzen bereits die Rückkehr des Kronprinzen wünschte, dann half

---

2 Lyke, King (s. Anm. 1), 18, unterscheidet zwischen beabsichtigten und nicht beabsichtigten Anspielungen, d.h. zwischen „allusions" und „resonances", auch wenn zwischen ihnen keine klare Grenze gezogen werden kann.
3 Lyke, King (s. Anm. 1), 20.
4 Lyke, King (s. Anm. 1), 191.
5 Lyke, King (s. Anm. 1), 16.
6 Lyke, King (s. Anm. 1), 161.

Joab dem König nur zu tun, was er eigentlich selbst wünschte.[7] Die Erzählung lasse also von Anfang an mehrere Interpretationen offen.

Wenn Joab eine „weise Frau" engagierte, dann kann eine intertextuelle Exegese nicht von jener anderen „weisen Frau" in Abel-Bet-Maacha absehen, die recht selbstbewusst gegenüber dem Belagerer Joab auftritt und ihm während der Verhandlungen ankündigt, den Kopf des geflüchteten Rebellen Scheba über die Mauer werfen zu lassen (2 Sam 20,16–22). Eine ähnliche Strategie des Generals Joab könnte auch hier in 2 Sam 14 vorliegen. Lyke hält es daher für möglich, dass Joab und die weise Frau von Tekoa Abschalom nur deshalb nach Jerusalem zurückholen wollten, um ihn endgültig loszuwerden.[8] Aber das sei auch nur eine von mehreren Möglichkeiten.

Die weise Frau trauerte um ihren getöteten Sohn und sorgte sich um den, der noch lebte. Damit entsprach sie David, der auch die ganze Zeit um seinen Sohn getrauert hat (2 Sam 13,37). Doch mit wem sollte sich David identifizieren, nachdem er vom vermeintlichen Schicksal der Frau aus Tekoa gehört hatte? Sollte er sich in die Rolle der Frau und Mutter versetzen, die sich um den noch lebenden Sohn Sorgen machte? Das ist für Lyke nur eine Möglichkeit. Die Alternative bestand darin, den Mord an Amnon rächen zu wollen. Das würde bedeuten, „that David, like the Tekoite's family, is about to wipe out the name and remnant of the dead son's father". Lyke kommt zu dem Ergebnis: „David is at once the wise woman and her family, simultaneously seeking vengeance on, and compassion for, Absalom."[9]

Es ist also kein Wunder, wenn die erste Antwort Davids noch sehr vage bleibt. Er verspricht nur, in dieser Sache Anweisungen erteilen zu wollen (V. 8). Da die weise Frau von Tekoa es damit nicht bewenden lassen will, nimmt sie alle Schuld auf sich und spricht den König und seinen Thron frei (V. 9). Lyke zweifelt hier die übliche Übersetzung an und neigt W. Propp zu, der den Anfang von V. 9 so überträgt: „upon my lord the king be the guilt ..."[10] Diesem Verständnis entspreche auch die nachfolgende Hofgeschichte, die von den Auswirkungen der Schuld Davids auf ihn selbst und auf seine Familie erzählt. So kommt er zu der These: „The king and his family (throne) are both guilty and innocent."[11]

In seiner Antwort verspricht David, dafür zu sorgen, dass niemand wagt, der Frau zu nahe zu treten (V. 10). Es ist verständlich, wenn Lyke nach einer sachlichen Beziehung zwischen V. 9 und 10 fragt.[12] Die Antwort der Tekoi-

---

7 Lyke, King (s. Anm. 1), 163.
8 Lyke, King (s. Anm. 1), 167.
9 Lyke, King (s. Anm. 1), 169.
10 Lyke, King (s. Anm. 1), 170. Er beruft sich dabei auf Propp, William H., Kinship in 2 Samuel 13, CBQ 55 (1993), 39–53, 52.
11 Lyke, King (s. Anm. 1), 171.
12 Lyke, King (s. Anm. 1), 171. Auch Bickert, Rainer, Die List Joabs und der Sinneswandel Davids. Eine dtr bearbeitete Einschaltung der Thronfolgeerzählung: 2 Sam. XIV 2–22, in: Emerton, John A. (Hg.), Studies in the Historical Books of the Old Testament, VT.S 30,

terin (V. 11a) ist auch nicht leicht zu begreifen. Lyke übersetzt sie so: „Please be mindful, O king, of Yhwh your God who prevents those who would excessively avenge blood by destroying and let them not destroy my son!"[13] In der Auslegung dieser Worte greift Lyke wieder auf seine These zurück, dass Davids Interessen einerseits denen der Tekoiterin entsprechen, andererseits denen der Familie ihres ermordeten Sohnes. Die Frau aus Tekoa möchte also nicht nur den Schutz für ihren Sohn erfahren, sondern auch den König ermutigen, sich ähnlich zu seinem Sohn zu verhalten. Davids Antwort scheint so klar zu sein (V. 11b), dass es daran nichts zu deuten gibt: „So wahr der Herr lebt, kein Haar deines Sohnes soll zur Erde fallen." Lyke denkt aber an die Assoziationen, die sich aus der größeren Erzählung ergeben. Noch in 2 Sam 14,26 wird an die Haarfülle Abschaloms erinnert, die ihm in 2 Kön 18,9 zum Verhängnis werde. Dann wird sich das Wort Davids erfüllen: kein Haar seines Sohnes wird zur Erde fallen.[14] Davids Worte deuten damit schon den Tod seines Sohnes Abschalom an.

Nachdem der Fall der Tekoiterin geklärt ist, wagt sie ein Wort gegenüber dem König vorzutragen, das sich auf sein Verhalten gegenüber Abschalom bezieht (V. 13.14). Dieser Teil ihrer Rede ist sicher nicht einfach zu verstehen. Für Lyke sind diese Sätze „the most obscure in Hebrew biblical narrative". Es handle sich hier um „the crux interpretum for the entire mashal".[15] David verstehe die Worte der Frau zwar so, dass er den verbannten Abschalom nach Jerusalem zurückholen solle. Aber das sei nicht die einzig mögliche Interpretation. Es bleibe völlig offen, ob David

a) Abschalom aus Rache für Amnon töten oder
b) ihn nach Jerusalem zurückbringen oder
c) ihn im Exil belassen sollte.[16]

Lyke ist uns natürlich Erklärungen schuldig, warum alle drei Interpretationen möglich sind. Warum kann man die Frau von Tekoa so verstehen, dass David Abschalom töten sollte? David hat sich dafür ausgesprochen, dass dem verbliebenen Sohn der Frau „kein Haar gekrümmt" werden dürfe. Daran könnte die Frau direkt anknüpfen. Offenkundig plane David ebenso, seinen Sohn zu verschonen. Das richte sich aber gegen das Volk Gottes. „In other words ... the Tekoite is telling David that his plans to save Absalom are ill-advised and that he ought to kill Absalom instead."[17] Lyke sieht natürlich ein, dass der Rechtsfall der Tekoiterin nicht darauf abzielt. Rache ist danach nicht die

---

Leiden 1979, 30–51, 35, kann „keinerlei gedankliche Verbindung" zwischen V. 9 und 10 entdecken.
13 Lyke, King (s. Anm. 1), 172.
14 Lyke, King (s. Anm. 1), 173.
15 Lyke, King (s. Anm. 1), 175.
16 Lyke, King (s. Anm. 1), 176.
17 Lyke, King (s. Anm. 1), 177.

Option der Frau. Trotzdem bleibt diese Interpretation für Lyke „highly suggestive".[18]

Die zweite Möglichkeit besteht nach Lyke darin, den V. 13b so zu lesen: „In speaking in this way the king is guilty in that the king does not bring back his banished."[19] David wird danach schuldig, wenn er Abschalom weiterhin im Exil verharren lässt und nicht zurückholt. So lässt sich natürlich auch V. 14 am besten verstehen. David hat die Frau von Tekoa auch so verstanden.[20] Dafür spreche der größere Zusammenhang. Natans Ankündigung, dass Abschalom mit den Frauen Davids schlafen werde (2 Sam 12,11.12), werde so erst möglich (vgl. 2 Sam 16,20–23). Am Ende strafe Gott dafür, dass er Abschalom zurückgeholt hat.

Die dritte Interpretation geht von einer anderen Übersetzung von V. 13b aus: „In speaking in this way the king is as one who is guilty (indicts himself) so that he not bring back his banished."[21] Die Frau widerspricht auch hier der Barmherzigkeit, die David nach V. 8–11 für angebracht hält. Diese Auslegung lässt sich nach Lyke auch mit V. 14 in Einklang bringen. Er vergleicht außerdem Kain, der nach dem Brudermord auch in ständigem Exil leben musste.

Lyke möchte sich zwischen den drei Auslegungen gerade nicht entscheiden. „Rather than select the correct reading here, we should conclude that all are possible. In other words, like the other meshalim, ours has at its heart a dual or even triple message."[22] Er stellt sich allerdings die Frage, ob die V. 12–14 nicht einen zweiten Maschal darstellen. Dieser hebt sich von dem ersten dadurch ab, dass er nicht mehr von der Frage über Leben und Tod beherrscht wird, sondern von dem Problem, ob Abschalom zurückkehren darf oder nicht. Bei der Auslegung ist also zu beachten, dass mitten in der Anwendung des ersten Maschal ein zweiter erscheint. Er geht wohl stärker auf die weise Frau selbst zurück.

Am Ende entscheidet sich David dafür, die Frau so zu verstehen, dass er Abschalom aus dem Exil holen soll. Warum er den Maschal gerade so interpretiert, bleibt unklar. David „merely stumbles into this interpretation".[23] Ihre Worte legten David aber nicht fest. „If he interprets these verses as a call to bring Absalom home, the way Joab wants him to, fine. If he interprets them to mean that Absalom should remain in exile or be killed, she can defend herself by repeating the words and insisting that David has misinterpreted

---

18 Lyke, King (s. Anm. 1), 178.
19 Lyke, King (s. Anm. 1), 178.
20 Lyke, King (s. Anm. 1), 181: „reading B has the advantage of being the way David interprets the mashal".
21 Lyke, King (s. Anm. 1), 179.
22 Lyke, King (s. Anm. 1), 181.
23 Lyke, King (s. Anm. 1), 193.

them."[24] Lyke erwägt aber auch, dass Joab ihr die Worte von V. 12–14 in den Mund gelegt und so seine Weisheit erwiesen haben könnte.

Die Interpretation durch Lyke ist zweifellos interessant. Sie weist auf Möglichkeiten der Auslegung hin, die bisher kaum beachtet worden sind. Lyke, der noch weitaus mehr andere biblische Texte heranzieht, als hier referiert werden kann, fordert natürlich die traditionelle Exegese heraus. Kann man einer solchen Interpretation zustimmen? Müssen wir die Suche nach einem eindeutigen Verständnis der weisheitlichen Erzählung aufgeben? Bleibt wirklich so viel offen, wie Lyke immer wieder hervorhebt?

2. Die Einstellung Davids gegenüber Abschalom (V. 1)

Nach Lyke lässt die Erzählung am Anfang offen, ob David immer noch zornig auf Abschalom war oder ob er sich insgeheim bereits nach seinem nunmehr ältesten Sohn sehnte. Es ist sicher zu begrüßen, dass Lyke nicht einfach davon ausgeht, dass sich das Herz des Königs wieder Abschalom zugewandt hatte.[25] Denn die hebräische Formulierung weist eher auf das Gegenteil. „La préposition עַל dénote plutôt que ‚le cœur du roi' est mal disposé à l'égard d'Absalom."[26] Diesem Verständnis entspricht auch die weitere Erzählung: David lässt zwar Abschalom nach Jerusalem zurückkehren, verwehrt ihm aber eine persönliche Begegnung (V. 24). So groß kann die Sehnsucht nach seinem nunmehr ältesten Sohn also nicht gewesen sein.[27] Es ist auch zu beachten, dass Joab die weise Frau von Tekoa engagiert, um auf diese „diplomatische" Weise die Chance für eine veränderte Einstellung

---

24 Lyke, King (s. Anm. 1), 184.
25 Eine wohlwollende Einstellung Davids gegenüber Abschalom ist schon in der Vulgata und in der Peschitta zu erkennen. Moderne Ausleger sind dieser Ansicht oft gefolgt: vgl. Budde, Karl, Die Bücher Samuel, KHC 4, Tübingen 1902, 264; Hertzberg, Hans W., Die Samuelbücher, ATD 10, Göttingen ⁴1968, 270; Stolz, Fritz, Das erste und zweite Buch Samuel, ZBK.AT 9, Zürich 1981, 248; Gordon, Robert P., 1 & 2 Samuel. A Commentary, Exeter 1986, 266; Brueggemann, Walter, First and Second Samuel, Interpretation, Louisville 1990, 291f.; Stoebe, Hans J., Das zweite Buch Samuelis, KAT 8/2, Gütersloh 1994, 336. – Einige sprechen sogar davon, dass sich David nach Abschalom gesehnt habe: Hoftijzer, Jacob, David and the Tekoite Woman, VT 20 (1970), 419–444, 419; Camp, Claudia V., The Wise Women of 2 Samuel. A Role Model for Women in Early Israel?, CBQ 43 (1981), 14–29, 15; Nicol, George G., The Wisdom of Joab and the Wise Woman of Tekoa, StTh 36 (1982), 97–104, 98.
26 Caquot, André – Robert, Philippe de, Les Livres de Samuel, CAT 6, Genève 1994, 507. Vgl. Anderson, Arnold A., 2 Samuel, WBC 11, Dallas 1989, 182.187; McCarter, Peter K., II Samuel, AncB 9, Garden City 1984, 344; Fokkelman, Jan P., Narrative Art and Poetry in the Books of Samuel. A Full Interpretation Based on Stylistic and Structural Analyses, 1. King David (II Sam. 9–20 & I Kings 1–2), SSN 20, Assen 1981, 127; Wesselius, Jan W., De wijze vrouwen in 2 Samuel 14 en 20, NedThT 45 (1991) 89–100, 94.
27 Hentschel, Georg, 2 Samuel, NEB.AT 34, Würzburg 1994, 59.

Davids gegenüber Abschalom zu erkunden. Wagt Joab es nicht, sein Anliegen dem König selbst vorzutragen? Wie sieht das in den Versen aus, die unmittelbar vorangehen? Es gibt gute Gründe, in 2 Sam 13,39 an einen Sinneswandel Davids zu denken: „Der König hörte auf, gegen Abschalom zu hadern (לָצֵאת אֶל־אַבְשָׁלוֹם), denn er hatte sich damit abgefunden (נִחַם), dass Amnon tot war." Danach wäre mit einer positiven Einstellung Davids gegenüber Abschalom zu rechnen. Das zeigt aber nur, dass die beiden Verse in 13,39 und 14,1 nicht übereinstimmen. Aus diesem Grunde wird man annehmen dürfen, dass die eigentliche Erzählung erst mit 14,1 beginnt.

Lyke achtet von seinem intertextuellen Ansatz her nicht so sehr auf eine klare Abgrenzung gegenüber dem Kontext. Darum ist es gut zu verstehen, dass er an eine zwiespältige Einstellung Davids gegenüber Abschalom denkt.

3. Die weise Frau von Tekoa (V. 2–4)

Lyke entdeckt überraschende Gemeinsamkeiten zwischen der „weisen" Frau von Tekoa, dem Auftritt Batschebas, die sich für Salomo stark macht (1 Kön 1,11–31) und der „weisen" Frau in Abel-Bet-Maacha, die entscheidend dazu beiträgt, dass der Rebell Scheba getötet und der Aufstand beendet wird (2 Sam 20,16–22). Er zieht sogar Isebel zum Vergleich heran, die Nabot wegen Aufruhr hinrichten lässt (1 Kön 21,1–16). Denn diese Frauen haben sich jeweils gegen den gewandt, der den König herausgefordert hat. „All of this suggests the possibility that the wise woman of Tekoa, and Joab for that matter, may have had ulterior motives in attempting to get Absalom back to Jerusalem. They may want him there in order to get rid of him."[28]

Bevor wir die Frage stellen, ob wir Lyke folgen können, ist es vielleicht ganz sinnvoll, seine Position mit den bisherigen exegetischen Diskussionen zu diesem Passus zu vergleichen. Lyke schreibt Joab und der Tekoiterin gleiche oder ähnliche Motive zu. Damit nimmt er zu der Streitfrage Stellung, ob die Frau aus Tekoa wirklich so „clever" war. Hat nicht Joab alles ausgedacht und ersonnen? Müsste man nicht die Weisheit Joabs preisen, der diesen Auftritt geschickt eingefädelt hat? Das Lob der „weisen Frau" hat nach Ansicht einiger Exegeten dazu geführt, die Klugheit Joabs zu vernachlässigen oder gar zu übersehen.[29] Joab habe der Frau alles eingeflüstert, was sie sagen

---

28 Lyke, King (s. Anm. 1), 167.
29 Vgl. besonders Nicol, Wisdom (s. Anm. 25), 97–100, aber auch bereits Whybray, Roger N., The Succession Narrative. A Study of II Samuel 9–20; I Kings 1 and 2, SBT II/9, London 1968, 59.

sollte (V. 3).³⁰ „Joab instructed the woman with respect to the entire content of her conversation with the king and not only the initial speech or the general strategy."³¹ Andere haben allerdings darauf hingewiesen, dass der Erzähler ausdrücklich von einer weisen Frau (אִשָּׁה חֲכָמָה) spricht (V. 2). Er setzt voraus, dass „features of a culturally sterotyped character arose in the hearers' mind".³² Außerdem lässt sich ernsthaft bezweifeln, ob ihr Joab wirklich alles eingegeben hat. Der Erzähler vermeidet lediglich, den Rechtsfall (V. 6.7) zweimal zu nennen. Die weitere Unterredung wird natürlich wiedergegeben. Dabei agiert die Frau durchaus sehr geschickt. Sie weiß nicht nur, was sie zu sagen hat, sondern auch, wann und wie es gesagt werden muss.³³ Lyke liegt also kaum falsch, wenn er den beiden literarischen Figuren – Joab und der Tekoiterin – ähnliche Absichten zuerkennt.

Lyke ist nicht der erste, der die „weise Frau" von Tekoa mit derjenigen von Abel-Bet-Maacha vergleicht. Aber ihn trennen Welten von der historisch orientierten Hypothese, dass es gerade in der Zeit der ersten Monarchie solche „weisen Frauen" gegeben hat, die über ein beträchtliches Maß an Autorität verfügt und sehr souverän agiert haben.³⁴ Weisheit wäre demnach nicht nur am Königshof zu finden gewesen, sondern auch in der Familie und damit in den Ortschaften auf dem flachen Land.³⁵ Lyke sucht Ähnlichkeiten auf der sprachlichen und literarischen Ebene, nicht auf der historischen. Damit entspricht er der größeren Vorsicht gegenüber historischen Rekonstruktionen in der Gegenwart.

Überzeugt aber sein Vorschlag, dass – im Lichte der zahlreichen literarischen Paralleltexte – Joab und die Tekoiterin bestrebt waren, Abschalom nach Jerusalem zu holen, um ihn so „loszuwerden"? Gibt es dafür Anhaltspunkte in der Erzählung?

4. Die Wirkung des Rechtsfalls (V. 5–7)

Die kluge Frau von Tekoa trägt dem König ihren Fall vor. Sie berichtet von der Absicht, die die Sippe ihres getöteten Sohnes hegt. Sie möchten den Schuldigen töten. Das würde aber für die Mutter bedeuten, dass ihr weder Name noch Nachkommen (שְׁאֵרִית) bleiben (V. 7). David kann sich nach

---

30 Dagegen könne man nicht argumentieren, dass Joab die Unterredung nicht in allen Details voraussehen konnte. Wer so argumentiere, der geht nach Nicol, Wisdom (s. Anm. 25), 98f., von einer historischen Sicht aus, die hier nicht angebracht sei.
31 Nicol, Wisdom (s. Anm. 25), 99.
32 Camp, Women (s. Anm. 25), 17.
33 Vgl. Camp, Women (s. Anm. 25), 17 Anm. 8. Vgl. bereits Hoftijzer, David (s. Anm. 25), 429.444.
34 Camp, Women (s. Anm. 25), 16.
35 Camp, Women (s. Anm. 25), 19. Vgl. aber auch die harsche Kritik bei Nicol, Wisdom (s. Anm. 25), 97 Anm. 5.

Lyke sowohl in die Lage der Sippe versetzen als auch wie die Mutter sein Mitgefühl mit dem verbliebenen Sohn äußern. Kann aber die Wirkung des geschilderten Rechtsfalls wirklich eine doppelte sein: Rachegelüste und zugleich – „simultaneously" – mitleidsvolles Verständnis?

Ein unvoreingenommener Leser wird sicher Schwierigkeiten haben, dieser intertextuellen Auslegung zu folgen. Lyke setzt dabei voraus, dass David immer noch an einer Vergeltung für den Mord an Amnon interessiert ist. Hat aber David je die Absicht gehabt, an Abschalom Rache für Amnon zu üben? Geht Lyke nicht viel zu weit, wenn er den Ausdruck עַל־אַבְשָׁלוֹם in V. 1 so auslegt? Gleicht die Rolle Davids nicht vielmehr derjenigen der Frau aus Tekoa? Schließlich ist auch einer seiner Söhne tot und der andere in Gefahr, sein Erbe nicht antreten zu können.

5. Die rechtliche Entscheidung des Königs (V. 8–11)

Die kluge Frau aus Tekoa hat sich mit ihrem Problem an den König gewandt, um von ihm ein Machtwort oder zumindest ein Urteil zu erhalten. David zögert allerdings, sich sofort und eindeutig zu entscheiden.[36] Er legt sich nicht fest (V. 8): „Geh nach Hause, ich werde in deiner Angelegenheit Anordnungen treffen." Das ist eine ziemlich vage Antwort. „In any event, David evades giving any decision on the case."[37] Wie soll die Frau die Unterredung weiterführen? Sie nimmt alle Verantwortung auf sich und spricht den König ausdrücklich frei (V. 9): „Mein Herr und König, die Schuld lastet auf mir und dem Haus meines Vaters. Der König aber und sein Thron werden schuldlos sein."[38] Auf den König soll keine Schuld fallen, auch wenn er die Bestrafung der Bluttat verhindert.[39] Lyke sieht jedoch – wie oben schon gesagt – eine Alternative zur üblichen Übersetzung. Denn עלי müsse nicht als suffigierte Form, sondern könne auch als „unabbreviated form" der Präposition verstanden werden.[40] Dann falle die Schuld auf den König. Damit gerät Lyke aber in V. 9b in erhebliche Schwierigkeiten. Er hält die Worte der Frau von Tekoa, dass der König und sein Thron unschuldig seien, für einen unerfüllbaren

---

36 Das ist deutlich anders als in den Erzählungen, die Lyke, King (s. Anm. 1), zu Recht mit der hiesigen Überlieferung vergleicht. David fällt nach der Parabel Natans sofort ein hartes Urteil (2 Sam 12,5). Ähnlich schnell reagiert „Ahab" auf den Bericht des anonymen Propheten (1 Kön 20,40b).
37 Pyper, Hugh S., David as Reader. 2 Samuel 12:1–15 and the Poetics of Fatherhood, BIS 23, Leiden u.a. 1996, 118.
38 Zu Recht wird hier immer wieder auf die einzige Parallele hingewiesen: Abigajil eröffnet das Gespräch mit dem zornigen David mit ganz ähnlichen Worten (1 Sam 25,24).
39 Vgl. McKeating, Henry, The Development of the Law on Homicide in Ancient Israel, VT 25 (1975), 46–68, 59: „If David is to suffer evil consequences for giving judgment in the widow's favour it will not be for shedding blood, but for preventing its being shed."
40 Lyke, King (s. Anm. 1), 170 Anm. 82.

Wunsch. „In the end, it may be impossible to gain a clear, unambiguous reading from v. 9."[41] Liegt das daran, dass sich der Erzähler unklar ausgedrückt hat? Oder hat hier der Interpret den offenkundigen Kontrast in den Worten der Tekoiterin von V. 9 übersehen?

Lyke verweist allerdings auch auf die Hofgeschichte, in der Blutschuld auf David und sein Haus fällt. Muss das nicht berücksichtigt werden? Lyke achtet hier vor allem auf den literarischen Zusammenhang. Er fragt nicht unter historischem Aspekt, ob der König bei einem solchen Streit Partei ergreifen durfte oder nicht. Damit steht er nicht allein. Für H. Niehr lässt sich die Erzählung in 2 Sam 14 nicht rechtshistorisch auswerten, da es sich um eine Fiktion handelt.[42] Nach H. Niehr gab es keine Blutrache innerhalb der gleichen Sippe. Darum erübrigen sich alle Erwägungen darüber, ob der König hier einen juristischen Fehltritt beging. Sollte der Erzähler aber einen Fall aufgegriffen haben, den es im alttestamentlichen Recht gar nicht geben konnte? Das ist weniger wahrscheinlich. Denn auch als fiktiver Fall musste er „für die anvisierten Rezipienten der Erzählung als ein möglicher Fall erscheinen, um plausibel zu sein".[43] Es ist also durchaus ernst zu nehmen, dass die Frau von Tekoa die Folgen einer königlichen Entscheidung selbst tragen wollte. Lyke hat zwar richtig gesehen, dass David und sein Haus innerhalb der Hofgeschichte schuldbeladen sind. Aber das berechtigt ihn noch lange nicht, die Worte der Tekoiterin in ihr Gegenteil zu verkehren.

Ähnliches gilt natürlich auch für die weiteren Worte des Königs. Aufgrund seiner Übersetzung in V. 9 möchte Lyke die Worte des Königs in V. 10 so verstehen: „I will make sure no one harms you on account of your guilt."[44] David wollte demnach dafür sorgen, dass die Frau aus Tekoa die Folgen ihrer Schuld nicht tragen brauchte. Tatsächlich lauten die Worte Davids in V. 10 aber anders: „Wenn jemand gegen dich spricht, bring ihn zu mir; er wird dir nicht wieder zu nahe treten." (V. 10). Von einer Schuld der Tekoiterin ist darin gerade nicht die Rede.

Die kluge Frau konnte sich freilich auch mit der zweiten Antwort noch nicht begnügen. Denn ihr ging es um das Leben ihres Sohnes, nicht um ihr eigenes Wohl.[45] Mutig stritt sie weiter für ihr Anliegen: „Der König gedenke doch des Herrn, deines Gottes, damit der Bluträcher nicht noch mehr Verder-

---

41 Lyke, King (s. Anm. 1), 171.
42 Niehr, Herbert, Rechtsprechung in Israel. Untersuchungen zur Geschichte der Gerichtsorganisation im Alten Testament, SBS 130, Stuttgart 1987, 118f.
43 Dietrich, Walter – Naumann, Thomas, Die Samuelbücher, EdF 287, Darmstadt 1995, 268. In besonderer Weise hat sich Bellefontaine, Elizabeth, Customary Law and Chieftainship: Judicial Aspects of 2 Samuel 14.4–21, JSOT 38 (1987), 47–72, um den Nachweis bemüht, dass David als „chief" in das Gewohnheitsrecht der Sippe eingreifen konnte, zumal es an Zeugen für die Tat auf freiem Felde fehlte (S. 63): „The chief can suspend customary law and overrule a legitimately reached ‚clan'/village judgment."
44 Lyke, King (s. Anm. 1), 171.
45 Vgl. wiederum Pyper, David (s. Anm. 37), 118.

ben anrichtet und man meinen Sohn nicht ausrottet." Dass die Tekoiterin mit diesen Worten hier schon den König ermutigen wollte, sich nicht exzessiv zu rächen – wie Lyke meint[46] –, lässt sich nicht behaupten.

Die Hartnäckigkeit der Frau aus Tekoa zahlte sich aus. Denn David versicherte ihr schließlich mit einem Schwur (V. 11b): „So wahr der Herr lebt, kein Haar deines Sohnes soll zur Erde fallen." Lyke fällt dabei sofort das Schicksal Abschaloms ein, dessen Haarfülle ihm in 2 Sam 18,9 zum Verhängnis geworden sei.[47] Das ist sicher eine interessante Assoziation. Von Abschaloms Haarfülle ist aber in 2 Sam 18,9 noch gar nicht die Rede. Erst Josephus (Ant VII 239) erzählt davon, dass Abschalom wegen seiner Haare in der Eiche hängen geblieben sei. Außerdem besagt der Passus in 2 Sam 18,9 gerade nicht, dass Abschalom „kein Haar gekrümmt" worden ist, sondern dass er seinem weiteren Schicksal hilflos ausgeliefert war.

6. Die mutigen Worte der Frau

Nach Lyke sind die schwierigen, dunklen Worte der Frau aus Tekoa in V. 13 und 14 nach drei Seiten hin offen. David könnte ihnen entnehmen, dass er Abschalom töten, im Exil belassen oder heimholen sollte. Enthalten die Worte der Frau aber wirklich „a dual or even triple message"[48]? Lohnte es sich für Joab überhaupt, eine weise Frau zu David zu schicken, wenn er damit keine eindeutige Absicht verband? Wollte Joab nicht eine ganz bestimmte politische Entscheidung herbeiführen?[49] Nimmt man Lyke beim Wort, dann beginnt in V. 12 die „application" des Maschal auf David. Was David bislang zu einem anderen Fall gesagt hat, das wird jetzt auf ihn selbst angewendet (V. 13): „Warum planst du genau das gleiche (כָּזֹאת) gegen das Volk Gottes?"[50] Die Frau aus Tekoa macht ihm zum Vorwurf, dass er in ihrer Sache anders entschieden hat als in seinen eigenen Angelegenheiten. Nachdem der König sein Urteil gefällt hat, erscheint er selbst als schuldig (כְּאָשֵׁם), wenn er seinen verstoßenen Sohn nicht zurückkehren lässt.[51] Durch eine bildliche Rede unterstreicht die Frau ihre Anfrage an den König (V. 14).

---

46 So Lyke, King (s. Anm. 1), 172.
47 Lyke, King (s. Anm. 1), 173.
48 Lyke, King (s. Anm. 1), 181.
49 Da Lyke, King (s. Anm. 1), gern die weise Frau von Abel-Bet-Maacha zum Vergleich heranzieht, müsste ihm aufgefallen sein, dass diese Frau eben nicht der Belagerung ihren Lauf lässt, sondern sehr gezielt eingreift und eine Wende herbeiführt.
50 Zur Übersetzung vgl. Caquot, André, Un point difficile du discours de la Téqoite (II Samuel 14,13–15), in: Garrone, Daniele (Hg.), Storia e tradizioni di Israele. Scritti in onore di J. Alberto Soggin, Brescia 1991, 15–30, 16f.: Mit dem Verbum חשב ist nicht ein bloßes Denken, sondern eine konkrete Entscheidung Davids gemeint, die mit dem Handeln der Sippe des Ermordeten vergleichbar ist (כָּזֹאת).
51 Zur Literarkritik vgl. Bickert, List (s. Anm. 12).

„Denn sterben müssen wir und sind wie Wasser, das auf die Erde geschüttet wird und das man nicht wieder sammeln kann. Aber Gott hat kein Verlangen,[52] sondern verfolgt die Absicht, dass er einen Verstoßenen nicht von sich aus verstößt."

Es ist zweifellos zuzugeben, dass die Worte der Tekoiterin in V. 13.14 nicht besonders klar formuliert sind. Gibt es aber wirklich eine dreifache Botschaft? Bestand die Gefahr darin, dass David allzu nachsichtig war und seinen Sohn nach drei Jahren endlich aus dem Exil zurückholen wollte?[53] Von einer wirklichen Sehnsucht Davids nach seinem Sohn ist aber weder am Anfang der Erzählung (V. 1) noch in ihrem weiteren Verlauf (V. 24) etwas zu spüren. Darum bedurfte es keiner weisen Frau, um David zu sagen, dass er Abschalom im Exil belassen kann oder gar soll.

Wollte Joab mit Hilfe der klugen Frau David dazu bewegen, Abschalom zu töten und damit einer möglichen Rebellion vorzubeugen? Das wäre auf dem Hintergrund der Hofgeschichte Davids eine einleuchtende Erklärung. Aber Lyke weiß selbst, dass die Frau mit ihrem Rechtsfall gerade nicht Rache oder Vergeltung auslösen wollte. Warum er diese Ansicht trotzdem „highly suggestive" nennt, ist schwer zu verstehen.

So bleibt am Ende nur übrig anzuerkennen, dass David – als literarische Figur und nicht unbedingt als historische Person – die weise Frau vielleicht doch besser verstanden hat als Lyke. David hat sich der Einsicht gebeugt, dass Abschalom als Kronprinz nicht auf die Dauer in einem kleinen nördlichen Nachbarstaat leben konnte.[54] Dabei lässt die Erzählung sehr gut erkennen, dass der König seinem Sohn Abschalom nicht ohne weiteres zu vergeben bereit war (V. 24). Es gehört zur großen Kunst des Erzählers, diese widerstrebenden Motive deutlich gemacht zu haben.

7. Abschluss

Es ist das Verdienst von Lyke, vermeintlich sichere Auskünfte zur Erzählung in 2 Sam 14 noch einmal gründlich hinterfragt zu haben. Er weist zu Recht darauf hin, dass die Hofgeschichte – aber nicht nur sie – als der größere Kontext zu berücksichtigen ist. So erscheint z.B. die geglückte List Joabs, mit Hilfe der Frau von Tekoa Abschalom aus dem Exil zu holen, natürlich auf

---

52 Zur Diskussion um diese Übersetzung vgl. wiederum Caquot, point (s. Anm. 50), 20–23.
53 Vgl. Wesselius, vrouwen (s. Anm. 26), 99: Er hat von einem Widerspruch zwischen dem König und dem Vater gesprochen: „koning David zit klem tussen zijn vaderlijke liefde voor Absalom en zijn woede over de misdaad die deze heeft gepleged".
54 Vgl. Wesselius, vrouwen (s. Anm. 26), 95. Dabei ist zunächst an Plausibilität für die israelitischen Adressaten gedacht. Für sie war es ein unhaltbarer Zustand, dass Abschalom schon drei Jahre im Ausland lebte. Die historischen Verhältnisse könnten anders gewesen sein. Haben wir aber triftige Gründe, um die Schilderung des Erzählers in Frage zu stellen?

dem Hintergrund des Abschalom-Aufstandes in einem neuen Licht. Eine intertextuelle Exegese vermag zu zeigen, dass der große Erfolg des Heerführers und seiner klugen Mitarbeiterin am Ende doch recht fragwürdig bleibt. Aber das darf nicht dazu führen, Aussagen der handelnden Personen in der hiesigen Erzählung in ihr Gegenteil zu verkehren (V. 9.13). Es hat auch wenig Sinn, aus einer dunklen Ausdrucksweise weitreichende Folgerungen abzuleiten. So hat Lyke durchaus richtig gesehen, dass das Verhältnis Davids zu Abschalom in der Exposition noch gespannt sein kann. Aber daraus zu folgern, David wollte immer noch den Mord an Amnon rächen, geht doch entschieden zu weit. Die intertextuelle Interpretation eröffnet zweifellos neue Einsichten und Auslegungen. Aber der konkrete Text lässt nicht jede beliebige Vermutung zu.[55]

---

[55] Das gibt am Ende selbst Lyke, King (s. Anm. 1), 193, zu, wenn er bemerkt: „... the number of interpretations is not entirely indeterminate".

Vatermetaphorik und Müttermemoria

Hans-Winfried Jüngling, S.J.

Die Anregung für diese Johannes Marböck gewidmeten Zeilen liefern zwei Stichworte, die im Buch Ben Sira, für dessen Erschließung der Jubilar so viel getan hat, keine ganz geringe Rolle spielen. Das eine, die Vateranrede Gottes (Sir 23,1.4; 51,10; 51,1[?]), hat eine lange Wirkungsgeschichte und ist für christliche Theologie und christliches Gebet von großer Bedeutung.[1] Das zweite Stichwort mit einer ebenfalls langen Wirkungsgeschichte jedoch ist geeignet, das umfangreichste Weisheitsbuch des alten Orients überhaupt in Misskredit zu bringen. Es handelt sich um das Thema „Frauen". Die Ausführungen des Siraziden über Frauen (vgl. etwa Sir 25,24; 42,14) bringen jede Interpretin und jeden Interpreten in Verlegenheit.[2] Beide Themata sind in jüngerer Vergangenheit von Angelika Strotmann bearbeitet worden.[3] So möchte ich auf die Probleme, die ihre Behandlung durch den Siraziden auf-

---

1 Das ist nicht exklusiv gemeint. Auch für das jüdische Gebet ist die Vateranrede von großer Bedeutung. Ein Blick in den Siddur, das jüdische Gebetbuch, genügt, um sich davon zu überzeugen.

2 Verlegenheit ist das Mindeste. Verlegenheit auch dann, wenn Versuche unternommen werden, den Siraziden in Schutz zu nehmen und zu verteidigen. Aber mehrfach wird der Sirazide offen der Frauenfeindschaft geziehen: vgl. etwa Trenchard, Warren C., Ben Sira's View of Women. A Literary Analysis, BJSt 38, Chico 1982; Camp, Claudia V., Understanding a Patriarchy: Women in Second Century Jerusalem Through the Eyes of Ben Sira, in: Levine, Amy-Jill (Hg.), „Women Like This". New Perspectives on Jewish Women in the Greco-Roman World, SBL.EJL 1, Atlanta 1991, 1–39; Camp, Claudia V., Honor and Shame in Ben Sira: Anthropological and Theological Reflections, in: Beentjes, Pancratius C. (Hg.), The Book of Ben Sira in Modern Research. Proceedings of the First International Ben Sira Conference, 28–31 July 1996, Soesterberg, Netherlands, BZAW 255, Berlin u.a. 1997, 171–187 (Abstraction, Demonization, Erasure).

3 Zum ersten Thema vgl. Strotmann, Angelika, „Mein Vater bist du" (Sir 51,10). Zur Bedeutung der Vaterschaft Gottes in kanonischen und nichtkanonischen frühjüdischen Schriften, FThSt 39, Frankfurt a.M. 1991, 59–97. Zur neuerlichen umfassenden Bearbeitung des Themas in der hebräischen Bibel vgl. Böckler, Annette, Gott als Vater im Alten Testament. Traditionsgeschichtliche Untersuchungen zur Entstehung und Entwicklung eines Gottesbildes, Gütersloh 2000. – Zum zweiten Thema: Strotmann, Angelika, Das Buch Jesus Sirach. Über die schwierige Beziehung zwischen göttlicher Weisheit und konkreten Frauen in einer androzentrischen Schrift, in: Schottroff, Luise u.a. (Hg.), Kompendium Feministische Bibelauslegung, Gütersloh 1998, 428–440.

wirft, nicht weiter eingehen. Meine Bemerkungen beziehen sich zwar auf diese Themen, doch kommen diese in je ganz verschiedenen und zeitlich weit auseinander liegenden literarischen Dokumenten zur Sprache. Zum Thema der Vateranrede Gottes möchte ich ein Fündlein bei der Lektüre des Tritojesaja mitteilen. Zum Thema „Frauen" und inklusiver religiöser Sprache möchte ich auf den bemerkenswerten Tatbestand der Erwähnung der Matriarchinnen auf der Grabinschrift des Meyer Amschel Rothschild, des aus der Frankfurter Judengasse stammenden Gründers der Bankiersfamilie, aufmerksam machen. Letzteres mag den Grüßen von Frankfurt nach Graz einen besonderen Zug verleihen.

1. Die Vatermetapher in Jes 63,16 und das Vaterunser (Mt 6,9–13)

Der Vers Jes 63,16 ist von Irmtraud Fischer[4] und neuerdings von Annette Böckler[5] eingehend besprochen und diskutiert worden. Das braucht nicht wiederholt zu werden. Mir kommt es hier auf den vom masoretischen Text signifikant abweichenden Wortlaut der LXX in Jes 63,16b an. Die LXX-Fassung von Jes 63,15–16 könnte einen Einfluss auf die Formung des Herrengebets in der Fassung des Matthäusevangeliums gehabt haben. Diese These sei etwas näher begründet.

Der hebräische Text von Jes 63,16 lautet:

כִּי־אַתָּה אָבִינוּ
כִּי אַבְרָהָם לֹא יְדָעָנוּ
וְיִשְׂרָאֵל לֹא יַכִּירָנוּ
אַתָּה יְהוָה אָבִינוּ
גֹּאֲלֵנוּ מֵעוֹלָם שְׁמֶךָ

Das gibt LXX so wieder:

σὺ γὰρ ἡμῶν εἶ πατήρ
ὅτι Αβρααμ οὐκ ἔγνω ἡμᾶς
καὶ Ισραηλ οὐκ ἐπέγνω ἡμᾶς
ἀλλὰ σύ κύριε πατὴρ ἡμῶν
ῥῦσαι ἡμᾶς
ἀπ' ἀρχῆς τὸ ὄνομά σου ἐφ' ἡμᾶς ἐστιν

---

4 Fischer, Irmtraud, Wo ist Jahwe? Das Volksklagelied Jes 63,7–64,11 als Ausdruck des Ringens um eine gebrochene Beziehung, SBB 19, Stuttgart 1989, 111–120. Einer Studie von Gottfried Vanoni hat der Vers sogar den Titel geliefert: „Du bist doch unser Vater" (Jes 63,16). Zur Gottesvorstellung des Ersten Testaments, SBS 159, Stuttgart 1995.
5 Böckler, Gott (s. Anm. 3), 277–288.

Der Textbestand ist in beiden Fassungen eindeutig. Weder für den hebräischen noch für den griechischen Text bestehen textkritische Vorbehalte.[6] Der griechische Text sei nun kurz analysiert.

Der erste Halbvers des hebräischen Textes ist exakt wiedergegeben. Die Verschiedenheit der Verben ידע und נכר wird im griechischen Text im Ansatz nachgeahmt. Am Beginn des zweiten Halbverses fügt der griechische Text jedoch die einen Gegensatz signalisierende Einleitungspartikel ἀλλά ein. Der im Hebräischen folgende Nominalsatz wird zunächst ganz wörtlich wiedergegeben. Es fehlt aber im Gegensatz zum ersten Stichos des ersten Halbverses das Verbum εἶ „du bist". Ferner hat der Übersetzer in der folgenden Konsonantengruppe גאלנו einen Imperativ gelesen. Diese Deutung der Konsonanten ist grammatisch zulässig, wie die suffigierten Imperativformen גְּאָלָה (Ps 69,19) oder וּגְאָלֵנִי (Ps 119,154) zeigen.[7] Die Wiedergabe

---

[6] Bemerkenswert ist die exakte Wiedergabe des masoretischen Textes durch die Vulgata: tu enim pater noster / et Abraham nescivit nos / et Israhel ignoravit nos / tu Domine pater noster / redemtor noster a saeculo nomen tuum. Nur das zweite כי im zweiten Stichos des ersten Halbverses ist durch et nur undeutlich wiedergegeben.
Vetus Latina hat für Jes 63,16 das Folgende: E (= texte européen): tu es enim pater noster / quia Abraham non cognovit (recognovit) nos / et Israel non cognovit nos / sed tu domine pater noster / ab initio nomen tuum super nos est. – Diese Form der Vetus Latina übersetzt das von der Vulgata mit et wiedergegebene כי mit quia, hat wie LXX die Adversativpartikel sed am Beginn des zweiten Halbverses, lässt aber den Imperativ ῥῦσαι ἡμᾶς der LXX unübersetzt.
O (= texte latin représentant la Septante hexaplaire): tu enim es pater noster / quia Abraham non cognovit nos / et Israel non novit nos / sed tu domine pater noster / libera nos / a principio nomen tuum super nos est. – Die hexaplarische Form der Vetus Latina bringt den griechischen Imperativ ῥῦσαι ἡμᾶς nun als libera nos (vgl. Gryson, Roger [Hg.], Esaias, 2, VL XII/2, Freiburg i.Br. u.a. 1993–1997).
Aquila hat im zweiten Stichos statt ῥῦσαι ἡμᾶς ἀπ' ἀρχῆς den Wortlaut: αγχιστευς ημων απ' αιωνος. Zur Wiedergabe von גֹּאֵל mit ἀγχιστεύς vgl. unten Anm. 8. Der Targum Jonatan gibt für den Vers eine den direkten Vatertitel für Gott vermeidende stark deutende Umschreibung. Dennoch: Der letzte Nominalsatz bleibt im Sinne des masoretischen Textes erhalten (Sperber, Alexander, The Bible in Aramaic, 3. The Latter Prophets, Leiden 1962, 125):

ארי את הוא דרחמך עלנא סיגיאן מאב על בנין
ארי אברהם לא אסקנא ממצרים
וישראל לא עבד לנא פרישן במדברא
את יוי דרחמך עלנא סגיאין מאב על בנין
פריקנא מעלמא שמך

„For you are he whose mercies upon us are more than a father's upon sons, for Abraham did not take us up from Egypt, and Israel did not do wonders for us in the wilderness; you, O LORD, are he whose mercies upon us are more than a father's upon sons, Our Redeemer from of old is your name." (Chilton, Bruce D., The Isaiah Targum, The Aramaic Bible 11, Edinburgh 1987, 121f.)

[7] An beiden Stellen wird das Verbum גאל mit dem griechischen Verbum λυτρόω wiedergegeben: λύτρωσαι αὐτήν bzw. λύτρωσαί με. Vgl. auch die 7. Berakha der Amida: וּגְאָלֵנוּ. Zu Jes 47,4, dem einzigen weiteren Beleg für „unser Erlöser" in der hebräischen

des Verbums גאל durch ῥύομαι ist ebenfalls nicht zu beanstanden. Sie begegnet in Gen 48,16. Sie wird aber vor allem im Jesajabuch gebraucht.[8]
Nach dem Nominalsatz

ἀλλὰ σύ κύριε πατὴρ ἡμῶν·
Aber du, Herr, bist unser Vater;

folgt der Imperativ ῥῦσαι ἡμᾶς. Der Imperativ steht für sich. Das in der LXX Folgende ist als Nominalsatz aufgefasst. Dabei fügt der griechische Text über den hebräischen Wortlaut hinaus den präpositionalen Ausdruck ἐφ' ἡμᾶς hinzu. Außerdem setzt er für מֵעוֹלָם das ἀπ' ἀρχῆς. So kommt es zu der Formulierung:

ἀπ' ἀρχῆς τὸ ὄνομά σου ἐφ' ἡμᾶς ἐστιν
Von Anfang ist dein Name über uns.

Während die Präposition ἐπί für hebräisches על nichts Befremdliches an sich hat,[9] ist die Wiedergabe von עוֹלָם mit ἀρχή allerdings auffällig. Sie findet sich nur an unserer Stelle Jes 63,16 und gleich noch einmal Jes 63,19.

Eben wurde gesagt, dass die Wiedergabe des hebräischen Verbums גאל mit ῥύομαι nicht beanstandet werden kann. Dennoch muss der Imperativ ῥῦσαι ἡμᾶς etwas eingehender analysiert werden. Denn er ist durchaus auffällig. Die Auffälligkeit betrifft zum einen das Objekt des Verbums ῥύομαι, die erste Person Plural, zum andern die Wortwahl für das im Hebräischen zugrunde liegende Verbum גאל.

Bibel, vgl. unten Anm. 12. Die große Jesajarolle von Qumran (1QJes^a) schreibt plene (גואלנו). So kann kein Zweifel darüber aufkommen, dass ein Partizip zu lesen ist.

8 Das Verbum גאל steht im Jesajabuch 23-mal: 11 Belege des hebräischen Verbums werden mit dem griechischen ῥύομαι wiedergegeben: 44,6; 47,4; 48,17.20; 49,7; 51,10; 52,9; 54,5.8; 59,20; 63,16. Weitere 10 Belege verwenden eine Form des Verbums λυτρόω: 35,9; 41,14; 43,1.14; 44,22.23.24; 52,3; 62,12; 63,9. Einmal wird das Verbum mit dem griechischen Verbum ἐξαιρέω wiedergegeben: 60,16 (so auch Jer 31,11//38,11). Einmal auch mit dem Verbum ἀντιλαμβάνεσθαι (49,26). Die ähnlichen Stellen Jes 51,10 und 35,9 werden mit ῥύομαι bzw. mit λυτρόω wiedergegeben.
Das Verbum λυτρόω und seine Ableitungen werden auch in Ex 6,6; 15,13; Lev 25,25.30. 33.48.49.54; 27,13.15.19.20.27.28.31.33; Jer 50,34 (//27,34); Hos 13,14; Mi 4,10; Ps 19,15; 69,19; 72,14; 74,2; 77,16; 78,35; 103,4; 106,10; 107,2; 119,154; Spr 23,11; Klgl 3,58 für die Übersetzung von hebräischem גאל gebraucht. In gesetzlichen Zusammenhängen werden Ableitungen von ἀγχιστεύω verwendet: Lev 25,25.26; Num 5,8; 35,12. 19.21.24.25.27; Dtn 19,6.12; Jos 20,3.5.9; 2 Sam 14,11; 1 Kön 16,11; Rut 2,20; 3,9.12. 13; 4,1.3.4.6.7.8.14. Wenn Aquila גֹּאֲלֵנוּ in Jes 63,16 durch ἀγχιστεύς wiedergibt, nimmt er damit einen Begriff auf, der in LXX bereits seinen festen Platz in gesetzlichen Zusammenhängen hat.

9 Die Präposition ἐπί steht für hebräisches על: Num 6,27(23); Dtn 22,19; 28,10 (ἐπικαλέω); 2 Sam 12,28; 1 Kön 8,43 (ἐπικαλέω); Jes 4,1 (τὸ ὄνομα τὸ σὸν κεκλήσθω ἐφ' ἡμᾶς); 63,19 (οὐδὲ ἐπεκλήθη τὸ ὄνομά σου ἐφ' ἡμᾶς); Jer 7,10.11.14.30; 15,16; 25,29; 32,34; 34,15; Am 9,12; Ps 48,11; 49,12; 79,6.

Zum ersten Punkt „erlöse *uns*!": Die Aufforderung ῥῦσαι ἡμᾶς ist in LXX nicht gerade häufig bezeugt: im Ganzen fünfmal. Im Psalter ist sie nur ein einziges Mal belegt: Ps 79,9. Sie steht ferner dreimal im Buch Ester: 4,8 und zweimal 4,17(t.z). In Est 4,17z findet sich außerdem noch ein vierter Beleg für den Imperativ ῥῦσαι. Jetzt aber ist der Imperativ mit der ersten Person Singular als Objekt verbunden: καὶ ῥῦσαί με ἐκ τοῦ φόβου μου (4,17z). Dieses Gefüge ist in der LXX im Gegensatz zur pluralischen Wendung mehrfach belegt.[10] Der Texttyp „Klagelieder des Volkes" ist im Psalter nicht so häufig wie der der „Klagelieder des Einzelnen" vertreten. So ist von vornherein eine größere Zahl von Belegen für „erlöse mich" zu erwarten. Dennoch fällt die Seltenheit des Rufes „erlöse *uns*", ῥῦσαι ἡμᾶς, auf. Die Bitte „erlöse *uns*!" behält auch dann noch Seltenheitswert, wenn die Spur aufgenommen wird, sozusagen als Gegenprobe, die Ps 79,9 weist. Die hebräische Grundlage des Imperativs ῥῦσαι ἡμᾶς ist הַצִּילֵנוּ. Dieser hebräische Imperativ zusammen mit dem Personalsuffix der 1. Person Plural ist in der hebräischen Bibel nur viermal belegt: Ri 10,15; 1 Sam 12,10; 1 Chr 16,35 und Ps 79,9. Aber nur in Ps 79,9 wird die Bitte mit dem griechischen Verbum ῥύομαι wiedergegeben. Das ist deshalb verwunderlich, weil die Bitte, wenn sie sich auf den Einzelnen bezieht, also „erlöse *mich*" (הַצִּילֵנִי), in ziemlicher Regelmäßigkeit mit eben diesem Verbum übersetzt wird.[11] Allerdings gibt es bei der Wiedergabe des Verbums נצל hi. in LXX keine vollständige Konsequenz. So bleibt einfach nur zu konstatieren: Die Belege für die Bitte „erlöse" sei es mit singularischem, sei es mit pluralischem Pronomen der ersten Person in der hebräischen Bibel und LXX sind nicht völlig zur Deckung zu bringen. Unter jeder Rücksicht gibt es einen breiten Raum der Nichtübereinstimmung.

Zum zweiten Punkt: Auch wenn also das Verbum ῥύομαι im Buch Jesaja mehrfach die Übersetzung des Verbums גאל ist, bleibt die Formulierung ῥῦσαι ἡμᾶς in Jes 63,16 sehr merkwürdig. Sie schließt sich einerseits dem

---

10 Ps 7,2; 17,43; 24,20; 30,1.15; 42,1; 50,16; 58,2; 70,2.4; 108,22; 118,170; 139,2; 141,7; 143,7.11. Vgl. auch die Form ῥῦσαι τὴν ψυχήν μου: Ps 6,5; 16,13; 21,21; 114,4; 119,2 (Zählung der Psalmen nach LXX).
11 Der Imperativ הַצִּילֵנִי findet sich 17-mal in der hebräischen Bibel. Zehnmal wird er mit ῥῦσαί με wiedergegeben: vgl. Ps 7,2; 25,20; 31,16; 39,9; 51,16; 59,3; 109,21 (//108,22); 119,170; 142,7; 144,7. Vgl. auch die äquivalente Formulierung נַפְשִׁי ... הַצִּילָה Ps 22,21; 120,2. Die Form תַּצִּילֵנִי wird in Ps 71,2 ebenfalls mit ῥῦσαί με wiedergegeben, in Ps 18,49//2 Sam 22,49 dagegen mit ῥύσῃ με.
In Gen 32,11/12; Jes 44,17; Ps 31,3; 59,2; 143,9 und 144,11 steht als Übersetzung des hebräischen Imperativs הַצִּילֵנִי der griechische ἐξελοῦ με. Besonders Ps 59/58,2–3 und 144/143,7.11 zeigen die große Nähe der beiden Verben ῥύομαι und ἐξαιρέομαι als Übersetzungsworte für das hebräische Verbum נצל hi. In Ps 69,15 ist der Imperativ הַצִּילֵנִי mit griechischem σῶσόν με gegeben. Die Verwendung des Verbums ῥύομαι ist für das zweite Vorkommen des Verbums נצל im selben Vers reserviert worden.
Der Imperativ mit dem Pluralsuffix wird nur in Ps 79,9 mit ῥῦσαι ἡμᾶς wiedergegeben, an den anderen Stellen steht ἐξελοῦ ἡμᾶς (Ri 10,15; 1 Sam 12,10; 1 Chr 16,35).

sonstigen im Buch Jesaja beobachtbaren Vorgehen an, setzt aber andererseits einen eigenen starken Akzent durch die Deutung der Konsonantengruppe גאלנו als eines Imperativs[12], den sie dann auch noch so wiedergibt, dass sich nicht ohne weiteres das Verbum גאל als Grundlage nahe legt. Denn niemals sonst steht der durchaus nicht seltene Imperativ ῥῦσαι für einen solchen des Verbums גאל. Die häufige Verwendung des Imperativs im Psalter könnte auf mehrere andere Verben[13] führen, wenn nicht überhaupt sogleich das Verbum נצל in den Sinn kommt.

Der letzte Nominalsatz in V. 16 ist eine eigene Bildung der LXX. Sie nimmt Jes 63,19 vorweg. Aber das sowohl im Hebräischen wie im Griechischen stehende Element „dein Name" schließt den Abschnitt 63,15–19a ab. Jes 63,19b nimmt das Stichwort „Himmel" aus V. 15 auf. Mit Jes 63,19b beginnt ein neuer Abschnitt. Soweit zu Jes 63,16.

Für die Klärung des traditionsgeschichtlichen Hintergrundes des Vaterunsers ist die Stelle Jes 63,16 (und 64,7) natürlich immer herangezogen worden. Es fragt sich jedoch, ob die spezielle Form des Herrengebets bei Matthäus nicht doch noch etwas mehr von dieser Stelle des Jesajabuches erhellt werden kann. Denn in der Tat werden die alttestamentlichen Belege, in denen die Vatermetapher auf Gott angewandt wird, in der exegetischen Literatur zum Vaterunser recht pauschal zitiert.[14] Die genaue Form „unser Vater", wie sie in Jes 63,16 (und 64,7) begegnet, wird dagegen nicht recht ausgewertet. Wenn gesagt wird, dass die Anrede Πάτερ ἡμῶν ὁ ἐν τοῖς οὐρανοῖς sich „an den damaligen in der Synagoge wichtig werdenden jüdischen Sprachge-

---

12 Zur Wiedergabe des Verbums גאל im Buch Jesaja vgl. oben Anm. 8. Hier ist noch nachzutragen: 13-mal ist das Partizip belegt. Mit der Ausnahme von Jes 63,16b wird das Partizip immer mit einem Partizip wiedergeben: Mit einem Partizip des Verbums λυτρόω wird es 41,14; 43,14; 44,24, mit einem solchen von ῥύομαι 44,6; 47,4; 48,17; 49,7; 54,5.8; 59,20. In Jes 49,26 steht das von ἀντιλαμβάνομαι, in Jes 60,16 das von ἐξαιρέομαι.
Das Verfahren der LXX bei Jes 47,4, dem einzigen weiteren Beleg für „unser Erlöser" in der hebräischen Bibel, ist besonders interessant: LXX hat richtig das Partizip gelesen. Sie ändert allerdings das grammatische Objekt von der 1. Person Plural zu 2. Person Singular, aus גֹּאֲלֵנוּ wird ὁ ῥυσάμενός σε.
13 Z.B. auf das Verbum פלט in Ps 17,13; 31,1; 43,1; 71,4.
14 Vgl. z.B. Luz, Ulrich, Das Evangelium nach Matthäus, 1. Mt 1–7, EKK I/1, Zürich u.a. 1985, 340 Anm. 53, der auf Jes 63,16; 64,7 nicht eigens verweist. – Sand, Alexander, Das Evangelium nach Matthäus, RNT, Regensburg 1986, 130: „Allerdings findet sich in der gesamten Gebetsliteratur des Judentums ‚abba' als Gottesanrede nicht; zwar kommen ihr der Ausruf der Verzweiflung (Jes 63,16 [zweimal]) und das Vorrecht, Gott ‚Vater' zu nennen (Ps 89,27), sehr nahe, doch handelt es sich hierbei um Prädikationen, nicht um Vokationen, um geschichtlich geprägte Aussagen, nicht um kultisch geformte Anrufungen." – Gnilka, Joachim, Das Matthäusevangelium, 1, HThK 2, Freiburg i.Br. u.a. 1986, 216f.; Frankemölle, Hubert, Matthäus. Kommentar, 1, Düsseldorf 1994, 246 (ohne Hinweis auf Jes 63,16).

brauch anschließt"[15], so kann dann doch noch einmal gefragt werden, von wo sich dieser Sprachgebrauch herleitet. Es scheint mir nicht zweifelhaft, dass Jes 63,15–16 für diese Formulierung eine nicht ganz unwichtige Quelle darstellt.

Die Fassung des Herrengebets im Matthäusevangelium beginnt mit der Formulierung Πάτερ ἡμῶν. Für diese Prägung gibt es in der *hebräischen* Bibel nur ganz wenige Stellen. Sie beschränken sich auf Jes 63,16; 64,7. In der *griechischen* Bibel kommt als Beleg für „unser Vater" noch Tobit 13,4 in Frage: αὐτὸς κύριος ἡμῶν καὶ θεός αὐτὸς πατὴρ ἡμῶν εἰς πάντας τοὺς αἰῶνας.

Die hebräische Formulierung in 1 Chr 29,10 ist nicht eindeutig:

וַיְבָרֶךְ דָּוִיד אֶת־יְהוָה לְעֵינֵי כָּל־הַקָּהָל וַיֹּאמֶר דָּוִיד
בָּרוּךְ אַתָּה יְהוָה אֱלֹהֵי יִשְׂרָאֵל אָבִינוּ מֵעוֹלָם וְעַד־עוֹלָם׃

Die Auffassung der LXX

καὶ εὐλόγησεν ὁ βασιλεὺς Δαυιδ τὸν κύριον
ἐνώπιον τῆς ἐκκλησίας λέγων
εὐλογητὸς εἶ κύριε ὁ θεὸς Ισραηλ ὁ πατὴρ ἡμῶν
ἀπὸ τοῦ αἰῶνος καὶ ἕως τοῦ αἰῶνος

wird von den modernen Übersetzungen nicht geteilt: Sie übersetzen durchgängig „Herr, Gott Israels, unseres Vaters".[16]

Die alttestamentlichen Belege für „unser Vater" stehen im Nominativ. Sie sind keine Vokative. Das unterscheidet sie von dem Eingangssyntagma des Herrengebets. Es kann aber keine Frage sein, dass Jes 63,15–16 mit שמים / οὐρανός (V. 15) und der zweimal gesetzten Prädikation אבינו / πατὴρ ἡμῶν die Elemente bereit hält, aus denen die Anrede Πάτερ ἡμῶν ὁ ἐν τοῖς οὐρανοῖς gebildet worden ist. Die erste Bitte ἁγιασθήτω τὸ ὄνομά σου (Mt 6,9b) hat ebenfalls Bezüge zu Jes 63,15–16: ἐκ τοῦ οἴκου τοῦ ἁγίου σου (V. 15) und τὸ ὄνομά σου (V. 16). Der Anfang des Herrengebets in der Fassung bei Matthäus ist also ganz stark vom Vokabular von Jes 63,15–16 geprägt.

Das Frappierende ist nun, dass auch das Ende des Gebets mit der Bitte ῥῦσαι ἡμᾶς auf Jes 63,16 LXX zurückführt. Die Übereinstimmung zwischen Jes 63,16 und Mt 6,13b gewinnt an argumentativem Gewicht, wenn darauf

---

15 Luz, Matthäus (s. Anm. 14), 341.
16 Doch es gibt Ausnahmen: M. Buber übersetzt 1 Chr 29,10: Gesegnet du, Gott Jisraels, DU, unser Vater, von Weltzeit in Weltzeit." Vgl. auch TOB: „Béni sois-tu, SEIGNEUR, Dieu d'Israël, notre père depuis toujours et pour toujours." – Luz, Matthäus (s. Anm. 14), 340 Anm. 53, verweist als Beleg für πάτερ im Gebet der Gemeinschaft auf 3 Makk 5,7: θεὸν αὐτῶν καὶ πατέρα. Doch dies, d.h. „ihr Vater", ist genau nicht gefragt. Mal 2,10 kann ebenfalls nicht als Beleg angeführt werden. Der griechische Text verwandelt die „Wir-Frage" zu einer „Ihr-Frage" und stellt die Stichoi um. Aus הֲלוֹא אָב אֶחָד לְכֻלָּנוּ הֲלוֹא אֵל אֶחָד בְּרָאָנוּ wird οὐχὶ θεὸς εἷς ἔκτισεν ὑμᾶς οὐχὶ πατὴρ εἷς πάντων ὑμῶν.

geachtet wird, dass der exakte Wortlaut dieser Bitte, sei es in der hebräischen Bibel auf der Basis des Verbums נצל, sei es in der griechischen Bibel, nur sehr selten belegt ist.[17] Die eigenwillige Fassung des Textes Jes 63,16 in LXX zeichnet sich vor allem dadurch aus, dass sie den letzten Beleg des Verbums גאל im Jesajabuch als Imperativ deutet und auf diese Weise eine eindringliche Bitte an Gott, „unseren Vater", richtet. Ferner ist die knappe Form beachtenswert. Sie benennt keine Gefahr, aus der heraus Gott retten möge. So geht es ganz grundsätzlich um die Erlösung und Befreiung des betenden Volkes.

Gnilka und Frankemölle haben darauf hingewiesen, dass das Ende des Gebets sich zu seinem Anfang schließt. Sie haben das unter der Rücksicht des theologisch-sachlichen Gehaltes festgestellt.[18] Setzt man voraus, dass Jes 63,15–16 für den Ausbau des Herrengebets in der Form des Matthäusevangeliums eine Rolle spielt, kann die Entsprechung von Anfang und Ende des Gebets auch literarisch plausibel gemacht werden. Das „Vaterunser" ist sozusagen eine Entfaltung von Jes 63,15–16 und zwar in der Weise, dass der Beginn und das Ende von Jes 63,16 auch den Beginn und das Ende des Herrengebets bildet. Das Herrengebet in der Fassung des Matthäus entfaltet sich im Rahmen, der in Jes 63,15–16 vorgegeben wird. Die These, dass der Wir-Teil des Vaterunsers, also angefangen von der Brotbitte (Mt 6,11–13a), in der Bitte ἀλλὰ ῥῦσαι ἡμᾶς ἀπὸ τοῦ πονηροῦ zusammengefasst wird, was die weiteren alttestamentlichen Belege für die Bitte ῥῦσαι ἡμᾶς nahe legen könnten, kann nun im Einzelnen nicht begründet werden. Nur dieser Hinweis: Die Bitte ῥῦσαι ἡμᾶς in Ps 79/78,9 steht im einem klaren Zusammenhang mit der Sündenvergebung (und der Verherrlichung des Namens Gottes).

2. Müttermemoria in der Grabinschrift des Meyer Amschel Rothschild

Der Sirazide hat nicht nur die notorisch harten Urteile über Frauen gefällt (Sir 25,24 im Ensemble von 25,13 ff. und 26,6 ff.; und Sir 42,14), sondern auch

---

17 Gnilka, Matthäusevangelium (s. Anm. 14), 227: „In der jüdischen Gebetsliteratur fehlt die Erlösungsbitte gleichfalls nicht. Schon in den Psalmen ist sie häufig." Er zitiert Ps 6,4; 16,13; 17,17; 21,20 – alles Stellen, die sich auf das betende Ich beziehen. Dagegen ist die von Gnilka zitierte 7. Benediktion der Amida eben ein Beispiel für die Rettung derer, die als „wir" das Gebet sprechen. Zum Wortlaut וּגְאָלֵנוּ vgl. oben Anm. 7.
18 Gnilka, Matthäusevangelium (s. Anm. 14), 227: „Nicht ist der Jünger dem Bösen ausgeliefert, nicht muß er seiner Hand entrissen werden. Mit diesem unliturgischen Schluß erscheint das Vaterunser als ein am Ende offenes Gebet. Der Schluß lenkt zurück an den Anfang, zum Vater, dem sich der Betende anvertraut." Frankemölle, Matthäus (s. Anm. 14), 253: „Der Böse tritt hier als Gegenspieler zu Gott auf; damit wird dem aufmerksamen Leser nicht nur ein inhaltlicher Rückbezug von Vers 13b zu 9a ... auffallen, sondern er wird auch von da die antithetische Struktur von 13a ... und 13b ... motiviert sehen."

in seinem Rückblick in die Geschichte sich auf das Lob der begnadeten Männer, der Väter, beschränkt. Seine Rekapitulation der Geschichte Israels ist androzentrisch. Die Überschrift gibt als Thema „die Väter der Urzeit" (שֶׁבַח אֲבוֹת עוֹלָם) an. Die Selbstaufforderung zum Lob der Gestalten der Geschichte nennt ausdrücklich die „begnadeten Männer" (אַנְשֵׁי חֶסֶד / ἄνδρας ἐνδόξους), die „unsere Väter" (אֲבוֹתֵינוּ / τοὺς πατέρας ἡμῶν) sind (Sir 44,1). Als ob das noch nicht genug wäre, wiederholt die Einleitung, dass es nun im Folgenden um die Männer mit einem Namen gehe (44,3: אַנְשֵׁי שֵׁם / ἄνδρες ὀνομαστοί), um die Männer von Einfluss und Macht (44,6: אַנְשֵׁי חַיִל / ἄνδρες πλούσιοι) und nochmals, als Rahmung der Einführung sozusagen, um die begnadeten Männer (44,10: אַנְשֵׁי חֶסֶד / ἄνδρες ἐλέους). So kommen denn Frauen in dem geschichtlichen Rückblick nur dann vor, wenn sie dem David zujubeln (Sir 47,6) oder wenn sie Salomo von sich abhängig machen (Sir 47,19).[19]

In dieser androzentrischen Darstellung wird das Lob der Väter Abraham (Sir 44,19–21), Isaak (Sir 44,22–23a) und Israel (Sir 44,23b–h) nur kurz abgehandelt. Für die Frauen der Patriarchen, von denen die Texte der Genesis doch so viel mitzuteilen wissen, gibt es bei der extremen Raffung der Nacherzählung keinen Platz. Aber die Art der Behandlung der Patriarchen bzw. die Nichtbeachtung der Matriarchinnen im Buch des Siraziden steht nicht vereinzelt da. Auch sonst werden in der hebräischen Bibel außerhalb des Pentateuchs die Erzväter Abraham, Isaak und Jakob nicht sonderlich häufig genannt werden. Noch weniger natürlich werden dann auch die Frauen der Erzväter erwähnt. Nur die Belege Jes 51,2 und Jer 31,15 erwähnen Sara bzw. Rachel. In Rut 4,11 werden Lea und Rachel zusammen genannt. Für das Lehrbuch des Siraziden gilt so dasselbe, was auch sonst auf weite Strecken für die *hebräische Bibel*, d.h. genauer: angefangen vom Buch Exodus bis zu 2 Chronik, gilt: Wenn die Erzväter in den Hintergrund treten, so *a fortiori* die Erzmütter. Sie sind auf spezielle Weise unsichtbar gemacht.

Für das Neue Testament trifft Ähnliches zu. Auch hier sind die Mütter Israels nur sehr selten ausdrücklich genannt. Die Belege für die Erzmütter im NT sind schnell aufgezählt: Sara nur Röm 4,19; 9,9; Heb 11,11[20]; 1 Petr 3,6, Rebekka: Röm 9,10, Rachel: Mt 2,18 (im Zitat Jeremia). Lea kommt nicht vor.[21]

---

19 „Weibliches" kommt im Lob der Väter noch Sir 48,19 (die Jerusalemer wanden sich wie eine Gebärende) und Sir 49,7 (Jeremia ist vom Mutterschoß zum Propheten berufen) vor. Zur Rolle des Stückes Sir 44,1–9 im Jiskor-Gebet eines modernen jüdischen Gebetbuches vgl. unten Anm. 46.

20 Hebr 11,11 verdient hier wohl besonders hervorgehoben zu werden. Denn Sara wird hier – einigermaßen gegen den Wortlaut der Genesiserzählungen (vgl. Gen 18,12–15; für Abraham Gen 17,17) – als glaubender Mensch vorgestellt. Der Satz im Hebräerbrief geht über die Feststellungen im Römerbrief beträchtlich hinaus.

21 Wohl aber kommt Hagar vor: Gal 4,24.25. Erstaunlicherweise kann Paulus seine Allegorese in Gal 4,21–31 durchführen, ohne den Namen Saras zu nennen.

Im Neuen Testament ist Mt 8,11 bezeichnend:

Ich sage euch: Viele werden von Osten und Westen kommen
und mit Abraham, Isaak und Jakob im Himmelreich zu Tisch sitzen.

Hier wie an der Parallelstelle Lk 13,28f. fehlen eklatant die Mütter.[22]

Nebenbei gesagt: In der wissenschaftlichen Exegese werden die Erzählungskränze der Genesis maßgeblich nach den Vätern Abraham, Isaak und Jakob genannt, obwohl die Mütter keine geringe Rolle in ihnen spielen. Erst Irmtraud Fischer hat mit ihrer Monographie über die Erzeltern Remedur geschaffen, indem sie die androzentrische Befangenheit vieler Ausleger herausstellte.[23]

Die Betrachtung der androzentrischen Vorgaben der Tradition sei zunächst einmal unterbrochen. Ich komme am Ende auf sie noch einmal kurz zurück. Der Blick sei jetzt auf den Text einer Inschrift gerichtet, die sich auf einem Grabstein des alten Judenfriedhofs in Frankfurt am Main befindet. Es handelt sich um die Inschrift auf dem Grabstein des Meyer Amschel Rothschild, des Gründers des Bankhauses Rothschild.

Ein paar Worte zu dem jüdischen Friedhof am Börneplatz in Frankfurt am Main sind angebracht.[24] Der Friedhof liegt in östlicher Richtung nicht weit entfernt vom Dom auf dem nördlichen Mainufer. Er befand sich im Mittelalter außerhalb der Stadtmauer, aber ganz in der Nähe des ursprünglichen mittelalterlichen Stadtkerns. Die Juden der Stadt wohnten, bevor sie am Ende des 15. Jahrhunderts die außerhalb der Stadtmauer eingerichtete Judengasse beziehen mussten, in der Gegend südlich vom Dom. Ihre Wohnungen lagen zusammen mit denen der christlichen Bewohner zwischen Main und Dom.

---

22 Dieses Urteil ist natürlich das eines modernen Betrachters, der durch feministische Einwände sensibilisiert worden ist. So aufmerksam gemacht, wird auch Mt 22,32 (//Mk 12,26//20,37) problematisch. Die Stelle zitiert Ex 3,6 „Ich bin der Gott Abrahams, der Gott Isaaks und der Gott Jakobs". Die Aussage, auf die die Streitfrage hinausläuft, dass nämlich Gott ein Gott der Lebenden ist, ist dann durchaus männerorientiert. Freilich hätte es sich angeboten, das Schicksal der im fingierten Rechtsfall doch als Hauptperson dargestellten Frau zu berücksichtigen. Sie hätte in den Erzmüttern ja nicht die schlechtesten Anwältinnen. Statt dessen wird sie in dieser Männerdiskussion immer mehr in den Hintergrund gedrängt und so unsichtbar gemacht.

23 Fischer, Irmtraud, Die Erzeltern Israels. Feministisch-theologische Studien zu Gen 12–36, BZAW 222, Berlin u.a. 1994; dies., Gottesstreiterinnen. Biblische Erzählungen über die Anfänge Israels, Stuttgart u.a. ²2000.

24 Der Friedhof wird seit geraumer Zeit wissenschaftlich untersucht. Der umfangreichen wissenschaftlichen Monographie von Brocke, Michael, Der alte jüdische Friedhof zu Frankfurt am Main. Unbekannte Denkmäler und Inschriften, Sigmaringen 1996, verdanken die folgenden Ausführungen viel. – Sehr viel kürzer, aber genauso zuverlässig informiert Lenarz, Michael, Der alte jüdische Friedhof zu Frankfurt am Main, Frankfurt a.M. 1996.

Der Friedhof außerhalb der Stadtmauer wurde vom 13. Jahrhundert bis zum Jahr 1828 gebraucht. Der älteste Grabstein trägt das Datum „12. Juli 1272".

Zu Beginn des 20. Jahrhunderts wurden etwa 6000 Grabsteine registriert, transkribiert und veröffentlicht.[25] Anfang 1943 begannen die Nationalsozialisten, Grabsteine des Friedhofs zu zerschlagen. 175 ausgewählte, historisch oder künstlerisch wertvolle Grabsteine waren vorher auf den Frankfurter Hauptfriedhof transportiert worden. Der Zerstörungswut der Nazis fielen ca. 4000 Grabsteine zum Opfer.

Heute ist der Friedhof am Börneplatz der eindrucksvolle Mittelpunkt eines Ortes der Memoria. Der Friedhof ist von einer zementbeworfenen Mauer umgeben, in die Bronzeblöcke mit den Namen der über 11000 Frankfurter Juden eingelassen sind, die von den Nationalsozialisten verschleppt und ermordet worden sind. Die Bronzeblöcke sind in mehreren horizontalen Reihen wie ein breites, den Friedhof schützendes Band angeordnet. Auf dem an den Friedhof angrenzenden „neuen Börneplatz" steht ein Kubus, der aus Sandsteinblöcken von Gebäuden der Judengasse gebildet wird, die bei den Erdarbeiten für die Fundamente des Neubaus der Frankfurter Stadtwerke gefunden wurden. Durch einen besonderen Bodenbelag auf dem Areal ist außerdem der Ort und der Grundriss der am 10. November 1938 in Brand gesteckten Börneplatzsynagoge kenntlich gemacht.

Doch nun zu dem Grabstein, der uns in besonderer Weise interessiert: Das Grabmal des Gründers der Bankiersdynastie hat seinen Platz auf dem Ehrenfeld in der Nähe des Haupteingangs auf der Südseite des Friedhofs.[26]

Die Inschrift auf dem Grabstein lautet:

כ״ה מאיר ר״ש תקע״ג	(1) Oberkante
פה טמון ג״ץ כהר״ר משה מאיר	(1) Frontseite
בן המנוח כ״ה אנשיל רויט	(2)
שילד ז״ל נפטר ליל מש״ק	(3)
ונקבר למחרתו ביום א׳	(4)
ערב חג הסוכת תקע״ג	(5)
לפ״ק תהא נשמתו צרורה	(6)
בצרור החיים [ע״נ] אי״ו שר״ר	(7)
ע״נ שצו״צ שבג״ע אמן	(8)

---

25 Horovitz, Markus, Sefer abnei sikaron. Die Inschriften des alten Friedhofs der israelitischen Gemeinde zu Frankfurt a.M., Frankfurt a.M. 1901. Vgl. Brocke, Friedhof (s. Anm. 24), 66 Anm. 2.28 Anm. 1. Die mit der Arbeit von Horovitz verbundenen Probleme werden ausführlich diskutiert (33ff.).

26 Die Inschrift wird in der großen Monographie von Brocke, Friedhof (s. Anm. 24), 233, nur nebenbei besprochen: Der Todestag wird transponiert auf christliche Daten: 19.9. 1812. Die Inschrift ist transkribiert und übersetzt; aber es gibt kein Foto und keine eingehende Analyse. Ein exzellentes Foto und eine knappe, einfühlsame Interpretation findet sich bei Lenarz, Friedhof (s. Anm. 24), 26–27.

Auf der Oberkante steht:
(1) (Der) g(eehrte) H(err) Meir R(oth)sch(ild) 573

Frontseite:
(1) Hier ist geborgen der Sp(enden)s(ammler), der g(eehrte) M(eister), H(err) Mosche Meir,
(2) Sohn des Seligen[27], des g(eehrten) H(errn) Anschel Roth
(3) schild, (sein) A(ndenken) z(um Segen), verschieden in der Nacht des A(usgangs des) h(eiligen) Sch(abbat)
(4) und begraben am Tag darauf, am Tag 1,
(5) Vorabend des Laubhüttenfestes, 573
(6) N(ach) k(leiner) Z(ählung). Seine Seele sei eingebunden
(7) In das Bündel des Lebens [m(it den) S(eelen von)][28] A(wraham,) J(izchak) u(nd Jaakow) S(ara), R(iwka und) R(achel),
(8) M(it den) S(eelen) der ü(brigen) g(erechten Männer) u(nd) g(erechten Frauen), die im G(arten) E(den). Amen.[29]

Zunächst sind wir auf die beeindruckende Schlichtheit des Grabsteins und die auf das Wesentliche sich beschränkende Inschrift verwiesen:

„Schlichter geht es kaum mehr. Was ist dem Stein von allem Glanz dieses Lebens wichtig? Daß Meyer Rothschild Spendensammler, ג״צ [= גבאי צדקה], der Gemeinde war."[30]

Als einzige dekorative Elemente können vielleicht die Abkürzungen in Zeilen 1–7 gelten, die die Gestalt einer liegenden Schlaufe haben. Vom zweiten Teil der Zeile 7 an und dann weiter in Zeile 8 sind als Abkürzungen Punkte über den Konsonanten gesetzt. Über die Schlichtheit hinaus ist dieses Grabmal aber auch deshalb bemerkenswert, weil seine Inschrift eine religiöse Sprache spricht, die auf beide Geschlechter, auf Männer und Frauen und darüber hinaus noch mit namentlicher Erwähnung auf die Erzväter und Erzmütter, aufmerksam macht.

Die Inschrift sei kurz kommentiert: Der Grabstein ist auf seiner Oberkante beschrieben. Bis auf den Namen Meir besteht die Zeile nur aus Kürzeln. Die

---

27 „Selig" gibt das Wort מנוח wieder. Es bedeutet zunächst „ruhend" und ist eine ehrende Bezeichnung für Verstorbene.
28 Das Kürzel ע״נ = „m(it den) S(eelen von)" in Zeile 7 ist kaum zu erkennen. Der Grabstein weist in Zeile 7 die Spuren starker Abreibung auf. Die Kürzel der Namen in derselben Zeile sind jedoch eindeutig zu lesen.
29 Zur Auflösung der Abkürzungen siehe Brocke, Friedhof (s. Anm. 24), 80 (aber nicht alle sind hier notiert!).
30 Brocke, Friedhof (s. Anm. 24), 233. Mit diesem Passus schließt die Analyse der Inschrift des am 5.5.1728 verstorbenen Hirz, des Sohnes von Mosche Rothschild, eines Vorfahren des Dynastiegründers (230–232). Ähnlich äußert sich Lenarz, Friedhof (s. Anm. 24), 26: „Der Grabstein Meyer Amschels ist in Größe und Gestaltung sehr schlicht. Er weist keinerlei Verzierungen oder Ornamente auf. Die einfache Inschrift verzichtet auf jegliches Lob des Verstorbenen. Allein die im Leben der jüdischen Gemeinschaft wichtigen Funktionen werden genannt. Umso ausführlicher ist die abschließende Segensformel, deren erster Teil nicht abgekürzt, sondern ausgeschrieben ist."

Zahl 573 ist aufgrund der Vereindeutigung in den Zeilen 5–6 „nach kleiner Zählung" mit dem Jahr 1812 gleichzusetzen.

Die Zeile 1 der Inschrift auf der Frontseite des Grabsteins identifiziert den Begräbnisplatz des Spendensammlers, des geehrten Meister Mosche Meir. Die Zeile ist graphisch insofern interessant, als sie die folgenden Zeilen der Inschrift in einem Bogen überwölbt und die ausgeschriebenen Worte die Abkürzungen rahmen. Die Zeilen 2–3a geben die Filiation des Mosche Meir. Er ist der Sohn der geehrten Herrn Anschel Rothschild. Der Tod des Vaters des Mosche Meir wird ehrerbietig zur Sprache gebracht.[31] Zeilen 3–6 geben die Daten des Todes und des Begräbnisses. Mosche Meir Rothschild starb bei Sabbatausgang und wurde am Sonntag begraben. Das ist der Vorabend des Sukkotfestes im Jahre 573 nach kleiner Rechnung. Gestorben ist Mosche Meir Rothschild also am 19. September 1812.[32]

Die Inschrift enthält in Zeilen 6–7 eine Formel, die aus der Bibel stammt: 1 Sam 25,29:

וְהָיְתָה נֶפֶשׁ אֲדֹנִי צְרוּרָה בִּצְרוֹר הַחַיִּים

So möge das Leben meines Herrn eingebunden sein in das Bündel der Lebendigen.

Sie ist auf dem Friedhof schon früh belegt. Und zwar auf einem Grabstein aus dem Jahr 1284.[33] Die auf dem Frankfurter Friedhof zum ersten Mal belegte Formel ist völlig ausgeschrieben:

---

31 Zum Adjektiv/Substantiv מנוח vgl. oben Anm. 27. Das Kürzel ז″ל ist als זכרונו/ה/ם לברכה aufzulösen. Sie ist auf dem Frankfurter Friedhof relativ früh (1466) belegt: Brocke, Friedhof (s. Anm. 24), 96f., vgl. ferner 99.110.112.127.134.136.138 u.ö. Mit צדיק erweitert z.B. 116f.(Zeile 1; vgl. Zeile 10).119.375. Der vielleicht älteste Beleg für diese Formel steht Sir 46,11: יהי זכרם לברכה // εἴη τὸ μνημόσυνον αὐτῶν ἐν εὐλογίαις. Vgl. auch Sir 45,1. Die mit צדיק erweiterte Formel, abgekürzt als זצ″ל, entspricht ganz Spr 10,7a: זֵכֶר צַדִּיק לִבְרָכָה.
32 Vgl. dazu Brocke, Friedhof (s. Anm. 24), 233; Lenarz, Friedhof (s. Anm. 24), 26.
33 Brocke, Friedhof (s. Anm. 24), 84ff. Zu diesem Stein bemerkt Brocke: „Der Stein steht in seiner ganzen Größe, mit dem Sockel oberhalb des Bodens geschützt von einem Überbau, in der sogenannten Ehrenecke. Der Rahmen ist oben teilweise abgebrochen. Die Schrift ist weitgehend gut erhalten." Die Inschrift ist auch sonst interessant. Der am 17.2.1284 verstorbene Jaakow S. Schlomo wird als ein „liebenswerter und sogar begehrenswerter" Mann charakterisiert (נעים וגם נחמד).
Zur von 1 Sam 25,29 abgeleiteten Formel: Sie ist in leicht variierter Form bereits in jüdischen Inschriften seit dem 2. christlichen Jahrhundert belegt: לעזר נוח נפשו בצרור החיים „Lazarus. Ruhen möge seine Seele im Bündel des Lebens." Oder auch: בצרור החיים ת[הי נשפו] „im Bündel des Lebens sei seine Seele". Zitiert und kommentiert bei: Park, Joseph S., Conceptions of Afterlife in Jewish Inscriptions. With Special Reference to Pauline Literature, WUNT II/121, Tübingen 2000, 150–154.
Die Bemerkung von Stingl, Wolfgang G., Jüdisches Leben in Nidda im 19. und 20. Jahrhundert. Untersuchung zur Lokalgeschichte des oberhessischen Landjudentums, Obertshausen 2001, 185: „Die Schlußbezeichnung TNZBH ‚möge seine/ihre Seele gebunden sein im Bunde des (ewigen) Lebens', ein Zitat aus 1 Sam 25,39 [richtig: 29], ist

(9) תהי נפשו צרורה בצרור
(10) חיים אמן א׳ סלה

In Zeile 9 steht wie im biblischen Text das Substantiv נפש, später wird dieses Substantiv meistens durch נשמה ersetzt.[34]

Die Formel erscheint auf den von Brocke bearbeiteten Grabsteinen immer wieder.[35]

In der Inschrift von Rothschild folgt in Zeile 7 die Nennung der Patriarchen und Matriarchinnen mit Namen. Die Namen werden abgekürzt gegeben:

עם נשמות אברהם יצחק ויעקב שרה רבקה רחל = ע׳׳נ אי׳׳ו שר׳׳ר

mit den Seelen von Abraham, Isaak und Jakob, Sara, Rebekka, Rachel.

Die Zeile ist nicht ganz gut erhalten. Dennoch dürften über die Lesung keine Zweifel bestehen. Die Kürzel der Namen sind deutlich. Sie füllen die Zeile bis zum Rand. Auf Platzmangel mag es zurückzuführen sein, dass die vierte Ahnfrau Lea nicht mehr genannt ist. In der Tat ist für ein ל kein Platz mehr in der Zeile. Auch wenn Lea fehlt, ist doch die ausdrückliche Nennung der Patriarchen und Matriarchinnen Abraham und Sara, Isaak und Rebekka und Jakob und Rachel ein bemerkenswertes Phänomen.

Die Inschrift des Mosche Meir Rothschild ist jedoch noch nicht zu Ende. Die 8. Zeile ist bis auf das letzt Wort „Amen" nur in Kürzeln gegeben. Die Zeile schließt asyndetisch an: „mit den Seelen der übrigen gerechten Männer und Frauen, die im Garten Eden." Das ist ein Wortlaut, der auf dem Friedhof von Frankfurt nicht nur einmal fällt. Auf Grund der Parallelen können in der Inschrift Rotschilds die Namen der Väter und Mütter geradezu als ein Einschub verstanden werden.

---

relativ neu und erscheint erstmalig auf einem Grabstein des alten Wormser Friedhofs aus dem Jahr 1083. Zuvor endete die Inschrift mit einem einfachen ‚Amen' oder ‚Amen Sela'" müsste dahin differenziert werden, dass es sehr wohl ältere Vorformen der Formel gegeben hat. Ferner ist auch zu unterscheiden, ob die Formel ausgeschrieben oder als Kürzel präsentiert wurde.

34 Vgl. dazu Brocke, Friedhof (s. Anm. 24), 86.

35 Die Abkürzung der Formel als תנצב׳׳ה (tanzebah) ist erstmals auf dem Doppelgrabstein aus dem Jahr 1379 belegt, d.h. also rund 100 Jahre später als die ausgeschriebene Formel; so Brocke, Friedhof (s. Anm. 24), 93.95. Weitere Belege des Kürzels finden sich bei Brocke, Friedhof (s. Anm. 24), 97.99.101.103.109.110.112f.114.116f.119.127.131.134.136. 138.141.151.153f.155.160.167.175f.179.181.184.187.190.192.197.200.207.209.211.216. 219.223.235.241.245.253.255.258.264.272.285.289.295.302.304.309.322.352.359f.362. 370.373.387.400.405.407. Die Grabsteine 227.230.332 schreiben teilweise aus und einer fügt hinzu „im Garten Eden". Eine Erweiterung der Formel ist seit der Inschrift des Lemle S. Izek Öttingen KaZ, gestorben 10.10.1740, beobachtbar: Hinzugefügt ist בש׳׳ז. Dieses Kürzel ist als בשכר זה = „zum Lohn dessen" aufzulösen: Brocke, Friedhof (s. Anm. 24), 261.263. Diese Erweiterung findet sich weiterhin in den Inschriften 278f.327. 339.402. Zu einer ganz ähnlichen seit 1729 belegten Erweiterung der Formel vgl. unten Anm. 39.

In der Grabinschrift der Pessle, der Tochter des Bendit Kassel, aus dem Jahr 1729 heißt es:

(10) ב"ז תנצב"ה ענצ"ו
(11) שבגן עדן א"ס

(10) U(m) d(essentwillen) s(ei) (ihre) S(eele) e(ingebunden) i(n das Bündel) d(es Lebens) m(it den) S(eelen der) g(erechten Männer) u(nd gerechten Frauen,)
(11) die im Garten Eden. A(men) S(ela).[36]

In der Grabinschrift der Riwka, der Tochter des Mosche Stern, aus dem Jahre 1730 steht:

(6) ונשמתה צב"ה
(7) ענצ"ו שבג"ע שוכבים

(6) Und ihre Seele (sei) e(ingebunden) i(n das Bündel) d(es Lebens)
(7) m(it den) S(eelen) der g(erechten Männer) u(nd gerechten Frauen) die im G(arten) E(den) ruhen.[37]

Diese beiden Inschriften weisen klare inklusive Sprache auf. Die weiter zu besprechenden Inschriften sind jeweils geschlechtsspezifisch formuliert. Grabsteine für Frauen formulieren „mit den übrigen gerechten Frauen" o. ä., solche für Männer haben „mit den übrigen gerechten Männern".

Leider ist die Inschrift des Hirz, des Sohnes des Anschel Meise zum Strauß, aus dem Jahr 1752 sehr fragmentarisch. In Zeilen 11 und 12 lassen sich die folgenden Buchstaben erkennen:

(11) תהא
(12) עם שאר ... בגן עדן א"ס

---

36 Brocke, Friedhof (s. Anm. 24), 236ff. Hier findet sich nach Brocke auch zum ersten Mal auf dem Friedhof die theologische Deutung, nach der der Segenswunsch „die Seele sei eingebunden in das Bündel des Lebens" in einen Zusammenhang mit der Vergeltung für גמילות חסדים וצדקה wird. Die Formel lautet ב"ז. Sie kann aufgelöst werden als בזכות זה „um dessentwillen", „um dieses Verdienstes willen". Weitere Belege für diese Formel bei Brocke, Friedhof (s. Anm. 24), 267.275.281.297.335.349.357.363.367.394.397.409. Bisweilen ist an diese theologisch relevante Erweiterung noch angefügt „im Garten Eden": 335f.357.364. – Vgl. die oben in Anm. 35 erwähnte ganz ähnliche Formel.
Der Wunsch „die Seele sei im Garten Eden" steht auf den ältesten Gräbern des Frankfurter Friedhofs: Lenarz, Friedhof (s. Anm. 24), 8f.(1272).10f.(1272).32f.(1286). Die zuletzt genannte Inschrift auch bei Brocke, Friedhof (s. Anm. 24), 88f. Bei den ältesten Inschriften fällt der wenig formelhafte, abwechslungsreiche Wortlaut auf.
Der Segenswunsch, der Verstorbene möge „mit den Gerechten sein", ist schon aus dem Altertum bekannt: Griechisch: 3./4. christliches Jahrhundert; Lateinisch: 4./5. Jahrhundert; Hebräisch: 3./4. Jahrhundert. Vgl. Park, Conceptions (s. Anm. 33), 112–121. In den antiken Inschriften ist nur an die Patriarchen gedacht. Die Mütter spielen keine Rolle. Vgl. Park, Conceptions (s. Anm. 33), 104–109 mit Anm.
37 Brocke, Friedhof (s. Anm. 24), 239. In der Übersetzung Brockes steht das Wort „übrigen". Es ist von der Transkription her nicht gedeckt.

Es sei ....
mit dem Rest ... im Garten Eden, A(men) S(ela)

Das kann wohl ergänzt werden zu

עם שאר צדיקים בגן עדן
mit dem Rest der Gerechten in Garten Eden.[38]

Bei dieser Ergänzung wären also nur die gerechten *Männer* in den Blick genommen.

Nur die gerechten *Frauen* sind in der Inschrift der Bella, Gattin des Löb, des Sohnes von Izek Kanne, der Tochter des Herrn Feibelmann Kleve aus Amsterdam, aus dem Jahr 1765 genannt. Die Formel ist ganz ausgeschrieben, so dass der Bezug auf die gerechten Frauen eindeutig ist.

(11) תהא נשמתה צרור׳ בצרור החיים
(12) עם שארי נשים צדקוניות שבגן
(13) [עדן]

(11) Ihre Seele sei eingebunden in das Bündel des Lebens
(12) mit den übrigen gerechten Frauen, die im Garten
(13) [Eden][39]

Die Inschrift der Chava, Gattin des Mosche, des Sohnes Löb Reuse Bingen, der Tochter des Izek S. Lase Hessle aus Bamberg, aus dem Jahr 1780 hat die mehrdeutige Formulierung:

(11) ב״ז תנצב״ה עשנ״צ בגן עדן אמן סלה

(11) U(m) d(essentwillen) s(ei) (ihre) S(eele) e(ingebunden) i(n das Bündel) d(es Lebens) m(it den) ü(brigen) S(eelen der) G(erechten) im Garten Eden, Amen Sela.[40]

Hier ist in der Formel scheinbar nicht auf die Geschlechterkorrespondenz geachtet. Doch bleibt zunächst einmal die Frage, wie צ aufzulösen ist. Sodann die andere: Ist das Kürzel עשנ״צ nicht überhaupt anders, als Brocke vorschlägt, zu deuten, zumal Brocke in Zeile 11 übersetzt „*mit den Seelen der übrigen Gerechten*"? Das ש״ ist in dieser Übersetzung offensichtlich falsch bezogen. Er übersetzt als stünde עש״צ da.

---

38 Brocke, Friedhof (s. Anm. 24), 292ff. Ebenfalls fragmentarisch ist der Schluss der Inschrift des Ber, des Sohnes des David Bingen SeGal, aus dem Jahr 1802 erhalten (384):
(9) ב[ש]כר ז[ה] תנצב״ה עם
(10) שארי ...[שבג]ן ע[ד]ן אמן סלה
Zum Lohn dessen s(ei seine) S(eele) e(ingebunden) i(n das Bündel) d(es Lebens)
mit den übrigen ... [die im Garte]n E[de]n, Amen Sela.
39 Brocke, Friedhof (s. Anm. 24), 318ff. Brocke macht darauf aufmerksam, dass צדקוניות eine phonetisch bedingte Schreibung ist. Richtig müsste es heißen צדקניות. Die Inschrift setzt aschkenasische Aussprache voraus.
40 Brocke, Friedhof (s. Anm. 24), 341.

Das Kürzel צ״שנ עשנ״צ könnte nach der eben besprochenen Inschrift der Bella, Zeile 12 als עם שארי נשים צדקוניות „mit den übrigen gerechten Frauen" aufgelöst werden.⁴¹

Die Inschrift der Ester, der Tochter des Rabbiners Elieser Lipman Berlin, der Gattin des Salman aus dem Jahr 1783 könnte diese These stützen. Sie hat Folgendes:

(13) ב״ז תהא נצב״ה
(14) עם שארי נש׳ צדקוניו׳ שבגן עדן אמן

(13) U(m) d(essentwillen) sei (ihre) S(eele) e(ingebunden) i(n das Bündel) d(es Lebens)
(14) Mit den übrigen gerecht(en) Fr(auen), die im Garten Eden. Amen.⁴²

Die Inschrift des R. Natan, des Sohnes von Schimon Adler KaZ, aus dem Jahr 1800 hat eine Formulierung, die sich wieder eindeutig, weil ausgeschrieben, nur auf Männer bezieht:

(19) תנצב״ה עם שארי צדיקים שבגן עדן אמן סלה

(19) (Seine) S(eele) s(ei) e(ingebunden) i(n das Bündel) d(es Lebens) mit den übrigen Gerechten (=Männern), die im Garten Eden. Amen Sela⁴³

Die Inschriften der Pessle, der Tochter des Bendit Kassel, aus dem Jahr 1729 und der Riwka, der Tochter des Mosche Stern, aus dem Jahr 1730 weisen inklusive Sprache auf. Sie wünschen den beiden verstorbenen Frauen die Gemeinschaft mit den verstorbenen Männern *und* Frauen. Sie tun das, indem sie die Formel „und ihre Seele sei eingebunden in das Bündel des Lebens" mit der Sequenz „mit den Seelen der gerechten Männer und gerechten Frauen, die im Garten Eden ruhen" verbinden. Die Inschrift des Meyer Amschel Rothschild aus dem Jahr 1812 fügt darüber hinaus noch die Namen der Patriarchen und ihrer Frauen ein. So erweist sich diese Inschrift dem großen Mann als würdig. Diese Inschriften stehen einer sehr viel größeren Zahl von Grabinschriften gegenüber, die eine derartige Weite und Sensibilität der Diktion nicht aufweisen.

Die Namensnennung der Erzväter und Erzmütter in der Inschrift Rothschilds ist auf dem Hintergrund der von Brocke bearbeiteten Grabsteine auf dem Frankfurter Friedhof außerordentlich. Ob sie aber auch bei Berücksichtigung der generellen jüdischen Tradition etwas Außergewöhnliches darstellt, kann nur mit ganz großem Vorbehalt gesagt werden. Jedenfalls ist der volle Wortlaut der Zeilen 6–8 auf dem Grabstein Rothschilds identisch mit dem des traditionellen Gebetes der Seelen-Gedächtnisfeier (הַזְכָּרַת נְשָׁמוֹת), wie es heute in der Synagoge am Versöhnungstag und am Schlusstag der drei Wall-

---

41 Vgl. Brocke, Friedhof (s. Anm. 24), 319, Zeile 12.
42 Brocke, Friedhof (s. Anm. 24), 345f. Auch hier zeigt sich in der Schreibung צדקוניו׳ in Zeile 14 offenbar wieder aschkenasische Aussprache.
43 Brocke, Friedhof (s. Anm. 24), 377; Lenarz, Friedhof (s. Anm 24), 28f.

fahrtsfeste gesprochen wird.⁴⁴ Dass aber die Nennung der Mütter Sara, Rebekka, Rachel und Lea neben der der Patriarchen Abraham, Isaak und Jakob keine Selbstverständlichkeit ist, zeigt die erste Benediktion des Achtzehnbittengebets. Sie jedenfalls nennt in ihrer traditionellen Form nur die Väter Abraham, Isaak und Jakob.⁴⁵ Das Gebetbuch des Reformjudentums führt unter dieser Rücksicht eine entscheidende Neuerung ein. Neben der traditionellen Form der Amida bietet sie eine Form, in der die Patriarchen mit ihren jeweiligen Ehefrauen genannt werden.⁴⁶

Der dargelegte Befund hat als Basis nur einen ganz kleinen Ausschnitt der Tradition. Brocke hat über 100 Grabsteine von den 2300 noch erhaltenen Grabsteinen ausführlich analysiert. Aus 3500 Bruchstücken können wohl noch ca. 600 rekonstruiert werden. Also warten noch ca. 2800 auf eine ähnlich gründliche Untersuchung. Was ist an religiöser Sprache auf diesen Steinen noch verborgen? Und: Der alte jüdische Friedhof in Frankfurt ist nur einer von vielen. Und weiterhin: Was lässt sich aus der reichen jüdischen Tradition an religiöser Sprache noch erheben, das dem Befund der Inschriften

---

44 Es handelt sich um das mit dem Wort יזכור beginnende Gebet: סִדּוּר שְׂפַת אֱמֶת. Sidur Sefat Emet, Basel 1993, 273; סדור רנת ישראל (sefardischer Ritus), Jerusalem 1976, 393f.; מחזור רנת ישראל ליום כיפור (aschkenasischer Ritus), Jerusalem 1982, 227f. – סידור שמע קולנו. Siddur Schma Kolenu, Basel u.a. ³2000, 628ff. Auf S. 696 steht ein Gebet für den Friedhofsbesuch, das so lautet, wie wir es von den Grabinschriften der Pessle und der Riwka her kennen. Für beide Geschlechter heißt es: „Deine Seele sei eingebunden in das Bündel des Lebens mit den gerechten Männern und gerechten Frauen, die im Garten Eden sind". Seit wann gibt es dieses Gebet? Der exakte Wortlaut des Gebets für Vater und Mutter findet sich im Rödelheimer Machsor von 1803 (מנהג. מחזור ליום כפור של יום כפור שחרית. אשכנז), S. 21 recto et verso. Zum Seelengedenken vgl. Elbogen, Ismar, Der jüdische Gottesdienst in seiner geschichtlichen Entwicklung, Frankfurt a.M. ³1931, 204; Donin, Chajim H., Jüdisches Gebet heute, Zürich 1986, 253f.; Reif, Stefan C., Judaism and Hebrew Prayer, Cambridge 1995 (¹1993), 219f.; Freehof, Solomon B., Hazkarath Neshamoth, HUCA 36 (1965), 179–189.

45 Vgl. den Wortlaut der beiden Rezensionen des Achtzehngebets bei Strack, Hermann L. – Billerbeck, Paul, Kommentar zum Neuen Testament aus Talmud und Midrasch, IV/1, München ⁷1978 (¹1928), 211. – Siddur Schma Kolenu (s. Anm. 44), 57.

46 Vgl. Magonet, Jonathan (Hg.), סדר התפלות. Das jüdische Gebetbuch, 1. Gebete für Schabbat, Wochentage und Pilgerfeste, Gütersloh 5758/1997, 92.174 (vgl. auch 14). – Im Trauergebet ist dagegen das traditionelle Jiskor-Gebet mit den Erwähnungen der Väter und Mütter ausgelassen (vgl. 583.586f.). Auch das Jiskor-Gebet für die Hohen Festtage (יזכור) weist eine merkwürdige Unausgeglichenheit auf: Nicht nur wird der androzentrische Text Sir 44,1–9 zitiert – die Übersetzung spricht allerdings statt von „Männern" von „Menschen" (632f.) –, sondern auch die Erwähnungen von Patriarchen und Matriarchinnen im Gebet für Vater und Mutter sind getilgt (638f.). Das ist umso auffälliger, weil die Gebete sonst um inklusive Sprache geradezu bemüht sind (vgl. 623 gegen 622.634.636f.). – Über die freien Gestaltungen des Seelengedenkens in Gebetbüchern verschiedener Reformgemeinden in den Vereinigten Staaten von America im 19. Jahrhundert informiert: Friedland, Eric L., The Atonement Memorial Service in the American Mahzor, HUCA 55 (1984), 243–282 (vgl. bes. 245.265).

der Pessle, der Riwka und des Meyer Amschel Rothschild an die Seite gestellt werden kann? Die Betrachtung dieser Inschriften[47] führt zur Erkenntnis: Religiöse Sprache, die Frauen nicht ausblendet, sondern ausdrücklich einschließt, ist gelegentlich auch da gegeben, wo die generelle androzentrische Orientierung von Religion, Theologie, Liturgie und privater Frömmigkeit eine solche zunächst nicht erwarten lässt. Religiöse Praxis scheint immer wieder einmal stark genug, den Vorurteilen einer männerorientierten Symbolwelt, die ausdrücklich oder auch nur implizit eine Gesellschaft dominieren, zu widerstehen und diese sogar zu überwinden.

---

47 Genauso wie übrigens auch die Betrachtung der traditionellen Texte der Seelengedächtnisfeier der Synagoge und der des Gedenkens der Lebenden und Verstorbenen im römischen Messkanon der katholischen Kirche. Der sicherlich männerorientierte liturgische Text im römischen Messbuch nennt in der Memoria der Heiligen Frauen, und zwar nicht nur Maria, die Mutter Jesu, sondern auch solche jungen Mütter wie Perpetua und Felizitas. Ferner ist er in den Gebeten, die die mitfeiernde Gemeinde unmittelbar betreffen, an Männern und Frauen interessiert: Beim Memento der Lebenden und der Verstorbenen heißt es beide Male: famulorum famularumque tuarum. Dieses Beispiel inklusiver Sprache stammt nicht erst aus den Jahren, in denen die Unsichtbarmachung der Frauen zum Thema erhoben wurde!

Zur konzentrischen Anlage von Jes 1,21–26

Odil Hannes Steck (†)

Aus vielerlei in der Forschung immer wieder erörterten Gründen sind die Aussagen in Jes 1,27–31 nicht ursprünglicher Bestandteil des mit 1,21 beginnenden Textes.[1] Sie sind vielmehr am ehesten als Einschreibungen in den vorgegebenen Bestand von Jes 1 im Zuge später Großredaktionen des Jesajabuches anzusehen.[2] Eine Aussagenfolge in Jes 1 endet also ursprünglich mit V. 26; dass sie mit diesem Ende in V. 21 beginnt, sieht man nicht zuletzt an ihrer seit langem erkannten konzentrischen Anlage, die auf ein in sich geschlossenes Aussageganzes im Umfang von 1,21–26 verweist.

Einen ersten Hinweis auf diese konzentrische Gestaltung des Jerusalem-Textes V. 21–26[3] gibt die Beobachtung, dass Stichworte aus V. 21–22 abfolgegerecht in V. 25f. wiederkehren, und in solche Anlage fügt sich, dass anschließend auch V. 23 und V. 24b, die Aussagen über Vergehen und Ergehen der Jerusalemer Führungsgestalten, in konzentrischer Beziehung zueinander stehen, so dass sich als Achse dieser chiastisch-konzentrischen Anlage des Textes V. 24a ergibt – der Einschnitt, in dem der Text von der Prophetenrede

---

1 Siehe dazu z.B. Wildberger, Hans, Jesaja, 1. Jesaja 1–12, BK X/1, Neukirchen-Vluyn 1972, 57.66f.69–74; Barth, Hermann, Die Jesaja-Worte in der Josiazeit. Israel und Assur als Thema einer produktiven Neuinterpretation der Jesajaüberlieferung, WMANT 48, Neukirchen-Vluyn 1978, 292 Anm. 44; Vermeylen, Jacques, Du prophète Isaïe à l'Apocalyptique. Isaïe, I–XXXV, miroir d'un demi-millénaire d'expérience religieuse en Israël, I, EtB, Paris 1977, 105–108; Blum, Erhard, Jesajas prophetisches Testament. Beobachtungen zu Jes 1–11 (Teil 1), ZAW 108 (1996), 546–568, 564f.; Sweeney, Marvin A., Isaiah 1–39. With an Introduction to Prophetic Literature, FOTL 16, Grand Rapids 1996, 86f. Anders z.B. Koch, Klaus, Zur deutschen Wiedergabe poetischer Profetensprüche am Beispiel von Jes 1,21–28, VB 4 (1982), 124–141, 134.
2 Siehe zum Vorschlag, 1,27f. einer der letzten und 1,29–31 der Schlussredaktion von Jes zuzuweisen, Steck, Odil H., Studien zu Tritojesaja, BZAW 203, Berlin u.a. 1991, 33.190. 193.229; siehe in diesem Rahmen auch die Makroinklusion Jes 1/Jes 65f. und dazu die Hinweise in Steck, Odil H., Die Prophetenbücher und ihr theologisches Zeugnis. Wege der Nachfrage und Fährten zur Antwort, Tübingen 1996, 41 Anm. 52; Blum, Testament (s. Anm. 1), 565 Anm. 79.
3 Dass der Text von Jerusalem redet, ist nicht nur angesichts des Kontextes, sondern auch angesichts der Aussagen über צדק offenkundig; siehe zur Frage z.B. Wildberger, Jesaja (s. Anm. 1), z.St.

V. 21–23 in die Gottesrede V. 24b–26 wechselt, die das Einschreiten Jahwes ankündigt.[4]

Weniger eindeutig wird in der Forschung bestimmt, welche Aussagebestandteile von V. 21–26 genau in dieser Anlage einander zugeordnet sind, und damit verbunden die Frage, welche sachlichen Aspekte die Glieder der Anlage bestimmen.

Fey hatte seinerzeit vorgeschlagen, V. 21a/V. 26b, V. 21b/V. 26a, V. 22/ V. 25, V. 23/V. 24b aufeinander zu beziehen.[5] Viele sind ihm darin gefolgt.[6] Die leitenden Aspekte der Beziehung sind demzufolge: Stadt wie früher, Recht in der Stadt, Verschlechterung/Läuterung der Stadt, Führungsgestalten der Stadt. In diesem Vorschlag sind die beiden letztgenannten Beziehungen völlig evident und bedürfen keiner weiteren Erörterung. Bei den beiden erstgenannten ist das jedoch nicht der Fall. Die Aufteilung von V. 21 und V. 26 lebt davon, dass in V. 21b der Akzent des „früher" ohne ausdrückliche Stütze im hebräischen Text[7] eingetragen und die beiden Schlussworte ausgeschieden werden, und hat überdies den Schönheitsfehler, dass das Stichwort צדק in V. 21b nicht dieser Aufteilung entsprechend in V. 26a, sondern erst in V. 26b auftritt. Eigener Art ist der Vorschlag von Vermeylen:[8] In ihm werden unter dem Aspekt „Stadt" V. 21 (ohne die letzten beiden Worte) auf V. 26b und unter dem Aspekt des Reichtums der Stadt V. 22 auf V. 25–26a bezogen. Doch hat dieser Vorschlag seine eigenen Probleme: Aussagen mit der Wurzel שפט aus V. 21 begegnen eben bereits V. 26a und die Beziehung V. 22/V. 25–26a fällt aus der Sprachgestaltung der sonst auch in dieser Hinsicht streng konzentrischen Abfolge – das Glied V. 22 ist nur metaphorisch, das Glied V. 25–26a hingegen ist metaphorisch (V. 25) und konkret (V. 26a).

---

4 Siehe zu diesen schon oft ausgewerteten Stichwortbeobachtungen jüngst wieder Becker, Uwe, Jesaja – von der Botschaft zum Buch, FRLANT 178, Göttingen 1997, 193, übernommen von Berges, Ulrich, Das Buch Jesaja. Komposition und Endgestalt, HBS 16, Freiburg i.Br. u.a. 1997, 69.
5 Vgl. Fey, Reinhard, Amos und Jesaja. Abhängigkeit und Eigenständigkeit des Jesaja, WMANT 12, Neukirchen-Vluyn 1963, 63f.
6 Siehe z.B. Steck, Odil H., Friedensvorstellungen im alten Jerusalem. Psalmen, Jesaja, Deuterojesaja, ThSt 111, Zürich 1972, 59 Anm. 165; Lack, Rémi, La symbolique du livre d'Isaïe. Essai sur l'image littéraire comme élément de structuration, AnBib 59, Rom 1973, 164; Watts, John D.W., Isaiah 1–33, WBC 24, Waco 1985, 24; auch Becker, Jesaja (s. Anm. 4), und Berges, Jesaja (s. Anm. 4), folgen bis in die Aufteilung von V. 21 und V. 26 diesem Vorschlag.
7 Man beachte in V. 21a Pf. für das Ergebnis der Veränderung und in V. 21b Adj., Impf., Part. Man beachte weiter, dass in V. 21 nicht ועתה von einer Aussage über Früheres, etwa durch מאז fixiert, abgesetzt begegnet wie Jes 16,13.14; siehe zu ועתה Jenni, Ernst, Zur Verwendung von 'attā „jetzt" im Alten Testament, in: ders., Studien zur Sprachwelt des Alten Testaments, Stuttgart u.a. 1997, 43–50.
8 Vgl. Vermeylen, prophète (s. Anm. 1), 31f.

Um all diesen Unstimmigkeiten aus dem Weg zu gehen, empfiehlt es sich, Blum zu folgen[9] und die intendierte Beziehung in V. 21 insgesamt zu V. 26 insgesamt zu sehen. Wir prüfen im Fortgang also eine konzentrische Anlage, die folgende Glieder umfasst: (A) V. 21/V. 26, (B) V. 22/V. 25, (C) V. 23/ 24b, und als Achse und Wendeaussage (D) V. 24a.

Welche Aspekte kennzeichnen die konzentrischen Aussagebeziehungen? Für eine Antwort suchen wir vorrangig dem gegebenen Text so, wie er ist, standzuhalten. Eine vorgängige Rekonstruktion eines ursprünglicheren Textes etwa anhand des Qina-Metrums[10] lehnen wir ab; die Aussagen Jes 1,21– 26 sind so oder so metrisch nicht astrein als Qina zu rhythmisieren[11] und stellen außerdem zwar eine kreative Anlehnung an das Leichenlied, aber in sich weder ein Leichenlied noch eine Totenklage dar[12] – Gegenstand der Aussage ist hier nicht eine verstorbene Person, sondern eine Frau/Stadt, die zur Dirne geworden ist.

Für die Bestimmung der Aspekte der konzentrischen Beziehungen ist zunächst wichtig zu beachten, dass der Text, wie das Auftreten nicht nur von C, sondern eben von B und C nach A zeigt, zwischen Stadt und ihren Führungsgestalten klar unterscheidet:[13] Jene wird angeredet, diese werden es nicht, von jener ist im Singular die Rede, von diesen im Plural, an jener wird Veränderung zum Unguten festgestellt (V. 21 par. V. 22) – Aufnahme der Gattung des Leichenliedes, an diesen Schuld (V. 23) – Aufnahme der Gattung „zweiteiliges prophetisches Gerichtswort", an jener wird die Verschlechterung durch Jahwe aufgehoben (V. 25 par. V. 26), diese werden um ihrer Schuld willen dem Gericht Jahwes verfallen (V. 24b). Die Stadt selbst wird in diesem Text nicht kritisiert und mit Vorwürfen bedacht; איכה V. 21aα beklagt die Stadt, aber klagt sie nicht an.[14] Durch das Tun von Tätern (Pl.) wird die Stadt (Sg.) zu deren Opfer. Diese sachliche Unterscheidung kommt in der Unterscheidung der B- von den C-Beziehungen zum Ausdruck. Dass die Stadt hier als Dirne gesehen ist, hängt gemäß Klärung durch den Folgekontext damit zusammen, dass die Stadt durch die Käuflichkeit ihrer Führungsgestalten, die C ausdrücklich hervorhebt, zur käuflichen Frau geworden

---

9 Vgl. Blum, Testament (s. Anm. 1), 563f. Anm. 74; „Korruption der früher gerechten Stadt" ist freilich eine problematische Erfassung des Aspekts A in V. 21, den wir noch näher erörtern müssen.
10 So z.B. Vermeylen, prophète (s. Anm. 1), 71.74; Koch, Wiedergabe (s. Anm. 1), 128– 135: Im Zuge dessen werden die beiden letzten Worte von V. 21 „mit den meisten neueren Kommentaren" ohne eigene Untersuchung als Glosse gestrichen (130) und unter Beibehaltung von V. 25aα wird danach „mit BHS und vielen Kommentatoren mit dem Ausfall einer Halbzeile" gerechnet (130).
11 Siehe dazu z.B. Wildberger, Jesaja (s. Anm. 1), 58; Lack, symbolique (s. Anm. 6), 170f.
12 Siehe dazu Jahnow, Hedwig, Das hebräische Leichenlied im Rahmen der Völkerdichtung, BZAW 36, Gießen 1923, 253–255.
13 Siehe dazu Steck, Friedensvorstellungen (s. Anm. 6), 59 Anm. 165.60 Anm. 166.
14 Siehe dazu Jahnow, Leichenlied (s. Anm. 12), 136f.; Wörterbücher s.v.

ist. Aber sie hat sich nicht selbst zur Dirne gemacht, wie das Nebeneinander von B und C und die Metaphorik in B, die auf eine Verschlechterung ohne eigenes Zutun weist, zeigen. Doch nun zu den Beziehungen im einzelnen.

Wir beginnen mit der B-Entsprechung. Für sie ist offenbar der Aspekt der Qualität der angeredeten Stadt jetzt (V. 22) und dann (V. 25aβ.b) bezeichnend: Jetzt ist das Gute und das es Verschlechternde zusammen (V. 22), dann wird von Jahwe das Mindere beseitigt (V. 25aβ.b), so dass das früher allein bestimmende Gute („dein Silber" V. 22) wieder unverschlechtert gegeben ist; dabei nimmt die B-Aussage in V. 25aβ.b bezeichnenderweise nur die Silbermetaphorik auf, weil aus gepanschtem Wein (V. 22b) das Wasser nicht mehr herausgelöst werden kann. Dieses Vorgehen Jahwes gegen den jetzigen Zustand der Stadt und nur der Stadt (!) als Folge der Achsenwendeaussage V. 24a ist in V. 25aα formuliert, derzufolge Jahwe nicht im Gericht gegen die Stadt einschreitet, sondern gegen die Verschlechterung der Stadt vorgeht,[15] indem er beseitigt, was das Negative an ihrem jetzigen Zustand ausmacht. Ist das entfernt, kann die Stadt wieder werden, was sie von ihrem Anfang her ist (V. 26). Da Jahwe die beklagenswerte Stadt in V. 21–26 anders behandelt als die, die sie jetzt schädigen, bedarf es in Konsequenz von V. 24a einer eigenen Aussage über die Initiativzuwendung Jahwes zur Stadt, die sie vom Negativen an ihr trennt – mit anderen Worten: V. 25aα ist so gesehen sachnotwendiger Bestandteil des ursprünglichen Textes.

Die C-Aussagen handeln im Unterschied zur Stadt von den pluralisch gefassten Größen, die sie jetzt schädigen. Sie gehören jetzt zur Stadt („deine Beamten"), nur sie werden angeklagt als korrupte Führungspersonen (V. 23), die die Qualität der Stadt verderben, und nur gegen sie geht Jahwe als gegen ‚seine Feinde' und ‚seine Widersacher' vor, wie V. 24b als Ausfluss von V. 24a parallel entsprechend zur Stadtaussage V. 25aα sagt; sie werden zugunsten der Wiederherstellung der Qualität der Stadt, zu der auch ausführende Führungsorgane gehören (V. 26), beseitigt.

Trifft diese Bestimmung der Sachaspekte von B und C zu, so hat dies Konsequenzen für die Bestimmung der A-Entsprechung. Zunächst: das Auftreten der Glieder B und C, die von der Stadt und den Führungsgestalten in der Stadt je eigens handeln, legt nahe, dass dabei entfaltet wird, was die A-Aussage in sich zusammen enthält. In V. 26 jedenfalls ist das so: da ist im Singular von der Stadt (V. 26b) und im Plural von ihren Führungsgestalten (V. 26a) die Rede. Sollte das in der entsprechenden Eingangsaussage V. 21a anders sein? Man hat auch in V. 21 beide Hinsichten zusammen, wenn man am Ende der Aussage die pluralische Wendung „und jetzt Mörder" beibehält. Auch in anderer Hinsicht empfiehlt sich die Beibehaltung. In der metaphorischen Parallelaussage für die Stadt V. 22 ist Positives und Negatives zusam-

---

15 Der Ausdruck hängt kontextuell mit den nachstehenden Jahwehandlungen צרף und הסיר (V. 25aβ.b) an der Stadt zusammen.

men, wie man an der Wendung von mit Wasser gepanschtem Wein sehen kann. In V. 21a ist beides in der Spannung Dirne/treue Stadt gegeben. In V. 21b ist es aber nur gegeben, wenn die Mörderaussage als negatives Pendant im Text bleibt. In dieselbe Richtung weist eine zweite Überlegung. In V. 21 ist hebräisch keine Rede davon, was die Stadt ‚einst' war, wie unter dem Einfluss von V. 26 immer wieder in den Text eingelesen wird,[16] sondern davon, was die Stadt geworden ist und im Sinne eines resultativen Perfekt jetzt ist[17] – die, wie sich im Fortgang des Textes zeigt, (an sich) treue Stadt ist (durch andere) zur Dirne geworden, die Stadt mit משפט und צדק in ihr hat jetzt[18] (auch) Mörder bei sich. Dass V. 21 in diesem Sinne zu verstehen ist, legt die so erreichte Parallelität mit der metaphorischen B-Aussage nahe. A V. 21 in Entsprechung zu B V. 22 besagt, dass die Stadt jetzt zu einem Status verschlechterter Qualität geworden ist; das gilt für V. 21a und ebenso für V. 21b: der „treuen Stadt" entspricht „voll (Adj.) von Recht" und „צדק nächtigt in ihr" (Impf.!), der „Dirne" entspricht „und jetzt Mörder". Im Kontext gesehen ist also die an sich treue Stadt wegen des Treibens ihrer Beamten jetzt auch Dirne, und die Stadt, die an sich voll von Recht ist und den nächtigenden צדק bei sich hat, hat jetzt Mörder in sich! Nimmt man beide A-Glieder zusammen, dann reden beide davon, was die Stadt selbst jetzt ist und dann wieder sein wird (V. 21a/V. 26b), und von dem, was im Blick auf Rechtsverwirklichung in ihr ist und dann so rein wie in Ursprungszeiten wieder in ihr sein wird (V. 21b/V. 26a).

Aus diesen Bestimmungen ergibt sich, dass man V. 21 nicht im Sinne eines Gegenübers von einst und jetzt, sondern im Sinne einer Aussage gegenwärtiger Verschlechterung der Qualität der Stadt verstehen muss, ferner, dass nicht nur V. 25aα, sondern auch die beiden letzten Worte von V. 21 integrale Textbestandteile sind.

Warum aber werden die in V. 23 vorgeführten, korrupten Führungsgestalten in der Stadt hier als „Mörder"[19] eingeführt? Aus einem Hinblick auf Jes 1,21–26 oder auch auf Jes 1 im Ganzen ist die Frage nicht eindeutig zu klären; man müsste vielmehr wissen, wie der Text in die Entstehung von Jes zu situieren ist. Doch kann Verschiedenes jedenfalls vorläufig zur Erwägung

---

16 Siehe oben Anm. 7.
17 Vgl. Pf. in der Sachaussage V. 21 wie in der metaphorischen V. 22. Zum resultativen Aspekt des hebräischen Perfekt und zur Diskussion über das Perfekt siehe z.B. Groß, Walter, Otto Rössler und die Diskussion um das althebräische Verbalsystem, BN 18 (1982), 28–78, bes. 61–68; Waltke, Bruce K. – O'Connor, Michael P., An Introduction to Biblical Hebrew Syntax, Winona Lake 1990, 479–495 (Pf.), 496–518 (Impf.); Bartelmus, Rüdiger, Einführung in das Biblische Hebräisch, Zürich 1994, bes. 70–75 (Pf.), 81f.84 (Impf.), 201–207; Hendel, Ronald S., In the Margins of the Hebrew Verbal System: Situation, Tense, Aspect, Mood, ZAH 9 (1996), 152–181.
18 Zur Verwendung von עתה als Zeitadverb und zumal zum Aspekt der Aktualität siehe Jenni, Verwendung (s. Anm. 7), 48–50.
19 Zu רצח siehe Hossfeld, Frank-Lothar, רָצַח rāṣaḥ, ThWAT 7 (1993), 652–663, bes. 658.

gegeben werden.[20] Sollte Jes 1,21–26 ein von vornherein im Anschluss an Jes 1,10–20 formulierter Text sein, legt sich für die auffallende Wendung am Ende von V. 21 Einfluss der Aussage Jes 1,15b, in der dort die Anklage gipfelt, nahe. Sollte der Text aber die für literarisch-schriftliche Überlieferung kunstvoll geschaffene Gestaltung eines ehedem selbständigen Wortes sein, ist anderes in Erwägung zu ziehen: Die Aussage könnte mit einer sexuell konnotierten Nächtigung[21] von צדק (als Person) bei der Stadt zusammenhängen; er schenkt ihr Leben (Recht), die korrupten Beamten mit ihrem rechtvernichtenden Treiben V. 23 aber nehmen es ihr und heißen deshalb Mörder. Oder man könnte in Betracht ziehen, dass die Behandlung der Stadt durch ihre Beamten (V. 21.23) als Vergewaltigung der Stadt/Frau verstanden wird, weswegen die Täter mit רצח bezeichnet werden.[22] Schließlich könnte man auch Einfluss der traditionellen Freveltrias „stehlen – ehebrechen – töten"[23] in Betracht ziehen, die durch die Aussage in V. 21 (ehebrechen, Stadt als Dirne, Stadt und צדק) zusammen mit V. 23 erreicht wird.

Wie auch immer – dass die Anlage von Jes 1,21–26 nicht eine erst nach und nach gewordene, sondern eine auch aus sachlichen Gründen ursprüngliche ist, ist gegen literarkritische Vorschläge wie von Kaiser[24] mit Recht neuerdings auch von Koch, Blum und Becker[25] vorgebracht worden. Die hier zur Diskussion gestellten Beobachtungen weisen in dieselbe Richtung: Die klagende Rede von der in ihrem Wesen und ihrer Funktion herabgewürdigten Stadt (A) in diesem ihrem mit Wechsel zur direkten Anrede metaphorisch ausgedrückten Zustand (B), hervorgerufen in der Sachaussage durch ihre Führungsgestalten (C) und die initiative Wende des Einschreitens Jahwes (D) gegen die Führungsgestalten als Jahwes Feinde (C), die wieder anredende Hinwendung Jahwes zur Stadt, die damit von ihrer Herabwürdigung befreit wird (B) und zum Schluss die Verheißung erhält, dass sie wieder wird, was sie vom Anfang her nach Wesen und Funktion ist (A) – diese Anlage vereint hohe Kunst der sprachlichen wie der sachlichen Gestaltung prophetischer Aussage. Könnerschaft könnte man sagen, wie sie zur altisraelitischen Weisheit auch gehört, der sich der hochverehrte Jubilar in vielen Arbeiten so eindrucksvoll zugewandt hat. Er möge es nachsehen, dass dieser Beitrag anstelle eines geplanten größeren zur spätisraelitischen Weisheit kommt, den zu schreiben mir nicht vergönnt war. Aber auch dieser Beitrag zu einem überaus

---

20 Siehe auch die Überlegungen bei Vermeylen, prophète (s. Anm. 1), 71f.
21 Siehe zu לין in diesem Sinne Oikonomou, Elias B., לין lîn, ThWAT 4 (1984), 562–567, bes. 566.
22 Siehe zu רצח in diesem Zusammenhang Hossfeld, רָצַח (s. Anm. 19), 657.
23 Siehe dazu Hossfeld, רָצַח (s. Anm. 19), 656f., und schon Vermeylen, prophète (s. Anm. 1), 71f.
24 Kaiser, Otto, Das Buch des Propheten Jesaja. Kapitel 1–12, ATD 17, Göttingen ⁵1981, 53f.
25 Koch, Wiedergabe (s. Anm. 1), 141 Anm. 11; Blum, Testament (s. Anm. 1), 563 Anm. 74; Becker, Jesaja (s. Anm. 4), 193 Anm. 133.

kunstvollen Text bewegt sich auf den Spuren eines Weisen; er sei nicht weniger als der vorgesehene ein Zeichen meiner großen Dankbarkeit, meiner Verehrung und freundschaftlichen Verbundenheit mit Johannes Marböck.

Die „Nebenfigur" im Zentrum

Beobachtungen zur Syntax und Semantik von Jer 20,16

Johannes Schiller

Der Abschnitt Jer 20,14–18 ist vor allem in Bezug auf seine Stellung innerhalb der Konfessionstexte Gegenstand der Diskussion. „Wie der scheinbar voll befriedigende Abschluß des Zyklus mit der Verfluchung des eigenen Geburtstags fortgesetzt werden kann, das hat noch niemand überzeugend erklärt, und es mag ja sein, daß es gar nicht erklärbar ist."[1] Dieses Urteil von Hans-Jürgen Hermisson macht nicht gerade Mut, sich mit der Frage überhaupt auseinander zu setzen. Umgekehrt übt das als möglicherweise unlösbar erklärte Problem auch einen gewissen Reiz aus, ob nicht doch Gesichtspunkte genannt werden können, die hier ein Stück weiterführen. Denn unter der Fragestellung des größeren Zusammenhangs geraten Probleme der textinternen Kohärenz allzu leicht in den Hintergrund. Letztere soll im Folgenden am Beispiel von Jer 20,16 im Mittelpunkt stehen.[2]

Zur Syntax von Jer 20,16

Bezüglich der Satzverbindungen in V. 16 zeigt der Vergleich der hebräischen und der griechischen Fassung eine Differenz. Denn die durch והיה und ושמע ausgedrückte Syndese findet sich in G nicht. Die griechische Fassung wird von Bright,[3] Rudolph,[4] Weiser[5] und O'Connor[6] explizit, jedoch ohne Angabe von Gründen, bevorzugt. Allerdings wird die Konjunktion auch von vielen

---

1 Hermisson, Hans-Jürgen, Jahwes und Jeremias Rechtsstreit. Zum Thema der Konfessionen Jeremias, in: ders., Studien zu Prophetie und Weisheit. Gesammelte Aufsätze, FAT 23, Tübingen 1998, 5–36, 29.
2 Die folgende Darstellung greift Überlegungen meiner Dissertation auf, deren Drucklegung ich gerade vorbereite: Der Prophet vor dem Ende. Untersuchungen zu Jer 19,1–21,10, Diss. Kath.-Theol. Privatuniv. Linz 2000.
3 Bright, John, Jeremiah. Introduction, Translation, and Notes, AncB 21, Garden City 1965, 130.
4 Rudolph, Wilhelm, Jeremia, HAT I/12, Tübingen ³1968, 132.
5 Weiser, Artur, Das Buch Jeremia, ATD 20.21, Göttingen ⁶1969, 168 Anm. 1.
6 O'Connor, Kathleen M., The Confessions of Jeremiah. Their Interpretation and Role in Chapters 1–25, SBL.DS 94, Atlanta 1988, 63.

anderen, die nicht ausdrücklich einer der beiden Fassungen folgen, in der Übersetzung nicht berücksichtigt.⁷ Bemerkenswert ist daran, dass diese Wiedergabe mit einer Änderung des Textes korrespondiert, die ohne jeglichen Anhalt in der Überlieferung ist: der Ersetzung des Boten als Subjekt von V. 16a.d⁸ durch den „Tag".⁹

Der Verdacht, durch die Weglassung der Syndese würden die Weichen für diese Interpretation gestellt, verstärkt sich, wenn zum Beispiel Volz seine Übersetzung: „Der Tag sei wie die Städte ..." folgendermaßen kommentiert: „Leichter wäre [...] יְהִי für וְהָיָה."¹⁰ Und Baumgartner macht sich bei der Paraphrase des Gedankengangs die fehlende Konjunktion ganz offensichtlich zunutze: „In bitterem Schmerz [...] verflucht er den Tag seiner Geburt [...], ja er verflucht gar den Mann, der seinem Vater die Freudenbotschaft brachte [...]. Und dann greift er, *vielleicht nach einer Pause* [...] wieder auf den Tag zurück".¹¹ – Auch bei V. 16d lassen sich möglicherweise inhaltliche Gründe für die Bevorzugung der griechischen Verbform finden, wenn bei der Auslegung differenziert wird zwischen dem „Gottesgericht wie über Sodom und Gomorrha" in V. 16a–c und einer „Kriegskatastrophe" in V. 16d.¹²

Demgegenüber drücken die beiden waw-Perfekt-Formen zum einen die Weiterführung des Fluchs auf den Boten in V. 15 aus, zum anderen machen sie die Frage nach dem inhaltlichen Zusammenhang der Aussagen in 16a.d unausweichlich.

Semantische Fragen

Das „Umwenden" (הפך) von Städten durch YHWH in V. 16a wird zumeist als Anspielung auf die Zerstörung von Sodom und Gomorra verstanden. So hat Dubbink zuletzt unmissverständlich behauptet: „The cities which YHWH overturned without regret undoubtedly refer to Sodom and Gomorrah."¹³ Und

---

7 Vgl. z.B. Duhm, Bernhard, Das Buch Jeremia, KHC 11, Tübingen u.a. 1901, 167; Baumgartner, Walter, Die Klagegedichte des Jeremia, BZAW 32, Gießen 1917, 67; Volz, Paul, Der Prophet Jeremia, KAT 10, Leipzig ²1928, 212; Lamparter, Helmut, Prophet wider Willen. Der Prophet Jeremia, BAT 20, Stuttgart 1964, 182; Haag, Ernst, Das Buch Jeremia, 1, GSL.AT 5/1, Düsseldorf 1973, 224.
8 Die Versgliederung nach Sätzen folgt Richter, Wolfgang, Biblia Hebraica transcripta. BHᵗ, das ist das ganze Alte Testament transkribiert, mit Satzeinteilungen versehen und durch die Version tiberisch-masoretischer Autoritäten bereichert, auf der sie gründet, 8. Jeremia, ATSAT 33/8, St. Ottilien 1993, allerdings werden Relativsätze als eigene Sätze gezählt.
9 Von den Genannten stellt Bright, Jeremiah (s. Anm. 3), die einzige Ausnahme dar.
10 Volz, Prophet (s. Anm. 7), 213.
11 Baumgartner, Klagegedichte (s. Anm. 7), 66f. (Hervorhebung von mir).
12 So z.B. Weiser, Buch (s. Anm. 5), 175.
13 Dubbink, Joep, Jeremiah: Hero of Faith or Defeatist? Concerning the Place and Function of Jeremiah 20.14–18, JSOT 86 (1999), 67–84, 74.

Lundbom stellt lapidar fest: „The ‚cities' are Sodom and Gomorrah."[14] Tatsächlich wird הפך (bzw. die Nominalbildung מהפכה) im Zusammenhang der Zerstörung dieser Städte verwendet – außer in Gen 19,21.25.29 noch in Dtn 29,22; Jes 13,19; Jer 49,18; 50,40; Am 4,11; Klgl 4,6.

Der die Aussage von V. 16a weiterführende Satz V. 16d lässt sich jedoch nicht ohne weiteres in dieses Bild einpassen, denn hier ist von einer militärischen Bedrohung die Rede, wie ein Blick auf das verwendete Vokabular zeigt. Allein innerhalb des Jeremiabuches sind die Nomina זעקה bzw. צעקה noch an folgenden Stellen belegt: 18,22; 25,3; 48,3.4.5.34; 49,21; 50,46; 51,54. In denselben Kontext gehören auch die verbalen Formulierungen mit צעק/זעק (Jer 11,11f.; 20,8; 22,20; 25,34; 30,15; 47,2; 48,20.31; 49,3). Ebenfalls eindeutig dem Kontext militärischer Handlungen zuzurechnen ist im Jeremiabuch das Nomen תרועה, das noch in 4,19 und 49,2, jeweils in Constructus-Verbindung mit מלחמה, vorkommt. (Ein Beleg der Verbwurzel רוע findet sich darüber hinaus in 50,15.) Schließlich tauchen die beiden Zeitangaben בבקר und בעת צהרים häufig im Zusammenhang mit kriegerischen Ereignissen auf. Während der Morgen im AT als Angriffszeitpunkt gut belegt ist (zum Beispiel in Ri 9,33), findet sich בקר im Jeremiabuch nur mehr an einer einzigen Stelle – bei der Aufforderung, „am Morgen" gerechtes Gericht zu halten (21,12). צהרים dagegen ist noch zweimal im Jeremiabuch belegt (6,4; 15,8) – in beiden Fällen ist von Kriegshandlungen die Rede.

Angesichts dieses Befundes begnügen sich manche damit, die Aussagen von V. 16a.d einfach nebeneinander zu stellen. So behauptet Rudolph, dem „Tag" – dieser ist bei ihm Subjekt der beiden Sätze – werde „das Schicksal von Sodom und Gomorrha und ständig Krieg und Kriegsgeschrei" gewunschen.[15] Und ganz analog spricht Weiser – ebenfalls auf den „Tag" bezogen – davon, dass über diesen „das Gottesgericht wie über Sodom und Gomorrha hereinbricht und eine Kriegskatastrophe aller Freude ein Ende bereitet".[16]

---

14 Lundbom, Jack R., Jeremiah 1–20, AncB 21A, New York u.a. 1999, 871; vgl. die ganz ähnliche Formulierung bei Bright, Jeremiah (s. Anm. 3), 133, der den Bezugskreis allerdings etwas erweitert: „The ‚cities which Yahweh overthrew' are Sodom and Gomorrah and the other cities of the Plain (Gen xix 24–28)."
15 Rudolph, Jeremia (s. Anm. 4), 133.
16 Weiser, Buch (s. Anm. 5), 175. – Vgl. schon die Formulierung von Duhm, Buch (s. Anm. 7), 167: „zu Sodom und Gomorra [...] werden und hinterdrein noch Geschrei und Lärm hören". Auch Giesebrecht, Friedrich, Das Buch Jeremia, HK III/2/1, Göttingen ²1907, 115, verweist zur Erläuterung des Fluchs zuerst auf Gen 19, um dann festzustellen: „die Ausmalung ist von den bevorstehenden Kriegswirren hergenommen". Dass er selbst mit dieser Deutung nicht ganz zufrieden war, könnte eine Bemerkung andeuten, die er am Ende seiner Auslegung des Abschnitts wohl zur Verstärkung noch hinzufügt – diese ist allerdings m.E. kaum geeignet, die Bedenken gegenüber seiner Interpretation zu zerstreuen: „Auch lag die Illustration des Fluches durch Verweisung auf das Schicksal Sodoms für einen Nachbarn des toten [!] Meeres sicherlich näher, als es einem Occidentalen auf den ersten Blick erscheinen will." (116). Demgegenüber hatte Cornill, Carl H., Das Buch Jeremia, Leipzig 1905, 239, noch unmissverständlich festgehalten: „Bei diesen [den

Dubbink hat neuerdings versucht, diese Schwierigkeiten zu beheben, indem er ein einheitliches Bild „referring to the judgement of YHWH" annimmt.[17] Ihm zufolge bezeichnen die Begriffe זעקה und תרועה „the shouts of anxiety and the noise of war when the wrath of YHWH breaks loose".[18] Allerdings kann ich nicht sehen, wie „the noise *of war*" dem Vergleich mit Sodom und Gomorra zugeordnet werden soll. Zu einer ähnlichen „Lösung" wie Dubbink war zuvor auch schon McKane gekommen: Zurecht argumentiert er zuerst dagegen, in V.16 zwei unterschiedliche Bezüge („reference to Sodom and Gomorrah" bzw. „reference to a day of military disaster") anzunehmen;[19] seine Schlussfolgerung kommt dann allerdings einer Kapitulation vor dem Problem gleich: „We should conclude in the interests of economy [!] that v. 16b refers to Sodom and Gomorrah on the day of judgement."[20]

Angesichts der bleibenden Probleme der „Lösungen" von McKane und Dubbink stellt sich die Frage, ob nicht ein durchgehender Bezug der Formulierungen auf ein militärisches Geschehen möglich ist. Zum einen ist die Rede vom „Umkehren" (הפך) einer Stadt bzw. von Städten ja nicht exklusiv mit Sodom und Gomorra verbunden, wie 2 Sam 10,3 und Jona 3,4 zeigen. Zumindest der erste Beleg steht eindeutig im Kontext kriegerischer Handlungen. Zum anderen sind die Aussagen von Jer 20,16 über die Satzsyndese hinaus auch durch die syntaktische Konstruktion des Vergleichs verbunden. So finden sich allein für die hier vorliegende Formulierung des Vergleichssatzes mit einer waw-Perfekt-Form von היה als Prädikat, der durch einen weiteren Satz (oder mehrere) mit derselben Verbform fortgeführt wird, eine Reihe von Beispielen: Gen 27,12; 28,14; 1 Sam 8,20; Jer 20,9; Hos 4,9; Sach 10,5.7. Dort wird jeweils der Vergleich im folgenden Satz (bzw. in den folgenden Sätzen) weiter expliziert. Deshalb kann nun auch der Zusammenhang von Jer 20,16 nochmals verdeutlicht werden: Der Bote wird mit den Städten verglichen, *insofern* er Geschrei und Kriegslärm hören wird. Der Vergleich zielt also nicht auf die ferne Vergangenheit eines Gerichts an Sodom und Gomorra, sondern auf eine bevorstehende militärische Bedrohung.

Dass die Ankündigung des Endes hier demjenigen gilt, der die Botschaft von der Geburt des Propheten überbrachte, hat vielfach zur („textkritischen") Eliminierung (siehe oben) oder Abwertung dieser Aussagen geführt. Die Argumentationen, mit denen solche Maßnahmen gerechtfertigt werden, haben nicht selten problematischen Charakter. So behauptet Rudolph, es sei „sehr auffallend, daß gegen den Mann von v. 15, der doch *nur eine Nebenfi-*

Städten, J.S.] denkt man zunächst an Sodom und Gomorra; aber dazu will dann das folgende Wehgeschrei am Morgen und Kriegsgeschrei am Mittage nicht passen."
17 Dubbink, Jeremiah (s. Anm. 13), 74.
18 Dubbink, Jeremiah (s. Anm. 13), 74 Anm. 2.
19 McKane, William, A Critical and Exegetical Commentary on Jeremiah, 1. Introduction and Commentary on Jeremiah I–XXV, ICC, Edinburgh 1986, 487.
20 McKane, Commentary (s. Anm. 19), 488.

gur ist, eine solche Drohung geschleudert" werde.[21] Ich kann nicht sehen, wie diese Behauptung vor der Gefahr eines Zirkelschlusses geschützt werden könnte. In ähnlicher Weise dekretiert Volz: „Die Verfluchung des Tags ist das Thema; der Bote ist *nur ein Nebenzug*."[22] Positiv gewendet erscheint das Argument, wenn z.B. Diamond die betonte Stellung des Boten erklärt als „an involved metonymy where the bearer of joyous news associated with the day is substituted for the joyous day itself".[23] Dies korrespondiert mit seiner schon zuvor geäußerten Meinung über „the odd feature of a detailed focus upon the messenger of birth".[24] Ganz ähnlich formuliert Bak, die Verfluchung des Boten diene „als Stilmittel für das Klage-Phänomen, mit dem die tiefe Verzweiflung angesichts des unwiderstehlichen Leidens zur Sprache kommt",[25] nachdem er schon vorher behauptet hatte, dass „weder dem Geburtstag an sich noch dem Freudenboten als solchem große Bedeutung beizumessen" seien.[26]

Die Schwierigkeiten der Argumentation lassen es geraten erscheinen, den Text in seiner vorliegenden Form, die den Boten so ausführlich und zentral zur Sprache bringt, zu interpretieren. Möglicherweise hat die Figur des Boten im Zusammenhang der Konfessionstexte ja noch eine spezifischere Funktion, wenn sich in ihr das Schicksal des Propheten und seiner Botschaft spiegelt. Auf diesem Hintergrund erscheint nämlich die freudige Nachricht des Boten, von der in V. 15 ausführlich die Rede ist, als ein Element, das nicht einfach unter die „attendant circumstances"[27] des Geburtstags zu subsumieren ist. Die Umkehrung der frohen Nachricht im Fluch zeigt dann vielmehr auf drastische Weise, dass sich die (negative) Botschaft des Propheten durchgesetzt hat.

Ein Blick auf den Kontext

Das eingangs zitierte pessimistische Urteil Hermissons ist natürlich im Ausgang von Jer 20,16 allein nicht in Frage zu stellen. Allerdings wird es doch relativiert durch seine eigene Auslegung der Texte, die zeigt, dass bzw. warum er anscheinend überhaupt nicht mit der Möglichkeit einer Erklärung rechnet: „Die Texte zeigen keinen entscheidenden Gedankenfortschritt, sie zeigen auch keine biographische Abfolge. Kennzeichnend ist vielmehr eine Steigerung der Intensität, in der die jeweilige ‚Sache' zur Sprache kommt,

---

21 Rudolph, Jeremia (s. Anm. 4), 132 (Hervorhebung von mir, J.S.).
22 Volz, Prophet (s. Anm. 7), 213.
23 Diamond, Ann R., The Confessions of Jeremiah in Context. Scenes of Prophetic Drama, JSOT.S 45, Sheffield 1987, 118.
24 Diamond, Confessions (s. Anm. 23), 116.
25 Bak, Dong H., Klagender Gott – klagende Menschen. Studien zur Klage im Jeremiabuch, BZAW 193, Berlin u.a. 1990, 210f.
26 Bak, Gott (s. Anm. 25), 210.
27 O'Connor, Confessions (s. Anm. 6), 76.

und damit verbunden die allmähliche Verdeutlichung einer anfänglich nur angedeuteten höchst komplexen Situation."[28] Und er fügt hinzu: „In alledem ist keine Systematik [...] aber das ist in hebräischer Dichtung auch nicht zu erwarten."[29]

Die neueren Versuche, das Problem im Rahmen der Auslegung von Jer 20,7–18 insgesamt zu klären, liegen durchaus auf der Linie Hermissons: So hat Magonet am Ende seiner eingehenden Untersuchung des Textes die Interpretation als „Entscheidung" des Lesers bezeichnet: „It is for the reader, aware of both sets of information [‚the optimistic and the pessimistic', J.S.], to decide which view is correct, or even to hold both at once as a genuine paradox of faith."[30] – Ganz ähnlich hat Bezuidenhout von einer „paradoxical harmony" in Jer 20,7–18 gesprochen, die er als „deliberate literary feature" erklären kann,[31] da für ihn der Redaktor als „a poet in his own right" gilt.[32]

Auch abgesehen von den entstehungsgeschichtlichen Fragen scheint die Annahme einer „paradoxen Harmonie" den konkreten Textbefund zu überspringen. Dies wird noch deutlicher, wenn Magonet das von ihm behauptete „paradox of faith" am Ende seines Aufsatzes noch einmal erläutert: „Jeremiah does both, he curses and he sings the praise of God, for only thus, like Job, can he do justice to faith and to reality, to the God of his confessions who ‚tests the righteous'."[33]

Es ist sicher kein Zufall, dass Magonet in der Beschreibung der Handlungen des Propheten nicht der Leserichtung des Textes folgt. Nimmt man jene hingegen ernst, stehen der Fluch Jeremias und die Frage nach dem „Wozu?" am Ende. Eine harmonisierende theologische Deutung als Paradox mag vielleicht sympathischer erscheinen, sie wird dem spezifischen Profil des Textes aber nicht gerecht.

---

28 Hermisson, Rechtsstreit (s. Anm. 1), 32.
29 Hermisson, Rechtsstreit (s. Anm. 1), 32.
30 Magonet, Jonathan, Jeremiah's Last Confession (Jeremiah 20:7–18), EurJud 32/1 (1999) 46–55, 55.
31 Bezuidenhout, Louis C., Sing to Jahweh!... Cursed Be the Day on Which I Was Born! A Paradoxical Harmony in Jeremiah 20:7–18, HTS 46 (1990) 359–366, 359.
32 Bezuidenhout, Sing (s. Anm. 31), 360.
33 Magonet, Confession (s. Anm. 30), 55.

Ezechiel 37,1–14 in der neueren Forschung

Franz D. Hubmann

Die meisten Auslegungen dieser Perikope beginnen mit dem Satz, dass der Text zu den bekanntesten Stücken des Buches Ezechiel gehöre und dass seine Botschaft eine Spitzenaussage der Prophetie sei, die bis in unsere Tage nichts an Wirkkraft verloren habe. Darüber hinaus gibt es Veröffentlichungen, die behaupten, dass diese Verheißung überhaupt erst heute ihre wahre Bedeutung offenbare.[1] Letztere Sichtweise ist gewiss extrem, aber sie macht darauf aufmerksam, dass die Bandbreite der Leseweisen von Ez 37 ziemlich groß ist. Deshalb scheint es lohnenswert, die jüngere Literatur zu dieser Stelle zu sichten und zu schauen, welchen Weg ihre Auslegung genommen hat und was heute die vorherrschende Sicht ist. Ein solches Unterfangen scheint bewältigbar, weil die dazu geschriebene Fachliteratur noch überschaubar ist. Eine grundsätzliche Diskussion der den Auslegungen zugrunde liegenden Theorien zum Ezechielbuch muss freilich ausklammert werden.[2]

1. Der Einstieg

Als Ausgangspunkt für die Darstellung wird man das Erscheinen von Walther Zimmerlis großem Kommentar nehmen können.[3] Mit dieser detaillierten und sorgfältigen Auslegung des Prophetenbuches ist zweifellos ein Markstein in der Forschungsgeschichte gesetzt, der gerade aufgrund seiner ausgewogenen Position noch lange zur Orientierung dienen wird.

Zimmerlis Auslegung von Ez 37,1–14 ist dadurch gekennzeichnet, dass sie nicht nur die Einheitlichkeit des Textes, sondern auch (mit Ausnahme von wenigen Glossen) dessen Ursprünglichkeit voraussetzt. Der Angelpunkt der ganzen Einheit ist nach ihm V. 11; er offenbart nicht nur rückschauend den Hintergrund der Vision, sondern er leitet zugleich über zur göttlichen (Deute-)Antwort und verknüpft somit die beiden Teile des Textes. Mit dieser Ein-

---

1 Vgl. z.B. den Bericht von Scholz, Ruediger, „Bible Scholars Generally Agree That the Prophecies Recorded in Ezekiel 38 and 39 are about Russia". Zur evangelikalen Rezeption von Ez 37–39, DBAT 22 (1985), 179–189.
2 Einen kurzen Überblick bietet Hossfeld, Frank-Lothar, Das Buch Ezechiel, in: Zenger, Erich u.a., Einleitung in das Alte Testament, KStTh 1,1, Stuttgart u.a. ³1998, 440–457.
3 Zimmerli, Walther, Ezechiel, BK XIII/1+2, Neukirchen-Vluyn 1969, ²1979.

schätzung des Textes folgt Zimmerli nicht mehr der schon zu Beginn des 20. Jahrhunderts einsetzenden Tendenz, im Deutewort den Wechsel in der Bildsprache von „Knochen" (V. 11) zu „Gräber" (V. 12f.) literarkritisch als Indiz für eine spätere Ergänzung zu betrachten. Da es sich beim Deutewort der Form nach um ein Disputationswort handelt, das sich mit der Aussage des Volkes in V. 11 auseinandersetzt, ist der Wechsel im Bild nicht zu beanstanden; die redundante Ausdrucksweise in V. 12–14 entspricht nach Zimmerli der „Form des erweiterten Erweiswortes."[4]

Auch die andere Eigentümlichkeit des Textes, dass die Wiederbelebung sich nicht wie angekündigt in einem Durchgang vollendet, weil nach der ersten Ausrufung des göttlichen Befehls durch Ezechiel der Lebensgeist (רוח) noch fehlt (V. 8) und daher die Begabung mit dem Lebensgeist ein neuerliches Prophetenwort benötigt, wird nicht literarkritisch gelöst, obwohl in V. 9 eine andere Vorstellung vom belebenden Geist (הרוח) vorzuliegen scheint als in V. 5–8. Zimmerli rechnet vielmehr mit einer „Zerdehnung" des Geschehens, die traditionsgeschichtlich von Gen 2,7 her verständlich wird.[5] Den ungewöhnlichen Gebrauch des Perfekts mit ו anstelle der zu erwartenden wayyiqtol-Form, vor allem in V. 7.8.10, erklärt Zimmerli nicht wie andere mit beginnendem Einfluss des Aramäischen,[6] sondern als einen Hinweis auf Hypotaxe.[7]

2. Die Entfaltung der Literarkritik

Die von Zimmerli noch durchgehaltene Einheitlichkeit des Textes wurde jedoch von der nachfolgenden Forschung aufgelöst, indem sie die genannten kritischen Punkte anders beurteilte. Vor allem V. 11 kristallisierte sich als Hauptpunkt der Kritik heraus. So setzte Klaus Baltzer[8] hier an, indem er die syntaktische und stilistische Ebenheit von V. 11 in Frage stellte und dazu inhaltliche Gründe beibrachte, welche belegen sollten, dass die Volksklage eng mit dem folgenden Gotteswort (V. 12f.), weniger aber mit der vorausgehenden Vision verbunden sei. Der gemeinsame Hintergrund des Begrabenseins hebt sich nach ihm deutlich von der Vorstellung von offen herumliegenden

---

4 Zimmerli, Ezechiel (s. Anm. 3), 889.
5 Zimmerli, Ezechiel (s. Anm. 3), 889.
6 Vgl. z.B. Greenberg, Moshe, Ezekiel 21–37, AncB 22A, New York 1997, 749, und Rooker, Mark F., Biblical Hebrew in Transition. The Language of the Book of Ezekiel, JSOT.S 90, Sheffield 1990, 100–102.
7 Vgl. Zimmerli, Ezechiel (s. Anm. 3), 886.
8 Vgl. zum Folgenden Baltzer, Klaus, Ezechiel und Deuterojesaja. Berührungen in der Heilserwartung der beiden großen Exilspropheten, BZAW 121, Berlin 1971, 100ff. Einzelheiten der Argumentation müssen hier nicht diskutiert werden; mit ihnen hat sich ausführlich Bartelmus, Rüdiger, Textkritik, Literarkritik und Syntax. Anmerkungen zur neueren Diskussion um Ez 37,11, BN 25 (1984), 55–64, auseinandergesetzt.

Totengebeinen ab. Darum zieht Baltzer den Schluss, dass „in Ez 37,11α.b. 12f. ... ein weitgehend selbständig formuliertes Wort vorliegt, das ohne Schwierigkeiten aus sich selbst heraus zu verstehen ist" und weiters: „Ez 37,14 trägt in mehrfacher Weise die Züge einer Nachinterpretation."[9] Dieses Ergebnis befreit nach Baltzer den Visionsbericht von der geschichtstheologischen Vereinnahmung durch die Ergänzung(en), sodass erst jetzt seine eigene schöpfungstheologische Aussage wahrgenommen werden kann.[10]

Baltzers Analyse von V. 11f. wurde zunächst von Jörg Garscha mit dem Argument abgelehnt, dass der Wechsel in der Bildsprache sich ganz natürlich aus „den unterschiedlichen Formen und Absichten der beiden Einheiten 37,1–10 und 37,11–13b" erklären lasse, denn um „den vom Propheten ‚gesehenen' Vorgang der Neuschöpfung und Wiederbelebung vieler vertrockneter Gebeine darzustellen, müssen die ... Knochen deutlich sichtbar und nicht in Gräbern versteckt beschrieben werden", während sich für den Ort der Herausführung aufgrund der Volksklage durchaus das Bild von den Gräbern anbiete.[11] Literarkritisch in Frage gestellt werden kann daher nach Garscha in der Gottesrede nur die Wiederholung der Ansage der Heimführung in V. 13b–14.[12] Garschas moderate Kritik setzte sich jedoch nicht durch, sondern vielmehr jene von Baltzer. Dessen Analyse des Textes wie auch die theologischen Folgerungen werden von Frank-Lothar Hossfeld aufgenommen und noch verfeinert, wobei erstmals auch kleinere Teile des Visionsberichtes ausgeschieden werden.[13] Noch einen gewichtigen Schritt weiter geht schließlich Peter Höffken, wenn er die von Zimmerli beobachtete „Zerdehnung" der Erfüllung der göttlichen Verheißung in V. 7–10 als eine sekundäre Texterweiterung versteht und sie mit jener in V. 11b–14 vergleicht, welche auch zwei Schritte der Wiederherstellung enthält.[14] Nach Höffken hat die Erweiterung u.a. den Sinn, die ursprünglich nur zur Vergewisserung des Propheten, dass Gott auch Unmögliches wirken könne, geschehende Vision auszugestalten zu einer Ansage des Gedankens einer Totenauferstehung. Weil eine solche, schon „apokalyptisierend" zu nennende Erweiterung des Denkhorizontes angezielt ist, genügt der Verweis auf Gen 2,7 nicht mehr zur Erklärung des zweiphasigen Geschehens.[15] Weiters folgt daraus, dass jetzt die Erweiterung

---

9 Baltzer, Ezechiel (s. Anm. 8), 108.
10 Baltzer, Ezechiel (s. Anm. 8), 108.
11 Garscha, Jörg, Studien zum Ezechielbuch. Eine redaktionskritische Untersuchung von Ez 1–39, EHS.T 23, Frankfurt a.M. u.a. 1974, 220.
12 Vgl. Garscha, Studien (s. Anm. 11), 222.
13 Hossfeld, Frank, Untersuchungen zu Komposition und Theologie des Ezechielbuches, FzB 20, Würzburg 1977, bes. 341–401; für das Ergebnis der Literarkritik vgl. 369.
14 Höffken, Peter, Beobachtungen zu Ezechiel XXXVII 1–10, VT 31 (1981), 305–317; für den literarkritischen Teil vgl. bes. 304–308, für die Beziehung zu V. 11–14 vgl. bes. 310ff.
15 Vgl. Höffken, Beobachtungen (s. Anm. 14), 313f.

in V. 12f. „den ‚Überhang' der Vision nur unzureichend aufnehmen kann."[16] Während also bei Baltzer der schöpfungstheologische Aspekt die Vision von der (deshalb sekundären?) geschichtstheologischen Anwendung in V. 12–14 abhob, ist es bei Höffken die sekundär apokalyptisierend überformte Vision, die weit über der Deutung steht. Aber selbst für den ursprünglichen Text gilt, dass er keinesfalls, wie noch Zimmerli gemeint hatte, aus der Klage des Volkes in V. 11 herausgewachsen sein kann.[17] D.h., es besteht der Verdacht, dass die Literarkritik bei V. 11 auch von einer bestimmten Einschätzung der Vision beeinflusst ist. Dieser Verdacht erhärtet sich, nachdem Rüdiger Bartelmus nachgewiesen hat, dass die Argumente gegen die Einheitlichkeit von V. 11 nicht stichhaltig sind.[18] Keinen Einfluss hat dieses Ergebnis aber auf die anderen, literarkritisch interessanten Textstellen, V. 7–9 und V. 12–14. Erstere unterzog Bartelmus einer gründlichen Analyse, in welcher er darlegte, dass der Gebrauch von ו-Perfektformen in V. 7.8.10 nicht mit aramäischem Spracheinfluss erklärt werden kann, denn eine solche Annahme würde voraussetzen, dass „dem Autor dieser eindrucksvollen Perikope in diesen drei Sätzen kurzfristig seine sprachliche Kompetenz abhanden gekommen sein" muss, da „sonst nirgends im Text ein Abweichen vom Regelsystem des klassischen Hebräisch zu beobachten ist."[19] Aufgrund dieser Tatsache und aufgrund der schon von Höffken angeführten inhaltlichen Spannungen sowie dem Umstand, dass auch in formaler Hinsicht eine Störung des klaren Aufbaus des Textes aufgewiesen werden kann,[20] ist nach Bartelmus die Annahme berechtigt, in V. 7a.8b–10 einen späteren Einschub zu sehen, der sich schließlich auch noch dadurch als ein solcher erweist, dass der Prophet hier in einer neuartig aktiven Rolle gezeichnet wird.[21] Der Anlass für die Einfügung liegt nach Bartelmus aufgrund der so auffälligen Bezeichnung der seelenlosen Leiber in V. 9 als (ה)הרוגים) in den Kämpfen der Makkabäerzeit.[22] Die Einfügung bringt zum Ausdruck, dass „an die Stelle der Hoffnung auf eine irdische Restitution Israels als Volk (...) die Hoffnung auf eine jenseitige Restitution des einzelnen (gläubigen) Volksgenossen getreten (ist), der trotz seiner Jahwetreue ‚ermordet' wurde".[23] Sie bewirkt aber auch, dass der uns

---

16 Höffken, Beobachtungen (s. Anm. 14), 315.
17 Vgl. Höffken, Beobachtungen (s. Anm. 14), 311f.
18 Vgl. Bartelmus, Textkritik (s. Anm. 8), 57ff.
19 Bartelmus, Rüdiger, Ez 37,1–14, die Verbform w^eqatal und die Anfänge der Auferstehungshoffnung, ZAW 97 (1985), 366–389, 370f.
20 Für die Einzelheiten vgl. Bartelmus, Ez 37,1–14 (s. Anm. 19), 376–380.
21 Vgl. Bartelmus, Ez 37,1–14 (s. Anm. 19), 381f. Der Vergleich mit einem Magier wird in der Literatur gern gebraucht; er scheint von der Deutung der Hitpaelform des Verbs an unserer Stelle durch Rendtorff, Rolf, προφήτης κτλ. B. נָבִיא im Alten Testament, ThWNT 6 (1959) 796–813, bes. 798, – „eine fast zauberische und ganz singuläre Verwendung des prophetischen Wortes" – auszugehen.
22 Vgl. Bartelmus, Ezechiel 37,1–14 (s. Anm. 19), bes. 387f.
23 Bartelmus, Ezechiel 37,1–14 (s. Anm. 19), 388.

vorliegende Endtext als ein Zeugnis für die Hoffnung auf Auferstehung der Toten gelesen werden kann, so wie es „die fromme christliche Tradition seit den Kirchenvätern Justin, Irenäus und Tertullian, aber auch das frühe Judentum"[24] getan hat. D.h., historisch-kritische Exegese und kirchliche Auslegungstradition widersprechen sich nicht in jeder Hinsicht. Das ist eine beachtenswerte Schlussfolgerung im Hinblick auf einen alten Streitpunkt.

In weiterer Folge hat Stefan Ohnesorge die Literarkritik zu Ez 37,1–14 vor allem im Bereich von V. 11–14 noch weiter fortgetrieben.[25] Trotz der Einwände von Bartelmus argumentiert er, dass der ursprüngliche Text mit V. 11a geendet habe und dass V. 11b–13a zwar durchaus von Ezechiel stammen dürften, aber – aus sachlichen Gründen – ursprünglich ein selbständiges Disputationswort gebildet hätten;[26] V. 13b–14 hingegen weisen sich durch die Wiederaufnahme der Aussagen von V. 13a als Ergänzung aus und dienen dem Ziel, die Verheißungen mit Hilfe des Stichwortes רוחי an 36,27 anzubinden und sie für dauerhaft zu erklären.[27] Es ist leicht zu sehen, dass Ohnesorge weithin auf Ergebnissen von Vorgängern aufbaut und sie zu festigen versucht, darum bewegen sich auch seine Deutungen der einzelnen Stufen in bekannten Mustern. Besonders deutlich ist das beim Grundtext der Vision, denn wenn nur V. 11a als Erklärung zur Verfügung steht, dann fehlt eine entsprechende Konkretisierung. Die Vision besagt nur, dass das Haus Israel als Gottesvolk wieder erstehen wird.[28] Erst durch die Verbindung mit V. 11b–13a kommt der Aspekt des Landbesitzes hinzu. Diese Trennung erscheint höchst künstlich, daher erweist sich die in V. 11 vorgenommene literarkritische Operation als unnötig; Bartelmus hat wohl die besseren Argumente auf seiner Seite. Mit Bartelmus konform geht Ohnsorge aber in der Deutung des Endtextes der Vision, wenn er diesen in die Makkabäerzeit verlegt und in ihm eine endzeitliche Auferstehung angekündigt sieht.[29]

Mit Ohnesorge ist der Höhepunkt der Literarkritik erreicht, indem alle kritischen Momente des Textes ausgeleuchtet sind. Eine unterschiedliche Gewichtung bleibt aber genauso möglich wie eine anderslautende Erklärung der Entstehung des Textes. Ein jüngstes Beispiel dafür ist die kurze Studie von Harald Martin Wahl.[30] Zentraler Punkt der Diskussion ist darin wiederum der Umstand, dass die Bildsprache von V. 11–14 nicht zu jener im

---

24 Bartelmus, Ezechiel 37,1–14 (s. Anm. 19), 388.
25 Ohnesorge, Stefan, Jahwe gestaltet sein Volk neu. Zur Sicht der Zukunft Israels nach Ez 11,14–21; 20,1–44; 36,16–38; 37,1–14.15–28, FzB 64, Würzburg 1991, bes. 283–338.
26 Vgl. Ohnesorge, Jahwe (s. Anm. 25), 313 sowie 333f.
27 Vgl. Ohnesorge, Jahwe (s. Anm. 25), 335f.
28 Aus dem Ergebnis, dass die Wiedererstandenen ein חיל גדול מאד bilden, schließt Ohnesorge, Jahwe (s. Anm. 25), 329f., auf „ein militärisch starkes und damit auch staatlich organisiertes Israel", das durch einen Akt der Neuschöpfung entsteht.
29 Vgl. Ohnesorge, Jahwe (s. Anm. 25), 337f.
30 Wahl, Harald M., „Tod und Leben". Zur Wiederherstellung Israels nach Ez. XXXVII 1–14, VT 49 (1999), 218–239.

Visionsteil passt, daher ist davon auszugehen, dass diese Verse – abgesehen von V. 13, der eine Glosse darstellt – ein eigenes Stück bilden. Dieses ist aber nicht, wie andere gemeint haben,[31] aufgrund von V. 11 der Auslöser für die Vision von den Totengebeinen, sondern der Grundbestand der Vision, der sich nach den bisherigen Forschungen mit V. 1–7a identifizieren lässt,[32] ist vielmehr umgekehrt die Basis für das Heilswort an Israel in V. 11–12.14.[33]

Zu einer gegenteiligen Ansicht kommt wiederum Karl-Friedrich Pohlmann aufgrund seiner abweichenden literarkritischen Urteile im Bereich von V. 11–14,[34] sodass man, die literarkritischen Überlegungen zusammenfassend, festhalten kann, dass in der Tat V. 11 den Angelpunkt des Textes schlechthin darstellt. Von seiner Beurteilung hängt nicht nur die Art der Verbindung von Vision (V. 1–10) und Deutewort (V. 11–14) ab, sondern insgesamt die theologische Gewichtung der einzelnen Teile und damit verbunden auch die Frage nach dem ezechielischen Anteil im Text. Zu spezifischen Nuancierungen führt schließlich noch der Umstand, dass sowohl der Visionsteil (V. 1–10) wie auch der Erklärungsteil (V. 11–14) ein komplexes Gebilde darstellen und daher je nach Einzelauflösung[35] zu einer noch differenzierteren Bewertung der Textaussagen führen. Speziell davon betroffen ist die seit je her mit diesem Text verbundene Frage, was er denn theologisch zum Thema der Auferstehung der Toten zu sagen habe.

3. Ez 37 in neueren Kommentaren

Es ist sicher kritisierbar, neuere Kommentarliteratur gesondert zu besprechen, aber die Absicht dabei ist, die von der Gattung her mehr allgemeinen und teilweise auch pastoralen Interessen dienenden Auslegungen dahingehend zu untersuchen, ob und wie weit sie kritische Bibelwissenschaft einbeziehen. Gewiss ist zu berücksichtigen, dass die Kommentare in unterschiedlichem Maß exegetische Detailfragen behandeln, aber diese Diskrepanz lässt sich durch eine entsprechende Auswahl reduzieren, wobei als Kriterium dienen

---

31 So vor allem Zimmerli, Ezechiel (s. Anm. 3), 890: Aus dem Bildwort von den vertrockneten Gebeinen, „das dem Propheten in der Klage des Volkes entgegengetragen wird, springt ihn in einem Vorgang dramatischer Realisierung seines Gehaltes das Visionsbild an."

32 Wahl folgt hier im Wesentlichen der von Höffken, Beobachtungen (s. Anm. 14), und Bartelmus, Ez 37,1–14 (s. Anm. 19), erarbeiteten Literarkritik.

33 Vgl. Wahl, Tod (s. Anm. 30), 231f. Zustimmend dazu auch Lescow, Theodor, Jesaja 5,1–7 und Ezechiel 37,1–14. Anmerkungen zu Komposition und Interpretation, ZAW 113 (2001), 74–76, bes. 75f.

34 Pohlmann, Karl-Friedrich, Das Buch des Propheten Hesekiel (Ezechiel), 2. Kapitel 20–48, ATD 22/2, Göttingen 2001, 492–497.

35 Während die Diskussion über die Schichtung von V. 1–10 zu einem groben Konsens geführt hat, ist ein solcher bei V. 11–14 nicht in Sicht.

kann, dass der Autor die Kenntnis der neueren Untersuchungen im Literaturverzeichnis dokumentiert.

Hingewiesen wurde bereits auf den neuesten deutschsprachigen Kommentar von Karl-Friedrich Pohlmann, der den aktuellen Stand der Diskussion spiegelt und in die Auslegung einbezieht. Die Annahme einer golaorientierten Redaktion führt aber bei V. 11–14 zu literarkritischen Entscheidungen, die auf dem Hintergrund der bisherigen Diskussion problematisch sind. Eine solche Redaktion kann nämlich nur bei einem Text erfolgen, der die Gola nicht im Blick hat. Genau ein solcher liegt nach Pohlmann in V. 14a vor, den er wie folgt übersetzt: „... und *ich lasse euch* auf eurem Land".[36] Dazu passt sehr gut das Zitat des Volkes in V. 11b sowie V. 12, wenn gilt, dass 37,11–14* nicht „als Folgetext zu Ez 37,1–10 konzipiert" worden ist, sondern umgekehrt 37,1–10 „eine Vorschaltung" dazu ist.[37] Pohlmann übergeht bei diesen Überlegungen erstaunlicherweise den detaillierten Nachweis von Bartelmus, dass V. 11 keinen Anlass für literarkritische Operationen gibt.[38] Auf das Konto der Fixierung auf die Beschreibung der golaorientierten Redaktion ist m.E. auch zurückzuführen, dass Pohlmann zwar Bartelmus darin folgt, dass der Visionsbericht in makkabäischer Zeit erweitert wurde, aber in der Auslegung wird dieser Umstand nicht mehr berücksichtigt.[39]

Der Kommentar von Gerhard Maier[40] zieht zwar teilweise exegetische Literatur heran, folgt aber in der Auslegung einem synchronen Ansatz, daher entfällt eine Auseinandersetzung mit der historisch-kritischen Forschung. Die Auslegung von Hans F. Fuhs[41] dagegen ist gespalten; sie behandelt einerseits V. 11–14 diachron auf der Basis der gängigen Literarkritik,[42] die Vision auf der anderen Seite aber zuerst einheitlich, wobei die zweiphasige Wiederherstellung im Anschluss an Zimmerli erklärt wird,[43] am Ende wird jedoch auch die Position von Bartelmus genannt, aber sie wird nur für die Entstehung der Hoffnung auf eine Auferstehung der Toten herangezogen.[44]

Zahlreicher sind die englischsprachigen Kommentare aus Nordamerika, aber ihr Bezug auf die europäische exegetische Forschung ist sehr unterschiedlich. Vor allem ist festzustellen, dass in ihnen Analysen der Struktur des Textes einen viel größeren Raum einnehmen als literar- und redaktions-

---

36 Pohlmann, Hesekiel (s. Anm. 34), 495 (Hervorhebung von mir).
37 Pohlmann, Hesekiel (s. Anm. 34), 495.
38 Vgl. Bartelmus, Textkritik (s. Anm. 8).
39 Vgl. Pohlmann, Hesekiel (s. Anm. 34), 497. Dass auch in der Frage der golaorientierten Redaktion noch nicht das letzte Wort gesprochen ist, bekennt Pohlmann im letzten Absatz, der die Verbindung zu 37,15ff. anspricht (499).
40 Maier, Gerhard, Der Prophet Hesekiel, 2. Kapitel 25 bis 48, WStB AT, Wuppertal 2000.
41 Fuhs, Hans F., Ezechiel II. 25–48, NEB.AT 22, Würzburg 1988.
42 Vgl. Fuhs, Ezechiel II (s. Anm. 41), 207; als Gewährsleute nennt er Jahn und Herrmann, nicht aber Hossfeld und Höffken.
43 Vgl. Fuhs, Ezechiel II (s. Anm. 41), 208f.
44 Vgl. Fuhs, Ezechiel II (s. Anm. 41), 210.

kritische Überlegungen. So kommt es, dass Ergebnisse der letzteren Art häufig zugunsten einer synchronen Lektüre des Textes zurückgewiesen werden.

Als erstes Beispiel sei die Auslegung von Leslie C. Allen vorgestellt, wobei zum Kommentar hinzu noch ein Aufsatz zu berücksichtigen ist.[45] Letzterer offenbart den unterschiedlichen Zugang schon dadurch, dass die Analyse der Struktur des Textes den ersten Untersuchungsgang ausmacht. Sie ergibt nach Allen,[46] dass der Visionsbericht (V. 1b–10) aus zwei Teilen besteht, welche jeweils von einer negativen Aussage aufgrund einer Intervention Gottes zu einer positiven fortschreiten (V. 1b–8a/8b–10); die Teile lassen somit nach Ansicht von Allen eine klare Symmetrie im Aufbau erkennen, obwohl sie ungleich lang sind.[47] Die Verse 11–14 bilden einen dritten, noch kürzeren Teil; auch dieser beginnt mit einem negativen Statement (V. 11), aber es folgt dieses Mal nur noch eine Entgegnung Gottes, die in ein Heilswort (V. 12–13) übergeht, welches durch V. 14 verstärkt wird.

Die Überlegungen zur Traditions- und Redaktionsgeschichte hängen von dieser Strukturanalyse ab, daher gibt es nur einen sehr geringen Spielraum für die Annahme einer redaktionellen Bearbeitung. Einzig V. 14 kommt nach Allen aufgrund seiner engen sprachlichen Beziehungen zu Ez 36,27 dafür in Frage; seine Funktion besteht darin, die Ankündigungen von Kap. 36 mit denen von Kap. 37 zu verbinden.[48]

Von der europäischen Exegese berücksichtigt Allen nur, was seine Vorstellung von der Struktur des Textes unterstützt. Das gilt nicht nur für die Diskussion der Frage einer redaktionellen Bearbeitung von V. 11–13, in der primär Zimmerli und Bartelmus als Garanten der Einheitlichkeit herangezogen werden, sondern vor allem auch für die Analyse des Visionskomplexes. In dieser verwertet Allen zwar die Untersuchungen von Baltzer, Hossfeld und Höffken, soweit sie etwas für seine Strukturanalyse hergeben, aber er übergeht sie gänzlich in der Frage einer möglichen Bearbeitung des Textes. Es gibt keine Auseinandersetzung mit den historisch-kritischen Überlegungen dieser Autoren.[49] Wären diese berücksichtigt, dann fiele die Strukturanalyse wohl anders aus, weil eine Untergliederung zwischen V. 8a und V. 8b, die

---

45 Allen, Leslie C., Ezekiel 20–48, WBC 29, Waco 1990, sowie ders., Structure, Tradition and Redaction in Ezekiel's Death Valley Vision, in: Davies, Philip R. u.a. (Hg.), Among the Prophets. Language, Image and Structure in the Prophetic Writings, JSOT.S 144, Sheffield 1993, 127–142.
46 Vgl. zum Folgenden Allen, Structure (s. Anm. 45), 129ff.
47 Allen unterscheidet folgende Teilelemente: „negative description" bezeichnet mit (A), „divine speech" (B), „prophetic reaction" (C) und „positive description" (A'); für V. 1b–8a und 8b–10 ergibt sich nach Allen folgende Abfolge: ABCBA' – ABCA'; vgl. Allen, Structure (s. Anm. 45), 129.
48 Vgl. Allen, Structure (s. Anm. 45), 140f., sowie ders., Ezekiel 20–48 (s. Anm. 45), 187.
49 Der wichtige Aufsatz von Bartelmus, Ez 37,1–14 (s. Anm. 19), ist überhaupt nicht wahrgenommen, obwohl dieser schon in Bartelmus, Textkritik (s. Anm. 8), 64 Anm. 53, angekündigt ist.

schon aus stilistischen Gründen unhaltbar erscheint, noch weniger vertreten werden könnte.

Der Kommentar von John Wevers ist zwar äußerst knapp gehalten, dennoch wird darin die Doppelung der Aussagen in V. 12–14 problematisiert und V. 14 als die ursprüngliche Interpretation bestimmt, welche durch V. 12–13 erweitert wurde. Wevers folgt damit der älteren deutschen Exegese;[50] die neueren Studien liegen eindeutig jenseits des Erscheinungsjahres. Solches gilt weniger für die Kommentare von Ronald Hals[51] und Joseph Blenkinsopp[52] und schon gar nicht für den zweiten Band der Ezechielauslegung von Moshe Greenberg[53] und Daniel Block[54] sowie für die Kommentierung von Katheryn Pfisterer Darr[55] in The New Interpreter's Bible. Die Anlage dieser Werke ist teilweise jedoch von vornherein so konzipiert, dass Fragen der Textentstehung und -entwicklung wenig Rolle spielen, daher werden in erster Linie Autoren zitiert, die sich um eine ganzheitliche Sicht des Textes bemühen. Diese Praxis zeigt sich deutlich bei den spärlichen Anmerkungen in der Auslegung von Darr, hat aber mehr Gewicht bei Block und Greenberg, da diese Autoren ihre Präferenz eines ganzheitlichen Zugangs klar aussprechen.[56] Wenn Greenbergs Auslegung neuerdings auch Teil eines neuen deutschsprachigen Kommentarwerkes wird, so ist diese Entscheidung des Herausgebers forschungsgeschichtlich sehr bemerkenswert.[57] Auf jeden Fall lässt die Durchsicht der Kommentare klar erkennen, dass die methodische Ausrichtung immer stärker in die Richtung einer Endtextexegese geht, welche sich auf stilistische und rhetorische Analysen stützt.

---

50 Vgl. Wevers, John W., Ezekiel, NCBC, Grand Rapids 1982, 194. Wevers folgt konkret der Position von Fohrer, Georg, Ezechiel, HAT 13, Tübingen 1955, 209f.
51 Vgl. Hals, Ronald M., Ezekiel, FOTL 19, Grand Rapids 1989, bes. 269f. Die zwei Phasen der Wiederbelebung und die Struktur von V. 11–14 werden nach dem Vorgang von Zimmerli erklärt. Der wichtige Aufsatz von Bartelmus, Ez 37,1–14 (s. Anm. 19), erscheint in der „Bibliography" unter dem Namen B. Rüdiger (vgl. 272).
52 Blenkinsopp, Joseph, Ezekiel, Interpretation, Louisville 1990.
53 Greenberg, Ezechiel 21–37 (s. Anm. 6).
54 Block, Daniel I., The Book of Ezekiel. Chapters 24–48, NICOT, Grand Rapids 1998.
55 Darr, Katheryn P., The Book of Ezekiel. Introduction, Commentary and Reflections, in: The New Interpreter's Bible, 6, Nashville 2001, 1073–1607.
56 Vgl. Greenberg, Moshe, Ezechiel 1–20, HThKAT, Freiburg i.Br. u.a. 2001, 35ff.; Block, Ezekiel 24–48 (s. Anm. 54), 372, nach einer kurzen Diskussion historisch-kritischer Analysen (vgl. 370f.). Befremdlich wirkt die Kritik von Block an Bartelmus, Ez 37,1–14 (s. Anm. 19), dass er zu eng formkritisch argumentiere und so selbst „modern Western standards of logic" (371) anlege, welche er kritisiere. Die sprachlich-syntaktischen Überlegungen von Bartelmus, die den Ausgangspunkt der Untersuchung darstellen, kommen bei Block nicht zur Sprache, im Gegenteil. Block sagt ausdrücklich, „37:1–14 contains no glaring grammatical impossibilities ...", daher ist ein „holistic approach" geboten (372).
57 Vgl. dazu das Vorwort des Herausgebers in Greenberg, Ezechiel 1–20 (s. Anm. 56), 7f.

4. Sprachwissenschaftliche Untersuchungen

Von den rhetorischen Analysen hat zweifellos jene von Michael Fox[58] den größten Einfluss ausgeübt. Nach Fox geht es bei einer solchen Analyse nicht darum, dass man den Text statisch betrachtet und seine literarische Ausgestaltung untersucht – komplizierte literarische Strukturen sind nur für den Leser, aber nicht für den Hörer erkennbar –, sondern vielmehr um die Frage nach den rhetorischen Techniken und Mitteln, mit denen der Sprecher seine Zuhörer für seine Sicht der Dinge gewinnen will. D.h., es geht um den dynamischen Prozess, der zwischen „rhetor and audience" abläuft mit all seinen „suasive intentions, techniques, and effects".[59] Welche rhetorischen Kunstgriffe hat nun Ezechiel nach Fox in Kap. 37 benützt, um seinen Hörern die unglaubliche Botschaft der Wiederbelebung und Heimführung aus dem Exil zu vermitteln?[60] Indem Ezechiel seinen Hörern das visionär erlebte dramatische Geschehen der Auferstehung der Totengebeine gleichsam ‚objektiv' als Zuschauer und sogar als teilweise aktiv Beteiligter vor Augen führt, schafft er einen neuen Erwartungshorizont, der die Resignation des Volkes überwinden kann. Der tatsächlichen Erfahrung des Volkes, im fremden Land hoffnungslos ‚begraben' zu sein (V. 11), stellt Ezechiel unter Aufbietung aller rhetorischen Mittel die Vision gegenüber, in der Gott selbst äußerste Leblosigkeit, nämlich ‚sehr vertrocknete Knochen', vor seinen Augen mit Leben erfüllt (V. 1–10). Wenn so etwas geschieht, dann kann man auch hoffen, dass Gott sein Volk aus dem Exil heimholen wird in sein Land. D.h., Ezechiel setzt mit Hilfe der extremen Bilder in der Vision der Logik des Volkes in V. 11 eine Logik Gottes gegenüber, nach welcher eine Wiederbelebung möglich ist.[61]

Die Untersuchungen von Ernst Wendland,[62] die sich nicht nur mit unserer Perikope allein, sondern mit dem ganzen Komplex der Heilsverkündigung in den Kap. 33–37 befassen, haben zwar auch das Stichwort „rhetoric", „rhetorical" im Titel, aber sie sind hauptsächlich auf die literarische Struktur ausgerichtet, im Sinne von Fox also statisch auf den vorliegenden Text bezogen. In

---

58 Fox, Michael V., The Rhetoric of Ezekiel's Vision of the Valley of the Bones, HUCA 51 (1980), 1–15. Eine positive Rezeption fand hauptsächlich in der englischsprachigen Fachliteratur statt, wenn auch dagegen gehalten wurde, dass Auslegung letztlich nur auf der Basis von vorliegenden *Texten* erfolgt.
59 Fox, Rhetoric (s. Anm. 58), 3.
60 Vgl. zum Folgenden Fox, Rhetoric (s. Anm. 58), 7ff.
61 Vgl. dazu die anschauliche Gegenüberstellung der Syllogismen in Fox, Rhetoric (s. Anm. 58), 12:

„*Israel:* *God:*
[Dry bones cannot come to life] Dry bones *can* come to life (1–10)
Israel is dry bones (11bα) Israel is dry bones (affirmed in 12a)
Therefore Israel cannot come to life (11bβ) Therefore Israel can come to life (12–14)."
62 Wendland, Ernst R., Scattered Bones but a Single Stick: A Rhetorical-Stylistic Overview of the Gospel in Ezekiel 37, OTEs NS 12 (1999), 149–172; ders., „Can These Bones Live Again?": A Rhetoric of the Gospel in Ezekiel 33–37, AUSS 39 (2001), 85–100.241–272.

unserem Zusammenhang ist primär die auf Kap. 37 beschränkte Studie interessant; sie arbeitet zwar eine einfache konzentrische Struktur von 37,1–14 heraus,[63] aber es findet keine Auseinandersetzung mit vorhandenen alternativen Vorschlägen statt; ein Forschungsfortschritt ist daher kaum dingfest zu machen.[64] Die breite Anlage jedoch, dass einerseits der ganze Komplex der Heilsverkündigung[65] in den Blick genommen wird und andererseits bei Kap. 37 die Gesamtstruktur und -aussage analysiert wird, eröffnet gewiss interessante Perspektiven, aber man vermisst auch hier die Auseinandersetzung mit den grundlegenden Beobachtungen von Zimmerli und – in Bezug auf das ganze Kap. 37 – besonders mit der Untersuchung von Christoph Barth.[66] Diese zeigt nämlich, dass unter der Voraussetzung einer ‚Fortschreibung' des Textes nicht nur ein vergleichbares, sondern letztlich sogar ein dynamischeres Bild der Gesamtaussage entsteht, weil der Umstand berücksichtigt wird, dass die Exilsituation sehr viele Fragen aufkommen ließ, welche eine Antwort verlangten.[67] Die Disputationsworte im Ezechielbuch sind ein eindeutiger Beleg dafür. Neuerdings hat auch Meindert Dijkstra diese Fragen untersucht und die dahinter liegenden Probleme der Exilierten zu rekonstruieren versucht.[68]

Die Frage Gottes an Ezechiel, ob die vertrockneten Gebeine wieder zum Leben kommen können (V. 3), ist auch das Thema der Studie von Sabine van

---

63 Vgl. Wendland, Scattered Bones (s. Anm. 62), 153; die Glieder sind folgende:
A Problem: *YHWH* shows Ezekiel a scattered multitude of human bones (1–3)
B Complication: the dry bones are raised up and embodied, but still no life! (4–8)
B' Peak: the bodies are infused with the breath of life, and an army arises (9–10)
A' Resolution: *YHWH* reveals to Ezekiel his plans for the resurrected bones (his people) (11–14).
64 Vgl. z.B. Allen, Structure (s. Anm. 45), 128f.
65 Diese Perspektive entfaltet Wendland in den beiden Teilen der Studie „Can These Bones" (s. Anm. 62) noch eingehender. Für eine gute Darstellung der Botschaft dieser Kapitel vgl. auch Lemke, Werner E., Life in the Present and Hope for the Future, Interp. 38 (1984), 165–180.
66 Barth, Christoph, Ezechiel 37 als Einheit, in: Donner, Herbert u.a. (Hg.), Beiträge zur Alttestamentlichen Theologie. Festschrift für Walther Zimmerli zum 70. Geburtstag, Göttingen 1977, 39–52.
67 Vgl. bes. Barth, Ezechiel 37 (s. Anm. 66), 47ff. Man kann natürlich aus dem Blickwinkel einer synchronen Betrachtungsweise die Schwierigkeit einer genaueren diachronen Fixierung der Fortschreibungen als ein Manko ansehen, aber es ist auch nicht zu bestreiten, dass eine diachrone Betrachtung Unebenheiten im Text eher zu akzeptieren und methodisch einzuordnen vermag.
68 Dijkstra, Meindert, The Valley of Dry Bones: Coping with the Reality of the Exile in the Book of Ezekiel, in: Becking, Bob u.a. (Hg.), The Crisis of Israelite Religion. Transformation of Religious Tradition in Exilic and Post-Exilic Times, OTS 42, Leiden u.a. 1999, 114–133.

den Eynde.⁶⁹ Wenn man die Frage unter der Rücksicht betrachtet, welchen Wissensstand Ezechiel für sie mitbringt, dann ist nach Eynde davon auszugehen, dass der Prophet die in V. 11 geäußerte Verzweiflung des Volkes kennt. Er weiß daher – im Gegensatz zum Leser –, dass die Frage Gottes letztlich auf die Möglichkeit des Wiederauflebens der Gola zielt. Wenn er aber unbestimmt auf die Frage antwortet, dann ist sein Hintergrund dieser, dass er soweit nur ein Wiederaufleben durch Umkehr kennt. Gott zeigt ihm daher in der Vision, dass es darüber hinaus auch die Möglichkeit eines direkten Eingreifens von seiner Seite her gibt. Das ist daher die eigentliche Botschaft des Textes, die sich dem Leser erst eröffnet, wenn er ebenfalls den Hintergrund von V. 11ff. hat. Eynde bietet daher mit ihrem Ansatz eine interessante Antwort auf die alte Frage, ob bei Ez 37,3 schon eine Hoffnung auf Auferstehung der Toten mitschwinge.

5. Theologische und praktische, bzw. spirituelle Auslegungen⁷⁰

Die Wirkungsgeschichte von Ez 37 belegt eindrücklich, dass man schon sehr früh mit diesem Text eine Hoffnung auf Auferstehung der Toten verbunden hat; das gilt zwar nur eingeschränkt für die jüdische Tradition, dafür um so mehr für die christliche, wobei den Kirchenvätern eine wichtige Rolle zukommt.⁷¹ Darüber hinaus gibt es auch bildliche Darstellungen der Szene, welche die Perspektive der Auferstehung enthalten. Aus dem jüdischen Bereich stammen die berühmten Wandmalereien in der Synagoge von Dura Europos,⁷² aus dem christlichen die Reliefdarstellung auf einem Grabmal in Dara. Bei letzteren ist dazu interessant, dass es in der Nähe eine Grabinschrift gibt, welche Jes 26,19, einen weiteren klassischen Beleg der Auferstehungshoffnung, zitiert.⁷³

---

69 Vgl. zum Folgenden Eynde, Sabine van den, Interpreting „Can These Bones Come Back to Life?" in Ezekiel 37,3: The Technique of Hiding Knowledge, OTEs NS 14 (2001), 153–165.
70 Es möge mir nachgesehen werden, dass ich diesen großen Bereich nur andeutungsweise behandle.
71 Für eine kurze Zusammenfassung der Auslegungs- und Wirkungsgeschichte vgl. Greenberg, Ezekiel 21–37 (s. Anm. 6), 749ff, sowie ausführlicher Block, Ezekiel 24–48 (s. Anm. 54), 388–392. Die wichtigsten Belege aus den Schriften der Kirchenväter sind bequem zusammengestellt in: Knabenbauer, Joseph, Commentarius in Ezechielem Prophetam, CSS III/3, Paris 1890, 380.
72 Für eine Diskussion der Fresken unter Heranziehung eines Qumranfragments aus Pseudo-Ezechiel (4Q385 2) vgl. Philonenko, Marc, De Qoumrân à Doura-Europos: La vision des ossements desséchés (Ézéchiel 37,1–4), RHPhR 74 (1994), 1–12; dort ist auch die wichtigste Literatur zu den Fresken allgemein angeführt.
73 Vgl. dazu Eid, Volker, Ezechielvision 37,1–14. Eine Reliefdarstellung aus dem 6. Jahrhundert in Dara-Anastasioupolis, Türkisch-Nordmesopotamien, BN 83 (1996), 22–34.

Auf diesem Hintergrund wird verständlich, dass Ez 37 in theologischen Abhandlungen zur Frage der Hoffnung auf Auferstehung nicht fehlen kann. Im Besonderen geht es darum, ob der Text schon als Beleg dafür gelten kann, dass Ezechiel bei seinen Hörern bereits eine rudimentäre Hoffnung auf Auferstehung voraussetzen konnte.[74] Meist ist die Antwort negativ, wenn auch darauf hingewiesen werden kann, dass es in den Elija- und Elischa-Erzählungen Totenerweckungen gibt (1 Kön 17,17–24; 2 Kön 4,31–37), welche den Hörern bekannt sein konnten. Aber historisch-kritisch betrachtet ist die primäre Botschaft des Textes einfach diese, dass ‚Israel' aus dem Exil heimkehren und als Gottesvolk wiedererstehen wird.[75] Neuere Studien jedoch gehen über diese isolierte Sicht des Textes hinaus und zeigen, dass im Kontext der Bibel gesehen der Konnex zu einer Hoffnung auf Auferstehung durchaus gegeben ist.[76] Als Angelpunkt wird dabei die schillernde Verwendung von רוח genommen, die u.a. den Bezug zur Schöpfung herstellt – vor allem neben Gen 2,7 auch zu Gen 1,2 – und damit die Perspektive zu einer Neuschöpfung öffnet, wenn der „Geist" wiederum wirksam wird.[77] Unterstützt wird diese Sichtweise noch dadurch, dass der in Ez 37 vor Augen geführte Übergang vom Tod zum Leben auch jenen von Sünde zu Gnade enthält und auf diese Weise wiederum über die historische Einbettung hinausführt. Letzterer Übergang ist in der exegetischen Tradition öfters gesehen worden, hat aber erst in den neueren synchronen Auslegungen wieder mehr an Bedeutung gewonnen, methodisch ausdrücklich reflektiert von Paul Ricoeur.[78] Vor allem ist es der

---

Von besonderem Interesse sind die Vergleiche mit den Fresken von Dura Europos und anderen frühen Darstellungen (29ff.).

74 Als Paradebeispiel für diese Art der Fragestellung sei die Untersuchung von Haag, Herbert, Was lehrt die literarische Untersuchung des Ezechiel-Textes? Eine philologisch-theologische Studie, Freiburg/Schweiz 1943, bes. 51ff. genannt. Beachtenswert ist, wie Haag den verschiedenen Gebrauch von רוח für seine Argumentation einsetzt und dabei vorwegnimmt, was spätere Untersuchungen wiederholen; vgl. z.B. Wagner, Siegfried, Geist und Leben nach Ezechiel 37,1–14, ThV 10 (1979), 53–65.

75 Vgl. dazu aber die differenzierte Sicht von Bartelmus, Ezechiel 37,1–14 (s. Anm. 19), die durchaus eine Brücke zur Tradition herstellt.

76 Vgl. zum Folgenden vor allem Block, Daniel I., Beyond the Grave: Ezekiel's Vision of Death and Afterlife, BBR 2 (1992), 113–141; LaCocque, André, From Death to Life, sowie Ricoeur, Paul, Sentinel of Imminence, in: LaCocque, André – Ricoeur, Paul, Thinking Biblically. Exegetical and Hermeneutical Studies, Chicago 1998, 141–164 bzw. 165–183; Chester, Andrew, Resurrection and Transformation, in: Avemarie, Friedrich u.a. (Hg.), Auferstehung – Resurrection. The Fourth Durham-Tübingen Research Symposium Resurrection, Transfiguration and Exaltation in Old Testament, Ancient Judaism and Early Christianity (Tübingen, September, 1999), WUNT 135, Tübingen 2001, 47–77. Ein älteres Beispiel ist Haag, Ernst, Ez 37 und der Glaube an die Auferstehung der Toten, TThZ 82 (1973), 78–92.

77 Eine eingehende Untersuchung des Begriffes bringt jetzt der Aufsatz von Hosch, Harold E., *RÛAḤ* in the Book of Ezekiel: A Textlinguistic Analysis, JOTT 14 (2002), 77–125.

78 Vgl. Ricoeur, Sentinel (s. Anm. 76), bes. 180ff. Für die ältere Exegese vgl. Knabenbauer, Commentarius (s. Anm. 71), 380: „cum visio haec de ossibus aridis ad domum Israel ap-

Begriff „Leben", der dabei eine entscheidende Rolle spielt. Ricoeur formuliert den Sachverhalt so: „There are so many ways to return from death to life! It is with regard to the word life that meaning in the end turns out to be inexhaustible."[79]

Auf dieser Linie bewegen sich auch die spirituell-praktischen Auslegungen, von denen noch kurz einige Beispiele angeführt seien. Als erstes eines aus der Feder des Gefeierten, der den Text im Kontext der liturgischen Lesungen des Pfingstfestes aktualisiert und betont, dass in ihm „über Ezechiel hinaus gültig die Spannung zwischen den Erfahrungen menschlicher Ohnmacht und Hoffnungslosigkeit und den unabsehbaren, schöpferischen Möglichkeiten des Geistes Gottes" zusammen gefasst sind.[80] Den Akzent auf den Geist in seinen verschieden Funktionen legt auch Manfred Görg in seiner Auslegung,[81] Christopher Seitz hingegen hebt hervor, dass die Errettung Israels vom Zustand des äußersten Todes gänzlich vom (Schöpfer-)Wirken Gottes abhängt.[82] Den ganzen Bereich der Heilsverkündigung deckt der Aufsatz von Ian Sloan ab, wobei er die spirituelle Grundlinie der Texte in der Bekehrung und Rückkehr Israels in die Bundesgemeinschaft mit Gott sieht.[83] Schließlich ist noch eine Auslegung von Dieter Andresen zu nennen, die anlässlich einer ökumenischen Begegnung als ‚Bibelarbeit' vorgetragen wurde.[84] Sie entfaltet zunächst in groben Linien die Umstände und die Perspektiven der Verkündigung Ezechiels und zeigt dann anhand von Ez 37,1–14, dass Gott die Rettung Israels will und sie um seines Namens willen auch vollbringen wird; Abbild dafür ist die Vision. Soweit ein Überblick über die mir zugänglichen neueren Auslegungen dieses berühmten Textes.

Zusammenfassung

Wenn man aus der obigen Darstellung der neueren Untersuchungen zu Ez 37 einige Schlüsse ziehen will, so wird man einmal festhalten können, dass zwar häufig die Einheitlichkeit des Textes in Frage gestellt wurde, aber die vor-

---

plicetur quae propter peccata sit in exsilium eiecta, alii eam ad peccatores quoque accomodant." Anschließend zitiert Knabenbauer die Auslegung von Hector Pintus. Für ein weiteres Beispiel aus der neuesten Literatur vgl. Eynde, Interpreting (s. Anm. 69), bes. 161.
79 Ricoeur, Sentinel (s. Anm. 76), 183.
80 Marböck, Johannes, Wort – Geist – Leben. Gedanken zu Ez 37,1–14 (Pfingstvigil), ThPQ 131 (1983), 93–95, 95.
81 Görg, Manfred, Ezechiel 37,1–14 (Pfingsten, Vorabend), in: Schreiner, Josef u.a. (Hg.), Die alttestamentlichen Lesungen der Sonn- und Feiertage. Auslegung und Verkündigung: Lesejahr B, 2, Würzburg 1970, 159–164.
82 Seitz, Christopher R., Ezekiel 37:1–14, Interp. 46 (1992), 53–56.
83 Sloan, Ian B., Ezekiel and the Covenant of Friendship, BTB 22 (1992), 149–154.
84 Andresen, Dieter, Bibelarbeit zu Ezechiel 37,1–14, TeKo 23 (2000), 15–30.

geschlagenen Erklärungen der Textentstehung gehen – nicht zuletzt wegen ihrer Voraussetzungen – doch recht unterschiedliche Wege. Weiters ist zu bemerken, dass diachrone Analysen neuerdings oft zurückgestellt und durch synchrone ersetzt werden; letztere gehen dann von der Einheitlichkeit des Textes aus und versuchen diese durch Beobachtungen zur Struktur abzusichern. Allerdings kommen auch diese Untersuchungen aufgrund ihrer jeweiligen Ansätze zu unterschiedlichen Ergebnissen. Schließlich kann man noch eine Gruppe von Auslegungen isolieren, welche auf der Basis des Endtextes nur nach der theologisch-spirituellen Aussage des Textes fragt. Insgesamt scheint es die Tendenz zu geben, die synchrone Betrachtungsweise in den Vordergrund zu stellen und Fragen der Diachronie für irrelevant zu erklären. Diese Beobachtungen entsprechen den Ergebnissen der Studien zu kontextueller Hermeneutik, die jüngst Ralf Huning im Überblick beschrieben hat.[85] Offenkundig ist demnach zum einen die Diskrepanz zwischen deutsch- und englischsprachiger Exegese: „Das lange Zeit dominierende historische Paradigma, das produktionsästhetisch ganz auf die Entstehung der Texte konzentriert ist, hat in der englischsprachigen Bibelwissenschaft sehr an Einfluss verloren, während es in der deutschsprachigen bis heute führend ist. Dagegen wurde seit den 70er Jahren des vergangenen Jahrhunderts das linguistische Paradigma (Konzentration auf den Text und seine Strukturen) immer stärker..."[86] Zum anderen erscheint, wie Huning weiter berichtet, die westliche Bibelwissenschaft angesichts anderer Leseweisen als ‚abstrakt' und ‚kontextlos';[87] das betrifft nicht nur die Methode, sondern auch die Wirkung in der Gesellschaft.[88] Allerdings lässt die immer stärker werdende, mit großer Sorgfalt zu führende Auseinandersetzung mit anderen Leseweisen darauf hoffen, dass den vertrockneten Auslegungen neues Leben eingeblasen wird.

Es ist nicht verwunderlich, wenn sich der eben geäußerte Wunsch bei einem derart prominenten Text fast gleichzeitig erfüllt. Deshalb ist es notwendig, einen Nachtrag über mittlerweile erschienene Studien anzufügen.

Als erste ist die gründliche Analyse von Rudolf Mosis zu nennen,[89] welche erneut eine Lösung für das Problem sucht, dass das von JHWH eingeleitete Verfahren der Wiederbelebung der Totengebeine im Disputationswort von V. 11–14 praktisch keine Rolle mehr spielt, sodass sich die Annahme

---

85 Huning, Ralf, Die eine Heilige Schrift und die vielen Leser und Lektüren, ÖR.B 72 (2002), 260–276.
86 Huning, Schrift (s. Anm. 85), 264.
87 Vgl. Huning, Schrift (s. Anm. 85), 266, vor allem das ausführliche Zitat aus dem Vorwort von Dietrich, Walter und Luz, Ulrich in dem von ihnen herausgegebenen Buch: Bibel im Weltkontext. Lektüren aus Lateinamerika – Afrika – Asien, Zürich 2002.
88 Vgl. dazu den Tagungsbericht von Bormann, Lukas, Bibelauslegung als Kraft gesellschaftlicher Änderung, Informationes Theologiae Europae 11 (2002), 159–169.
89 Mosis, Rudolf, Ezechiel 37,1–14: Auferweckung des Volkes – Auferweckung von Toten, in: Brandscheidt, Renate u.a. (Hg.), Schöpfungsplan und Heilsgeschichte. Festschrift für Ernst Haag zum 70. Geburtstag, Trier 2002, 123–173.

nahe legt, der Text könnte nicht einheitlich verfasst sein. Mosis geht diesem Verdacht bis ins Detail nach und versucht zunächst in einem ersten Teil zu begründen, dass der gesamte Visionsteil von V. 4–10 einen sekundären Einschub darstelle, weil er sich sowohl inhaltlich wie auch stilistisch erheblich von V. 11–14 unterscheide und zudem der Prophet darin eine andere Rolle spiele.[90] Die angeführten Gründe leuchten im allgemeinen ein, jedoch wird man hinzufügen können, dass auch V. 3 zur Ergänzung gehören dürfte. Denn hier stellt JHWH dem Propheten genau jene Frage, welche den eigentlichen Auslöser für die nachfolgende Wiederbelebung bildet, während sie für das Disputationswort in V. 11–14 kaum etwas beiträgt. Die formgeschichtlichen Überlegungen von Mosis, dass die Frage von V. 3 ähnlich einzustufen sei wie die Vergewisserungsfragen in den Visionen von Jeremia und Amos,[91] überzeugen nicht, weil das Disputationswort nicht dieser Einleitung bedarf; dieses hat vielmehr im Zitat der Leute V. 11b seinen eigentlichen Auslöser. Außerdem ist kein so deutlicher inhaltlicher Zusammenhang mit dem Disputationswort erkennbar wie zum visionären Geschehen der Wiederbelebung, welches ja letztlich die an den Propheten gerichtete Frage entscheidet. Darum erscheint es logisch, V. 3 zum Einschub zu rechnen.

Ausführlich behandelt Mosis auch die Frage der Einheitlichkeit des Visionsberichtes selbst (V. 4–10), wobei er sich mit den bisherigen Vorschlägen, insbesondere jedoch mit der Studie von Bartelmus auseinandersetzt und mit neuen Gründen die Einheitlichkeit des Textes verteidigt.[92] Sachlich schließt Mosis sich aber der Meinung von Bartelmus an, dass der Visionsbericht aus makkabäischer Zeit stammen könnte und eine allgemeine Hoffnung auf Auferstehung bezeuge „als Verheißung einer endzeitlichen Neuschöpfung".[93] Eine solche Deutung des Visionsberichtes wäre m.E. aber nur dann zutreffend, wenn der Text auf das Disputationswort folgte; nach der gegebenen Anordnung des Textes steht der Visionsbericht nicht isoliert, sondern er führt vielmehr hinüber zum Disputationswort und bereitet damit dessen Aussage vor. D.h., der Visionsbericht kann letztlich nicht von den besonders in V. 11 vom „Haus Israel" angesprochenen Problemen der Exilszeit abgehoben betrachtet werden. Wenn er also als Einschub deklariert wird, dann muss seine Funktion im Zusammenhang mit diesen Problemen gesehen werden. Dass die lange Dauer des Exils genügend Probleme aufgeworfen und deshalb Anlass für eine ‚demonstrative Verstärkung' einer ursprünglichen Verheißung geboten haben kann, ist leicht nachvollziehbar.

Einer einheitlichen Lektüre von Ez 37,1–14 ist die zweite größere Untersuchung der Perikope verpflichtet; sie ergibt sich zu einem Teil bereits aus dem Thema, das Achim Behrens gewählt hat: „Prophetische Visionsschilde-

---

90 Vgl. Mosis, Ezechiel 37,1–14 (s. Anm. 89), 138.
91 Vgl. Mosis, Ezechiel 37,1–14 (s. Anm. 89), 140–141.
92 Vgl. Mosis, Ezechiel 37,1–14 (s. Anm. 89), 151–162.
93 Mosis, Ezechiel 37,1–14 (s. Anm. 89), 171.

rungen im Alten Testament".[94] Im Vordergrund steht die formale Beschreibung von Ez 37,1–14, welche erlauben soll, diesen Text trotz des geringen Anteils an typischen Formelementen der Gattung der Visionsschilderungen zuzuweisen. Das Hauptgewicht der Argumentation liegt im Aufweis eines planvollen Aufbaus des Textes, der sich deutlich in dem Rahmen (V. 1–3 als „Exposition" und V. 14 als „abschließende Zusammenfassung") und den von ihm umschlossenen dreiteiligen Dialogteil erkennen lasse.[95] Bemerkenswert ist, dass Behrens in seiner Argumentation den von anderen beanstandeten „auffallend häufigen Gebrauch des sog. ו-Perfekts" als „eine *sprachliche* Eigentümlichkeit"[96] wertet, welche für den ebenmäßigen Aufbau spreche. Darüber hinaus lässt sich nach Behrens vom Inhalt her zeigen, dass die Redeteile sorgfältig aufeinander bezogen sind.[97] Schließlich wird die Einheitlichkeit des Textes noch mit Hilfe eines Text- und Strukturblattes veranschaulicht.[98] Gleichzeitig wird anhand von diesem unterstrichen, dass die Struktur von Ez 37,1–14 der Gattung einer prophetischen Visionsschilderung entspricht, auch wenn manche idealtypischen Elemente nicht belegt sind. Zu diesen gehören u.a. eine Einleitung mit Hilfe einer Form von ראה und eine entsprechende Schilderung des Geschauten, eingeführt etwa mit והנה.[99] Deshalb muss Behrens zugeben: „In formgeschichtlicher Hinsicht macht die Schilderung der Schau in Ez 37,1f. also geradezu einen ‚verkümmerten' Eindruck gegenüber dem mit V. 3–14 breit und kunstvoll ausgeführten Dialogteil." Dieser Eindruck ergibt sich nach Behrens aber deshalb, weil es in Ez 37 nicht in erster Linie um „eine ausführliche Schilderung des Gesehenen" geht, sondern „vielmehr um eine Heilsverheißung, die mit einem visionären Gleichnis illustriert wird",[100] weil der in V. 11 so drastisch ausgedrückten Mutlosigkeit des Volkes begegnet werden soll. Damit kommt Behrens der Ansicht von Zimmerli sehr nahe, dass V. 11 einen wesentlichen Anteil an der Ausbildung der Vision hat.

Der historische Ort von Ez 37 ist das babylonische Exil. Offen bleibt für Behrens aufgrund des Vergleichs mit den anderen Visionsschilderungen im Buch Ezechiel (Ez 1–3 und 8–11) nur, ob nicht auch Ez 37,1–14 kleinere

---

94 Behrens, Achim, Prophetische Visionsschilderungen im Alten Testament. Sprachliche Eigenarten, Funktion und Geschichte einer Gattung, AOAT 292, Münster 2002.
95 Vgl. Behrens, Visionsschilderungen (s. Anm. 94), 253–256.267–268; Zitat 253.
96 Behrens, Visionsschilderungen (s. Anm. 94), 256. Mosis setzt sich dagegen sehr gründlich mit der These von Bartelmus auseinander, nach welcher die waw-Perfektformen Beleg für ein späteres Sprachempfinden sind und daher literarkritische Entscheidungen stützen. Ausgehend von der inkonsequenten Beurteilung der waw-Perfektform in V. 2a weist Mosis nach, dass die waw-Perfektformen einen literarkritischen Eingriff nicht abzusichern vermögen: vgl. Mosis, Ezechiel 37,1–14 (s. Anm. 89), 151–156.
97 Vgl. Behrens, Visionsschilderungen (s. Anm. 94), 257–261.
98 Vgl. Behrens, Visionsschilderungen (s. Anm. 94), 262–263.
99 Vgl. Behrens, Visionsschilderungen (s. Anm. 94), 264.
100 Behrens, Visionsschilderungen (s. Anm. 94), 266.

Spuren von Fortschreibung enthalte und daher eher in die spätexilische Zeit gehöre.[101] Diese Überlegungen sind m.E. deshalb interessant, weil auch bei einer Betonung der Einheitlichkeit des Textes Raum für eine mögliche Fortschreibung bleibt, welche bestehende Texte akzentuiert.

Die kleine Studie von Saul M. Olyan zu Ez 37,11,[102] welche die Zweifel und Nöte herausarbeitet, die hinter der Aussage der Exilierten stehen könnten, stellt deutlich vor Augen, dass eine Heilsbotschaft nicht so leicht angenommen werden konnte. Denn die Assoziationen, welche sich aus den Parallelstellen von Ez 37,11 ergeben, deuten nach Olyan darauf hin, dass sich die Verbannten tatsächlich wie Tote vorkommen mussten, die im unreinen Fremdland befindlich Gott nicht mehr verehren können und sich daher nicht nur von allen Bundeszusagen getrennt, sondern sogar von JHWH vergessen fühlen. Eine Hoffnung auf Rückkehr in das Land der Väter erscheint ihnen somit gänzlich ausgeschlossen.

Auch wenn diese Studie nur umrisshaft die Probleme der Exulanten beschreiben kann, so leistet sie doch einen wichtigen Beitrag für eine rechte Wahrnehmung der Belastung, welcher der Glaube Israels ausgesetzt war. Vielleicht sollte man doch diese zuerst als den Anlass verstehen, welcher aufgrund der langen Dauer des Exils zur Fortschreibung der ezechielischen Botschaft nötigte,[103] bevor man ausweicht in eine spätere Zeit und dort passende Probleme sucht.[104] Denn soviel wird aus der gebotenen Forschungsgeschichte auf jeden Fall deutlich, dass trotz einer gewissen Kompaktheit von Ez 37 eine Bearbeitung in Form einer Verdeutlichung der Heilsbotschaft durchaus vertretbar ist. Es kann und darf m.E. nicht darum gehen, historisch-kritische Forschung als Gegensatz zu einer ‚ganzheitlichen Lektüre' welcher Form auch immer zu sehen, sondern vielmehr darum, in welcher Weise die eine Lesart die andere(n) ergänzen kann, damit die Botschaft eines so großartigen Textes möglichst umfassend wahrgenommen wird.

---

101 Vgl. Behrens, Visionsschilderungen (s. Anm. 94), 269–271.
102 Olyan, Saul M., „We Are Utterly Cut Off": Some Possible Nuances of נגזרנו לנו in Ezek 37:11, CBQ 65 (2003), 43–51.
103 Vgl. zuletzt dazu Dijkstra, Valley (s. Anm. 68).
104 Die Suche nach einem historischen Ort kann sich auch auf eine gegenwärtige Erfüllung beziehen, wie bereits eingangs erwähnt (s. oben Anm. 1). Neuestens behandelt diese Frage im Anschluss an eine Exegese von Ez 37,14 ausdrücklich Heller, Bodo, Die Wiederherstellung Israels. Eine Exegese über Ezechiel 37,1–14, in: Koppelin, Frank u.a. (Hg.), Neue Einsichten in alte Texte. Exegetische Studien zum Alten Testament, Jahrbuch des Martin-Bucer-Seminars 2, Bonn 2002, 59–84, bes. 79–81.

Schöpfungsfrömmigkeit in Ps 104 und bei Jesus Sirach

Frank-Lothar Hossfeld

Unter den sogenannten Schöpfungspsalmen (Ps 8; 19; 104; 148) ist Ps 104 der umfangreichste. Unter dem Blickwinkel der Rezeption zählt er seit langem zu den klassischen Schöpfungstexten wie etwa der Große Aton-Hymnus aus der Amarnazeit, mit dem er immer wieder verglichen wird, oder der Sonnengesang des Hl. Franziskus. An Ps 104 wird die poetische Kraft und die ganzheitliche Sicht des Kosmos gerühmt, Aspekte, die in der ökologischen Debatte nach wie vor eine Rolle spielen.[1] Im Psalter steht er im vierten Psalmenbuch Ps 90–106.

Einerseits wird er durch die anerkannt sekundäre Rahmung mit Hilfe der Selbstaufforderung „Preise, meine Seele, den JHWH" in Ps 104,1.35 an Ps 103 und damit an die kleine Trias von Davidpsalmen Ps 101; (102;) 103 angeschlossen. Mit Ps 103 verbindet ihn die Gottesvorstellung vom Königtum JHWHs vornehmlich in Ps 103,19–22 und Ps 104,1–4, sowie das anthropologische Interesse besonders in Ps 103,5.14.15–18 und Ps 104,13f.24.27–30.[2] Andererseits wird er durch den ihn abschließenden Halleluja-Ruf (Ps 104,35; 105,45; 106,1.48) zum Eröffnungspsalm der Trias von Geschichtspsalmen 104–106 gemacht, die die gesamte Geschichte vom Schöpfungsanfang bis zum Exil in den Blick nimmt. Die Halleluja-Rahmung bzw. -Reihung setzt sich fort in den Psalmen 111–117; 135 und dann vor allem im Schlusshalleluja Ps 146–150. Wahrscheinlich ist sie vom Schlusshalleluja nach vorne getragen worden. Dieses Faktum korrespondiert mit dem Nachleben von Ps 104 gerade in den Ps 145–147, die anthologisch den Schöpfungspsalm aufgreifen. Für Qumran gilt das Urteil von U. Dahmen: „Ps 104 (ist) neben Ps 119 der in Qumran am häufigsten belegte Psalm und zeigt bereits

---

1 Vgl. dazu den für die Exegese von Ps 104 weichenstellenden Artikel von Steck, Odil H., Der Wein unter den Schöpfungsgaben. Überlegungen zu Ps 104, in: ders., Wahrnehmungen Gottes im Alten Testament. Gesammelte Studien, TB 70, München 1982, 240–261.
2 Vgl. Zenger, Erich, Das Weltenkönigtum des Gottes Israels (Ps 90–106), in: Lohfink, Norbert – Zenger, Erich, Der Gott Israels und die Völker. Untersuchungen zum Jesajabuch und zu den Psalmen, SBS 154, Stuttgart 1994, 151–178, bes. 172–177; Hossfeld, Frank-Lothar, Ps 89 und das vierte Psalmenbuch (Ps 90–106), in: Otto, Eckart u.a. (Hg.), „Mein Sohn bist du" (Ps 2,7). Studien zu den Königspsalmen, SBS 192, Stuttgart 2002, 173–183.

dadurch seine Wichtigkeit bzw. Beliebtheit an."[3] Aus diesen Gründen mag es sinnvoll erscheinen, den intertextuellen Verbindungen von Ps 104 in Richtung Jesus Sirach nachzugehen. Der Siracide ist ja das Lebensthema des zu Ehrenden, der sich selbst in seiner Forschung wie in seinem Habitus dem Ideal des „schriftgelehrten Weisen" mehr und mehr annäherte. Die punktuellen Verbindungen werden hier unter vier Themen gebündelt und betrachtet: Gottesbild, Kosmos, Anthropologie und Gotteslob. Dabei wird Ps 104 in seinem vorliegenden Text verglichen. Die durchaus im Text des Psalms begründete Literar- und Redaktionskritik wird hier nicht vorgeführt.

1. Das Gottesbild von Ps 104 bei Jesus Sirach

Das komplexe Gottesbild des umfangreichen Sirachbuches wird hier nur selektiv von Ps 104 her verfolgt. Wie oben schon angedeutet, schildert Ps 104 gleich zu Anfang JHWH als König, ohne im ganzen Psalm den Begriff zu gebrauchen. Aber die Indizien sprechen eindeutig für dieses Gottesbild: Die „Größe" gehört zu den königlichen Eigenschaften. JHWHs Investitur mit „Hoheit, Pracht, Licht" spricht dafür. Der gezimmerte himmlische Palast mit seinen Obergemächern ist ein weiteres Zeichen für seine königliche Stellung. Schließlich gehört zum König der Hofstaat, der hier in Ps 104 durch die kosmischen Boten und Diener, die Winde und Blitze, repräsentiert wird (vgl. insgesamt V. 1–4). Ähnlich indirekt klingt die Königsvorstellung in Sir 1,8 (der Herr sitzt auf seinem Thron) an. Hinzunehmen ist noch Sir 46,17, „wo 1 Sam 7,10 (in Kombination mit 2 Sam 22,14 par. Ps 18,14) aufgenommen ist" und „sich eine Anspielung auf die Wohnsitz-Vorstellung erkennen (lässt)"[4]. Vorherrschend in Ps 104 wie bei Sirach ist die Vorstellung von Gott als Schöpfer sowohl im Blick auf die prima creatio wie die creatio continua. Ps 104 bringt das unter anderem durch sein Leitwort עשה (V. 4.13.19) und den Bewunderungsruf V. 24 „wie zahlreich sind deine Werke, JHWH, sie alle hast du in Weisheit gemacht, voll ist die Erde von deinen Gütern" zum Ausdruck. Bei Sirach ist dies die vorherrschende und durchgehende Vorstellung (vgl. Sir 7,30; 24,8; 43,28); in Sir 2,18 und 18,4ff. ist das Schöpferwirken mit dem Königsepitheton der „Größe" verbunden. Neben diesen allgemeineren Beschreibungen Gottes fallen einige parallele besondere Tätigkeiten des Königsgottes und Schöpfers auf. In Sir 43,23–25 bändigt Gott das chaotische Meer, das von schauderverursachender Weite ist und von allerlei

---

3 Dahmen, Ulrich, Psalmen- und Psalter-Rezeption im Frühjudentum. Rekonstruktion, Textbestand, Struktur und Pragmatik der Psalmenrolle 11QPs^a aus Qumran, Habil. masch. Bonn 2002, 104.

4 Bartelmus, Rüdiger, šāmajim – Himmel. Semantische und traditionsgeschichtliche Aspekte, in: Janowski, Bernd u.a. (Hg.), Das biblische Weltbild und seine altorientalischen Kontexte, FAT 32, Tübingen 2001, 87–124, 118.

Getier und Ungeheuern belebt ist. Diese Schilderung erinnert an die uranfängliche Bezwingung der chaotischen Wasserfluten aus Ps 104,5–9 und die analoge Schilderung der Weite des Meeres mit seinen wimmelnden kleinen und großen Tieren (Ps 104,25–26).

Gegenüber den harmonischen Beziehungen JHWHs zu seiner Schöpfung im Löwenanteil des Psalms zeigt dieser am Ende auch Störungen der Harmonie an. Dazu zählt das zornige Anblicken der Erde, das wie bei einer Theophanie Beben und beim Berühren der Berge vulkanischen Rauch auslöst (Ps 104,32). Bei Sirach wird das Motiv des Anblickens der Erde bzw. Schöpfung mehrfach ausdifferenziert: In 16,29 blickt der Herr fürsorglich auf die Erde und füllt sie mit seinen Gütern. Das entspricht der Zuwendung Gottes durch sein Geben und durch die Öffnung seiner Hand in Ps 104,28. Zur gleichen Art des Anblickens zählt auch Sir 39,20: „Von Ewigkeit her zu Ewigkeit blickt er aufmerksam zu. [Und nicht ist] messbar sein rettendes Tun. Nichts ist zu klein oder zu gering bei ihm. Und nichts zu wunderbar und zu mächtig für ihn."[5]

Dem positiven Anblicken Gottes steht das negative gegenüber. Gottes Augen schauen prüfend auf das Tun des Menschen (Sir 15,19), wie deren Wege nicht verborgen vor seinen Augen sind (Sir 17,15), weil seine Augen zehntausendmal heller sind als die Sonne (Sir 23,19). Vor allem löst sein Anblicken im Kosmos vom höchsten Himmel über Meer und Land bis zu den Fundamenten von Bergen und Erde ein Wanken und Beben aus (Sir 16,18f.). Hier finden sich also die Topoi der Theophanieschilderung wie in Ps 104,32 (s.o.). Zugleich erinnert es an das Verstörtsein der Geschöpfe in Ps 104,29a, wenn Gott sein Angesicht abwendet bzw. verbirgt und seine lebengewährende Zuwendung entzieht.

Im reflektierenden und zusammenfassenden Schlussabschnitt Ps 104,27–30 versorgt der Schöpfer seine Geschöpfe mit Nahrung zur rechten Zeit (V. 27; vgl. noch Ps 145,15). Der Beter hat das vorher an einzelnen Beispielen demonstriert: Gott hat Pflanzen sprossen lassen, durch deren Weiterverarbeitung der Mensch seine Lebensmittel produziert (V. 14f.) oder nachts werden die Junglöwen mit Beute-Nahrung versorgt (V. 21). Die „rechte Zeit" meint hier den in der Schöpfungsordnung bzw. den in der Natur festgesetzten Zeitpunkt, genau so wie zu diesem Kairos der am Wasser gepflanzte Baum seine Frucht hervorbringt (Ps 1,3). Sirach hat dieses Theologumenon von der „rechten Zeit" in seiner Theodizeeperikope Sir 39,16–35 aufgegriffen und zum Programmwort und Rahmen gemacht (V. 16.33): „[Die Werke] Gottes: Sie alle sind gut. Und einen jeden Zweck erfüllen sie reichlich zur rechten Zeit."[6] Im Bewunderungsruf von Ps 104,24a werden die Fülle und die weise Herstellung aller Werke Gottes gerühmt. Dieses Lob verbindet Sirach mit

---
5 Text nach Reitemeyer, Michael, Weisheitslehre als Gotteslob. Psalmentheologie im Buch Jesus Sirach, BBB 127, Berlin 2000, 361f.
6 Text nach Reitemeyer, Weisheitslehre (s. Anm. 5), 361–363.

seiner Lehre von der „rechten Zeit". Das Programmwort von V. 16.33 erfasst die Gesamtheit der Werke Gottes und hebt auf ihre Gutheit, d.h. Zweckmäßigkeit, ab im Sinne der Billigungsformel aus Gen 1 („und es war [sehr] gut") und konkretisiert diesen Zweck in der Wirkung der Werke zum beabsichtigten Zeitpunkt. „Es geht um die Zeit als ‚given occasion', in der das jeweilige Geschehen zu seiner wahren, letztlich von Gott intendierten Wirkung kommt und sich damit in seiner Zweckhaftigkeit und Güte erweist."[7] In den Ausführungen über den rechten Zeitpunkt für Reden und Schweigen (Sir 20,1–6.7–20) macht Sirach die „rechte Zeit" zum Handlungsprinzip des weisen Menschen: „Die rechte Zeit einzuhalten, ist ein die Schöpfung bestimmendes und zum guten Verlauf drängendes Erfordernis."[8] Der Hinweis auf die spezifische Abwandlung des Theologumenons bei Kohelet darf nicht fehlen. Der biblische Philosoph formuliert unter Einfluss der griechischen Kalokagathie den gleichen Grundgedanken: „Gott hat das alles zu seiner Zeit *schön* gemacht" (Koh 3,11).

2. Die Vorstellungen zum Kosmos

Ps 104 gehört wie Ps 148 und Ijob 38 zu den „kosmologisch gegliederten Textkompositionen"[9] (vgl. V. 1–4: Himmel, V. 5–23: Erde, V. 25–26: Meer). Diese Dreiteilung des Kosmos wird von Sirach vorausgesetzt (s.o. zum himmlischen Wohnsitz Gottes). In Sir 16,18–19 unterscheidet er im Kosmos den gestuften Himmel, das Meer und das Land, das er sich wohl auf einer Ebene vorstellt, und den Untergrund der Berge zusammen mit den Grundfesten der Erde. Im Selbstlob der Weisheit (Sir 24,1–22) beschreibt die Weisheit ihren Weg von Gott (V. 3) über die Schöpfung (V. 4–7) zum Volk Israel (V. 8–22)[10]. In V. 5–6 beschreibt sie den Bereich ihrer Anwesenheit zuerst in der Vertikalität von Himmel und Tiefe des Abgrundes (vgl. Ps 104,2–4.5–6), dann in der Horizontale von Fluten des Meeres und allem Land (vgl. Ps 104,24.25–26, wo ebenso beide einem Bereich bzw. einer Ebene zugehören).

Ein weiterer kleiner Einzelzug in der Darstellung der Schöpfung fällt auf. Ps 104 schildert zweimal das Leben der Vögel des Himmels, die in den Bachtälern im Gezweig der Bäume zwitschern (V. 12) und in den oberen Bergregionen in den Zedern des Libanon ihre Nester bauen (V. 16f.). Diese Szenen müssen imponiert haben. Sirach greift sie in der Seligpreisung des weisheitssuchenden Menschen (14,20–27) auf. Die Weisheit wird als stattli-

---

7 So Reitemeyer, Weisheitslehre (s. Anm. 5), 375.
8 Schreiner, Josef, Jesus Sirach 1–24, NEB.AT 38, Würzburg 2002, 109.
9 Dazu Krüger, Annette, Himmel – Erde – Unterwelt. Kosmologische Entwürfe in der poetischen Literatur Israels, in: Janowski, Weltbild (s. Anm. 4), 65–83, 77f.
10 Vgl. den Aufriss bei Marböck, Johannes, Das Buch Jesus Sirach, in: Zenger, Erich u.a., Einleitung in das Alte Testament, KStTh 1,1, Stuttgart u.a. [4]2001, 363–370, 365.

cher Baum gemalt, in dem der Weise wie ein Vogel des Himmels Nester baut und in dessen Gezweig er übernachtet (vgl. noch die Baumbilder in Ez 17,23; 31,6a und Ps 1,3 s.o.). Nicht von ungefähr lebt das Bild fort im synoptischen Gleichnis vom Senfkorn (Mk 14,32 parr.).

Unter den Schöpfungsgaben spielt die häufiger belegte Dreierliste der von Gott geschenkten und vom Menschen bearbeiteten Lebensmittel Wein, Öl und Brot in Ps 104,15 eine Rolle. Sirach greift sie auf in Sir 39,26 und baut sie ein in seine Behandlung der zehn gebräuchlichen und lebenswichtigen Elemente und Lebensmittel. Dabei ist von besonderer Bedeutung der Wein, dem Sirach in seinem „Knigge" für das Benehmen bei Tisch erhöhte Aufmerksamkeit schenkt. In Sir 31,27f. lobt er ihn als von Anfang an zur Freude erschaffen und als Spender der „Freude des Herzens". Wie der Sprachgebrauch von אנוש, שמח und לב anzeigt, stehen diese Ausführungen unter dem Einfluss des bekannten Spruchs aus Ps 104,15: „Der Wein, der das Herz des Menschen erfreut".

In Ps 104,19 hat die spezifische Behandlung der Schöpfungswerke von Mond und Sonne in der neueren Exegese Aufmerksamkeit erregt. Einmal weicht die Reihenfolge von der üblichen und weitverbreiteten Abfolge Sonne, Mond ab. Diese wird auch in den nahen Parallelen von Gen 1,14–19 und Sir 43,1–9 eingehalten. In Ps 104,19 ist sie kontextbedingt geändert worden, wobei sich der sekundäre V. 19 dem Übergang des Grundtextes von V. 18 nach V. 20 einpasst, was aber hier nicht zu verhandeln ist. Zum zweiten Mal sticht die Funktionsbestimmung des Mondes ins Auge. Sowohl in Ps 104,19 als auch in Sir 43,6f. ist der Mond für die Bestimmung der Festzeiten und Fristen zuständig, während die Sonne als Licht- und Wärmespender gepriesen wird. In der kultisch-kalendarischen Hochschätzung des Mondes kommen Ps 104 und Sir 43,6f. überein.

In der konzentrierten Darstellung der Schöpfungswerke (Sir 16,26–30) klingen einige Passagen aus Ps 104,5–9.24 an. Das Thema der „Werke Gottes" ist übereinstimmend (vgl. noch Ps 104,13). Der Aspekt der Gründung bzw. der creatio prima bestimmt Ps 104,5 und Sir 16,26. Der Aspekt der Festlegung von Aufgaben und Festsetzung der Machtbereiche aus Sir 16,27 ähnelt der Festlegung der Grenze für die chaotischen Wassermassen aus Ps 104,9. Diese Bestimmungen gelten in beiden Texten auf Dauer und sind Ausdruck der Schöpfungsordnung in Raum und Zeit. Die Erfüllung der Erde mit Gottes Gütern in Sir 16,29 spielt wohl auf Ps 104,29b an. Ebenso verweist die Fülle und Vielfalt der sterblichen Lebewesen aus Sir 16,30 auf Ps 104,24a.29b. Die Rede von der „Fläche der Erde" im selben Vers kann ein Nachklang der Rede vom „Angesicht des Erdbodens" aus Ps 104,30 sein. Das spezifische Textproblem des Sirachbundes erschwert im einzelnen den

Vergleich,[11] und selbst mit dem dämpfenden Verweis auf weiter verbreitete Topoi der Kosmosbeschreibung bleibt doch die Kumulation der intertextuellen Bezüge zwischen Ps 104 und dem Sirachbuch beachtlich.

3. Die Anthropologie von Ps 104 und Jesus Sirach

An erster Stelle geht es um die Konstitution des Menschen, die in der Schlussreflexion von Ps 104 in V. 27–30 enthalten ist. Der Mensch im Kreise der Geschöpfe ist wie diese auf die göttliche Versorgung mit Nahrung angewiesen. Seine Natur besteht aus den beiden Komponenten Körper und Lebensatem. Die Erschaffung des Menschen wird in Ps 104 vorausgesetzt, während der Tod bedacht wird. Am Ende des Menschenlebens lösen sich die beiden Komponenten des Menschen auf. Der Körper kehrt zur Erde zurück, wobei dessen Vergänglichkeit durch das Motiv des Staubes unterstrichen wird. Der Lebensatem bzw. der individuelle Geist des Menschen wird von Gott zurückgenommen (so in V. 29). Diese Anthropologie steht unter dem Einfluss von Gen 2,7 und 3,19. Sirach greift sie mehrfach auf: In Sir 17,1 („Der Herr hat die Menschen aus Erde geschaffen und lässt sie wieder zu ihr zurückkehren") hebt er auf die Vergänglichkeit ab und betont die Hinfälligkeit des Körpers. In Sir 40,11 („alles, was von der Erde (stammt), kehrt zur Erde zurück, und was von der Höhe (stammt), zur Höhe") wird verhalten auf Körper und Lebensatem angespielt (vgl. Ijob 3,14f. und Koh 3,20f.). Gott, der Höchste – so ein bei Sirach beliebter Gottestitel – und der von ihm gegebene Geist der Menschen werden nur angedeutet. Im Unterschied zu Ps 104,27–30 redet Sirach kaum vom Geist des Menschen. In Sir 34,14 („Der Geist derer, die den Herrn fürchten, wird leben") geht es um das Überleben der Gottesfürchtigen in Todesgefahr, aus denen sie Gott rettet. In Sir 38,23 wird der Tod als „Ausgang des Lebens (נפש)" bzw. als „Heimgang des Lebensgeistes" umschrieben und Sir 39,28 erwähnt stürmische Winde. Sonst ist nur noch vom Geist als charismatischer Gabe für Propheten die Rede in Sir 39,6; 48,12.24.[12]

Wie in Ps 104 wird der Tod als das natürliche Ende des Menschen angesehen, das der Mensch im günstigsten Falle nach hundert Jahren erreicht (Sir 18,9). Sirach verbindet in Übereinstimmung mit einigen Psalmen das Leben als Zeichen der Daseinsfreude und des harmonischen Lebens vor Gott mit dem Tod. „Der Topos vom ‚Verstummen der Lobpreisungen Gottes im Tod' begegnet im Alten Testament insgesamt fünfmal: in den Klageliedern Ps 6

---

11 Vgl. Beentjes, Pancratius C., The Book of Ben Sira in Hebrew. A Text Edition of all Extant Hebrew Manuscripts and a Synopsis of all Parallel Hebrew Ben Sira Texts, VT.S 68, Leiden u.a. 1997.
12 Vgl. die Besprechung dieser Stellen bei Reitemeyer, Weisheitslehre (s. Anm. 5), 323 und bes. Anm. 177.

und Ps 88, in den Dankliedern Ps 30 und Jes 38, in Ps 115 sowie in Sir 17,27f (...). Sachlich verwandt mit Ps 115,17f, weil ebenfalls aus der Perspektive des Lebens formuliert, sind Ps 118,17 und Ps 119,175."[13]

Der natürliche Tod ist also zugleich das Ende der Beziehungen zu Gott. Weder Lob noch eine letzte Umkehr zu Gott (Sir 17,26) sind möglich. Von daher ist es konsequent, dass es ein Weiterleben nach dem Tod nur in der Erinnerung der Nachkommen und im dauernden Gedächtnis der Gemeinde, ja sogar der Völker, gibt, die allerdings nur den Ruhm des Weisen pflegen werden, wie es Sir 39,9–11 darlegt (vgl. Sir 40,19). Der Tod ist das von Gott auferlegte Los und als solcher zu akzeptieren (Sir 43,3–4), was der Mensch aber steuern kann, ist der durch Weisheit erworbene Name: „Ein Hauch ist der Mensch dem Leibe nach, doch der Name des Frommen wird nicht getilgt. Sei besorgt um deinen Namen, denn er begleitet dich treuer als tausend kostbare Schätze. Das Gut des Lebens währt zählbare Tage, das Gut des Namens unzählige Tage" (Sir 41,11–13).

Die „kleine Pneumatologie" von Ps 104,29f. betrachtet den Tod in V. 29 (s.o.), schließt aber bewusst mit der Feststellung eines neuen Beginns: „Du sendest deinen Geist aus, sie werden geschaffen und du erneuerst das Angesicht des Erdbodens" (V. 30). Damit ist nicht die eschatologische Zäsur eines neuen Himmels und einer neuen Erde gemeint, sondern der Kreislauf der Geschöpfe im Vergehen und Werden. Was Ps 104 aus der Perspektive Gottes mit pneumatologischem Akzent formuliert, das beschreibt Sir 14,17f. aus der Perspektive der Menschen: „Alles Fleisch wird alt wie ein Kleid und es ist ein ewiges Gesetz: Sie müssen sterben. Wie sprossende Blätter an einem grünen Baum – das eine welkt, das andere wächst nach."

Diesen Gedanken kann man in Ps 90,3 wiederfinden: „Du lässt den Menschen zum Staub zurückkehren und sprichst: Kehrt zurück, Menschenkinder!" „Das zweimalige Auftreten des Verbs שוב innerhalb von V.3 wird von den meisten Auslegern im Sinn eines synonymen Parallelismus gedeutet. Jedoch könnte man auch einen synthetischen Parallelismus annehmen (...), wenn man das Verb שוב in der zweiten Vershälfte anders interpretiert: Nicht an eine ‚Rückkehr zum Staub' wäre dann hier zu denken, sondern an eine ‚Rückkehr ins Leben', nämlich indem eine neue Generation die alte ablöst."[14] Koh 1,4 („eine Generation geht, eine andere kommt") bezeugt dieselbe Position, vielleicht mit anderer Einfärbung durch den Kontext des Eröffnungsgedichts Koh 1,4–11.

Ps 104,29 und Sir 14,17 sind durch dasselbe Verb גוע („dahinschwinden, sterben") verbunden.

---

13 Janowski, Bernd, Konfliktgespräche mit Gott. Eine Anthropologie der Psalmen, Neukirchen-Vluyn 2003, 246f.; vgl. Hossfeld, Frank-Lothar, Lob I. Biblisch, RGG[4] 5 (2002), 476–477.
14 Forster, Christine, Begrenztes Leben als Herausforderung. Das Vergänglichkeitsmotiv in weisheitlichen Psalmen, Zürich 2000, 147.

Ein weiterer Aspekt der konvergenten Anthropologie ist hinzuzufügen. Ps 104,14.23 beschreiben die Arbeit des Menschen. Sie besteht aus der Bearbeitung des Ackerbodens zum Zweck der Nahrungsgewinnung und vollzieht sich täglich vom Morgen bis zum Abend. Sirach sieht das in 7,15 ähnlich: „Sei nicht hastig bei der Mühe des Werkes der (Ackerbau-)Arbeit, denn von Gott ist sie zugewiesen." Er denkt dabei wohl wie Ps 104 an den „Ackerbau, den Gott als paradiesische Lebensform verordnet (Gen 2,15) und den erst der Mensch durch seine Abkehr von Gott und seine Sünde zur Mühe gemacht hat (Gen 3,17–19)."[15] In Sir 38,25–26 wird die Arbeit des Bauern in das ausdifferenzierte Spektrum der weiteren Handwerker eingeordnet (38,27–30) und zugleich dem aristokratischen Ideal des Weisen untergeordnet. Allerdings bleibt eine traditionelle Hochschätzung des Bauern inklusive der Handwerker erhalten. Ohne die spätweisheitliche Relativierung in 38,32f. kommt sie in 38,31f. zum Ausdruck und vor allem in 38,34: „Das Schaffen dieser Welt werden sie stärken und ihr Gebet liegt in der Ausführung ihres Handwerks."[16] „Rein innerweltlich haben Handwerker und Bauern eine positive, für die Gesellschaft förderliche Wirkung: Man kommt ohne sie wohl nicht aus. Der Hinweis auf den Gebetscharakter der Arbeit nimmt eine der wesentlichen Tätigkeiten des Sofer vorweg. Möglicherweise gibt Sirach hier einlenkend zu, dass die konsequente Verrichtung der Arbeit auch eine innere Ausrichtung auf Gott erfordert, um tatsächlich in das gesellschaftliche Gefüge in nützlicher Weise zu passen."[17] In Ps 104 wie bei Sirach ist die Arbeit des Bauern für den Menschen notwendig; sie entspricht dem Auftrag Gottes und fügt sich in den mit Weisheit gestalteten Kosmos ein.

4. Die Theologie des Gotteslobes

Abgesehen davon, dass der ganze Schöpfungshymnus Ps 104 Gotteslob ist, wird das Loben eigens im Abgesang Ps 104,31–35 thematisiert. Das geschieht auf eine so differenzierte Weise, dass von diesen Versen ausgegangen werden soll, um Linien hin zum Sirachbuch auszuziehen. In V. 31–35 ist das Lobversprechen von zwei sekundären Wünschen des Beters in V. 31f. und V. 34f. ummantelt, bevor die Rahmenformeln in V. 35 den Psalm abschließen. Die Literar- und Redaktionskritik spielt aber für den Vergleich mit Sirach keine Rolle, da Sirach den ganzen Psalm vor sich hatte.

An erster Stelle fällt auf, dass das Lobversprechen nicht wie bei Dankliedern und Hymnen üblich am Anfang steht, sondern am Ende. In der Einleitung hat die Lobaufforderung oder das Lobversprechen die Funktion, das Korpus des Dankliedes oder des Hymnus anzustoßen. Am Ende wechselt es

---

15 Schreiner, Jesus Sirach 1–24 (s. Anm. 8), 50.
16 Text nach Reitemeyer, Weisheitslehre (s. Anm. 5), 294.
17 Reitemeyer, Weisheitslehre (s. Anm. 5), 294.

die Funktion. Nun ist das Lobversprechen die angemessene Redaktion auf das vorher Geäußerte, hier auf das Wirken Gottes in seiner Schöpfung. Aus der Betrachtung des Kosmos in seiner Entstehung wie vor allem in seinem Dauerbestand ergibt sich das Lob des Beters. Damit wird hier schon in Ps 104 eine Weichenstellung vollzogen, die im Psalterfinale insbesondere in den Ps 148 und 150 ausgeführt wird. Analoges führt J. Marböck aus: „Zum Gotteslob als Ziel aller Schöpfung wird zwar auch spontan in manchen Psalmen aufgerufen (vgl. Ps 148 und 150), Sirach hebt dies in seinen Reflexionen über die Gegensätze in der Schöpfung auf die grundsätzliche Ebene: im Gotteslob des Menschen wird die ihm geschenkte Weisheit und der Sinn der Schöpfung offenbar."[18]

Das Lobversprechen Ps 104,33 verspricht nicht einfach eine übliche ewige Dauer des Lobes im Sinne eines „ich bin dir auf ewig dankbar", sondern es gibt die Zeitstrecke konkreter an mit „in meinem Leben" und mit „solange ich da bin". Hier klingt die anthropologische Überzeugung an, dass Schöpfungslob und eigenes Leben koextensiv sind. Oder mit Sir 17,27f. ausgedrückt, dass der Lebende und Gesunde den Herrn preist, während beim Toten der Lobgesang verstummt.

Das Lobversprechen Ps 104,33 wird flankiert von der in V. 34 nachfolgenden Dedikation mit der Bekundung der Absicht des Beters, dass er sich unbedingt freuen will. Das Lob wird selbstverständlich mit der Freude verbunden. Auch diese Verbindung hat Sirach reflektiert, wie 15,5f. anzeigen, wo die Weisheit gemäß seiner Darlegung den Mund des Weisen zum Lob in der Versammlung öffnet und ihm Jubel und Freude sowie unvergänglichen Ruhm verleiht. „Freude ist für Sirach Symptom des Einklangs von menschlicher Existenz und weisheitlicher Grundordnung des Kosmos."[19]

Zum Schluss sei eine Beobachtung J. Marböcks aufgegriffen. Der Beter betont in Ps 104,34, dass sein Lob und seine Freude ihn von den Sündern und Frevlern trennen, die von der Erde verschwinden sollen, so dass es sie nicht mehr gibt. Sirach hat das unter anderem durchdacht und ausgebaut wie in Sir 15,9f.: „Diese Verbindung der תהלה mit dem Mund des Weisen ist eine erstmals ausdrücklich bei Ben Sira begegnende Akzentsetzung. Die Psalmen bezeugen zwar in ihren Aufforderungen zum Lob die Zusammengehörigkeit von Rechtschaffenheit und Gotteslob wie Ps 32,11; 33,1 oder auch Ps 19,12–15; 104,33–35, von Gerechtigkeit und Weisheitswort Ps 37,50. Die Grundsätzlichkeit der Feststellung, daß Gotteslob Aufgabe des Weisen ist, ist ein Spezifikum Ben Siras, wie weitere Texte seines Werkes zu zeigen vermögen

---

18 Marböck, Johannes, Sir 15,9f – Ansätze zu einer Theologie des Gotteslobes bei Jesus Sirach, in: ders., Gottes Weisheit unter uns. Zur Theologie des Buches Sirach, HBS 6, Freiburg i.Br. u.a. 1995, 167–175, 173. J. Marböck ergänzt an anderer Stelle des Aufsatzes auf S. 172: „Was 15,9f nur kurz angeklungen ist, kommt 17,6–10 ausführlicher zur Sprache."
19 Reitemeyer, Weisheitslehre (s. Anm. 5), 232.

(17,8–10; 17,25–28; 32(35),13; 39,5f; 39,12–35; 42,15–43,33; 47,8–10; 50,22)."[20]

Der Schöpfungshymnus Ps 104 setzt für das letzte Drittel des Psalters wichtige Signale, die von Sir empfangen und weiterverarbeitet werden. Die Verbindungen zwischen beiden Texten bestätigen den weisheitlichen Charakter von Ps 104 und den Einfluss der psalmistischen Schöpfungsfrömmigkeit auf die Theologie des „schriftgelehrten Weisen".

---

20 Marböck, Sir 15,9f (s. Anm. 18), 171.

„Durch den Mund eines Weisen werde das Loblied gesprochen" (Sir 15,10)

Weisheitstheologie im Finale des Psalters Ps 146–150

Erich Zenger

1. Gotteslob-Theologie des Sirachbuchs und der Psalter

In mehreren Studien hat Johannes Marböck, dem ich seit unserer kurzen gemeinsamen Studienzeit in Rom freundschaftlich verbunden bin und auf dessen demnächst erscheinende Sirach-Auslegung in dem von mir herausgegebenen Kommentar HThKAT ich mich besonders freue, die Bedeutung des hymnischen Gotteslobs im weisheitstheologischen Konzept von Jesus Sirach herausgearbeitet. Er hat eindrucksvoll gezeigt, dass die Psalmenfrömmigkeit das entscheidende Proprium in Sirachs Davidbild ist: „Gehören zum David der Chronik seine Anordnungen an die Leviten, den Gott Israels vor der Lade zu rühmen, zu loben und zu preisen (1 Chr 16,4; 16,7), stellt Ben Sira Davids eigenen Lobpreis ‚bei all seinen Werken' an die Spitze [vgl. Sir 47,8; E.Z.]. Er ist damit einer der frommen und weisen Männer (44,1), zu deren vornehmster Aufgabe das Loblied gehört (15,9f.; 17,8f.; vgl. 39,6d.32–35; 42,15; 43,30). Kern und Wurzel, aus denen diese Haltung wächst, nennt das wohl schönste Wort der Bibel über David: ‚Mit ganzem Herzen liebte er seinen Schöpfer' [vgl. Sir 47,8], das Sirachs ganz persönliche Handschrift trägt."[1] Die Funktion des Gotteslobs als hymnisches Ja zum ordnenden und schenkenden Schöpfergott wird nach Marböck besonders in der großen Theodizeeperikope Sir 39,14cd–35 deutlich. Sie „wird durch die hymnische Rahmung als Lob bestimmt: ‚So sollt ihr sprechen: Die Werke Jahwes sind alle gut' (vgl. 39,14cd–15.16c). Auch das schriftlich (!) niedergelegte Ergebnis der Reflexion soll wiederum zum Lob anleiten. So versteht nach der Bewegung dieses Textes der Weise das *Lob* als die eigentliche Lehre und die Lehre wiederum als Lob".[2] Der „weise" David und der „weise" Schriftgelehrte sind darin Lehrer der Weisheit, dass sie Loblieder auf den Schöpfergott singen –

---

[1] Marböck, Johannes, Davids Erbe in gewandelter Zeit (Sir 47,1–11), in: ders., Gottes Weisheit unter uns. Zur Theologie des Buches Sirach, HBS 6, Freiburg i.Br. u.a. 1995, 124–132, 129.

[2] Marböck, Johannes, Sir 38,24–39,11: Der schriftgelehrte Weise. Ein Beitrag zu Gestalt und Werk Ben Siras, in: ders., Gottes Weisheit (s. Anm. 1), 25–51, 38.

und dass sie dadurch zu Lehrern der wahren Weisheit werden, wie Sir 15,10 sagt: „Durch den Mund eines Weisen werde das Loblied gesprochen, und wer seiner mächtig ist, soll es lehren", was J. Marböck so kommentiert: „Der Mund des Weisen und Gottesfürchtigen ist der wahre Ort, wo in der Welt das Gotteslob gesprochen werden soll. Im Gotteslob geschieht letzte Verwirklichung der Weisheit, die ihrem Jünger nach 15,6 den Mund in der Versammlung öffnet. Diese Verbindung der תהלה mit dem Mund des Weisen ist eine erstmals ausdrücklich bei Ben Sira begegnende Akzentsetzung. Die Psalmen bezeugen zwar in ihren Aufforderungen zum Lob die Zusammengehörigkeit von Rechtschaffenheit und Gotteslob wie Ps 32,11; 33,1 oder auch Ps 19,12–15; 104,33–35, von Gerechtigkeit und Weisheitswort Ps 37,30. Die Grundsätzlichkeit der Feststellung, daß Gotteslob Aufgabe des Weisen ist, ist ein Spezifikum Ben Siras".[3]

In der Konsequenz dieses Ansatzes liegt es dann, dass nach Sirach die den Menschen vom Schöpfergott gegebene Bestimmung sich im Lobpreis seines heiligen Namens vollendet, wie in 17,1–10 entfaltet wird:

> Der Herr hat die Menschen aus Erde erschaffen
> und lässt sie wieder zu ihr zurückkehren.
> Gezählte Tage und eine bestimmte Zeit wies er ihnen zu
> und gab ihnen Macht über alles auf der Erde.
> Ihm selbst ähnlich hat er sie mit Kraft bekleidet
> und sie nach seinem Abbild erschaffen.
> Auf alle Wesen legte er die Furcht vor ihnen,
> über Tiere und Vögel sollten sie herrschen.
> Er bildete ihnen Mund und Zunge, Augen und Ohr,
> und ein Herz zum Denken gab er ihnen.
> Mit kluger Einsicht erfüllte er sie
> und lehrte sie, Gutes und Böses zu erkennen.
> Er zeigte ihnen die Größe seiner Werke,
> um die Furcht vor ihm in ihr Herz zu pflanzen.
> Sie sollen für immer seine Wunder rühmen
> und seinen heiligen Namen loben.

Die in einzelnen Psalmen als „argumentum ad deum" eingesetzte These, das Gotteslob sei Sinn und Vollendung des menschlichen Lebens, weshalb JHWH doch nicht den Tod von Menschen „mitten im Leben" zulassen könne, weil er sich dadurch um das doch auch für ihn selbst „schöne" Gotteslob bringe (vgl. Ps 6,6; 30,10; 88,11–13),[4] wird hier schöpfungstheolo-

---

[3] Marböck, Johannes, Sir 15,9f – Ansätze zu einer Theologie des Gotteslobes bei Jesus Sirach, in: ders., Gottes Weisheit (s. Anm. 1), 167–175, 171.

[4] Vgl. dazu vor allem Hardmeier, Christoph, „Denn im Tod ist kein Gedenken an dich ..." (Psalm 6,6). Der Tod des Menschen – Gottes Tod?, EvTh 48 (1988), 292–311; ders., Systematische Elemente der Theo-logie in der Hebräischen Bibel. Das Loben Gottes – ein Kristallisationsmoment biblischer Theo-logie, JBTh 10 (²2001), 111–127; Janowski, Bernd, Die Toten loben JHWH nicht. Psalm 88 und das alttestamentliche Todesverständnis, in: Avemarie, Friedrich u.a. (Hg.), Auferstehung – Resurrection. The Fourth Dur-

gisch begründet. Nach Anspielungen auf Gen 3,19 (vgl. Sir 17,1) und Gen 1,26–28; 9,2 (vgl. Sir 17,3f.) wird in 17,6f. „die Ausstattung des von Gott geschaffenen Menschen als Hinweis auf seine Aufgabe und Stellung in der Welt (beschrieben). Das Herz zum Denken, kluge Einsicht und die Erkenntnis von Gut und Böse sind dem Menschen vom Schöpfer mitgeteilt, damit sie im Lobpreis der wunderbaren Werke Gottes (17,9–10) zum Ziel kommen. Zum Gotteslob als Ziel aller Schöpfung wird zwar auch spontan in manchen Psalmen aufgerufen (vgl. Ps 148 und 150), Sirach hebt dies in seinen Reflexionen über die Gegensätze in der Schöpfung auf die grundsätzliche Ebene: im Gotteslob des Menschen wird die ihm geschenkte Weisheit und der Sinn der Schöpfung offenbar".[5] Als J. Marböck im Jahre 1983 mit diesen Worten die Gotteslob-Theologie des Sirach gegenüber Ps 148 und Ps 150 profilierte, betrachtete er – wie dies damals üblich war – Ps 148 und Ps 150 als Einzelpsalmen. Legt man hingegen die neuerdings doch zumindest für Ps 146–150 weithin akzeptierte These zugrunde, dass Ps 146–150 eine gezielt geschaffene Zusammenstellung dieser fünf Psalmen bilden, die als Finale des Psalters zugleich eine „Psalmentheologie" sind, könnte die Korrelation von Sirach und Ps 146–150 zu einem etwas anderen Ergebnis gelangen. Sollte die Endkomposition von Ps 1–150, die dann als kanonische Psalmenbuchgestalt rezipiert wurde, zwischen 200 und 150 v.Chr. in Jerusalem im Umfeld der Jerusalemer Weisheitsschule erfolgt sein,[6] ist ein gemeinsamer bzw. verwandter theologischer background beider Bücher ohnedies zu erwarten.[7] Dazu sollen im Folgenden – in dem knappen hier zur Verfügung stehenden Raum – einige Beobachtungen vorgelegt werden, die als bescheidene Dankesgabe eines „Sirach-Laien" an den „Sirach-Spezialisten" gedacht sind.

---

ham-Tübingen Research Symposium Resurrection, Transfiguration and Exaltation in Old Testament, Ancient Judaism and Early Christianity (Tübingen, September, 1999), WUNT 135, Tübingen 2001, 3–45.

[5] Marböck, Sir 15,9f (s. Anm. 3), 173.

[6] Vgl. dazu u.a. Jansen, Herman L., Die spätjüdische Psalmendichtung, ihr Entstehungskreis und ihr „Sitz im Leben". Eine literaturgeschichtlich-soziologische Untersuchung, SNVAO.HF 1937/3, Oslo 1937, 63–79; Lange, Armin, Die Endgestalt des protomasoretischen Psalters und die Toraweisheit. Zur Bedeutung der nichtessenischen Weisheitstexte aus Qumran für die Auslegung des protomasoretischen Psalters, in: Zenger, Erich (Hg.), Der Psalter in Judentum und Christentum, HBS 18, Freiburg i.Br. u.a. 1998, 101–136; Zenger, Erich, Der Psalter als Buch. Beobachtungen zu seiner Entstehung, Komposition und Funktion, in: ders., Psalter, 1–57, 45–47.

[7] Vgl. Reitemeyer, Michael, Weisheitslehre als Gotteslob. Psalmentheologie im Buch Jesus Sirach, BBB 127, Berlin 2000.

2. Das Programm der Komposition von Ps 146–150

Die Psalmen 146–150 sind zwar fünf Psalmen mit je eigener Architektur und unterschiedlichem Textprofil, aber sie klingen in ihrer hymnischen Grundstimmung zusammen und sind durch vielfältige Stichwortbezüge miteinander verwoben. Sie sind nicht durch Überschriften voneinander getrennt, sondern durch das jeweils an ihrem Anfang und an ihrem Schluss positionierte „Halleluja" so miteinander verkettet, dass sie in ihrer Abfolge ein zehnfaches Halleluja ergeben, das sich dann nochmals im Corpus von Ps 150 in einem zehnfachen הללו wiederholt.[8]

Das gemeinsame Thema dieser Komposition ist der Lobpreis des Königtums JHWHs, das sowohl als Königsherrschaft JHWHs über sein Volk Israel als auch über die Völkerwelt, ja den ganzen Kosmos entfaltet wird. Dass eine Psalmensammlung mit einem derartigen „theokratischen" Programm endet, ist im übrigen nicht verwunderlich. Vermutlich gab es bereits um 300 v.Chr. einen „Vorläufer" eines solchen theokratischen Psalters, der Ps 2–100 umfasste[9] und mit der Komposition der JHWH-König-Psalmen 93–100 schloss. Es wäre reizvoll, die beiden Konzepte Ps 93–100 und Ps 146–150 bzw. Ps 145.146–150 miteinander zu vergleichen und insbesondere die in beiden Kompositionen gestaltete Schöpfungstheologie in ihrer Spannung von „Anfang" und „Vollendung" zu korrelieren, um so das spezifische Profil von Ps 146–150 schärfer in den Blick zu bekommen. Dies ist hier nicht möglich. Es muss genügen, die Abfolge der fünf Psalmen in ihrer Programmatik zu beschreiben, um dann im nächsten Schritt zusammenfassend ihre weisheitstheologischen Implikationen skizzieren und die damit konstituierte Psalmentheologie präzisieren zu können.

Psalm 146[10] ist ein Hymnus auf JHWH als den König der Armen.[11] Der Hauptteil dieses Hymnus beschreibt in seinen zwei kontrastiven Teilen V. 3–

---

[8] Vgl. Zenger, Erich, „Daß alles Fleisch den Namen seiner Heiligung segne" (Ps 145,21). Die Komposition Ps 145–150 als Anstoß zu einer christlich-jüdischen Psalmenhermeneutik, BZ NF 41 (1997), 1–27.

[9] Vgl. Zenger, Erich, Theophanien des Königsgottes JHWH. Transformationen von Psalm 29 im Psalter, in: ders. (Hg.), Ritual und Poesie. Formen und Orte religiöser Dichtung im Alten Orient, im Judentum und im Christentum, HBS 36, Freiburg i.Br. u.a. 2003, 163-190.

[10] Zu Ps 146 vgl. (außer den Kommentaren) vor allem: Carl, William J., Psalm 146, Interp. 48 (1994), 166–169; Karasszon, Dezsö, Bemerkungen zum Psalm 146, in: Schunck, Klaus-Dietrich u.a. (Hg.), Goldene Äpfel in silbernen Schalen. Collected Communications to the XIIIth Congress of the International Organization for the Study of the Old Testament, Leuven 1989, BEAT 20, Frankfurt a.M. u.a. 1992, 123–127; Kselman, John S., Psalm 146 in His Context, CBQ 50 (1988), 587–599; Lohfink, Norbert, Lobgesänge der Armen. Studien zum Magnifikat, den Hodajot von Qumran und einigen späten Psalmen, SBS 143, Stuttgart 1990, 108–114; Mathys, Hans-Peter, Dichter und Beter. Theologen aus spätalttestamentlicher Zeit, OBO 132, Freiburg/Schweiz u.a. 1994, 266–270; Nommik, Urmas, Die Gerechtigkeitsbearbeitungen in den Psalmen. Eine Hypothese von

4 und V. 5–9 das Proprium des Königs JHWH. V. 3–4 ist eine Warnung, das Heil von menschlichen Königen und gesellschaftlichen Institutionen zu erwarten. Diese Warnung wird mit zwei fundamentalen Beobachtungen begründet: (1) Letztlich können Menschen keine „Rettung" (תשועה) bringen. (2) Alles, was Menschen tun, ist hinfällig und vergänglich, weil sie „Kinder des Todes" (Anspielung auf Gen 3,19: „der *'adam* kehrt zu seiner *'adama* zurück"; vgl. Ps 104,29) sind. Kontrastiv zu dieser Warnung wirbt der Psalm in V. 5–9 mit der Form der Seligpreisung darum, alle Hoffnung und alles Vertrauen auf JHWH, den El Jakobs, zu setzen, dessen „Tätigkeitsprofil" mit einer Reihe von hymnischen Partizipien gezeichnet wird, die zunächst in V. 6 eine Kurzfassung der Schöpfungstheologie von Gen 1 und Gen 9 bieten, dann JHWH mit Rückgriff auf Ps 103,6 (vgl. V. 7a) und Ps 107,5.9.36 (vgl. V. 7b), mit Anspielung auf Jes 49,9; 61,1 (vgl. V. 7c), mit Rückverweis auf Ps 145,14 (vgl. V. 8b) sowie in V. 9 mit Zitation der „klassischen" Königsprärogative von der Rechtshilfe für die personae miserae (vgl. Dtn 10,18; Ps 10,16–18; 68,6) als guten König präsentieren, aber auch durch V. 8c und V. 9c die typisch weisheitstheologische Perspektive „Frevler" – „Gerechte" (mit Anspielung auf den Psalterprolog Ps 1, nämlich Ps 1,6) entwerfen. Der Schluss dieses Hymnus ימלך יהוה לעולם V. 10a wird meist als Königsproklamation verstanden, wahrscheinlicher aber ist ימלך jussivisch gemeint und ist so eine Bitte bzw. ein Wunsch, JHWH möge doch endlich seine Königsherrschaft ausüben. V. 10b unterstreicht, dass JHWH als der Gott Zions dieser in Ps 146 gefeierte König ist. Zion ist hier, wie das Femininsuffix אלהיך anzeigt, nicht als Ort, sondern offensichtlich als Gestalt gedacht, zu der JHWH eine besondere Beziehung hat. Im Horizont der Nachbarpsalmen 147 und 149, wo von den Kindern Zions die Rede ist (vgl. Ps 147,13b; 149,2b), ist Zion eine weibliche Gestalt bzw. eine Mutter und als solche eben eine Personifikation der Stadt Jerusalem, deren König JHWH ist. Wer der Sprecher von Ps 146 ist, lässt sich aus dem Psalm selbst nicht erschließen. Aber wie im nächsten Schritt erläutert wird, legt der enge Zusammenhang zwischen Ps 145 und Ps 146 nahe, Ps 146 als Loblied Davids zu verstehen, der dann gemäß Ps 146,2 die Bestimmung seines Lebens darin sieht, diesen Lobpreis JHWHs zu singen, „solange er lebt" bzw. „solange er ist" (vgl. Ps 104,33).

Christoph Levin formgeschichtlich und kolometrisch überprüft, UF 31 (1999 [2000]), 443–535, 460–470; Reindl, Joseph, Gotteslob als „Weisheitslehre". Zur Auslegung von Psalm 146, in: ders. (Hg.), Dein Wort beachten. Alttestamentliche Aufsätze, Leipzig 1981, 116–135.

[11] Ich halte diesen Psalm, der m.E. von der Redaktion für diesen Kontext geschaffen wurde, für einheitlich. Die komplizierte Annahme von drei Schichten, die Nommik, Gerechtigkeitsbearbeitungen (s. Anm. 10), im Anschluss an Levin (vgl. Levin, Christoph, Das Gebetbuch der Gerechten. Literargeschichtliche Beobachtungen am Psalter, ZThK 90 [1993], 355–381) vornimmt, zerstört die klare Struktur des Textes; dies gilt auch für die von Reindl, Gotteslob (s. Anm. 10), vorgeschlagene Annahme, die Aussage über das Scheitern der Frevler (V. 9b) sei sekundär (dazu s.u.).

Ps 146 schließt in V. 10 mit der Akzentuierung, dass JHWH sein ewiges Königtum in der besonderen Verbundenheit mit Zion erweisen wird/soll. Worin diese besondere Bindung an Zion besteht und wie sie sich erweist, entfaltet dann *Psalm 147*.[12] Auch dieser Psalm ist ein Hymnus, den nun Zion selbst singen soll (vgl. Ps 147,12). Ps 147 ist ein zweiteiliger Hymnus („Doppelhymnus") auf JHWH, der hier abermals als Schöpfergott charakterisiert ist und *als solcher* seine Stadt Jerusalem wunderbar wiederherstellt (V. 1–11) und ihr mit seinen Gesetzen und Vorschriften eine singuläre Lebensordnung („Verfassung") gibt (V. 12–20). Die beiden Teile des Hymnus, die in diachroner Hinsicht eine zweistufige sukzessive Entstehungsgeschichte widerspiegeln,[13] bilden in der Abfolge ihrer thematischen Hauptperspektiven „Rettung des armen Israel" (V. 1–11) und „Gabe der Gesetze" (V. 12–20) einerseits die für die kanonische Ursprungsgeschichte Israels wichtigen Etappen „Exodus" und „Sinai" ab und andererseits spiegelt sich hier die in der Buchkomposition Esra-Nehemia gleich dreimal narrativ realisierte Geschehensfolge „Wiederaufbau Jerusalems" – „Proklamation des Gesetzes"[14] wider. Auch wenn das Stichwort „Königtum JHWHs" in Ps 147 nicht fällt, steht das Thema im Hintergrund: Als „König" ist JHWH der Erbauer/Wiedererbauer seiner Stadt Jerusalem, kümmert er sich um die Bewohner seiner Stadt und versorgt sie mit allem, was sie zum Leben braucht (V. 1–11). Der Psalm bezieht sich hier einerseits auf den nach dem Exil begonnenen historischen Wiederaufbau Jerusalems, doch scheint die partizipiale Aussage בּוֹנֵה in V. 2a hervorheben zu wollen, dass der Vorgang des Wiederaufbaus noch nicht vollendet, sondern noch im Gange ist bzw. auf seine eschatologische Vollendung wartet. Für diese Deutung spricht vor allem, dass das im Psalm erzählte Geschehen nicht auf den „äußeren" Wiederaufbau Jerusalems blickt, sondern auf dessen innere Erneuerung, die in einem zweifachen Anlauf nun mit schöpfungstheologischen Aussagen konkretisiert wird: V. 4–6 und V. 8–9 setzen jeweils mit dem Blick zum Himmel an und beschreiben sodann JHWHs königliches Wirken als Wiederherstellung der gestörten Ordnung durch die Rettung der Armen bzw. die Ent-

---

[12] Zu Ps 147 vgl. besonders Auffret, Pierre, Hymnes d'Égypte et d'Israël. Études des structures littéraires, OBO 34, Freiburg/Schweiz u.a. 1981, 120–131; Lohfink, Lobgesänge (s. Anm. 10), 115–120; Risse, Siegfried, „Gut ist es, unserem Gott zu singen". Untersuchungen zu Psalm 147, MThA 37, Altenberge 1995; Sedlmeier, Franz, Jerusalem – Jahwes Bau. Untersuchungen zu Komposition und Theologie von Psalm 147, FzB 79, Würzburg 1996.

[13] Vgl. die Zusammenstellung der Argumente für diese These bei Lohfink, Lobgesänge (s. Anm. 10), 115–116; Risse, Gut (s. Anm. 12), 191–193; Sedlmeier, Jerusalem (s. Anm. 12), 28 (wiederholt nur Lohfink).

[14] (1) Aufbau des Tempels (Esra 1,1–6,22) – Verpflichtung auf das Gesetz (Esra 7,1–10,44); (2) Aufbau der Stadtmauer (Neh 1,1–7,4) – Verpflichtung auf das Gesetz (Neh 7,5–10,40); (3) Abschluss des Wiederaufbaus (Neh 11,1–12,47) – Durchsetzung der Bundesverpflichtungen (Neh 13,1–31).

machtung der Frevler (V. 6) und als großzügige Versorgung aller Lebewesen mit Nahrung bis hin zu den schreienden, kleinen Raben (V. 9). Der zweite Teil des Hymnus (V. 12–20) fordert Jerusalem/Zion auf, JHWH zu lobpreisen für den Segen und den Frieden, den JHWH Zion und ihren Kindern schenkt sowie für JHWHs wirkmächtiges Wort in der Schöpfung und auf dem Zion. Das beherrschende Stichwort ist das lebensspendende Wort[15] JHWHs, das wie eine personifizierte Wirkweise JHWHs – vergleichbar der personifizierten Weisheit in Spr 1–9 bzw. Sir 24 – die Schöpfung durchwaltet und dann Israel als Tora übergeben wird. Auf dieses weisheitstheologische Konzept werden wir im nächsten Schritt genauer eingehen.

Ps 147 schließt in V. 19–20 mit der Aussage, dass JHWH an keinem anderen Volk der Erde so gehandelt habe wie an Israel und dass er ihm seinen דבר sowie seine חקים und משפטים gegeben habe.[16] Diese Sonderrolle Israels im Konzept der von JHWH gesetzten Weltordnung wird im anschließenden Hymnus *Psalm 148*[17] in doppelter Weise erläutert, nämlich durch einen Blick auf den Kosmos als einem Ganzen und dann durch einen Blick auf Israels Sonderrolle in diesem Kosmos. Zunächst wird in den beiden Hauptteilen des Psalms V. 1–6 und V. 7–13 die Weltordnung nachgezeichnet und schöpfungstheologisch begründet (vgl. die beiden כי-Satzfolgen V. 5b–6 und V. 13bc). Die Anfänge der beiden Teile fungieren jeweils als eine Art Überschrift „Lobt JHWH vom Himmel her, ... in den Höhen" (V. 1) bzw. „Lobt JHWH von der Erde her, ... alle Tiefen" (V. 7). Nach diesen „Überschriften" folgen dann in listenartiger Reihung die „himmlischen" und die „erdbezoge-

---

[15] Ich halte die (zuletzt von Sedlmeier, Jerusalem [s. Anm. 12], 321) immer wieder vorgetragene These, „die winterliche Eiszeit in V. 16f wäre ... ein ins Bild gebrachter Hinweis auf die wie auch immer zu verstehende Exilserfahrung des Gottesvolkes", für wenig überzeugend. Dagegen spricht schon die Abhängigkeit von Jes 55,10f., wo dieser Gedanke ganz gewiss nicht mitspielt. Es geht um die Wirkmächtigkeit des göttlichen Wortes, die hier mit dem für damalige Hörer/Leser erstaunlichen Phänomen von Schnee/Eis und Eisschmelze illustriert wird.

[16] Soweit ich sehe, besteht Konsens darüber, dass V. 19–20 das Konzept der Tora-Weisheit von Dtn 4,5–8 aufnimmt. Zu diesem Konzept vgl. besonders Braulik, Georg, „Weisheit" im Buch Deuteronomium, in: Janowski, Bernd (Hg.), Weisheit außerhalb der kanonischen Weisheitsschriften, VWGTh 10, Gütersloh 1996, 39–69, 54–60.

[17] Zu Ps 148 vgl. besonders Brüning, Christian, Psalm 148 und das Psalmenbeten, MThZ 47 (1996), 1–12; Cunchillos, Jesus-Luis, Le Psaume 148: Hymne à un Dieu inaccessible – Document religieux d'une mentalité conservatrice, PWCJS 8/A (1982), 51–56; Hillers, Delbert H., A Study of Psalm 148, CBQ 40 (1978), 323–334; MacKenzie, Roderick A.F., Ps 148,14bc: Conclusion or Title?, Bib. 51 (1970), 221–224; Nagl, Erasmus, Psalm 148 in religionsgeschichtlicher Beleuchtung, ThQ 99 (1917/18), 98–104; Prinsloo, Willem S., Structure and Cohesion of Psalm 148, OTEs NS 5 (1992), 46–63; Ruppert, Lothar, Aufforderung an die Schöpfung zum Lob Gottes. Zur Literar-, Form-, und Traditionskritik von Psalm 148, in: Haag, Ernst u.a. (Hg.), Freude an der Weisung des Herrn. Beiträge zur Theologie der Psalmen. Festgabe zum 70. Geburtstag von Heinrich Groß, SBB 13, Stuttgart ²1987, 275–296; Spieckermann, Hermann, Heilsgegenwart. Eine Theologie der Psalmen, FRLANT 148, Göttingen 1989, 50–59.

nen" Größen und Phänomene, die zum Lobpreis aufgerufen werden. Diese Reihung liest sich wie eine hymnische Umsetzung von Gen 1 (vgl. die Abfolge Firmament – Wasser über den Himmeln – Gestirne – Erde mit Pflanzen und Bäumen – Tiere – Menschen). Die formale Gliederung in die beiden Teile „vom Himmel her" – „von der Erde her" zeigt an, dass der Psalm den *ganzen* Kosmos zum Lobpreis des Namens JHWH auffordert, weil der Kosmos sein Werk und sein Königreich ist. Die Liste der „himmlischen" Adressaten der Lobpreisaufforderung beginnt mit dem himmlischen Hofstaat des Königs JHWH (V. 2), es folgen die Gestirne als Ordnungsmächte am Himmel (V. 3) und schließlich der ganze Raum der Himmel und der Himmelshimmel (V. 4). V. 5f. fasst zusammen, wofür sie JHWH loben sollen und was ihre Rolle im Kosmos ist: Sie sind geschaffen durch sein Wort und als sein Gestalt gewordenes Wort sind sie Elemente einer „ewig" währenden Weltordnung, die nicht vergeht. Hier klingen Vorstellungen an, denen wir bereits in Ps 147 begegnet sind und die im nächsten Abschnitt genauer reflektiert werden sollen.

Auch die Adressaten der Lobpreisaufforderung „von der Erde her" sind planmäßig angeordnet: Es beginnt mit dem Raum der Wasser um die Erde herum und unter ihr (V. 7), dann folgen die meteorologischen Elemente über der Erde (V. 8) sowie die Regionen der Erde mit Flora und Fauna (V. 9–10) und es kulminiert in der sozial gegliederten Menschenwelt, geordnet nach politischen und gesellschaftlichen Kategorien (V. 11), nach der Geschlechterdifferenz (V. 12a) und nach dem Lebensalter (V. 12b). Was und wofür sie lobpreisen sollen, fasst V. 13bc zusammen: Es ist JHWHs einzigartige Größe sowie die Erde und Himmel durchwaltende und übersteigende Hoheit seines Weltkönigtums. Mit V. 13 ist einerseits ein gewisser Abschluss erreicht: Himmel und Erde sind erfüllt von JHWHs königlicher Herrlichkeit und sie werden aufgefordert, eine kosmische und universale Gottespräsenz als ihr Lebensprinzip zu feiern – mit der existentiellen Melodie eines Hymnus auf JHWH.[18] Die Vorstellung von der Bestimmung des menschlichen Lebens zum Lobpreis JHWHs wird hier also auf den ganzen von JHWH geschaffe-

---

[18] Vgl. dazu Keel, Othmar – Schroer, Silvia, Schöpfung. Biblische Theologien im Kontext altorientalischer Religionen, Göttingen u.a. 2002, 167: „In den Psalmen werden die Werke der Schöpfung häufig aufgefordert, in das Gotteslob der Betenden mit einzustimmen (vgl. Jes 42,10f; 44,33). Ist das ‚nur' bildhafte Rede und Metaphorik? Woher wollen wir das so genau wissen? Hinter der Vorstellung, daß die Erde, der Himmel, das Meer, ein Berg oder der Wald in Jubel ausbrechen über die Macht, die das alles geschaffen hat, steckt jedenfalls eine uns rationalistischen Menschen schwer zugängliche tiefe Weisheit und mindestens die heute noch weitgehend fehlende Einsicht, dass es eine eigene, von Menschen unabhängige Würde der Kreatur gibt. Den Schöpfungswerken wird diese Würde im Ersten Testament nämlich zugestanden, indem man voraussetzt, dass sie in einer ihnen eigenen Gottesbeziehung, die sich im spontanen Gotteslob Ausdruck verschafft, stehen."

nen Kosmos in all seiner Vielfältigkeit ausgeweitet: Auch er findet seine Vollgestalt darin, dass er JHWH lobpreist.

Der kosmische Hymnus Ps 148 dürfte ursprünglich mit V. 13 geendet haben.[19] V. 14 lenkt dann – etwas überraschend – den Blick auf Israel und auf die ihm von JHWH gegebene Rolle im Kosmos. Leider ist das genauere Verständnis von V. 14 kontrovers. Unklar ist vor allem, worauf sich die Erhöhung des Horns bezieht, die JHWH seinem Volk bereitet hat (V. 14a), und welche Bedeutung dann die parallel gestalteten Kola V. 14bc haben.[20] Ich selbst verstehe V. 14a zunächst als Metapher für die Ausstattung mit (königlicher) Macht für den Kampf gegen Feinde (vgl. Dtn 33,17; 1 Sam 2,10; Ps 18,3; 89,18; 92,11; 112,9; 132,17 sowie Sir 47,5d.11b). V. 14bc expliziert sodann, worin die kämpferische Macht Israels besteht: Es ist der Lobpreis, den Israel singen soll – in der Gestalt des Psalters. Als Schluss und Klimax von Ps 148 heißt dies aber: Das die Psalmen als Lobpreis JHWHs singende Israel macht sich damit zum Hermeneuten und Sprecher des kosmischen Lobpreises, zu dem Ps 148,1-13 aufruft. Das ist Israels Sonderrolle und das ist zugleich seine Aufgabe bei der eschatologischen Durchsetzung der universalen Königsherrschaft JHWHs, wie die beiden folgenden Psalmen 149–150 ausführen.

Psalm 149[21] nimmt gleich an seinem Anfang die entscheidenden Stichworte aus Ps 148,14 auf und entfaltet die in diesem Schluss von Ps 148 ange-

---

[19] Die Diskussion über den ursprünglichen Schluss von Ps 148 wird sehr kontrovers geführt: Nach H. Spieckermann hat der Psalm ursprünglich mit V. 13b geendet (vgl. Spieckermann, Heilsgegenwart [s. Anm. 17]); R.A.F. MacKenzie hält V. 14bc ursprünglich für eine Überschrift zu Ps 149, die nachträglich bzw. irrtümlich als Schluss von Ps 148 betrachtet wurde (vgl. MacKenzie, Ps 148,14bc [s. Anm. 17]); L. Ruppert sieht das ursprüngliche Ende in V. 14a und hält V. 13b.14a (nach der Einteilung von MT) für eine syntaktische Einheit, die er folgendermaßen übersetzt: „Obwohl seine Hoheit über Erde und Himmel ist, hat er seinem Volk ein Horn angerichtet" (vgl. Ruppert, Aufforderung [s. Anm. 17], 276–278). Für den von mir angenommenen Abschluss in V. 13 sprechen: (1) die strukturelle Parallelität V. 5–6//V. 13abc; (2) die spiegelbildliche Rahmung V. 1a: Himmel, V. 7a: Erde ↔ V. 13c: Erde, Himmel; (3) V. 1–13 ist zunächst eine in sich abgeschlossene „kosmische Liturgie".

[20] Vgl. die Präsentation und die Diskussion der unterschiedlichen Deutungsmodelle bei Brüning, Psalm 148 (s. Anm. 17), 4–6. Ich selbst halte תהלה in V. 14b für eine explikative Apposition zu קרן in V. 14a und übersetze: „er hat seinem Volk (königliche) Macht verliehen: den Lobpreis all seiner Getreuen, der Kinder Israels, des Volkes, das ihm nahen darf" (תהלה + ל analog מזמור + ל in den Psalmenüberschriften!). Das Trikolon Ps 148,14 begegnet noch einmal als Schluss-Trikolon des „Psalms" Sir 51,12a–o (d.h. als Sir 51,12o). Leider ist der Psalm Sir 51,12a–o nur in der mittelalterlichen Handschrift B aus der Kairoer Geniza bezeugt, so dass seine Herkunft unklar ist. Ob sich von Sir 51,12o her Rückschlüsse auf Ps 148,14 bzw. auf die Schlussredaktion des Psalters ergeben, muss also offen bleiben.

[21] Zu Ps 149 vgl. Ceresko, Anthony R., Psalm 149: Poetry, Themes (Exodus and Conquest), and Social Function, Bib. 67 (1986), 177–194; Füglister, Notker, Ein garstig Lied – Ps 149, in: Haag, Freude (s. Anm. 17), 81–105; Gunkel, Hermann, Psalm 149, in: Adler,

klungene Konzeption vom Lobpreis Israels als „Horn" gegen Feinde. Zwar wird die Horn-Metapher selbst nicht weitergeführt, aber die mit ihr evozierte kriegerische Macht bestimmt den zweiten Teil von Ps 149. Dieser Psalm ist ein zweiteiliger imperativischer Hymnus. Der erste Teil (V. 1–4) beginnt mit einer breit entfalteten hymnischen Aufforderung an die קהל חסידים, die תהלה JHWHs zu singen – also genau das zu tun, was nach Ps 148,14 Israels kosmische Sonderrolle ausmacht. Die תהלה wird in V. 1a als שיר חדש qualifiziert. Schon diese Bezeichnung evoziert das Thema des Psalms: Wie auch Ps 96 und 98, die beide ebenfalls mit der Aufforderung ein „neues Lied" zu singen eröffnet werden (worauf Ps 149,1 zurückgreift), zeigen, geht es um das endgültige Offenbarwerden der Königsherrschaft JHWHs vor dem Forum der Völker – durch sein Rettungshandeln an seinem Volk Israel (vgl. die mit כי eingeleitete Begründung V. 4) und durch das Gericht an den Völkern, wie dann der zweite Teil des Hymnus V. 5–9 entfaltet. Der erste Teil führt in V. 2b explizit den Königstitel für JHWH ein, begründet ihn aber in V. 2a – ganz im Horizont von Ps 146–150 – wieder schöpfungstheologisch. Leider ist der zweite Teil des Hymnus in mehreren syntaktischen und semantischen Einzelheiten schwer verständlich. Kontrovers diskutiert werden vor allem drei Problemfelder: (1) Was meint der Psalm mit der Angabe על־משכבותם? Wird hier (metaphorisch?) auf die Lagerstätten von Kämpfern (vgl. V. 6b: „Schwerter in ihren Händen") angespielt? Oder sind „Gebetsteppiche" (wegen des kultischen Kolorits des Psalms) gemeint? Oder ist zu übersetzen „über ihren Gräbern", so dass an die „eschatologische" Auferstehung der חסידים von den Toten (vgl. Dan 12,1–3) zu denken wäre?[22] (2) Wie ist der Zusammenhang von V. 6a und V. 6b zu verstehen? Sind die Rühmungen Gottes die Kriegslieder, die die Kämpfer bei ihrem Dreinschlagen mit den Schwertern begleiten und gar motivieren sollen? Oder ist gemeint, dass die Loblieder auf Gott „das Schwert" sind, mit dem sie gegen die Machthaber kämpfen? Oder ist das zweischneidige Schwert in ihrer Hand eine Machtinsignie im Hinblick auf ihre dann in V. 7–9a beschriebene Ausübung des

---

Cyrus u.a. (Hg.), Oriental Studies. Published in Commemoration of the Fortieth Anniversary (1883–1923) of Paul Haupt as Director of the Oriental Seminary of the Johns Hopkins University Baltimore, M.D., Baltimore u.a. 1926, 47–57; Lohfink, Lobgesänge (s. Anm. 10), 121–125; Prinsloo, Willem S., Psalm 149: Praise Yahweh with Tambourine and Two-Edged Sword, ZAW 109 (1997), 395–407; Tournay, Raymond J., Le psaume 149 et la „vengeance" des Pauvres de YHWH, RB 92 (1985), 349–358; Zenger, Erich, Die Provokation des 149. Psalms. Von der Unverzichtbarkeit der kanonischen Psalmenauslegung, in: Kessler, Rainer u.a. (Hg.), „Ihr Völker alle, klatscht in die Hände!" Festschrift für Erhard S. Gerstenberger zum 65. Geburtstag, Exegese in unserer Zeit 3, Münster 1997, 181–194.

[22] Die „eschatologische" Interpretation, die u.a. von Füglister, Lied (s. Anm. 21), vertreten wird, könnte sich auf Ps 1,5 stützen, wenn – was wahrscheinlich ist – auch dieser Vers das eschatologische Gericht anvisiert; in diesem Sinne wird Ps 1,5 von der Septuaginta gelesen.

Gerichts?²³ (3) Was meint in V. 9a משפט כתוב? Bezieht sich das auf andere biblische Texte (z.B. Psalmen, Prophetenbücher)? Oder gehört dies zur vorausgesetzten Metapher, dass das Gericht gemäß dem vom König festgelegten Recht vollzogen werden muss?²⁴

Wie immer diese Fragen zu entscheiden sind, die Hauptaussage von V. 7–9 ist klar: Während sonst JHWH selbst oder der (messianische) König als JHWHs Stellvertreter das Gericht vollzieht, sind es hier die חסידים, die im Auftrag des Weltkönigs JHWH, der der König der Kinder Zions ist, die Könige und die Machthaber der Völker entmachten. Sie führen dabei kein Blutbad unter den Völkern durch, sondern fesseln und binden deren Regenten, um sie zur Rechenschaft zu ziehen. Zum Verständnis ist wichtig,²⁵ dass die drei Finalsätze in V. 7–8 syntaktisch nicht auf der gleichen Ebene liegen. V. 8 ist vielmehr V. 7 untergeordnet, so dass übersetzt werden muss: „um Vergeltung zu üben an den Völkern ..., indem deren Könige mit Fesseln gebunden werden und deren Fürsten mit eisernen Fußketten, um an ihnen das Gericht zu vollziehen (das Recht durchzusetzen?), das geschrieben/vorgeschrieben ist". Bei diesem Gericht an den Völkern spielen die Psalmen gemäß V. 6 eine wichtige Rolle. Worauf dieses „Gericht" hinzielt, entwirft dann der Schlusspsalm der Komposition Ps 146–150 bzw. eben der Schlusspsalm des Psalters überhaupt.

Während Ps 149 die Epiphanie des rettenden und richtenden göttlichen Zionkönigs inmitten seiner Gemeinde der חסידים inszeniert, fordert *Psalm 150*²⁶ כל הנשמה zu einem kosmischen Fest angesichts der *universalen* Epiphanie JHWHs auf. V. 1–2 beschreibt die göttliche Epiphanie und V. 3–5 imaginiert eine musizierende, singende und tanzende Festgemeinschaft, die alles aufbietet, um dem im Himmel thronenden und von seiner Königsresidenz aus den ganzen Kosmos mit seinem Wirken erhaltenden und durchwaltenden König JHWH zuzujubeln. Der Psalm ist ein kunstvoll aufgebauter Hymnus. Er ist eine einzige Kette von Aufforderungen zum Lobpreis Gottes.

---

[23] Zu den schwierigen syntaktischen Problemen von Ps 149,6 siehe nun: Sautermeister, Jochen, Psalm 149,6 und die Diskussion um das sogenannte *waw adaequationis*, BN 101 (2000), 64–80; Vanoni, Gottfried, Zur Bedeutung der althebräischen Konjunktion w˙=. Am Beispiel von Psalm 149,6, in: Groß, Walter u.a. (Hg.), Text, Methode und Grammatik. Wolfgang Richter zum 65. Geburtstag, St. Ottilien 1991, 561–576. Ich selbst halte die zuletzt genannte Deutung für am wahrscheinlichsten.

[24] Vgl. dazu Willi, Thomas, „Wie geschrieben steht" – Schriftbezug und Schrift. Überlegungen zur frühjüdischen Literaturwerdung im perserzeitlichen Kontext, in: Kratz, Reinhard G. (Hg.), Religion und Religionskontakte im Zeitalter der Achämeniden, VWGTh 22, Gütersloh 2002, 257–277.

[25] Vgl. zu dieser Sicht Lohfink, Lobgesänge (s. Anm. 10), 125.

[26] Zu Ps 150 vgl. besonders: Mathys, Hans-Peter, Psalm CL, VT 50 (2000), 329–344; Schweizer, Harald, Form und Inhalt. Ein Versuch, gegenwärtige methodische Differenzen durchsichtiger und damit überwindbar zu machen. Dargestellt anhand von Ps 150, BN 3 (1977), 35–47; Seidel, Hans, Ps 150 und die Gottesdienstmusik in Altisrael, NedThT 35 (1981), 89–100.

Zwölfmal (!) verwendet er den Imperativ הללו: Am Anfang und am Ende wird der Psalm (wie seine Vorgänger Ps 146–149) von הללו־יה gerahmt, das Psalmencorpus selbst bietet dann die Abfolge von zehn הללו, wobei der erste Imperativ הללו als Objekt bzw. Inhalt des Lobpreises die Gottesbezeichnung אל hat, während die übrigen neun Imperative הללו mit dem Suffix 3.P.Sg. darauf zurückverweisen. Die bereits inhaltlich erläuterte Gliederung des Psalms in die zwei Teile V. 1–2 und V. 3–6, die zwei unterschiedliche „Bildeinstellungen" realisiert (V. 1–2: die „Großaufnahme" der Gottes-Epiphanie, V. 3–5: die jubelnden und tanzenden „Festteilnehmer"), ist auch in formaler Hinsicht gut erkennbar: Bei den ersten vier Lobaufforderungen stehen Ortsangaben und Begriffe, die sich auf Gott beziehen; d.h. betont wird, *wo* JHWH ist, der da gelobt werden soll, und *warum* er gelobt werden soll. Bei den dann folgenden sechs Lobaufforderungen stehen Angaben über die Art und Weise, *wie* dieser Lobpreis vollzogen werden soll („Regieanweisungen"). Die Ortsangaben in V. 1 charakterisieren nicht, wie oft kommentiert wird, die Festgemeinde (V. 1b: die irdische, V. 1c: die himmlische), sondern sie sind Aussagen über Gott: Nicht *wer* den Lobpreis vollziehen soll, wird hier gesagt, sondern *wem* er gilt: Dem in seinem Heiligtum = Königsresidenz über dem Himmelsfirmament als Weltkönig herrschenden JHWH, der mit seinen großen Taten den Kosmos geschaffen hat und erhält (V. 1), die Geschichte der Welt gestaltet und sie vollendet (V. 2a) – „gemäß der Fülle seiner Hoheit" (V. 2b). V. 1–2 sind eine Kurzfassung der biblischen Aussagen über JHWH als den Schöpfer und Vollender der Welt und den Herrn der Geschichte. Das eschatologische Offenbarwerden *dieses* Königs-Gottes soll in einem großen „Schöpfungsfest" gefeiert werden, dessen „Regieanweisungen" in V. 3–5 alles aufbieten, was die biblische Überlieferung kennt, um den *adventus* eines Königs bzw. Königsgottes zu feiern, um diesem König zu huldigen und um der Freude über sein „Erscheinen" Ausdruck zu verleihen. Die ganze Dynamik dieses Festes hat aber ein Ziel, das in V. 6 formuliert wird: כל הנשמה תהלל יה. Alles, was im Kosmos הנשמה hat, soll durch die Festgemeinde von Ps 150 zum Lobpreis JHWHs mitgerissen werden. Der ganze Psalter Ps 1–150 hat diese fundamentale Aufgabe: Die Kinder Zions bzw. die Gemeinde der חסידים nehmen durch ihre Psalmen einerseits die Vollendung des Kosmos vorweg und andererseits sind sie die „Vorsänger" des Lobpreises, den *aller Atem* singen soll – und singen wird.

3. Das Gotteslob des Psalters als königliche Weisheitslehre

Das Finale des Psalters ist auffallend stark schöpfungstheologisch imprägniert. Allerdings liegt der Akzent nicht auf der Konstituierung der Welt als einer Schöpfung Gottes, sondern auf der wirkmächtigen Präsenz des Schöpfergottes in seiner Welt und auf ihrer Vollendung durch Gottes rettende, heilende und verwandelnde Königsherrschaft. Dies ist eine weisheitstheologische Sicht der Welt, die einerseits die vielfältigen Störungen wahrnimmt und die andererseits daran festhält, dass der Welt eine grundlegende, lebensförderliche Ordnung eingestiftet ist, die es zu erkennen gilt und der man in seinem Handeln entsprechen soll, damit man in der Welt als einem Haus des Lebens ein schlussendlich erfülltes Leben leben kann. Diese prinzipiell lebensförderliche Ordnung der Welt hat Israel – allen katastrophischen Erfahrungen zum Trotz – nicht nur in seiner Geschichte erfahren, sie ist Israel auch buchstäblich von seinem Gott in der Tora mitgeteilt worden. Die Tora ist das „Buch" der Weisheit Gottes, in dem JHWH sein weises Schöpfungskonzept zusammengefasst hat, in dem er die Geschichte Israels und der Völker deutet und in dem er die Essentials einer Lebensform entwirft, die seinem Weltkonzept entspricht. Man kann den weisheitstheologischen Weltentwurf von Ps 146–150 insofern als den hymnischen Entwurf einer Gegenwelt[27] verstehen, als er einerseits die negativen Einzelerfahrungen der Weltwirklichkeit massiv betont (vor allem in Ps 146; 147; 149) und dass er andererseits mit einem auf das Ganze zielenden Weltentwurf nicht nur das fundamentale Gut-Sein der Welt proklamiert, sondern an dessen Verwirklichung festhält[28] – und dieses Festhalten bereits als hymnische Prolepse vollzieht.

Schon *Psalm 146*, der in formkritischer Hinsicht in den beiden Abschnitten V. 3–4 und V. 5–9 die weisheitlichen Redeformen Mahnspruch und Seligpreisung aufnimmt, kontrastiert zwei „Weltkonzepte", das Weltkonzept der „Machthaber", die nicht retten (V. 3–4), sondern unterdrücken und für die in V. 7–9b beschriebene Not verantwortlich sind, und das Weltkonzept des Königtums JHWHs, das der Not ein Ende setzt, indem es sich den Notleidenden helfend zuwendet (V. 5–9b) und indem es die Wege der Frevler scheitern lässt (V. 9c). JHWH tut dies als der auf dem Zion und vom Zion aus herr-

---

[27] Die narrative und/oder poetische Konstituierung von Gegenwelten ist ein Proprium der religiösen Sprache, die oft durch einen rituellen Sitz im Leben verstärkt wird. Solche „Gegenwelten" haben sowohl utopische als auch kritische Funktionen. Zur „Leistungsfähigkeit", aber auch zur Problematik des Begriffs „Gegenwelt" vgl. die Einführung und die einzelnen Beiträge des Sammelbandes: Hölscher, Tonio (Hg.), Gegenwelten zu den Kulturen Griechenlands und Roms in der Antike, München u.a. 2000. – Das religionswissenschaftliche Konzept „Gegenwelt" berührt sich eng mit dem literaturwissenschaftlichen Konzept „Fiktionalität". Zu dessen Applikation auf biblische Texte vgl. nun Schöttler, Heinz-Günther, Leben in zwei Welten. Die homiletische Inszenierung fiktionaler Schrifttexte, BiLi 75 (2002), 20–26.

[28] Die Weisheitstheologie der Schlussredaktion des Psalters, wie sie sich besonders in Ps 146–150 (im Horizont von Ps 1–2) niedergeschlagen hat, gehört demnach in die Spätphase der ersttestamentlichen Weisheit bzw. ist Repräsentantin des weisheitstheologischen „Vermittlungsmodells", das J. Marböck überzeugend beschrieben hat: Marböck, Johannes, Zwischen Erfahrung, Systematik und Bekenntnis. Zu Eigenart und Bedeutung der alttestamentlichen Weisheitsliteratur, in: Loader, James A. u.a. (Hg.), Vielseitigkeit des Alten Testaments. Festschrift für Georg Sauer zum 70. Geburtstag, Wiener Alttestamentliche Studien 1, Frankfurt a.M. u.a. 1999, 121–136 (dort besonders: 130f.).

schende König, aber seine Königsherrschaft ist universal in Raum und Zeit. Gewiss wird JHWH in V. 5a mit dem partikularen Epitheton Gott Jakobs präsentiert, aber seine Gotteskompetenz wird sogleich in V. 6 durch die Anspielungen an Gen 1,1 und Gen 9,12.16 universal bzw. kosmisch dimensioniert. Die Anspielung an Gen 1,1 evoziert die creatio prima und die Anspielung an Gen 9,12.16 unterstreicht die creatio continuata bzw. qualifiziert diese als Wirkmacht seiner אמת. Die Zeitangabe לעולם in V. 6c wird dann in V. 10 mit der Königsherrschaft JHWHs auf dem Zion verbunden und gibt damit auch dieser zeitlich eine universale Dimension. Im Kontext von Ps 149–150 ergibt sich für Ps 146 eine eschatologische Akzentuierung, die deutlich macht, dass die in V. 3–4 angesprochenen Machtsysteme definitiv verschwinden werden. Vielleicht liegt diese eschatologische Sicht auch bereits in Ps 146 selbst vor, wenn man die in V. 4a gegebenen Anspielungen an Gen 3,19 und die von V. 4b.9c an Ps 1,5–6 als generelle Aussagen über das Ende dieser Art von Machthabern verstehen darf. Die Zeitangabe ביום ההוא in V. 4a könnte in diese Richtung weisen, vor allem aber die Positionierung der Aussage über das Scheitern der רשעים am Ende des Abschnitts V. 5–9. Dieses Kolon darf nicht als spätere Erweiterung beurteilt werden, sondern gehört m.E. konstitutiv zum theologischen Programm von Ps 146: Diese רשעים sind, wie die Anspielung in V. 4b an Ps 1,6b zeigt, die Machthaber von V. 3–4 (und „die Könige" und „die Edlen" von Ps 149,8), deren Macht gebrochen werden muss, wie Ps 146,4b im Lichte von Ps 1,5–6 ansagt: „Ps 1 wird hier also eschatologisch interpretiert, zunächst im Sinne des Sterbenmüssens jedes menschlichen Herrschers und damit des Untergangs all seiner Projekte (vgl. die Analyse königlicher Möglichkeiten in Koh 2–3), doch hier auf der psalterredaktionellen Ebene sicher auch im Sinne des endgültigen Untergangs aller menschlichen Herrschaftssysteme zum Ende der Geschichte."[29] Dabei darf nicht vergessen werden: Dieser kontrastive „Weltentwurf" Ps 146,3–4.5–9.10ab ist eingebunden in einen hymnischen Rahmen, d.h. er ist die Begründung bzw. Durchführung des in V. 1–2 angekündigten Gotteslobs, dessen fiktionaler Sprecher von Ps 145 her (s.u.) der königliche David ist.

Psalm 147 expliziert vor allem in seinem zweiten Teil V. 12–20 die in Ps 146 implizit gegebenen weisheitstheologischen Elemente. In seinem ersten Teil V. 1–11, der, wie wir oben bereits erläutert haben, als ursprünglich eigenständiger Psalm vorgegeben war, belegt er die in Ps 146 behauptete Verwirklichung des „politischen" Weltkonzepts JHWHs, des Königs Zions, an der Wiederherstellung des zerstörten Jerusalem, an der Rückkehr der Deportierten und an der Versorgung der Menschen und der Tiere mit allem, was sie zum Leben brauchen – und an der Entmachtung der רשעים. Dieser

---

[29] Lohfink, Lobgesänge (s. Anm. 10), 111f.

erste Teil inspiriert sich stark an den Verheißungen von Jes 40–66,[30] nimmt aber auch Aussagen von Ps 104 über JHWHs Königsherrschaft in seiner Welt (vgl. besonders V. 8–9 mit Ps 104,13f.) auf und konstatiert deren Verwirklichung im Ineinander der Geschichte Israels und der Schöpfung.[31] Der zweite Teil des Psalms V. 12–20, der auf die Redaktion der Komposition Ps 146–150 zurückgeht, macht dann deutlich, dass dieses segnende und rettende Wirken JHWHs seinem wirkmächtigen דבר zu verdanken ist, das er geradezu gestalthaft auf die Erde schickt und das er schließlich seinem Volk in der Form seiner Tora übergibt. Zwar gebraucht Ps 147 nicht den Terminus „Tora", aber die in V. 19–20 gezielt gesetzten Anspielungen auf Dtn 4,4–8 *und* Dtn 4,13f. lassen keinen Zweifel daran aufkommen, dass die Tora gemeint ist – aber eben zunächst in ihrer schöpfungdurchwaltenden und schöpfungvollendenden Mächtigkeit, wie V. 15–18, der mittlere Abschnitt von V. 12–20, in Aufnahme von Jes 55,10–11, darstellt. Dieses dynamische Weltbildkonzept arbeitet also, wie es Ps 147,10 bereits andeutet, nicht mehr mit dem Bild eines auf kriegerische Macht setzenden Herrschaftssystems (vgl. dazu auch Ps 146,3), sondern mit dem Bild des mit der Wirkmächtigkeit seines Wortes den Kosmos belebenden und heilenden Königs, der *dieses* Wort dann in jene Worte transformiert, die er in der Gestalt der Tora seinem Volk Israel übergeben hat, damit Israel JHWHs „verborgenes" Wort offenbar macht – vom Zion aus. Deshalb muss Zion, wie der erste Teil des Psalms darstellt, ja auch wiederhergestellt werden, sozusagen als „Haus" bzw. als „Lehrhaus" der Tora. Das weisheitstheologische Konzept von Ps 147 entspricht *in der Sache* dem Konzept von Sir 24,[32] auch wenn Differenzen nicht übersehen werden können. Und auch hier muss wieder betont werden: Dieses Weltbildkonzept mit dem Zion als dem „Haus" des wirkmächtigen Schöpfergottes JHWH ist eingebunden in einen hymnischen Rahmen: Es soll lobpreisend proklamiert werden, gewissermaßen als „Summa" des Selbstverständnisses der Zionsgemeinde bzw. Israels, dessen Mitte der Zion ist.

Auch *Psalm 148* beschwört die der Welt eingestiftete Ordnung, wie wir oben bereits kurz erläutert haben. Dabei klingt an, dass diese Ordnung offensichtlich immer noch bedroht ist – und dass für ihre Durchsetzung gekämpft werden muss. Ps 148 teilt mit Ps 147 die Vorstellung vom wirkmächtigen Schöpfungswort. Zwar könnte man die schöpfungstheologischen Aussagen von V. 5b–6 nur auf die Eindämmung der Chaoswasser beziehen, wie dies

---

[30] Vgl. V. 2 mit Jes 56,8 sowie mit Jes 11,12; V. 3 mit Jes 49,13; 57,15; 61,1; V. 4–5 mit Jes 40,26–28; V. 6 mit Jes 61,1.
[31] Dieses Ineinander ist auch konstitutiv für Ps 33, mit dem Ps 147 mehrere Berührungen bzw. Gemeinsamkeiten hat (vgl. besonders V. 1 mit Ps 33,1 und V. 10f. mit Ps 33,10–11). Das Problem des Zusammenhangs von Ps 33 mit Ps 147,1–11 bzw. Ps 147,1–20 kann hier nicht diskutiert werden.
[32] Vgl. dazu Marböck, Johannes, Gottes Weisheit unter uns. Sir 24 als Beitrag zur biblischen Theologie, in: ders., Gottes Weisheit (s. Anm. 1), 73–87.

verschiedentlich geschieht,[33] doch legt sich von der Parallelität der beiden Teile V. 1–6 und V. 7–13 her eher nahe, die Lobpreisaufforderung V. 5a auf alle vorher genannten „himmlischen" Größen zu beziehen und dementsprechend hier eine den Kosmos konstituierende *und* durchwaltende Wirkmächtigkeit des Wortes bzw. der Worte zu sehen, die von dem in seinem himmlischen Palast thronenden Weltkönig ausgehen. Von dieser „Worttheologie" ist auch im zweiten Teil des Psalms die Rede, wenn der „Sturmwind" als Verwirklicher des „Wortes" JHWHs präsentiert wird. Zwar steht diese Prädikation allein beim Sturmwind, da aber alle anderen genannten „Größen" mit keinerlei Prädikation verbunden sind, kann diese Aussage vielleicht für alle anderen „mitgehört" werden, wie H. Spieckermann vorschlägt: „Nicht nur der Sturmwind, sondern alle ‚Chormitglieder' sind letztlich ‚Täter seines Wortes'. Sie sind es, indem sie loben. Da vereinigen sich mit den mythischen und elementaren Mächten die ebenfalls stimmbegabten Berge, Bäume und Tiere zu einem großen Hymnus, der – wie man sicherlich zu Recht in Anlehnung an Ps 19,2 sagen darf – den כבוד אל ‚Gottes Ehre' besingt."[34] Als „Stimmführer" dieses kosmischen Lobgesangs soll Israel fungieren, wie V. 14 zusammenfasst: Der Lobgesang, den JHWH seinem Volk gegeben und zu dessen Aufführung er es beauftragt hat, ist „das Horn", mit dem Israel die belebende und rettende Schöpfungsordnung JHWHs kämpferisch durchsetzen soll, damit die Welt jene Vollendungsgestalt findet, die in Ps 150 besungen wird. Dieser „Lobgesang" ist das Buch der Psalmen, dem durch den Zusammenhang von Ps 147 und Ps 148 Partizipation an der den Kosmos belebenden, stabilisierenden und vollendenden Kraft der Tora zugesprochen wird.

Die Psalmenkomposition Ps 146–150 präsentiert sich demnach als der hymnische Entwurf einer kontrafaktischen und antizipatorischen Gegenwelt, dessen zentrale Idee ist, dass der Welt eine ihr vom Weltkönig JHWH eingestiftete lebensförderliche Ordnung zugrundeliegt, die sich – allen Widerständen zum Trotz – durchsetzen wird, nicht mit der Macht von Waffen, sondern mit der Wirkmächtigkeit des göttlichen Wortes, das in der Gestalt der Tora und in der Gestalt des Psalmenbuchs vorliegt.

Das ist die „Weisheitslehre", die der königliche David am Schluss von Ps 145 dem Psalter als hermeneutischen Horizont mitgibt. Ps 145 hat im Psalter eine Doppelfunktion. Er schließt einerseits den (vierten) Davidpsalter Ps 138–145 ab und er leitet andererseits mit seinem grandiosen Weltentwurf der universalen Königsherrschaft JHWHs zum Finale Ps 146–150 über, das ja ganz diesem Thema gewidmet ist. Im Schlusssatz Ps 145,21 fasst der königliche Weisheitslehrer David die Intention seines Vorhabens zusammen: Er will mit dem Lobgesang seines Mundes „alles Fleisch" dazu bewegen, den

---

[33] Vgl. Spieckermann, Heilsgegenwart (s. Anm. 17), 54.
[34] Spieckermann, Heilsgegenwart (s. Anm. 17), 55.

heiligen Namen JHWHs zu preisen. Genau dies wird in Ps 146–150 entfaltet – in Davids Aufforderung an sich selbst (Ps 146), an Zion (Ps 147) und an den ganzen Kosmos (Ps 148). Und diese Vision vollendet sich dann bei der im Lobpreis vorweggenommenen Epiphanie des Königsgottes JHWH (Ps 149–150). Der „David" von Sir und von Ps 145 gleichen sich auffallend: Sie sind königliche „Weisheitslehrer" für die ganze Welt, weil sie das Gotteslob als höchste „Lebenskunst" und als die wahre Weisheit lehren: Denn „durch den Mund eines Weisen werde das Loblied gesprochen" (Sir 15,10). Wie Jesus Sirach vertritt auch der Psalter die provozierende These: *„Lob* der Schöpfung ist die eigentliche *Lehre* des Weisen."[35] Beide tun dies nicht blinden, sondern offenen Auges. Sie wissen um die Herausforderung dessen, was wir die Theodizeefrage nennen. Gerade der Psalter arbeitet sich daran ab. Aber sein letztes Wort ist: „Alles, was Odem bzw. Leben hat, lobpreise JH!" (Ps 150,6). Das ist eine Einladung zu echter Lebensweisheit.

---

[35] Marböck, Sir 15,9f (s. Anm. 3), 174.

Spuren des Schöpfers

Zur Rolle der Natur im Ijobbuch

Georg Fischer, S.J.

Der Jubilar hat das Ijobbuch als „vielstimmiges, kontrastreiches Gespräch" bezeichnet, in dem „die eindeutige Orientierung zu Ende" und „das Urteil der LeserInnen selber gefordert" ist.[1] Tatsächlich bleibt das Ijobbuch auch bei längerer Beschäftigung damit rätselhaft, schillernd und offen für mehrere Deutungen.

Einer der Gründe dafür liegt in der Natur des Buches als *längster Dialog der Bibel*.[2] Zu einem echten Wechselgespräch gehört, dass die Beteiligten verschiedene Ansichten vertreten, und auch, dass diese sich im Lauf der Auseinandersetzung ändern können. Letzteres trifft in unserem Fall besonders auf Ijob zu.

Bei solchen unterschiedlichen Positionen lohnt es sich, ein Thema zu suchen, das von allen behandelt wird und so einen gleichsam neutralen Vergleich erlaubt. Mir scheint, dass der *Bezug auf Natur und Schöpfung* zum einen bei allen Hauptfiguren zu beobachten ist, und zum andern, dass er das Buch vom Anfang bis zum Ende durchzieht.[3] Diese beiden Gründe sowie die Intensität, mit der gerade die Gottesreden davon geprägt sind, legt eine Behandlung der Rolle der Natur im Ijobbuch nahe.

---

1 Marböck, Johannes, Zwischen Erfahrung, Systematik und Bekenntnis. Zu Eigenart und Bedeutung der alttestamentlichen Weisheitsliteratur, in: Loader, James A. u.a. (Hg.), Vielseitigkeit des Alten Testaments. Festschrift für Georg Sauer zum 70. Geburtstag, Wiener Alttestamentliche Studien 1, Frankfurt a.M. u.a. 1999, 121–136, hier 127.

2 Zur Dialogstruktur von Ijob siehe demnächst Engljähringer, Klaudia, Theologie im Streitgespräch. Studien zur Dynamik der Dialoge des Ijobbuches, SBS 198, Stuttgart 2003. Ihr und Dominik Markl danke ich für manche wertvolle Beobachtungen zum Thema in einem gemeinsamen Seminar.

3 Ein kleineres äußeres Zeichen dafür mag ein Element der Rahmung sein. In Ijob 1,3 und noch verdoppelt in 42,12 werden solche Zahlen von Tieren genannt wie nie sonst als Besitz einer Einzelperson (nur übertroffen von gemeinschaftlicher Beute, z.B. Num 31,36; 1 Chr 5,21, oder von Opfern, so in 1 Kön 8,63). – Zu unserem Thema siehe auch den Aufsatz von Loader, James A., Seeing God with Natural Eyes: On Job and Nature, OTEs NS 5 (1992), 346–360, der sich dabei besonders der Immanenz und Transzendenz Gottes widmet.

Daran knüpfen sich mehrere *Hoffnungen*. Vielleicht lassen sich an diesem Thema etwas besser die Unterschiede zwischen Ijob und seinen Freunden erkennen, und damit auch die Ursachen für das Scheitern ihres Dialogs. Ebenfalls lässt sich vermuten, dass aufgrund der Dominanz des Themas im Reden Gottes eine eventuelle ‚Lösung' für die Fragen und Probleme des Ijob-Buches damit zusammenhängen muss. So könnte die Natur und ihre Rolle einen Schlüssel enthalten für ein vertieftes Verständnis nicht nur dieses Werkes, sondern auch Gottes selbst. Ich möchte deshalb die Reden der Dialogpartner unter diesem Gesichtspunkt in einigen wesentlichen Aspekten untersuchen.[4]

Ijob

Dem Reden Ijobs gehen in 1,16.19 zwei Naturerfahrungen voraus, deren erste mit „Feuer Gottes" bereits eine Deutung enthält. Feuer und starker Wind werden als zerstörende Mächte greifbar. Auf den Verlust von Kindern, Gütern und Gesundheit reagiert Ijob in Kap. 3 mit dem Wunsch nach *Umkehrung der Schöpfung*,[5] zum Beispiel in der Form, dass der Tag seiner Geburt zur Finsternis werde (V. 4f., in Umdrehung von Gen 1). Damit ist der Auftakt gesetzt, um den sich vieles weitere Sprechen aller Redenden dreht. Aus der Perspektive des leidenden Ichs rückt die dunkle Seite der Natur in den Vordergrund, als schmaler Ausschnitt von Wirklichkeit, der richtiggehend fixiert wird. Zu beachten ist darin auch die Dynamik hin auf die Frage nach Gott zu Beginn des dritten Teils (3,20.23).

Nach dem Vergleich mit den versiegenden Wadis (6,15ff., für die Freunde) spricht Ijob wieder länger von Gott in 9,5–10, mit dem Akzent auf seinen Großtaten. Er überbietet darin Elifas' Reden in 5,8–10 an Umfang und Tiefe. Doch im Kontext finden sich Untertöne,[6] und diese ziehen auch weiter nach 10,10ff., wo das persönliche Erschaffenwerden der Beginn eines schwer belasteten Lebens wird, wegen der Konfrontation mit Gott und seinem – berechtigten oder ungerechtfertigten – Zorn über menschliche Sünde und Schuld (V. 13–17). Gottes *Wunder sind ambivalent*, und dies wirft dunkle Schatten über sein gesamtes Wirken.

---

[4] Das große und komplexe Thema verdiente eine ausführlichere Behandlung; in diesem Rahmen können nur einige Schwerpunkte und wichtige Akzente gesetzt werden.

[5] Siehe dazu vor allem die Beiträge von Beuken, Willem A.M., Job's Imprecation as the Cradle of a New Religious Discourse, in: ders. (Hg.), The Book of Job, BEThL 114, Leuven 1994, 41–78, und Perdue, Leo G., Metaphorical Theology in the Book of Job, in: Beuken, Book of Job, 129–156 (bes. 145: „negation of creation"), sowie von Fishbane, Michael, Jeremiah IV 23–26 and Job III 3–13: A Recovered Use of the Creation Pattern, VT 21 (1971), 151–167.

[6] In diesem Sinn auch Habel, Norman C., The Book of Job, OTL, Philadelphia 1985, 191, der Gottes Auftreten als „violent intervention in the order he once created" hervorhebt.

Solche Zweideutigkeit bleibt auf weite Strecken ein prägender Zug im Reden Ijobs. Sie gilt für Gottes Umgang mit dem Wasser (12,15) ebenso wie für das ganze Kap. 14 mit seinem meisterhaften Schwanken zwischen Hoffnung und Aussichtslosigkeit, u.a. durch den Vergleich zwischen Baum und menschlichem Leben. Eine markante Passage liegt noch zuvor, ziemlich am Eingang dieser den ersten Redegang abschließenden langen Antwort (Kap. 12–14), in 12,7–9. Dreifach erwähnt Ijob dort die *Belehrung durch die Tiere*, und die einzige Nennung von JHWH innerhalb des Hauptteils der Dialoge in V. 9 hebt die durch sie vermittelte Erkenntnis noch heraus.[7] Dies verbindet intensiv mit einem Schlüsselmotiv der Gottesreden.

Im zweiten Redegang spielt die Natur keine große Rolle. Wenn überhaupt angesprochen, sind es meist Bilder für die *Vergänglichkeit des Menschen*, so etwa die Anrede an die Made als Mutter und Schwester (17,14) oder die ironische Bemerkung über den zu Grabe getragenen Frevler (21,33).

Im dritten Redegang überrascht Ijob mit einer *Fülle neuer Elemente*. Es setzt ein in Kap. 24, wo er beschreibt, wie Menschen der Natur und den Tieren Gewalt antun (V. 2f.) und gerade die Ärmsten unter den Unbilden der Witterung zu leiden haben (V. 7f.).[8] Dann aber bringt Kap. 26, als Replik auf die letzte Freundesrede unmittelbar zuvor, ein alles Bisherige überragendes Lob Gottes. Angesichts seines souveränen Wirkens bleibt dem Menschen nur Staunen und Preisen.[9] In ähnlicher Richtung doppelt Kap. 28 nach: Die Suche nach Wertvollem auf und in der Erde verweist über sie hinaus auf die nur bei Gott zu findende Weisheit. Ijob *relativiert damit alles Irdische*, auch die Natur,[10] die gleichsam der Bereich von Gottes verfügendem Walten ist (V. 24–26), im Blick auf Weisheit und Gottesfurcht.

---

7 Eine ausführliche Diskussion auch der ironischen Züge dieser Passage bietet Clines, David J.A., Job 1–20, WBC 17, Dallas 1989, 292–294, und ähnlich Habel, Book of Job (s. Anm. 6), 219.

8 Diese ergreifende Beschreibung des Elends der Armen in 24,1–12 ist nur ein Zeichen eines ausgeprägten sozialen Bewusstseins, das das Buch Ijob als Erzählung über den reichsten Mann der Welt (1,2f.) auszeichnet. Schon 3,14–19 deutete diese Dimension an, und in Kap. 29 sowie 31 lässt Ijobs Selbstrechtfertigung vielfach außergewöhnliche Sensibilität gegenüber den Nöten von Abhängigen und Bedürftigen erkennen.

9 So die Interpretationen von Groß, Heinrich, Die Allmacht des Schöpfergottes, in: Zmijewski, Josef (Hg.), Die alttestamentliche Botschaft als Wegweisung. Festschrift für Heinz Reinelt, Stuttgart 1990, 75–84, und Brüning, Christian, Der Hymnus auf den Schöpfergott in Ijob 26,5–14, TThZ 105 (1996), 151–156. Zu beachten ist dabei die Veränderung gegenüber Kap. 9f.: Die kritischen Züge von dort sind einer positiven Sicht und bejahenden Annahme göttlicher Macht gewichen.

10 Der Wandel bei „Vögel des Himmels" ist signifikant: Konnten sie in 12,7 noch belehrend verkünden, haben sie in 28,21f. ebensowenig wie Unterwelt und Tod eine Antwort. Auch V. 7f. zeigen Grenzen der Tiere auf. Zum Ganzen dieses Kapitels s. den grundlegenden Artikel von van Oorschot, Jürgen, Hiob 28: Die verborgene Weisheit und die Furcht Gottes als Überwindung einer generalisierten חכמה, in: Beuken, Book of Job (s. Anm. 5), 183–201.

Ijobs letztes Reden zu seinen Freunden (Kap. 29–31) schließlich enthält Zeugnisse einer reichen, exotischen Welt[11] und weist ausdrücklich eine falsche Hinwendung zur Verehrung von Naturerscheinungen von sich (31,26f.). Ganz am Ende in 31,38–40, außerhalb der Liste der 14 Verbrechen zuvor und damit mit eigenem Stellenwert, kommt das Gespür für den Ackerboden zur Sprache. *Rücksicht und Verantwortung für die Natur* bilden den markanten Schlußpunkt von Ijobs Dialog mit seinen Freunden.

Eine *erstaunliche Entwicklung und Weite* kennzeichnet Ijobs Sprechen von der Natur. Es gibt eine deutliche Bewegung hin auf den dritten Redegang, in dem er, nach den kritischen und zurückweisenden Äußerungen von Kap. 3–10, zu einem neuen Anerkennen der Größe Gottes und tiefen Erfassen der Schöpfung gelangt. Das Ernstnehmen des Negativen und damit der Ambivalenz des Kosmos erweist sich so als Durchgang zu einem angemesseneren Erkennen sowohl Gottes als auch der Welt.

Die Freunde

Die Natur bildet auch den Erfahrungsbereich der Freunde Ijobs. Von daher verwundert es nicht, dass manche Motive sich decken, wie etwa die Vergänglichkeit des Lebens[12] oder die im Kosmos sichtbar werdende Größe Gottes. Doch gibt es einen signifikanten Unterschied in Verständnis und Deutung dieser Erfahrungen, der am zuletzt genannten Motiv aufgezeigt werden soll.

Auf Ijobs Wunsch nach Umkehrung der Schöpfung (Kap. 3) entgegnet *Elifas* in 5,8–16 mit einer positiven Sicht des umfangenden Wirkens Gottes, der in wunderbarer Weise Kosmos (V. 9f.) und Bereich der Menschen (V. 11ff.) ordnet und so den Schwachen Hilfe zuteil werden lässt. Negative Elemente (etwa in V. 5.14) finden sich nur im Zusammenhang mit sich vergehenden Personen, wie Dummen, überheblichen Weisen oder verschlagenen Ratgebern.

Später, in 22,12–20, seinem letzten Sprechen, kommt Elifas auf dieses Thema zurück. Er hält Ijob vor, nicht an Gottes gerechtes Walten zu glauben und wie Frevler sich von ihm zu distanzieren.[13] Demgegenüber will Elifas

---

11 Ölbäche aus dem Felsen (29,6), die Vorstellung vom wieder auflebenden Phönix (29,18f.; siehe dazu Habel, Book of Job [s. Anm. 6] 411f.), Gemeinschaft mit Tieren (30,29), u.a.

12 Z.B. das Ende von Löwen in 4,10f., das Verdorren von Schilf und Riedgras in 8,11f., das vorzeitige Ende in 15,32f. Bei den Freunden erscheint dieses Motiv immer nur im Zusammenhang mit den Frevlern (Beobachtung von K. Engljähringer).

13 Die Verwendung des Zitats „Weiche von uns!", mit dem Ijob in 21,14 die Frevler charakterisierte und sich von ihnen distanzierte (V. 16), ist in diesem Zusammenhang auf-

Gottes himmlische Überlegenheit wahren, ohne seinen Einsatz für Gerechtigkeit auf der Erde aufzugeben.

In gleicher Richtung hatte zuvor schon *Zofar* in 11,7–12 argumentiert. Zu deren Beginn weist er überwiegend in Fragen auf, wie Gott die Welt in allen ihren Dimensionen unendlich übersteigt. Dieser dem Menschen gänzlich unbegreifliche Gott[14] hält dennoch eine gesellschaftlich gerechte Ordnung (V. 10f.) aufrecht.

Den Abschluss der Freundesreden macht *Bildad* in Kap. 25, und bei ihm erscheint ihre Position in drastischer Kürze, unverstellt und erschreckend. In der Symbolik des Lichts[15] zerreißt er die Schöpfung in einen unvergleichlichen Gott (V. 2–5) und einen völlig armseligen Menschen (V. 6). Angesichts dessen Gleichsetzung mit Made (vgl. 17,14) und Wurm kann die Frage von V. 3b „Und über wem erhebt sich nicht sein Licht?" nur Hohn sein. Die Überhöhung und Abtrennung des Schöpfers von seiner Welt führt zu einem anthropologischen Pessimismus und zum Ende des Redens (der Freunde) überhaupt.

Am Anfang stand bei den Freunden der Wunsch, dem als provozierend und falsch empfundenen Sprechen Ijobs von Kap. 3 dagegenzuhalten. Aus der uneingeschränkten Bejahung einer stimmigen, grundsätzlich guten Schöpfung hat sich aber in ihren Reden zum Ende hin (Kap. 25) eine *unüberwindbare Kluft zwischen Schöpfer und Geschöpf* entwickelt, die niemandem gerecht wird. Ihr Bemühen, Gottes Erhabenheit[16] unter Ausblendung der dunklen Seiten seiner Welt zu retten, scheitert kläglich in der Abwertung seines Ebenbildes zum Gewürm. Mit diesem Versagen geht eine einseitige Wahrnehmung der Natur und ihre ideologisierende Deutung einher.

Elihu

Die Figur Elihus ist eines der bleibenden Rätsel des Ijobbuches. Mit neuen Namen für Gott und dem Betonen seiner Güte hebt er sich von den Freunden

---

schlussreich. Elifas nimmt es in 22,17 auf und setzt zuvor in V. 15 Ijob mit ihnen auf eine Seite, es damit gleichsam auch ihm in den Mund legend.

14 Alonso Schökel, Luis – Sicre Diaz, José L., Job. Comentario teológico y literario, Nueva Biblia Española, Madrid 1983, 198, weisen darauf hin, dass Zofar sich damit selbst den Boden für sein theologisches Reden entzieht.

15 Siehe dafür Borgonovo, Gianantonio, La Notte e il Suo Sole. Luce e tenebre nel Libro di Giobbe. Analisi simbolica, AnBib 135, Roma 1995, bes. 208–217.

16 Die Auswahl der von ihnen mit Gott in Verbindung gebrachten Elemente ist bezeichnend. Es sind ausnahmslos Teile des Kosmos, die seine Größe oder sein universales Wirken betonen (Himmel, Mond, Sterne, Licht, Wasser, usw.). Im Kontext des Redens über Gott tritt bei ihnen, im Unterschied zu Ijob, die Wahrnehmung von einzelnen Naturphänomenen zurück.

ab und entwickelt verstärkt eine Leidenspädagogik.[17] Seine Sonderrolle setzt ihn vom Dialog ab und ermöglicht eine vertiefte Reflexion darauf.[18] Die Position im Buch und gemeinsame Motive mit den folgenden Gottesreden, gerade bei der langen Schilderung der Natur in 36,26–37,13, geben ihm eine Brückenfunktion[19] hin zum Auftreten Gottes.

Elihu streift in den ersten Reden Elemente der Schöpfung nur kurz, z.B. in 34,13 die Erde, oder in 35,5 Himmel und Wolken. In 35,10f. wird eine Spitze gegen Ijob erkennbar, insofern die Vögel des Himmels weniger weise sind als die Menschen (wohl gerichtet gegen 12,7).

Doch in seiner letzten, vierten Rede (Kap. 37f.) bildet eine ausgedehnte Beschreibung von Naturerscheinungen den Zentralteil (ab 36,26). Die dominanten Wortfelder darin sind Wasser (Nebel, Regen, Schnee, Eis ...), verbunden mit Wolke und Wind, sowie Stimme/Donner, Licht und erkennen/ begreifen. Die Vielzahl dieser Phänomene gibt Zeugnis einer sensiblen, aufmerksamen Betrachtung der Natur,[20] wie sie in dieser Fülle und Dichte für das Buch neu ist, doch im Reden Gottes eine entsprechende Fortsetzung findet. Die häufigen Wiederholungen von ‚verstehen' und zum selben Wortfeld gehörigen Ausdrücken (in 36,26.29; 37,5.7, evtl. auch V. 1f. mit Herz und hören) enthüllen die Absicht dieser Schilderung: Gottes Walten in der Schöpfung, alleine in diesem mit Wolken-Wasser-Wind verbundenen Bereich, übersteigt menschliches Begreifen. Auch die anschließenden Verse (V.14– 16) mit ihren rhetorischen Aufforderungen gehen in diese Richtung.

Der *zwiespältige Eindruck* bei Elihu betrifft nicht nur seine Person, sondern auch sein gesamtes Reden und damit ebenso diese Natur-Darstellung. Sie kann in ihrer Feinfühligkeit begeistern und gehört zu den schönsten Schilderungen dieser Art. Auf der anderen Seite entsteht eine Spannung zwischen dem tiefgehenden Erkennen und dem mehrfach betonten Nicht-Begreifen des Menschen. Elihu benützt sein Verständnis der Natur, um Ijob seine Begrenzt- und Beschränktheit vor Augen zu führen.

In Elihu tritt ein junger, begeisterter Theologe und Israelit auf, der bisher als unbeteiligter Außenstehender zugehört hat und nun stark emotional

---

17 So Wahl, Harald-Martin, Der gerechte Schöpfer. Eine redaktions- und theologiegeschichtliche Untersuchung der Elihureden – Hiob 32–37, BZAW 207, Berlin u.a. 1993, 140 u.ö.
18 Ebach, Jürgen, Streiten mit Gott. Hiob, 2, Kleine Biblische Bibliothek, Neukirchen-Vluyn 1996, 92f., betont die kompositorische Funktion dieser Reden innerhalb des Buches, als Reaktionen „auf die vorausgegangenen Dialoge". Elihus emotionale Distanz bringt einen entfernteren Standpunkt und damit eine neue Betrachtungsweise ein.
19 Vgl. Althann, Robert, Elihu's Contribution to the Book of Job, OTEs NS 12 (1999), 9–12, bes. 10.
20 Beachtenswert ist u.a. der Wasserkreislauf in 36,27f., vergleichbar mit Jes 55,10; siehe dazu auch Wahl, Schöpfer (s. Anm. 17), 120. Die Konzentration auf Feuchtigkeit hängt wohl mit deren Rolle für die Fruchtbarkeit und damit für das Überleben zusammen.

reagiert.[21] Sein Reden dient gleichsam als Puffer zwischen den beteiligten Parteien und gewährt eine weitere Sicht des Problems aus anderer Perspektive. Trotz dieser wichtigen Rolle für das Buch bleibt er isoliert und eine *eher fragwürdige Gestalt.*[22]

Gott

Vom Gesamtaufbau des Buches, der breiten Ausfaltung und überreichen Motivik kommt den Gottesreden eine entscheidende Funktion für das Verständnis des Buches Ijob zu. Dabei dominieren in den beiden langen Reden (Kap. 38f. und 40,6–41,26) *Natur- und besonders Tierphänomene* so stark, dass sie eine Schlüsselrolle einnehmen.[23] Tatsächlich dreht sich fast alles um sie: 38,4–18 beziehen sich auf die vier Bereiche des Kosmos, V. 19–38 behandeln Wettererscheinungen, und ab 38,39 bzw. 40,15 stehen verschiedene Tiere im Blickpunkt.[24]

Weitere Beobachtungen unterstreichen die Bedeutung dieser Ausrichtung auf die Schöpfung. Sowohl 38,1 als auch 40,6 nennen mit „aus dem Sturm" explizit ein gewaltiges Naturelement als Begleitumstand für Gottes Auftreten.[25] Die Reden selber erreichen eine Länge, wie Gott sie mit Ausnahme von

---

21 Diese Charakterisierung ist zu erheben aus 32,1–7, seinem auch sonst in Israel bezeugten Namen, sowie aus manchen seiner Äußerungen (Begeisterung etwa in 37,1). Der Erzähler erwähnt in 32,2–5 gleich viermal seinen Zorn.
22 Elemente dafür können sein, dass niemand auf ihn Bezug nimmt, er in übertrieben langer Einführung anfangs von sich spricht (32,6–33,7), gleich viermal – mehr als sonst jemand ohne Zwischenrede anderer (in Kap. 32–37) – hintereinander redet, seine Ansagen teils nicht oder anders in Erfüllung gehen (statt des Boten 33,23 erscheint Gott selbst 38,1; der Wunsch nach ewiger Prüfung Ijobs 34,36 und Gottes Feststellung 42,7f., usw.) und die von ihm gebotenen Antworten nicht zur Lösung führen. Doch bleibt immerhin als Verdienst Elihus, mit der stärkeren Ausrichtung auf Gott und auch auf seine Rolle in der Natur dessen Erscheinen in Kap. 38ff. vorbereitet zu haben.
23 Clines, Job 1–20 (s. Anm. 7), li–lii, schreibt bezüglich dieses Schwerpunktes auf den Tieren in Kap. 38–41: „... a proper estimation of the animal creation is essential for coping with certain of the riddles of human existence." Auch Kubina, Veronika, Die Gottesreden im Buche Hiob, FThSt 115, Freiburg i.Br. u.a. 1979, 151–154, betont die Bedeutung von Behemot und Leviatan und hebt den „universal-kosmologischen Aspekt" an dritter Stelle hervor.
24 Zu dieser Einteilung siehe Perdue, Leo G., Wisdom in Revolt. Metaphorical Theology in the Book of Job, JSOT.S 112, Sheffield 1991, 205–212 pass.; die Vorspanne 38,2f. und 40,7–14 bringen mit „Plan verdunkeln" (V. 2) bzw. „mein Recht zerbrechen/mich ins Unrecht setzen" (V. 8) jeweils die Ijob betreffende Problematik ein. Auch gehen in 38,36 kurze Nennungen zweier Tiere der längeren Entfaltung ab V. 39 voraus.
25 Für den Gebrauch dieses Motivs in Ijob siehe Luc, Alex, Storm and the Message of Job, JSOT 87 (2000), 111–123; nach ihm findet sich „antworten von + Ortsangabe" für Gott sonst nur noch in Ps 3,5 (vom heiligen Berg); 20,7 und 1 Chr 21,26 (beide Male vom Himmel). Aus diesem Vergleich erhält das Element ‚Sturm' noch mehr Gewicht.

Gesetzen nie überschreitet. Auch dies betont ihre Wichtigkeit. Inhaltlich präsentiert Gott eine *Staunen weckende, extravagante, faszinierende Schöpfung*, die aber dennoch geordnet und dem Menschen gegenüber eigenständig ist.[26]

Darin reagiert Gott gleichzeitig *in zwei Richtungen*: Gegen Ijob hebt er dessen Wunsch nach ihrer Umkehrung (Kap. 3) aus den Angeln, indem er, noch weit über Gen 1 hinausgehend, ihre geheimnisvolle, wunderbare Vielgestaltigkeit und Balance aufzeigt – nur ein Unverständiger kann dabei von Planlosigkeit reden. Und gegen seine Freunde, die die Welt einseitig interpretieren und damit unangebracht reduzieren, bringt Gott am Beispiel der freien wilden Tiere eine Wirklichkeit zur Sprache, die dem Wissen, dem Nutzen und der Verfügung des Menschen entzogen ist.[27] Am stärksten kommt dieser Aspekt in der zweiten langen Rede über Behemot und Leviatan zur Geltung.[28]

Auch die *Weise des Redens* Gottes von der Schöpfung trägt eine Botschaft. Die Anrede an Ijob dominiert („du") und die Häufung von Fragen (alleine in Kap. 38 über 30 eigens eingeleitete) beherrscht den Stil. So wird Gottes Sprechen zur kritischen Herausforderung seines Gesprächspartners, dessen freie und einsichtige Antwort erwartet und eigens eingefordert wird (40,1–5).[29] Dabei vermittelt der Blick auf die Schöpfung ganz entscheidend mit das eingestehende und sich zufrieden gebende Bekenntnis Ijobs in 42,1–

---

26 Habel, Book of Job (s. Anm. 6), 532, gibt mit ‚Ordnung, Fürsorge und Feier' drei Hauptmotive für die erste Rede an. Deren ironische Momente und andere Weltsicht hebt Ritter-Müller, Petra, Kennst du die Welt? – Gottes Antwort an Ijob. Eine sprachwissenschaftliche und exegetische Studie zur ersten Gottesrede Ijob 38 und 39, Altes Testament und Moderne 5, Münster 2000, 262.276 u.ö., gut heraus.
27 Symptomatisch dafür mag die Aufnahme von ‚Löwin, junge Löwen' (aus 4,10f., dort Bild für die Unrecht Begehenden) in 38,39f. sowie des Wildesels (11,12) in 39,5–8 sein: Der negativen Wahrnehmung der Freunde stellt Gott eine annehmende, in größere Zusammenhänge einbindende Sicht dieser Tiere entgegen. – Und gegen ihre Tendenz, die Welt als stimmig und heil anzusehen, blendet Gott düstere und dunkle Momente (wie Tod, Beute, Gier, umherirren, ...) nicht aus. Auch Elihus Bemerkungen über die Vögel (35,10f.) scheinen in 38,36 und 39,26–30 eine Korrektur zu erfahren.
28 Einen grundlegenden Beitrag zu deren angemessenerem Verstehen hat Keel, Othmar, Jahwes Entgegnung an Ijob. Eine Deutung von Ijob 38–41 vor dem Hintergrund der zeitgenössischen Bildkunst, FRLANT 121, Göttingen 1978, geleistet. Zu einer evtl. Gleichsetzung dieser das Chaos symbolisierenden Tiere siehe Mathis, Claudia, „Sieh doch den Behemot!" Die zweite Gottesrede Ijob 40,6–41,26, BN 112 (2002), 74–85, bes. 82f.
29 Balentine, Samuel E., „What Are Human Beings, That You Make So Much of Them?" Divine Disclosure from the Whirlwind: „Look at Behemoth", in: Linafelt, Tod u.a. (Hg.), God in the Fray. A Tribute to Walter Brueggemann, Minneapolis 1998, 259–278, hier 265, sieht den Zweck von „God's review of creation" darin, „to confront and challenge Job". Vogels, Walter, Job. L'homme qui a bien parlé de Dieu, LiBi 104, Paris 1995, 229, bezeichnet Kap. 38f. wegen ihrer vielen Fragen als „examen de sagesse". Dem komplexen Charakter dieser Reden versuchen Alonso Schökel – Sicre Diaz, Job (s. Anm. 14), 542, dadurch gerecht zu werden, dass sie sie von ihrer Neugier her als weisheitlich, vom Ton als religiöse Hymnen und in ihrer Funktion als rechtlichen Dialog ansehen.

6, auf das Gott seinerseits in V. 7ff. annehmend reagiert und damit das ganze Buch einer Lösung zuführt.[30]

Umfang und Art der Darstellung Gottes geben der Natur eine *Schlüsselrolle für das Ijob-Buch und seine Botschaft*. Gott begibt sich durch sein Auftreten im Sturm[31] bewusst in seine Schöpfung, stellt sich mit ihr vor[32] und schildert sie ausführlichst und feinfühlig, ihr darin höchste Beachtung und großen Wert schenkend. In der Natur mit ihren Wundern und Geheimnissen wird etwas von Gott selbst sichtbar.

Gottes Spuren in seiner Schöpfung

Ohne Ausnahme teilen alle Hauptpersonen des Buches die Ansicht, dass Gottes Größe sich in der Welt zeigt und dass diese von ihm geschaffen ist. Von daher werden Kosmos, Natur und ihre Phänomene immer als ‚Schöpfung' begriffen, in ihrem Bezug auf den sie hervorbringenden und erhaltenden Gott. Auch sind sich alle darin einig, dass diese Schöpfung in ihrer Vielgestaltigkeit insgesamt dem Menschen letztlich unbegreiflich ist. Mit diesen ihren Wesenszügen *verweist Schöpfung immer über sich hinaus*; wer offen ist, vermag in ihr die Spuren ihres Schöpfers zu erkennen.

Doch zeigen sich erhebliche Unterschiede, was ihre Deutung betrifft. Die *Freunde* (und auch Elihu) ‚benützen' die Natur, um damit eine Erhabenheit Gottes zu behaupten, die ihn von der Welt abhebt. Als dessen Folge kommt es zur Abwertung des Menschen – entgegen der ihm von Gott zugedachten Stellung.[33]

---

30 Dabei liefert das doppeldeutige אלי „über mich/zu mir (reden)" in V. 7f., das treffend Ijobs Anreden an Gott inmitten der Dialoge aufgreift (ab 7,7 wiederholt), einen wichtigen Schlüssel für den Unterschied zwischen ihm und den Freunden (auch Elihu); ebenso Oeming, Manfred, „Ihr habt nicht recht von mir geredet wie mein Knecht Hiob". Gottes Schlusswort als Schlüssel zur Interpretation des Hiobbuchs und als kritische Anfrage an die moderne Theologie, EvTh 60 (2000), 103–116.
31 Dessen Bedeutung lässt sich kaum treffender beschreiben, als es der Jubilar gefasst hat. Marböck, Johannes, „Ohne Ruhestatt sei mein Hilfeschrei!" Ijob bei Hans Fronius, in: Reisinger, Ferdinand (Hg.), Existenz und Rückbindung. Zum religiösen Werk von Hans Fronius, Kataloge des O.Ö. Landesmuseums NF 99, Linz 1995, 28–39, hier 36: „In der Antwort aus dem Wettersturm lenkt der Herr den Blick Ijobs von der Beschäftigung mit sich selber weg, hin auf die Schöpfung; ihre von Gott dem Chaos stets neu abgerungene Ordnung, die vom Menschen weder zu durchschauen noch herzustellen ist, verweist auch Ijob für sein Geschick auf dieses Geheimnis von Gottes Gegenwart und Wirken."
32 An markanten Stellen, meist am Beginn von Abschnitten, spricht er mit ‚Ich' von seinem Tun an ihr (z.B. 38,4.9f.; 40,15). So entsteht ein wechselseitiger Bezug zwischen ihm und seiner Schöpfung.
33 Bei den Freunden etwa in Texten wie 4,17–19 und 25,4–6, die D. Markl mit ihren vielen strukturellen Ähnlichkeiten als rahmend herausgearbeitet hat; bei Elihu u.a. im Abschluss

Auf der anderen Seite steht *Ijob*, mit seiner auch durch das Leiden bedingten Offenheit, sogar das Schwere und Schmerzhafte anzusehen und darin einen Weg der Wahrheit und Ehrlichkeit, einschließlich von Protest und Auflehnung, zu gehen. Dabei erfährt er eine Wandlung, die in der Bewegung hin auf die Aussagen in Kap. 26–31 Zeugnis gibt von jener heilsamen und verändernden Kraft, die die Natur als Spur des Schöpfers erfüllt.

37,23f., der eine Begegnung mit Gott praktisch ausschließt. Diese aber wird von Gott gleich im nächsten Vers Ijob geschenkt. Es berührt seltsam, dass die Freunde damit ebenso eine Umkehrung von Gen 1 und somit eine Position vertreten, deretwegen sie Ijob angreifen.

Erkenntnis im Gespräch
Zur Bedeutung der (verbalen) Begegnung im Ijobbuch

Ilse Müllner

1. Das Buch Ijob als Einladung zum Gespräch

> Da sah Elihu, dass keine Antwort mehr war im Mund der drei Männer.
> Und es entbrannte sein Wutschnauben.
> *Ijob 32,5*

Bewährtes zu wissen und dieses Wissen gleichzeitig offen zu halten für neue Erfahrungen: diese denkerische Kunst ist prägend für das Ijobbuch. Ijob fordert in einer außergewöhnlichen Lebenssituation von seinen Freunden ein, ihr bewährtes Wissen neu zu überdenken und auf seine Situation hin zu befragen. Es ist diese Forderung, an der die Freunde letztlich scheitern. Denn die Korrespondenz von überliefertem Wissen und seinen Paradigmen mit konkreter Erfahrung ist keine Selbstverständlichkeit, auch wenn das „enge Ineinander von menschlicher Erfahrung und Reflexion bzw. Systematisierung" eine „spezifische Dimension der Weisheit"[1] Israels ist. Das Nicht-Selbstverständliche des Ineinanders von kontextgebundener, sogar individueller Erfahrung und verallgemeinerbarer Systematisierung wird im Buch Ijob an der radikalen Auseinandersetzung zwischen Ijob und seinen Freunden sichtbar.

Um die Erkenntnis und ihre Quellen, um den Stellenwert von Erfahrung im System der Weisheitssuche und um die lebenspraktische Tragfähigkeit von Denkmodellen geht es – neben vielem anderen – in diesem Buch. Nicht so sehr eine „Krise der Weisheit" spricht sich in ihm aus; eher schon zeugt dieses Buch „von Lebendigkeit und Kühnheit der intellektuellen Tradition der Weisheit Israels in Auseinandersetzung mit neuen Erfahrungen."[2]

Neu sind Erfahrungen immer im Hinblick auf bestehende Systeme. Der Erfahrungsschatz, auf den das Buch zurückgreift, ist beschränkt. Die spezifischen Erfahrungen von Frauen kommen ebenso wenig in den Blick wie

---

1 Marböck, Johannes, Zwischen Erfahrung, Systematik und Bekenntnis. Zu Eigenart und Bedeutung der alttestamentlichen Weisheitsliteratur, in: Loader, James A. u.a. (Hg.), Vielseitigkeit des Alten Testaments. Festschrift für Georg Sauer zum 70. Geburtstag, Wiener Alttestamentliche Studien 1, Frankfurt a.M. u.a. 1999, 121–135, 123.
2 Marböck, Erfahrung (s. Anm. 1), 127.

diejenigen der niedrigen sozialen Schichten, die in diesem Buch eher als Andere wahrgenommen werden (vgl. z.B. 22,6–9; 31,9–21).[3] Dennoch fordert das Buch Ijob die LeserInnen dazu auf, sich zu den Akteuren dazuzugesellen und mit ihnen ins Gespräch zu kommen.[4] Es ist zunächst das Zusammenspiel von „Ijobproblem" und „Fall Ijob",[5] das dazu anregt, die Relevanz der verhandelten Positionen auch für andere als die im Buch in den Subjekten der Auseinandersetzung repräsentierten Menschengruppen zu überprüfen. Die Offenheit der Zeit- und Ortsangaben trägt dazu bei, dass sich LeserInnen in hohem Maß mit den in diesem Buch dargestellten Charakteren identifizieren können. Zudem präsentiert das Buch Ijob seine Inhalte in einer *Form*, die zum Gespräch einlädt. Makro- und Mikrostrukturen dieses literarischen Werks sind in einem Maß von Diskursivität geprägt, dass das Buch Ijob durch seine Anlage die im Buch repräsentierten Gedanken und Erfahrungen überschreitet und sich selbst für immer neue Perspektiven öffnet.

Die Vorstellung des Buchs als offenes Kunstwerk ist nicht nur ein hermeneutisches Postulat, sondern historisch bereits in den redaktionellen Fortschreibungen des Texts realisiert worden. Interpretation und Fortschreibung sind im vorkanonischen Stadium noch ein einziger Prozess. Der Akt der Fortschreibung ist also ein schriftgewordener Auslegungsprozess, der den Ursprungstext in seiner Materialität verändert. Die Fortschreibungen sind Zeugen eines kreativen Leseprozesses; Zeugen dafür, dass Vorformen des heutigen Ijobbuchs bereits frühere Generationen in das Gespräch verstrickt haben. Aus dieser Perspektive fällt besonders die Gestalt des Elihu ins Auge. Er zeigt sich als ein in den Text eingeschriebener Modellleser, dessen Eintreten in den bereits bestehenden Diskurs sowohl vom Erzähler als auch von Elihu selbst ausführlich thematisiert wird (32,1–6a.6b–22).[6]

---

3 Vgl. Clines, David J.A., Why is There a Book of Job and What Does It Do to You If You Read It?, in: ders., Interested Parties. The Ideology of Writers and Readers of the Hebrew Bible, JSOT.S 205, Gender, Culture, Theory 1, Sheffield 1995, 122–144; Maier, Christl – Schroer, Silvia, Das Buch Ijob. Anfragen an das Buch vom leidenden Gerechten, in: Schottroff, Luise u.a. (Hg.), Kompendium Feministische Bibelauslegung, Gütersloh ²1999, 192–207.
4 Vgl. Zenger, Erich, Theologische Auslegung des Alten/Ersten Testaments im Spannungsfeld von Judentum und Christentum, in: Hünermann, Peter u.a. (Hg.), Methodische Erneuerung der Theologie. Konsequenzen der wiederentdeckten jüdisch-christlichen Gemeinsamkeiten, QD 200, Freiburg i.Br. u.a. 2003, 9–34, 29.
5 Vgl. Ebach, Jürgen, Streiten mit Gott. Hiob, I+II, Kleine Biblische Bibliothek, Neukirchen-Vluyn 1995.1996. Hier: Ebach, Streiten I, XI.
6 Vgl. Newsom, Carol A., The Book of Job as Polyphonic Text, JSOT 97 (2002), 87–108, 108.

2. Das Buch Ijob als dialogisches Kunstwerk

> In seiner Struktur ist Ijobs Dialog per se endlos.
> *Michail Bachtin*[7]

Das Ijobbuch zeigt sich als dialogisches Kunstwerk. Dialogizität ist mehr als ein Begriff für Form oder Gattung. Im Anschluss an den Literaturtheoretiker Michail Bachtin ist Dialogizität ein epistemologischer Begriff. In einem dialogischen literarischen Werk sind die Agierenden wirklich aufeinander bezogen und repräsentieren ein je eigenständiges Bewusstsein. Die Wahrheit wird in einem solchen Werk nicht monologisch vorgegeben, sei es durch die AutorInnenstimme, sei es durch die Stimme des Helden/der Heldin. Der Ort der Wahrheit ist das Gespräch, das Zwischen, nicht die einzelne Stimme. „Die Idee ist ein *lebendiges Ereignis*, das sich dort abspielt, wo zwei oder mehrere Bewußtseine dialogisch aufeinanderstoßen."[8] Unter anderem zeigt sich die Dialogizität des Buchs Ijob tatsächlich in der Form des Gesprächs.

Der Hauptteil des Buchs ist erzählte Rede. Nur wenige Passagen gehören zur erzählten Handlung; diese wiederum sind – jenseits des Rahmens – vor allem narrative Redeeinleitungen. Menschen, aber auch Gott und einer seiner „Söhne", der Satan, werden als kommunikative Personen dargestellt. Die einzigen AktantInnen dieses Buchs, die nicht sprechen, sind jeweils Kollektive: die Kinder Ijobs[9] und die Gottessöhne. Ansonsten gibt es keine Person, deren Funktion sich in nichtsprachlicher Handlung erschöpft.

Der Hauptteil des Buchs ist in Dialogform geschrieben, einer Form, die sonst in der biblischen Weisheitsliteratur unüblich ist.[10] Im Dialog fehlt der Erzähler mit seiner privilegierten Position fast gänzlich; dem Dialog ist es auf diese Weise möglich, „die dialogische Natur der Wahrheit und die dialogi-

---

7 Bachtin, Michail M., Three Fragments from the 1929 Edition *Problems of Dostoevsky's Art*, in: ders., Problems of Dostoevsky's Poetics, Theory and History of Literature 8, Minneapolis 1984, 272–282, 280, zit.n. Newsom, Book of Job (s. Anm. 6), 87 (Übers. I.M.).

8 Bachtin, Michail, Probleme der Poetik Dostoevskijs, Literatur als Kunst, München 1971, 98. Vgl. zum Buch Ijob als dialogischem Kunstwerk: Newsom, Book of Job (s. Anm. 6), pass. In die Richtung geht aber auch schon dies., Cultural Politics and the Reading of Job, BI 1 (1993), 119–138; dies., Bakhtin, the Bible, and Dialogic Truth, JR 76 (1996), 290–306. Vgl. auch Cyss-Wittenstein, Cornelia, Reading Job 26–31 with Bakhtin, in: Gravitas 1 (2000), http://www.gtu.edu/library/Gravitas/Winter2000-1.html (11.11.02); Reed, Walter R., Dialogues of the Word. The Bible as Literature According to Bakhtin, New York u.a. 1993.

9 Nur in 42,14 kommen mit der Namensgebung die Töchter als Einzelne in den Blick, haben hier aber keine handlungstragende Funktion.

10 Zu außerbiblischen altorientalischen Belegen für die Gattung des Dialogs siehe Reinink, Gerrit J. u.a. (Hg.), Dispute Poems and Dialogues in the Ancient and Mediaeval Near East. Forms and Types of Literary Debates in Semitic and Related Literatures, OLA 42, Leuven 1991.

sche Natur des menschlichen Nachdenkens über Wahrheit"[11] aufzuzeigen. Hier werden Gespräche gezeigt, deren Ausgang noch nicht festgelegt ist. Weder Ijob, noch einer der Freunde, noch die Freunde als Gruppe werden so charakterisiert, dass der Leser, die Leserin in der Sympathie eindeutig gelenkt würde. Es ist nicht von vornherein ausgemacht, dass eine der Positionen „richtig", die anderen aber „falsch" seien. Und am Ende ist eine klare Bestimmung dessen, was als „richtig" und was als „falsch" zu werten ist, nicht möglich – trotz der Stellungnahme Gottes in 42,7–9.

Als dialogisch lässt sich auch das Verhältnis zwischen dem narrativen Rahmen und dem poetischen Dialogteil des Ijobbuchs beschreiben. Bis vor einigen Jahren noch war es in der exegetischen Wissenschaft selbstverständlich, das Verhältnis zwischen Rahmen und Dialog ausschließlich diachron zu bestimmen im Sinn einer literargeschichtlichen Vorordnung des einen Teils vor den anderen.[12] Auf eine – unabhängig von dieser Erkenntnis mögliche – Zusammenschau dieser beiden Teile in der Auslegung wurde lange nur wenig Wert gelegt. In den letzten Jahren hat sich diese Perspektive verändert; der Zusammenhang zwischen den Teilen des Ijobbuchs wurde wieder stärker in den Blick genommen.[13] Aus dem altorientalischen Umfeld lassen sich Belege für die Verbindung von rahmender Erzählung und Dialog beibringen.[14] Gerade die Spannung sowohl zwischen den Inhalten als auch zwischen den Stilformen zeichnet das Buch als Kunstwerk aus. Uneinheitlichkeit und Brüchigkeit weisen auf das Thema des Buchs hin und können für eine Interpretation fruchtbar gemacht werden.[15]

Auch die diachron orientierte Forschung kennt Versuche, Rahmen und Dialogteil als substantiell zusammengehörig zu begreifen.[16] Zuletzt hat Melanie Köhlmoos einen Entwurf vorgelegt, der die dialogische Anlage des Gesamtbuchs unter literargeschichtlichem Aspekt betont. Demnach habe es zwar ein erstes Stadium der Ijob-Erzählung (ohne die Himmelsszenen) gegeben, das rein narrativ konzipiert war; bereits die Erweiterung der kurzen Ijob-Erzählung um die Himmelsszenen und um die Besuchsszenen in 42,7–11 sei jedoch mit dem Dialog zusammen entstanden.[17] Damit wäre der Dialog immer

---

11 Bachtin, Michail, zit.n. Newsom, Book of Job (s. Anm. 6), 99 (Übers. I.M.).
12 Einen ausführlichen Forschungsüberblick zu dieser Frage gibt Schmid, Konrad, Das Hiobproblem und der Hiobprolog, in: Oeming, Manfred u.a. (Hg.), Hiobs Weg. Stationen von Menschen im Leid, BThSt 45, Neukirchen-Vluyn 2001, 9–34, 11–19.
13 Siehe nur etwa Marböck, Erfahrung (s. Anm. 1), 127 Anm. 24.
14 Vgl. Cheney, Michael, Dust, Wind and Agony. Character, Speech and Genre in Job, CB.OT 36, Stockholm 1994, 35–41.
15 Siehe z.B. die synchrone Interpretation der Spannungen des sogenannten dritten Redegangs als Hinweis auf die Kommunikationsstörung zwischen den Freunden bei Cheney, Dust (s. Anm. 14), 146, und bei Ebach, Streiten II (s. Anm. 5), 13.
16 Siehe dazu Schmid, Hiobproblem (s. Anm. 12), 16f. Anm. 24.
17 „Die kleine Hiob-Novelle 1,1–5.13–20.21b; 42,12–17 ist also vom Verfasser des Dialogs durch die Erweiterungen 1,6–12.21a.22; 2,1–13; 42,7–11 zum narrativen Präludium des

schon in einen narrativen Zusammenhang hineinkomponiert worden. Mehr als das, Poesie und Prosa, duldender und rebellischer Ijob, Rede- und Handlungsorientierung wären von vornherein miteinander verflochten gewesen.

Unabhängig von den schwierigen literarkritischen Entscheidungen lässt sich für die *vorliegende Gestalt* des Ijobbuchs eine dialogische Orientierung festmachen. Diese liegt neben der Repräsentation von Dialogen mit unterschiedlichen Stimmen in der literarisch-stilistischen Spannung zwischen dem Rahmen und dem Dialogteil. Dazu kommt eine intertextuelle Dialogizität; das Buch Ijob spielt sowohl mit Motiven als auch mit Formen und Gattungen der biblischen Literatur.

Carol Newsom geht noch einen Schritt weiter in der Interpretation des Zusammenspiels von Rahmen und Dialog. Die beiden in den Texten repräsentierten Gattungen, die weisheitliche Lehrerzählung und der weisheitliche Dialog, seien nicht einfach nur eine Frage unterschiedlicher Formen und Strukturen, sondern Weisen, die Realität wahrzunehmen und zu konzipieren.[18] Die weisheitliche Lehrerzählung tendiere eher zur Reduktion von Ambiguität, der Weisheitsdialog zur vielstimmigen Konzeption von Wahrheit.[19] In der Verflechtung von Lehrerzählung und didaktischem Dialog werden also zwei epistemologische Konzepte miteinander verbunden; die Verflechtung unterstreicht das Unabgeschlossene und Unzureichende beider Konzepte.

„Read as a polyphonic work, the purpose of the book of Job is not to advance a particular view: whether that be of the prose tale, or that of the friends, or that of Job, or even that of God. Rather, it's purpose is to demonstrate that the idea of piety in all its ‚contradictory complexity' cannot in principle ‚be fitted within the bounds of a single consciousness'."[20]

Dialogs umgestaltet worden." (Köhlmoos, Melanie, Das Auge Gottes. Textstrategie im Hiobbuch, FAT 25, Tübingen 1999, 55).

18 Vgl. Newsom, Book of Job (s. Anm. 6), 94, im Anschluss an den russischen Formalisten und Kollegen Bachtins Pavel N. Medvedev. Zur intertextuellen Dialogizität der Gattungen und Formen siehe dies., Job and His Friends. A Conflict of Moral Imaginations, Interp. 53 (1999), 239–253, bes. 240.

19 Vgl. Newsom, Book of Job (s. Anm. 6), 97.99.

20 Newsom, Book of Job (s. Anm. 6), 107f. An derselben Stelle weist die Autorin aber auch auf die Grenzen des Bachtinschen Intertextualitätskonzepts in Bezug auf das Buch Ijob hin. Dieses Konzept sei nicht nur außerstande, das im Buch repräsentierte Schweigen zu reflektieren, sondern auch die spezifische Situation des Dialogs, wie sie durch die Prosaerzählung vorgegeben sei: „an irresistible curiosity to know something that utterly eludes dialogue."

3. Über das Sprechen sprechen

> Thus to speak of the violence that has come upon him,
> Job must do violence to the language.
> *Carol Newsom*[21]

Die Vogelschau-Perspektive, die die Kritikerin, die der Kritiker des Buchs einnehmen kann, ist für die Teilnehmenden am Disput selbstverständlich nicht zugänglich. Die GesprächspartnerInnen sind verstrickt in die Auseinandersetzung um zentrale theologische Fragen. Die Angemessenheit von Rede ist dabei eines der zentralen Themen.

Dementsprechend bezieht sich das Urteil Gottes in 42,7 auf das angemessene Sprechen Ijobs bzw. das nicht angemessene Reden der Freunde. Ob in 42,7 das Sprechen *über* Gott gemeint ist, wie die meisten modernen Übersetzungen und Auslegungen annehmen, oder das Sprechen *zu* Gott,[22] kann hier nicht entschieden werden. Festzuhalten bleibt, dass Gott das Sprechen sowohl der Freunde als auch Ijobs thematisiert und eindeutig zu Gunsten Ijobs Stellung bezieht. Weil das Buch Ijob selbst an solch privilegierter Position wie dem Urteil Gottes gegen Ende des Buchs die Angemessenheit der Rede thematisiert und nicht etwa nur bereits diskutierte Inhalte aufgreift und bewertet, ist es für die Auslegung legitim, sich dem Thema des Sprechens nicht nur hinsichtlich seiner Inhalte zu nähern, sondern die vielfachen Dimensionen des Redens in den Blick zu nehmen.

„Insofern es ebenso um das ‚Was' wie um das ‚Wie' der Reden bzw. des Redens im Hiobbuch geht, bekommen *die* Aspekte der Worte Bedeutung, die über den reinen Inhalt der formulierten Position hinausgehen bzw. ihnen vorausgehen. Es kommt nämlich nicht nur darauf an, *was* gesagt wird, sondern auch, *wer* etwas sagt, *in welcher Lage* er es sagt, zu *wem in welcher Lage* er es sagt und *wann* er es sagt. Wenn Hiob und die Freunde das gleiche sagen, muß es nicht das gleiche bedeuten, und wenn die Freunde *Richtiges* sagen und vorhersagen, muß es für den Leidenden in seiner Lage nicht *wahr* sein."[23]

In der Frage nach der Angemessenheit der Diskurse stehen im Buch Ijob eben nicht nur Inhalte auf dem Spiel, sondern auch Formen: das Schweigen ist ebenso als Möglichkeit mitbedacht wie das Hören und das Sprechen. Ijobs Freunde verharren zunächst einmal sieben Tage und sieben Nächte: וְאֵין־דֹּבֵר אֵלָיו דָּבָר (2,13). Kein Wort kommt aus ihrem Mund, weil Ijobs Schmerz selbst für die gebildetsten und gewandtesten Redner zu groß ist. Das Schweigen der Freunde wird nicht nur immer wieder von KommentatorInnen positiv hervorgehoben,[24] auch Ijob wünscht sich im Verlauf der Auseinandersetzung

---

21 Newsom, Job (s. Anm. 18), 246.
22 Siehe dazu Oeming, Manfred, „Ihr habt nicht recht von mir geredet wie mein Knecht Hiob". Gottes Schlusswort als Schlüssel zur Interpretation des Hiobbuchs und als kritische Anfrage an die moderne Theologie, EvTh 60 (2000), 104–116.
23 Ebach, Streiten I (s. Anm. 5), XIII. Vgl. Newsom, Politics (s. Anm. 8), 119.
24 Zu den Freunden Ijobs siehe Ebach, Jürgen, Gott und die Normativität des Faktischen. Plädoyer für die Freunde Hiobs, in: ders., Hiobs Post. Gesammelte Aufsätze zum Hiob-

seine Freunde als Schweigende zurück (21,5[25]). Elihu zögert zunächst zu sprechen (32,4f.7ff.) und zeigt damit, dass die Enthaltung von Worten ihren eigenen Wert besitzt.

Die Auseinandersetzung zwischen Ijob und seinen Freunden ist hart und wird im Verlauf des Buchs immer schärfer. Bereits im zweiten Redegang (15–21)[26] wird der Ton harscher,[27] im dritten Redegang (22–28) hält Elifas dem Ijob ein ganzes Sündenregister vor (22). Zugespitzt wird die Situation dadurch, dass das Gespräch zwar zwischen Ijob und seinen Freunden stattfindet, dass aber für Ijob die Freunde gar nicht die eigentlichen Ansprechpartner sind. Seine Sehnsucht gilt dem Gespräch mit Gott.[28] Diese Sehnsucht Ijobs wird allerdings erst am Ende des Dialogs erfüllt, wenn Gott sich tatsächlich Ijob in seinen Reden zuwendet (38–41). So liegt es nicht nur daran, dass die Freunde Unangemessenes reden, wenn Ijob ungehalten reagiert, sondern auch daran, dass sie gar nicht Ijobs eigentlich angezieltes Gegenüber sind.

4. Das Gegenüber im Blick – Direkte Anreden im „Dialogteil"[29]

> Auch ich – wie ihr würde ich reden,
> wenn euer Leben anstelle von meinem Leben wäre.
> *Ijob 16,4a*

Die Frage nach der Angemessenheit des Sprechens ist nicht nur eine Frage des *Buchs* Ijob, sie wird von den Aktanten explizit gestellt. Im Dialogteil thematisieren die Freunde ebenso wie Ijob immer wieder das Sprechen des Gegenübers. Sie bleiben nicht beim Streit um Inhalte stehen, vielmehr stellen sie die Angemessenheit der Rede des/r jeweils anderen in Frage. Passagen, in denen (in der Perspektive des jeweils Sprechenden) allgemein Gültiges verhandelt oder von Seiten Ijobs das eigene Schicksal thematisiert wird, wechseln sich mit Passagen ab, die das Gegenüber in den Blick nehmen. Der/die

---

buch, zu Themen biblischer Theologie und zur Methodik der Exegese, Neukirchen-Vluyn 1995, 55–66.

25 Die Geste des Hand-auf-den-Mund-Legens ist ein Ausdruck des Schweigens. Siehe z.B. Ebach, Streiten II (s. Anm. 5), 5.
26 Zum Aufbau des Buchs siehe Schwienhorst-Schönberger, Ludger, Das Buch Ijob, in: Zenger, Erich u.a., Einleitung in das Alte Testament, KStTh 1,1, Stuttgart u.a. ³1998, 297–308, 298f.
27 Siehe z.B. Clines, David J.A., Job 1–20, WBC 17, Dallas 1989, 346.
28 Vgl. Clines, Job 1–20 (s. Anm. 27), 196.305.
29 Im Fall dieses Aufsatzes bedeutet die Konzentration auf die synchrone Perspektive nicht, wie an der Bemerkung über die Elihu-Reden deutlich geworden sein dürfte, dass die diachrone Fragestellung im Sinn der Einheitlichkeit beantwortet wäre, sondern nur, dass der vorliegende Masoretentext hier als sinnvolles Ganzes unabhängig von seinen Vorstufen wahrgenommen wird. Aus Gründen der Praktikabilität werde ich mich im Folgenden auf den Dialogteil konzentrieren.

Dialogpartner werden direkt angesprochen. Dieses Wechselspiel von unpersönlichen Ausführungen und direkter Anrede ist in der Ijob-Forschung mehrfach thematisiert worden.[30] Die Anreden stellen das vorschnelle Urteil in Frage, dass die Parteien aneinander vorbei redeten. Direkte und indirekte Anrede-Passagen[31] betten die unpersönlich formulierten Passagen ein, die so ebenfalls eine dialogische Ausrichtung erhalten. Ijob und seine Freunde reden nicht aneinander vorbei; sie versuchen im Rahmen ihrer jeweiligen Möglichkeiten und aus ihren unterschiedlichen Positionen heraus, miteinander ins Gespräch zu kommen.

Im Gesprächsteil des Buchs Ijob können mehrere Sprechrichtungen unterschieden werden.
1. Die Freunde sprechen Ijob direkt an. Alle vier Freunde formulieren Passagen in der 2.P.sg.m. Mit dem „du" ist eindeutig Ijob gemeint. Es gibt keine Stelle, an der ein Freund etwa einen anderen oder Gott anspricht. Wo sich einer der Freunde an ein Du wendet, ist Ijob im Blick.[32]
2. Ijob spricht die Freunde an. Formuliert sind solche Passagen in der 2.P.pl.m. Auch wenn Ijob auf die Rede eines Einzelnen reagiert, spricht er die Freunde im Plural an. Wo Ijob in der 2.P.sg. formuliert, gibt es drei Möglichkeiten. In 16,3 und 26,2–4 bezieht er sich ausnahmsweise auf einen einzelnen Freund als Gegenüber;[33] ansonsten handelt es sich in den meisten anderen Fällen um eine Anrede Gottes, seltener um ein virtuelles Zitat (s.u.).

---

30 Siehe etwa Westermann, Claus, Der Aufbau des Buches Hiob. Mit einer Einführung in die neuere Hiobforschung von Jürgen Kegler, CThM.BW 6, Stuttgart ²1977. Dieser steigt in seine Analyse der Formelemente mit der Differenzierung zwischen „persönlichen" und „sachlichen" Elementen ein (41). Auch Köhlmoos, Auge (s. Anm. 17), 112–117, thematisiert die Anreden, also Sätze oder Passagen, „in denen der oder die Gesprächspartner explizit oder implizit mit in die Rede einbezogen werden" (112). Auf die Anrede Gottes konzentriert sich Dale, Patrick, Job's Address of God, ZAW 91 (1979), 268–282. Er kritisiert Westermann dahingehend, dass dieser das Sprechen zu Gott und das Sprechen über Gott nicht genügend ausdifferenziert hätte (268).
31 Köhlmoos, Auge (s. Anm. 17), 112–117, unterscheidet zwischen direkten Anreden in der 2.P. und indirekten Anreden, zu denen sie Fragen, Wünsche und הנה/הן-Sätze zählt. Die Funktion von הנה/הן bezeichnet Vetter, Dieter, הִנֵּה hinnē siehe, THAT 1 (1971), 504–507, 505, als „Glied eines urtümlichen Befehlsvorgangs" und vergleicht die Partikel mit dem Imperativ von ראה.
32 Das Fehlen einer Anrede Gottes sieht Oeming, Knecht (s. Anm. 22), 114, als Kritikpunkt Gottes in 42,7 an. Gott kritisiere die Sprechrichtung der Freunde über Gott, nicht zu ihm hin.
33 Vgl. Ebach, Streiten II (s. Anm. 5), 42f. Clines, Job 1–20 (s. Anm. 27), 379, deutet 16,3 als virtuelles Zitat, weil er die singularische Anrede eines Freundes durch Ijob für zu unüblich hält.

3. In den allermeisten Fällen ist Gott angesprochen, wenn Ijob sich an ein Du wendet.[34] Auch im Gespräch mit den Freunden wird diese Möglichkeit immer wieder realisiert.
4. An einer Stelle verkehrt Ijob die Sprechrichtung, indem er den Freunden ein fiktives Zitat in den Mund legt, in dem er selbst, Ijob, der Angesprochene ist (12,7f.).[35]
5. Vergleichbares geschieht in 18,2: Bildad zitiert Ijob, der die Freunde angreift.
6. Elihu wendet sich in seinen Reden sowohl an Ijob als auch an die Freunde.
7. Zudem werden noch virtuelle Kommunikationspartner ins Spiel gebracht, die Erde (16,18) und das Grab (17,14) als virtuelle Ansprechpartner Ijobs und weise Menschen (חֲכָמִים ,יֹדְעִים und אַנְשֵׁי לֵבָב in 34,2.4.10a) von Seiten Elihus. In beiden Fällen weist die Anrede an virtuelle Kommunikationspartner auf die Unzulänglichkeit der realen Partner hin.[36]
8. Die Gottesreden schließlich sind durch ihre Form mit der hohen Repräsentanz von Fragesätzen insgesamt als an Ijob gerichtet ausgewiesen. „Jedes entfaltete Thema wird in einen Bezug zur Personenkonstellation JHWH-Hiob gestellt."[37] Die Intensität der Ausrichtung nimmt allerdings in der zweiten Gottesrede (40,6–41,26) ab. Ab 41,1 fehlt die direkte Anrede gänzlich, und der Fragemodus tritt quantitativ gegenüber dem Vorhergehenden zurück.

Diese Anreden zeigen, dass im Buch Ijob ein wirkliches Gespräch stattfindet und dass es nicht nur um das Nebeneinanderstellen unterschiedlicher Position zu bestimmten theologischen Fragen geht. „Hiob steht den Freunden gegenüber, die er als Gruppe wahrnimmt und die teils als Gruppe, teils als Einzelne agieren. Hiob steht aber auch dem einen Gott gegenüber, den er anspricht, der aber nicht antwortet."[38] In diesem kommunikativen Beziehungsgeflecht nimmt Ijob in mehrfacher Hinsicht eine zentrale Stellung ein:
1. Ijob reagiert in seinen Reden auf jede der einzelnen Freundesreden. Keine Person ergreift häufiger das Wort als er. Zudem sind seine Reden länger

---

34 7,7–21; 9,12b.25–35; 10,1–22; 13,20–14,6; 14,10b.13–22; 16,7b.8; 17,3–4; 30,20–22; 40,4a; 42,1–6. Diese Aufzählung bezieht sich auf zusammengehörende Einheiten, wenn die Anrede Gottes dominant ist. Wo nur Einzelverse genannt werden, sind die dazugehörigen Texteinheiten als ganze nicht an Gott gerichtet.
35 Vgl. Clines, Job 1–20 (s. Anm. 27), 292. Die direkte Anrede in 12,7f. wird durch Fragen, also indirekte Anrede weitergeführt in 12,14–15. Nach Köhlmoos, Auge (s. Anm. 17), 115, zählen auch 12,14f. wegen der Einleitung durch הֵן zu den indirekten Anreden.
36 In zwei Fällen werden virtuelle Gottesreden gebracht, in denen Gott einmal die Menschen (28,28) und einmal den Schnee (37,6) anspricht.
37 Köhlmoos, Auge (s. Anm. 17), 114f. Sie bezieht sich aufgrund ihrer vorgängigen literargeschichtlichen Entscheidung allerdings nur auf die erste Gottesrede.
38 Köhlmoos, Auge (s. Anm. 17), 114. Ihr Gedanke, dass zwischen Ijob und Gott keine Kommunikation stattfinde, weil Gott erst spricht, „als Hiob längst aufgehört hat, mit ihm zu reden" (ebd.), ist m.E. nicht nachvollziehbar. Besonders die rhetorische Orientierung der Gottesreden an ihrem Gegenüber (s.u.) zeigt das Gegenteil.

als die der Freunde. In den ersten beiden – den „vollständigen" – Redegängen ergibt sich so das Bild, dass Ijob mehr spricht als seine Freunde zusammen.[39]

2. Ijob ist mit allen anderen sprechenden AktantInnen des Buchs (mit Ausnahme des Satan) im Gespräch: mit seiner Frau, mit den drei Freunden, mit Elihu (der ihn anspricht und als einziger Freund seinen Namen nennt 33,1.31 u.a.) und schließlich mit Gott.
3. Die Freunde werden als Kollektiv verstanden; Ijob hingegen als Einzelperson.

Ein Blick auf die Verteilung der Anreden im Buch Ijob macht deutlich, dass die Intensität der persönlichen Ansprache nicht gleich bleibt, sondern dass sie sich im Lauf des Buchs verändert. Dabei muss ganz klar zwischen Ijob und seinen Freunden unterschieden werden.

Die *drei Freunde* Ijobs beginnen im ersten und zweiten Redegang alle ihre Reden mit Anreden Ijobs;[40] im ersten Redegang wird er im Verlauf der Rede noch weiter angesprochen, im zweiten nur von Elifas in 15,17. Im dritten Redegang steigert sich die Bezogenheit des Elifas auf Ijob so weit, dass von seiner ganzen dritten Rede nur wenige Verse (22,16–20) nicht an Ijob gerichtet sind. Bildads kurze Rede bleibt ohne Anrede, und Zofar spricht in diesem Redegang gar nicht. Die Freunde handeln demnach unterschiedlich;[41] Elifas ist von den Dreien nicht nur derjenige mit dem größten Redeanteil, sondern auch derjenige, der sich am stärksten auf Ijob persönlich bezieht.

Elifas' Orientierung am Gegenüber wird nur noch von der des *Elihu* übertroffen. „[U]nlike any previous speaker in the book, Elihu constantly addresses his appeals and arguments to Job or the friends directly, in both the second and the third persons, sometimes even by name."[42] Elihu nimmt also neben Ijob noch die drei anderen Freunde als Gegenüber wahr; an Gott wendet auch er sich nicht. Das Hauptaugenmerk Elihus gehört aber nicht den Freunden, sondern Ijob selbst. Während er die Freunde nur in 32,6.11–16; 35,4b; 37,1 anredet, spricht er Ijob konstant immer wieder an. Das ständige Durchbrechen des unpersönlichen Diskurses durch die Anrede an Ijob lässt das Gesamt der Elihu-Reden als an Ijob (bzw. in Ausnahmefällen an die Freunde) gerichtet wirken.

---

39 Ijob hat in den ersten beiden Redegängen 82 Strophen gegenüber 44 Strophen der Freunde; vgl. Cheney, Dust (s. Anm. 41), 133.
40 Nicht ganz eindeutig ist das im Fall der zweiten Zofar-Rede (20,2–29). Direkt angesprochen wird Ijob nur in V. 4; V. 5 ist davon abhängig und auch zur Anrede zu zählen. Westermann, Aufbau (s. Anm. 30), 41, sieht 2–5 und 19–21 als an Ijob gerichtet, auch Köhlmoos, Auge (s. Anm. 17), 112, rechnet 3b–5 zu den adressierten Passagen. Köhlmoos zählt auch V. 2 zu den indirekten Anreden, die als Frage formuliert sind (Auge [s. Anm. 17], 115), allerdings fehlt in V. 2 der syntaktische Hinweis darauf, dass es sich um einen Fragesatz handelt.
41 Vgl. Köhlmoos, Auge (s. Anm. 17), 113.
42 Cheney, Dust (s. Anm. 41), 197.

Ijob sieht sich ausgespannt zwischen den Freunden einer- und Gott andererseits. Die Freunde sprechen zwar ausführlich mit ihm, er jedoch ist nicht kontinuierlich auf die Freunde hin ausgerichtet. Anders als bei den Freundesreden in den ersten beiden Redegängen, wo den Anreden vergleichbare strukturelle Positionen in den einzelnen Reden zugewiesen werden konnten, fehlt eine solche klare Zuordnung bei den Reden Ijobs. Die Anreden an die Freunde finden sich an allen möglichen Positionen in den Ijob-Reden; doch scheint auch hier der Redeanfang eine bevorzugte Position zu sein.[43] Immer wieder allerdings spricht Ijob singularische Anreden aus. Ihr Inhalt weist sie eindeutig als Anrede Gottes aus.[44] Diese Anreden Gottes sind vor allem dadurch gekennzeichnet, dass Ijob über eine weite Strecke dieses Buchs keine Antwort Gottes erfährt. So ist es nicht verwunderlich, dass die Länge der an Gott gerichteten Passagen abnimmt. Waren im ersten Redegang noch über mehrere Strophen laufende Texteinheiten an Gott gerichtet,[45] so sind es im Schlussmonolog nur noch die kurzen Textstücke 30,20–22; 40,4a und 42,1–6.

Die Reden *Gott*es schließlich (38,1–40,2; 40,6–41,26) zeichnen sich durch eine sehr zugewandte Rhetorik aus. Der Inhalt der Gottesreden wird immer wieder von AuslegerInnen hinsichtlich seiner fehlenden Orientierung an Ijobs Schicksal ebenso wie am bis dahin Gesprochenen kritisiert. Eine Einbindung der Analyse rhetorischer Strategien, das Ernstnehmen der dargestellten Sprechsituation kann dieses negative Bild der Gottesreden zurecht rücken. Die Häufigkeit der rhetorischen Fragen weist die Gottesreden als in höchstem Maß an ihrem Gegenüber Ijob orientiert aus. Dabei geht es den Fragen nicht einfach um eine Provokation der Antwort. Das wäre eine bloße „Illustration der Macht"[46] Gottes und Darstellung von Ijobs Ohnmacht, die dieser selbst noch verbal bestärken müsste. Den rhetorischen Fragen kommt es „nicht auf die offenkundige Antwort an, sondern auf die Konsequenzen, die aus der offenkundigen Antwort zu ziehen sind."[47] Die Gottesreden fordern Ijob dazu auf, sich in dieser Welt und im Gegenüber Gottes neu zu positionieren.

Allen Konstellationen ist es gemeinsam, dass in vielen direkten Anredepassagen das Sprechen selbst zum Thema gemacht wird. Die drei Freunde kritisieren Ijobs Äußerungen als „heftigen Wind" (8,2); Ijobs Reden stünde

---

43 In der ersten Antwortrede Ijobs findet sich eine direkte Anrede an die Freunde erst in 6,21–30; in der zweiten Rede wendet sich Ijob gar nicht an die Freunde. Aber schon die dritte Rede beginnt in 12,2–3 mit einer Anrede, ebenso die vierte (16,2–6), die fünfte (19,2–6), die sechste (21,2–5) und die achte Rede (26,1–4).
44 Siehe oben Anm. 34.
45 7,7–21; 9,25–35; 10,1–25; 13,20–14,6; 14,13–22.
46 Ebach, Streiten II (s. Anm. 5), 123. Vgl. Loader, James A., Gott mit eigenen Augen sehen: Hiob und die Natur, in: ders., Begegnung mit Gott. Gesammelte Studien im Bereich des Alten Testaments, Wiener Alttestamentliche Studien 3, Frankfurt a.M. u.a. 2001, 99–112, 110.
47 Ebach, Streiten II (s. Anm. 5), 125.

gegen die Gottesfurcht (15,4). Ijob dagegen sieht in den Reden der Freunde den Tod der Weisheit (12,2); er wünscht sich das anfängliche (2,13) Schweigen der Freunde zurück (13,1). Und auch zwischen Gott und Ijob geht es um das Reden, um die Frage, wer von beiden derjenige ist, der die Fragen stellt, und welcher der Gesprächspartner kompetent ist, den anderen zu belehren (38,2f.; 40,2; 42,2–5).

5. Die Gottesbegegnung als Lösung des Ijobproblems?

> Aber ich glaube eher, daß der wahre Ausgang des Buches Hiob nicht auf uns gekommen ist.
> Hiob ist gestorben, ohne zu bereuen und ohne sich selbst aufzugeben.
> Er erlag seinem Leid stolz und ungebrochen.
> *Elie Wiesel*[48]

So beziehen sich auch beide Antworten Ijobs, in denen er auf die Gottesreden reagiert, auf das Sprechen und die Erkenntnis (40,3–5; 42,1–6). Die beiden Antworten Ijobs können nicht auf den in 42,5[49] repräsentierten Aspekt der Gottesbegegnung reduziert werden; dennoch muss dieser Vers als Schlüsselvers gelten. Zum einen deshalb, weil er unmittelbar vor der in 42,6 geschilderten Haltungsveränderung Ijobs[50] steht, zum anderen, weil das, was er darstellt, nämlich das „Schauen Gottes", ein für die Gottesvorstellung des Ersten Testaments exzeptioneller Vorgang ist.[51]

Bereits in 19,26f. drückt Ijob seinen Wunsch nach Gottesbegegnung mit der Metapher des Schauens aus. Elihu greift auf dieses Bild zurück, wenn er Ijob das Schicksal eines wiederhergestellten Leidenden vor Augen stellt – dieser werde im Gebet Gottes Angesicht schauen (33,26). Von diesen drei Stellen, die in der Wortwahl jeweils unterschiedlich sind, stehen einander 19,26f. und 42,5 am nächsten:

---

48 Wiesel, Elie, Hiob oder das revolutionäre Schweigen, in: ders., Adam oder das Geheimnis des Anfangs. Legenden und Portraits, Herder Spektrum 4249, Freiburg i.Br. u.a. ²1994, 207–232, 228f.
49 Die unterschiedlichen Auslegungen des „Schauens" Gottes in 42,5 darzustellen, fehlt hier der Raum. So viel sei allerdings gesagt, dass eine Reduktion des Objekts von Ijobs Schauen auf die in der Gottesrede repräsentierte Wirklichkeit zu kurz greift. So schreibt etwa Loader, Gott (s. Anm. 46), 111: „Das kann nur eines bedeuten: Er hat Gott in der Natur gesehen." Die dialogische Situation bleibt dabei völlig außer Acht.
50 Zu den verschiedenen semantischen Möglichkeiten von V. 6 siehe besonders Wolde, Ellen J. van, Job 42,1–6: The Reversal of Job, in: Beuken, Willem A.M. (Hg.), The Book of Job, BEThL 114, Leuven 1994, 223–250, bes. 242–247.
51 Siehe zu dieser Metapher z.B. Vincent, Jean M., Das Auge hört. Die Erfahrbarkeit Gottes im Alten Testament, BThSt 34, Neukirchen-Vluyn 1998.

a) Sowohl in 19,27 als auch in 42,5 wird neben dem Verb ראה (sehen) das Nomen עין (Auge) verwendet. In beiden Fällen ist das Auge (42,5) bzw. sind die Augen (19,27) Subjekt des Sehens. Objekt des Sehens ist Gott.[52]
b) In beiden Kontexten geht es um Erkenntnis. In 19,25 ist das Subjekt des Erkennens (Verb: ידע) Ijob, das Objekt der גאל (Löser) Ijobs.[53] In 42,2–4 kommt der Begriff „erkennen"/„Erkenntnis" (דעת/ידע) sogar drei Mal vor. In 42,2 lässt der hebräische Text die LeserInnen im Unklaren darüber, wer das Subjekt des Erkennens ist: Ijob oder Gott.[54] Inhalt der Erkenntnis ist in jedem Fall die Macht Gottes. In 42,3a, wird die Frage aufgeworfen, wer ohne Erkenntnis den Plan (עצה) verdunkle. Durch die fast wörtliche Wiederaufnahme dieses Gottesworts aus 38,2 erkennt Ijob an, „daß *er* es war, der Gottes ‚Plan' verdunkelt, verfinstert, d.h. geleugnet habe."[55] In 42,3e ist es wiederum Ijob, der nicht weiß (ידע), einer, der nicht versteht (בין in V. 3c). Und in 42,4 schließlich steht das Verb im Hifil – es geht darum, dass der eine Gesprächspartner dem anderen etwas zu erkennen gibt.[56] Erkenntnis ist damit ein zentrales Thema dieser Stelle[57] und steht hier im Kontrast zum Sprechen (bes. V. 3).

Die Verbindung von Sehen und Erkenntnis ist nicht ungewöhnlich;[58] auch bei Ijob spielt die Sinneswahrnehmung in ihrer Verbindung zu Erkenntnis und Einsicht immer wieder eine Rolle.[59] Gleichzeitig darf in der Auslegung von 42,2–6 die beziehungshafte Komponente des Erkenntnisbegriffs nicht außer Acht gelassen werden. Denn das Erkennen geht in der hebräischen Bibel weit über einen rein kognitiven Vorgang hinaus; die Bandbreite des Begriffs reicht bis zur geschlechtlichen Vereinigung.

Das Schauen Gottes wird in 42,5 von zwei weiteren Begegnungsweisen abgehoben: vom Hören (im unmittelbaren Vers-Kontext) und vom nicht ge-

---

52 In 19,27 lässt sich das Objekt aus V. 26 erschließen; in 42,5 bezieht sich das ePP auf das Gegenüber. In 33,26 geht es zwar auch um Gottesschau; die Formulierung ist allerdings anders. Objekt zum Sehen ist in diesem Fall das Angesicht Gottes, ein Begriff, der eher auf den kultischen Bereich verweist.
53 Zur Identität des „Lösers" siehe Kessler, Rainer, „Ich weiß, daß mein Erlöser lebt". Sozialgeschichtlicher Hintergrund und theologische Bedeutung der Löser-Vorstellung in Hiob 19,25, ZThK 89 (1992), 139–158.
54 Der Konsonantentext legt die 2.P. nahe, also Gott. Die Masora liest allerdings durch Anhängen 1.P., Ijob also als Subjekt des Erkennens.
55 Ebach, Streiten II (s. Anm. 5), 155f. Siehe auch Wolde, Reversal (s. Anm. 49), 231.
56 Zur syntaktische Ambivalenz dieses Verses siehe Wolde, Reversal (s. Anm. 49), 232. Sie geht in V. 4 von einer Ellipse aus, den Sprecherwechsel betrifft. Sprecher wäre demnach hier Gott, Ijob also das Subjekt von ידע hi.
57 Vgl. Wolde, Reversal (s. Anm. 49), 238.
58 Vgl. Schroer, Silvia – Staubli, Thomas, Die Körpersymbolik der Bibel, Darmstadt 1998, 128–132.
59 Siehe z.B. die außergewöhnliche nächtliche Schau des Elifas in 4,12–21, da v.a. V. 16; 9,11: ראה und בין stehen parallel; 11,11: ידע und ראה stehen parallel; 13,1.2: eine enge Verbindung der Wortfelder „sehen", „hören" und „erkennen".

lungenen Erkennen und Verstehen (42,3). Mit dieser semantischen Opposition verbindet sich eine zeitliche, die durch das עתה in 42,5 angezeigt wird. *Früher* war sowohl das Hören als auch das Nicht-Erkennen und Nicht-Verstehen; das *Heute* aber ist geprägt vom Gesehen-Haben.

Ein glatter Schluss würde nun noch das Leitmotiv des Erkennens, des Verstehens, der Weisheit aufgreifen und positiv formulieren. Etwa in der Art, dass die Schau Gottes die Erkenntnis bewirkt oder ähnliches. Das Buch Ijob bietet aber am Ende keine einfache Lösung an. Weder die Gottesschau noch die „Wiederherstellung" Ijobs in 42,7–17 geben eine Antwort auf die Frage nach dem *Verstehen* von Ijobs Situation.[60] Auch die den Dialogteil durchziehende Suche nach Ijobs Schuld oder Unschuld wird in der Begegnung nicht geklärt. Dennoch ist es die Gottesbegegnung, die Gottesschau, die dazu führt, dass Ijob seine Weltsicht und seine Einstellung ändert (42,6).

Der Leser und die Leserin werden aber am Ende des Buchs angekommen nicht bei diesem Ende stehen bleiben können. Die Dialogizität des Werks, als Einladung zum Gespräch zu verstehen, bedeutet, sich als LeserIn immer wieder von neuem auf den Prozess des Streitens mit den Freunden, mit Ijob und mit Gott einzulassen. Der Protagonist wird in innerem und äußerem Frieden aus der Erzählung entlassen, die LeserInnen bleiben in den Prozess der Auseinandersetzung verstrickt.

---

60 Nur noch einmal wird das Verb ידע nach 42,4 wieder aufgenommen: es sind die „Bekannten" Ijobs, die so bezeichnet werden.

Satzteilfolge – Übersetzung – Auslegung
Beobachtungen zu deren Verhältnis am Beispiel von Spr 1,20–23 und 23,13–14

Walter Groß

Um einen Weisheitsspruch zu verstehen, genügt es nicht, die einschlägigen Sätze grammatisch und die in ihnen vorkommenden lexikalischen Einheiten semantisch zu analysieren und die vom Autor bei seinen Adressaten vorausgesetzten Hintergrundkenntnisse zu eruieren. Vielmehr muss sich der Interpret bemühen, auch die Gedanken*führung* bis ins Einzelne nachzuzeichnen und die durch den Wortlaut signalisierte *Aufmerksamkeitsleitung* zu rekonstruieren. Wie viel davon er z.B. in seine Übersetzung hinüberretten kann, hängt von vielen Faktoren vor allem der Zielsprache ab. Zumindest für seine Auslegung könnte er solche Indizien aber wahrnehmen und auswerten. Obgleich die im Hebräischen sehr variantenreiche Satzteilfolge besonders deutliche Hinweise auf die beabsichtigte Aufmerksamkeitsleitung gibt, findet sie oft nur ungenügende Beachtung. Die Meinung scheint weit verbreitet, dies seien Phänomene des Stils, und Stil wird angesichts eines theologisch begründeten „Inhaltismus" häufig unterbewertet.[1] Selbst als solche sind sie aber nicht selten über ihre Funktion als ornamentale Gestaltung hinaus bedeutsam, weil sie z.B. – auch abgesehen von Leitwörtern oder lexikalischen Aufnahmen, die zumeist notiert werden – über differenzierte Oppositionsbildungen und über die Zusammenordnung von Versen zu Versreihen Auskunft geben. Die ohnehin nur rudimentär ausgebildete Kritik von Bibelübersetzungen schließlich, inklusive auch der wissenschaftlichen Übersetzungen in Kommentaren,[2] übersieht diese Aspekte weitestgehend.

Im Folgenden sollen unter dem Gesichtspunkt der Satzteilfolgen und ihrer Konsequenzen zwei Passagen aus dem Buch der Sprüche behandelt werden, soweit ihre Satzteilfolgen vor allem stilistische und strukturelle Funktion haben (Spr 1,20–23) und soweit sie darüber hinaus auch das inhaltliche Verständnis berühren (Spr 23,13–14).

---

1 So gibt es umfangreiche neue Psalmenkommentare, die auf die poetischen Kleinformen wie parallelismus membrorum kaum ein Wort verschwenden.
2 Vgl. dazu den Sammelband Groß, Walter (Hg.), Bibelübersetzung heute. Geschichtliche Entwicklungen und aktuelle Herausforderungen, AGWB 2, Stuttgart 2001.

Spr 1,20–23

1,20a:	חָכְמוֹת בַּחוּץ תָּרֹנָּה
1,20b:	בָּרְחֹבוֹת תִּתֵּן קוֹלָהּ׃
1,21a:	בְּרֹאשׁ הֹמִיּוֹת תִּקְרָא
1,21b:	בְּפִתְחֵי שְׁעָרִים בָּעִיר אֲמָרֶיהָ תֹאמֵר׃

Mit V. 20 beginnt ein neuer Abschnitt, insofern hier erstmals die personifizierte Weisheit auftritt und öffentlich redet. Die sorgfältig stilisierte Redeeinleitung umfasst die vier Sätze in 1,20+21. Sie sind streng parallel geformt. Nur der erste Satz 20a hat außer Ortsangabe und Verbalhandlung ein lexematisches Subjekt. Es eröffnet den ersten Satz, ist dessen Topik[3] und schließt als gemeinsames Subjekt der vier asyndetischen Sätze (in den drei übrigen Sätzen ist dieses sich durchhaltende Subjekt nur morphologisch am Verb ausgedrückt) diese zu einer Satzreihe zusammen. Die vier Sätze präsentieren sich so auf den ersten Blick als Aussagen über die Weisheit – aber nicht nur. Denn die Weisheit ist Topik lediglich in 20a; die übrigen drei Sätze haben als Topik jeweils eine dem Verbum finitum vorausgestellte Ortsangabe; ihr „Worüber" ist der Ort des Auftritts der Weisheit. Zugleich beweist die Position der lexematischen Ortsangabe vor dem Verbum finitum, d.h. im Vorfeld des Verbalsatzes, deren Fokussierung;[4] der Öffentlichkeitscharakter des Rufes der Weisheit soll betont werden.[5] Alle vier Sätze enden mit der Verbalhandlung, wobei diese in 20a+21a nur durch das Verbum finitum: תָּרֹנָּה – תִּקְרָא, in 20b+21b durch Verbum finitum und Objekt + enklitisches Personalpronomen: תִּתֵּן קוֹלָהּ – אֲמָרֶיהָ תֹאמֵר ausgedrückt ist. Die Viererreihe enthält so zwei Satzpaare; die Verseinteilung vollzieht das nach. Verb und Objekt sind in 20b+21b chiastisch angeordnet *Verb – Objekt // Objekt – Verb*, außerdem bildet diese Wortgruppe in 21b eine figura etymologica. Um diese kunstvolle Anordnung zu erreichen, deren Regularien jedes einzelne Wort der vier Sätze erfasst, wählt der Autor für die äußeren Sätze 20a+21b die auch in Poesie seltene Satzteilfolge mit zwei unterschiedlichen nominalen Satzteilen vor dem Verbum finitum (20a: Subjekt + Ortsangabe; 21b: Ortsangabe + Objekt).[6] Die Viererreihe präsentiert sich damit als abgeschlossene Untereinheit.

---

3 Topik ist der erste nominale/pronominale Satzteil vor dem Verbum finitum, soweit diesem überhaupt ein solcher Satzteil vorausgeht. Topik bezeichnet das Worüber der Satzaussage, der Rest des Satzes ist der Kommentar.

4 Vgl. dazu Groß, Walter, Die Satzteilfolge im Verbalsatz alttestamentlicher Prosa. Untersucht an den Büchern Dtn, Ri und 2 Kön, FAT 17, Tübingen 1996, 116.136.184.203.

5 Dies gilt im übrigen auch für die Ortsangabe in 20a, die ebenfalls vor dem Verbum finitum, aber im Gegensatz zu 20b.21ab nicht am Satzanfang, an der Topikposition, steht.

6 Vgl. dazu Groß, Walter, Doppelt besetztes Vorfeld. Syntaktische, pragmatische und übersetzungstechnische Studien zum althebräischen Verbalsatz, BZAW 305, Berlin u.a. 2001, und speziell zu diesen beiden Sätzen S. 149.247.

Kein deutscher Übersetzer versucht, den Formalaspekt des gemeinsamen Subjekts nachzuahmen, obgleich dies grundsätzlich – durch Ersparung des Subjekts in 20b.21ab – möglich wäre, weil er für ihn – im Gegensatz zum hebräischen Autor – in Konkurrenz zu einer anderen Besonderheit aller vier Sätze tritt: Sie stellen jeweils die Ortsangabe vor das Verbum finitum. Das lässt sich zwar im Deutschen durch in diesem Punkt gleiche Satzteilfolge nachahmen. Aber wenn die Ortsangabe vor das Verb tritt, verdrängt sie nach den Regeln für den deutschen Hauptsatz nicht nur in 20a das lexematische Subjekt auf eine Position nach dem Verb, so dass dessen Topikfunktion entfällt, sondern das in den Sätzen 20b.21ab im Hebräischen ersparte, nur morphologisch am Verb ausgedrückte Subjekt muss (nach dem Verb) zumindest pronominal gesetzt werden, so dass die Sätze weniger eng zur Vierergruppe zusammengebunden erscheinen. In diesem Fall kann auch der Chiasmus 20b.21b nicht reproduziert werden. Außerdem sind im Deutschen unabhängige Aussagesätze mit zwei nominalen Satzteilen vor dem Verbum finitum ungrammatisch;[7] in 20a.21b muss sich der Übersetzer somit ohnehin entscheiden, welchem der beiden im Hebräischen dem Verb voraufgehenden Satzteile er die Stellung vor dem Verb belassen will, falls er statt deren nicht sogar einen dritten Satzteil, nämlich das pronominale Subjekt, den Satz eröffnen lässt. Der deutsche Übersetzer muss somit in jedem Fall die vier Sätze neu organisieren.

Luther honoriert das gemeinsame Subjekt nur im ersten Vers, indem er in 20b das Subjekt erspart; in V. 21 wählt er dagegen seiner generellen Tendenz gemäß die Abfolge *Subjekt – Verb*. So gibt er zwar die Voraussstellung der Ortsangaben in allen vier Sätzen auf, deren Ausklammerung in 20b und Endstellung in 21b weisen aber immerhin auf ihre Fokussierung hin. Da er das pronominale Subjekt, obgleich das leicht möglich wäre, in 21ab nicht erspart, entfällt der Zusammenschluss der vier Sätze 20ab.21ab durch ein gemeinsames Subjekt; die beiden Sätze 21ab erhalten eine größere Selbständigkeit:

1,20a: Die Weisheit klagt draussen /
1,20b: und lesst sich hören auff den gassen.
1,21a: Sie rufft in der thür am thor fornen unter dem Volck /
1,21b: Sie redet jre wort in der Stad.

Tur-Sinai folgt Luther in 20b zwar in der Ersparung des Subjekts, nicht aber bezüglich der Ausklammerung der Ortsangabe; in 21ab stellt er im Gegensatz

---

7 Das Französische und das Englische bieten hier mehr Möglichkeiten, die gelegentlich auch genutzt werden. Vgl. zu 1,20a Traduction Œcuménique de la Bible: *La Sagesse, audehors, va clamant*; zu 21b New International Version: *in the gateways of the city she makes her speech*. Beide Sprachen unterliegen anderen Restriktionen bezüglich der Position des Subjekts. LXX und Vulg, denen dies keinerlei Problem bereitet, folgen in 1,20a der hebräischen Satzteilfolge getreu: σοφία ἐν ἐξόδοις ὑμνεῖται; *sapientia foris praedicat*.

zu Luther die Ortsangabe jeweils voran und hebt diese in 21b zusätzlich durch eine eigenmächtig eingeführte Pendenskonstruktion hervor;[8] das signalisiert zwar den Abschluss der Satzreihe, die unruhige Gestaltung der Satzteilfolgen ergibt aber kein geschlossenes Bild:

1,20a: Die Weisheit rufet auf der Straße /
1,20b: läßt auf den Plätzen ihre Stimme schallen /
1,21a: vornan, wo sie da rauschen, ruft sie aus /
1,21b: und an den Eingängen der Tore in die Stadt / da spricht sie ihre Sprüche.

Überwiegend haben sich die deutschen Übersetzer für ein Modell entschieden, das am ehesten der Vorlage entspricht, auch wenn es die Raffinesse der hebräischen Formulierung bei weitem nicht erreicht: Das gemeinsame Subjekt wird (morphosyntaktisch, nicht semantisch) ganz aufgegeben; dafür werden in den Sätzen 20b.21ab jeweils die Ortsangaben vorangestellt. Es entfällt auch die erst von Luther eingeführte Satzsyndese in 20b. So z.B. Delitzsch:[9]

1,20a: Die Weisheit ruft auf der Gasse gellend laut,
1,20b: auf den Hauptstraßen läßt sie ihre Stimme hören.
1,21a: Oben an lärmvollen Plätzen predigt sie;
1,21b: in Thor-Hallen, in der Stadt redet sie ihre Reden.

1,23a: תָּשׁוּבוּ לְתוֹכַחְתִּי
1,23b: הִנֵּה אַבִּיעָה לָכֶם רוּחִי
1,23c: אוֹדִיעָה דְבָרַי אֶתְכֶם׃

Die Weisheit eröffnet ihre Rede mit einer vorwurfsvollen Frage an die Einfältigen (V. 22) und bekräftigt eine Aufforderung an diese (23a)[10] mit

---

8 Durch die Pendenskonstruktion will er wohl genügend Wortmaterial für einen vierten Halbvers gewinnen.

9 Ebenso Steuernagel, Carl, Die Sprüche, in: HSAT(K) 2 ([4]1923), 276–323; Wiesmann, Herrmann, Das Buch der Sprüche, HSAT 6, Bonn 1923; Frankenberg, Wilhelm, Die Sprüche, Prediger und Hoheslied übersetzt und erklärt, HK II/3, Göttingen 1898; Volz, Paul, Hiob und Weisheit, SAT III/2, Göttingen [2]1921; Buber, Martin, Die Schriftwerke, Köln 1962 (mit eigenartiger Hervorhebung des Objekts in 20b: *über die Plätze gibt ihre Stimme sie hin*); Ringgren, Helmer, Sprüche, in: ders. – Zimmerli, Walther, Sprüche, Prediger, ATD 16/1, Göttingen 1962; Zürcher Bibel; Einheitsübersetzung; Elberfelder Bibel; Baumann, Gerlinde, Die Weisheitsgestalt in Proverbien 1–9. Traditionsgeschichtliche und theologische Studien, FAT 16, Tübingen 1996; Plöger, Otto, Sprüche Salomos (Proverbia), BK 17, Neukirchen-Vluyn 1984; Meinhold, Arndt, Die Sprüche, ZBK.AT 16, Zürich 1991. Gemser, Berend, Sprüche Salomos, HAT 16, Tübingen 1937, dagegen erzeugt nach eigenem Ermessen zwei Satzpaare, indem er in 21a an Stelle der Ortsangabe das pronominale Subjekt voranstellt (*sie predigt an den lärmvollsten Orten*). So vereinigt er die jeweiligen Schwächen des Übersetzungsmodells Luthers und des Mehrheitsmodells, ohne dem hebräischen Wortlaut näher zu kommen.

10 Seltener wird der Satz 23a als Fortsetzung und Abschluss der Frage 22a – zur Syntax von 22b+c vgl. Groß, Vorfeld (s. Anm. 6), 125f. – angesehen. Diese syntaktisch mögliche Auffassung hat keine inhaltlichen Auswirkungen, wenn die Semantik unverändert bleibt; dann entspricht 23a in Form einer rhetorischen Frage einer verstärkten Aufforderung; al-

einer feierlichen Ankündigung (23bc). Auf den Aufmerksamkeitserreger הִנֵּה folgen zwei Sätze, die halb parallel, halb chiastisch geformt sind: $A - B - C$ // $A' - C' - B'$. Der Chiasmus wird dadurch ermöglicht, dass in 23c innerhalb des doppelten Objekts entgegen der üblichen Reihenfolge das sächliche Objekt, hier lexematisch realisiert („meine Worte"), dem persönlichen Objekt, hier pronominal realisiert („euch"), vorausgeht. Diesen Chiasmus haben allerdings schon die alten Übersetzungen nicht honoriert. Die LXX macht daraus zwei parallele Sätze: ἰδοὺ προήσομαι ὑμῖν ἐμῆς πνοῆς ῥῆσιν διδάξω δὲ ὑμᾶς τὸν ἐμὸν λόγον, Hieronymus dagegen erspart das pronominale Objekt in 23c: *en proferam vobis spiritum meum et ostendam verba mea.* So kann es nicht verwundern, dass, angefangen von Luther – *Sihe / Ich wil euch eraus sagen meinen Geist / und euch meine word kund thun* – die große Mehrzahl der deutschen Übersetzer zwei parallele Sätze gestaltet,[11] in denen das pronominale persönliche Objekt jeweils keinen Fokus trägt, sondern zum Hintergrund der Satzaussage gehört, während das Objekt „meinen Geist/ meine Worte" (zusammen mit dem Verb?) fokussiert ist. Das gilt zumindest für all diejenigen, die, wie LXX und Luther, die Satzteilfolge von 23c nach der von 23b ausrichten.[12] Tur-Sinai passt stattdessen 23b in der Satzteilfolge

---

lerdings muss man in diesem Fall der Fragewortgruppe einen doppelten Sinn unterstellen: in 22a: „wie lange noch, bis wann", in 23a: „ab wann, wann endlich". Vgl. Meinhold, Sprüche (s. Anm. 9), 57: *Bis wann, Unerfahrene, werdet ihr Unerfahrenheit lieben ... werdet ihr umkehren zu meiner Zurechtweisung?* Dieses Problem haben diejenigen nicht, die in 23a keinen Vorwurf sehen. Sie müssen allerdings eine unerwartete Funktion der Präposition *l=* annehmen, und der Übergang zur Verheißung in 23bc ist schwer zu motivieren. Buber, Schriftwerke (s. Anm. 9): *Bis wann noch, Einfältige, wollt die Einfalt ihr lieben ... kehrt ihr von meiner Rüge euch ab!* Steuernagel, Sprüche (s. Anm. 9): *Wie lange wollt ihr Einfältigen Einfalt lieben ... euch abkehren bei meiner Rüge?* Bei Volz, Hiob (s. Anm. 9), schließlich, der schon mit V. 22 recht freizügig umgeht, führt das zu einem abweichenden Verständnis des gesamten Verses. Er beseitigt das Problem des Übergangs zu 23b, indem er 23b semantisch anders, als Drohung, fasst, und deutet 23c als Einleitung der in V. 24 folgenden Rede der Weisheit: *Wie lange, ihr Einfältigen, liebt ihr Einfalt ... kommt nicht zu meiner Predigt! Nun laß ich meinem Zorn den Lauf, ich künde euch den Spruch* (S. 145). Dadurch vermeidet Volz eine Schwierigkeit, auf die die übrigen Ausleger stoßen; warum nämlich sollte auf eine Verheißung (23bc) eine durchwegs drohende Rede folgen? Meinhold, der 23bc mit der Mehrheit der Ausleger als Eröffnung einer Hoffnungsperspektive für die Einfältigen versteht, skizziert den schwierigen Zusammenhang, speziell den Übergang zu den vorwurfsvollen Sätzen 1,24ff., folgendermaßen: In 22a.23a „wird ungeduldig danach gefragt, bis wann endlich Zuwendung zur Zurechtweisung der Rednerin erfolgt. Um keinen Zweifel am baldigen Entscheidungszwang aufkommen zu lassen, gibt sie [die Weisheit] ihre Rede schon bekannt, die fällig wird, wenn es zum Zuspät kommen sollte." (Sprüche [s. Anm. 9], 60).

11 Die Parallelität bezieht sich auf die hier interessierende Abfolge der beiden im Hebräischen chiastisch angeordneten Objekte; Luther hat andererseits, abweichend von der hebräischen Vorlage, einen Chiasmus zwischen dem je zweiten Objekt und dem infiniten Teil des verbalen Prädikats erzeugt.
12 So Delitzsch, Franz, Das Salomonische Spruchbuch, BC IV/3, Leipzig 1873; Steuernagel, Sprüche (s. Anm. 9); Wiesmann, Buch (s. Anm. 9); Buber, Schriftwerke (s. Anm. 9);

an 23c an und legt so eine Fokussierung des pronominalen (wie auch des sächlichen) Objekts zumindest nahe: *Sieh, ich will meinen Geist euch sprudeln lassen / will meine Worte bei euch künden.*

Beide Übersetzungsmodelle entfernen sich etwas von der hebräischen Vorlage, verfolgen aber im Blick auf diese eine nachvollziehbare Strategie. Das kann man von der Elberfelder Bibel in diesem Fall nicht behaupten; sie weicht in beiden Sätzen 23b+c ohne Not von der hebräischen Satzteilfolge ab: *Wendet ihr euch meiner Mahnung zu, siehe, so will ich meinen Geist euch sprudeln lassen, will euch kundtun meine Worte.*

Die Zürcher Bibel – *Siehe, ich will euch meinen Geist hervorströmen lassen, will meine Worte euch kundtun* – sowie die Einheitsübersetzung – *Dann will ich auf euch meinen Geist ausgießen und meine Worte euch kundtun* – reproduzieren die hebräische Satzteilfolge und ermöglichen so das Verständnis, in 23b sei das lexematische sächliche Objekt (Geist als Geist der Weisheit ist ungewohnt), in 23c das pronominale persönliche Objekt (zumindest auch) fokussiert.

Für die Fokussierung des pronominalen persönlichen Objekts in 23c spricht die hebräische Satzteilfolge. In Sätzen, in denen das Verb ידע H-Stamm mit zwei Objekten konstruiert ist, die beide auf das Verb folgen und von denen eines lexematisch, das andere pronominal realisiert ist, sind folgende Satzteilfolgen belegt: (1) *Verb – Objekt1: enklitisches Personalpronomen – Objekt2: Lexem*: Ex 33,13; Ps 16,11; 39,5; 143,8; Dan 19 (Objekt2 mit Präposition ל: Dtn 4,9; Ps 78,5). (2) *Verb – Objekt1: את+enklitisches Personalpronomen – Objekt2: Lexem*: Gen 41,39; 1 Sam 14,12; Jer 16,21 (Objekt1 mit Präposition ל: Ex 18,20; 1 Sam 10,8). Beides sind die erwarteten Folgen. (3) *Verb – Objekt2:Lexem – Objekt1: את+enklitisches Personalpronomen*: einziger Beleg: Spr 1,23c. Diese Folge ist aus zwei Gründen unerwartet: Das sächliche Objekt2 geht dem persönlichen Objekt1 voraus; das pronominalisierte Objekt folgt dem lexematischen Objekt.[13] Diese Besonderheiten weisen wohl darauf hin, dass das nachgestellte pronominale persönliche Objekt1 den Fokus trägt. Dem entspräche folgende Übersetzung: *Siehe, ich will euch sprudeln lassen meinen Geist, ich will meine Worte gerade euch kundtun.* Es ist etwas Besonderes, dass die Weisheit gerade den Einfältigen ihren Geist und ihre Worte mitteilen will.

Gemser, Sprüche (s. Anm. 9); Frankenberg, Sprüche (s. Anm. 9); Ringgren, Sprüche (s. Anm. 9); Meinhold, Sprüche (s. Anm. 9); Baumann, Weisheitsgestalt (s. Anm. 9); Schäfer, Rolf, Die Poesie der Weisen. Dichotomie als Grundstruktur der Lehr- und Weisheitsgedichte in Proverbien 1–9, WMANT 77, Neukirchen-Vluyn 1999.

13 Zur Pronominalregel, derzufolge ein Satzteil, der nach dem Verb pronominal realisiert ist, zur größtmöglichen Nähe zum Verb, vor den lexematischen Satzteilen tendiert, vgl. Groß, Satzteilfolge (s. Anm. 4), 261ff.

Satzteilfolge – Übersetzung – Auslegung

Spr 23,13–14

23,13a: אַל־תִּמְנַע מִנַּעַר מוּסָר
23,13b: כִּי־תַכֶּנּוּ בַשֵּׁבֶט
23,13c: לֹא יָמוּת:
23,14a: אַתָּה בַּשֵּׁבֶט תַּכֶּנּוּ
23,14b: וְנַפְשׁוֹ מִשְּׁאוֹל תַּצִּיל:

Der Mahnspruch 23,13–14 hebt sich insofern von seinem Kontext ab, als er an den Erzieher gerichtet ist, während die umgebenden Sprüche den zu Erziehenden ansprechen.[14] Einer Warnung mit Vetitiv folgen zwei Satzpaare; zumindest deren erstes begründet die vorausgehende Warnung. Die Satzpaare sind formal und inhaltlich eng aufeinander bezogen. Der je erste Satz nennt die erzieherische Maßnahme mit denselben Wörtern, aber in chiastischer Reihenfolge: 13b: תַכֶּנּוּ בַשֵּׁבֶט – 14a: בַּשֵּׁבֶט תַּכֶּנּוּ, während der je zweite Satz deren Folgen beschreibt, 13c negativ aus der Perspektive des zu Erziehenden, 14b positiv aus der des Erziehers. Über Syntax und Bedeutung von 23,13b–14b gehen die Meinungen auseinander.[15]

Bezüglich der Syntax werden hauptsächlich drei Analysemodelle vertreten. Die überwiegende Mehrheit der Übersetzer erblickt in 13b+c ein Konditionalsatzgefüge, das durch die Konditionalkonjunktion כִּי eröffnet wird. 14a+b gelten dagegen als opponierende Hauptsätze. Vgl. z.B. Steuernagel: *Verweigere dem Knaben nicht die Zucht; wenn du ihn mit der Rute schlägst, so wird er nicht sterben. Du zwar schlägst ihn mit der Rute, aber sein Leben errettest du von der Unterwelt*. Diese Deutung hat einen Schönheitsfehler: Zwischen der Warnung 13a und ihrer Begründung 13b–14b steht zwar das im Mahnspruch gattungsmäßig erwartete כִּי, aber nicht in der erwarteten Be-

---

14 Andererseits verbindet das Stichwort מוּסָר 23,13 mit 23,12, und 23,12 hat lexikalische und inhaltliche Ähnlichkeit mit 22,17. Dieser Sachverhalt wird verschiedenartig ausgewertet. Plöger, Sprüche (s. Anm. 9), 265, z.B. sieht in 22,17 den Anfang eines Vorspruchs für den Abschnitt 22,17–23,14, der starke Verwandtschaft mit dem ägyptischen Weisheitsbuch des Amen-em-ope aufweist; bezüglich Vers 23,12 kann er sich nicht entscheiden, ob er eine abschließende Bemerkung oder eine Überleitung zum Folgenden darstellt, und 23,13+14 trennt er wegen des Adressatenwechsels als Nachtrag ab. In dieser wenig überzeugenden Analyse mag Richters These nachwirken, der Aufmerkruf 23,12 stehe isoliert (Richter, Wolfgang, Recht und Ethos. Versuch einer Ortung des weisheitlichen Mahnspruches, StANT 15, München 1966, 19). Meinhold, Sprüche (s. Anm. 9), Whybray, Roger N., Proverbs, NCBC, London 1994, und Niccacci, Alviero, Proverbi 23,12–25, LASBF 48 (1997), 33–56, hier 34.42, teilen dagegen 22,17 und 23,12 eine ähnliche strukturelle Funktion zu; auch 23,12 eröffne als Vorspruch eine Teilsammlung, deren Umfang allerdings unterschiedlich bestimmt wird. Trotz der Stichwortverbindung gelten 23,12 und 23,13+14 wegen der differierenden Adressaten als getrennte Sprüche.

15 Zu 23,13+14 stellt Achiqar VI,81f. eine enge Parallele dar. Da im Folgenden jedoch nach Syntax und Satzteilfolgen gefragt wird, spielt sie argumentativ keine Rolle. Vgl. zu den erheblichen Formulierungsdifferenzen Meinhold, Sprüche (s. Anm. 9), 392.

deutung: nicht als Kausal-, sondern als Konditionalkonjunktion. Die Begründungsfunktion von 13b+c wäre nur mitverstanden, aber sprachlich nicht expliziert.

Wolfgang Richter hat ein Modell vorgeschlagen, das diese Schwierigkeit behebt und aus der nach dem vorherigen Modell eher lose aneinandergefügten Satzreihe eine streng gefügte Einheit gemacht: Auf die Begründungspartikel כִּי folgt „eine Interdependenz, deren Parallelismus also auf innerer Abhängigkeit gründet"[16]. Genauerhin handelt es sich um „zwei Interdependenz-Sätze hintereinander"[17], die jeweils aus einem Satzpaar bestehen. Interdependenz-Satz ist ein Sammelterminus für je charakteristisch geformte, aber vielgestaltige Satzpaare, die gemeinsam haben, dass sie eine wenn-dann- bzw. eine wann-dann-Beziehung ausdrücken, sich asyndetisch oder syndetisch folgen, aber nicht durch eine Konjunktion verknüpft sind. „Als Interdependenz bezeichnen wir ... die Konstruktion zweier meist asyndetischer Sätze, die selbständig erscheinen, jedoch innerlich abhängig sind."[18] Es ist ein Spezialfall konjunktionsloser Hypotaxe. Nach diesem Modell eröffnet somit כִּי in 13b nicht als Konditionalkonjunktion die Protasis zur Apodosis 13c, sondern es steht als Kausalkonjunktion vor den beiden parallelen Interdependenzsatzpaaren 13b+c und 14a+b. Diese Analyse wiederholt Niccacci, allerdings ohne sich auf Richter zu beziehen. Er übersetzt als einziger entsprechend: *Non trattenere dal giovane la correzione, poiché se lo percuoti col bastone non morirà; se tu col bastone lo percuoti, la sua vita dallo sheol salverai.*[19]

Außer der gattungsmäßig erwarteten Funktion des כִּי spricht für diese Lösung, dass die so ähnlichen Sätze 13b+14a auch gleich konstruiert erscheinen: als Vordersatz eines Interdependenzsatzpaares. Sie kann jedoch nicht so gut wie das erste Modell das satzeröffnende selbständige Personalpronomen אַתָּה motivieren. Die Tatsache, dass die beiden Sätze 13b+c asyndetisch aufeinander folgen, die beiden Sätze 14a+b aber syndetisch verknüpft sind, widerlegt zwar nicht diese syntaktische Hypothese, sie könnte aber darauf hinweisen, dass in 14a+b keine Interdependenz, sondern eine andere Art der Satzverknüpfung vorliegt. Auch ist zu bedenken: Beide Sätze 14a+b haben jeweils zwei unterschiedliche Satzteile vor dem Verbum finitum; zwei seltene Satzformen wären in einer seltenen Satzverknüpfung verbunden. So sprechen wohl die meisten Gründe für das folgende dritte Modell, das die Vorteile der ersten beiden vereint, aber ohne deren Nachteile.[20]

---

16 Richter, Recht (s. Anm. 14), 175.
17 Richter, Recht (s. Anm. 14), 172.
18 Richter, Recht (s. Anm. 14), 31 Anm. 65.
19 Niccacci, Proverbi (s. Anm. 14), 34.
20 Im Folgenden versuche ich zu begründen, dass V. 14 eine Parallele zum gesamten V. 13, nicht nur zur Begründung in 13b+c ist. Auch das spricht dagegen, 14a+b syntaktisch gänzlich parallel zu 13b+c zu konstruieren.

Dieses dritte Modell vertreten bereits LXX und Vulgata: μὴ ἀπόσχῃ νήπιον παιδεύειν ὅτι ἐὰν πατάξῃς αὐτὸν ῥάβδῳ οὐ μὴ ἀποθάνῃ· σὺ μὲν γὰρ πατάξεις αὐτὸν ῥάβδῳ τὴν δὲ ψυχὴν αὐτοῦ ἐκ θανάτου ῥύσῃ. *Noli subtrahere a puero disciplinam si enim percusseris eum virga non morietur; tu virga percuties eum et animam eius de inferno liberabis.* ὅτι ἐὰν und *si enim* zeigen die kausale Auffassung des כִּי in 13b; die so eingeführte Begründung umfasst nur 13b+c; 14a+b betrachten LXX und Vulgata als Hauptsätze; sie reproduzieren die hebräische Satzteilfolge mit doppelt gefülltem Vorfeld (LXX in 14b, Vulgata in 14a+b). Ihnen folgen (abgesehen von der im Deutschen nicht möglichen doppelten Vorfeldfüllung) nur Luther: *Denn wo du jn mit den Ruten hewest / So darff man jn nicht tödten, Du hewest jn mit der Ruten / Aber du errettest seine Seele von der Hellen*, Luther-Revision und Perlitt: *denn daran, daß du ihn mit dem Stock schlägst, stirbt er nicht. Du schlägst ihn mit dem Stock und errettest ihn vor dem Totenreich.*[21]

Die inhaltliche Diskussion bezieht sich auf die wechselseitige Beziehung der beiden Satzpaare 13bc und 14ab, vor allem aber auf 13c: Benennt der Satz eine Eigenart der Prügelstrafe (sie ist nicht tödlich) oder eine Folge der Erziehungsmaßnahme (gerade durch die Prügel entgeht der Zögling der Todesstrafe bzw. die aus der Prügel gewonnene Erkenntnis bewahrt ihn vor dem Tod als Folge eines andernfalls verderblichen Lebensstils)? Besagen 13c und 14b dasselbe? Liegt in 14b metaphorische Rede vor?

Ein drastisches und zugleich einheitliches Verständnis beider Verse vertritt, wohl im Blick auf Dtn 21,18–21, Luther. Am Rand seiner Übersetzung 1545 notiert er: „Steupestu jn / so darff jn der Hencker nicht steupen / Es mus doch gesteupet sein / Thuts der Vater nicht / So thuts Meister Hans / da wird nicht anders aus / Niemand ist jm je entlauffen / denn es ist Gottes gericht." Die entgegengesetzte Deutung von 23,13 bezeugen die Übersetzer, die ein „davon" einfügen; vgl. Buber: *Wenn du ihn mit dem Stecken schlägst, stirbt er davon nicht.*[22] Andere Autoren bleiben zwar bei „(so) wird er nicht sterben", legen dann aber entsprechend aus. Vgl. Delitzsch: „Er wird davon nicht sterben d.h. schlage nur zu, wenn er's verdient hat, du brauchst nicht zu fürchten; die bittere Arznei wird ihm heilsam, nicht tödtlich sein."[23] Trivial Plöger: „Der eher beruhigenden Bemerkung von V. 13b: ‚wenn du ihn mit

---

21 Perlitt, Lothar, Der Vater im Alten Testament, in: Tellenbach, Hubertus (Hg.), Das Vaterbild in Mythos und Geschichte. Ägypten, Griechenland, Altes Testament, Neues Testament, Stuttgart 1976, 50–101, hier 82.
22 So auch Bible de Jérusalem und Traduction Œcuménique de la Bible; Perlitt, Vater (s. Anm. 21), 82.
23 Delitzsch, Spruchbuch (s. Anm. 12), 370. So schon Ewald, Heinrich, Die Dichter des Alten Bundes, 2. Die salomonischen Schriften, Göttingen ²1867. Vgl. auch Schneider, Heinrich, Die Sprüche Salomos. Das Buch des Predigers. Das Hohelied, HBK 7/1, Freiburg i.Br. u.a. 1962, 127: „Daß von Schlägen kein Knabe stirbt".

dem Stock schlägst, wird er schon nicht gleich sterben ...' folgt die ernsthafte Absicht der Erziehung in V. 14b."[24]

Sprachlich sind beide Interpretationen möglich, im Blick auf V. 14 aber liegt die Auslegung näher, 13b+c besage, durch die Prügelstrafe bewirke der Erzieher, dass der zu Erziehende von einem Lebenswandel abgebracht werde, der ihm sonst den Tod bringen würde. Dabei denken die wenigsten mit Luther an die Gefahr einer gerichtlich verhängten Todesstrafe,[25] sondern eher an Lebensunfähigkeit bzw. einen verfrühten Tod als Folge mangelnder Selbstdisziplin.[26] Die Luther-Revision paraphrasiert ganz sanft: *denn wenn du ihn mit der Rute schlägst, so wird er sein Leben behalten.*

Nur selten wurde die Satzteilfolge in 23,14ab problematisiert. Die deutschen Übersetzer können nur einen nominalen Satzteil dem Verbum finitum voranstellen; wenn überhaupt, diskutieren sie nur dessen Spitzenstellung, übersehen aber zumeist, dass außergewöhnlicherweise im Hebräischen zwei Satzteile dem Verb vorausgehen.[27] Was drückt diese hebräische Satzteilfolge aus, und was davon spiegelt die Übersetzung? In 14a gehen dem Verb Subjekt und Instrumentalangabe, in 14b Objekt und Ortsangabe voraus.[28]

Luther initiiert ein Übersetzungsmodell, das in 14a+b jeweils die Verben und die zugehörigen Umstandsbestimmungen fokussiert sowie durch „aber" die beiden Aussagen in Opposition bringt: *Du hewest jn mit der Ruten / Aber du errettest seine Seele von der Hellen.*[29] Luther arbeitet so eine in 14a+b tatsächlich vorhandene Entgegensetzung heraus; aber die Voranstellung sowohl des Subjekts in 14a als auch des Objekts in 14b im hebräischen Text hat jegliche Funktion verloren. Das ändert sich ein wenig bei denen, die zwar Luther im Wesentlichen folgen, aber das Subjekt in 14b ersparen; sie signalisieren so die Auffassung, dass das pronominale Subjekt אַתָּה deswegen an der Spitze von 14a steht, weil es dort als Topik und zugleich als gemeinsames

---

24 Plöger, Sprüche (s. Anm. 9), 273.
25 So aber noch Toy, Crawford H., A Critical and Exegetical Commentary on the Book of Proverbs, ICC, Edinburgh 1899, und Steuernagel, Sprüche (s. Anm. 9).
26 So z.B. Delitzsch, Spruchbuch (s. Anm. 12); Perlitt, Vater (s. Anm. 21), 82; Murphy, Roland E., Proverbs, WBC 22, Nashville 1998; McKane, William, Proverbs. A New Approach, OTL, London 1970; Ringgren, Sprüche (s. Anm. 9); Hausmann, Jutta, Studien zum Menschenbild der älteren Weisheit. Spr 10ff., FAT 7, Tübingen 1995, 114.
27 Typisch hierfür Wildeboer, Gerrit, Die Sprüche, KHC 15, Freiburg i.Br. u.a. 1897, 67: „Das Subjekt אַתָּה und das Objekt נַפְשׁוֹ stehen einander gegenüber und mit Nachdruck im Satz voran."
28 Die LXX stellt in 14a nur das Subjekt vor das Verb, hält sich aber in 14b an die hebräische Satzteilfolge, die Vulgata reproduziert in beiden Sätzen die hebräische Satzteilfolge genauestens.
29 Ähnlich Buber, Schriftwerke (s. Anm. 9): *Wohl, du schlägst ihn mit dem Stecken, aber du rettest seine Seele vorm Gruftreich.* Vgl. auch die Zürcher Bibel: *Wohl schlägst du ihn mit der Rute, dafür wirst du sein Leben vom Tode erretten.* Das „wohl" im Vorfeld verdrängt das Subjekt hinter das Verb, so dass dessen Voranstellung im Hebräischen in 14a ersatzlos wegfällt.

Subjekt für beide Sätze 14a+b fungiert.[30] In diesem Fall braucht man keine Fokussierung des Subjekts in 14a zu suchen (seine Topik-Funktion erklärt allein seine Position), aber die Funktion der Voranstellung des Objekts in 14b (im hebräischen Wortlaut) bleibt unerklärt. So Elberfelder Bibel: *Du schlägst ihn mit der Rute, aber errettest sein Leben vom Scheol.*[31] Einheitsübersetzung: *Du schlägst ihn mit dem Stock, bewahrst aber sein Leben vor der Unterwelt.* Extrem ist dieses Modell bei Perlitt ausgebildet, der den Gegensatz zwischen 14a+b zugunsten eines „und auf diese Weise" aufgibt: *Du schlägst ihn mit dem Stock und errettest ihn vor dem Totenreich.*[32]

Plöger ahmt in 14b die Voranstellung des Objekts nach und trifft so recht gut die Fokusverhältnisse dieses Satzes, dafür bleiben die Gründe für die Spitzenstellung des Subjekts (und seine Realisierung als selbständiges Personalpronomen) in 14a undurchsichtig: *Du schlägst ihn (zwar) mit der Rute, doch sein Leben rettest du vor der Unterwelt.*[33] Auf andere Weise geht Tur-Sinai vor. Er ahmt die Ersparung des den beiden Sätzen 14a+b gemeinsamen Subjekts in 14b nach; indem er dort nach dem Verb Objekt und Umstandsbestimmung des Ortes in umgekehrter Reihenfolge bringt, deutet er deren Fokussierung an: *Du schlägst ihn mit der Rute / und rettest aus Scheol sein Leben.* Das ist unter der (sprachlich rechtfertigbaren) Voraussetzung, dass das vorangestellte Subjekt in 14a nicht fokussiert ist, eine konsequente Auswertung und Umsetzung der hebräischen Satzteilfolge (allerdings mit anderen Mitteln).

Frankenberg wiederum gibt die Vorfeldstellung der Instrumentalangabe in 14a wieder; dafür entfallen die Spitzenstellung des Subjekts in 14a und Spitzenstellung wie Fokussierung des Objekts in 14b: *Mit der Rute sollst du ihn schlagen, Und so sein Leben vom Verderben retten.*

---

30 Vgl. Delitzsch, Spruchbuch (s. Anm. 12), 370, der wohl noch der alten Unterscheidung zwischen Züchtigung des Körpers und Rettung der Seele anhängt: „Das dem Doppelsatze v. 14 voranstehende אַתָּה will sagen, dass ebenderselbe, welcher den Knaben körperlich züchtigt, ihn geistig rettet."
31 So schon Gemser, Sprüche (s. Anm. 9).
32 Perlitt, Vater (s. Anm. 21), 82. Deutlicher noch Delitzsch, Spruchbuch (s. Anm. 12): *Du schlägst ihn mit dem Stecken und rettest damit seine Seele von der Hölle.* Vgl. auch Ringgren, Sprüche (s. Anm. 9): *Du sollst ihn mit der Rute schlagen und sein Leben vom Totenreich erretten.*
33 Plöger, Sprüche (s. Anm. 9), 260. So schon Ewald, Dichter (s. Anm. 23), der in 14b auf sprachlich ungewöhnliche Weise sowohl die Voranstellung des Objekts als auch die Ersparung des Subjekts nachzuahmen sucht: *du schlägst ihn mit dem stabe zwar, doch seine seele rettest vor der hölle.* Strack, Hermann, Die Sprüche Salomos übersetzt und ausgelegt, KK A 6/2, München ²1899: *Du wirst ihn zwar mit dem Stocke schlagen, Aber seine Seele wirst du von der Scheol erretten.* Meinhold, Sprüche (s. Anm. 9): *Du schlägst ihn mit dem Stock, aber sein Leben rettest du vom Totenreich.* (Zu seiner Auslegung siehe unten.) Hausmann, Studien (s. Anm. 26), 114: *Du schlägst ihn mit der Rute, aber sein Leben wird vor der Scheol gerettet.*

Eine weitere Gruppe von Übersetzern zieht aus der Tatsache, dass in 14a das Subjekt überhaupt durch selbständiges Personalpronomen (und nicht nur, wie in 13b, morphologisch am Verb) ausgedrückt und an die Spitze des Satzes gerückt ist,[34] den nahe liegenden Schluss, es sei fokussiert. Steuernagel: *Du zwar schlägst ihn mit der Rute, aber sein Leben errettest du von der Unterwelt.* Nowack, der אַתָּה wohl als Vokativ versteht: *du, mit dem Stock schlägst du ihn und seine Seele vom Scheol rettest du.*

Die Tatsache allein, dass das Subjekt in 14a als selbständiges Personalpronomen realisiert ist, obgleich es genügend deutlich morphologisch am Verb signalisiert wird, und dass es die Spitzenstellung im Satz einnimmt (dies ist im asyndetischen Verbalsatz seine übliche Position), beweist noch nicht dessen Fokussierung.[35] Folgende drei Beobachtungen sprechen jedoch dafür, es für fokussiert zu erachten: (1) Dasselbe Verb in derselben Form steht bereits in 13b, dort aber ohne selbständiges Personalpronomen; warum wurde dieses dann in 14a hinzugefügt? (2) Das Subjekt ist hier durch selbständiges Personalpronomen ausgedrückt, obgleich auf diese Weise einer der seltenen Sätze mit zwei (pro)nominalen Satzteilen vor dem Verbum finitum entsteht. (3) In Satz 14b erweist die Spitzenstellung des Objekts „seine Seele" dessen Fokussierung. Das legt nahe, dass das Personalpronomen in gleicher Spitzenstellung in 14a auch fokussiert ist. Was könnte aber der Sinn der Fokussierung des „du" in 14a angesichts der durch die gleiche Spitzenposition signalisierten Fokussierung des „seine Seele" in 14b sein?

Einzig Meinhold diskutiert dies, indem er auch die doppelte Vorfeldbesetzung beider Sätze wahrnimmt und auswertet. Er versteht sie als Signal einer doppelten Fokussierung: „In V.14 werden mit einer doppelten Umstellung von Satzgliedern in beiden Halbversen einmal die Verantwortung des Erziehers – die Wörter für ‚du' und ‚mit dem Stock' sind vor die Verbform gerückt (Versteil a) – und zum anderen das angestrebte Ergebnis – im Versteil b stehen die Wörter für ‚sein Leben' und den Gefahrenbereich ‚vom Totenreich' voran – betont hervorgehoben."[36] Nimmt man die Beobachtung von Perlitt, aufgenommen von Hausmann, hinzu: „Angeredet ist hier ja ein Vater, dem es offensichtlich näher lag, seinem Sohn die Prügelstrafe ‚vorzuenthalten', ‚zu versagen'. Der Spruch richtet sich eindeutig gegen den bequemen Vater"[37], ohne sich auf die Wertung, der Vater verzichte aus Bequemlichkeit auf die Züchtigung, zu versteifen, so kann man die Aussage der beiden Sätze

---

34 Die Spitzenstellung ist freilich syntaktisch unauffällig, weil das selbständige Personalpronomen im asyndetischen Satz üblicherweise dem Verb vorausgeht; es bleibt aber die stilistische Besonderheit, dass so in 14a das Subjekt („du") und in 14b das Objekt („seine Seele") den jeweiligen Satz eröffnen.
35 Vgl. Groß, Satzteilfolge (s. Anm. 4), 86f.
36 Meinhold, Sprüche (s. Anm. 9), 391f.
37 Perlitt, Vater (s. Anm. 21), 82; vgl. Hausmann, Studien (s. Anm. 26), 114.

14a+b und des ganzen Mahnspruchs 23,13–14 folgendermaßen rekonstruieren:[38]

Vers 23,13 enthält eine sachliche und eine personenbezogene Ebene. Die sachliche Ebene: rechtzeitige Prügel bewahren den zu Erziehenden vor törichtem Lebenswandel, der zu frühzeitigem Tod führen würde. Die personenbezogene Ebene: es ist eine Mahnung, und zwar nicht an den noch törichten Knaben, dem man das Zurückschrecken vor der Prügelstrafe nicht verdenken könnte, sondern an den „Erziehungsberechtigten", der aus welchen Gründen auch immer die Anwendung der Prügelstrafe zu vermeiden sucht und hier als Erziehungspflichtiger angesprochen wird. Dieser Gedanke wird in gänzlich unauffälliger Satzteilfolge, allerdings – wenn man כִּי in 13b als Kausalkonjunktion akzeptiert – in eleganter Interdependenzsatzverknüpfung ausgesprochen: *Erspare dem Knaben nicht die Zucht, denn – schlägst du ihn mit dem Stock, so muß er nicht (verfrüht) sterben*. Vers 23,14 variiert nicht einfach die Begründung 13b+c, sondern verdichtet die gesamte Aussage von V. 13, die Verbindung von Mahnung und Begründung, von personenbezogener und sachlicher Ebene, im Satzpaar 14a+b. Zu diesem Zweck greift der Autor zu der seltenen Satzform mit zwei unterschiedlichen (pro)nominalen Satzteilen vor dem Verbum finitum, weil sie geeignet ist, vielfältige Oppositionen und Fokussierungen auszudrücken.

Auf der sachlichen Ebene bringt er entsprechend 13b+c die Erziehungshandlung und ihre Folgen in 14a+b in eine zwar-aber-Beziehung: Du musst ihn zwar *mit dem Stock (d.h. sehr schmerzhaft) schlagen*, aber gerade dadurch *rettest* du ihn *vor Schlimmerem, der Unterwelt, dem verfrühten Tod*. Auf dieser Ebene opponieren weder die Subjekte beider Sätze (beide Male der angesprochene Erziehungsverpflichtete) noch die Objekte (beide Male der zu Erziehende)[39] untereinander noch die Subjekte mit den Objekten, sondern lediglich die Verbalhandlungen samt ihren Umstandsangaben. Zu erwarten wären dafür zwei Sätze mit jeweils der Umstandsangabe vor dem Verbum finitum, d.h. fokussiert im Vorfeld.

Nun soll aber auch die personenbezogene Ebene aufgegriffen und in eben diese Aussage integriert werden. Es geht um Erziehungs*pflicht*. Meines Erachtens hat der Weisheitslehrer hier nicht so sehr einen zu bequemen als vielmehr einen in seinen Augen zu weichen Erzieher im Blick. Erst auf dieser zweiten Ebene kommt es zu einer Opposition zwischen dem zu Erziehenden und dem Erzieher, der eine ihm lästige oder verhasste oder in ihrer Notwendigkeit nicht hinreichend einsichtige Erziehungsmaßnahme durchführen soll, nicht jedoch zu eigenen Gunsten, damit er als erfolgreicher Erzieher dasteht, sondern zugunsten des zu Erziehenden, weil nur so das Erziehungsziel, gelingendes Leben des Knaben, erreicht werden kann: *Du* musst dich zwar der

---

38 Vgl. dazu die Andeutungen in Groß, Vorfeld (s. Anm. 6), 232f., die hier argumentativ entfaltet werden.
39 In 13a+b hatten dagegen die Subjekte gewechselt.

unangenehmen Pflicht der körperlichen Züchtigung des Knaben unterziehen, aber nur so kannst du *ihm* tatsächlich Gutes erweisen. Diese Aussageabsicht würde erwartungsgemäß zu zwei Sätzen führen, in denen der Erziehende (du in 14a als Subjekt) und der zu Erziehende (seine Seele d.h. ihn in 14b als Objekt) fokussiert vor das Verb gerückt würden.

Der Autor hat beide Ebenen verquickt, indem er beide Oppositionspaare jeweils in das Vorfeld von 14a+b gestellt hat, so dass nun einerseits die die Sätze eröffnenden Satzteile („du" in 14a und „seine Seele" in 14b), andererseits die noch vor dem Verb auf diese folgenden Satzteile („mit dem Stock" in 14a und „vor der Scheol" in 14b), nicht aber – was bei doppelt gefülltem Vorfeld auch möglich und nicht selten belegt ist – jeweils die beiden im selben Satz dem Verbum vorausgehenden Satzteile in Opposition zueinander stehen. Da dies schließlich eine Mahnung nicht an den Knaben, sondern an den Erziehungspflichtigen ist, eröffnet die Anrede an diesen: אַתָּה als Topik von 14a und als gemeinsames Subjekt von 14a+b das Satzpaar.

Der deutsche Übersetzer kann Hauptsätze mit zwei unterschiedlichen nominalen Satzteilen (besonders gravierend, wenn kein Subjekt darunter ist: 14b: Objekt und Umstandsangabe des Ortes) vor dem Verbum finitum nicht grammatisch korrekt bilden, und das pronominale Subjekt im Deutschen lässt nicht erkennen, ob es Äquivalent des im Hebräischen unbetont nur morphologisch am Verb ausgedrückten oder des durch zusätzliches selbständiges Personalpronomen bezeichneten und daher häufig fokussierten Subjekts sein soll. Deswegen muss er in jedem Fall seine beiden Entsprechungssätze zu 14a+b stark umbauen und wird es ihm nicht gelingen, alle Nuancen, die der hebräische Autor sprachlich ausgedrückt hat, seinerseits mit sprachlichen Mitteln zu signalisieren. Der obige Vergleich der Übersetzungen ermöglicht eine Gewinn- und Verlustrechnung. Auch wo die Übersetzung auswählen und in der Komplexität zurückstecken muss, ist es freilich wichtig, dass der Exeget diese Nuancen, die hier vor allem unter dem Aspekt der hebräischen Satzteilfolge diskutiert wurden, wahrnimmt, damit er sie wenigstens in seine Auslegung hinüberretten kann.

Jeder Weisheitslehre Quintessenz

Zu Koh 12,13

Norbert Lohfink

Auf der Grazer AGAT-Tagung 1996 hat der große Weisheits-Kenner Johannes Marböck in einem Vortrag über „Kohelet und Sirach" formuliert:

„Mindestens so schwierig wie der Weg Kohelets in den hebräischen Kanon scheint mir eine Erklärung dafür, daß ein Werk wie die Weisheit Jesus Sirachs, das in seiner Gesamtkonzeption formal und vor allem inhaltlich der Tradition weit mehr entsprach als die herausfordernde Kritik Kohelets und zweifellos keiner nachträglichen Rechtfertigung bzw. Hermeneutik bedurfte, Kohelet gegenüber vorerst ‚unterlag'."[1]

Er hat daraus geschlossen, dass zur Zeit der Abfassung des Sirachbuches „Kohelet bereits einen gewissen zeitlichen Vorsprung und vor allem eine offensichtlich kaum mehr zu erschütternde Position in maßgebenden Kreisen Jerusalems erlangt haben mußte."[2] Zur Erklärung dieses paradoxen „prae" schienen ihm, so formulierte er, „die Überlegungen bzw. Vermutungen von Norbert Lohfink derzeit am hilfreichsten."[3] Diese hat er sofort gründlich referiert, und dann hat er weitere Überlegungen hinzugefügt, warum das Sirachbuch sich auch in späteren Jahrzehnten im palästinensischen Judentum nicht durchsetzen konnte.[4]

Für mich war die positive Reaktion des geschätzten Kollegen auf meine kanongeschichtlichen Vermutungen, die natürlich wie jede derartige Hypothese höchst fragil sind und sich auch noch mit einer in vielem ungewohnten Einzelexegese der Epiloge des Koheletbuchs verbinden, sehr wertvoll. Doch schon im Jahr darauf sah alles anders aus.

---

1 Marböck, Johannes, Kohelet und Sirach. Eine vielschichtige Beziehung, in: Schwienhorst-Schönberger, Ludger (Hg.), Das Buch Kohelet. Studien zur Struktur, Geschichte, Rezeption und Theologie, BZAW 254, Berlin u.a. 1997, 275–301, 281.
2 Marböck, Kohelet (s. Anm. 1), 282.
3 Marböck, Kohelet (s. Anm. 1), 282. Er bezog sich dabei auf Lohfink, Norbert, Les épilogues du livre de Qohelet et les débuts du canon, in: Bovati, Pietro u.a. (Hg.), „Ouvrir les écritures". Mélanges offerts à Paul Beauchamp à l'occasion de ses soixante-dix ans, LeDiv 162, Paris 1995, 77–96 (282 Anm. 36; dort Namen von anderen Autoren, die sich zustimmend geäußert haben). Ich hatte meine Hypothese erstmals angedeutet in meinem Kommentar: Lohfink, Norbert, Kohelet, NEB.AT 1, Würzburg ¹1980, 13f.
4 Marböck, Kohelet (s. Anm. 1), 283.

Im „Colloquium Biblicum Lovaniense" von 1997 hielt der nicht minder bedeutende Weisheits-Kenner Maurice Gilbert einen Vortrag mit dem gleichen Titel: „Qohelet et Ben Sira."[5] Er griff zwei Detailprobleme heraus. Das erste war: „Qo 12,13 et Ben Sira."[6] Er fragte, unter anderem auch im Blick auf meine Annahmen, ob in Koh 12,13bα wirklich eine Anspielung auf das Sirachbuch nachweisbar sei. Er fand das schwierig. Seine Ausführungen endeten mit dem Satz: „S'il fallait voir en Qo 12,13bα une allusion à Ben Sira, j'y reconnaîtrais une allusion réductrice à l'excès."[7]

Koh 12,13bα lautet:

את־האלהים ירא ואת־מצותיו שמר

Fürchte Gott und beobachte seine Gebote.

Das zitierte Schlussurteil wiederholte Gilbert am Ende des Vortrags, und dabei formulierte er einiges noch etwas deutlicher:

„S'il fallait, pour d'autres motifs qu'on n'a pas discutés ici, reconnaitre en Qo 12,13bα une allusion à Ben Sira, ce ne pourrait être vrai que jusqu'à un certain point, car le double précepte de l'épiloguiste est loin de donner, par sa formule stéréotypée, toute la richesse de la pensée de Ben Sira sur les rapports qu'il a mis entre sagesse, crainte de Dieu et observance de la torâ."[8]

Ich empfand damals die Beobachtungen, die Gilbert vortrug, als interessant und wichtig. Sie füllten eine vorhandene Lücke, und das auf hochgelehrte Weise. Da er seine Schlussurteile außerordentlich verklausulierte – das ist aus den beiden kurzen Zitaten, die ich gebracht habe, voll ersichtlich – vermutete ich sofort, dass ich falsch daran täte, ihn als „adversarius" zu betrachten.

Die Reaktion in den Wandelgängen war allerdings anders. Mehrere Kollegen meinten, jetzt sei meiner Hypothese wohl der Boden unter den Füßen weggezogen worden. Auch nach gründlicher Lektüre des veröffentlichten Vortrags kann ich ihnen leider nicht zustimmen, so sehr ich grundsätzlich der Meinung bin, Hypothesen seien dafür gemacht, falsifiziert und durch bessere ersetzt zu werden. Doch hier fällt schon auf, dass Gilbert gar keine alternative Hypothese versucht hat. Was mich (und ebenso Johannes Marböck) bewegt hatte, war ausgeklammert.

Jedenfalls scheint es mir sinnvoll, einmal klarzustellen, was ich an Maurice Gilberts Ausführungen wirklich gut finde, ja wo ich ihn sogar noch ein wenig ergänzen kann, und zugleich, warum ich nicht die Meinung teile, dass durch seine Ausführungen meine (durch anderes vielleicht durchaus erschüt-

---

5 Gilbert, Maurice, Qohelet et Ben Sira, in: Schoors, Antoon (Hg.), Qohelet in the Context of Wisdom, BEThL 86, Löwen 1998, 161–179.
6 Gilbert, Qohelet (s. Anm. 5), 162–171. Auf den zweiten Teil seines Vortrags werde ich in diesem Beitrag nicht eingehen.
7 Gilbert, Qohelet (s. Anm. 5), 171.
8 Gilbert, Qohelet (s. Anm. 5), 178f.

terbare) Hypothese über den Koheletepilog falsifiziert worden sei. Das könnte mir auch die Gelegenheit geben, meine Epilogexegese und die mit ihr verbundene Hypothese über die Entstehung des 2. Epilogs vielleicht noch ein wenig differenzierter zu formulieren. Gibt es eine schönere Gelegenheit für einen solchen kleinen Dialog als diese Festschrift, die Johannes Marböck ehren will? So seien diese Zeilen ihm in Freundschaft und Dankbarkeit gewidmet.

1. „Gott fürchte und seine Gebote beobachte" (Koh 12,13bα) – Vor- und Nachgeschichte der Motivverbindung

Gilbert geht davon aus, dass Gerald T. Sheppard[9] und ich diesen Doppelimperativ als „Anspielung" auf das Sirachbuch betrachten.[10] Von Sheppard sehe ich im folgenden ab. Was mich selbst angeht, hat Gilbert irgendwie recht, wenn ich mich auch ein wenig differenzierter ausgedrückt habe. Ich habe von einem „rapprochement opéré entre formation traditionelle, crainte de Dieu et observance de la Tôrâ" gesprochen, das im Sirachbuch etwas Neues darstelle, und habe dann gesagt, auf diesen „Anspruch" des Buches (mein französischer Übersetzer sagte: „à cette prétention") spiele Koh 12,13 offenbar an, wobei er vor allem an Formulierungen des 1. Kapitels anknüpfe.[11] Doch sei dem wie immer, Gilbert ist nun erstaunt, dass die neueren „Kommentatoren" die doppelte Imperativformulierung nie genauer untersucht haben, speziell, wenn sie sie mit Sirach verbanden.[12] Das nachzuholen ist sein eigentliches, durchaus gerechtfertigtes Anliegen.[13]

Er gibt auf etwa 4 Seiten eine Übersicht über die mehr oder weniger mit Koh 12,13 übereinstimmenden Belege dieses Doppelmotivs außerhalb von Sirach,[14] auf weiteren 4 Seiten beschreibt er dessen Rolle in Sirach selbst.[15] Beide Ausführungen sind außerordentlich genau gearbeitet. Wer sich in Zukunft mit dem Thema beschäftigt, wird sie zugrundelegen können. Als

---

9 Er zitiert Sheppard, Gerald T., Wisdom as a Hermeneutical Construct. A Study in the Sapientializing of the Old Testament, BZAW 151, Berlin u.a. 1980, 126–128.
10 Gilbert, Qohelet (s. Anm. 5), 162.
11 Lohfink, épilogues (s. Anm. 3), 94f.
12 Das wenige, das er gefunden hat, stellt Gilbert, Qohelet (s. Anm. 5), 162 Anm. 10, zusammen. Er trägt allerdings noch einiges aus dem Deuteronomium auf S. 163f. nach.
13 Ich muss gestehen, dass für mich die Herkunft des Doppelimperativs aus der deuteronomischen Sprachwelt so selbstverständlich war, dass ich dem nicht weiter nachging. In meinem Kommentar (s. Anm. 3) hatte ich bei den Querverweisen am Rand einfach Dtn 10,12 angegeben (besser wäre 10,12f. gewesen). Ich hatte diesen Herkunftsbereich in meiner Dissertation untersucht, wenn auch damals ohne ein Interesse an der Nachgeschichte: vgl. Lohfink, Norbert, Das Hauptgebot. Eine Untersuchung literarischer Einleitungsfragen zu Dtn 5–11, AnBib 20, Rom 1963, 64–80.
14 Gilbert, Qohelet (s. Anm. 5), 163–166.
15 Gilbert, Qohelet (s. Anm. 5), 166–170.

besonders wichtig erscheint es mir, dass Gilbert bis in die beginnende christliche Literatur hinabsteigt und einen besonderen Sinn für Textvarianten und deren jeweils gesondert zu betrachtende Herkunft entwickelt.

Sein Ergebnis ist sehr interessant. Er findet 6 Stellen aus dem Deuteronomium und eine aus dem deuteronomistischen Geschichtswerk, die JHWH-Furcht und Gesetzesbeobachtung mehr oder weniger eng verbinden.[16] Dann gibt es ein dünnes Echo in dem als nachexilisch betrachteten Ps 112,1. Ein etwas volleres Echo erklingt erst in der „Spätzeit", also wohl in einigem Abstand. Hier findet Gilbert 7 Belege.[17] Sie zeichnen sich vor den deuteronomistischen dadurch aus, dass sie eher von „Gott" als von JHWH sprechen, dass die beiden Motive meist etwas enger zusammenrücken als dort und dass sie, ebenso wie Koh 12,13, entschieden formelhafter wirken. So fragt er: „L'épilogue avec Qo 12,13bα n'appartient-il pas à cette même seconde serie?"[18]

Vom Typ her – würde ich sagen – auf jeden Fall! Für die Annahme einer genetischen Zusammengehörigkeit dieser Stellen ist das Material zu spärlich und zugleich zu unterschiedlich. Es lässt sich weder ausschließen, dass mehrfach unabhängig auf das zweifellos allseits bekannte Deuteronomium zurückgegriffen wurde, noch, dass sich vorliterarisch im Kult (vgl. Ps 112; 1QSb), im Unterricht oder gar in der Umgangssprache eine feste Verbindung der beiden Motive ausgebildet hatte. Diese Frage wirft Gilbert zu Recht gar nicht auf.

Doch hier ist die Stelle, wo ich nun eine eigene Beobachtung einfügen möchte. Sie legt nahe, dass der Verfasser des zweiten Koheletepilogs, selbst wenn es zu seiner Zeit eine vorliterarische engere Verbindung der beiden Motive gegeben haben sollte, auf jeden Fall auch selbst auf das Deuteronomium zurückgegriffen und es direkt ins Spiel gebracht hat.

Gilbert hat nämlich eine weitere Stelle des Deuteronomiums, wo sich JHWH-Furcht und Beobachtung der Gebote verbinden, nicht in seine Belegreihe aufgenommen: Dtn 31,12 (oder, wenn man den vollen in Frage kommenden Text will: 31,10–13).[19] Er dürfte diese Stelle ausgelassen haben, weil in 31,12 als Objekt von שמר nicht מצוה oder מצות steht, sondern כל־דברי

---

16 Dtn 5,29; 6,2; 8,6; 10,12–13; 13,5; 17,19–20; 2 Kön 17,34–37. In 2 Kön 17,37 ist das Doppelmotiv (anders als in 17,34) allerdings nur indirekt bezeugt. Die Perspektive wechselt mitten im Satz, und ירא ist auf die „anderen Götter" bezogen. Vielleicht wäre es sinnvoll gewesen, auch auf die verwandten Texte Jes 29,13 und Spr 13,13 hinzuweisen.
17 1Q28b (= 1QSb) I,1; Est G 2,20; Sir L 2,21, Zusatz (Zählung von G: 2,17); Tob V 2,13 (wohl mit aramäischer Vorlage); Herm 37,1.4–5; 49,3.
18 Gilbert, Qohelet (s. Anm. 5), 166.
19 Obwohl er sogar in einer Fußnote referiert hatte, dass E. Pfeiffer sie heranzieht: Gilbert, Qohelet (s. Anm. 5), 162 Anm. 10. Im ganzen ergeben sich also 7 deuteronomische Belege.

התורה הזאת.[20] Doch angesichts der semantischen Nähe der verschiedenen deuteronomischen Bezeichnungen für das Gesetz und die Gesetze können natürlich auch etwas variierende Formulierungen bei einer Anspielung auf eine auf jeden Fall mehrfach vorkommende Verbindung Einfluss ausgeübt haben.

Für meine nun folgenden Überlegungen muss ich auch auf zwei von Gilbert selbst genannte Stellen zurückgreifen. Aber ich nehme 31,12 zum Ausgangspunkt, weil dort die zu den beiden Imperativen hinzutretende dritte Aussage, auf die ich hinweisen will, nicht nur sachlich, sondern auch lexematisch am deutlichsten greifbar ist: das Verlesen und Anhören eines Buches. Der Doppelimperativ von Koh 12,13bα ist ja kein erratischer Textblock, er dürfte sogar nur ein Teilelement in einem Satzgefüge sein.. Er wird eingeführt durch:

סוף דבר הכל נשמע
Ende einer (jeglichen) Rede/Sache, wenn das Ganze vernommen ist.

Da דבר artikellos ist, ist es unwahrscheinlich, dass hier direkt das Koheletbuch gemeint ist. Eher ist an jedes beliebige der beim Studium benötigten ספרים „Bücher" zu denken, von denen in 12,12 die Rede war, ja der Sache nach schon in 12,11.[21] Dass es um Bücher geht, wird durch den folgenden Umstandssatz bestärkt: „wenn alles vernommen ist". Bücher wurden laut gelesen, erst recht laut vorgelesen. Der „Leser" liest nicht, sondern „hört", „vernimmt".[22] Nach dem Lesen eines Buches, ja nach dem Lesen jedes Buches, ergibt sich also im Sinne des Epilogs als „Ende", „Abschluss", „Quintessenz" des ganzen die schlichte Regel: „Gott fürchte und seine Gebote beobachte". Vielleicht ist es auch einfach die Wirkung der Lektüre, dass man diese Doppelregel nun befolgt.

Unserem Doppelimperativ, betrachtet als Ergebnis einer Buchlektüre, die selbst ausgedrückt ist durch das Verb שמע, entspricht nun genau die Aussagenverbindung in Dtn 31,11–13, wo es um die öffentliche Verlesung der Tora am Laubhüttenfest jedes Sabbatjahrs geht.[23] Mit den gleichen Lexemen

---

20 Allerdings hätte dann vielleicht auch Dtn 17,19 ausgelassen werden müssen. Denn die Referenz von מצוה in 17,20 ist umstritten.
21 Angesichts von „Qohelet's erratic use of the article" (so Schoors, Antoon, The Preacher Sought to Find Pleasing Words. A Study of the Language of Qoheleth, OLA 41, Löwen 1992, 168) sollte man aus der Indetermination allerdings nicht zu viel folgern. Doch zwänge auch Determination nicht notwendig dazu, nur an das Koheletbuch zu denken.
22 Vgl. 2 Kön 22,10f. = 2 Chr 34,18f.; Neh 8,8f.; Jer 36,10f.13.15f.23f.
23 Zur Verbindung von Tora(ver)lesung und Gottesfurcht vgl. auch Lohfink, Norbert, Der Glaube und die nächste Generation. Das Gottesvolk der Bibel als Lerngemeinschaft, in: ders., Das Jüdische am Christentum. Die verlorene Dimension, Freiburg i.Br. u.a. 1987, 144–166; Braulik, Georg, Das Deuteronomium und die Gedächtniskultur Israels. Redaktionsgeschichtliche Beobachtungen zur Verwendung von למד, in: ders. u.a. (Hg.), Biblische Theologie und gesellschaftlicher Wandel. Für Norbert Lohfink SJ, Freiburg i.Br. u.a. 1993, 9–31; Nachdruck in: ders., Studien zum Buch Deuteronomium, SBAB 24, Stuttgart 1997, 119–146.

ausgedrückt findet sich die Verbindung von Buchverlesung und Doppelimperativ „fürchten – beobachten" in der ganzen hebräischen Bibel innerhalb des gleichen Verses überhaupt nur an unseren beiden Stellen. Nur hier stehen שמע, ירא und שמר in dieser Abfolge zusammen:

> 31,10 In jedem siebten Jahr, in der Festzeit des Brachjahres, beim Laubhüttenfest, 11 wenn ganz Israel zusammenkommt, um das Angesicht des Herrn, deines Gottes zu schauen an der Stätte, die der Herr erwählen wird, sollst du diese Tora (את־התורה הזאת) vor ganz Israel laut vorlesen (תקרא באזניהם). 12 Versamle das Volk – die Männer und Frauen, Kinder und Greise, dazu die Fremden, die in deinen Stadtbereichen Wohnrecht haben –, damit sie hören (למען ישמעו) und lernen und den Herrn, euren Gott, fürchten (ויראו את־יהוה אלהיכם) und darauf achten (ושמרו), dass sie alle Bestimmungen dieser Tora (את־כל־דברי התורה הזאת) halten. 13 Vor allem ihre Kinder, die das alles noch nicht kennen, sollen hören (ישמעו) und lernen, den Herrn, euren Gott, zu fürchten (ליראה את־יהוה אלהיכם).

Die Abfolge „hören – fürchten" wird also in 31,13 für die nächste Generation unterstreichend noch einmal aufgenommen. Wenn das Stichwort für „Gebote" in dieser Passage „Bestimmungen der Tora" heißt, dann hängt das damit zusammen, dass vorher in 31,9 berichtet wurde, Mose habe die „Tora" niedergeschrieben. Wir sind also im Kontext des Niederschreibens, Verlesens und Hörens eines Buches,[24] und was bewirkt werden soll, ist Furcht Gottes und Beobachtung der Gebote.

Zu dieser aufschlussreichsten Stelle treten aus den von Gilbert schon aufgelisteten Belegen für den Koheletepilog-Doppelimperativ zwei weitere Stellen aus dem Deuteronomium, welche die gleiche gedankliche Konstellation aufweisen.

Im Königsgesetz wird bestimmt, dass der König eine Zweitschrift der Tora besitzen soll (Dtn 17,18). Sie soll ihm zu folgendem dienen:

> 19 Sein Leben lang soll er sie mit sich führen und in ihr lesen (וקרא בו), damit er lernt, den Herrn, seinen Gott, zu fürchten (ליראה את־יהוה אלהיו), indem er alle Bestimmungen dieser Tora und diese Gesetze beobachtet (לשמר את־כל־דברי התורה הזאת ואת־החקים האלה), indem er sie hält.

Im Fall des Königs gibt es keine Unterscheidung zwischen Vorlesendem und Vernehmendem. Das Auffallendste beim Lesevorgang des Einzelnen ist das laute Rezitieren. So steht für den Gesamtvorgang קרא. Doch ein Sachunterschied zum Vorgang von 31,12 besteht nicht. Die Lektüre des Buches mündet in Gottesfurcht und Gebotsbeobachtung.[25]

Die dritte Stelle führt in die Horebsituation. Auch hier ist, trotz unterschiedlicher Wortreferenzen, die Konstellation die gleiche. Wieder handelt es sich um einen geschriebenen Text, den Dekalog (הדברים האלה), der auf

---

24 Zum Terminus ספר „Buch" vgl. die Parallelstelle Dtn 31,24.26.
25 Das Wort מצוה folgt im nächsten Vers, wobei, wie oben schon angedeutet, umstritten ist, ob es sich um ein Parallelwort zu den Bezeichnungen des vorangehenden Verses handelt oder ob es sich nur auf das Königsgesetz bezieht.

Tafeln geschrieben wird (Dtn 5,22). Diese Worte hat das Volk gehört. Allerdings ist, genau genommen, nur gesagt, das Volk habe die „Stimme" gehört (was auch „Donner" bedeuten kann) – doch dieses Problem kann hier übergangen werden. Wichtig ist, dass nun in 5,23–27 das Volk an Mose herantritt und vorschlägt, dass in Zukunft er allein „hören" und das Gehörte ihnen dann mitteilen soll, so dass sie nur ihn „hören" müssen. Sie fürchten, zu sterben, wenn sie weiter die Stimme Gottes „hören" müssen. שמע „hören" ist (neben „sterben") das Leitwort der ganzen Passage. Es steht 6 mal. In 5,28 „hört" Gott dann diese Worte des Volkes. Er reagiert folgendermaßen:

29 Möchten sie doch diese Einstellung behalten, mich zu fürchten (ליראה אתי) und ihr Leben lang alle meine Gebote zu beobachten (ולשמר את־כל־מצותי), damit es ihnen und ihren Nachkommen immer gut geht.

Die „Gebote" dürften vom Kontext her nicht die Gebote der Tora sein, sondern die Worte des Dekalogs. Doch das ändert nichts daran, dass auch hier, bei der Ursprungssituation der ganzen Tora, die Verbindung von „hören", „Gott fürchten" und „Gebote beobachten" die Darstellung prägt.

Damit ist in den drei vielleicht wichtigsten Belegen aus den 7 deuteronomischen Belegen der Doppelforderung von Gottesfurcht und Gebotsbeobachtung die Wahrnehmung eines Buches oder Textes vorgeschaltet, ausgedrückt durch „laut lesen" oder „hören".[26]

Da in Koh 12,12–13 genau die gleiche, sonst jedoch nie nachweisbare Verbindung und logische Abfolge vorliegt, dürfte nicht zu bezweifeln sein: Nicht allein die Doppelforderung stammt aus dem Deuteronomium, sondern ein etwas breiterer Aussagezusammenhang. Er lehnt sich speziell an drei der deuteronomischen Vorbilder an. Da dies bei keinem anderen der späten Belege der Doppelforderung und auch nicht im Sirachbuch der Fall ist, muss man im zweiten Koheletepilog mit einem direkten und originären Rückgriff auf das Deuteronomium rechnen. Der Leser sollte den Zusammenhang wohl auch wahrnehmen.

Das ist in sich auch nicht problematisch. Das eigentliche Koheletbuch zitiert in 5,3f. ein Gesetz aus dem Deuteronomium fast wörtlich (Dtn 23,22). Kurz zuvor wurde empfohlen, im „Hause Gottes" lieber zu „hören" als, wie die Toren, Opferfeiern zu veranstalten. Was man anhören sollte, dürfte ja wohl die Tora gewesen sein. Am Anfang des 1. Epilogs wird von Kohelet gesagt, er habe „das Volk Wissen gelehrt". Diese Formulierung ist in weisheitlichem Zusammenhang ungewöhnlich, hat ihre engste Parallele bei der Passage über die landesweite Torabelehrung in 2 Chr 17,7–9, und ihr sprachlicher Hintergrund findet sich in Stellen wie Dtn 4,5f.10; 31,12f.; Jer

---

26 Für den engen Zusammenhang von „Gottesfurcht" und „Horebtheophanie" im Deuteronomium vgl. Lohfink, Norbert, Reading Deuteronomy 5 as Narrative, in: Strawn, Brent A. u.a. (Hg.), A God So Near. Essays in Old Testament Theology in Honor of Patrick D. Miller, Winona Lake 2003, 261–281.

31,33f.[27] Es gibt also schon im eigentlichen Koheletbuch und im ersten Epilog des Buches den Brauch, aufs Deuteronomium zurückzugreifen. Der zweite Epilogist konnte ihn ohne Schwierigkeiten weiterführen.

Durch diese Zusatzbeobachtung zu Gilberts Beobachtungsreihen verwandelt sich der Doppelimperativ in Koh 12,13bα aus einem ununterscheidbaren Einzelstück einer Belegmenge in ein Individuum, von dem zum Beispiel feststeht, dass es auf bestimmte Aussagenzusammenhänge im Deuteronomium anspielen sollte.

2. „Anspielung" auf das Sirachbuch

Gilberts Analyse der unserem Doppelimperativ entsprechenden Aussagen im Sirachbuch haben vor allem den Zweck, zu klären, ob dieser Doppelimperativ wirklich eine „Anspielung" auf sie sein könne.

Zu dieser Analyse selbst möchte ich nur bemerken, dass ich die kleinen Korrekturen, die Gilbert an einigen meiner Aussagen angebracht hat, gerne zur Kenntnis nehme und weithin akzeptiere.[28] An der Grundaussage, Ben Sirach habe „tenté d'articuler entre elles crainte du Seigneur, observance des préceptes et sagesse",[29] ändert das nichts, auch wenn man nicht von einer Identifikation von Weisheit und Tora sprechen (was ich wohl etwas zu undifferenziert getan habe) und auch wenn man nicht die Gottesfurcht mit Haspecker zum eigentlichen Thema des Sirachbuches machen sollte (was ich nie getan habe). Dass das Sirachbuch seine Weisheitslehre mit Gottesfurcht und Gebotsbeobachtung verbindet, und zwar in höherem Maß als jedes ältere

---

27 Vgl. Lohfink, épilogues (s. Anm. 3) 87.
28 Ich denke vor allem an seinen Hinweis, dass „Gebot" im Sirachbuch, von einer Ausnahme abgesehen, singularisch steht, s. Gilbert, Qohelet (s. Anm. 5), 167. Zur schon deuteronomischen Sprachregelung, nach der die Gesamtheit der Gebote sowohl singularisch als המצוה als auch pluralisch als המצות bezeichnet werden konnte, vgl. Braulik, Georg, Die Ausdrücke für „Gesetz" im Buch Deuteronomium, Bib. 51 (1970), 39–66, 53–60; Abdruck in ders., Studien zur Theologie des Deuteronomiums, SBAB 2, Stuttgart 1988, 11–38. An der gleichen Stelle äußert Gilbert, das „Gebot" in Sir 1,26 sei nur „un de ces proverbes de prudence"; hier erlaube ich mir Zweifel, selbst für diese Stelle, vor allem auch, da Gilbert selbst noch im gleichen Abschnitt vom „précepte divin" spricht. Aber selbst wenn nur gälte, was Gilbert sagt: „L'enseignement que Ben Sira formulait en 1,25–27 se répète donc à travers toute son œuvre, même s'il précise à un certain moment que le précepte est celui de la torâ" (168) – für meine Aussagen zu Koh 12,13 würde das völlig genügen. Auf S. 167 Anm. 23 stellt Gilbert meine Rückübersetzung von Sir 1,30 κρυπτα in Anlehnung an Sir 11,4 durch נעלם unter Hinweis auf den syrischen Text von 1,30 in Frage. Solange wir keinen hebräischen Text dieser Stelle besitzen, ist es wahrscheinlich wirklich klüger, sich an den syrischen Text der Stelle selbst zu halten als an den Urtext des gleichen Worts an einer anderen Stelle. Allerdings stünde dann in Koh 12,14 zwar ein anderes hebräisches Wort, doch es handelte sich um die gleiche Sache.
29 Gilbert, Qohelet (s. Anm. 5), 170.

biblische Weisheitsbuch, bleibt bestehen und bleibt ein Charakteristikum des Buches. Auch dass dies schon am Anfang des Buches, der als solcher für die charakteristische Wahrnehmung eines Buches besonders wichtig ist, hervortritt, bleibt bestehen.[30] Dieser Sachverhalt genügt für das, was ich zu Koh 12,13 zu sagen habe, völlig. Eines gehört allerdings dazu: Es geht nicht nur einfach um die Verbindung von Gottesfurcht und Gebotsbeobachtung, sondern es geht um die Verbindung dieser Doppelforderung mit der Weisheit und mit Weisheitsschriften. Diese kompliziertere Motivkonstellation ist im Blick, wenn die Frage gestellt wird, ob Koh 12,13 auf das Neuartige und Charakteristische des Sirachbuches anspiele. Vielleicht hat Gilbert darauf etwas zu wenig geachtet, wenn er seine Aufgabe einfach darin sah, die Parallelen zu dem Doppelimperativ zusammenzustellen.

Dass es im Sirachbuch neben der Verbindung der Gebotsbeobachtung mit der Gottesfurcht ebenso die Verbindung der Gesetzesbeobachtung mit der Gottesliebe gibt, hat Gilbert schön und mit vollem Recht gezeigt. Das gleiche Nebeneinander von Gottesfurcht und Gottesliebe findet sich auch schon im Deuteronomium. Es ist auch richtig, dass im Doppelimperativ von Koh 12,13bα neben der Furcht die Liebe nicht vorkommt. Ob man aber das Postulat aufstellen darf, eine anständige Anspielung auf das Sirachbuch müsse notwendig nicht nur die Gottesfurcht, sondern auch die Gottesliebe erwähnen, sonst sei sie „réductrice à l'excès",[31] scheint mir eine bestreitbare Konzeption dessen vorauszusetzen, was eine „Anspielung" ist. Da wird als Anspielung fast schon eine Inhaltsangabe gefordert.[32]

Ähnlich überzogen ist es, wenn argumentiert wird: „La séquence crainte-observance, telle quelle est formulée en Qo 12,13bα, n'apparaît pas dans l'œuvre de Ben Sira, alors qu'elle est connue ailleurs."[33] Wenn ich recht verstehe, ist die Knappheit und Prägnanz der Formulierung gemeint – oder ist sogar an die imperativische Form gedacht? Warum kann man nicht mit zwei treffenden Schlagworten auf breitere Ausführungen eines anderen Buches anspielen, auch wenn der Autor dieses Buches niemals selbst eine solche Schlagwortkurzfassung vorgelegt hat?[34] Mir ist auch keine von Gilbert bei-

---

30 Hier wäre vielleicht noch von der unterschiedlichen Textwahrnehmung eines Erst- und eines Zweitlesers zu sprechen. Gilbert beschreibt die Textwahrnehmung eines „Erstlesers", dem sich erst langsam enthüllt, was bei Ben Sirach im Wort מצוה alles steckt. Der „Zweitleser", der das ganze Buch schon kennt, vernimmt natürlich von Anfang an mehr. Wenn auf ein Buch angespielt wird, sollte man eher einen „Zweitleser" als einen „Erstleser" im Auge haben.
31 Gilbert, Qohelet (s. Anm. 5), 171.
32 Vgl. in der eingangs zitierten Passage die implizierte Forderung, eigentlich müsse eine Anspielung auf das Sirachbuch „donner ... toute la richesse de la pensée de Ben Sira sur les rapports qu'il a mis entre sagesse, crainte de Dieu et observance de la torâ."
33 Gilbert, Qohelet (s. Anm. 5), 171.
34 Georg Braulik hat mich freundlich darauf aufmerksam gemacht, dass sich die heute allgemein als Anspielung auf die Benediktsregel oder als Kurzzusammenfassung dersel-

gebrachte knappe Formulierung der beiden Motive begegnet, bei der es um Weisheit und Bücher gegangen wäre. Das ist jedoch der textliche und situative Zusammenhang des Doppelimperativs von Koh 12,13. Was spricht also dagegen, dass er auf ein Buch hinweisen könnte, in dem dieser Zusammenhang auch eine Rolle spielt?[35]

Hier scheint mir ein recht rigider Begriff der „Anspielung" vorzuliegen, über den man in einem Zeitalter, das so viel über „Intertextualität" nachgedacht hat, eigentlich etwas überrascht ist. Die Fragestellung ist reduziert. Es geht fast nur um das Maß der Entsprechung von Formulierungen. Die Idee, dass Anspielungen vielleicht bewusst verhalten sein könnten, so dass nur die Kenner der vorausgesetzten Situation sie überhaupt bemerken, lebt wohl auf einem anderen Stern.

Soweit zur Ebene, auf der Gilbert selbst sich bewegt. Doch muss ich jetzt darauf zurückkommen, dass Gilbert seine Aussagen streng verklausuliert hat.[36] Er hat von der Frage abgesehen, ob es nicht andere Gründe geben könne, dennoch an eine Anspielung auf das Sirachbuch zu denken. Welche Gründe ihm da vor Augen stehen, spricht er nicht aus. Doch könnte er durchaus auch meine breitere Exegese der beiden Epiloge insgesamt und meine historische Hypothese über ihre Abfassung bei Auseinandersetzungen über die Zulassung von Lehrbüchern an der Jerusalemer Tempelschule gemeint haben. Auf diesen Ebenen der durchlaufenden Textauslegung und der historischen Hypothesenbildung lässt er alle Türen offen. Da meine Annahme einer Anspielung auf das Sirachbuch in Koh 12,13 eigentlich erst in diesen Bereich gehört, gibt er sich also nicht als einen definitiven „adversarius" von mir. Doch war es für mich sicher sinnvoll, auch auf seiner Ebene auf ihn einzugehen.

Auf der viel stärker mit Hypothesen durchsetzten Ebene einer durchgehenden Auslegung der Epiloge und einer historischen Theoriebildung über den Prozess des Eintritts verschiedener Weisheitsschriften in den Kanon kann

---

ben betrachtete Formulierung „ora et labora" in ihr selbst nicht findet und erst von Benedikt von Aniane (8. Jh.) stammt.

35 Ich rühre hier keine Datierungsfragen auf, weder für den zweiten Koheletepilog noch für die einzelnen Belege der zweiten Parallelengruppe für den Doppelimperativ. Gilbert tut es selbst auch nicht, mit Recht bei einer so schwierigen Sache. Doch wenn er sagt, die „séquence crainte-observance" sei im Sirachbuch nicht, wohl aber „ailleurs" belegt, sollte er die anderen Belege eigentlich benennen und für sie Gleichzeitigkeit oder Vorzeitigkeit zum Koheletepilog nachweisen. Sonst wird das Gespräch schwierig. Die möglicherweise älteste Stelle in Gilberts Liste der jüngeren Belege, der Anfang der Benediktionen in 1QSb, ist in keiner Weise knapp. Die beiden Elemente folgen noch nicht einmal aufeinander. Nach Stegemann, Hartmut, Die Essener, Qumran, Johannes der Täufer und Jesus, Herder Spektrum 4128, Freiburg i.Br. u.a. [4]1994, 164, ist dieser Text „sicherlich noch zu Lebzeiten des Lehrers der Gerechtigkeit ausgearbeitet". Lässt sich wirklich argumentieren, der zweite Epilog sei jünger als die Hasmonäerzeit? Ich glaube nicht, dass man mit Knappheit und Breite von Formulierungen datieren kann, nicht einmal relativ.

36 Vgl. die Zitate am Anfang dieses Beitrags.

es aufgrund der Selbstbeschränkung von Gilbert zu keinem weiteren Gespräch kommen. Doch kann ich mindestens noch mich selbst fragen, ob die in sich so treffenden Beobachtungen von Gilbert und meine oben eingebrachten Weiterführungen seiner Beobachtungen mich vielleicht veranlassen müssten, an meiner Hypothese Variationen vorzunehmen. In der Tat halte ich das am Ende dieses Beitrags für angebracht.

Ich würde jetzt auf der Ebene der textlich erfassbaren Aussage formulieren:[37] Der Grundgedanke von Koh 12,12b.13f. besteht darin, dass alle denkbaren Lehrbücher, die eingeführten ebenso wie neue, die gern eingeführt werden möchten, im Endeffekt auf das gleiche hinauslaufen oder das gleiche bewirken wollen: Fürchte Gott und beobachte seine Gebote! Das heißt, sie wollen alle das, was schon die Tora, speziell das Deuteronomium, als Frucht der Lektüre der Tora erwartet. Es gibt eine Art perspektivischer Analogie zwischen Toraverlesung und Gottesfurcht-Gebotsbeobachtung einerseits und Lektüre einer Weisheitsschrift und Gottesfurcht-Gebotsbeobachtung andererseits. Da das für alle Weisheitsschriften gilt, neue wie alte, ist es nicht nötig, neue Lehrbücher einzuführen. Sie bringen doch nichts Neues.

Über diese Textinterpretation legt sich nun noch die kanongeschichtliche Hypothese, dass dies alles nicht, wie es zunächst klingt, ganz generell dahergesagt ist, sondern dass im Hintergrund des 2. Epilogs eine Diskussion darüber steht, ob das Sirachbuch als Lehrbuch in Jerusalem eingeführt werden sollte. Bei dieser Hypothese ergibt sich als Konkretisierung des schon entworfenen Textverständnisses noch eine weitere, „situative" Semantik. In Wirklichkeit geht es dann nicht, wie der Text zunächst allein zu sagen scheint, um viele denkbare und theoretisch einführbare Bücher, sondern um ein einziges, das Sirachbuch. Dieses Lehrbuch – geplant, in Arbeit oder auch schon fertig vorliegend[38] –, das, wie wir ja wissen, die Weisheit ganz neu mit Gottesfurcht und Gesetzesbeobachtung verknüpfte, war letztlich allein gemeint, auch wenn nur allgemein geredet wurde. In diesem, und nur in diesem Zusammenhang wird die Anspielung auf das Deuteronomium, die in dem Doppelimperativ von 12,13 steckt, zugleich eine situative Anspielung auf das Buch von Ben Sirach. Dabei hat sie durchaus textliche Verweispunkte im Sirachbuch selbst, auch gerade in dessen Anfang. Denn das Sirachbuch hat ja wie kein anderes Weisheitsbuch vor ihm den deuteronomischen Ansatz zum Zug gebracht.

---

37 Ich gehe nicht auf die Verse 11 und 12 ein. Für die Einzelbegründung des hier nur Wiederholten verweise ich auf Lohfink, épilogues (s. Anm. 3), 90–93.
38 Gilbert, Qohelet (s. Anm. 5), 166, schreibt mir die Meinung zu, Koh 12,13 sei jünger als die „édition" des Sirachbuchs. Die Formulierung oben im Text gibt meine Auffassung etwas genauer an, vgl. Lohfink, épilogues (s. Anm. 3), 94: „pendant ou surtout après sa composition".

Vertritt Kohelet die Lehre vom absoluten Tod?

Zum Argumentationsgang von Koh 9,1–6

Ludger Schwienhorst-Schönberger

Fragestellung

Kohelet[1] – so scheint es – rechnet nicht mit einem „Leben nach dem Tod". Es hat sogar den Anschein, als spräche er sich ausdrücklich gegen eine derartige Ansicht aus. Damit steht er im mainstream alttestamentlicher Tradition. Zwar gibt es einige spät zu datierende Texte, die von einer Auferweckung der Toten (Jes 26,19; Dan 12,1–3; 2 Makk 7; vgl. Ez 37) oder einem Fortleben der Seelen der Gerechten (Weish 2,23f.; 3,1; 4,7–14) sprechen, ebenso gibt es eine Reihe von Texten, die sich zu einer durch den Tod nicht zu zerstörenden Gemeinschaft des Beters mit Gott bekennen (Ps 16; 23; 49; 73; Jes 25,6–8), gleichwohl gilt für den Hauptstrom alttestamentlicher Tradition jenes vergleichsweise nüchterne Wort Ben Siras: „Lenke deinen Sinn nicht mehr auf den Toten, lass von der Erinnerung an ihn ab, und denk an die Zukunft! Denke nicht mehr an ihn; denn es gibt für ihn keine Hoffnung" (Sir 38,20f.).[2]

Dass im Koheletbuch die Idee einer postmortalen Existenz des Menschen dezidiert abgelehnt wird, deutet darauf hin, dass eine solche zur Zeit der Entstehung des Buches in verstärktem Maße aufkam. Mit der Leugnung eines

---

1 Wenn hier und im Folgenden von „Kohelet" die Rede ist, dann ist damit jene literarische Figur gemeint, die im Koheletbuch zu Wort kommt. Die Frage, ob sich diese literarische Figur auf eine reale Person bezieht, lasse ich offen. Zu diskutieren wäre auch die Frage nach dem Verhältnis von Kohelet und Buchautor. Sie hängt mit der Frage zusammen, auf welchen Textbereich sich der Begriff „Buchautor" jeweils bezieht, auf 1,1–12,8 oder 1,1–12,11 oder 1,1–12,14 – um einige der am meisten diskutierten Möglichkeiten anzugeben. Teilt der jeweilige Buchautor durch die literarische Figur Kohelet seine eigene Meinung mit oder lässt er sie zu Wort kommen, um sich implizit oder explizit von ihrer „Lehre" zu distanzieren? Ich rechne damit, dass der Autor von Koh 1,1–12,11 „durch Kohelet spricht". Die Frage verliert allerdings an Gewicht, wenn man nicht nach der Intention von Autoren, sondern nach der Bedeutung von Texten fragt. Der Begriff „Koheletbuch" bezieht sich auf das ganze Buch Koh 1,1–12,14. Die Ausdrücke „Kohelet", „im Koheletbuch", „das Koheletbuch" tragen also im Folgenden verschiedene Bedeutungen.

2 Grundsätzlich zu dieser Thematik nach wie vor: Barth, Christoph, Die Errettung vom Tode. Leben und Tod in den Klage- und Dankliedern des Alten Testaments, Stuttgart u.a. 1997.

Lebens nach dem Tod wurde Kohelet für Ludwig Levy sogar zum Vorläufer der Sadduzäer.[3]

Nun findet sich allerdings *ein* Satz innerhalb des Corpus des Buches, der dem oben Gesagten zu widersprechen scheint: „Die Gerechten und die Weisen und ihre Werke sind in der Hand Gottes" (Koh 9,1aβ):

9,1aα	Ja, all das (bisher Erörterte) nahm ich mir zu Herzen, um all das (Folgende) zu überprüfen:
1aβ	Die Gerechten und die Weisen und ihre Werke sind in der Hand Gottes.
1b	Ob Liebe oder Hass – der Mensch weiß es nicht. Beides liegt vor ihnen.
2a	Einen jeden trifft ein und dasselbe Geschick: den Gerechten und den Frevler, den Guten und den Reinen und den Unreinen und den, der opfert, wie den, der nicht opfert,
2b	wie den Guten so den Sünder, den, der schwört, wie den, der den Schwur meidet.
3a	Das ist etwas Schlimmes bei all dem, was unter der Sonne geschieht, dass nämlich ein und dasselbe Geschick alle trifft.
3bα	Doch das Herz der Menschen ist auch voll Bosheit, und Verblendung ist in ihrem Herzen, während sie leben.
3bβ	Danach aber zu den Toten.
4a	Doch wer noch zu den Lebenden gehört, hat noch Hoffnung,
4b	denn: ein lebender Hund ist besser als ein toter Löwe.
5a	Ja, die Lebenden wissen, dass sie sterben werden,
5bα	die Toten wissen überhaupt nichts mehr.
5bβ	Es gibt für sie keinen Lohn mehr,
5bγ	denn ihr Andenken ist vergessen.
6a	Sowohl ihr Lieben als auch ihr Hassen als auch ihr Eifern sind schon längst vergangen.
6b	Einen Anteil haben sie auf ewig nicht mehr an allem, was unter dem Himmel geschieht.

Nach Diethelm Michel, der der Perikope eine ausführliche Untersuchung gewidmet hat[4], bezieht sich der Satz *auch* auf ein Leben nach dem Tod: „Die Gerechten und die Weisen und ihre Werke sind *auch nach dem Tode* in der

---

3 Levy, Ludwig, Das Buch Qoheleth. Ein Beitrag zur Geschichte des Sadduzäismus, Leipzig 1912.
4 Michel, Diethelm, Untersuchungen zur Eigenart des Buches Qohelet, BZAW 183, Berlin u.a. 1989, 166–183. Zur Abgrenzung siehe Ogden, Graham S., Qoheleth IX 1–16, VT 32 (1982), 158–169, 158–160; Lavoie, Jean-Jacques, Vie, mort et finitude humaine en Qo 9,1–6, SeE 47 (1995), 69–80, 71. Musste Lavoie, Vie, 69, noch konstatieren, dass Koh 9,1–6 mit Ausnahme der Aufsätze von G.S. Ogden und D. Michel keine eigene Untersuchung gefunden habe, so liegt inzwischen mit der Arbeit von Pahk, Johan Yeong-Sik, Il canto della gioia in Dio. L'itinerario sapienziale espresso dall'unità letteraria in Qohelet 8,16–9,10 e il parallelo di Gilgameš Me. iii, SMDSA 52, Napoli 1996, eine umfangreiche und subtile Exegese dieser Perikope vor. Wenngleich ich Pahks Gesamtverständnis des Buches teile, so geht seine Interpretation von Koh 9,1–6 in eine etwas andere Richtung. Vgl. Anm. 30.

Hand Gottes."⁵ Als Stütze für ein (zumindest *auch*) postmortales Verständnis verweist D. Michel auf Weish 3,1–3:

1   „Der Gerechten Seelen aber sind in Gottes Hand
    und keine Pein kann sie berühren.
2   Sie schienen den Augen der Toren gestorben zu sein,
    und als ein Scheitern wurde ihr Ende beurteilt
3   und ihr Scheiden von uns als Untergang;
    und doch sind sie in Frieden."⁶

In Koh 9,1aβ artikuliert sich nach D. Michel ein Vorläufer jener in Weish 3,1–3 vertretenen Ansicht. Allerdings – so D. Michel – handelt es sich dabei nicht um eine Meinung Kohelets, sondern um eine von Kohelet zitierte Ansicht, die er nicht teilt. Dieser Interpretation zufolge verbliebe das Koheletbuch im Rahmen jenes eingangs skizzierten Verständnisses. Entsprechend hat D. Michel die Auslegung von Koh 9,1–10 unter die Überschrift gesetzt: „Gegen die Erwartung einer Vergeltung der guten Taten nach dem Tode."

Dagegen hat sich neuerdings Thomas Krüger ausgesprochen: „Im Gegensatz zu Weish 3,1 enthält Koh 9,1aβ ... keinerlei Hinweis darauf, dass es hier um das Geschick der ‚Gerechten' und ‚Weisen' *nach dem Tod* geht."⁷ Dabei verweist T. Krüger auf Weish 7,16, wo ebenfalls die Wendung „in Gottes Hand" begegnet, diese sich jedoch „deutlich auf das Leben der Weisen *vor dem Tod*" bezieht⁸: „Wir und unsere Worte sind in seiner Hand, auch alle Klugheit und praktische Erfahrung." T. Krüger hält es für möglich, „dass der Text [Koh 9,1aβ] hier ein Votum aus der zeitgenössischen Diskussion aufnimmt bzw. darauf anspielt." Von einem Zitat, dem der folgende Text widerspricht, wie D. Michel und L. Levy⁹ annehmen, könne man aber kaum sprechen: „eher wird seine Bedeutung durch die folgenden Reflexionen präzisiert."¹⁰ T. Krüger vermutet, dass 9,1 bewusst offen lässt, „ob vom Tun oder vom Ergehen der ‚Gerechten und Weisen' die Rede ist, um so die Fragwürdigkeit eines erkennbaren ‚Tun-Ergehen-Zusammenhangs' aufzuzeigen".¹¹

Es ist das große Verdienst von Thomas Krüger, das Thema Mehrdeutigkeit und Sinnoffenheit in die Exegese des Koheletbuches eingebracht zu haben.¹² Bisweilen kann ich jedoch den Verdacht nicht unterdrücken, dass er hin und wieder den Bogen überspannt. Manche Sinnmöglichkeiten sind rein

---

5   Michel, Untersuchungen (s. Anm. 4), 180 (Hervorhebung im Original).
6   So die von Michel, Untersuchungen (s. Anm. 4), 180, zitierte Übersetzung von Fichtner, Johannes, Weisheit Salomos, HAT II/6, Tübingen 1938, 18.
7   Krüger, Thomas, Kohelet (Prediger), BK 19 Sonderbd., Neukirchen-Vluyn 2000, 300.
8   Krüger, Kohelet (s. Anm. 7), 300.
9   Levy, Qoheleth (s. Anm. 3), 116f.
10 Krüger, Kohelet (s. Anm. 7), 301.
11 Krüger, Kohelet (s. Anm. 7), 302.
12 Von meiner Seite aus gewürdigt in der Sammelrezension: Neues unter der Sonne. Zehn Jahre Koheletforschung (1987–1997), ThRv 94 (1998), 363–376.

theoretischer Natur. Sie ergeben sich, wenn man dem Text dekonstruktivistisch zu Leibe rückt. Zwar sind sie theoretisch möglich, hinsichtlich der Sinnkonstitution durch empirische Leserinnen und Leser aber eher unwahrscheinlich. Dies gilt auch für den idealen Leser, *wenn* man die historische Fragestellung nicht gänzlich außer Acht lassen will.

So scheint mir auch der Sinn von Koh 9,1–6 eindeutiger zu sein als von T. Krüger angenommen. Freilich gilt dies nur für einen idealen Leser, der das Buch bereits von vorne gelesen hat und darüber hinaus weitere zeitgenössische Texte kennt, von denen uns einige überliefert sind.[13]

Der Argumentationsgang in Koh 9,1–6

Für sich genommen ist die Aussage Koh 9,1aβ „Die Gerechten und die Weisen und ihre Werke sind in der Hand Gottes" in der Tat nicht eindeutig. Zieht man allerdings Weish 3,1–3 (D. Michel) und Weish 7,16 (T. Krüger) hinzu, so gewinnt Weish 3,1–3 hinsichtlich einer möglichen Vereindeutigung der Aussage stärkeres Gewicht als Weish 7,16. In Weish 7,15–22a (EÜ 7,15–22) wird von Gott gesagt, dass er derjenige sei, der Weisheit verleihe. Aber er verleiht sie nicht nur, „sondern er begleitet auch noch ihre richtige Anwendung und das Lehren über sie."[14] Von all dem ist aber in Koh 9,1–6 keine Rede. Aneignung und Anwendung von Weisheit und Überprüfung ihres Wertes spielen im Koheletbuch sehr wohl eine Rolle (vgl. 1,16–18; 2,9.12–23; 7,1–10.11–14.15–20.23–25; 8,1–9.16–17; 9,13–10,20), nicht jedoch in 9,1–6. Hier tritt das Thema Tod in den Vordergrund, und zwar eindeutig in den V. 3–6 und – wie sich noch zeigen wird – auch bereits in V. 2, angezeigt durch den Begriff „ein und dasselbe Geschick". Der Tod ist aber auch vorherrschendes Thema in Weish 3,1–4,20. Hier geht es nach H. Engel um die „Gegenüberstellungen der Lebensführung und des Ergehens beim und nach dem Tod der ‚Gerechten' und der ‚Frevler'".[15] Weish 1,16–2,24 stellt H. Engel unter die Überschrift „Die Abkehr von der Gerechtigkeit ist Pakt mit dem Tod".[16] „Gerechtigkeit" und „Weisheit" sind die zentralen Begriffe in Weish 1,1–6,21 und 6,22–11,1. In gleicher Reihenfolge ist auch in Koh 9,1aβ von den Gerechten und Weisen die Rede. Auf weitere sprachliche und motivliche Bezüge zwischen Weish 3,1–3 und Koh 9,1aβ hat D. Michel hinge-

---

13 Damit behaupte ich nicht, dass die Bedeutung eines Textes auf die Sinnkonstitution durch primäre Rezipienten einzuschränken ist. Gleichwohl ist es legitim zu fragen, wie sie einen Text – in diesem Fall Koh 9,1–6 – aller Wahrscheinlichkeit nach in etwa verstanden haben könnten.
14 So Engel, Helmut, Das Buch der Weisheit, NSK-AT 16, Stuttgart 1998, 131.
15 Engel, Weisheit (s. Anm. 14), 79.
16 Engel, Weisheit (s. Anm. 14), 64.

wiesen.[17] Sie sollen hier nicht erneut angeführt werden. Daraus aber ergibt sich, dass es wahrscheinlicher ist, dass ein Leser jene Bedeutung von Koh 9,1aβ realisiert, die sich einstellt, wenn der Text mit Weish 3,1–3, genauer: mit einer theologisch-anthropologischen Konzeption, die uns in Weish 3,1–3 überliefert ist, in Verbindung gebracht wird, weil die Ähnlichkeiten in sprachlicher, motivlicher und thematischer Hinsicht zwischen Koh 9,1aβ und Weish 3,1–3 weitaus größer sind als diejenigen zwischen Koh 9,1aβ und Weish 7,16, *wenn* man einen Leser voraussetzt, der Koh 1,1–8,17 bereits kennt *und* die mit Koh 9,1 neu eröffnete Texteinheit liest. Für einen solchen Leser legt es sich nahe, die Aussage Koh 9,1aβ zumindest *auch,* wenn nicht sogar primär, auf jene Existenzform zu beziehen, die wir gemeinhin als „postmortal" bezeichnen. Folglich ist der Interpretation von D. Michel der Vorrang zu geben.

Achten wir nun darauf, in welche Richtung der Leser weiterhin geführt wird. V. 2 verweist auf das „*eine* Geschick", das alle Menschen trifft. Hält man לַטּוֹב „dem Guten" in V. 2a für eine Dittographie von V. 2b her, dann wird die von dem einen Geschick betroffene Gruppe von Menschen durch eine Aufzählung von fünf antonymen Paaren realisiert, die jeweils als Merismus zu verstehen sind:

Gerechter	–	Frevler
[Guter] Reiner	–	Unreiner
Opfernder	–	Nichtopfernder
Guter	–	Sünder
Schwörender	–	Nichtschwörender

Diese einander gegenüber stehenden Menschengruppen werden von „*einem* Geschick" getroffen. Was meint nun das „*eine* Geschick"? Von 2,13–16 und 3,19–21 her gelesen dürfte damit der Tod gemeint sein. In 2,13–17 diskutiert Kohelet die Frage, ob die Weisheit gegenüber der Torheit einen auf Dauer bestehenden Gewinn (יִתְרוֹן) aufzuweisen habe. Im Hinblick auf das *eine* Geschick, das den Toren wie den Weisen trifft, verneint er die Frage: „Ich erkannte, dass ein und dasselbe Geschick beide trifft" (2,14b). Mit dem *einen* Geschick (מִקְרֶה אֶחָד) ist in 2,13–17 eindeutig der Tod gemeint, und zwar jener Tod, der das Vergessenwerden miteinschließt: „Denn es gibt keine Erinnerung an den Weisen wie an den Toren auf Dauer, weil schon in den kommenden Tagen beide vergessen sein werden. Wie muss doch der Weise ebenso wie der Tor sterben?" (2,16).

Die nächste Texteinheit, in der die Rede von dem *einen* Geschick begegnet, ist 3,16–22. Auch hier meint das *eine* Geschick, das Mensch und Tier gleichermaßen trifft, den Tod: „Denn das Schicksal der Menschen und das Schicksal der Tiere – *ein* Schicksal (מִקְרֶה אֶחָד) ist es für beide. Wie diese sterben, so sterben auch jene" (3,19).

---

17 Michel, Untersuchungen (s. Anm. 4), 180f.

Als nächstes begegnet nun die Rede von dem „*einen* Geschick" in 9,2. Vom bisherigen Gebrauch des Ausdrucks in 2,13–16 und 3,19–21 ist damit eindeutig der Tod gemeint. Der weitere Textverlauf ab 9,2 bestätigt diese Deutung.

Doch zuvor soll noch ein Blick auf 9,1b geworfen werden: „Ob Liebe oder Hass – der Mensch weiß es nicht. Beides liegt vor ihnen." Der Vers stellt eine crux interpretum dar. Bezieht sich „Liebe oder Hass" auf den Menschen, so dass dieser sein eigenes Tun nicht versteht, wie Walther Zimmerli annimmt?[18] Er übersetzt: „Weder ob er lieben noch ob er hassen wird, weiß der Mensch." Oder bezieht sich „Liebe oder Hass" auf die Einstellung Gottes den Menschen gegenüber, wie Norbert Lohfink annimmt, so „dass keiner weiß, wie Gott zu ihm steht?"[19] Von den bezüglich 9,1aβ und 9,2 herausgearbeiteten Bedeutungstendenzen gewinnt jenes Verständnis von 9,1b die Oberhand, welches „Liebe oder Hass" auf Gott bezieht, und zwar auf jenes Verhalten Gottes, das er dem Menschen nach dessen Tod entgegenbringt. Bezüglich dieses Verhaltens besitzt der Mensch kein sicheres Wissen – so dürfte 9,1bα zu verstehen sein. Ein Wissen in Bezug auf eine Zeit nach dem Tod wurde bereits in 3,21b in Frage gestellt: „Wer könnte ihn [den Menschen] dahin bringen, zu sehen, was nach ihm sein wird?" Diese Sicht wird mit 9,1bα bestätigt.

Vor diesem Hintergrund gewinnt nun aber die These D. Michels an Plausibilität, derzufolge 9,1aβ „Die Gerechten und die Weisen und ihre Werke sind in der Hand Gottes" als eine von Kohelet zitierte Meinung zu verstehen ist, die im weiteren Textverlauf – beginnend mit 9,1b – zurückgewiesen bzw. relativiert wird. Möglicherweise liegt der Argumentation ein Spiel mit der Doppeldeutigkeit des Motivs von der „Hand Gottes" zugrunde. Die „Hand Gottes" ist nicht nur die schützende und bergende Hand für „die Gerechten und Weisen" (9,1aβ), sie kann den Menschen auch böse treffen (vgl. Ps 32,4; 39,11; Ijob 19,21; Rut 1,13). Die Aussage „Ob Liebe oder Hass, der Mensch weiß es nicht. Beides liegt vor ihnen" (9,1b) würde dementsprechend im vorliegenden Kontext besagen: Der Mensch weiß nicht, ob ihm nach dem Tod Liebe oder Hass, Belohnung oder Strafe, Gutes oder Böses zuteil wird. Die *Tradition* spricht ganz unbefangen vom Hass Gottes. Sie kennt aber eine klare Unterscheidung: „JHWH prüft den Gerechten und den Frevler. Wer Gewalttat liebt, den hasst seine Seele" (Ps 11,5; vgl. Spr 15,9). Kohelet stellt

---

18 Zimmerli, Walther, Das Buch des Predigers Salomo, in: Ringgren, Helmer – Zimmerli, Walther, Sprüche, Prediger, ATD 16/1, Göttingen ³1980, 121–249, 220. Ebenso Lavoie, Vie (s. Anm. 4), 75: „La totale dépendance de l'être humain le rend même incapable de comprendre ses propres sentiments profonds ... le sens de l'ensemble de son existence." Lavoie deutet V. 1 schließlich in dem Sinne, „que l'être humain est livré au pouvoir tyrannique du Créateur."
19 Lohfink, Norbert, Kohelet, NEB.AT 1, Würzburg ⁴1993, 65. So die meisten Ausleger; vgl. Vílchez Líndez, José, Eclesiastés o Qohélet, Nueva Biblia Española / Sapienciales 3, III, Estella 1994, 352f.

nicht die Sache selbst in Frage, sondern die vermeintliche Sicherheit eines menschlichen Wissens in Bezug auf das, was vom Menschen nach seinem Tod von Gott her zu erwarten ist.

Dabei mag nun ein weiterer Gedanke eine Rolle spielen, ein Gedanke, der in 9,3 zur Sprache kommt. Der Tod wird von Kohelet nicht glorifiziert. Dass alle Menschen unterschiedslos sterben müssen, „ist etwas Schlimmes bei all dem, was unter der Sonne geschieht" (V. 3a). Wird der Tod an sich als Übel angesehen, oder nur die Tatsache, dass Gerechte und Ungerechte in gleicher Weise sterben müssen? Von V. 2 her gelesen scheint letzteres der Fall zu sein. Doch der folgende V. 3b lenkt das Verständnis in eine andere Richtung. Etwas unvermittelt – so scheint es – ist hier die Rede von der Bosheit und der Verblendung des menschlichen Herzens (V. 3bα). Es folgt die lapidare Aussage: „Danach aber – zu den Toten!" (V. 3bβ). Es hat den Anschein, dass Kohelet sich hier der Sache nach auf die Anthropologie von Gen 2–4 bezieht und den Tod als Folge der Sünde versteht (Gen 2,16f.; 3,22). Denn 9,3bα greift die Aussage von 8,11b wieder auf:

> 8,11b Deshalb ist das Herz der Menschen in Bezug auf sie selbst voll (= fassen die Menschen Mut), Böses zu tun.
>
> 9,3bα Doch das Herz der Menschen ist auch voll von Bösem, und Verblendung ist in ihrem Herzen, während sie leben.

Zusammen mit der Aussage von

> 7,20 Es gibt keinen Menschen auf der Erde, der so gerecht ist, dass er Gutes tut, ohne zu sündigen.

wird hier offensichtlich das Selbstverständnis des Gerechten in Frage gestellt. Die Aussage, dass kein Mensch frei von Sünde ist, hat Anhaltspunkte in einer Reihe biblischer Texte (Gen 8,21; 1 Kön 8,46; Ps 51,7; 143,2; Spr 20,9). Darauf scheint Koh 9,3bα anzuspielen, um im vorliegenden Kontext en passant das falsche Selbstverständnis des Gerechten bloßzustellen. Da kein Mensch mit Sicherheit sagen kann, dass er nur Gutes getan und niemals gesündigt hat, kann er nicht mit Sicherheit behaupten, dass ihm nach dem Tod nur Liebe und kein Hass (V.1aβ) entgegenkommt. Da auch der „Gerechte" sündigt, ist damit zu rechnen, dass Gott auch seine Werke (V.1aβ) hasst, insofern sie sündig sind (vgl. Ps 11,5). Zwar sind seine Werke in der Hand Gottes (V.1aβ), doch ob es liebende oder hassende Hände sind, kann der Mensch nicht wissen (V.1b). Auch hier zeigt sich eine für das Buch typische Argumentationsstrategie: In Anspielung an normative Texte der Tradition werden Ansichten, die sich als traditionell gebärden, relativiert oder sogar zurückgewiesen.

Es ist eine Binsenweisheit, dass sich der Sinn eines Textes vor allem auch aus seinem Kontext ergibt. Koh 9,1–3 steht in einem Diskussionszusammenhang, der in diesem Beitrag nicht vollständig rekonstruiert werden kann, im Folgenden aber zumindest doch in der hier vorliegenden thematischen Zuspitzung kurz angesprochen werden soll. Dass 9,1aβ „Die Gerechten und die Weisen und ihre Werke sind in der Hand Gottes" nicht die Meinung Kohelets wiedergibt, dürfte für einen Leser, der 7,15–20 und 8,10–14 sorgfältig gelesen hat, klar sein. Ebenso dürfte er 9,1aα als Zitateinleitung identifizieren,[20] zumal er spätestens seit der Lektüre von 6,10ff. – eigentlich aber schon ab 1,18ff. – damit vertraut ist, dass Kohelet traditionales Spruchgut und zeitgenössische Ansichten zu Wort kommen lässt. So lässt sich 9,1–3 als Teil eines Argumentationsganges verstehen, der sich ab 8,12b als eine Diskussion mit „Gegnern" (Gesprächspartnern) folgendermaßen rekonstruieren lässt:

8,12b.13: Kohelets „Gegner" behaupten: Dem Gerechten ergeht es gut, dem Ungerechten ergeht es schlecht. – Der Tun-Ergehen-Zusammenhang wird innerweltlich ausgelegt.

8,14: Kohelet: Die Erfahrung zeigt, dass diese Aussage in ihrem universalen Anspruch nicht haltbar ist: Es kommt vor, dass es dem Gerechten schlecht und dem Ungerechten gut ergeht. – Damit wird der Sache nach die in 7,15–18 entfaltete These wieder eingespielt.

9,1aβ: Kohelets „Gegner" dehnen den Tun-Ergehen-Zusammenhang auf die postmortale Existenz aus: Die Gerechten und Weisen sind in der Hand Gottes.

9,1b: Kohelet: Was den Menschen (nach seinem Tod) von Gott her erwartet, „Liebe oder Hass" – darüber kann der Mensch nichts wissen (V. 1b). Sicher ist, dass alle Menschen sterben werden (V. 2). – Damit wird der Sache nach auf 3,21.22b zurückgegriffen. In V. 3 könnte angedeutet sein, dass der Tod als Folge der Sünde zu verstehen ist und dass es ohnehin keinen Menschen gibt, der nur „gerecht" ist, so dass die klare Unterscheidung von „gerecht und ungerecht", die V. 1aβ unterstellt, ohnehin fragwürdig ist. – Damit wird auf 7,20 und 8,11b zurückgegriffen.

Wie verläuft die weitere Diskussion? Ich sehe zwei Verstehensmöglichkeiten. Die eine, einfachere, sieht in den V. 4–6 durchgehend die Meinung Kohelets. Es handelt sich um Aussagen, mit denen die in der Diskussion der V. 1–3 entwickelte These erläutert und begründet wird. Gegenüber gestellt werden die Lebenden und die Toten: Die Lebenden haben noch Hoffnung (V. 4), ihnen kommt ein Wissen zu (V. 5a). Die Toten wissen dagegen überhaupt nichts mehr, es gibt für sie weder Lohn noch Andenken (V. 5b), ihr Lieben, Hassen, Eifern sind vergangen (V. 6a), sie haben auf ewig keinen Anteil mehr an dem, was unter dem Himmel geschieht (V. 6b). Ziel der Ausführungen ist es, jede Vorstellung einer irgendwie gearteten Subjekthaftigkeit der Toten zu destruieren. Der Tod wird als radikaler Abbruch der irdischen Existenz gedacht. Die zweite, etwas kompliziertere Verstehensmöglichkeit sieht in den V. 4–6 den Fortgang der Diskussion. V. 4 wäre dann wieder eine Meinung der Gegner. Denn hier wird gesagt, dass die Lebenden noch Hoffnung haben. Spricht man diese Aussage Kohelet zu, dann wäre zu fragen: Hoffnung – worauf?[21]

---

20 Vgl. Michel, Untersuchungen (s. Anm. 4), 166f.179f.
21 Vgl. Schwienhorst-Schönberger, Ludger, „Nicht im Menschen gründet das Glück" (Koh 2,24). Kohelet im Spannungsfeld jüdischer Weisheit und hellenistischer Philosophie, HBS 2, Freiburg i.Br. u.a. ²1996, 196–200.

Welcher Interpretation man auch den Vorzug geben mag: In beiden Fällen wird der Tod in Koh 9,1–6 als radikaler Abbruch der irdischen Existenz gedacht. Vor diesem Hintergrund ruft dann 9,7–10 zur Freude auf. Damit klingen die beiden Seiten des Carpe diem-Motivs an: der Aufruf zur Freude (9,7–10) im Angesicht des Todes (9,1–6).

Absoluter Tod?

Vertritt Kohelet „die Lehre vom absoluten Tod"?[22] Die bisher angeführten Belege scheinen dies zu bestätigen. Einzig der Schluss des Buchcorpus könnte dem entgegengestellt werden. Kohelet ruft hier „den jungen Mann" zur Freude *und* zum Gedenken des eigenen Todes auf „bevor ... der *Staub* zur Erde zurückkehrt, wie (es) gewesen ist, und der Atem zur Gottheit zurückkehrt, die ihn gegeben hat" (12,7). D. Michel sieht 12,7b in Spannung zu 3,21 und erwägt, 12,7 als eine später hinzugefügte Glosse anzusehen.[23] 3,21 lautet: „Wer weiß, ob der Atem der Menschen nach oben in die Höhe steigt, der Atem des Viehs jedoch nach unten in die Erde steigt?". Im Allgemeinen wird der Vers so verstanden, als würde hier „ein Aufsteigen des menschlichen Atems in die Höhe" (und damit möglicherweise zu Gott) bestritten. Dem stünde dann 12,7b mit der Aussage, dass der Atem des Menschen nach dem Tod zur Gottheit zurückkehrt, entgegen. Nun hat jedoch Alexander A. Fischer eine Interpretation von 3,21 vorgestellt, die in keinerlei Widerspruch zu 12,7b steht.[24] Nach Fischer bezweifelt Kohelet in 3,21 nicht, dass der menschliche Atem nach dem Tod zu Gott aufsteigt. Er bezweifelt lediglich, dass es in dieser Hinsicht einen Unterschied zwischen Mensch und Tier gibt. Alle Lebewesen, Mensch und Tier, kehren im Tod zum Staub der Erde zurück, wobei jedoch Gott ihren Lebensatem zu sich nimmt. Mensch und Tier haben *einen* Atem (רוּחַ אֶחָד; 3,19). Damit steht auch Koh 3,21 in einer durchgehend bezeugten biblischen Tradition (Gen 6,17; 7,15; Ps 104,29; vgl. Ps 146,4; Ijob 10,9; 12,10; 34,14f.; Sir 40,11; Tob 3,6). „Das führt zu dem Schluss, dass es in V. 21 [Koh 3,21] gar nicht um die skeptische Zurückweisung der Frage geht, ob der menschliche Geist etwa nach dem Tode zu seiner

---

22 Baudy, Gerhard, Tod, HRWG 5 (2001), 207–226, 224: „In Polemik gegen die durchschaute Vertröstungs- und Disziplinierungsfunktion des Jenseits vertritt der Epikureismus zur Zeit der hellenistischen Großreiche die Lehre vom absoluten Tod, um den Menschen zum Streben nach lebensimmanenter Erfüllung zu motivieren. Die Lehre ging mit gleicher Stoßrichtung in die materialistischen Traditionen der Moderne ein; doch begegnet das Postulat eines vollständigen und irreversiblen Todes auch unabhängig von hedonistischen Zielvorstellungen."
23 Michel, Diethelm, Qohelet, EdF 258, Darmstadt 1988, 167.
24 Fischer, Alexander A., Kohelet und die frühe Apokalyptik. Eine Auslegung von Koh 3,16–21, in: Schoors, Antoon (Hg.), Qohelet in the Context of Wisdom, BEThL 136, Leuven 1998, 339–356.

himmlischen Wohnung aufsteige und dadurch Unsterblichkeit erlange, sondern um die abschließende Bestätigung, dass bei der Rückkehr des Odems zu Gott kein Unterschied zwischen Mensch und Tier besteht."[25]

Vor diesem Hintergrund bedarf die häufig anzutreffende Aussage, dem Alten Testament sei ein platonisch geprägter Leib-Seele-Dualismus völlig fremd, einer differenzierteren Betrachtung. Der Anthropologie von Koh 12,7 liegt der Sache nach die Erzählung der Menschenschöpfung von Gen 2,7 zugrunde. Sie besteht aus zwei göttlichen Handlungen: der Formung des Menschen aus Staub vom Erdboden und des Blasens von Lebensatem in seine Nase. Durch diese beiden göttlichen Akte wird der Mensch zu einem „lebendigen Wesen". Analog dazu vollzieht sich das Sterben des Menschen in Koh 12,7 in einem doppelten Vorgang: der Rückkehr des Staubes zur Erde und der Rückkehr des Atems zu Gott, „der ihn gegeben hat". Koh 12,7 liegt – trotz einer leicht abweichenden Wortwahl – die gleiche Anthropologie zugrunde wie Gen 2,7. Statt נִשְׁמַת חַיִּים („Hauch des Lebens" M. Buber; Gen 2,7) verwendet Koh 12,7 den Begriff רוּחַ („Atem, Geist"; M. Buber: „Geisthauch"). Die Begriffe sind jedoch in unterschiedlichen Kombinationen austauschbar und in den beiden hier zur Diskussion stehenden Belegen synonym.[26] Gen 2,7 liegt die auch in die Ikonographie eingegangene Vorstellung zugrunde, dass Gott den Menschen beatmet und so zu einem „Lebewesen" macht (vgl. Gen 6,3). Dem entspricht in Koh 12,7b die Aussage, dass Gott den Atem gegeben (נתן) hat. Auf der anderen Seite ist JHWH-Gott bei der Menschenschöpfung in Gen 2 der „Staub des Erdbodens" bereits *vorgegeben*. Er muss aus ihm lediglich eine anthropomorphe Statue *formen* (יצר). Entsprechend wird in Koh 12,7a lediglich gesagt, dass der Staub auf die Erde zurückkehrt „wie (was) es (er) gewesen ist." Bezüglich der Erschaffung der Tiere enthält Gen 2,19 eine Leerstelle, die Koh 3,21 ausfüllt. In Gen 2,19 wird lediglich gesagt, dass JHWH-Gott aus dem Erdboden alle Tiere des Feldes und alle Vögel des Himmels *formte*. Von einer Beatmung – wie bei der Erschaffung des Menschen – ist nicht die Rede.[27] Es dürfte stillschweigend vorausgesetzt sein, dass die Tiere den gleichen Lebensatem in sich tragen wie die Menschen.[28] Zumindest wird Gen 2,19 durch Koh 3,21 in diesem Sinne vereindeutigt. Die übrigen alttestamentlichen Belege bestätigen diese Sicht.

---

25 Fischer, Kohelet (s. Anm. 24), 351.
26 Gen 7,22 (MT) spricht von „allem, in dessen Nase ‚Atem-Geist des Lebens' (נִשְׁמַת־רוּחַ חַיִּים) ist", offensichtlich eine Kombination aus Gen 2,7 und Gen 6,17; 7,15. Vgl. 2 Sam 22,16//Ps 18,16; Ijob 34,14.
27 Schwienhorst-Schönberger, Ludger, Als Mann und Frau erschaffen. Aspekte biblischer Anthropologie, in: Fonk, Peter u.a. (Hg.), Zum Aufbruch ermutigt. Kirche und Theologie in einer sich wandelnden Zeit. Für Franz Xaver Eder, Freiburg i.Br. u.a. 2000, 18–37, 21f.
28 Uehlinger, Christoph, Eva als „lebendiges Kunstwerk". Traditionsgeschichtliches zu Gen 2,21–22(23.24) und 3,20, BN 43 (1988), 90–99, 95f.

Gleichwohl ist es bedenkenswert, dass im Zusammenhang des Vergleichs von Mensch und Tier in Koh 3,21 nicht von Gott, sondern nur vom „Aufsteigen des Atems *in die Höhe*" und vom „Hinabsteigen des Atems in die Tiefe der Erde" die Rede ist. Koh 12,7, wo nur vom Tod des *Menschen* die Rede ist, spricht ausdrücklich von der Rückkehr des Atem-Geistes zu *Gott*. Zwischen Koh 3,21 und 12,7b besteht jedoch der Sache nach kein Unterschied.

Offen ist jedoch nach wie vor die Frage: Vertritt Kohelet die Lehre vom absoluten Tod? Roland Murphy schreibt zu Koh 12,7: „The end of life is the dissolution (not annihilation; the Israelites never speculated *how* the ‚I' was in Sheol; cf. Eccl 9:10). Humans return to the dust (Gen 3:19), whence they came, while the life-breath given by God returns to its original possessor. This is a picture of dissolution, not of immortality, as if there were a *reditus animae ad Deum,* ‚the return of the soul to God'. There is no question of the ‚soul' here, but of the life-breath, a totally different category of thought. Hence there is no reason to deny this verse to Qoheleth."[29]

Meines Erachtens vertritt Kohelet nicht die Lehre vom absoluten Tod. Zumindest müsste genau gefragt werden, worauf sich der absolute Tod bezieht. Besteht nach Gen 2,7 der Mensch aus Staub und Atem, dann bricht ein *solches* Menschsein mit dem Tod in sich zusammen. Ein sich auf „Staub *und* Atem" gründendes individuelles Bewusstsein kann nach dem Tod nicht fortbestehen. Wer etwas derartiges behauptet, erweckt den Verdacht, einem unreflektierten Anthropomorphismus anzuhängen, welcher das diesseitige Leben heimlich ins Jenseits verlängert und den Tod nicht ernst nimmt. Gegen derartige Vorstellungen schärft das Koheletbuch die Realität des Todes ein. Doch in Bezug auf den Atem kann nach Koh 3,21 und 12,7 von einem absoluten Tod nicht die Rede sein. Konsequenterweise müsste dies auch für das menschliche Bewusstsein gelten, *insofern* es sich an den Atem (רוּחַ, πνεῦμα, spiritus) bindet, der im Tod zu Gott zurückkehrt, „der ihn gegeben hat" (Koh 12,7b).[30]

Damit aber liegt die im Koheletbuch vertretene Konzeption doch nicht so weit von dem entfernt, was eingangs als mainstream alttestamentlicher Tradition angesprochen wurde. Denn auch hier kann von einem „absoluten Tod" keine Rede sein. Es gab Formen des Fortlebens über den Tod hinaus, im Namen (Gen 48,16), in der Nachkommenschaft (Dtn 25,5–10), selbst in der

---

29 Murphy, Roland E., Ecclesiastes, WBC 23A, Dallas 1992, 120.
30 Interessant ist die „doppelte" Bemerkung von Pahk, Canto (s. Anm. 4), 146f. Auf der einen Seite schreibt er: „La concezione di una vita dopo la morte non appare nel testo di Qohelet: l'uomo non si differenzia, a livello ontologico, dalle bestie (cf. 3,18–19)". Pahk konnte die in diesem Aufsatz übernommene Interpretation von Koh 3,16–21 durch Fischer, Kohelet (s. Anm. 24), noch nicht kennen, die zu einem gänzlich anderen Verständnis jener Perikope führt. Auf der anderen Seite schreibt Pahk: „È difficile precisare se Qohelet abbia creduto o meno ad una vita dopo la morte; preferiamo limitarci a ritenere che il nostro Autore non prenda posizione al riguardo, perché il suo interesse argomentativo si limita soltanto a ciò che avviene sotto il sole." (147 Anm. 86).

Unterwelt (Scheol), die in einigen Texten – im Unterschied zu Koh 9,10 – als Ort verminderter Existenz („Schattendasein"), nicht als Ort totaler Vernichtung vorgestellt wird (Ijob 3,11–19). Im Ahnenkult konnte für eine gewisse Zeit der Kontakt zwischen Lebenden und Toten aufrecht erhalten werden (vgl. Dtn 26,14). „Die oft wiederholte Behauptung, das AT kenne kein Leben nach dem Tod, ist unrichtig."[31] Shannon Burkes hat in diesem Zusammenhang den Anfang des vergangenen Jahrhunderts von H. Wheeler Robinson geprägten Begriff der „corporate personality" erneut in die Diskussion eingebracht.[32] Der Einzelne lebt als Teil einer ihn räumlich und zeitlich umgreifenden Gemeinschaft. Ihn durchzieht der Lebensstrom, der mit ihm weder begann noch endet. Im Tod bricht das individuelle Bewusstsein zusammen, doch das, woran es partizipiert, lebt fort. „So the exploration of death in the Biblical period is not one of seeking for each individual an immortal compensation with God. It is an exploration of how ... the order and stability of the process of life and of succeeding generations can be maintained in conjunction with God."[33]

Die Lehre einer individuellen Unsterblichkeit, die in der Spätphase des Alten Testaments aufkam, ist unter soziologischer Perspektive als Folge eines mit sozialen Verwerfungen einhergehenden Subjektivierungsprozesses zu verstehen. Das Buch Kohelet hat auf seine Weise Anteil an diesem Prozess. Wie in keiner anderen Weisheitsschrift des Alten Testaments tritt uns hier eine Person entgegen, die in all ihrer Emotionalität und Intellektualität „Ich" sagt. Doch gerade sie macht in einem „königlichen Experiment" (1,12–2,26) die Erfahrung, dass dieses Ich bei dem Versuch, einen bleibenden, den Tod überdauernden Gewinn (יִתְרוֹן) zu erlangen, scheitert: „Wie muss doch der Weise ebenso wie der Tor sterben! Da hasste ich das Leben, denn als etwas Böses lag auf mir das Geschehen, das unter der Sonne geschieht" (2,16f.). Sterbenlernen, nach Sokrates das Wesen des Philosophierens (Phaidon 64a.67e), hieße vor diesem Hintergrund, Fehlformen derartiger Subjektivität aufzugeben, Eingehen in den Atem-Geist (Koh 12,7b), der das Antlitz der Erde erneuert (Ps 104,30).

Damit sind Grundfragen der Anthropologie und Eschatologie angesprochen. Sie können hier verständlicherweise nicht weiter verfolgt werden. Die im Koheletbuch vertretene Anthropologie soll dabei nicht gegen andere (biblische) Konzeptionen ausgespielt werden. Sie soll diesen gegenüber aber auch nicht als vorläufig oder defizitär angesehen werden, was leider einer gängigen Auslegungspraxis entspricht. Sie ist eine wahre und authentische Stimme neben anderen. Ein solch polyphones Schriftverständnis hätte den

---

31 Lang, Bernhard, Leben nach dem Tod (I) AT, NBL 2 (1995), 599–601, 599.
32 Burkes, Shannon, Death in Qoheleth and Egyptian Biographies of the Late Period, SBL.DS 170, Atlanta 1999, 28–33.
33 Bowker, John, The Meanings of Death, Cambridge u.a. 1991, 54; zitiert nach Burkes, Death (s. Anm. 32), 32f.

Vorteil, manches, was im Rekurs auf „die Bibel" als unvereinbarer Gegensatz zwischen Christentum und anderen religiösen Traditionen deklariert wird, als Scheingegensatz zu entlarven. „Bis heute haben die Religionen ausschließlich den Aspekt des Lebens betont. Die ‚Seele' ist nur unter dem Aspekt des Lebens betrachtet worden; auch ‚Person' und ‚Geist' sind auf der Grundlage des Lebens verstanden worden. Das Leben aber ist von Anbeginn eins mit dem Tod. So, wie sie sind, können alle lebendigen Dinge unter dem Aspekt des Todes betrachtet werden."[34]

Dass eine derartige Konzeption nicht in die Verzweiflung führt, beweist ein anderer Altmeister biblischer Weisheit, der in Fragen von Leben und Tod seinem etwas älteren Zeitgenossen gar nicht so fern steht: Ben Sira. „Von einem Leben nach dem Tode weiß Ben Sira nichts."[35] Doch auch hier wäre zu fragen, was unter einem „Leben nach dem Tod" genau zu verstehen ist. Wer könnte die Frage besser beantworten als der Jubilar, dem diese Zeilen gewidmet sind? „Ein Hauch ist der Mensch dem Leibe nach, doch der Name des Frommen wird nicht getilgt" (Sir 41,11).

---

34 Nishitani, Keiji, Was ist Religion?, Frankfurt a.M. ²1986, 105.
35 Sauer, Georg, Jesus Sirach / Ben Sira, ATDA 1, Göttingen 2000, 283. Vgl. auch Kaiser, Otto, Der Mensch als Geschöpf Gottes. Aspekte der Anthropologie Ben Siras, in: Egger-Wenzel, Renate u.a. (Hg.), Der Einzelne und seine Gemeinschaft bei Ben Sira, BZAW 270, Berlin u.a. 1998, 1–22, 17: „Im Augenblick des Todes verläßt die נפש, die Seele, den Leib des Menschen (Sir 38,23) und fährt in die Unterwelt. Gleichzeitig kehrt sein Geist zu Gott zurück (Sir 40,11): *Alles, was aus der Erde kommt, zur Erde kehrt es zurück und was aus der Höhe zur Höhe.*"

Weisheit und Heilsgeschichte

Das Dankgebet Daniels in Daniel 2,20–23

Ernst Haag

Das Dankgebet, das Daniel als Antwort auf das ihm in nächtlicher Schau mitgeteilte Geheimnis der Schöpfungs- und Geschichtsplanung Gottes verrichtet (Dan 2,20–23), enthält ein Problem, das die Anstrengungen der schriftgelehrten Weisheit berührt, Einsicht in den Ablauf der Heilsgeschichte[1] und ihre gottgegebenen Ordnungen zu gewinnen. Was bedeutet es nämlich, dass Daniel in seinem Dankgebet trotz des hier ausdrücklich vermerkten Bezuges zu dem Traum des Königs Nebukadnezzar (Dan 2,23) die vom Kontext her zu erwartenden Leitwörter wie Traum, Geheimnis, und Deutung mit keiner Silbe erwähnt, aber dafür den Inhalt des ihm mitgeteilten Geheimnisses ausschließlich in weisheitlicher Terminologie reflektiert? Ist deshalb das Dankgebet, literarkritisch betrachtet, schon ein Zusatz der Redaktion oder nicht doch ein originaler Bestandteil der in Dan 1–2 auch weisheitliche Aspekte (Dan 1,4.17.20) aufweisenden Textkomposition? Wie ist jedoch in diesem Fall traditionsgeschichtlich die Reflexion des Geheimnisses der Schöpfungs- und Geschichtsplanung Gottes zu verstehen, das Daniel erst durch Offenbarung enthüllt worden ist? Zur Aufhellung dieser Problematik einen Diskussionsbeitrag zu liefern, ist das Ziel der vorliegenden Untersuchung.[2]

---

1 Der im 19. Jh. aufgekommene und von Anfang an umstrittene Begriff Heilsgeschichte bezeichnet nach A. Weiser das sinnvoll erscheinende Nacheinander gott-menschlicher Beziehungen oder die planmäßig erscheinende Abfolge göttlicher Handlungen. Die heilsgeschichtliche Sicht ist berechtigt und notwendig, weil sie sich in den biblischen Texten selbst findet und weil sie grundlegenden Komponenten der biblischen Botschaft Rechnung trägt, nämlich dem Bezug zur Geschichte, zu dem in der Geschichte handelnden und sich offenbarenden Gott sowie zu dem verheißenen, durch Jesus Christus anfanghaft gewirkten, aber noch nicht vollendeten Heil. So Weiser, Alfons, Heilsgeschichte. I. Biblisch-theologisch, LThK³ 4 (1995), 1335–1339.
2 Zu Rate gezogen wurden die Danielkommentare von Collins, John J., Daniel, Hermeneia, Minneapolis 1993; Koch, Klaus, Daniel, BK 22, Neukirchen-Vluyn 1986ff.; Lebram, Jürgen-Christian, Das Buch Daniel, ZBK.AT 23, Zürich 1984; Hartmann, Louis F. – Di Lella, Alexander A., The Book of Daniel, AncB 23, New York 1978; Lacocque, André, Le Livre de Daniel, CAT 15b, Neuchâtel u.a. 1976; Plöger, Otto, Das Buch Daniel, KAT 18, Gütersloh 1965; Montgomery, James A., A Critical and Exegetical Commentary on the Book of Daniel, ICC, Edinburgh 1927.

I. Die literarische Gestalt des Dankgebetes in Dan 2,20–23

Das Dankgebet Daniels lautet in deutscher Übersetzung:

20 Es sei der Name Gottes
gepriesen von Ewigkeit zu Ewigkeit;
denn die Weisheit und die Stärke sind sein.
21 Er ist es, der die Zeiten und die Fristen verändert,
Könige absetzt und Könige einsetzt,
der die Weisheit den Weisen verleiht
und die Erkenntnis den Verständigen.
22 Er ist es, der die Tiefen und das Verborgene enthüllt,
der weiß, was in der Finsternis ist;
und das Licht hat bei ihm seine Wohnung.
23 Dich, den Gott meiner Väter, bekenne und preise ich;
denn die Weisheit und die Stärke hast du mir gegeben.
Und jetzt hast du mich wissen lassen,
was wir von dir erbeten hatten;
denn die Angelegenheit des Königs
hast du uns wissen lassen.

Literarkritisch weist das inhaltlich und sprachlich spannungsfrei verlaufende Dankgebet lediglich am Schluss, wie es scheint, eine Uneinheitlichkeit auf. Während Daniel in 2,23a ganz in Übereinstimmung mit der in 2,20 angesprochenen Thematik als Grund für sein Dankgebet angibt, dass Gott ihm Anteil an seiner Weisheit und Stärke gewährt hat, nennt er in 2,23b mit ausdrücklichem Bezug auf die vorliegende Situation („und jetzt") als Grund die Offenbarung des Geheimnisses, dessen Kenntnis ihm die Deutung des königlichen Traums ermöglicht. Beide Begründungen haben offenbar den gleichen Sachverhalt im Blick. Während die erste Begründung jedoch die in 2,19 berichtete Offenbarung des Geheimnisses als ein Anteilgewähren an der Weisheit und Stärke Gottes versteht, die vorher als Wirkkräfte seiner Schöpfungs- und Geschichtsplanung reflektiert wurden, wertet die zweite Begründung die Teilhabe Daniels an der Weisheit und Stärke Gottes als eine Erhörung des Bittgebetes, das Daniel mit seinen drei Freunden vorher verrichtet hat, um Aufschluss über das für die Traumdeutung wichtige Geheimnis zu erhalten und so die auch für ihn bedrohliche Hinrichtung aller Weisen Babels abzuwehren (2,17f.). Beide Begründungen ergänzen sich somit zu einer der Intention des Abschnittes 2,14–24 entsprechenden und seinen Gedankengang abschließenden Aussage. Jedenfalls begibt sich Daniel nach dem Dankgebet unverzüglich zu Nebukadnezzar, um ihm die Deutung seines Traumes kundzutun.

Das Dankgebet Daniels erscheint somit trotz des mit seiner Begründung verbundenen Eindrucks, das Ergebnis einer redaktionellen Konstruktion zu sein, als ein integrierender Bestandteil des Abschnitts 2,14–24, der seinerseits ebenfalls Züge einer übergreifenden Gestaltung zeigt. Darauf weist zunächst die in der Komposition des Abschnitts deutlich erkennbare Klimax hin:

Nachdem Daniel im Anschluss an sein Gespräch mit Arioch das Einverständnis des Königs als der höchsten menschlichen Instanz für einen Aufschub der Hinrichtungsaktion eingeholt hat (2,14–16), wendet er sich im Gebet an die ungleich wichtigere, absolute Autorität seines Gottes und erhält von ihm die Mitteilung eines Geheimnisses, das ihm nicht nur die Deutung des königlichen Traumes, sondern auch die Aufhebung des für die Weisen Babels bedrohlichen Todesurteils ermöglicht (2,17–19). In dieser Komposition stellt das Dankgebet Daniels (2,20–23) den krönenden Abschluss dar, bevor der Offenbarungsempfänger sich zur Audienz bei Nebukadnezzar begibt (2,24). Als Ganzes entfaltet der Abschnitt jedoch nach dem vorbereitenden Disput Nebukadnezzars mit den ratlosen Weisen von Babel (2,3–11) und der Festsetzung ihres Todesurteils (2,12f.) die am Ende von Dan 1 hervorgehobene Sonderstellung Daniels am babylonischen Königshof, die auf seiner außergewöhnlichen, von Gott verliehenen Begabung mit Weisheit und seiner darin gründenden Fähigkeit zur Traumdeutung (1,17) beruht.[3]

Strukturell ist das Dankgebet Daniels in zwei deutlich voneinander geschiedene, inhaltlich jedoch eng aufeinander bezogene Abschnitte gegliedert. Während der erste Abschnitt den durch das Offenbarungsgeschehen angestoßenen Lobpreis Daniels auf die Weisheit und die Stärke Gottes entfaltet (2,20–22), begründet der zweite Abschnitt diesen Lobpreis mit dem Bekenntnis, dass Gott Daniel Anteil an dieser Weisheit und Stärke gewährt und so die Deutung des königlichen Traumes ermöglicht hat (2,23). Die Intention des Dankgebetes besteht demnach in der Interpretation des vorangegangenen Offenbarungsgeschehens als Anteilgewähren an der Weisheit und Stärke Gottes, die als Wirkkräfte seiner Schöpfungs- und Geschichtsplanung gelten.

Formgeschichtlich betrachtet kombiniert das Dankgebet Daniels, wie K. Koch ausführlich dargelegt hat, die Psalmengattungen des Hymnus und des individuellen Dankliedes, deren Motivik sich allerdings von der Gedankenwelt des Dankgebetes erheblich unterscheidet. Während im Psalter die Hymnen thematisch die Macht Gottes in Schöpfung und Geschichte preisen, richtet das Dankgebet seinen Blick auf die Weisheit und die Stärke Gottes als die für seine Schöpfungs- und Geschichtsplanung maßgeblichen Wirkkräfte; und während sich traditionell das Walten Gottes vor allem in äußerlich wahrnehmbaren Vorgängen der Geschichte zeigt, offenbart er sich nach Ausweis des Dankgebetes in einer hintergründigen Befristung der Zeiten und in Offenbarungsgeschehnissen an dafür von Gott inspirierten Personen.[4] Alle diese Beobachtungen weisen darauf hin, dass sich das Dankgebet Daniels formal

---

3 Zur literargeschichtlichen Problematik von Dan 1–2, die offenbar mit der Abfassung des vormakkabäischen Danielbuches zusammenhängt, vgl. Kratz, Reinhard G., The Visions of Daniel, in: Collins, John J. u.a. (Hg.), The Book of Daniel. Composition and Reception I, VT.S 83/1, Leiden u.a. 2001, 91–113; Albertz, Rainer, The Social Setting of the Aramaic and Hebrew Book of Daniel, in: Collins, Book of Daniel, 171–204.
4 Vgl. Koch, Daniel (s. Anm. 2), 117f.

noch an den Psalmengattungen der spätnachexilischen Zeit orientiert, dass aber dessen Ausführungen inhaltlich von der weisheitlich geprägten Geschichtstheologie des Danielbuches bestimmt sind. Wenn man außerdem bedenkt, dass das Dankgebet die Leitwörter wie Traum, Deutung und Geheimnis vermeidet, dafür aber in schriftgelehrter Terminologie das vorher berichtete Offenbarungsgeschehnis (2,19) reflektiert, dann legt sich die Vermutung nahe, dass man das Dankgebet eigens für den Abschnitt 2,14–24 konzipiert hat mit der Funktion, den schriftgelehrten Weisen Daniel als Offenbarungsempfänger von prophetischem Rang zu präsentieren.

II. Die theologische Aussage des Dankgebetes in Dan 2,20–23

A. Die Tradition

1. Semantische Analyse

Daniel beginnt sein Dankgebet mit einem Lobpreis auf den Namen Gottes und bekräftigt dessen Rühmung mit dem Bekenntnis, dass Gott die Weisheit und die Stärke besitzt (2,20). Nicht ohne Grund verstärkt Daniel den Lobpreis Gottes hierbei mit der Formel „von Ewigkeit zu Ewigkeit", wörtlich: „von der (vergangenen) fernen Zeit bis zu der (künftigen) fernen Zeit". Denn in diesem die ganze Weltgeschichte umspannenden Zeitraum kommt die von Daniel angesprochene Weisheit und Stärke Gottes zur Geltung.

Die Kombination dieser beiden Wirkgrößen Gottes begegnet relativ selten im Alten Testament. So rühmt im Rahmen einer Götzenpolemik des Jeremiabuches ein von Prophetengeist erfüllter Autor, nachdem er den Göttern eine geschichtsverändernde Offenbarungsmacht abgesprochen hat, die Unvergleichlichkeit Jahwes, dessen Name groß an Stärke ist und dessen Weisheit keines unter den Völkern erreicht (Jer 10,6f.). Weil bei Jahwe allein Weisheit und Stärke vorhanden ist (Ijob 12,13), ruht auf dem Repräsentanten seiner ewigen Königsherrschaft, dem neuen David, der Geist der Weisheit und der Stärke, der ihn zu einer der Schöpfungs- und Geschichtsplanung Gottes entsprechenden Machtausübung befähigt (Jes 11,2). Dem Dankgebet Daniels am nächsten steht ein Wort aus dem Buch Sirach über Gott: „Die Meerestiefe und das Herz erforscht er, und in all ihre Blößen hat er Einsicht; denn der Höchste besitzt Erkennt(nis), er blickt auf die kommenden Ereignisse der Weltzeit. Er tut kund Vergangenes und Werdendes, er offenbart die Erforschung verborgener Dinge. Nicht wird vermisst bei ihm irgendeine Erkenntnis, und nichts entgeht ihm" (Sir 42,18–20). Den Abschluss dieser Ausführungen bildet dann das Bekenntnis: „Die Macht seiner Weisheit bleibt bestehen, einer ist er, von Ewigkeit her, nichts kann hinzugefügt werden, und nichts kann weggenommen werden" (Sir 42,21).[5] Alle angeführten Zeugnisse weisen auf den Bereich der Schöpfungs- und Geschichtsplanung Gottes hin und belegen in diesem Zusammenhang die Auffassung, dass Gott in seiner Weisheit diese Planung aufgestellt hat und dass er zu ihrer Umsetzung in die Wirklichkeit auch die erforderliche Stärke besitzt.

Was diese Kombination von Weisheit und Stärke Gottes bei der Ausführung jenes Teils der Schöpfungs- und Geschichtsplanung Gottes vermag, die Daniel vorher als „Geheimnis" (2,19) enthüllt worden ist, deutet das Dankgebet in zwei partizipial formulierten Nominalsatzpaaren an. Das erste Satzpaar besagt, dass Gott die Zeiten und die Fristen verändert und dass er Könige absetzt und Könige einsetzt (2,21a). Nach Ausweis des Parallelismus in der Anordnung der beiden Zeilen verdeutlicht die Aussage über die Absetzung und Einsetzung von Königen die vorangehende Feststellung, dass Gott die Zeiten und die Fristen verändert oder, wie es wörtlich heißt: verschieden macht. Beachtet man, dass nach biblischer Auffassung Zeiteinheiten nicht einfach chronometrisch nach einem vorgegebenen Zeitmaß, sondern inhaltlich, epochal und periodisch, nach Vorgängen in Schöpfung und Geschichte bestimmt werden, dann ist die vorliegende Aussage an dem Geheimnis orientiert, das Daniel vorher mitgeteilt worden ist (2,19) und das anschließend in der Deutung des Traumes vor Nebukadnezzar seine Auslegung findet (2,31–45). Ebenso ist auf die Mitteilung des Geheimnisses an Daniel auch das folgende Satzpaar bezogen, wonach Gott die Weisheit den Weisen und den Einsichtigen die Erkenntnis gibt (2,21b). Die Weisheit und die Erkenntnis, die wie vorher schon die Weisheit und die Stärke Gottes sowie die Zeiten und die Fristen (2,20b.21a) nicht ohne Grund determiniert erscheinen, sind demnach von der Einsicht in die Schöpfungs- und Geschichtsplanung Gottes bestimmt, die allerdings nicht durch eine Erkenntnisbemühung natürlicher Art, sondern einzig und allein durch Offenbarung erreicht wird. Die als Offenbarungsempfänger genannten Weisen und Einsichtigen sind daher die Repräsentanten der schriftgelehrten Weisheit wie Daniel, ihre Symbolfigur.

Auch die Aussage, dass Gott die Tiefen und das Verborgene enthüllt (2,22a), nimmt inhaltlich Maß an der Offenbarung des Geheimnisses, dessen Kenntnis Daniel die Deutung des Traumes vor Nebukadnezzar ermöglicht. Wie sehr die Aufdeckung der Tiefen und des Verborgenen für die schriftgelehrten Weisen in Verbindung mit der Schöpfungs- und Geschichtsplanung Gottes steht, geht aus einem Wort Ijobs hervor, das von Gott feststellt: „Verborgenes enthüllt er aus dem Dunkel, Todesdunkel führt er ans Licht. Völker lässt er wachsen und tilgt sie wieder aus; er breitet die Völker aus und rafft sie dann wieder hinweg" (Ijob 12,22f.). Nach dieser Auffassung treten ganze Völker, wie K. Koch treffend bemerkt, irgendwann – sobald der vorbe-

---

5 Übersetzung von Sauer, Georg, Jesus Sirach (Ben Sira), JSHRZ III/5, Gütersloh 1981, 610f.

stimmte Zeitabschnitt eingetreten ist – aus Verborgenheit und Tiefe heraus und erscheinen für eine festgelegte Frist im Licht der Geschichte, um anschließend wieder in der Tiefe zu versinken.[6] Die Deutung, die Daniel dem Traum des Königs mit Hilfe des Vier-Reiche-Schemas gibt (2,31–45), hat offensichtlich den gleichen Sachverhalt im Blick.

Mit der die Antithetik von Licht und Finsternis im Jahweglauben bemühenden Aussage, dass Gott weiß, was in der Finsternis ist, und dass bei ihm das Licht eine Wohnung hat (2,22b), weist Daniel auf einen im Schöpfungsgeschehen feststellbaren Gegensatz hin, der für die Abfolge der Herrschaftsträger im Vier-Reiche-Schema von ausschlaggebender Wichtigkeit ist. Vergegenwärtigt man sich nämlich, dass nach der Auffassung des priesterschriftlichen Schöpfungsberichtes die Finsternis am Anfang keineswegs als ein objektiv fassbares Naturphänomen, sondern als ein Aspekt des der Schöpfung Gottes entgegenstehenden Zustandes begriffen sein will,[7] der im Ablauf des Sechstagewerkes eingeschränkt (Gen 1,3–31), am siebten Schöpfungstag aber endgültig überwunden wird (Gen 2,1–3), dann hat Daniel mit dem Bild der Finsternis das die Schöpfungs- und Geschichtsplanung Gottes störende, aber sie grundsätzlich nicht aufhebende Böse im Blick. Da Gott aber nach der den priesterschriftlichen Schöpfungsbericht ergänzenden Feststellung Deuterojesajas nicht nur das Licht, sondern auch die Finsternis geschaffen hat (Jes 45,7), kann Daniel ohne Einschränkung behaupten, dass Gott weiß, was sich in der Finsternis tut, und auf diese Weise bekunden, dass auch das Böse in der Schöpfung ganz der Macht Gottes untersteht (2,22b).

Kontrastierend zu dieser Schlussfolgerung, aber ebenfalls noch mit Bezug auf die Vorstellungswelt des priesterschriftlichen Schöpfungsberichts ist die abschließende Aussage über das Licht zu verstehen, das bei Gott seine Wohnung hat (2,22b). Beachtet man nämlich, dass im priesterschriftlichen Schöpfungsbericht die ersten drei Schöpfungsakte die für den Ablauf des Weltgeschehens grundlegenden Scheidungen vornehmen und dass hierbei die Scheidung von Licht und Finsternis nicht räumlich, sondern zeitlich gemeint ist, dann ist die Erschaffung des Lichtes diesen Scheidungen vorangestellt als die Ermöglichung der zeitlichen Ordnung, in die hinein oder zu der nach Auffassung der Priesterschrift die Welt geschaffen wird. Gott erschafft das Hellsein und damit die Ermöglichung des grundlegenden Zeitrhythmus, die Ermöglichung der Ordnung.[8] Nach Ausweis des priesterschriftlichen Schöpfungsberichtes findet diese Ordnung aber ihre Vollendung am siebten Schöpfungstag, der keinen Abend mehr kennt und somit durch keine Finsternis mehr eingeschränkt wird (Gen 2,1–3). Denn an diesem siebten Schöpfungstag, an dem Gott sein ganzes Sechstagewerk als solches zum Gegenstand seines Schaffens macht, und zwar mit dem Ziel der Vollendung, hat sich das

---

6 Vgl. Koch, Daniel (s. Anm. 2), 175.
7 So Westermann, Claus, Genesis, BK I/1, Neukirchen-Vluyn 1974, 144.
8 So Westermann, Genesis (s. Anm. 7), 155.

Licht, das von Anfang an die Schöpfungs- und Geschichtsplanung Gottes bestimmt hat (Gen 1,3), gegenüber der Finsternis für immer durchgesetzt. Im Unterschied zu der Finsternis, die als ein Aspekt des der Schöpfung Gottes entgegenstehenden Zustandes der Macht des Schöpfers unterworfen ist, gehört das Licht, das bei Gott seine Wohnung hat, zu dessen Herrschaftsausübung in Schöpfung und Geschichte. Mit der Aussage, dass Gott einerseits sehr wohl weiß, was in der Finsternis ist, dass aber andererseits das Licht bei ihm seine Wohnung hat, will Daniel demnach in Anspielung auf das ihm mitgeteilte Geheimnis sagen, dass die Abfolge der Herrschaftsträger in dem Vier-Reiche-Schema auch ihre Schattenseiten hat und Böses in sich birgt, dass aber die Königsherrschaft Gottes am Ende der Zeit keine Finsternis mehr kennt, weil das Licht als Ausdruck der Herrlichkeitsoffenbarung Gottes sie vollständig prägt und erfüllt.

Mit der Wendung „dich, den Gott meiner Väter, bekenne und preise ich" greift Daniel, wie K. Koch ausführlich dargelegt hat, ein Gottesprädikat auf, das in der altertümlich wirkenden Formulierung „der Gott meines/deines/seines Vaters" in der vorpriesterschriftlichen Jakobsüberlieferung der Genesis mehrfach auftaucht (Gen 26,12; 28,13; 31,42.53; 32,10; 46,1–3). Manchmal wird die Formulierung abgewandelt und erweitert zum „Gott (des Vaters) Abraham(s)" und gelegentlich ergänzt durch die Namen Isaak und Jakob. Mit abgewandeltem pluralischen Bezug „der Gott eurer Väter (Abraham, Isaak und Jakob)" wird der Ausdruck im Buch Exodus zum Scharnier, das den sich dem Mose offenbarenden Jahwe mit der Gottesverehrung seiner Vorfahren verbindet (Ex 3,6.15). Im Werk des Chronisten wird „Jahwe, der Gott ihrer Väter" relativ oft gerühmt, jedoch ohne Bezug auf ein personengebundenes göttliches Mitsein oder auf Land- und Nachkommenverheißungen wie in der Genesis. Der chronistische Gebrauch, sagt K. Koch, betont vielmehr den durch die Generationen unverbrüchlich Israel zugewandten Gott (2 Chr 11,16; 20,33; 29,5 u.ö.; vgl. Esra 7,27). Der gleiche Gedanke, so schließt K. Koch, liegt wohl auch dem Gebrauch der Wendung in dem Dankgebet Daniels zugrunde.[9]

Wegen dieser Israel zugewandten Treue hat Gott Daniel an seiner Weisheit und Stärke Anteil gewährt (2,23a). Fragt man, wieso hier ein subalterner und zudem exilierter Diensttuender am babylonischen Königshof außer Gottes Weisheit auch dessen Stärke in sich verspüren kann, so lässt sich dies, wie K. Koch richtig sagt, nur aus jenem hebräischen, speziell prophetischen Denken erklären, nach dem Gottes Wort nicht nur noetisch eine Information übermittelt, sondern auch dynamisch eine Potenz wirken lässt. Als Mund Gottes sagt hier ein Prophet nicht nur etwas „vorher", sondern er sagt es auch „hervor": „Was als Wort Gottes geweissagt wird, realisiert sich über kurz

---

9 Vgl. Koch, Daniel (s. Anm. 2), 178.

oder lang unwiederruflich [!] im Lauf der Geschichte (Jes 9,7; 55,10f.)".[10] Mit der Überleitung „und jetzt" (2,23b) kommt Daniel abschließend auf die Erhörung des Bittgebetes zu sprechen, das er mit seinen drei Freunden vorher verrichtet hatte, und die Enthüllung des Geheimnisses, dessen Mitteilung und Deutung der König vergeblich von den Weisen Babels verlangt hatte. Zweimal spricht Daniel in diesem Zusammenhang von dem Wissen, das ihm und seinen drei Freunden die nächtliche Offenbarung gebracht hatte: Gott habe ihn, Daniel, wissen lassen, um was er ihn mit seinen drei Freunden angefleht hatte, nämlich die Aufschlüsselung des für die Deutung des königlichen Traumes entscheidenden Geheimnisses; darüber hinaus hatte Gott sie alle vier, nämlich Daniel und seine drei Freunde, die Angelegenheit des Königs wissen lassen und so mit einer Situation vertraut gemacht, die von all den in das Geheimnis Eingeweihten ein prophetisches Auftreten verlangte (vgl. 2,36: „wir"). Auf diese Weise findet die in der Eingangsperikope bereits vermerkte außergewöhnliche Ausstattung Daniels und seiner drei Freunde mit Weisheit, die Gott ihnen geschenkt hatte (1,17), ihre vom Jahweglauben geforderte Bewährung.

2. Theologische Synthese

Ruft man sich in Erinnerung, dass Daniel Gott dafür dankt, dass er ihm Anteil an der für seine Schöpfungs- und Geschichtsplanung konstitutiven Weisheit und Stärke gewährt hat, dann stellt sich traditionsgeschichtlich die Frage, wo eine solche Bekenntnisaussage in der Glaubensüberlieferung Israels verankert ist. Einen wichtigen Hinweis zur Beantwortung dieser Frage gibt W. Werner in seiner Studie zur alttestamentlichen Vorstellung vom Plan Jahwes. Nach ihm sind sowohl die Einsicht und die Überzeugung, dass das Leben Israels von einer Schöpfungs- und Geschichtsplanung Jahwes gelenkt wird, wie auch der Glaube, dass nach dieser Planung Jahwe kraft seiner Geschichtsmächtigkeit die eschatologische Heilszeit als Vollendung seines Wirkens herbeiführen wird, beide von ihrem Ursprung her das Ergebnis einer Reflexion über die Führungsgeschichte Gottes mit seinem Volk.[11]

Eine ausschlaggebende Rolle hat bei dieser Reflexion die Prophetie des Deuterojesabuches gespielt. Gleichsam programmatisch für das Verständnis ihrer Botschaft ist bereits die auffällige Rahmung: Während das Buch einleitend in Zusammenhang mit der Trostankündigung an die Zionsgemeinde feststellt, dass für deren Restauration nach dem Exil das Wort Gottes Ewigkeitswert besitzt (40,8), bekräftigt abschließend die Redaktion diese Aussage mit der Erklärung, dass das Wort Gottes kraft der ihm verliehenen Ge-

---

10 Koch, Daniel (s. Anm. 2), 180. Vgl. auch Procksch, Otto, λέγω κτλ. C. „Wort Gottes" im AT, ThWNT 4 (1942), 89–100.
11 Vgl. Werner, Wolfgang, Studien zur alttestamentlichen Vorstellung vom Plan Jahwes, BZAW 173, Berlin u.a. 1988, 302.

schichtsmächtigkeit sein Ziel mit Sicherheit erreichen wird (55,10f.). Unterstützt wird dieses Wort-Gottes-Programm durch den Glauben, dass Gott die absolute Verfügungsgewalt über alle Völker und Länder besitzt (40,12–17) und dass er als Schöpfer und Erhalter des Alls auch Herr und Lenker der Geschichte ist, der sie aufgrund seiner Einzigkeit und Einzigartigkeit als Gott von ihrem Anfang bis zu ihrem Ende verfügt und sie in Übereinstimmung mit seiner Planung vollendet (46,9–11).

Die Glaubensüberzeugung des Deuterojesajabuches von der Geschichtsmächtigkeit des Wortes Gottes und seiner Eigenart als Ausdruck der Schöpfungs- und Geschichtsplanung Gottes erfuhr eine wichtige Ausgestaltung durch die Vorstellung, dass Jahwe seine Anordnungen in der Ratsversammlung des himmlischen Hofstaates trifft. So heißt es in einem Lehrsatz des Amosbuches, der die deuteronomistische Auffassung von der Ausführung der durch die Propheten angekündigten Strafgerichte Gottes (vgl. 2 Kön 17,7–23; 24,2) aufgreift, dass Jahwe nichts unternimmt, ohne es vorher seinen Knechten, den Propheten, aufgedeckt zu haben (Am 3,7). In der Unmittelbarkeit dieser Art von Kontaktaufnahme mit der Schöpfungs- und Geschichtsplanung Gottes sieht das Jeremiabuch geradezu das Kriterium für die Authentizität eines Propheten, dass dieser nämlich in der Ratsversammlung Jahwes gestanden und dort das ihm aufgetragene Wort Gottes gehört hat (Jer 23,18.22). In beiden Fällen hat die Tradition die der kanaanäischen Mythologie entlehnte Vorstellung von dem Hofstaat des höchsten Gottes El, die allem Anschein nach über den Kult des Allherrn vom Zion (Ps 89,6.8) Eingang in den Jahweglauben gefunden hatte, aufgegriffen und zur Kennzeichnung der Schöpfungs- und Geschichtsplanung Gottes eingesetzt. Auf diese Weise gelang es der Tradition, nicht nur die Autorität der Propheten als Zeugen der mit einem universalen Geltungsanspruch auftretenden Offenbarung Jahwes hervorzuheben, sondern gleichzeitig auch der weltverändernden Dynamik des von ihnen vorgetragenen Wortes Gottes (Jer 23,29) den nötigen Nachdruck zu verleihen.

Eine Ausweitung und Vertiefung dieser Konzeption des Wortes Gottes und seiner Bedeutung für die Offenbarung Jahwes trat ein, als schriftgelehrte Weise in Israel die Schöpfungs- und Geschichtsplanung Gottes in Beziehung zu der Schöpferweisheit Gottes setzten, mit der er Himmel und Erde und alles Lebendige geschaffen hatte (Ps 104,19–24). Ihren ersten Höhepunkt erreichte diese Sicht des Wortes Gottes und der in ihm enthaltenen dianoetischen und dynamischen Elemente in einer als Selbstoffenbarung der Weisheit gestalteten Rede im Buch der Sprichwörter (Spr 8,22–31). In der Stilform einer feierlichen Ichrede empfiehlt sich dort die personifizierte Weisheit als Lehrerin für alle Gottsucher mit dem Hinweis, dass Gott sie als Anfang seiner Wege und als erstes seiner Werke in der Urzeit geschaffen habe (8,22).

Was inhaltlich in dieser Selbstoffenbarung der Weisheit[12] als urzeitlicher Anfang der Wege und Werke Gottes auffällt, ist einerseits die auf dem Hintergrund der Monotheismusreflexion in Israel konsequent durchgeführte Trennung der Transzendenz Gottes von der Immanenz des Weltgeschehens und andererseits die wesenhafte Bindung des letzteren an Gott durch die hier als Urordnung alles Geschaffenen auftretende Weisheit. Auch unter formalem Aspekt verdient die Darstellung Beachtung, vor allem was die Personifizierung der Weisheit betrifft. Denn damit hatten die Repräsentanten der schriftgelehrten Weisheit in Israel nicht nur den Anredecharakter des Wortes Gottes als Ausdruck seiner Selbsterschließung gewahrt, sondern gleichzeitig auch ein Mittel gefunden, ihre Lehrautorität nicht weniger hoch zu stellen als die der Propheten, die sich zu ihrer Legitimation auf den Geist und das Wort Gottes beriefen.[13] Von nicht zu unterschätzender Tragweite wurde jedoch diese Ausweitung und Vertiefung des Wortes Gottes in Verbindung mit der Schöpferweisheit Gottes auch deshalb, weil man dadurch die Möglichkeit gewann, den Wahrheitsbesitz fremder Völker seiner Eigenart entsprechend zu würdigen, indem man ihn theologisch aufwertend als Teilhabe an der göttlichen Weisheit ansah. Denn die Weisheit Gottes, die sich in der Schöpfung kundtat, war selbstverständlich allen Menschen und Völkern zugänglich.

Die Offenheit für den fremden Wahrheitsbesitz barg jedoch auch die Gefahr der Angleichung in sich, wie die schriftgelehrte Weisheit Israels vor allem in der Auseinandersetzung mit dem Säkularismus der hellenistischen Epoche voller Betroffenheit erkannte. Denn je mehr sich für Israel die in der Natur wahrnehmbare Weisheit im spektakulären Erfolg manifestierte, um so heftiger war die Versuchung, die Wegweisung des Jahweglaubens durch Anpassung zu modifizieren; und je größer das Vertrauen in eine solche am Lebenserfolg orientierte Weisheit wurde, desto schneller war man bereit, ihr die Ordnung des Jahweglaubens zu opfern. Von ausschlaggebender Bedeutung für die Weiterentwicklung der schriftgelehrten Weisheit in Israel war es deshalb, dass, wie vor allem das Beispiel Kohelets[14] und Ben Siras[15] zeigt,

---

12 Vgl. hierzu Rad, Gerhard von, Weisheit in Israel, Neukirchen-Vluyn 1970, 189–228; Eichrodt, Walter, Theologie des Alten Testaments II.III, Stuttgart u.a. ⁴1961, 50–56.
13 So Eichrodt, Theologie (s. Anm. 12), 52.
14 Vgl. hierzu die ausgezeichnete Interpretation des Buches Kohelet von Brandscheidt, Renate, Weltbegeisterung und Offenbarungsglaube. Literar-, form- und traditionsgeschichtliche Untersuchung zum Buch Kohelet, TrThSt 64, Trier 1999. Im Gegensatz zu der Auffassung, dass bei Kohelet die Weisheit in eine Krise geraten und Kohelet selbst dem Skeptizismus verfallen sei, thematisiert das Buch nach Brandscheidt „eine den Synkretismus von hellenistischer Weltanschauung und jüdischem Offenbarungsglauben widerspiegelnde entartete Weisheit, die Kohelet aber nicht philosophisch überholen, sondern aus der Kraft der Offenbarungstradition heraus in ihrem Trug offenlegen will" (2).
15 Vgl. hierzu vor allem Marböck, Johannes, Gottes Weisheit unter uns. Zur Theologie des Buches Sirach, HBS 6, Freiburg i.Br. u.a. 1995.

aus ihren eigenen Reihen eine Abwehr aller Nivellierungsversuche erfolgte und eine energische Rückbesinnung auf das Erbe des Jahweglaubens stattfand. Nachdem nämlich ein – allem Anschein nach bewusst auf die Personifizierung der Weisheit verzichtendes – Lehrgedicht im Buch Ijob die Tatsache herausgestellt hatte, dass die der Welt eingestiftete Urordnung als Schöpfungsgeheimnis dem Menschen entzogen ist und deshalb ihm als Reaktion auf die weltimmanente Weisheit nur die Gottesfurcht verbleibt (Ijob 28,1–28), verbindet das Buch Sirach in einer Selbstdarstellung der Weisheit deren Existenz und Funktion direkt mit der heilsgeschichtlichen Offenbarung Jahwes (Sir 24,1–22) und der dazugehörigen Willenskundgebung Gottes im Gesetz (Sir 24,23–34).[16] Traditionsgeschichtlich hatte damit aber die Auseinandersetzung des Jahweglaubens mit der für die Schöpfungs- und Geschichtsplanung Gottes konstitutiven Weisheit und Stärke jenes Stadium erreicht, das für das Dankgebet Daniels den geistigen Hintergrund bildet.

B. Die Interpretation

Fragt man, auf welche Art und Weise das Dankgebet Daniels die Tradition von der weisheitlich reflektierten Schöpfungs- und Geschichtsplanung Gottes aufgegriffen und verarbeitet hat, dann richtet sich die Aufmerksamkeit zunächst auf die Einschätzung und Bewertung des Geheimnisses, das Gott dem Mann aus der Gola (2,25) in einer nächtlichen Schau mitgeteilt hat. Nach K. Koch bezeichnet das iranische Lehnwort raz („Geheimnis") einen religiös gefüllten Begriff, der sich auf die für das menschliche Dasein ausschlaggebenden, aber vom normalen Verstand nicht erkennbaren Strukturen des Geschaffenen bezieht.[17] In dieser ursprünglichen Bedeutung kommt der Begriff vor in der Beschreibung, die Nebukadnezzar von Daniel als Obersten der Traumdeuter am babylonischen Königshof gibt (4,6). Vielleicht, so meint K. Koch, hatte der Begriff schon im Iranischen eine religiös-eschatologische Komponente. Jedenfalls erhält er in Dan 2 und in der Apokalyptik den für die weitere Geschichte des Begriffes bedeutsamen Sinn eines eschatologischen Geheimnisses, das heißt: einer verhüllten Ankündigung der von Gott bestimmten zukünftigen Geschehnisse und wird gelegentlich zum Inbegriff göttlicher Offenbarung schlechthin.[18] Nun nimmt das Dankgebet Daniels, wie bereits festgestellt worden ist, auffälligerweise mit keinem Wort terminologisch Bezug auf das dem Mann aus der Gola mitgeteilte Geheimnis, auch nicht auf den Traum des Königs und seine Deutung. Anderseits hat die Auslegung des Dankgebetes deutlich gemacht, dass seine Ausführungen

---

16 Zur Auslegung und Bedeutung von Sir 24 vgl. Marböck, Johannes, Gottes Weisheit unter uns. Sir 24 als Beitrag zur biblischen Theologie, in: Marböck, Gottes Weisheit (s. Anm. 15), 73–87.
17 Vgl. Koch, Daniel (s. Anm. 2), 165.
18 Vgl. Koch, Daniel (s. Anm. 2), 166.

inhaltlich das Geheimnis meinen, das Daniel vorher geoffenbart worden ist. Die sich aus diesem Befund nahelegende Schlussfolgerung kann nur lauten, dass der Autor des Dankgebetes mit eigenen Worten, das heißt: im Horizont der ihm professionell vertrauten schriftgelehrten Weisheit eine Interpretation jenes Geheimnisses durchgeführt hat, das ihm terminologisch als ein religionsgeschichtlich wichtiger Begriff schon vorgegeben war. Sein Ziel war dabei, in Anknüpfung an die in Dan 1 vermerkte Sonderbegabung Daniels auf dem Gebiet der Weisheit und Traumdeutung (1,17) und in Weiterführung der dort offenbar gewordenen Intention eine Auflösung jener Problematik zu bieten, die in Dan 2 den Disput Nebukadnezzars mit seinen Weisen beherrscht hat: welcher Weisheit es nämlich bedarf, um das den Traum des Königs und seine Deutung umfassende eschatologische Geheimnis zu begreifen.

Aufmerksamkeit verdient daher außer der Interpretation des Geheimnisses als solchem auch die der Art und Weise seiner Mitteilung an Daniel, nämlich durch eine Offenbarung Gottes. Im Unterschied zu den Weisen Babels, deren Kenntnisse und Fähigkeiten als Traumdeuter den Anforderungen des Königs nicht mehr genügen und offensichtlich an ihre Grenzen gelangt sind, erscheint Daniel als Offenbarungsempfänger, dem Gott in einer nächtlichen Schau durch Eingebung das für die Traumdeutung aufschlussreiche Geheimnis enthüllt. Diesen Offenbarungsvorgang, dessen literarische Darstellung schon die Hand des schriftgelehrten Weisen verrät (vgl. Ijob 4,12–17; 33,14–18), interpretiert das Dankgebet Daniels als ein Anteilgewähren an der Weisheit und Stärke Gottes. Vergegenwärtigt man sich, dass die Weisheit und Stärke Gottes in dem Dankgebet Daniels traditionsgeschichtlich als Wirkkräfte der Schöpfungs- und Geschichtsplanung Gottes zu verstehen sind, dann meint das Anteilgewähren an dieser Weisheit und Stärke die Einbeziehung Daniels in die heilsgeschichtliche Offenbarung Gottes oder anders gesagt: seine Konstituierung zum Propheten. Auch in diesem Fall hat der Autor des Dankgebetes die Intention der Eingangsperikope in Dan 1 aufgegriffen und ihr in seiner Darstellung einen neuen Akzent verliehen, insofern er die dort berichtete wunderbare Ausstattung Daniels und seiner drei Freunde mit Weisheit durch Gott (1,17) ausdrücklich als Disposition für einen Offenbarungsempfang wertet (2,21), mit dem der in Dan 2 als „Offenbarer von Geheimnissen" (2,28f.47) bezeichnete Gott seine Propheten bestellt. Mit dem Prophetentum Daniels als einer Symbolfigur der schriftgelehrten Weisheit in Israel aber hat der Autor des Dankgebetes gleichzeitig auch die Position der „Verständigen" (11,33.35; 12,3) aufgewertet, die in der Auseinandersetzung des Jahweglaubens mit dem Hellenismus als Lehrer eine führende Rolle gespielt und so das Spannungsverhältnis von Weisheit und Heilsgeschichte zur Auferbauung ihres Volkes fruchtbar gemacht haben.

Tränen, Trauer, Totenklage
Eine kleine Studie über Ben Sira 38,16–23

Pancratius C. Beentjes

Es ist natürlich ein bisschen bizarr, einem Kollegen bei seiner Emeritierung einen Aufsatz über Totenklage bei Ben Sira anzubieten. Selbstverständlich habe ich eine Weile überlegt, ob es kein anderes Thema gäbe, womit ich Johannes Marböck recht herzlich danken möchte für seine nicht ablassende Arbeit am Buche Ben Siras. Zwei Überlegungen haben mich dennoch dazu gebracht, den Abschnitt Sir 38,16–23 zu kommentieren. Erstens findet man diese Perikope in unmittelbarer Nähe von dem weltberühmten Beitrag über den schriftgelehrten Weisen (Sir 38,24–39,11), den der Jubilar im Jahre 1978 während der 29. Bibeltagung in Löwen präsentiert hat.[1] Zweitens gibt es, soviel ich weiß, nur *eine* etwas ausführlichere Abhandlung über diese Stelle, mit deren Ergebnissen ich nicht immer unbedingt einverstanden bin.[2]

---

1 Marböck, Johannes, Sir 38,24–39,11: Der schriftgelehrte Weise. Ein Beitrag zu Gestalt und Werk Ben Siras, in: Gilbert, Maurice (Hg.), La Sagesse de l'Ancien Testament, BEThL 51, Löwen ²1990, 293–316.
2 Schrader, Lutz, Leiden und Gerechtigkeit. Studien zu Theologie und Textgeschichte des Sirachbuches, BET 27, Frankfurt a.M. u.a. 1994, 285–301. Sir 38,16–23 wird von Reiterer, Friedrich V., Deutung und Wertung des Todes durch Ben Sira, in: Zmijewski, Josef (Hg.), Die alttestamentliche Botschaft als Wegweisung. Festschrift für Heinz Reinelt, Stuttgart 1990, 203–236, nur am Rande erwähnt. Kaiser, Otto, Der Tod als Schicksal und Aufgabe bei Ben Sira, in: Ahn, Gregor u.a. (Hg.), Engel und Dämonen. Theologische, anthropologische und religionsgeschichtliche Aspekte des Guten und Bösen, FARG 29, Münster 1997, 75–89, bietet nur eine Übersetzung von Sir 38,16–23. Milani, Marcello, La Correlazione tra morte e vita in Ben Sira, Rom 1995 (nicht publizierte Doktorarbeit am Päpstlichen Bibelinstitut, Rom), hat unserem Abschnitt überhaupt keine Aufmerksamkeit gewidmet.

Der Text[3]

Der hebräische Text von Sir 38,16–23, der unter anderem seiner Randlesarten wegen „zu den besonders sperrigen Texten des Sirachbuches gehört"[4], findet sich nur im MS B., wo ebenfalls V. 19 fehlt. Während die älteren hebräischen Textausgaben die Reihenfolge der Verse dieses Passus dem Manuskript konform darstellen, sind einige moderne Editionen hier aber nicht zuverlässig.[5] Es handelt sich um die letzten drei Verse, die im MS B. folgendermaßen überliefert worden sind: V. 22 – V. 21 – V. 23.

Übersetzung

38,16 Mein Sohn, vergieß[6] Tränen über einen Toten,
klag bitterlich und stimme eine Totenklage an.
Wie es ihm zukommt, bestatte seinen Leib
und verbirg dich nicht wegen seines Verscheidens.[7]

38,17 Weine[8] bitter, vollende die Trauer
und lege Trauer um ihn, in dem Maße wie er es verdient,[9]
einen Tag, oder zwei wegen der Tränen,
und dann tröste dich wegen des Kummers.[10]

38,18 Aus Kummer[11] entsteht Unglück,
in gleicher Weise baut Herzweh Leid auf.

38,19 [Mit dem Leichenzug vergeht auch die Trauer
und das Leben des Armen ist Fluch des Herzens.][12]

---

3 Für den hebräischen Text siehe: Beentjes, Pancratius C., The Book of Ben Sira in Hebrew. A Text Edition of all Extant Hebrew Manuscripts and a Synopsis of all Parallel Hebrew Ben Sira Texts, VT.S 68, Leiden u.a. 1997, 66–67.

4 Schrader, Leiden (s. Anm. 2), 290.

5 Vattioni, Francesco, Ecclesiastico. Testo ebraico con apparato critico e versioni greca, latina e siriaca, IUO Seminario di Semitistica / Testi 1, Neapel 1968, 201; The Book of Ben Sira. Text, Concordance and an Analysis of the Vocabulary, Jerusalem 1973, 40.

6 Zum Verb זוב: Dihi, Haim, Non-Biblical Verbal Usage in the Book of Ben Sira, in: Muraoka, Takamitsu u.a. (Hg.), Diggers at the Well. Proceedings of a Third International Symposium on the Hebrew of the Dead Sea Scrolls and Ben Sira, StTDJ 36, Leiden u.a. 2000, 56–64, bes. 57–59.

7 Oder: „Und täusche keine Unkenntnis mit seinem Verscheiden vor"; Penar, Tadeusz, Northwest Semitic Philology and the Hebrew Fragments of Ben Sira, BibOr 28, Rom 1975, 65–66 („and do not feign ignorance of his decease").

8 Statt בני (B) lies בכי (Bm) wie Gr. (κλαυθμὸν).

9 Cf. כיוצא בה (Sir 10,28).

10 Lies דון statt עון. Mir ist nicht klar, warum etliche Textausgaben V. 18 schon mit והנחם anfangen lassen: Vattioni, Ecclesiastico (s. Anm. 5), 201; Lévi, Israel, The Hebrew Text of the Book of Ecclesiasticus, SSS 3, Leiden ³1969, 45.

11 Statt דין lies דון wie in Sir 14,1; 30,21.23; 37,2. Siehe: Di Lella, Alexander A., The Hebrew Text of Sirach. A Text-Critical and Historical Study, Studies in Classical Literature 1, The Hague 1966, 72–73.

38,20 Wende ihm dein Herz nicht länger zu;
lass davon ab, an ihn zu denken, und denke an das, was nachher kommt.
38,22 Denke an sein Schicksal, denn es ist auch dein Schicksal:
ihm gestern, und dir heute.
38,21 Denke nicht mehr an ihn, denn es gibt für ihn keine Hoffnung.
Was könnte es dir nützen? Es schadet dir nur!
38,23 Ist der Tote fortgeschafft, so ruhe auch das Gedächtnis an ihn,[13]
und tröste dich, wenn sein Leben ausgegangen ist.

Abgrenzung und Struktur

Sir 38,16–23 grenzt sich nicht nur formell, sondern auch auf thematischer Ebene als eine literarische Einheit ab. Als formelle Daten könnten am Anfang des Abschnitts die Anrede בני (38,16), am Schluss die extra Zeile zwischen 38,23 und 38,24 betrachtet werden.[14] Thematisch bezeugen sowohl der Passus über den Arzt (38,1–15) wie die berühmte Perikope über den schriftgelehrten Weisen (38,24–39,11) die literarische Eigenständigkeit unseres Abschnitts.

Im heutigen hebräischen Text von Sir 38,16–23 handelt es sich um neun Distichen. Die Feststellung, dass man die Perikope über den Umgang mit einem Toten (38,16–23) als einen geschlossenen Textabschnitt betrachten kann, ist wichtig bezüglich des Status von 38,19, eines Verses, der im hebräischen MS B. leider fehlt. Da die Zehnzahl mehrfach im Sirachbuch ein wichtiges literarische Signal des Verfassers darstellt,[15] darf man auch hier von der Annahme ausgehen, dass Sir 38,16–23 ursprünglich aus zehn Zeilen aufgebaut worden war.

Bezüglich der Struktur fällt unmittelbar die hohe Zahl der insgesamt zwölf *Imperative* ins Auge, deren Mehrheit sich im ersten Teil dieser Perikope befindet: V. 16a – V. 16b – V. 16c – V. 17a – V. 17a – V. 17b – V. 17d. Im zweiten Teil findet man sie in V. 20b – V. 20b – V. 22a – V. 23a – V. 23b.

Der Imperativ הנחם (V. 17d – V. 23b) findet sich sowohl am Ende des ersten, wie am Ende des zweiten Teils und bildet in dieser Weise eine Art thematische Brücke zwischen den beiden Teilen.

---

12 Dieser Vers findet sich nicht im hebräischen Ben Sira. Die Übersetzung ist aus dem Griechischen; die zweite Vershälfte ist schwer in den Zusammenhang einzuordnen.
13 Für diese Vershälfte wird der Randlesart (Bm) gefolgt: כשבות מת ישבות ז.
14 Ein ähnliches Phänomen findet sich im MS B. auch nach 10,27; 16,5; 37,31; 42,8; 42,14 und 51,12o.
15 Haspecker, Josef, Gottesfurcht bei Jesus Sirach. Ihre religiöse Struktur und ihre literarische und doktrinäre Bedeutung, AnBib 30, Rom 1967, 355 (s.v. 'Zehnergruppen'; s.v. 'Zehnzahl'); Peters, Norbert, Das Buch Jesus Sirach oder Ecclesiasticus, EHAT 25, Münster 1913, 461 (s.v. 'Zehnzahl'); Skehan, Patrick W. – Di Lella, Alexander A., The Wisdom of Ben Sira, AncB 39, New York 1987, 598 (s.v. 'Enumeration, symbolic: ten').

Es gibt insgesamt acht *yiqtol*-Formen, von denen drei einen *Prohibitiv*-Satz einleiten (V. 16d – V. 20a – V. 21a); die übrigen *yiqtol*-Formen finden sich in V. 18a – V. 18b – V. 21b – V. 21b – V. 23a.

Textkritische Aspekte

Der Umfang dieses Beitrages gestattet nicht, alle Probleme textkritischer und exegetischer Art in dieser Perikope eingehend zu behandeln. Deshalb wird nun keine ausführliche textkritische Analyse dieses Passus folgen, zumal Lutz Schrader diesen Aspekt ausführlich ausgearbeitet hat. Meine Übersetzung zeigt aber, dass ich nicht in allen Fällen vollständig mit ihm einverstanden bin.

Was den textkritischen Aspekt anbelangt, muss jedenfalls V. 17c–d noch einmal in Betracht gezogen werden, weil hier sowohl mit דמעה wie mit עון ein sehr interessantes Phänomen zutage tritt. Es wäre allerdings möglich, dass man דמעה (V. 17c) tatsächlich als einen „Schreibfehler aufgrund von *aberratio oculi* auf דמעה in V. 16a" betrachtet.[16] In Hinsicht auf עון (V. 17d) trifft solches aber nicht zu. Meines Erachtens handelt es sich in beiden Fällen aber nicht um *aberratio oculi*, sondern um *Diktierfehler*, ein Phänomen, das sich relativ oft im Buche Ben Siras findet.[17]

In Sir 38,17c empfiehlt es sich, statt דמעה (*dim'āh* – „Tränen") das Nomen דבה (*dibbāh* – „Verleumdung") zu lesen. Ein derartiges Substantiv passt nicht nur viel besser in den Kontext – man soll wenigstens einige Tage trauern –, sondern wird auch von der griechischen Übersetzung unterstützt: χάριν διαβολῆς („wegen der Verleumdung").[18] Außerdem ist דבה auch in Sir 51,2 durch διαβολή übersetzt worden.[19]

Was Sir 38,17d anbetrifft, gibt es gute Gründe, statt עון (*'āwōn* – „Sünde", „Verbrechen") die Korrektur דון (*dāwōn* – „Schmerz") zu bevorzugen. Erstens wird dies von der griechischen Übersetzung (λύπης ἕνεκα) unterstützt. Zweitens stellt sich heraus, dass λύπη mehrmals im Buche Ben Siras als Wiedergabe von דון verwendet wird (Sir 14,1; 30,21.23; 37,2). Drittens muss

---

16 Schrader, Leiden (s. Anm. 2), 286.
17 Ich habe schon früher in einem ausführlichen Aufsatz auf das mögliche Vorkommen von Diktierfehlern im Buche Ben Sira aufmerksam gemacht: Beentjes, Pancratius C., Reading the Hebrew Ben Sira Manuscripts Synoptically. A New Hypothesis, in: ders. (Hg.), The Book of Ben Sira in Modern Research. Proceedings of the First International Ben Sira Conference, 28–31 July 1996, Soesterberg, Netherlands, BZAW 255, Berlin u.a. 1997, 95–111, bes. 104–111.
18 Die syrische Übersetzung hat ܚܠܦ ܣܒܐ ('wegen der Lebenden'), was jedenfalls auch besser in den Kontext passt als 'Tränen'.
19 Das Wort דבה findet sich im Buche Ben Siras außerdem in 41,5 (MS B., Bm), 42,11 (MS B., Mas.), 46,7 (MS B.).

man darauf achten, dass der nächste Vers (Sir 38,18) mit דין (=דון) beginnt und dieses Thema als eine Art Sprichwort weiterführt. Es hat deshalb vieles für sich, in 38,17d die Korrektur דון vorzuschlagen. Diese hat meiner Meinung nach bessere Zeugnisse als der Vorschlag Schraders, hier און ('āwōn – „Schmerz", „Mühe") zu lesen.[20]

Literarische Aspekte

Auf literarischer Ebene gibt es in dem von MS B. überlieferten hebräischen Text (Sir 38,16–23) einige beachtenswerte Stilfiguren. Erstens begegnet eine auffällige Menge von Verben und Nomina, die wiederholt werden. Die Stilfigur der *Wiederholung* zeigt sich folgendermaßen:

מות	(„sterben")	V. 16a – V. 23a
מרר	(„bitter sein")	V. 16b – V. 17a
בעבור	(„wegen")	V. 17c – V. 17d
נחם	(„sich trösten")	V. 17d – V. 23b
יצא	(„hinausgehen")	V. 17b – V. 18a – V. 23b
זכר	(„gedenken")	V. 20b – V. 20b – V. 21a – V. 23a
דמעה	(„Tränen")	V. 16a – V. 17c
לב(ב)	(„Herz")	V. 18b – V. 20a
חק	(„Ziel")	V. 22a – V. 22a

Zumal ist es aufschlussreich, dass ausgerechnet der *letzte Vers* dieses Abschnitts ein *Wortspiel* enthält, das im Wesen den Zweck dieses Passus sehr treffend zum Ausdruck bringt: שבת („aufhören", „ruhen") V. 23a – V. 23a. Während die erste Hälfte von Vers 23 diesen Aspekt von „ruhen (lassen)" betont, wird der zweite Teil dieses Verses (V. 23b) mit Hilfe von והנחם ausdrücklich mit der identischen Verbalwortform von V. 17d verknüpft.

Außerdem ist etwa die ganze Palette der *Totenklageterminologie* verwendet worden:

נהה	(„wehklagen")	V. 16b
מרר	(„bitterlich klagen")	V. 16b – V. 17a
קינה	(„Totenklage")	V. 16b
בכי	(„Weinen")	V. 17a
מספד	(„Klage")	V. 17a
אבל	(„Trauer")	V. 17b
דון[21]	(„Schmerz")	V. 17d – V. 18a

---

20 Schrader, Leiden (s. Anm. 2), 286.
21 Statt עון (V. 17d); statt דין (V. 18a). M. Kister ist der Meinung, dass man statt עון (V. 17d) besser עין ('ayin – 'Auge') lesen könnte: 'um das Auge zu schonen'; Kister, Menahem, A Contribution to the Interpretation of Ben Sira (Hebr.), Tarb. 59 (1989/90), 303–378 (343–345). Er verbindet Sir 37,17–18 mit einer *baraitha* in bMQ 27b, eine Parallele, die übrigens schon von Schechter genannt wurde: Schechter, Solomon u.a. (Hg.), The

שאר (*„Leib"*) V. 16c
גויע (*„Leiche"*) V. 16d

Es fällt dabei ins Auge, dass die auf den Toten und die Totenklage bezogene Terminologie sich fast ausschließlich im *ersten* Teil des Textabschnittes findet, während der *zweite* Teil sich hauptsächlich mit anderen Aspekten zu beschäftigen scheint. Bei genauerem Zusehen stellt sich heraus, dass es sich in Vv. 16–17 um die *äußeren* Aktivitäten des Hinterbliebenen bezüglich des Toten, in Vv. 18–23 um die *innerliche* Verfassung des Überlebenden handelt. Diese Beobachtung scheint mir von großer Bedeutung, um bestimmte Probleme dieses Passus entsprechend deuten zu können.

Exegetische Aspekte

1. Die Dauer der Totenfeier (Sir 38,17c)

Der Verleumdung wegen mahnt Ben Sira den Verwandten des Toten, ein, zwei Tage zu trauern (V. 17c). Nun gibt es in Sir 22,11–12 einen Abschnitt, wo die Totenfeier jedoch *sieben* Tage dauern sollte:

> 22,11 Über einen Toten weine, denn ein Licht ist erloschen;
> und über einen Toren weine, denn Einsicht ist erloschen;
> sanfter weine über einen Toten, weil er zur Ruhe gekommen ist;
> das Leben des Toren aber ist schlechter als der Tod.
> 22,12 Die Trauer um einen Toten währt sieben Tage,
> die um einen Toren und um einen Gottlosen aber währt alle Tage seines Lebens.[22]

Schrader erklärt die Unstimmigkeiten zwischen Sir 38,17 und 22,12 „aus der Tatsache, dass es sich beim Sirachbuch um eine von zweiter Hand zusammengestellte Sammlung handelt".[23] Diese Ansicht bewährt sich m.E. nicht, da sie kaum, oder jedenfalls zu wenig Rücksicht auf den *Kontext* beider Abschnitte nimmt. Während Sir 38,16–23 nur der Trauerfeier gewidmet ist, hebt Sir 22,11–12 ein ganz andersartiges Thema hervor. Hier handelt es sich um einen Toren (μωρός), der in einem ausführlichen Traktat (Sir 21,13–22,18) dem Weisen gegenüber gestellt wird. In diesem umfangreichen Abschnitt bildet μωρός zweifelsohne das Leitwort (Sir 21,14.16.18.20.22.26; 22,7.8.11².12.14.18).[24] Die Bezeichnung „sieben Tage" (22,12) funktioniert

---

Wisdom of Ben Sira. Portions of the Book of Ecclesiasticus from Hebrew Manuscripts in the Cairo Genizah Collection, Cambridge 1899, 62.

22 Übersetzung von Sauer, Georg, Jesus Sirach (Ben Sira), JSHRZ III/5, Gütersloh 1981, 559.
23 Schrader, Leiden (s. Anm. 2), 293.
24 Siehe: Di Lella, Alexander A., Sirach 22:9–15: „The Life of the Fool is Worse than Death", in: Calduch-Benages, Nuria u.a. (Hg.), Treasures of Wisdom. Studies in Ben Sira

hier weder an sich, noch als wichtige Information über die Totenklage, sondern als ein literarischer (und theologischer) Kontrast: die Trauer um einen Toren wird niemals enden, sie wird „alle Tage seines Lebens" dauern.

2. Die Bedeutung von אחרית (Sir 38,20b)

Innerhalb eines Abschnitts, der über Trauer, Tot und Totenklage handelt, liegt der Gedanke nahe, das Wort אחרית (V. 20b) – wie in fast allen Kommentaren[25] – durch „Ende" zu übersetzen, denn selbstverständlich fühlt man sich in einem Kontext, der von „Schicksal", „keine Hoffnung" und „wenn das Leben ausgegangen ist" redet, bei אחרית unmittelbar geneigt, nur an das Lebensende zu denken.

Wenn man aber die Position und die Funktion von אחרית hier im Detail ins Auge fasst, hat es viel für sich, nicht länger die Bedeutung „Ende" als meist geeignete Übersetzung zu betrachten. Es empfiehlt sich nämlich das Wort אחרית (V. 20b) so wörtlich und *neutral* wie möglich wieder zu geben: „was nachher kommt".[26] Denn Sir 38,20–23 handelt ausdrücklich über die Art und Weise, wie der nahe Verwandte nach einer Zeitspanne von Trauer sein Leben wieder einrichten soll. In diesem Zusammenhang ist es angebracht, dass V. 20b nicht über die *ferne* Zukunft, d.h. über das Lebensende dieses Überlebenden, handelt, sondern über die *nahe* Zukunft, wenn man den gewohnten Lauf der Dinge wieder aufnehmen wird. Die Übersetzung der Adjektivbildung אחרית als „was nachher kommt" hat auf jeden Fall den Vorteil, dass es *alle* Bedeutungsnuancen dieses Wortes noch offen hält[27], so dass man sich beim Lesen des hebräischen Textes selber entscheiden kann, ob z.B. die Bedeutung „der morgige Tag" der Wiedergabe „nahe Zukunft"

---

and the Book of Wisdom. Festschrift M. Gilbert, BEThL 143, Löwen 1999, 158–168; Haspecker, Gottesfurcht (s. Anm. 15), 160–165.

25 Smend, Rudolf, Die Weisheit des Jesus Sirach. Hebräisch und Deutsch, Berlin 1906, 66; Peters, Buch (s. Anm. 15), 314; Eberharter, Andreas, Das Buch Jesus Sirach oder Ecclesiasticus, HSAT VI/5, Bonn 1925, 127; Sauer, Jesus Sirach (Anm. 22), 597; Sauer, Georg, Jesus Sirach / Ben Sira, ATDA 1, Göttingen 2000, 263; Schrader, Leiden (s. Anm. 2), 291; Kaiser, Tod (s. Anm. 2), 81; Skehan – Di Lella, Wisdom (s. Anm. 15), 439; Snaith, John G., Ecclesiasticus or the Wisdom of Jesus Son of Sirach, CNEB, Cambridge 1974, 186; MacKenzie, Roderick A.F., Sirach, OTMes 19, Wilmington 1983, 144.

26 Jenni, Ernst, אחר '*ḥr*, THAT 1 (1971), 110–118 (115); Seebaß, Horst, אַחֲרִית, ThWAT 1 (1973), 224–228.

27 M. Fang Che-Yong hat befürwortet, dass man auch אחרית in Sir 7,36 besser nicht mit 'Ende' übersetzen sollte; Fang, Marcus Che-Yong, Sir 7,36 (Vulg 7,40) iuxta hebraicam veritatem, VD 40 (1962), 18–26; ders., Ben Sira de novissimis hominis, VD 41 (1963), 21–38.

vorzuziehen ist, oder ob man doch „ferne Zukunft"/„Lebensende" bevorzugt.[28]

3. Die Funktion der Aufforderung, den Toten aus dem Gedächtnis zu streichen (Sir 38,20–23)

Bei erster Lektüre von Sir 38,16–23 sieht es danach aus, als ob Ben Sira die nahen Verwandten auffordern würde, das Gedächtnis des Verstorbenen unbeachtet zu lassen. Dieser Aufruf, den Toten aus dem Gedächtnis zu streichen, ist ziemlich merkwürdig, weil der Verfasser an etlichen anderen Stellen gerade zu einer gegenläufigen Bewegung auffordert (Sir 15,6; 37,26; 39,9–11; 41,11–13; 44,14; 46,12).[29] Deshalb muss nun geprüft werden, was in Sir 38,20–23 tatsächlich gemeint ist. Schrader ist der Meinung, dass „[i]m Rahmen der siracidischen Theologie ... die Aussagen von 20–23 sinnvollerweise nur auf die *gottlosen Toten* bezogen werden" können.[30] Ich bin aber anderer Meinung, weil sowohl der Kontext wie der Inhalt von Sir 38,20–23 sich von *allen* oben genannten Texten unterscheidet.

Zum einen konzentriert dieser Passus sich, wie schon gesagt, auf den *Überlebenden* und nicht so sehr auf den Toten. Die Aufforderung, nicht mehr an den Toten zu denken, hat hier eine ganz spezielle Bedeutung; es ist nämlich Bestandteil des Prozesses, worin man versuchen muss, die heutigen Schwierigkeiten zu überwinden. Die Aufforderung von Sir 38,20–23 ist also eine *Schutzmaßnahme* zugunsten des Überlebenden.

Zweitens ist es nicht von ungefähr, dass an *allen* anderen „Gedächtnisstellen" des Buches Ben Siras (Sir 15,6; 37,26; 39,9–11; 41,11–13; 44,14; 46,12) ohne Ausnahme das Substantiv „Name" (שם / ὄνομα) verwendet wird. Es ist deshalb von großer Bedeutung, dass dieses Wort ausgerechnet hier in Sir 38,20–23, ja überhaupt in Sir 38,16–23 fehlt. Es bildet einen wichtigen Beleg dafür, dass diese Stelle nicht auf gleicher Ebene wie die übrigen Gedächtnisstellen funktioniert.[31]

---

28 Die Adjektivbildung אחרית findet sich im Buche Ben Siras außerdem in 3,26; 11,25.28; 12,11; 16,3 (alle MS A.), 31(34),22; 32(35),22; 48,24 (alle MS B.)
29 Für Sir 39,9–11 siehe: Beentjes, Pancratius C., Scripture and Scribe: Ben Sira 38:34c–39:11, in: Dyk, Janet W. u.a. (Hg.), Unless Some One Guide Me ... Festschrift for Karel A. Deurloo, ACEBT Suppl. 2, Maastricht 2001, 273–280.
30 Schrader, Leiden (s. Anm. 2), 296 (Hervorhebung von mir, PCB).
31 Ich danke meinem Freund, drs. Herbert Leerink (Varik), recht herzlich für seine Hilfe beim Korrigieren dieses Textes. – Nach Abschluss dieses Beitrags erschien: Kaiser, Otto, Das Verständnis des Todes bei Ben Sira, NZSTh 43 (2001), 175–192.

Dreams and Folly in Sir 34(31),1–8

Nuria Calduch-Benages

Introduction

Like most people of the ancient Orient the Hebrews believed that dreams were a special means of communication between man and the divinity.[1] Although the Bible condemns recourse to dreams as the ordinary means of divination (Deut 13,2–6; 18,9–14; Jer 23,25–32; 27,9–10; 29,8), on various occasions it considers them as a vehicle of divine revelation (Gen 28,10–17; 37,5–11; 1 Kgs 9,1–9; cf. Matt 1,20–23; 2,13.22), especially in texts of an apocalyptic nature (Dan 2; 4; 7).[2]

Ben Sira is the only sapiential author who fulminates directly against dreams as a source of information or as a guideline for behaviour, though not without a certain ambiguity (34,1–8). Unable to deny the positive function of dreams in the tradition, he allows it only the minimum space in his text (34,6a). Traditionally Sir 34,1–8 is considered as a reaction against mantic traditions and magical practices originating from Hellenistic culture. Such pagan and degrading practices were thought to have infiltrated Palestine in the 2nd century BC and to constitute a serious threat to the moral and religious integrity of the Israelite faithful.[3] There is, however, a growing ten-

---

1 Cf. Oppenheim, Adolf L., The Interpretation of Dreams in the Ancient Near East. With a Translation of an Assyrian Dream-Book, TAPhS NS 46/3, Philadelphia 1956.
2 Cf. Ehrlich, Ernst L., Der Traum im Alten Testament, BZAW 73, Berlin 1953, esp. 137–149 (dreams as divine manifestation) and 155–170 (ban on dreams in Sacred Scripture); Resch, Andreas, Der Traum im Heilsplan Gottes. Deutung und Bedeutung des Traums im Alten Testament, Freiburg i.Br. u.a. 1964; Husser, Jean-Marie, Le songe et la parole. Étude sur le rêve et sa fonction dans l'ancien Israël, BZAW 210, Berlin u.a. 1994; idem, Dreams and Dream Narratives in the Biblical World, BiSe 63, Sheffield 1999; Bar, Shaul, A Letter That Has Not Been Read. Dreams in the Hebrew Bible, MHUC 25, Cincinnati 2001, and the doctoral thesis by Frances Flannery-Dailey (directed by George W.E. Nickelsburg), Standing at the Heads of Dreamers. A Study of Dreams in Late Second Temple Judaism and Early Christianity, Iowa 2000, which regrettably I could not consult.
3 Spicq, Ceslas, L'Ecclésiastique, in: SB(PC) 6 (1941), 529–841, 736; Hengel, Martin, Judaism and Hellenism. Studies in Their Encounter in Palestine during the Early Hellenistic Period, 1, Philadelphia 1974, 240; Skehan Patrick W. – Di Lella, Alexander A., The Wisdom of Ben Sira, AncB 39, New York 1987, 409; Husser, Dreams (see n. 2), 158.

dency to interpret Sir 34,1–8 as a strong rebuttal of the apocalyptic movement (cf. 1 Enoch and Aramaic Levi) by Ben Sira and his school. According to this interpretation such refutation is yet another proof of a not necessarily openly declared polemic between two groups/communities or schools. Besides dreams and visions, other points of conflict are the use of the calendar (solar, lunar or both), esoteric knowledge (cosmological speculation, eschatological realities) and the attitude towards the priestly circles that dominated the cult in Jerusalem.[4] To these two interpretations should be added a markedly psychological reading which perceives in Ben Sira's remarks against dreams the „psychologisch-ärztlichen Realismus" of the sage.[5]

Our study wants to investigate the evident antipathy of Ben Sira for the world of dreams not from the point of view of the social, cultural and political context of the time, nor from the postulates of human sciences, but from the doctrinal framework of the book itself. Our principal criteria of interpretation are the teaching which underlies the work of the sage and especially the notion of „wisdom" (in relationship to Law and fear-of-God) which characterizes his school.

Translation and Textual Notes

As for the Hebrew text of Sir 34,1–8, we only have some words of the first verse in MsE which contains the first leaf 32,16–33,14b in recto and 33,14c–34,1 in verso.[6] Therefore, our study begins with an analysis of the Greek version.[7] The complete text of the pericope is also found in the Syriac and Latin versions.[8]

---

4   Argall, Randal A., 1 Enoch and Sirach. A Comparative Literary and Conceptual Analysis of the Themes of Revelation, Creation and Judgment, SBL.EJL 8, Atlanta 1995, 81–82; Wright, Benjamin G., Putting the Puzzle Together: Some Suggestions Concerning the Social Location of the Wisdom of Ben Sira, SBL.SPS 35 (1996), 133–149, 140–142; idem, „Fear the Lord and Honor the Priest". Ben Sira as Defender of the Jerusalem Priesthood, in: Beentjes, Pancratius C. (ed.), The Book of Ben Sira in Modern Research. Proceedings of the First International Ben Sira Conference, 28–31 July 1996, Soesterberg, Netherlands, BZAW 255, Berlin u.a. 1997, 189–222, 212–214; Collins, John J., Seers, Sybils and Sages in Hellenistic-Roman Judaism, JSJ Suppl. 54, Leiden u.a. 1997, 391–392; Boccaccini, Gabriele, Middle Judaism: Jewish Thought 300 B.C.E. to 200 C.E., Minneapolis 1991, 80.86.
5   Wischmeyer, Oda, Die Kultur des Buches Jesus Sirach, BZNW 77, Berlin u.a. 1995, 221–223.
6   Marcus, Joseph, A Fifth Ms. of Ben Sira, JQR NS 21 (1930/31), 223–240. See the photographic reproduction between pages 228 and 229.
7   Ziegler, Joseph (ed.), Sapientia Iesu Filii Sirach, Septuaginta XII/2, Göttingen ²1980.
8   Calduch-Benages, Nuria – Ferrer, Joan – Liesen, Jan, Wisdom of the Scribe. Diplomatic Edition of the Syriac Version of the Book of Ben Sira According to Codex Ambrosianus with Translations in Spanish and English, Biblioteca Midrásica 26, Estella 2003; Biblia

34,1 Vain and deceiving hopes are (typical) for the fool
      dreams give wings to the foolish.⁹
2   Like one who catches shadows and pursues the wind
      so is he who confides in dreams.
3   A mirror and a dream are similar (things):¹⁰
      before a face, the image of a face.
4   Can something pure come from what is impure,
      or something true from what is false?
5   Divinations, auguries and dreams are void,
      like (the mind of) a woman in childbirth producing fantasies.
6   If they are not sent by the Most High as a visitation,
      do not become engrossed in them.¹¹
7   For dreams have led many astray
      and those who confided in them have fallen.
8   Without deception the Law is (to be) fulfilled,
      wisdom (comes to) perfection in the mouth of a faithful person.

34,1: The last line of the leaf is very blurred, as Marcus already noted in his edition of MsE: [ריק תד[ן] [ת חלת כזב וחלומות].Beentjes¹² follows Marcus except for the third word: תוחלת. Segal¹³ reconstructs verse 1 as follows: ריק תדר[ש] ת[ו]חלת כזב וחלומות יפריחו כסילים. In Syr: „He who seeks vanity (ܣܪ ܩܢܘܬܐ), finds falsehood and a dream(world) and idle joy (ܣܪ ܩܢܘܬܐ)". While verse 1b in the Syriac is translated freely, verse 1a is closer to Hb than to Gk: κεναὶ ἐλπίδες καὶ ψευδεῖς ἀσυνέτῳ ἀνδρί. According to Minissale¹⁴ the Gk does not translate the verb דרש due to its magical connotations (cf. 45,15ab and 46,20a).

34,2: Instead of διώκων ἄνεμον the Syr reads: „lets a bird fly away", which seems to be an interpolation from 27,18, cf. Prov 9,12LXX; and instead of ὁ ἐπέχων ἐνυπνίοις the Syr has: „he who believes in a nightly vision (ܒܚܙܘܐ ܕܠܠܝܐ)" and Lat reads: *qui attendit ad visa mendacia.*

34,3: τοῦτο κατὰ τούτου ὅρασις ἐνυπνίων. In Syr: „Thus (it) is (with) a vision and a dream by night". Smend¹⁵ assumes an original זֶה כָזֶה, „the one like the other" (τοῦτο κατὰ τοῦτο, *hoc secundum hoc*) and reads מַרְאָה, „mirror", instead of מַרְאָה, „vision" (ὅρασις, Syr ܚܙܘܐ). In fact, Segal follows

---

Sacra iuxta latinam vulgatam versionem, 12. Sapientia Salomonis, Liber Hiesu Filii Sirach, Roma 1964.
9 In his translation Sauer combines MsE with the Gk: „Eitles suchst [du, wenn du auf Trügerisches hoffst], und Träume [beunruhigen törichte Menschen]." Cf. Sauer, Georg, Jesus Sirach / Ben Sira, ATDA 1, Göttingen 2000, 238.
10 Lit.: „This according to that is the vision of dreams".
11 Lit.: „Do not give your heart/mind/self to them".
12 Beentjes, Pancratius C., The Book of Ben Sira in Hebrew. A Text Edition of all Extant Hebrew Manuscripts and a Synopsis of all Parallel Hebrew Ben Sira Texts, VT.S 68, Leiden u.a. 1997, 107.
13 Segal, Moshe H., ספר בן סירא השלם, Jerusalem ²1958, 216.
14 Minissale, Antonino, La versione greca del Siracide. Confronto con il testo ebraico alla luce dell'attività midrascica e del metodo targumico, AnBib 133, Roma 1995, 212.
15 Smend, Rudolf, Die Weisheit des Jesus Sirach, Berlin 1906, 305.

the supposition of Smend and retranslates: זֶה כְּזֶה מַרְאֶה וַחֲלוֹם. The second stich corroborates this reading in all versions, since it speaks of a mirror without mentioning it: Gk (κατέναντι προσώπου ὁμοίωμα προσώπου), Syr („in front of a person [appears] the shape of a face") and Lat (*ante faciem hominis similitudo hominis*).

34,4: Following Fritzsche[16], Ryssel thinks that the Greek translator read יִטָּהֵר (hithpa'el) instead of יְטַהֵר (qal), and therefore translated καθαρισθήσεται instead of καθαρεύσει, a form which in fact goes better with ἀληθεύσει than the first one. Smend, on the other hand, followed by Box – Oesterley[17], holds that often the passive καθαρίζεσθαι signifies „to be clean" as in Sir 23,10; 1 Sam 20,25; Ezek 36,25. Concerning the first stich of Syr: „And could innocence come from a chief of the people?", Edersheim and Ryssel[18] think that the translator divided the words badly and read מֵרֹשׁ עַמּוֹ יִצְדַּק instead of מֵרָשָׁע מַה יִּצְדַּק. In the second stich „or will he who is a liar, be free from guilt (ܢܘܟܐ)?" the Syriac translator possibly interpreted צדק in his own way.

34,5: In the Lat the three nouns of verse 5a (μαντεῖαι καὶ οἰωνισμοὶ καὶ ἐνύπνια) are given a qualification (*divinatio erroris*[19] *et auguria mendacia et somnia malefacientium*). For verse 5b ms 248 presents a variant: ὡς ὠδινούσης φαντάζεται σου ἡ καρδία which corresponds to the Lat: *sicut parturientis cor tuum fantasiam patitur*. In Syr, however, the image of the woman in labour does not appear: „and he who believes in them, there is his mind". Perhaps the Greek translator read אִשָּׁה תְּחוֹלֵל „a woman in childbirth" instead of אֲשֶׁר תְּחוֹלֵל, „what you expect".[20] If this were the case, the stich would be as follows: „What you expect is what your heart/mind imagines".[21]

34,6: For verse 6a, ἐὰν μὴ παρὰ ὑψίστου ἀποσταλῇ ἐν ἐπισκοπῇ, ms. 248 reads ἐν σου ἐπισκοπῇ. According to Box – Oesterley the Lat might best represent the original text: *nisi ab Altissimo fuerit emissa visitatio*.[22] The Syr

---

16 Ryssel, Victor, Die Sprüche Jesus', des Sohnes Sirachs, in: APAT 1 (1900), 230–475, 400; Fritzsche, Otto F., Die Weisheit Jesus-Sirach's, Kurzgefasstes exegetisches Handbuch zu den Apokryphen des Alten Testaments 5, Leipzig 1859, 191.

17 Smend, Weisheit (see n. 15), 305; Box, George H. – Oesterley, William O.E., The Book of Sirach, in: APOT 1 (1913), 268–517, 433.

18 Edersheim, Alfred, Ecclesiasticus, in: Wace, Henry (ed.), The Holy Bible. According to the Authorized Version (A.D. 1611). Apocrypha, 2, London 1888, 1–239, 169; Ryssel, Sprüche (see n. 16), 400.

19 Hart, John H.A. (ed.), Ecclesiasticus. The Greek Text of Codex 248, Cambridge 1909, 186: „reserving the rights of legitimate divination in accordance with [verse] 6 Gr".

20 Smend, Weisheit (see n. 15), 306; Peters, Norbert, Das Buch Jesus Sirach oder Ecclesiasticus, EHAT 25, Münster 1913, 280.

21 Cf. the saying of R. Jonatan: „A man sees in dreams only those things that his own thoughts suggest to him" (bBer 55b).

22 Box – Oesterley, Sirach (see n. 17), 434: „[The Lat] apparently means: unless the dream be followed by some definite and practical consequences, pay no heed to it".

strangely omits the negation at the beginning of the phrase: „And (even) if from God it is commanded to go astray in nocturnal considerations".[23]

34,7: In the first stich the Gk (πολλοὺς γὰρ ἐπλάνησεν τὰ ἐνύπνια) and the Lat (*multos enim errare fecerunt somnia*) coincide, while the Syr translates freely: „For by dreams many have mistaken the path". The same occurs in the second stich (Gk: καὶ ἐξέπεσον ἐλπίζοντες ἐπ' αὐτοῖς; Lat: *et exciderunt sperantes in illis*), where the Syr substitutes „those who hope in them" with the image of the road „and they have stumbled on their routes". According to Smend[24] the Gk read correctly ויכשלו בתוחלתם. Peters[25] on the other hand, favours the Syr and maintains that instead of ויכשלו בשבלם, the Gk read erroneously ויכשלו בשברם.

34,8: In verse 34,8 it is very difficult to establish the precise relation between the two stichs. In verse 8a the Gk (ἄνευ ψεύδους συντελεσθήσεται νόμος) and the Lat (*sine mendacio consummabitur verbum* [Vg: + *legis*]) coincide except for the last word. The Syr translates differently: „In a place in which there are no sins, God is pleased". According to Ryssel[26] the translator did not understand the first words of the stich and this error affected the rest of his translation. In verse 8b it would be better to read ἐν στόματι πιστοῦ (πιστῶν in O-V 296-548 Arm Clem = *in ore fidelis*). Clement of Alexandria eliminates τελείωσις which the Lat translated with the verb *complanabitur*. In the second stich the Syr reads „because the wisdom of the evil-doers is verified in the night". Assuming the Hb to be וחכמה לפי נאמן כליל (see Segal's commentary)[27], it is probable that the translator read [ה]בליל instead of כליל and לפשע instead of לפי. Smend, on the other hand, proposes the Hebrew: ופי חכמה כליל נאמן[28] and explains the Syriac version as follows: in the Vorlage of Syr ופי would have been substituted with כי and, on the basis of this erroneous reading [ה]בליל, the translator thought it appropriate to add „of the evil-doers" (ܕܒܝܫܬܐ).

---

23 Smend, Weisheit (see n. 15), 306: „Die Auslassung der Negation ist offenbar falsch".
24 Smend, Weisheit (see n. 15), 306.
25 Peters, Buch (see n. 20), 280.
26 Ryssel, Sprüche (see n. 16), 401: „Wahrscheinlich stand im Urtexte: [שֶׁקֶר] בְּלֹא (= ohne, wie z.B. Ps. 17,1), und S machte das בְּ vom Prädikatsverbum abhängig: ‚an dem Nicht-Sündigen' und verschob dadurch das Ganze".
27 Segal, ספר (see n. 13), 216.
28 Smend, Weisheit (see n. 15), 307: „Schwerlich war כליל Prädikat zu חכמה, sondern eher Adverbium (wie 37,18) zu [נאמנ]ה, das im Sinne von 46,15 stand und zu פה, nicht zu חכמה gehörte".

Dreams and Travels

Some authors, like Peters and Spicq,[29] sought to discover in Sir 34,1–8 a kind of answer to the question in 33,40b (directed to the owner) concerning the slave who escaped because of the bad treatment he received: „by what road will you go to look for him?" We believe that the text on the dreams is to be connected not with the preceding text on the servants (33,25–33) but rather with the text that follows it and which deals with travels (34,9–20).[30] There seems to be no apparent connection between dreams and travels, but an attentive reading of both texts allows us to detect a Leitmotiv which ingeniously compares the deceiving fantasy of dreams with the real and enriching experience of travels. The first is a source of folly, while the latter is a source of wisdom.

On the level of the vocabulary there are six significative points of contact between 34,1–8 and 34,9–20: ἐλπίς, ἐλπίζω (1a.15.16b; 7b), ἀσύνετος, σύνεσις (1a; 9b.12b), σκιά (2a.19c), ἐπέχω (2b.18), πλανάω, ἀποπλανάω (7a.9a.11.12a), πίπτω, πτῶσις (7b.19d). All of this vocabulary serves to establish a contrast between the two pericopes. Furthermore, it is noteworthy that πιστός (8b), has a corresponding term in the second pericope, ὁ φοβούμενος κύριον (14a.16a.17a; cf. 19a).

1. The idle and deceptive hopes (ἐλπίδες, 1a) of those who confide (ἐλπίζοντες, 7b) in dreams contrast with the consoling hope of those who fear the Lord, for their hope is the Lord himself (15.16b).

2. The foolish and insensible person (ἀνὴρ ἀσύνετος) is the opposite of the experienced person who has travelled (9–11) and who, besides having other qualities, speaks with intelligence (σύνεσις). In reality, this person is no other than Ben Sira who, in the first person singular, tells us of his experience: he has seen many things on his travels and his understanding (σύνεσις, 12b) goes beyond his words, i.e., he has learned more than he could put into words (cf. 39,6.9).

3 and 4. He who relies (ἐπέχω, 2b) on dreams is one who catches at shadows (σκιά, 2a) and pursues wind, while he who relies (ἐπέχω, 18) on the Lord finds in Him a shelter from the scorching wind and a shade (σκιά 19c) from the midday sun.

5. If dreams have made many go astray (πλανάω, 7a), the person who has travelled (πλανάω, ἀποπλανάω), like Ben Sira, knows many things, speaks with understanding and increases his resources (9a.11.12a).

---

29 Peters, Buch (see n. 20), 279; Spicq, Ecclésiastique (see n. 3), 734: „[the question in 33,40b] évoquerait le cas d'un homme recourant aux présages et aux songes pour connaître les choses cachées et fixer sa ligne de conduite".

30 Cf. Calduch-Benages, Nuria, Elementos de inculturación helenista en el libro de Ben Sira: los viajes, EstB 54 (1996), 289–298; Lavoie, Jean-Jacques, Ben Sira le voyageur ou la difficile rencontre avec l'hellénisme, ScEs 52 (2000), 37–60.

6. Those who confided in dreams, have failed (πίπτω, to fall in a moral sense, 7b). By contrast, the hope of those who fear the Lord is a protection against stumbling, a secure help against falling (ἀπὸ πτώσεως, 19d).

Finally, let us have a closer look at the word πιστός. Sir 34,1–8 opens with a negative image, viz., the image of the insensible fool, but closes in a positive vein, viz. with the faithful person (πιστός), whose mouth pronounces wise and sincere words. The faithful person is a figure that emerges strongly in the teaching about the travels although he goes by various names. Without entering into the discussion about whether the expression τούτων χάριν (13b) refers to the previous verses or the following,[31] we note that in Sir 34,9–20 Ben Sira, intelligent and experienced, presents himself as the prototype of a faithful person. The sage implicitly identifies with the group of those who fear and love the Lord (cf. 14.16a.17.19a), with the ones who confide in the Saviour and do not trust the unreal world of dreams.

Dreams and Deceit

Sir 34,1–8 is structured in two well distinguished parts: in verses 1–5 Ben Sira expounds his doctrine on dreams (1–3: the fool and his oneiric experiences; 4–5: dreams put on a par with divinatory practices), and in verses 6–8 he warns the disciple against dreams (6: conditional negative counsel; 7: justification; 8: conclusion). It is noteworthy that the term ἐνύπνια (natural and therefore deceptive dreams) appears five times in eight verses: 1.2.3.5.7 (cf. ὄνειροι, oracular dreams, not attested in Sir)[32] and is closely related to the concept of falsehood/deceit which is repeated thrice in the text: in the beginning, middle and at the end (ψευδής, 1a.8; ψεῦδος, 4b). The first occurrence refers to the hopes of the fool (1a)[33] which, besides being vain and deceitful, lead to failure (cf. 7b), the second alludes implicitly to dreams (4b) and the third alludes to the fulfilment of the Law, which, by contrast, is to be realised „without deceit" (8a).

With the exception of our text, the verb (ψεύδω) and its derivatives (ψευδής, ψεῦδος, ψεύστης) is always mentioned in relationship to the habit of lying – considered to be more grave than robbery – and its irreparable consequences (cf. 7,12–13; 20,24–26; 25,2; 41,17). Ben Sira himself has

---

31 Calduch-Benages, Elementos (see n. 30), 293 n. 8.
32 According to Husser, Dreams (see n. 2), 102, this radical distinction between dreams „came into force little by little under the influence of Hellenism, and seems to have been generally accepted in the second century BCE by intellectuals".
33 The Syriac version („He who seeks vanity, finds falsehood and a dream[world] and idle joy") seems to have inspired the saying of R. Simeon ben Yochai: „As there cannot be grain without hay, neither can there be dreams without vanity" (bBer 55a). In similar vein goes a Spanish proverb: „Creer en sueños, vanísimo agüero" (this article was originally written in Spanish).

suffered the attacks of those who contrive lies (51,2.5), persons who are devoid of wisdom, without ever thinking of it (15,8). Lies and foolishness go together in 20,24: „A lie is an ugly blot on a person; it is continually on the lips of the ignorant (ἀπαιδεύτων)", but keen understanding towers above both: „As the palate tastes the kinds of game, so an intelligent mind (συνετή) detects false words" (36,24). In the teaching of Ben Sira, therefore, foolishness and lying go with the fool, while the intelligent person shuns this shameful habit and stands out through his capacity to discern what is true from what is false, be it words or, in our case, dreams.

From 34,2 onwards the negative quality of dreams is accentuated more and more in a crescendo which culminates in 34,5: first, through the images of shadows and wind (Hos 12,2; Qoh 1,14), the mirror (Prov 27,19) and the woman in labour;[34] second, by alluding to the concept of the impure (Job 14,4);[35] and, lastly, by putting dreams on a par with illicit divinatory practices (cf. Lev 19,26.31; 20,6.27; Deut 18,10–14) which according to the sage are „void" (μάταια), unreal and meaningless, idle and without religious meaning. Moreover, the fact that ἐνύπνια (5a) is mentioned after the consultation of oracles in general (μαντεῖαι) and of omens based on the observation of birds (οἰωνισμοί) in particular, favours the interpretation of this term as oneiromancy or divination of the future through dreams (cf. 1 Sam 28,6).[36]

A Single Exception

After such a negative presentation, and just before advising the disciple not to pay attention to dreams, the sage mentions a possible exception which contradicts his lapidary judgement of 34,1b: „dreams give wings (ἀναπτέρω) to

---

[34] According to Luis Alonso Schökel, „Ben Sira apunta un análisis psicológico: son sombras sin cuerpo, viento inconsistente, imagen sin realidad, mentira, fantasía febril" (cf. Notas exegéticas al Eclesiástico, EstB 54 [1996], 299–312, 311). As Victor Morla Asensio comments, „estas imágenes pretenden definir tales actividades [mantic techniques] como engañosas por inaferrables, inconsistentes y reflejo de uno mismo (búsqueda narcisista y egoísta de los propios intereses. Auténticos transtornos pasajeros, como los de la mujer ante la inminencia del parto" (cf. Eclesiástico. Texto y comentario, El Mensaje del Antiguo Testamento 20, Estella 1992, 169).

[35] Cf. Argall, 1 Enoch (see n. 4), 82: „The rhetorical question in 34,4a may imply that visionaries are ritually unclean. Have they separated themselves from the temple?".

[36] Cf. Husser, Dreams (see n. 2), 157; Crenshaw, James L., The Problem of Theodicy in Sirach: On Human Bondage, JBL 94 (1975), 47–64, 57 n. 33: „Here Sirach strikes out against those who make free use of dreams in order to predict the future"; Hamp, Vinzenz, Sirach, EB 13/2, Würzburg 1951, 90: „Falsche Zukunftsschau" (this is the title given by the author to Sir 34,1–8); Sauer, Jesus Sirach (see n. 9), 240.

the foolish".[37] It could be that a certain dream is sent by the Lord and then one should indeed pay attention to it. Therefore, the fact that Ben Sira is strongly opposed to divinatory practices does not mean that he denies a possible divine manifestation by means of dreams.

Sir 34,6a says literally: „If they are not sent by the Most High as a visitation (ἐν ἐπισκοπῇ)".[38] In the LXX the terms ἐπισκοπή, ἐπισκέπτω usually signify a „visitation" by the Lord, i.e., a divine intervention in human history be it for salvation (Gen 21,1; 50,24; Exod 3,16), or for judgement (Isa 10,3; Jer 6,15). The book of Ben Sira takes up the same position: in this theological context ἐπισκέπτω and its main Hebrew equivalent פקד signify to „pay attention" (35,21c), „judge" (2,14) and „protect with benevolence" (46,14); the noun ἐπισκοπή stands for „the moment of judgement" (18,20) and „divine punishment" (23,24). In 34,6a the use of the phrase ἐν ἐπισκοπῇ surprises the reader, for he/she has no information on how to interpret it exactly. Maybe one should think, as Husser suggests, that the word ἐπισκοπή marks the unquestionable divine intervention when a true/authentic dream is at stake, indicating that God Himself is the one who takes the initiative to visit the sleeper according to the ancient concept.[39] Anyhow, it is clear that Ben Sira wants to underline on the one hand the rarity of such a dream, and on the other, the divine initiative of such an intervention. Probably he is thinking of certain passages in the Old Testament in which God reveals his will in a dream (Gen 28,12–16; Dan 2,1–45).

Before finishing his discourse on dreams, the sage corroborates his argumentation by an appeal to the experience of the past: many were led astray and were lost because they confided in dreams. Contemporaries of Ben Sira might have known to whom he was referring, but for us it remains an obscure reference (perhaps the sage intended to contrast fools with faithful Abraham, who was led by God by means of a nightly visitation [Gen 15,12–21] and with whom God made an alliance [Sir 44,20; cf. Gen 15,18]). In any case, this appeal to experience achieves its rhetorical and pedagogical function, emphasising his earlier observations.

One problem remains to be solved: how does one distinguish between a true and a false dream?, how can one be sure that a dream is sent by the Lord (cf. Job 33,14–15) or that it springs from existential anxiety (Sir 40,5–7), or is the simple consequence of gluttony (Sir 31,20)? The sage does not answer this question, but his silence suggests that the intelligent disciple will be able to distinguish between a deceptive and a true dream.

---

37 According to Argall, 1 Enoch (see n. 4), 83, and Wright, Putting (see n. 4), 141, this sentence could be directed against the visionary ascents to heaven like that of Enoch (cf. 1 Enoch 14,8).
38 Instead of the literal translation „as a visitation", Box – Oesterley, Sirach (see n. 17), 434, prefer „providentially".
39 Husser, songe (see n. 2), 203, and idem, Dreams (see n. 2), 158.

True Wisdom

True to the objective of his book Ben Sira concludes his teaching on dreams by recommending a sensible, secure and wise course of action: the sincere fulfilment of the Law, the reliable source of revelation.[40] In 34,8 two key words of the book appear for the first and only time: νόμος and σοφία related to the idea of fulfilment (συντελεσθήται) and perfection (τελείωσις). To these keywords one should add the faithful person (πιστός), who is understood as the equivalent of one who fears the Lord (ὁ φοβούμενος κύριον).[41] The intrinsic relationship between the Law and wisdom is a constant theme in the book (1,26; 6,37; 24,23–29), just as is the relationship between the Law, wisdom and fear-of-God (1,26–27; 15,1; 19,20; 21,11). Wisdom consists in fearing the Lord, and fear of the Lord expresses itself in fulfilling the Law. In 34,8 the accent does not fall so much on the equivalence of Law and wisdom, as on their incompatibility with all that represents deceit, falsehood, inauthenticity, emptiness, instability. Whereas the Law is fulfilled „without deceit" (i.e. without recourse to dreams that do not come from God and divinatory practices),[42] wisdom comes to perfection in the mouth of the faithful, i.e., in sincerity/truth.

From the first verse the sage has linked dreams with the figures of the fool and the insensible (ἀσύνετος, ἄφρων).[43] The fool not only lacks wisdom but will never be able to achieve it (19,23; 15,7); he thinks of stupidities, speaks in an untimely way and incoherently (16,23; 20,7; 21,18; 27,11); he is curious and tiresome (21,23; 22,15); in short: it is better to avoid his company for it could lead to one's ruin (22,13; 27,12). The opposite side of the medal is the intelligent person (συνετός) who meditates on proverbs and who knows how to be listened to (3,29; 21,16), who knows wisdom and honours whoever has found it (18,28–29), but above all he distinguishes himself by confiding in the Law (33,3)[44] and observing its commandments (cf. 32,24). Hence the invitation of the sage to converse with the intelligent and, concretely, to discuss the Law of the Lord (9,15).

Ben Sira values human intelligence (10,3; 14,20; 18,28–29; 34,9–12). Intelligence, in order to be authentic, has to be closely linked with observance

---

40 Cf. Sauer, Jesus Sirach (see n. 9), 240: „Für Ben Sira ist die von Gott kommende Offenbarung, die jede Täuschung ausschließt, im Gesetz zu suchen".
41 Cf. 1,14: Ἀρχὴ σοφίας φοβεῖσθαι τὸν κύριον, καὶ μετὰ πιστῶν ἐν μήτρᾳ συνεκτίσθη αὐτοῖς.
42 Cf. Ryssel, Sprüche (see n. 16), 401; Box – Oesterley, Sirach (see n. 17), 434; Skehan – Di Lella, Wisdom (see n. 3), 409. For another interpretation (Torah as trustworthy promise), see Marböck, Johannes, Weisheit im Wandel. Untersuchungen zur Weisheitstheologie bei Ben Sira, BZAW 272, Berlin u.a. ²1999, 92.
43 Cf. the Spanish proverb: „Creer en sueños es de hombres necios".
44 In 33,1–3 the one who fears the Lord, the sage and the intelligent person appear to be synonyms with a markedly theological nuance.

of the Law. A complacent kind of intelligence which pretends to achieve a knowledge surpassing one's own capacities is a vain presumption, a folly that could lead to one's downfall (cf. 3,21–24). In 19,24 Ben Sira affirms unmistakably that intelligence loses all its values if it violates the Law: „Better the God-fearing (ἔμφοβος) who lacks understanding (ἡττώμενος ἐν συνέσει) than the highly intelligent (περισσεύων ἐν φρονήσει) who transgresses the law (παραβαίνων νόμον)". This verse concludes the teaching on true and false wisdom which began in 19,20,[45] repeating the parallelism between fear-of-God and fulfilment of the Law: „Full/true wisdom (πᾶσα σοφία)[46] is fear of the Lord (φόβος κυρίου), and in full/true wisdom there is the fulfilment of the law (ποίησις νόμου)". The following statement of the sage repeats this teaching by means of its opposite: „The knowledge of wickedness (πονηρίας ἐπιστήμη) is not wisdom, nor is there prudence (φρόνησις) in the counsel of sinners (19,22)". In other words: „human wisdom without ethical and religious honesty, is no authentic wisdom".[47]

In 34,8 the conclusion reached by Ben Sira leaves no room for doubts: true wisdom is that religious wisdom that is born from a reciprocal relationship with the Lord and which becomes manifest in the observance of the Law. Dreams and other magical practices have no part in this, for they belong to the phantasmal world of the false and unreal which has nothing to do with the intelligent and sincere search for wisdom.

Conclusion

The attitude towards dreams which Ben Sira displays in 34,1–8 ties in very well with his sapiential doctrine, in which all postulates directly or indirectly deal with true wisdom, with the sage, and with the adequate means to achieve wisdom. By contrast, special attention is dedicated to false wisdom, foolish and insensible persons as well as to the attitudes which cause foolishness and lead to one's ruin.

– The immediate context of our text evinces the contrast between dreams and travels, i.e., between fantasy and reality, between illusory thoughts and real experience, between futility and intelligence. All of this is enforced by the personal testimony of the sage who has gained greatly from his travels.

– Attributing belief in dreams to the figure of the fool or insensible person automatically means that dreams cannot be a part of the sapiential program, and that their equivalence with foolishness is immediate and irreversible.

---

45 Cf. Weber, Kathleen, Wisdom False and True (Sir 19,20–30), Bib. 77 (1996), 330–348.
46 On the elative meaning of the adjective πᾶσα, cf. Beentjes, Pancratius C., „Full Wisdom is Fear of the Lord". Ben Sira 19,20–20,31: Context, Composition and Concept, EstB 47 (1989), 27–45, 39–40.
47 Alonso Schökel, Luis, Proverbios y Eclesiástico, LiSa VIII/1, Madrid 1968, 210–211.

– The falsehood and inconsistent character of dreams contrast strongly with stability and truth, which are typical features of the Law. Such falseness and inconsistency stand out negatively against the wisdom from a faithful person who fears the Lord.

Unless they come from the Lord, dreams are an example of false wisdom that is to be avoided in order not to endanger one's personal integrity. Dreams do not figure in the school of the sage, for they teach foolishness. By contrast, observance of the Law is the source of authentic wisdom.[48]

---

48 Cf. Oesterley, William O.E., The Wisdom of Jesus, the Son of Sirach, or Ecclesiasticus, CBSC, Cambridge 1912, 218.

Free Will in the Wisdom of Ben Sira 15:11–20

An Exegetical and Theological Study

Alexander A. Di Lella, O.F.M.

Introduction

Freedom of the will has been a vexing problem for theologians and philosophers alike. The existence of free will seems to be a given in the experience of most people. Yet, a certain mystery abides. The Bible does not resolve or theorize about the mystery but simply accepts it. The primeval stories in Genesis 1–11 as well as the narratives in the rest of the Pentateuch presuppose freedom of the will. The same is true of the rest of the OT. Indeed the prophetic preaching would have been pointless if there were not a common belief that the people had the radical power to choose between fidelity and infidelity, good and evil. Nonetheless, questions remain: How is free will possible in view of God's providence, omnipotence, omniscience, and goodness – all of which are affirmed repeatedly in the Bible?[1] How can a person be free in view of God's foreknowledge of that person's choices?[2] Why does an all-powerful, all-knowing, and all-good God allow human beings to choose evil? Conversely, why do human beings often choose good when evil would be to their more immediate advantage?

A further difficulty arises. In the Bible there appear to be three different theories regarding the origin of evil. Theory one is that God himself causes evil. This is the „God-made-me-do-it" theory which is based on texts that seem to imply that God is responsible for human sin. Ex 4:21 is typical: „And the LORD said to Moses, ‚When you go back to Egypt, see that you perform before Pharaoh all the wonders that I have put in your power; but I will harden his heart, so that he will not let the people go'" (see also Ex 7:3; 9:12;

---

1   See Jdt 9:14; Prov 15:3; Ps 145:9. Translations from Ben Sira are my own; I use the chapter- and verse-numbers as found in Skehan, Patrick W. – Di Lella, Alexander A., The Wisdom of Ben Sira, AncB 39, New York 1987, for reasons that I explain there on p. x. Translations from other biblical books are taken, except where noted otherwise, from the New Revised Standard Version; all references, however, follow the chapter- and verse-numbers of BHS, and not the often peculiar numbering still found in the NRSV.
2   Sir 42:18c–d: „For the Most High possesses all knowledge, / and sees the things that are to come forever."

10:1.20.27; 11:10; 14:4.8; Dtn 2:30; 2 Sam 24:1). Even the prophet Isaiah seems to echo these ideas: „Why, O LORD, do you make us stray from your ways and harden our heart, so that we do not fear you? Turn back for the sake of your servants, for the sake of the tribes that are your heritage" (Isa 63:17).

Theory two is that human beings are the cause of their own evil; this theory is based on most other OT texts, especially in the prophetic literature. I quote again from Exodus to highlight the book's inconsistent view regarding the origin of evil: „But when Pharaoh saw that there was a respite, he hardened his heart, and would not listen to them, just as the LORD had said" (Ex 8:15) – a text that explicitly attributes Pharaoh's conduct to his own free choice.

Theory three is that Satan or the devil causes evil; this is the „The-devil-made-me-do-it" theory. It is found in such texts as 1 Chr 21:1 („Satan stood up against Israel, and incited David to count the people of Israel") and Wis 2:24; see also Mt 4:1–11; Mk 4:15; Lk 22:3; Joh 13:27; Act 5:3; 1 Cor 7:5. Theory three is often alleged even in courts of law today. From this survey, it is evident that the Bible is not consistent in its statements on free will.

In the well-crafted poem in 15:11–20, Ben Sira, alone of all biblical authors, offers a somewhat systematic teaching on free will. Though not a philosopher or theologian in any usual sense, Ben Sira discusses human freedom by invoking several principles found in the earlier biblical tradition, especially such texts as Dtn 11:26–28.31–32; 30:15–20; and Jer 7:1–7; 21:8–10. He then formulates his teaching in parenetic fashion, appealing to common sense, good will, and the religious sensitivity of the reader. His poem is likewise the fullest treatment of free will to be found in the Bible. Ben Sira boldly confronts the rationalizations people advance to justify their choices for evil, and in so doing he denies all forms of ethical determinism. He concludes, of course, that God is not to blame for the sins human beings commit (theory one). Rather, he argues, all people have the radical freedom to choose good over evil; and that they will be rewarded or punished in keeping with their choices (theory two). Not once in his book does Ben Sira mention Satan or the devil. Hence, in Ben Sira's thought, the devil or Satan can hardly be the cause or occasion of human sin (theory three). An analysis of the poem will show that Ben Sira employed his considerable skills as a poet to explain his teaching regarding the problem of free will. He expresses many of the basic elements of what would later become a fuller theology of human freedom.

In this study I shall present the following: a critical, eclectic text of the poem, based on Mss. A and B from the Cairo Geniza,[3] as well as the textual

---

[3] Ms. A, written continuously, contains the whole poem intact; I used the edition of Smend, Rudolf, Die Weisheit des Jesus Sirach, hebräisch und deutsch, Berlin 1906, the best edition of the Geniza Mss. available at that time. The leaf of Ms. B on which the poem is found was discovered by Schirmann, Jefim, who published it in Tarb. 27 (1957/58), 440–

criticism in which I give the principal variants in the Hebrew as well as the ancient versions;[4] a literal translation; the strophic structure and the poetic analysis in which I show the various techniques Ben Sira used; and a brief exegesis of the poem.

The Text of Sir 15:11–20

I

כי את אשר שנא לא עשה:[a]	אל תאמר מאל פשעי	11	A
כי אין לו[c] צורך[d] באנשי[e] חמס:	פן[b] תאמר הוא התקילני	12	AB
ולא יאננה[h] ליראיו:[i]	רעה ותעבה[f] שנא ייי[g]	13	A

II

ויתנהו ביד יצרו:	הוא מראש[j] ברא אדם[k]	14	B
ואמונה[m] לעשות רצון אל[n]:[o]	אם תחפץ תשמר מצוה[l]	15	
באשר תחפץ תשלח[q] ידיך:	מוצק לפניך אש ומים[p]	16	AB
[t]אשר יחפץ ינתן לו:[u]	לפני אדם חיים ומוות[s]	17	A

III

אל[v] בגבורה ומביט לכל:[w]	כי לר[ו]ב חכמת ייי	18	B
והוא[y] יכיר כל מפעל איש[x]:[z]	עיני אל יראו מעשיו[x]	19	A
ולא יחמל[bbb] על[ccc] אנשי כזב:[dd]	לא צוה אנוש לחטא[aa]	20	

Textual Notes:

a Ms. B has two different forms of this bicolon:

אל תאמר מאל פשעי	כי כל אשר שנא. אמר לך [לא תפעל:]
אל תאמר מה פעלתי	כי את אשר שנא לא אעש[ה:]

Only the first colon and fourth colon (except for the last word) match the correct reading of Ms. A. In my edition of this leaf of Ms. B (see n. 3) I reconstruct the lacuna in the second colon on the basis of Gk., followed by the Lat.: ἃ γὰρ ἐμίσησεν οὐ ποιήσεις. Ziegler follows Smend and Rahlfs, opting for ποιήσει on the basis of only one Ms. (768). For V. 11a, Syr. reads, „Do not say that before God I did iniquity and sinned."

443; later Schirmann published some more leaves of Mss. B and C in Tarb. 29 (1959/60), 125–134. But because Schirmann's editions are unreliable, I used the edition of Di Lella, Alexander A., The Recently Identified Leaves of Sirach in Hebrew, Bib. 45 (1964), 153–167.

4 For Greek [= Gk.] I and II, I used Ziegler, Joseph, Sapientia Iesu Filii Sirach, Septuaginta XII/2, Göttingen ²1980; for the Syriac [= Syr.], the facsimile of Ceriani, Antonio M. (ed.), Translatio Syra Pescitto Veteris Testamenti ex codice Ambrosiano sec. fere VI photolithographice edita, 1–2, Milan 1876–83, as well as de Lagarde, Paul A. de, Libri Veteris Testamenti apocryphi Syriace, Leipzig et al. 1861; and for the Latin [= Lat.], Biblia Sacra iuxta latinam vulgatam versionem, 12. Sapientia Salomonis, Liber Hiesu Filii Sirach, Rome 1964.

b   As Joüon explains (§168g, n. 3), in such a context, פן can introduce a negative volitive. Compare Isa 36:18, another good example, with Isa 36:14–16; see also Job 32:13 and Jer 51:46.
c   Ms. A omits, and Ms. B spells the word לי, a case of confusion of *waw* and *yod* as often in the Cairo Geniza Mss. as well as in the Qumran scrolls; see Di Lella, Alexander A., The Hebrew Text of Sirach. A Text-Critical and Historical Study, Studies in Classical Literature 1, The Hague 1966, 97–101. Syr. also supports the reading לו.
d   Ms. B^txt has the noun חפץ; see V. 15a, 16b, and 17b where the verb of the same root occurs. Ms. B^mg has [צ]ורך.
e   Gk. and Syr. have a singular noun, but Lat. keeps the plural.
f   Spelled defectively also once in the MT (Jer 44:4). Ms. B has the usual orthography ותועבה; רעה is in Ms. B^mg.
g   Ms. B reads אלהים.
h   Gk., followed by Lat., reads οὐκ ἔστιν ἀγαπητόν, „it [all abomination] is not beloved (by those who fear him)."
i   For this bicolon Syr. reads, „Every evil and effrontery he hates, and he does not give them to those who love him."
j   Gk. agrees. Ms. A , Ms. B^mg: אלהים מבראשית = Syr. and, curiously, Lat. מראש, which recurs also in 16:26a (Ms. A); 39:25a.32a (Ms. B) with the meaning „from the beginning," is normal in classical Hebrew; see Isa 40:21; 41:4.26; 48:16; Prov 8:23; and Koh 3:11.
k   Mss. A, B add: וישתהו ביד חותפו, a retroversion from Syr. of 4:19b, with the necessary change of subject (see Di Lella, Hebrew Text [see n. c], 121–125). No version has the colon.
l   Most Gk. Mss. have „the commandments" while Syr. has „his commandments."
m   Gk. agrees; Mss. A, B^mg: ותבונה. Smend, Rudolf (Die Weisheit des Jesus Sirach erklärt, Berlin 1906, 143), with Ms. A at his disposal, argued from the Gk. that ואמונה should be read.
n   Ms. A, Ms. B^mg: רצונו, probably based on Ps 103:21; 143:10; Ezra 10:11.
o   Mss. A, B add an extra bicolon here: אם תאמין בו גם אתה תחיה (Ms. B [ואם]), a gloss, which is a retroversion from the Syr. (see Di Lella, Hebrew Text [see n. c], 127–129). In place of the genuine V. 15b, Syr. gives this gloss that is based on Hab 2:4, but it also could have been prompted by Joh 11:25 (see Skehan – Di Lella, Wisdom [see n. 1], 269).
p   Ms. A = Gk. and Syr.; Ms. B reads מים ואש, followed by most Lat. Mss. The word order „water and fire" is found again in 39:26b (the only other occurrence of the expression in the book) in Ms. B as well as Gk., Lat., and Syr.; the phrase, however, is not used as a merism there but as part of a list of things needed for human life.
q   Ms. A with the imperative שלח = most Lucianic Mss. of Gk. as well as Lat. and Syr.; the other Gk. Mss. follow Ms. B.
r   Gk. Ms. 253 and Armenian read the plural; but as Smend correctly observes (Weisheit [see n. m], 143), the Heb. can be read also as a singular, which is what Lat. and Syr. and all the other Gk. Mss. have.
s   Ms. B ומות. Lat. adds another merism „good and evil" after „life and death"; these two merisms occur in that order also in 37:18b (Mss. B and D).
t   For this colon Ms. B has וכל שיחפץ יתן B^mg [ינתן] לו:.
u   In this bicolon, Syr. reads, „For life and death have been given to human beings, so that they may choose life and forsake death." This rendering is clearly based on the wording of Dtn 30:19: „I call heaven and earth to witness against you today that I have set before you life and death, blessings and curses. Choose life so that you and your descendants may live."

v אל, meaning „mighty, strong," is the basis of the grandson's ἰσχυρός (see Hatch, Edwin – Redpath, Henry A., A Concordance to the Septuagint and the Other Greek Versions of the Old Testament, Oxford 1897, 693).
w The reading also of Gk. and Lat. (the latter adds „without interruption"); Syr. has, „For the wisdom of God is mighty, and he is powerful in mighty acts." Ms. B also gives an extra bicolon: ספקה חכמת ייי אמיץ גבורות והוזה כל, the reading of Ms. A.
x Gk. has καὶ οἱ ὀφθαλμοὶ αὐτοῦ ἐπὶ τοὺς φοβουμένους αὐτοῦ, which the grandson took over from the LXX of Ps 32(33):18; for a full discussion see Di Lella, Hebrew Text [see n. c], 63–65.
y So Ms. B; Ms. A has והו.
z Ms. B אנוש.
aa Ms. B adds here: ולא למד שקרים לאנשי כזב, which is probably a partial retroversion from Syr. (see Di Lella, Hebrew Text [see n. 3], 131).
bb A reading, based on Gk. (οὐκ) ἔδωκεν ἄνεσιν, that drops the ה of Ms. A's החלים (which makes little sense) and rearranges the consonants.
cc על, found also in Syr. and the added bicolon in Mss. A and B (see n. dd), is the normal preposition that follows the verb חמל, as also in 13:4.12; 16:8.9; see Clines, David J.A. (ed.), The Dictionary of Classical Hebrew, 3, Sheffield 1996, 255.
dd Mss. A, B add: ולא מרחם על עושה שוא ועל מגלה סוד, which has no counterpart in Gk. or Lat.; the first colon is a retroversion from Syr. and the second is an extra flourish probably added under the influence of Prov 11:13 or 20:19 (see Di Lella, Hebrew Text [see n. c], 133–134).

Translation

I

11 Do not say, „My transgression is from God."
    For what he hates he did not make.
12 Do not say, „He himself has led me astray."
    For he has no need of lawless people.
13 Abominable evil Yahweh hates,
    and he does not let it happen to those who fear him.

II

14 He himself from the beginning created human beings,
    and placed them in the power of their own free choice.
15 If you desire, you can keep the commandment;
    and fidelity is doing the will of God.
16 Poured out before you are fire and water;
    to whichever you desire you can stretch out your hand(s).
17 Before human beings are life and death;
    whichever they desire will be given to them.

III

18 For great is the wisdom of Yahweh;
    he is mighty in power and he sees all things.
19 The eyes of God see his works;
    and he knows a person's every deed.

20 He did not command anyone to sin;
    and he will not be lenient with liars.

Strophic Structure and Poetic Analysis

The poem seems to divide naturally into three strophes: 3 + 4 + 3 bicola. The first strophe with 27 words and the third with 26 words are about equal in length; the middle strophe, which contains the heart of Ben Sira's teaching, has 31 words. The total is 84 words (3 x 4 x 7 – an interesting combination of biblical numbers). Here are some of the formal markers to indicate the limits of the poem and of the strophes. To begin with, the poem is distinct from the previous context, 14:20–15:10, on the search for Wisdom and her blessings, and from the following context, 16:1–4, on worthless children. The first words of the poem – the negative jussive, אל תאמר – indicate the beginning of a new section. There is an *inclusio* in the opening and closing bicola: אל, the negative particle in V. 11a, and the reversed consonants לא, the other negative particle, in V. 20a and again in V. 20b. The synonymous parallelism between the noun פשעי in V. 11a and the infinitive construct חטא in V. 20a form another *inclusio*. A further *inclusio* is found in the first and third strophes: the construct אנשי in V. 12b and 20b, and the object nouns חמס in V. 12a and כזב in V. 20b, which are in synonymous parallelism. There is also a semantic *inclusio* between V. 11–12 and 20: the quotations in V. 11a and 12a are described as coming from liars in V. 20b, and V. 11b is restated in V. 20a.

The common noun אל, „God," occurs in V. 11a, and the proper name יי (the usual abbreviation for יהוה in Geniza Mss. A, B, and F[5]) in V. 13a – the opening and closing bicola of the first strophe. The name יי occurs again in V. 18a, in the opening bicolon of the final strophe, thus joining the two strophes together. When referring to the deity five times in this poem, Ben Sira provides variety by alternating between the common noun אל (V. 11a.15b. 19a) and the name יי (V. 13a.18a). He follows the same convention also in other passages of his book; see 10:19–11:6,[6] where reference to the deity occurs also five times (יי three times and אלהים twice), and 40:26b–27a (אלהים twice and יי once). The subject matter of the first strophe consists of the negative jussives in V. 11a and 12a and the corresponding principles in V. 11b, 12b, and 13: Yahweh hates all moral evil, has no need of lawless

---

5 In Mss. C, E, יי is used; Ms. D, which has only one leaf, does not contain the name at all.
6 For a study of this poem, see Di Lella, Alexander A., Sirach 10:19–11:6: Textual Criticism, Poetic Analysis, and Exegesis, in: Meyers, Carol L. et al. (eds.), The Word of the Lord Shall Go Forth. Essays in Honor of David Noel Freedman in Celebration of His Sixtieth Birthday, ASOR Special Volume Ser. 1, Winona Lake 1983, 157–164.

people, and keeps from evil those who fear him. The verb שׂנא occurs in V. 11b and 13a, in the opening and closing bicola of the strophe.

In V. 14, the emphatic pronoun הוא (the antecedent of which is Yahweh in V. 13a) signals the start of a new strophe. Ben Sira cleverly uses this pronoun here to hark back to its use in the mouth of the rationalizers in V. 12a, the middle of the first strophe. Note the enunciation of principles in V. 14 and in V. 17, both of which bicola are in the third person. Sandwiched in between are V. 15 and 16, written in the second person singular; these bicola apply the principles to personal experience and state unequivocally that humans have the radical capability to decide between obedience and disobedience. The common noun אדם occurs twice by way of *inclusio*, in V. 14a and 17a, in the opening and closing bicola of the strophe. It is interesting that Ben Sira employs most of the different nouns that refer to human being(s) – אנשי in V. 12b and 20b, אדם in V. 14a and 17a, איש in V. 19b,[7] and אנוש in V. 20a. In all cases the meaning is inclusive in gender. The merisms, „fire and water" and „life and death," connect V. 16 and 17 together. The verb חפץ, „to desire, choose" (V. 15a, 16b, and 17b), is the operative word that explains what יצר, „free choice" (V. 14b), is all about.

The causal particle כי (V. 18a) signals the opening bicolon of the final strophe – a bicolon that deals exclusively with the wisdom, omnipotence, and omniscience of Yahweh as demonstrated by the affirmations made in V. 14–17, the second strophe. The use of the emphatic pronoun הוא in V. 19b refers back to its use also in 14a in the second strophe and 12a in the first strophe. In V. 20, in the poem's most emphatic position, a nicely balanced a:b:c:: a:b':c' pattern brings the poem to a dramatic conclusion: *lō':ṣiwwâ:'ĕnôš laḥăṭō'::wĕlō':yaḥmōl:'al 'anšê kāzāb*.

Exegesis

Strophe I

V. 11a and 12a apparently allude to the excuses people often allege to explain their sinful conduct on the basis of such texts as Ex 4:21 and others that I referred to above with regard to theory one. Perhaps Ben Sira also had in mind the practice of some pagans to blame human errors and faults on the jealousy of the gods.[8] In The Iliad (xix, 86–87), for example, Agamemnon attempts to justify his unjust action by exclaiming, „.... I was not to blame. It was Zeus and Fate and the Fury who walks in the dark that blinded my judg-

---

7 But, as observed in n. z above, Ms. B has אנוש here.
8 So Spicq, Ceslas, L'Ecclésiastique, in: SB(PC) 6 (1951), 529–841, 645.

ment, that day at the meeting, when on my own authority I confiscated Achilles' prize."⁹

Ben Sira would have none of this ethical determinism. In V. 11b, 12b, and 13, he explicitly denies that sin has its origin in God.¹⁰ The declaration in V. 11b, „For what he [God] hates he did not make," is echoed also in Wis 11:24, „For you love all things that exist, and detest none of the things that you have made, for you would not have made anything if you had hated it," and Jas 1:13, „No one, when tempted, should say, ;I am being tempted by God'; for God cannot be tempted by evil and he himself tempts no one." The verbs עשה in V. 11b and ברא in 14a (the opening colon of the second strophe) are the two principal verbs used in the first creation account (Gen 1:1–2:4a, P). The root עשה occurs two other times: as an infinitive construct in V. 15b in the second strophe, and as a noun in V. 19a in the third strophe. In V. 12b, Ben Sira utilizes the forceful expression אנשי חמס, „lawless people," which never occurs in the MT (though the phrase איש חמס does recur four times: Ps 18:49; 140:12; Prov 3:31; 16:29; and the expression אישׁ חמסים appears in 2 Sam 22:49; Ps 140:2.5), to call to mind the reason for the Flood in Gen 6:11 (P): „Now the earth was corrupt in God's sight and the earth was full of lawlessness [חמס]" (my translation). In V. 13a, the expression רעה ותעבה, which I translate as an hendiadys, „abominable evil," recurs nowhere in the MT; but in Ezek 6:11 a somewhat different phrase appears תּוֹעֲבוֹת רָעוֹת, „evil abominations." The clause in V. 13b, „he [Yahweh] does not let it [abominable evil] happen [אנה] to those who fear him" – a strong affirmation of Ben Sira's belief in divine providence – was derived from Prov 12:21, „No harm happens [אנה] to the righteous, but the wicked are filled with trouble." There may be a hint of the theology of grace in V. 13b. An allusion to V. 13b may be found in Mt 6:13, the conclusion of the Lord's Prayer: „And do not bring us to the time of trial, but rescue us from the evil one."

Strophe II

The affirmation in V. 14 is a basic tenet of Jewish (and later Christian) faith: from the beginning (an allusion to Gen 1:1; see n. j) God created (ברא) human beings (אדם; Gen 1:27 uses the same verb and noun), and endowed them with the power of free choice. The meaning is clear: there was never any time when humans were not free to choose one of two or more possible courses of action. The command of Yahweh God in Gen 2:16–17 and the temptation

---

9 Homer, The Iliad (transl. Rieu, Emile V.), Baltimore 1950, 356. Shakespeare puts it this way in „King John," IV ii 30–31: „And oftentimes excusing of a fault / Doth make the fault the worse by th' excuse."

10 In 25:23 (Ms. C) in a clear reference to Gen 3:6, Ben Sira states, „From a woman is the beginning of sin, and because of her we all die." A similar idea is found in 2 Cor 11:3 and 1 Tim 2:14.

and sin narrative in Gen 3:1–6 (J), for example, would make no sense if humans did not have the radical freedom to obey or disobey. The expression „from the beginning" in V. 14a appears in about the same sense as here also in 16:26a; 39:25a; Isa 40:21; 41:26; 48:16.

The root of the noun יצר, here translated „free choice" (V. 14b), recurs again as a noun in 27:6b (Ms. A) where it means „(human) nature"; as a participle used as a noun in 27:5a (Ms. A) where it means „a potter"; and as a verb in 33:10b (Ms. E) and 37:3a (Mss. B and D) where it means „to form, mold, fashion." In the MT, the noun יצר has several meanings: „(potter's) vessel," as in Isa 29:16; „form of a human being (made of clay)," as in Ps 103:14; and „that which is formed in the mind/imagination/purpose," as in Gen 6:5; 8:21; Dtn 31:21; Isa 26:3; 1 Chr 28:9; 29:18.[11] In V. 14b, the grandson translates יצר by διαβούλιον, which in classical Greek means „debate, deliberation; resolution, decree; meeting for debate."[12] But in the LXX, the word is used mostly in a pejorative sense, „decree, intrigue, plotting." In the grandson's translation, however, the noun means „counsel, deliberation."[13] That is the meaning taken by the Lat., *consilium*. The rendering „free choice" for יצר comes from the context, which as usual is the ultimate arbiter of meaning. The use of the verb חפץ, „to desire, choose," in three successive verses demonstrates that human beings have the option to obey or disobey the commandment (V. 15a) and to choose between „fire and water" (V. 16) and „life and death" (V. 17) as well as anything in between.[14] As V. 15–17 attest, the key to ethical responsibility is desire or will and not any form of determinism. Ben Sira states this idea somewhat differently in 1:26:

> If you desire wisdom, keep the commandments,
> and the Lord will lavish her upon you.

It is noteworthy that at roughly the middle of the poem (V. 15a) Ben Sira states the basic principle of his theology of free will: „If you desire, you can keep the commandment" (see n. 1). „The commandment" is the Law as in 10:19d; 32:23b; 37:12b; 45:5c; Ex 24:12; Dtn 6:1; 7:11; 17:20; Jos 22:5; 1 Sam 12:14–15; 2 Kgs 17:34.37; 2 Chr 14:4; Ezra 10:3; Job 23:12; Ps 19:8; Prov 6:23; 13:13; 19:16; Koh 8:5. The obvious implication of V. 15a is that human beings have the choice to obey or not to obey the Law of Moses. Ps 40:9a – „I delight to do your will, O my God" – contains four of the eight

---

11 Skehan – Di Lella, Wisdom (see n. 1), 271–272.
12 So Liddell, Henry G. – Scott, Robert – Jones, Henry S., A Greek-English Lexicon, Oxford ⁹1996, 390.
13 So Lust, Johan – Eynikel, Erik – Hauspie, Katrin, A Greek-English Lexicon of the Septuagint, 1, Stuttgart 1992, 101.
14 For a discussion of the term יצר, see Hadot, Jean, Penchant mauvais et volonté libre dans la Sagesse de Ben Sira (L'Ecclésiastique), Brussels 1970, 91–103. For some other perspectives regarding V. 14–17, see Prato, Gian L., Il problema della teodicea in Ben Sira. Composizione dei contrari e richiamo alle origini, AnBib 65, Rome 1975, 237–246.

words of V. 15: חפץ, עשה, רצון, and אל (for אלהים of Ps 40:9a). The wording of V. 15b, ואמונה לעשות רצון אל, „and fidelity is doing the will of God," is adapted from Prov 12:22b, ועשי אמונה רצונו, „but those who act faithfully are his [Yahweh's] delight." (See below on V. 20b, which alludes to the first colon of the same verse in Proverbs.) It is probably not accidental that the nouns רצון אל are the 41st and 42nd words in the middle of the 84-word poem.

What Ben Sira teaches in V. 15 is that free will achieves its highest potential, i.e., אמונה, „fidelity," when one is doing the will of God. This is another way of saying that authentic freedom is not doing what we want, but rather doing what we ought. The expression רצון אל is found with the same meaning, „the will of God," also in Ps 103:21; 143:10; and Ezra 10:11, all of which, however, use the pronoun suffix on רצון with Yahweh or God as antecedent (see n. n). The phrases „keep[ing] (שמר) the commandment" and „doing (עשה) the will of God" are in synonymous parallelism (V. 15). The verbs שמר and עשה are a stereotyped pair in the OT; see, e.g., Lev 19:37; 20:8.22; 22:31; Dtn 4:6; 13:19. The noun אמונה, „fidelity, steadfastness, firmness," is an attribute of God in Dtn 32:4; Isa 25:1; Ps 88:12; 89:2.3.6.9.

The hophal of the root יצק, a participle (מוצק) in V. 16a, is found also in Ps 45:3: „You are the most handsome human being; grace is poured out (הוצק) upon your lips; thus God has blessed you forever" (my translation). The merism „fire and water" in V. 16a (Ms. B „water and fire"; see n. p) recurs elsewhere only in 2 Esdras 7:8 and 8:8. The phrase „life and death," in that order (V. 17a), is employed as a merism relatively few times in the Bible: see Dtn 30:19 (certainly the source for Ben Sira here; see n. u); Jer 21:8; Wis 16:13; Sir 11:14a; 37:18b.[15] In Prov 18:21 the phrase appears as „death and life," also a merism.

The „fire and water" and „life and death" images suggest that anything in between the two poles of each merism can be the object of free choice. This strophe declares in various ways the unequivocal truth that humans are indeed free and are accordingly held accountable for their choices. Obedience or disobedience to the Law is a matter of personal decision, and not of fate or divine predestination. In V. 16b the verb תשלח and the noun ידיך are found also in Gen 3:22 (with the noun as a singular; see n. r). By alluding to the somber words of Yahweh God in Gen 3:22, Ben Sira issues a timely warning against the potential abuse of free will.

Except for possibly V. 13b mentioned above, Ben Sira makes no allusion to divine grace that a later theology would deem necessary for men and women to make the right choices, but elsewhere he does. In 1:9–10, for example, he writes:

---

15 Dtn 30:15 expands this merism, „See, I have set before you today life and prosperity, death and adversity."

> It is he [the Lord] who created her [wisdom];
> he saw her and took her measure;
> he poured her out upon all his works,
> Upon all the living according to his gift;
> he lavished her upon those who love him.

In texts such as this as well as 1:26 cited above, wisdom is described as a gift of the Lord; later theology would describe it as a grace. Wisdom, in Ben Sira's view, is what motivates the believer to obey the Law (see 19:20).

Thus Ben Sira, in arguing against theory one, supports without reserve only theory two: sin – as well as its converse, fidelity to the Law – has its origin in a person's free will.

Strophe III

In V. 18a, the phrase חכמת ייי, „the wisdom of Yahweh," which recurs once more in 33:8a (Ms. E), is never found in the MT. But the expression חכמת אלהים, „wisdom of God," does occur in 1 Kgs 3:28. Perhaps that is why the sub-group of Lucianic Mss. of the Gk. as well as Lat. and Syr. read here „wisdom of God." Compare Dan 5:11; Ezra 7:25; and 1 Esdras 8:23. In V. 18, Ben Sira asserts his belief in the greatness of Yahweh's wisdom; the reason is that, as he writes in the opening verse of his book: „All wisdom is from the Lord, and remains with him forever." The use of the homonym *'ēl*, „mighty," in V. 18b (see n. v) is imaginative since Ben Sira employs the same word, but in the sense of „God," in V. 11a, 15b, and 19a.

Emphasis is on divine omniscience concerning which Ben Sira devotes a complete bicolon (V. 19). The phrase „the eyes of God" (V. 19a) recurs elsewhere only in Prov 3:4 and with a slight variant in Ezra 5:5 („the eye of their God"). The very common expression (about a hundred occurrences) is „the eye(s) of Yahweh" (sometimes with added „God" or „[y]our/his God"); see, e.g., Gen 6:8; Dtn 11:12; 2 Sam 15:25; Ps 34:16; Prov 5:21; 15:3; 22:12; Zech 4:10 as well as Sir 11:12c; 23:19b; 34:19a; see also 1 Petr 3:12. The use of כל as the object of „see" in V. 18b underscores the totality of God's knowledge; and the phrase כל מפעל איש as the object of „know" in V. 19b calls attention to the truth that every human activity without exception comes under divine scrutiny, including the free choices a person makes. God, however, does not predetermine those choices; see 42:17–21. Most probably Ben Sira derived some of the wording of V. 18–19 from Ps 33:13–15.18: „The LORD looks down from heaven; he sees all humankind. From where he sits enthroned he watches all the inhabitants of the earth – he who fashions the hearts of them all, and observes all their deeds ... Truly the eye of the LORD is on those who fear him, on those who hope in his steadfast love." Ben Sira, however, probably had in mind also such texts as Job 34:21–22; Prov 15:3; Ps 66:3–7; 90:8; 139:1–4.

The wording of V. 20a gives the lie to theory one about the origin of sin. The final clause of the poem, „he [God] will not be lenient with liars" (V. 20b), is an allusion to Prov 12:22a, „Lying lips are an abomination [תועבה, the word used in Sir 15:13a] to the LORD." (See above on V. 15b, which is adapted from Prov 12:22b.) In V. 20b the unusual expression אנשי כזב, which recurs once more in Ben Sira, 15:8b (Ms. A), but never in the MT, is reminiscent of Prov 19:22 that uses the phrase איש כזב, a *hapax legomenon* in the MT. Ben Sira dubs as „liars" the people who make such allegations as those in V. 11a and 12a, thus giving the *coup de grâce* to the proponents of theory one regarding the origin of evil.

Conclusion

In this poem Ben Sira insists that moral evil does not have its origin in God (V. 11–13). He teaches clearly that free will is a gift (V. 14) of God's great wisdom (V. 18a). Hence, this gift is to be exercised responsibly and faithfully in doing God's will (V. 15–17) and should not be turned into license to do evil (V. 20) as if God neither knew nor cared about human conduct (V. 19). Divine revelation as it unfolds in the Bible demonstrates beyond question that God, because he has a stake in human history, is indeed concerned about the ethical decisions of men and women and holds them responsible for the choices they make. Classical Christian theology, faithful to this biblical teaching, has always affirmed the doctrine of free will.[16]

---

16 See, for example, Haight, Roger, Sin and Grace, in: Schüssler Fiorenza, Francis et al. (eds.), Systematic Theology. Roman Catholic Perspectives, 2, Minneapolis 1991, 75–141, 131–139.

Jesus Sirach und das Priestertum

Heinz-Josef Fabry

Beschäftigt man sich mit dem Buch Jesus Sirach, dann wird das Interesse bald auf zwei Hauptthemen gelenkt: auf das Verhältnis des Buches zur alttestamentlichen und zwischentestamentlichen Weisheit[1] mit den Unterthemen der Gottesfurcht, der Theodizee und der Schöpfungsordnung[2] sowie auf das Verhältnis Sirachs zum Priestertum und zur Priesterschaft. Gerhard von Rad, „Weisheit in Israel",[3] rückte in den 70er Jahren des vergangenen Jahrhunderts die alttestamentliche Weisheitsliteratur in das Blickfeld der alttestamentlichen Forschung. Bald wurde das bis dahin recht stiefmütterlich behandelte Sirachbuch zum Hauptgegenstand der Forschung, in der mit und seit seiner Habilitationsschrift „Weisheit im Wandel"[4] Johannes Marböck einen unübersehbaren Platz eingenommen hat. Die Klärung der Frage nach dem Verhältnis des Siraziden zum Priestertum wurde kurze Zeit später in Cambridge/Basel unter Anleitung von Bo Reicke aufgearbeitet von Helge Stadelmann,[5] dem es aber weniger um Sirach ging als um die Geschichte des jüdischen Schriftgelehrtentums. Der damals schon von Johannes Marböck beobachteten „Renaissance der Sirachforschung"[6] folgte Ende der 90er Jahre eine zweite Renaissance, die bis heute ungebrochen anhält und in die Johannes Marböck immer wieder seine unverkennbare Handschrift einbringt. Sie wurde ausgelöst durch den niederländischen Wissenschaftler Pancratius C. Beentjes mit seiner bahnbrechenden Neuedition der hebräischen Sirach-

---

1 Vgl. exemplarisch Rickenbacher, Otto, Weisheitsperikopen bei Ben Sira, OBO 1, Freiburg/Schweiz u.a. 1973.
2 Vgl. Marböck, Johannes, Die „Geschichte Israels" als „Bundesgeschichte" nach dem Sirachbuch, in: Zenger, Erich (Hg.), Der neue Bund im alten, QD 149, Freiburg i.Br. u.a. 1993, 177–197, bes. 177.
3 Rad, Gerhard von, Weisheit in Israel, Neukirchen-Vluyn 1970.
4 Marböck, Johannes, Weisheit im Wandel. Untersuchungen zur Weisheitstheologie bei Ben Sira, BZAW 272, Berlin u.a. ²1999.
5 Stadelmann, Helge, Ben Sira als Schriftgelehrter. Eine Untersuchung zum Berufsbild des vor-makkabäischen Sôfēr unter Berücksichtigung seines Verhältnisses zu Priester-, Propheten- und Weisheitslehrertum, WUNT II/6, Tübingen 1980.
6 Vgl. Marböck, Johannes, Sirachliteratur seit 1966. Ein Überblick, ThRv 71 (1975), 177–184; ders., Nachwort zur Neuauflage, in: ders., Weisheit (s. Anm. 4), 220–223, 220.

Handschriften aus der Kairoer Genizah, aus Qumran und von Masada.[7] Seitdem ist die Arbeit am Sirachbuch bei den Exegeten wieder hoffähig geworden und sie fand öffentliche Anerkennung in der „First International Ben Sira Conference 28–31 July 1996" im niederländischen Soesterberg[8]. Sie wurde bald ergänzt durch weitere Symposien, z.B. das „Second International Symposium on the Hebrew of the Dead Sea Scrolls, Ben Sira, and the Mishnah, Leiden University, 15–17 December 1997"[9] und die Arbeitstagung „What Kind of God? Ben Sira's Portrayal of the Deity" vom 1.–4. Juli 2001 in Durham/UK. Auch eine umfangreiche Bibliographie signalisiert das neu entfachte Interesse für Jesus Sirach[10]. Ein unübersehbares Signal für eine gegenwärtig boomende Sirachforschung bildet die Festschrift für Maurice Gilbert.[11]

Die beiden Hauptthemen üben weiterhin ihre Faszination aus, aber interessanterweise dominiert die weisheitliche Problematik. Die Einbettung in die alttestamentliche und vor allem hellenistische Weisheit hat Oda Wischmeyer neu aufgearbeitet.[12] Ein von Irmtraud Fischer herausgegebener Sammelband brachte Johannes Marböcks Meinung erneut in die Diskussion ein.[13] Auch Otto Kaiser wies mit seinem bemerkenswerten Aufsatz über die Nähe des Siraziden zur Stoa auf neue rezeptionsgeschichtliche Aspekte hin.[14] Inzwischen liegt eine erste Untersuchung zum Verhältnis des Siraziden zum Kult[15] vor. Wie wichtig gegenwärtig die Beziehungen des Siraziden zum Priestertum und zur Priesterschaft genommen werden, geht hervor ebenfalls aus einem Beitrag von Johannes Marböck[16] zur Festschrift für M. Gilbert und aus

---

7 Beentjes, Pancratius C., The Book of Ben Sira in Hebrew. A Text Edition of all Extant Hebrew Manuscripts and a Synopsis of all Parallel Hebrew Ben Sira Texts, VT.S 86, Leiden u.a. 1997.
8 Vgl. dazu den Kongressband Beentjes, Pancratius C. (Hg.), The Book of Ben Sira in Modern Research. Proceedings of the First International Ben Sira Conference, 28–31 July 1996, Soesterberg, Netherlands, BZAW 255, Berlin u.a. 1997.
9 Vgl. dazu Muraoka, Takamitsu u.a. (Hg.), Sirach, Scrolls, and Sages. Proceedings of a Second International Symposium on the Hebrew of the Dead Sea Scrolls, Ben Sira, and the Mishnah, Held at Leiden University, 15–17 December 1997, StTDJ 33, Leiden u.a. 1999.
10 Reiterer, Friedrich V. (Hg.), Bibliographie zu Ben Sira, BZAW 266, Berlin u.a. 1998.
11 Calduch-Benages, Nuria u.a. (Hg.), Treasures of Wisdom. Studies in Ben Sira and the Book of Wisdom. Festschrift M. Gilbert, BEThL 143, Leuven 1999.
12 Wischmeyer, Oda, Die Kultur des Buches Jesus Sirach, BZNW 77, Berlin u.a. 1995.
13 Marböck, Johannes, Gottes Weisheit unter uns. Zur Theologie des Buches Sirach, HBS 6, Freiburg i.Br. u.a. 1995.
14 Kaiser, Otto, Die Rezeption der stoischen Providenz bei Ben Sira, JNWSL 24 (1998), 41–54.
15 Calduch-Benages, Nuria, El servicio cultual en el Sirácida: Estudio del vocabulario, EstB 57 (1999), 147–162.
16 Marböck, Johannes, Der Hohepriester Simon in Sir 50. Ein Beitrag zur Bedeutung von Priestertum und Kult im Sirachbuch, in: Calduch-Benages, Treasures (s. Anm. 11), 215–229.

einem Kurzvortrag von Otto Mulder auf dem Symposium von Durham.[17] Man wird Johannes Marböck Recht geben müssen, wenn er schreibt, dass diese für eine Weisheitsschrift unerwartete Betonung und Hochschätzung von Priestertum und Kult im Sirachbuch einer umfassenden Studie wert wäre.[18]

Nun ist aber gerade bei Sirach die Verbindung von Offenbarung, Weisheit und Tempelkult signifikant: „Wenn auch hinsichtlich der Weisheit und ihrer Einzelzüge Formulierungen gebraucht werden können, die an hellenistische Vorstellungen, ja an die im Hellenismus bekannten Isis-Aretalogien erinnern, so ist deutlich, dass dies alles nur dazu dient, das um so größer empfundene Geschenk der Mitteilung an Israel, an Jerusalem und den Tempel zu preisen (Sir 24). Die Weisheit ist nur hier zu finden und strömt nur von hier wieder hinaus in die Völkerwelt, auch in die hellenistische! Diese Weisheit bleibt nun nicht unverbindlich und allgemein gültig ohne konkrete Bezeugung, sondern ist, da an den Tempel gebunden, mit dem Gesetz gleichzusetzen, das ebenso von Gott kommt und an das Volk und den Zion geheftet ist (Sir 24 u.ö.). – Nur so ist es auch verständlich, dass Ben Sira eine solche bisher nie zu Gehör gebrachte Ineinssetzung von *Weisheit*, *Tempel* und schließlich auch *Tempelkult* und *Priestertum* sadokidischer Herkunft vollziehen kann. ... Es dürfte bezeichnend sein, dass auf dem Höhe- und Schlusspunkt seiner Ausführungen der Lobpreis des Hohenpriesters Simon steht".[19]

Hier möchte ich ansetzen, denn beim näheren Hinsehen gestaltet sich diese Verbindung Sirachs zum „Priestertum sadokidischer Herkunft" doch erheblich differenzierter. Schon ein Einblick in die Terminologie muss aufhorchen lassen. Der griechische Text des Sirachbuches redet an keiner einzigen Stelle von Zadok, wohl dagegen recht ausführlich von Aaron. Erst recht bedarf der Erklärung, dass die hebräische Handschrift B (Ms^B) aus der Kairoer Genizah in Sir 51,12 einen ausführlichen Refrain enthält, in dem Gott wegen der Erwählung der „Söhne Zadoks" gepriesen wird. Damit ergibt sich der Verdacht, dass sich in der Textgeschichte des Sirachbuches möglicherweise eine Rivalität zwischen Aaroniden und Zadokiden oder ihren Sympathisanten widerspiegelt. Um diesem Verdacht nachzugehen, ist es notwendig, das Verhältnis von Aaroniden und Zadokiden im Alten Testament zu sichten.

---

17 Mulder, Otto, Two Approaches: Simon the Highpriest and YHWH, God of Israel/God of All in Sirach 50, in: Egger-Wenzel, Renate (Hg.), Ben Sira's God. Proceedings of the International Ben Sira Conference, Durham – Ushaw College 2001, BZAW 321, Berlin u.a. 2002, 221–234.
18 Marböck, Hohepriester (s. Anm. 16), 227.
19 Sauer, Georg, Jesus Sirach / Ben Sira, ATDA 1, Göttingen 2000, 31.

1. Das Priestertum Israels/Judas in der Königszeit

Das Alte Testament ist offensichtlich nicht mehr in der Lage, die Herkunft der Ahnherren der Priesterschaft exakt zu markieren. Im Pentateuch ist Aaron, der Bruder des Moses, als Ahnherr genannt, während etwa die Überlieferungen des Deuteronomistischen und Chronistischen Geschichtswerkes Zadok nennen, der als Zeitgenosse Davids und Salomos naturgemäß im Pentateuch nicht begegnen kann. Insofern könnte man die Differenz zwischen Pentateuch und Dtr/ChrGW als eine ordnungsgemäße historische Abfolge verstehen. Aber offensichtlich ist die Sachlage erheblich komplizierter. Der Priester Zadok wurde nicht in der Nachfolge des Aaron gesehen, vielmehr bestand zu seiner Zeit eine deutliche Rivalität zum Eliden Abjatar (2 Sam 8,17 u.ö.). Der wahrscheinlich jebusitische Zadok wurde von David als Priester eingesetzt, mit dem Ladedienst betraut (2 Sam 6,3; 1 Chr 16,39) und auf diese Weise in den JHWH-Kult integriert. Auffällig ist seine konsequente Vorordnung vor den Traditionspriester Abjatar, was für einen zadokidischen Sieg in einem latenten Konkurrenzverhältnis zwischen Zadok und Abjatar spricht. Dahinter steht wohl letztlich ein kulturpolitischer Konflikt zwischen einer jerusalemisch-kanaanäischen Königsideologie und einer konservativ-tribal orientierten altisraelitischen Königskonzeption. Nach der Inthronisation Salomos wird Abjatar abgesetzt, während Zadok zum Gründungsvater der vorexilischen Jerusalemer Priesterschaft, der Zadokiden, wird. Die deutliche Reserve gegenüber Aaron und den Aaroniden bleibt: er wird als Gegenspieler des Moses abgestempelt (Ex 32; Num 12) und die aaronidischen Eliden werden retrospektiv verflucht (1 Sam 2,27–36). Die von Zadok erreichte Dominanz über die Priesterschaft trägt vorerst einen eigenartigen Zug: Auffällig ist, dass er an keiner Stelle als im Tempel agierender Priester gezeigt wird und auch keine kultisch relevanten Reden von ihm bezeugt sind. Als erster Tempelpriester amtiert sein Sohn Asarja (1 Kön 4,2). Zadok spielte wohl eine primär politische Rolle.

Zu weiteren Hypothesen über die Herkunft Zadoks („Hebron-Hypothese"[20], „Gibeon-Hypothese" und „Eliden-Hypothese"[21]) verweise ich auf meinen Beitrag in der TRE.[22]

2. Zadokiden und Aaroniden in der nachexilischen Literatur

Auffällig ist nun das weitgehende Schweigen der alttestamentlichen Literatur über Zadok und die Zadokiden. Zum ersten Mal sprechen Ez 40,46; 44,15;

---

20 Cross, Frank M., The Priestly Houses of Early Israel, in: ders., Canaanite Myth and Hebrew Epic. Essays in the History of the Religion of Israel, Cambridge 1973, 195–215.
21 Budde, Karl, Herkunft Zadoks, ZAW 52 (1934), 42–50.
22 Fabry, Heinz-Josef, Zadok/Zadokiden, TRE (2003) (im Druck).

48,11, später dann die Qumran-Schriften von den „Söhnen Zadoks". Ungleich häufiger nennt das Alte Testament die „Söhne Aarons", aber auch erst in der Literatur der Exilszeit.

a.) Die Aufwertung Aarons in der Priesterschrift

Die priesterschriftlichen Texte der späten Exilszeit (Ex 28f.; Lev 8–10; Num 16–18) werten Aaron massiv auf, was vielleicht als Hinweis auf eine inzwischen erreichte oder postulierte aaronidische Dominanz zu werten ist. Während sich für die Priesterschrift die erste Priesterschaft entsprechend der Mosesfiktion des Pentateuchs auf den Mosesbruder Aaron zurückführte, ist für den nahezu zeitgenössischen Priester und Propheten Ezechiel das Priestertum zadokidisch. Gegen Ende des Exils muss es also zwischen den verschiedenen Priestergruppen eine mächtige Rivalität gegeben haben. Eine solche Rangelei kam nicht von ungefähr, da eine Neukonstituierung des gesellschaftlichen Gefüges nach dem Untergang der Monarchie für das Priestertum eine gewaltige Herausforderung bedeuten musste.

b.) Der Gegenzug der Zadokiden

Im Zuge einer Neuorientierung der nachexilischen Machtverhältnisse hatten die Zadokiden aufgrund ihrer ununterbrochenen Sukzession bis zurück zu einem der höchsten Beamten Davids und Salomos gewiss die Nase vorn. Zadok stand für eine Priesterschaft mit monarchischer Bindung und daraus resultierender politischer Kompetenz und bot sich von daher an, die quasi-monarchische Aufgabe des „Hohenpriesters" zu übernehmen. Um dialogfähig zu bleiben, verständigte man sich auf eine gemeinsame levitische Herkunft. Dies geschah wohl erstmalig im Tempelvisionsbericht Ez 40–48. Die Redaktionsgeschichte dieses Textes[23] zeigt aber, dass auch dieser Vorgang nicht unwidersprochen blieb, denn bereits in frühnachexilischer Zeit wurde wieder eine konsequente Unterscheidung zwischen Zadokiden und Leviten in den Text eingetragen und der Altardienst einzig für die Zadokiden reserviert (Ez 40,46; 42,13^{LXX}; 43,19). Aus Ez 40–48 gewinnt man den Eindruck, dass das Priestertum in der persischen Zeit ausschließlich aus Zadokiden rekrutiert wurde. Entsprechendes sehen dann auch die Listen[24] bei Esra (Esra 2; 8) und Nehemia (Neh 7; 10; 12) vor, die grundsätzlich die Priester vor den Leviten nennen[25] und letztere damit degradieren. Die Aaroniden wurden schlicht

---

23 Vgl. dazu Konkel, Michael, Architektonik des Heiligen. Studien zur zweiten Tempelvision Ezechiels (Ez 40–48), BBB 129, Berlin 2001, 99–111.242f.
24 Zur grundsätzlichen Problematik der Listen vgl. Henning-Hess, Heike, Kult als Norm? Die Rezeption der vorexilischen Geschichte Israels in den Chronikbüchern aufgrund ihrer Darstellung von Priestern und Leviten, Kult und Königtum, Diss. Heidelberg 1997, 68–82.
25 Esra 1,5; 6,16.18; 7,24; 9,1; 10,5.18–23; Neh 3,1.17.

„untergebuttert". Die Bücher Esra und Nehemia sprechen nicht mehr von Aaron, allenfalls in der harmonisierenden Genealogie Esras (Esra 7,5).

c.) Die Antwort der Aaroniden

Dann aber setzte im Gegenzug in den priesterschriftlich beeinflussten Texten eine „Aaronisierung" der Priesterschaft ein. Esra, „der Priester" (Esra 10,10.16) und Zadokide, wurde über Ahitub zusätzlich auch als Nachfahre Aarons qualifiziert (Esra 7,1–5; sekundär). Der Jerusalemer zadokidische Hohepriester Seraja (Neh 11,10–14) wurde umständlich über Merajot und Ahitub mit Aaron verbunden (vgl. 1 Chr 9,11). Auch das spätnachexilische Heiligkeitsgesetz nennt Aaron wieder. Diese Aaronisierung geschah wahrscheinlich als Kontrastentwurf zum politischen Machtzuwachs der Zadokiden, die nach dem misslungenen Versuch einer Restauration der davidischen Monarchie unter Serubbabel die monarchische Gewalt übernahmen.

d.) Das Aufbegehren der Leviten

Besonders das Chronistische Geschichtswerk legte das Augenmerk darauf, in seinen Genealogien die Leviten als Zentrum der Stämme Israels aufzuwerten.[26] Dabei postulierte es für Levi die vollen priesterlichen Befugnisse und bediente sich dazu genealogischer Mittel, indem es nämlich die Zadokiden auf Levi zurückführte, die im gleichen Vorgang genealogisch mit Aaron verbunden wurden (1 Chr 5,27–41; 6,35–38). Dadurch wurde die Differenzierung aus Ez 40–48 wieder aufgehoben. Eine Levitisierung der Aaroniden und Zadokiden zugunsten der Leviten ließ sich also nicht konsequent durchhalten,[27] da das chronistische Levitenpostulat wohl auf wenig priesterliche Akzeptanz stieß und teilweise wieder zurückgenommen werden musste.

e.) Der zweite Gegenzug der Zadokiden

Im Gegenzug ist mit einer erneuten Betonung zadokidischer Positionierung zu rechnen, denn nun wird versucht, die Zadokiden mit der Eleasar-Linie zu verbinden, um damit die Verheißung des ewigen Priestertums an Pinhas (Num 25,10–13), Sohn des Eleasar, auf die Zadokiden zu applizieren und diese damit als die wahre und gottgewollte Priesterschaft für den nachexilischen Tempeldienst zu legitimieren. Sollten noch aaronidische Ansprüche bestanden haben, wurden sie jetzt gegenstandslos gemacht. In diesen Zusammenhang passt auch die ideologisch fiktive Aufwertung Zadoks zum Anführer des Stammes Aaron (1 Chr 27,17). In dieser Zeit wurde auch das System zweier symmetrischer Ideal-Genealogien entworfen, die die Hohe-

---

26 Vgl. Oeming, Manfred, Das wahre Israel. Die „genealogische Vorhalle" 1 Chronik 1–9, BWANT 128, Stuttgart u.a. 1990, 150f.208f..
27 Vgl. die Differenzierung in zwei Listen 1 Chr 23 und 24.

priesterlinie in zwei Zwölferreihen (vom Begegnungszelt [Aaron] bis zum Jerusalemer Tempel [Zadok] und von dort [Asarja] bis zum Exil [Jozadak, Vater des Jeschua]) anordnete, um die Sukzession als Mittel der Legitimation aufzuweisen.

3. Das Priestertum zur Zeit der Seleukiden und in Qumran

a.) Von den Zadokiden zu den Hasmonäern

Von der Perserzeit bis in die Zeit der Makkabäer hinein haben die Zadokiden zumindest de jure die Hohenpriester gestellt und sich als solche behaupten können. Sie verstanden es, mit der jeweiligen Besatzungsmacht spannungsfrei umzugehen, wobei sie Machtverschiebungen auszunutzen wussten. Spätestens Antiochus IV. Epiphanes griff massiv in die zadokidische Sukzession ein, als er den dem Hellenismus abgeneigten Hohenpriester Onias III. vertrieb und ihn durch dessen Bruder Jason (2 Makk 4,7) und diesen wiederum später simonistisch durch den Laien Menelaos (V. 24) ersetzte, der den exilierten Onias ermorden ließ (V. 34). Demetrius I. setzte später gegen die Makkabäer den Aaroniden Alkimos zum Hohenpriester ein (1 Makk 7,9.14; 2 Makk 14,3ff.; Ant XII 9,7f.), der aber wegen seiner Hellenisierungspolitik kaum Anerkennung fand. Möglicherweise hingen seine Anerkennungsprobleme auch damit zusammen, dass eine zadokidische Abstammung nicht nachzuweisen war, denn die Zadokiden blieben auch weiterhin bei ihrem Anspruch auf das Hohepriesteramt, bis sie endgültig nach dem Makkabäeraufstand (164 v.Chr.) durch hasmonäische Priester ersetzt wurden (152 v.Chr.). Diese bemerkten sehr wohl das Defizit in ihrer Sukzession und rekonstruierten theologisch-fiktiv ihre priesterliche Genealogie über die Linie des Pinhas und Eleasar (vgl. 1 Makk 2,54). Ein Teil der Zadokiden floh vor dem politischen Druck und gründete im Nildelta die Tempelgemeinde von Leontopolis, eine weitere zadokidische Gruppe fand Zuflucht in den essenischen Exklaven.

b.) Aaroniden und Zadokiden in Qumran

Das Mit- und Nebeneinander von Aaroniden und Zadokiden in den Gemeinden von Damaskus und Qumran war recht verwickelt. Auffällig ist, dass zadokidische „Priester" (1QSa 1,24; 2,3) in einem Atemzug mit den Leviten und den Söhnen Aarons genannt werden können und aaronidische und zadokidische Priester als austauschbar erscheinen (vgl. 1QS 5,20f.; 9,7; 1QSa 1,15f.23). Obwohl in den älteren Gemeinderegeln die Zadokiden im Zusammenhang mit der Gründung der Gemeinde als die angesehen werden, die die Separation von der unrein gewordenen Tempelgemeinde initiiert und vollzogen haben (1QSa 1,2; 4QMidrEschat 3,17), entspricht diese Wertung nicht der historischen Wirklichkeit, denn Differenzen zwischen Aussagen in 1QS und in den älteren Parallelhandschriften 4QS^d und 4QS^b lassen vermuten, dass die Qumrangemeinde sich eher auf ein aaronidisches Gründungspotential berief, in das die Zadokiden eingedrungen sind und sich Gehör verschafft haben. Sie übernahmen zentrale Aufgaben in der Gemeinde und entwickelten allmählich eine zadokidische Dominanz. Unzweifelhaft haben die Zadokiden die Qumran-Bewegung mit ihrem priesterlichen Selbstverständnis entscheidend geprägt und konsequent zu einer priesterlichen Gruppierung gestaltet.

Auffällig ist einerseits die Pflege der aaronidischen Tradition des Eleasar, Pinhas und Itamar (1QM 17,2f.), die die Priesterschaft in die unmittelbare Nähe des Tora-Stifters Mose rückt. Daneben griffen sie jedoch auch auf prä-zadokidische und sogar prä-aaronidische Traditionen der Leviten (4Q542 [TQahat ar]); 4Q543–548 [Amram^{a-f}]; 4Q549) und sogar des Noach (1Q19; 1QApGen; 4Q534) zurück, der aufgrund seines Wissens über die recte-et-rite-Performation der Opfer (so 4Q540/541 [Levi ar]) als Priester verstanden werden konnte, über den der Brückenschlag von der Schöpfungsordnung bis hin zur priesterlich-aaronidischen Lehre geführt wird.[28] Schließlich ist es nicht zu übersehen, dass die qumranische Messiaserwartung aaronidisch geprägt blieb (1QS 9,11; CD 7,18–21; 12,23–13,1).

4. Jesus Sirach und die Priesterschaft

a.) Sirach, selbst ein Priester?

„Simon, Sohn des Jesus, des Sohnes des Eleasar, des Sohnes Sirachs" war vom Namen her schon möglicherweise priesterlicher Herkunft. Obwohl Schriftgelehrter, ergriff er mit Begeisterung Partei für die Liturgie und für das Priestertum,[29] wobei ihm andererseits eine deutliche Distanz zum Kultgesetz attestiert wird.[30] Mit Recht wird man Sirach noch keiner der großen jüdischen Gruppierungen, etwa den Sadduzäern oder gar Pharisäern,[31] zurechnen können, weil die Existenz dieser Gruppen im ersten Viertel des 2. Jh. v.Chr. nicht sicher erwiesen ist.[32] Hatte R. Gordis[33] im Siraziden noch einen betuchten

---

28 Vgl. dazu Stone, Michael E., The Axis of History at Qumran, in: Chazon, Esther G. u.a. (Hg.), Pseudepigraphic Perspectives. The Apocrypha and Pseudepigrapha in Light of the Dead Sea Scrolls. Proceedings of the International Symposium of the Orion Center for the Study of the Dead Sea Scrolls and Associated Literature, 12–14 January, 1997, StTDJ 31, Leiden u.a. 1999, 133–149, bes. 133.
29 Vgl. Pfeiffer, Robert H., History of New Testament Times. With an Introduction to the Apocrypha, London 1949, 374f.
30 Vgl. Marböck, Weisheit (s. Anm. 4), 87; das sieht Olyan, Saul M., Ben Sira's Relationship to the Priesthood, HThR 80 (1987), 261–286, bes. 266, doch ganz anders.
31 Ziemlich abwegig Snaith, John G., Ben Sira's Supposed Love of Liturgy, VT 25 (1975), 167–174, bes. 174.
32 Vgl. Marböck, Johannes, Jesus Sirach (Buch), NBL 2 (1995), 338–341, bes. 340.

Weisheitslehrer aus der Jerusalemer Aristokratie und G. Maier[34] einen aristokratischen Priester gesehen, so hält H. Stadelmann ihn für einen priesterlichen Schriftgelehrten[35] und weist vehement ältere Verdikte zurück.[36] Für Stadelmann ist die im Buch beobachtbare Verbindung von Weisheit und Gesetzeslehre Hinweis darauf, „in Sirach selbst einen Sōfēr zu sehen, der – ähnlich wie Esra und die lange Tradition priesterlicher Gesetzeslehrer – von Hause aus Priester war."[37] Dass er sprachlich ganz in der Nähe der Priesterschrift steht, ist schon mehrfach herausgestellt worden. Im Gegensatz zu P hält er jedoch von den Leviten nichts,[38] d.h. auch die pro-levitischen Traditionen der Chronik werden vom Siraziden nicht rezipiert. Große Teile seines Buches sind der Hohenpriesterfamilie gewidmet, das ganze Kapitel Sir 50 besteht aus einem Loblied auf den Hohenpriester Simon,[39] dem er inmitten seiner aaronidischen Priester höchste Verehrung entgegen bringt.

Auch in seiner Geschichtsdarstellung zeigt der Sirazide seine erklärte Sympathie für das aaronidische Priestertum. So scheint mir besonders die große Aufmerksamkeit, die Sirach Aaron (Sir 45,6–22) und den Aaroniden (Sir 45,23–26: Pinhas; 50,13.16: aaronidische Priester) widmet, darauf hinzudeuten, dass Sirach den Aaroniden nahe stand. Sirach fordert auf, Gott zu fürchten, die Priester zu ehren und sie heilig zu halten (Sir 7,29–31), eine Form der Verehrung, wie sie sonst nur Gott gegenüber geboten ist.[40] Aber nirgends spricht er davon, dass er selbst Angehöriger dieses von ihm so hoch gepriesenen Geschlechtes ist. So naheliegend der Schluss auch sein mag, in ihm einen Priester zu sehen, er ist keineswegs zwingend. Wie sollte man sonst seine Zurückhaltung begründen?

b.) Das Priestertum im „Lob der Väter" (Sir 44–50)

Im „Lob der Väter"[41] preist der Sirazide die Erzväter Israels. Er setzt ein mit einer kurzen Notiz über Henoch (Sir 44,16), erwähnt den Bundesschluss mit Noach (V. 17f.), rühmt die Glaubenstreue Abrahams (V. 19ff.) und nennt den

---

33 Vgl. Gordis, Robert, The Social Background of Wisdom Literature, HUCA 18 (1943/44), 77–118.
34 Vgl. Maier, Gerhard, Mensch und freier Wille. Nach den jüdischen Religionsparteien zwischen Ben Sira und Paulus, WUNT 12, Tübingen 1971, 34.
35 Vgl. Stadelmann, Ben Sira (s. Anm. 5), 12.
36 So Ryssel, Victor, Die Sprüche Jesus', des Sohnes Sirachs, in: APAT 1 (1900 [Nachdruck 1975]), 230–475, 234, und Moore, George F., Judaism in the First Centuries of the Christian Era. The Age of the Tannaim, 1, Cambridge [11]1970, 42.
37 Stadelmann, Ben Sira (s. Anm. 5), 25.
38 Nur Sir 45,6 nennt Aaron „aus dem Stamm Levi".
39 Gemeint ist Simon II. (ca. 218–192 v.Chr.).
40 Vgl. dazu Wright III., Benjamin G., „Fear the Lord and Honor the Priest". Ben Sira as Defender of the Jerusalem Priesthood, in: Beentjes, Book (s. Anm. 8), 189–222.
41 Zur Struktur des Gesamttextes vgl. jetzt Goshen-Gottstein, Alon, Ben Sira's Praise of the Fathers: A Canon-Conscious Reading, in: Egger-Wenzel, God (s. Anm. 17), 235–267.

Segen über Isaak und Jakob (V. 22f.). Der Größe des Moses widmet er fünf Verse (Sir 45,1–5), für den zum ewigen Priestertum erwählten Aaron hat er 17 ausführliche Verse reserviert (V. 6–22): Mit einer Terminologie, die an die Zeichnung des Schöpfers in Ps 104 erinnert, gießt er eine Eulogie über Aaron aus, die nur Superlative zu kennen scheint. Die emphatische Beschreibung des herrlichen Priesterornates kann nur einen Sinn haben, nämlich den, dem Hohenpriester und seiner Familie in Ehrfurcht und Verehrung zu begegnen. Über Mose vermittelt wurde Aaron in den Bund ewiger Priesterschaft eingesetzt, die nur ihm und seinen Söhnen übergeben ist – nicht jedoch dem Mose.[42] Es überrascht, dass der Sirazide ihn sogar zum Gesetzeslehrer Israels stilisiert und ihn damit die Rolle des Moses einnehmen lässt (V. 17)[43]. Das ist eindeutig eine Geschichtsklitterung, da die unrühmliche Rolle, die Aaron gegen Mose in Ex 32 eingenommen hat, nun stillschweigend übergangen wird.

Geradezu wie eine Warnung an solche, die ihm diese Würde streitig machen könnten, mutet die Erinnerung an die Aufrührer Datan, Abiram und Korach (Num 16) an. Anschließend spricht der Sirazide die Sukzession an, die von Aaron über Eleasar zu Pinhas verläuft. Mit Pinhas hat Gott – so bereits Num 25,12 – einen eigenen Priesterbund geschlossen (V. 23–25), auf den der Sirazide später noch einmal zu sprechen kommen wird (Sir 50,24b). Den Priesterbund sieht er im aus der Tradition (Num 25; Ps 106; 1 Makk 2,54) bekannten Glaubenseifer des Pinhas begründet, den er über den Traditionsbestand hinaus noch extensiv ausgestaltet als Zeichen seiner persönlichen Wertschätzung.

Es ist noch nicht ausreichend geklärt, warum gerade in der Zeit des beginnenden 2. Jh. v.Chr. nach dem Herrschaftswechsel von den Ptolemäern zu den Seleukiden in Palästina die Pinhas-Sukzession so intensiv betont wird. Sicher aber hat es etwas damit zu tun, dass auch die Hasmonäer nach dem Ende der Zadokiden-Linie sich auf diese Sukzession berufen haben (1 Makk 2,54). Offensichtlich war es in dieser Zeit wichtig, den sprichwörtlichen Glaubenseifer des Pinhas (Num 25,7f.) zu memorieren, und einzelne Pries-

---

42 In der Betonung der Priesterschaft Aarons steht der Sirazide auf der Linie von P, wohingegen er die alte Tradition einer Moses-Priesterschaft (vgl. Ex 24,4–8; 33,7–11; Ps 99,6!) nicht zu kennen scheint. Selbst wenn man mit Erich Zenger (in: Hossfeld, Frank-Lothar – Zenger, Erich, Die Psalmen, 2. Psalm 51–100, NEB.AT 40, Würzburg 2002, 526) die Qualifizierung des Moses als Priester in Ps 99,6 als „aus der Retrospektive heraus" gemacht ansieht, so wäre diese Retrospektive für den Siraziden bereits eine „alte" Tradition.

43 Auch darin ist eine gewisse Distanzierung des Siraziden gegenüber Moses zu sehen. Möglicherweise nährt sich diese Antipathie aus der Tradition: nach Ri 18,30 verrichtete eine mosaische Priesterschaft (Gerschomiten) den Kultdienst am schismatischen Heiligtum von Dan. Für Höffken, Peter, Warum schwieg Jesus Sirach über Esra?, ZAW 87 (1975), 184–202, bes. 191, ist die Übertragung des „Lehramtes" auf Aaron eine ganz klare Absage an das levitische Postulat der Torabelehrung, das sich auf 2 Chr 35,3 stützt.

tergruppen mögen ihren Glaubenseifer entsprechend herausgestellt haben, um ihre Pinhas-Qualifikation zu betonen.

In Sir 45,24f. reflektiert der Sirazide das Verhältnis von Priestertum und Monarchie, wobei die differierenden Texttraditionen Stoff für kontroverse Deutungen liefern: Nach V. 24 (hebr.) hat Gott mit Pinhas und seinen Nachkommen einen Friedensbund geschlossen und ihnen die Aufgabe übertragen, auf ewig das Heiligtum zu versorgen und das Hohepriesteramt[44] zu verwalten. Die griechische Fassung erweitert die Aufgabe dahin, dass dem Pinhas nun die Aufgabe zukommt, „über das Heiligtum zu wachen und über sein Volk". Dies könnte man als eine Vereinigung der priesterlichen und königlichen Gewalt im aaronidischen Hohenpriester ansehen. Der folgende V. 25 zeigt in den Texttraditionen eine ähnliche Doppeldeutigkeit, die durch die syrische Version noch weiter verunklart wird: Der Hebräer liest: „Und (er schloss) auch seinen Bund mit David, dem Sohn des Isai aus dem Stamm Juda. (Er ist) Erbe eines Mannes (איש) vor seiner Herrlichkeit, das Erbe Aarons für alle seine Nachkommen." Nach dieser Fassung stehen die Aaroniden eindeutig in der Sukzession des Davidbundes. Der Grieche liest enigmatisch: „Und (er schloss) einen Bund mit David, dem Sohn des Jesse aus dem Stamm Juda, das Erbe des Königs eines Sohnes aus einem einzigen Sohn,[45] das Erbe (für) Aaron und für seine Nachkommenschaft." Diese Fassung lässt es möglich erscheinen, dass den Davididen zur Königswürde auch die Hohepriesterwürde zugesprochen werden soll. Diese Aussage hat dann der Syrer vereindeutigt: „Und auch David, der Sohn Isais: Das Erbe der Könige erbte er allein, und das Erbe Aarons ist für ihn und seinen Samen."[46] Danach also ist das Hohepriestertum endgültig den Davididen zur Verwaltung übergeben worden. Möglicherweise hat diese Deutungsmöglichkeit die folgende Texttradition so bestimmt, dass schon Lukian im Text keinen „Aaron" mehr vorfand.

R. Smend hatte diesen Versionen-Wirrwar beizulegen versucht, indem er durch Emendation eine exakte Parallelität von Davidbund und Pinhasbund aus dem Text herauslas. Hier gehe es um die Parallelität der königlichen und priesterlichen Sukzession.[47] Solches aber hätte der Sirazide m.E. viel eindeutiger und einfacher ausdrücken können, so dass ich die Mehrdeutigkeit des Textes als Ergebnis einander widerstrebender Interessen auffassen möchte. Der griechische Text ist am meisten verklausuliert und scheint von daher eine

---

44 Olyan, Relationship (s. Anm. 30), 270, hat darauf hingewiesen, dass der Sirazide hier von dem „Hohenpriestertum" spricht, während die Vorlage Num 25,12–13 nur vom „Priestertum" sprach, er also wohl für die Aaroniden der Pinhas-Linie das Hohepriestertum einfordert.
45 Diese Wendung bereitet Schwierigkeiten. Vielleicht ist hier gemeint, dass das Königtum sich jeweils nur über den Sohn vererbt, während im Gegenzug jeder Aaronide Priester sein kann.
46 Übersetzung nach Stadelmann, Ben Sira (s. Anm. 5), 151.
47 Smend, Rudolf, Die Weisheit des Jesus Sirach erklärt, Berlin 1906, 438.

Kompromissformel zu sein. Ausschlaggebend ist, dass im Dialog staatlicher und priesterlicher Macht im Judäa des 2. Jh. v.Chr. ausschließlich die Aaroniden eine Rolle spielten, diese wiederum ausschließlich in der Pinhas-Linie.

Diese Spezifizierung ist ein Novum in der alttestamentlichen Traditionslinie und muss ihre Ursache in Rangeleien unter konkurrierenden Priestergruppen gehabt haben. Hinter dem Text steht kaum eine Abwehr der Ansprüche von Seiten der Tobiaden,[48] da diese sich nicht auf eine priesterliche Herkunft berufen konnten. Eher ist mit Stadelmann an eine Schwächung der Position des pro-ptolemäischen Onias III. zu denken,[49] dessen Amtsführung von seinem pro-seleukidisch orientierten Bruder Jason kritisiert wurde. Dass sich in diesem Machtkampf einige andere Prätendenten (z.B. der Finanzverwalter Simon oder Menelaos, der mit einer Schwester des Onias III. verheiratet war[50]) Chancen ausrechneten, liegt auf der Hand. In der Tat sind diese später auch an die Macht gekommen. Wo – so muss man doch fragen – ist die einstige klerikale „Großmacht" der Zadokiden geblieben?

Das Kapitel 46 widmet sich zuerst Josua und Kaleb, dann den Richtern, dann David und Salomo. Es folgen eine Darstellung der Propheten Elija und Elischa, eine kurze Erwähnung des Hiskija und des Jesaja. Am König Joschija wird die „Treue in Zeiten des Unrechts" betont. Die Darstellungen werden anschließend summarisch abgeschlossen mit kurzen Nennungen von David, Hiskija und Joschija, von Jeremia, Ezechiel, Ijob, der Zwölf Propheten und von Serubbabel, Jeschua und Nehemia. Der gesamte Geschichtsüberblick wird abgeschlossen durch eine Inclusio (Sir 46,14–16), die an den Beginn des Geschichtsüberblickes (Sir 44) zurückführt. Die genannten Gestalten der Geschichte Israels und Judas werden deswegen gelobt, weil sie besonders eindrucksvolle Zeugnisse ihrer Glaubenstreue abgelegt haben. Genau dies steht auch hinter der Aufmerksamkeit des Siraziden gegenüber dem Priestertum, das grundsätzlich der aaronidischen Linie entstammt, und darin besonders der Linie des Pinhas, dessen Glaubenstreue offensichtlich zu einem stehenden Motiv geworden ist.

Die Betonung des Priestertums macht aber nun eine Leerstelle besonders deutlich. Wurde neben Mose sehr ausführlich der Priester Aaron und am Schluss der Darstellung neben dem Davididen Serubbabel der Hohepriester

---

48 Vgl. dazu Perdue, Leo G., Wisdom and Cult. A Critical Analysis of the Views of Cult in the Wisdom Literatures of Israel and the Ancient Near East, SBL.DS 30, Missoula 1977, 193.
49 Aber auch das scheint nicht sehr überzeugend zu sein, da in diesem Falle das Sirachbuch mit Anspielungen an Onias III. der Diachronie des Buches vorauseilt, da erst in Sir 50 über Simon II. gesprochen wird, der aber der Vorgänger des Onias III. war.
50 Nach Josephus, Ant. XII 5,1 war er sogar ein Sohn des Hohenpriesters Simon II. Das ist aber wenig wahrscheinlich; dazu vgl. Schunck, Klaus-Dietrich, Hoherpriester und Politiker? Die Stellung der Hohenpriester von Jaddua bis Jonatan zur jüdischen Gemeinde und zum hellenistischen Staat, VT 44 (1994), 498–512, bes. 507.

Jeschua genannt, so überrascht doch die Nichterwähnung der Priester Zadok und Abjatar an der Seite von David und Salomo sowie die Auslassung von Esra. Diese Leerstelle kann nicht Folge eines Versehens sein. Dahinter muss eine Absicht stehen!

Dieser Absicht kommt man vielleicht auf die Spur, wenn man das folgende Kapitel Sir 50 mit in die Betrachtungen einbezieht. Die darin enthaltene Eulogie auf den Hohenpriester Simon (II.) steht historisch richtig an dieser Stelle, ist jedoch durch die vorangehende Inclusio aus dem Geschichtsdurchgang herausgenommen und spielt damit offensichtlich eine Sonderrolle.[51] Simon II. war ohne Zweifel ein Zadokide, wird aber von Ben Sira nicht so genannt, sondern durch die Benennung „Sohn des Johanan" (= Onias) nur in der Oniadenlinie gesehen (V. 1). Sein Vater Onias II. hatte zum ersten Mal in der Geschichte der Provinz Judäa gegen die ptolemäische Besteuerungspolitik opponiert und war daraufhin von Ptolemäus IV. Philopator seiner politischen Funktionen (προστασία) entkleidet worden, die dem Tobiaden Joseph übertragen wurden. Simon II. behielt diese Politik der Ablehnung der Ptolemäer bei und zeigte deutliche Sympathien für den Seleukiden Antiochos III., was nach dem Sieg von Banyas den Juden Anerkennung und Steuererleichterungen einbrachte. Das Toleranzedikt des seleukidischen Königs wurde der umsichtigen Haltung des Hohenpriesters zugeschrieben, der die προστασία wieder zurück erhielt und später „der Gerechte" genannt wurde. Der Sirazide lobt ihn wegen seiner Befestigungs- und Sicherungsarbeiten an Tempel und Stadt (V. 1–4), sieht ihn also in der Ausübung priesterlicher *und* königlicher Pflichten. Anschließend beschreibt er in geradezu üppiger Lyrik den Hohenpriester und sein Ornat, dessen Schönheit ihn in eine Art Schöpfungsjubel versetzt (Dublette zu Sir 45). Der Vergleich mit dem Regenbogen erinnert über die kosmischen Bezüge hinaus an den Noachbund in Sir 44,17f. Die Pracht des Hohenpriesters pflanzt sich fort in seinen Söhnen („alle Söhne Aarons" [V. 12]), die ihm beim Opfer assistieren. Diese Söhne Aarons treten noch einmal in Erscheinung (V. 16), wenn sie nach den Opferhandlungen die Trompeten blasen, um die Gemeinde zur Proskynese aufzufordern, worauf abschließend der Hohepriester den Segen über seine Gemeinde spricht (V. 21). Der Abschnitt endet mit einem Aufruf, den Frieden zu wahren, und dem Wunsch, Gott möge gegenüber Simon den Pinhas-Bund aufrecht erhalten, „solange der Himmel steht" (V. 24). Mit dieser letzten Wendung wird der Pinhas-Bund dem Aaron-Bund assoziiert (Sir 45,15).[52]

---

51 Zur literarischen Beziehung von Sir 50 zum vorangehenden „Lob der Väter" sowie zum Verhältnis der griechischen zur hebräischen Textfassung ist auf Mulder, Approaches (s. Anm. 17), zu verweisen.
52 Zu dieser Thematik vgl. Marböck, Geschichte (s. Anm. 2), bes. 187: „Die Dauer des Noachbundes ... und der Dynastieverheißung für David ... klingen an. In diesem Bund, von dem in P nicht die Rede ist, gründet 45,15f. der Segen über das Volk ..., die Darbringung der Opfer und die Sühne für Israel. Es ist interessanterweise dieses von Mose einge-

Trotz aller eulogischer Prägung geben die Bitte um den Bundesbestand und die Aufforderung, den Frieden zu wahren, zu denken. Diese Aufforderung einerseits und die Überschwänglichkeit der Laudatio lassen ahnen, dass nach Simon das Hohepriesteramt gefährdet war, Ben Sira aber seine ganzen schriftgelehrten Kräfte zu seinen Gunsten einsetzt und dabei durchaus auch die Interessen der nachexilischen Tempelgemeinde vertritt. Diese Tendenz wird auch in der Textgeschichte deutlich, da die griechische Fassung (mit Syr und Lat) den Pinhas-Bund mit Simon und seinen Nachfolgern an dieser Stelle nicht mehr erwähnt, was nach Marböck „den Bruch in der legitimen Nachfolge der zadokidischen Hohepriester nach Onias III. andeuten"[53] könnte. Auf diese Weise ist die griechische Fassung zu einem „Dokument der Loyalität des Übersetzers gegenüber den Hasmonäern"[54] geworden, die sich nach 1 Makk 2,23–26.54 auf Pinhas berufen. Sie konnten dies tun, weil ja bereits mit Simon II. die Zugehörigkeit der zadokidischen Hohenpriester zum Pinhas-Bund aufgehört hatte.

Und noch einmal: Was hindert ihn daran, in diesem Zusammenhang die zadokidische Sukzession als gewichtiges Argument beizuziehen? Warum denkt er ausschließlich pan-aaronidisch? Der griechische Übersetzer tat dies wohl aus seiner pro-hasmonäischen Haltung heraus. Wie aber ist die hebräische Fassung zu beurteilen?

c.) Das Zadok-Revival in Sir 51 – ein Nachruf?

Wenn nach dem kolophon-artigen Abschluss des Buches (Sir 50,27ff.) in Sir 51,1–12 ein umfangreiches Dankgebet angehängt wird, so ist dies unschwer als ein Zusatz zu erkennen, auch deshalb, weil die Überschrift „Gebet des Jesus des Sohnes des Sirach" textkritisch nur ganz schwach bezeugt ist[55] und der Inhalt des Gebetes sich sonst in der Botschaft des Siraziden nicht wiederfindet. Es handelt sich um ein Danklied nach einer erfolgten Errettung aus großer Not (vgl. Ps 18), das mit einer feierlichen Selbstaufforderung abschließt: „Darum will ich ihm danken und ihn loben und den Namen des Herrn preisen" (V. 12). Diese Selbstaufforderung entspricht ganz der Aufforderung an die aaronidischen Priester, Gott zu loben, wie sie bereits in Sir 45,25 vorliegt. Die vorliegende Selbstaufforderung zum Gebet könnte also von dort her initiiert sein und auf aaronidische Verfasser zurückgehen.

Durch eine in den Schluss redaktionell eingefügte Litanei (Sir 51,12a–o) wird nun die vorangegangene Selbstaufforderung befolgt und in ein explizites Gebet umgesetzt, das bis in Einzelformulierungen hinein an Ps 136 erin-

---

setzte und im Bund garantierte Priestertum, in dem nach 45,17 auch die Aufgabe des Mose weiterlebt, Israel Satzung und Recht zu lehren".
53 Marböck, Hohepriester (s. Anm. 16), 217 Anm. 12.
54 Marböck, Hohepriester (s. Anm. 16), 226.
55 Vgl. dazu Sauer, Jesus Sirach (s. Anm. 19), 344.

nert. Dieses liturgische Gebet ist textkritisch noch suspekter als Sir 51, da es nur in der Handschrift B aus der Kairoer Genizah bezeugt ist. Möglicherweise stammt dieses Gebet aus der Gemeinde von Qumran.[56] Trotz der Anklänge an Ps 136 bildet die Litanei eine eigene Komposition, die – gegen Sauer[57] – kaum kohärent ist, denn sie besteht aus einem Konglomerat traditioneller Motive: Der Dank des Beters richtet sich an den „Hüter Israels", den Schöpfer, den Erlöser, der die Versprengten Israels sammelt, der Stadt und Tempel baut, der das Haus Davids kräftigt und sich aus den Zadokiden einen zum Hohenpriester erwählt. Er ist der Schild Abrahams, der Fels Isaaks, der Starke Jakobs, der den Zion erwählt, der König der Könige.

Auffallend ist, dass in diesem inkohärenten Textzusammenhang der Beter aufgefordert wird, Gott zu preisen, weil dieser sich aus den „Söhnen Zadoks" einen Priester erwählt habe. Nach allem bisher zu Sirachs Verhältnis zum Priestertum Gesagten hätte man ein Dankgebet für die Erwählung der Aaroniden erwartet. Das ist nicht der Fall, weshalb man ohne jeden Zweifel das Dankgebet einem Späteren zuschreiben muss. Dem aber war es ein Anliegen, den Pan-Aaronismus des Siraziden zu korrigieren und die Balance in Richtung der Zadokiden wieder auszutarieren. Nur allzu gerne wüsste man, wer wann dafür verantwortlich zeichnet. War für die Aaroniden-Renaissance in der sirazidischen Emphase für Simon II. wohl die priesterlich-kultische Reform im Zuge der seleukidischen Machtübernahme nach Banyas verantwortlich zu machen, so ist der Historiker jetzt wohl ganz auf Mutmaßungen angewiesen. Eine Ansetzung vor der hasmonäischen Amtsübernahme um 150 v.Chr.[58] ist reizvoll, aber nicht mehr zu beweisen. Möglicherweise kann eine Analyse der Qumranschriften eine Lösung bringen. Dann aber befinden wir uns in einer Zeit, in der es keine amtierenden Zadokiden mehr gab. Sir 51,12 wäre demnach als ehrender Nachruf zu werten. Andererseits ist nicht auszuschließen, dass in der nachhasmonäischen Zeit vereinzelte zadokidische Hohepriester wie Ananel aus Babylon (37 v.Chr.), Aristobul III. (35 v.Chr.), Simon ben Boëthos (25/24 v.Chr.) oder der letzte Hohepriester Phannias ben Samuel (67 n.Chr.) mit diesem Lobpreis legitimiert werden sollten.

---

56 Vgl. Schrader, Lutz, Leiden und Gerechtigkeit. Studien zu Theologie und Textgeschichte des Sirachbuches, BET 27, Frankfurt a.M. u.a. 1994, 74f. Einen ähnlichen Verdacht hatten schon vor ihm Trinquet, Joseph, Les liens „Sadocites" de l'ecrit de Damas, des manuscrits de la Mer Morte et de l'Ecclesiastique, VT 1 (1951), 287–292, bes. 289; Di Lella, Alexander A., The Hebrew Text of Sirach. A Text-Critical and Historical Study, Studies in Classical Literature 1, London 1966, 104, und Brown, Raymond E., The Messianism of Qumrân, CBQ 19 (1957), 53–82, 63, geäußert.
57 Sauer, Jesus Sirach (s. Anm. 19), 347: „Der inhaltliche Fortschritt der Aussagen ist deutlich zu erkennen. Insofern gibt dieser Psalm eine wohldurchdachte Rede wieder".
58 So Di Lella, Hebrew Text (s. Anm. 56).

5. Ein Blick in die zeitgenössischen Quellen

Ohne Zweifel geben diese beiden gegensätzlichen Positionen im Sirachbuch Fragen auf, die sich möglicherweise mit Hilfe anderer zeitgenössischer Quellen lösen lassen. Hier kann man vorerst auf die Arbeit von Saul M. Olyan[59] zurückgreifen, die die Lösungsrichtung wohl zutreffend angibt:

– Eine Durchsicht der Handschriften von Qumran ergibt ein gemischtes Bild: die vorqumranische Tempelrolle kennt keine Zadokiden und spricht – wie die Chronik – nur von Priestern (Aaroniden)[60] und Leviten. Die Regelliteratur spricht von Zadokiden, die priesterlichen Messiaserwartungen sind aber aaronidisch geprägt. Auffällig ist die Archivierung umfangreicher Materialien aus der Levi-Tradition[61] in Qumran.

– Das Testament der Zwölf Patriarchen spricht vom Priestertum der Leviten (TLevi 5) und im Gegenzug von der Gottlosigkeit der Hohenpriester (TLevi 14).

– Das Jubiläenbuch kennt nur Leviten als Priester.

– Das Testament des Moses (4,8) und Hen 89,73 sind deutliche Zeugnisse gegen ein zadokidisches Priestertum in Jerusalem.

Die zeitgenössische Literatur hat also ein Wesenselement gemeinsam, nämlich dass sie im Gefolge des Chronistischen Geschichtswerkes levitische Postulate vertritt.[62] Die Leviten waren durch die Zadokiden und Aaroniden marginalisiert worden, so dass diese nun als ihre Gegner im Blickfeld dieser Schriften gesehen werden müssen.

Angesichts dieser levitischen Präponderanz in der zeitgenössischen Literatur ist die Meinung nicht abwegig, dass der Sirazide gar nicht so sehr antizadokidisch eingestellt war, dass er sich vielmehr lediglich gegen die panlevitische Literatur seiner Zeit stellte und die levitischen Ansprüche auf das Priestertum nicht befürwortete. Aber auch das hätte der Sirazide einfacher haben können ohne die erklärte Emphase für die Aaroniden. Auch ging es ihm nicht – wie Olyan[63] vermutet – um die Unterscheidung einer aaronidischen Priesterschaft von einem zadokidischen Hohepriestertum. Dem steht ganz sicher seine Eulogie über Simon II. entgegen.

---

59 Olyan, Relationship (s. Anm. 30).
60 TR 22,4–5.
61 Dazu vgl. Stone, Michael E., Levi, in: Schiffman, Lawrence H. u.a. (Hg.), Encyclopedia of the Dead Sea Scrolls, 1, Oxford u.a. 2000, 487f., und Kugler, Robert A., From Patriarch to Priest. The Levi-Priestly Tradition from Aramaic Levi to Testament of Levi, SBL.EJL 9, Atlanta 1996.
62 In diesem Zusammenhang spricht Nickelsburg, George W.E., Jewish Literature Between the Bible and the Mishnah. A Historical and Literary Introduction, Philadelphia 1981, 83, von den Forderungen von „disenfranchized priests", Olyan, Relationship (s. Anm. 30), 280, von „disenfranchized Levites".
63 Vgl. Olyan, Relationship (s. Anm. 30), 280.

Auch nicht von der Hand zu weisen ist die Vermutung, dass Sirach gegen die priesterkritische Literatur des ausgehenden 3. Jh. v.Chr. (Wächterbuch [Hen 6–36], Astronomisches Buch [Hen 72–82], Aramäischer Levi) Position beziehen wollte.[64] Auch die Gemeinde von Qumran betrachtete sich als Gegnerin der Jerusalemer Priesterschaft, nicht jedoch der Priesterschaft als solcher. Auch sucht sie neue Wege der Legitimation, wenn sie die alte Melchisedek-Tradition aufnimmt und pflegt.

6. Zusammenfassung

War in der gesamten Königszeit das zadokidische Priestertum federführend, so wurde diese Dominanz im Gefolge der exilischen Literatur ernsthaft bestritten. Die exilisch-nachexilische Priesterschrift sah pentateuch-gemäß in Aaron den Stammvater, während aus der Priesterkritik des Ezechiel und seinem Reformentwurf eindeutig eine zadokidische Präferenz hervorging. Das Jerusalemer Priestertum der nachexilischen Zeit war offensichtlich alles andere als homogen. Die Bücher Esra-Nehemia sprechen nicht mehr von Aaron, erst das spätnachexilische Heiligkeitsgesetz und eine sekundäre Redaktion in Esra 7,1–5 nennen ihn wieder. Die Konflikte in der nachexilischen Priesterschaft waren immer schon bekannt. Deutlich ist jetzt, dass sie sich offensichtlich bis ins 1. Jh. v.Chr., möglicherweise sogar bis in neutestamentliche Zeit hinein erstreckt haben. Deutlich ist auch, dass dieser Konflikt sich nicht nur zwischen den klerikalen Großfamilien der Aaroniden und Zadokiden abspielte, unter denen die Pinhas-Linie immer markanter hervortrat, sondern dass die Gruppe der Leviten latent im Hintergrund mitmischte. Nach wie vor unklar ist der wirkliche Gegenstand des Streites. Ohne Zweifel ging es um Macht und Einfluss, besonders dann, als das Priestertum die monarchischen Aufgaben nach der Rückkehr aus dem Exil mit übernehmen musste. Nach der Untersuchung zu Sir 50 gelingt es nicht mehr, den Streit auf einen Anspruch der Aaroniden auf das Priestertum und der Zadokiden auf das Hohepriestertum zu reduzieren.

Es ging aber dem Siraziden gar nicht so sehr um eine Ausspielung von Aaroniden und Zadokiden gegeneinander. Aus der zeitgenössischen Literatur ist nämlich für das ausgehende 2. Jh. und beginnende 1. Jh. v.Chr. eine starke Leviten-Präponderanz zu ersehen, die der Sirazide nicht akzeptierte. In der Abwehr dieser Ansprüche hat er sich wohl (mit Absicht?) im Ton vergriffen und allein die aaronidischen Ansprüche gelten lassen. Erst einem sekundären oder gar tertiären Redaktor blieb die Wiederherstellung der Balance in Sir 51,12 vorbehalten. Warum aber tat er das, gab es in seiner Zeit doch keine amtierenden Zadokiden mehr?

---

64 Dazu vgl. jetzt Wright, Fear (s. Anm. 40).

Vielleicht liegt die Lösung doch noch woanders und man muss den Streit auf eine Aufgabenteilung beziehen, deren Durchführung aber nicht konfliktfrei möglich war: Das hohe Lob des Siraziden auf den ohne Zweifel zadokidischen Oniaden Simon II. scheint mir in eine andere Richtung zu weisen. Simon II. wurde gelobt, obwohl er ein Zadokide war. Kann man daraus umgekehrt versuchsweise folgern, dass Zadokiden sonst kaum gute Adressen für Lobeshymnen waren? Hat der Sirazide möglicherweise in dem Zadokiden (de jure) Simon II. den Aaroniden (nominell) gelobt, den umsichtigen, weisen und gerechten Hohenpriester? Hier deutet sich ein Unterscheidungskriterium an: Vielleicht meinte – zumindest in der späten Zeit – das Label „aaronidisch" das Priestertum im Blick auf seine theologische Kompetenz (Betonung göttlicher Herrlichkeit; Reinheitsfragen; Opfertheologie; Kultkalender und Gemeindehierarchie als Abbilder der göttlichen Schöpfungsordnung). Der Eifer für den Glauben als Pinhas-Qualität konnte solche Priester weiter auszeichnen. Dagegen stand das Label „zadokidisch" für das Priestertum, wenn seine politische Kompetenz betont wurde. Diese Bezeichnungen hätten sich demnach von Familiennamen zu Programmnamen gewandelt, die zugleich die Möglichkeit einer ethischen Beurteilung boten. Dann aber war ein Dauerkonflikt vorprogrammiert, der sich sowohl in Qumran wie im Sirachbuch widerspiegelt. Andererseits macht dann auch Sir 51,12 Sinn, wenn man hinter dem Gotteslob in der Litanei zugleich die Bitte sieht. Vielleicht brauchte man zur Zeit dieses Redaktors in Judäa wieder einen politischen Hohenpriester mit „Zadok-Qualität".

Venez à mon école (Si 51,13–30)

Maurice Gilbert, S.J.

Durant les dernières décennies, Siracide 51,13–30 a fait l'objet de plusieurs reconstitutions.[1] Tous admettent que l'original fut écrit en hébreu. J. Marböck, à qui j'offre ce nouvel essai, s'était brièvement occupé de ce texte en 1971.[2]

Pour tenter de reconstituer le texte hébreu original, on dispose de trois témoins mais aucun d'eux n'est totalement fiable.

La version grecque (G) demeure le meilleur témoin, mais il présente plusieurs difficultés:
- 51,15a est incompréhensible;
- 51,26 ne donne qu'un seul stique;
- 51,28a contredit 51,25b;
- le caractère alphabétique du texte n'est plus perceptible en raison du stique manquant en 51,26 et la comparaison avec B montre qu'il y avait 23 versets, ce que confirme Q en ajoutant un distique entre 51,20a et 51,20d, tout en donnant, comme B, un ordre différent des stiques de 51,19–20, comme on le verra.

Le texte hébreu du ms.B du Caire (B) est une rétroversion du syriaque (S), comme l'a montré I. Lévi (1901).[3] Avec S, B omet presque totalement ce que

---

1 Delcor, Mathias, Le texte hébreu du Cantique de Siracide LI,13 et ss. et les anciennes versions, Textus 6 (1968), 27–47; Sanders, James A., The Sirach 51 Acrostic, in: Hommages à André Dupont-Sommer, Paris 1971, 429–438; Skehan, Patrick W., The Acrostic Poem in Sirach 51:13–30, HThR 64 (1971), 387–400; Rabinowitz, Isaac, The Qumran Hebrew Original of Ben Sira's Concluding Acrostic on Wisdom, HUCA 42 (1971), 173–184; Rickenbacher, Otto, Weisheitsperikopen bei Ben Sira, OBO 1, Freiburg/Schweiz u.a. 1973, 197–213; Muraoka, Takamitsu, Sir. 51,13–30: An Erotic Hymn to Wisdom?, JSJ 10 (1979), 166–178; Deutsch, Celia, The Sirach 51 Acrostic: Confession and Exhortation, ZAW 94 (1982), 400–409; Skehan, Patrick W. – Di Lella, Alexander A., The Wisdom of Ben Sira, AncB 39, New York 1987, 572–580. Minissale, Antonino, La versione greca del Siracide. Confronto con il testo ebraico alla luce dell'attività midrascica e del metodo targumico, AnBib 133, Roma 1995, 137–149; Sauer, Georg, Jesus Sirach / Ben Sira, ATDA 1, Göttingen 2000, 348–351.

2 Marböck, Johannes, Weisheit im Wandel. Untersuchungen zur Weisheitstheologie bei Ben Sira, BZAW 272, Berlin u.a. ²1999, 121–125.

3 Lévi, Israel, L'Ecclésiastique ou la Sagesse de Jésus, fils de Sira. Texte original hébreu, 2, BEHE.R 10/2, Paris 1901, XXI–XXVII.225–233.

G donne en 51,13aβ–15b. L'ordre alphabétique est repérable, mais seulement à partir de ל (51,20c G) et malgré quelques difficultés. Selon Lévi, le traducteur de S en hébreu pouvait aisément rendre la plupart des lettres de la seconde partie de l'alphabet.

Le texte hébreu de 11QPs[a] XXI–XXII (Q) est incomplet. Il s'arrête à la lettre כ (51,20cα), stique absent de G. L'ordre alphabétique, évident de א à כ, oblige à mettre en cause l'ordre de G en 51,19–20. Cependant le second stique de א (51,13b) est trop court. On ne peut donc s'appuyer totalement sur Q, comme le font Rabinowitz, Sanders, Skehan, Di Lella et Deutsch. Par contre, Q confirme que l'original comportait bien 51,30, dont il donne les deux derniers mots.

Bref, pour la première moitié du texte, on a Q et, pour la seconde, B peut servir de complément, mais avec prudence. Les problèmes principaux sont:
– 51,13–14, où G demeure un témoin particulier;
– 51,15a, où Q apporte une solution;
– 51,19–20, où de nouveau Q éclaire.

On ne peut donc se fier aveuglément à aucun des témoins et, d'autre part, G, officiellement transmis, garde quelques privilèges là où B et Q posent problème.

13 אני נער בטרם תעיתי   בקשתיה ואתפלל תפלה
14 בנערותי באה לי בתארה   ועד סופה אדורשנה
15 גם גרע נץ בבשול   ענבים ישמחו לב
   דרכה רגלי במישור   כי מנעורי ידעתיה
16 הטיתי כמעט אוזני   והרבה מצאתי לקח
17 ועלה היתה לי   ולמלמדי אתן הודו

א 13 Quand j'étais jeune, avant mes errances,
       je l'ai demandée et j'ai vraiment prié.
ב 14 Dans ma jeunesse, elle vint à moi toute belle
       et jusqu'à la fin, je la chercherai:
ג 15 Même si la fleur s'étiole à la maturation,
       les raisins réjouissent le cœur.
ד   Mon pied a marché droit,
       car, dès mon jeune âge, je l'ai connue.
ה 16 J'ai à peine tendu l'oreille
       que j'ai trouvé beaucoup de compréhension.
ו 17 Et pour moi elle n'a cessé de croître:
       à mon Maître, je rends la gloire qui lui revient.

51,13a. Q est à retenir. Il n'y a pas lieu de modifier תעיתי en infinitif (Minissale): cf. Ps 92,2; Pr 8,25.

51,13b. Q est trop court, mais la mention de la prière en G se retrouve en B=S au début de 51,16a sans correspondant à cet endroit ni en G ni en Q et de plus rompant l'ordre alphabétique. Ainsi Minissale avec Muraoka. Dès lors, au lieu de l'adverbe de G, on a un accusatif d'objet interne emphatique (cf. Joüon, 125q).[4] Avec Skehan, Muraoka, Deutsch et Minissale, malgré Rabinowitz et Sauer, on laisse donc de côté וחפצתי בה sans correspondant ni en G ni en Q.

51,14a. Avec R. Smend[5] et Minissale, on met ici en tête le dernier mot de 51,16a de B: *dès ma jeunesse*, les mots de G: ἔναντι ναοῦ pouvant être une corruption de ἐν νεότητί μου. Puis on prend les trois premiers mots de 51,14a Q, où בתרה peut être lu בתארה, *dans sa beauté* (cf. Is 51,14 en 1QIs[b]; Si 43,9.18 Masada) : Delcor, Sanders, Skehan, Muraoka, Deutsch, Minissale et Sauer, tandis que Rabinowitz lit: ביתרה, *dans son abondance*.

51,14b. G=Q.

51,15a. G est incompréhensible et manque en B=S. On prend Q. Pour le sens, on suit Rabinowitz et Minissale: גרע au sens intransitif de *diminuer* est un hapax et בשול est un substantif: *maturation*.

51,15b. ענבים ouvre le stique (Rabinowitz, Deutsch et Minissale, malgré Sanders, Skehan, Di Lella et Sauer). Sans quoi, 51,15a est trop long et 51,15b, trop court. De toute façon, 51,15ab est une métaphore qui s'applique, me semble-t-il, au distique précédent, 51,14ab.

51,15c. G=Q. On retrouve ici B=S, mais il donne *en vérité*, au lieu de *avec rectitude*.

51,15d. Q donne *je l'ai connue* (avec Rabinowitz, Sanders, Skehan, Rickenbacher, Deutsch, Minissale et Sauer); G: *je l'ai suivie à la trace*, qui suppose חקרתיה.

51,16a. Q=G, sauf que G ajoute inutilement *et j'ai reçu*. B a été remplacé en 51,13b–14a.

51,16b. G=Q et même B, sauf le dernier mot דעת, *connaissance*; Q donne לקח, *instruction, compréhension*, et G, παιδεία.

51,17a. עלה en B=S est compris comme *son joug*: עול est masculin en hébreu. Skehan et Minissale, comme *utilité*, substantif inconnu formé sur le verbe יעל (cf. Joüon, 75m3). Delcor, Sanders, Deutsch et Sauer, comme *nourrice*. En G, προκοπή, *progrès, avancement*. Je suggère donc plutôt le participe qal féminin de עלה au sens de *croissant, en croissance* (cf. surtout Gn 40,10, qui rappelle Si 51,15a), avec היתה marquant la durée (cf. Joüon, 121f). G ajoute *par elle* et S, *comme gloire*.

51,17b. B et Q sont pratiquement identiques. On suivra Q. G interprète *celui qui m'instruit* (B=Q) comme *celui qui me donne la sagesse*, ce dernier mot formant inclusion avec 51,13b G et concluant la première strophe. L'expression נתן הוד, *rendre gloire*, se lit encore en Si 47,8; cf. aussi Si 51,22b, finale analogue de la deuxième strophe.

---

4 Joüon, Paul, Grammaire de l'hébreu biblique, Rome 1923.
5 Smend, Rudolf, Die Weisheit des Jesus Sirach erklärt, Berlin 1906, 504.

18 זמותי ואשחקה קנאתי בטוב ולוא אשוב	
19 חריתי נפשי בה ופני לוא השיבותי	
20 טרדתי נפשי בה וברוממה לוא אשלה	
19 ידי פתחה שעריה ובמערמיה אתבונן	
20 כפי הברותי אליה ובטהרה מצאתיה	
20 לב קניתי לה מתחלה בעבור כן לא אעזבנה	
21 מעי יהמו להביט בה בעבור כן קנתיה קנין טוב	
22 נתן יהוה לי שכר שפתותי ובלשוני אהודנו	

ז 18 J'ai décidé de la fréquenter;
   j'ai eu du zèle pour le bien et je ne changerai pas.

ח 19 Je me suis enflammé de désir pour elle
   et je n'ai pas détourné mon visage.

ט 20 Je l'ai sans cesse désirée
   et je l'exalterai sans relâche.

י 19c Ma main ouvrit ses portes
   et je compris ses secrets.

כ 20c Pour elle, j'ai purifié mes mains
   et l'ai trouvée en toute pureté.

ל 20e Je me pris d'affection pour elle depuis le début
   c'est pourquoi je ne l'abandonnerai pas.

מ 21 Mes entrailles frémirent en la contemplant;
   oui, vraiment, en l'acquérant, je fis un bon acquis.

נ 22 Le Seigneur m'a donné en retour mes lèvres
   et de ma langue je le louerai.

51,18a. On suit Q, où il n'y a pas lieu de modifier שׂחק, *fouler* (s-e le seuil; cf. Si 6,36), en חשׁק, *aimer, étreindre* (Skehan et Deutsch). Au lieu de ce verbe, B=S donne *de bien agir*, préféré par Sauer, et G donne *de la mettre en pratique*: d'une certaine façon, ces leçons anticipent 51,18bα.

51,18b. On suit Q. G donne correctement la première partie du stique, mais dans la seconde il confond שׁוּב (Q, confirmé pour le sens par B=S) et בושׁ. B=S ajoute *quand je le trouverai*, retenu par Rickenbacher et Sauer.

51,19a. On suit Q. G exprime la même idée avec le parfait du hapax διαμαχίζομαι, *lutter avec acharnement*. En Q, le verbe חרה, qui doit être transitif, pourrait être un piel causatif (cf. Joüon, 52d), car le qal, normalement intransitif, signifie *s'irriter contre*. B=S: *a étreint, aimé*.

51,19b. On suit Q. B=S donne le même sens. G est différent et peu sûr: νόμου est une conjecture des éditeurs.

51,20a. En Q le verbe doit être טרד avec assimilation de דת et le sens de base, *être ou agir sans fin, sans s'arrêter*, d'où *distiller, couler goutte à goutte*. Rabinowitz préfère טרח, *se fatiguer au travail*, mais alors l'assimilation me paraît plus difficile.

51,20b. Ce stique manque en G. B=S: *et pour l'éternité des éternités je ne me détournerai d'elle*, mais ce stique est trop long. Q est difficile: le premier mot pourrait être רום, *hauteur*, mais le pluriel est inusité (malgré Delcor, Rabinowitz, Sanders, Deutsch et Sauer); Skehan, suivi par Di Lella et Minissale, a proposé le verbe רום au polel infinitif avec suffixe: ברוממיה, *à l'exalter*; quant au verbe final שלה, *être calme, paisible*, il est préférable à celui de B.

51,19c. Q peut être complété avec B=S. G: *j'ai tendu mes mains vers le haut*.

51,19d. B=S: *j'en ai fait le tour et l'ai comprise*; le premier verbe, incomplet en B, semble être חדר ou חזר, plutôt que חזה, *regarder*. En G, le verbe doit être corrigé avec quelques témoins: ἐπενόησα, *j'ai compris*, comme en Q et le second verbe de B. En G encore, *ses secrets* correspond à Q, où le mot doit commencer par וב comme en Si 42,18b Masada (avec Rabinowitz et Skehan).

51,20c. Manque en G et en B=S. Q, qui donne la lettre כ à sa place, doit être conservé en complétant la préposition: אליה, *pour elle* (Sanders, Skehan et Minissale).

51,20d. A partir d'ici jusqu'à 51,30bα, Q fait défaut, mais B vient au secours, l'ordre alphabétique y étant repérable. Pour ce stique, B=S=G, sauf qu'en B il faut lire *en* (toute) *pureté* et non pas *dans sa pureté* (Sanders, Rickenbacher, Muraoka et Deutsch).

51,20e. Ici לב, le cœur serait l'organe de l'entendement et du discernement (ainsi Rickenbacher, Skehan, Di Lella, Minissale et Sauer); mais Deutsch traduit *an inclination for her*. En fait le problème est en B: לה, qu'on explique de façons diverses: ou bien on le comprend par G *avec elle* (leçon peu attestée; Skehan, Di Lella, Sauer) ou bien avec S on le modifie en לי, *pour moi* (Minissale); je suivrai Deutsch en raison du contexte affectif (51,19a. 20a.21a; cf. Jg 5,9). B termine le stique par *depuis son début*, ce que Minissale explique: depuis que j'ai commencé à la mettre en pratique, et selon lui G rend bien la nuance en écrivant *avec elle depuis le début*. Cela me paraît difficile à admettre. En tout cas S écrit seulement *depuis le début* et il n'y a pas de raison suffisante de modifier תחלה en ראש, comme le fait Skehan.

51,20f. C'est pourquoi: B=G. Puis G met le verbe au passif: *je ne serai pas abandonné*. B est ici lacunaire, mais S donne l'actif: *je ne l'abandonnerai pas*, accepté par Sanders, Skehan, Di Lella, Deutsch, Minissale, tandis que Rickenbacher et Sauer suivent G.

51,21a. Après יהמו, *frémirent, se sont émues*, B=S ajoute *comme un four* (ce qui conviendrait mieux avec le verbe יחם, *brûler sexuellement*), ce qui surcharge le stique; Skehan, Rickenbacher et Minissale omettent cet ajout. Puis B=S termine par *à la contempler*, tandis que G traduit *à la rechercher*, ce qu'acceptent Skehan et Di Lella. Sanders, Deutsch et Sauer suivent totalement B=S.

51,21b. G=B=S.

51,22ab. G ne se distingue de B que par un usage stylistiquement différent des pronoms à la première personne du singulier et par le remplacement des synonymes *lèvres – langue* (B) par *langue – elle*. On suivra B, presque identique à S (cf. cependant Di Lella). Ainsi font Sanders, Rickenbacher, Deutsch, Minissale et Sauer.

23	סרו אלי סכלים	ולינו בבית מדרשי
24	עד מתי תחסרון מן אלה	ונפשכם צמאה מאד
25	פי פתחתי ודברתי בה	קנו לכם חכמה בלא כסף
26	צואריכם בעלה הביאו	ומשאה תשא נפשכם
	קרובה היא למבקשיה	ונותן נפשו מוצא אתה
27	ראו בעיניכם כי מעט עמלתי	ומצאתי הרבה מנוחה
28	שמעו למודי במספר	וכסף וזהב תקנו בי
29	תשמח נפשכם בישועתו	ולא תבושו בתהלתו
30	פעלו מעשיכם בלא עת	והוא נותן שכרכם בעתו

ס 23 Tournez-vous vers moi, insensés,
   installez-vous à mon école.

ע 24 Jusques à quand vous en priverez-vous
   et votre âme sera-t-elle si assoiffée?

פ 25 J'ai ouvert la bouche et dit à son propos:
   Acquérez la sagesse et non l'argent.

צ 26 Mettez la nuque sous son joug
   et portez son fardeau.

ק   Elle est proche de qui la demande
   et qui s'y applique la trouve.

ר 27 Voyez vous-mêmes: j'ai peu peiné
   mais j'ai trouvé beaucoup de repos.

ש 28 Écoutez mon enseignement, si modique soit-il,
   or et argent vous acquerrez grâce à moi.

ת 29 Réjouissez-vous: Lui vous sauve
   et ne rougissez pas de Le louer!

פ 30 Accomplissez vos œuvres avant l'heure
   et Lui vous récompensera en son temps.

51,23a. L'ordre alphabétique exige un ס, d'où סרו (cf. Pr 9,4) au lieu de פנו. Le reste de B=S peut être conservé.

51,23b. En B le dernier mot מדרשי est discuté. Sanders, Minissale et Sauer le conservent dans le sens d'*étude* (sens connu à Qumrân), mais ni G ni S n'ont le pronom *mon*. Avec Lévi,[6] Skehan, Di Lella et Deutsch le corrigent en מוסר avec G=S.

51,24a. G est mal transmis et Ziegler[7] le corrige. B est acceptable, sauf le double pronom (accepté par Sanders et Sauer) qui allonge le stique et qu'on corrige en אלה. Skehan a conjecturé מאכלה, *sa nourriture*, et Di Lella l'a suivi.

51,24b. G met le pluriel *vos âmes*. B, le singulier avec le participe + *être* au futur (cf. Joüon, 154m).

---

6 Lévi, Ecclésiastique (cf. n. 3), 229.
7 Ziegler, Joseph, Sapientia Iesu Filii Sirach, Septuaginta XII/2, Göttingen 1965, 367.

51,25a. B=S ajoute à la fin בה qu'avec Sanders, Skehan, Rickenbacher, Deutsch, Di Lella, Minissale et Sauer, il faut traduire *(parler) d'elle* (cf. Dt 6,7).

51,25b. B=S explicite le complément direct *la sagesse*: ce serait le premier emploi du mot dans l'original hébreu. Cf. Is 55,1.

51,26a. B=S met un ו initial, à omettre pour conserver l'ordre alphabétique. B met le pluriel *vos nuques* et précise *sous son joug*.

51,26b. Au lieu de παιδεία (G=S, en hébreu מוסר), B donne משאה *son fardeau*, cohérent avec 51,26a (ainsi Sanders, Rickenbacher, Deutsch, Minissale et Sauer); cf. Mt 11,30. Skehan et Di Lella traduisent משׂאה *son message* (cf. 2 R 9,25).

51,26cd. Le stique unique de G est grammaticalement difficile, mais cf. Tb 5,10 Sinaiticus. B=S prouve qu'en hébreu, il y avait un distique, que l'on conserve avec tous les critiques.

51,27ab. Voyez de vos yeux: B=S=G. Puis B donne ce texte étrange: *que petit je fus et je me suis tenu à son service et l'ai trouvée*, tandis qu'il commence 51,28a par *Beaucoup ont écouté*. Cependant S a le même texte que G, sauf que celui-ci ajoute à la fin de 51,27b le mot *repos*. Il y a trois corrections à faire en B: 1. non pas *petit je fus*, mais *un peu*; 2. non pas le verbe עמד, mais עמל, *travailler avec peine*; 3. *Beaucoup* de 51,28a doit être rattaché à 51,27b et pris au sens adverbial (S) ou adjectival (G). Les verbes de B doivent être corrigés en conséquence. Ainsi Skehan et Di Lella; Rickenbacher et Minissale font de même, mais ils ajoutent avec G *repos*. Sanders et Deutsch suivent B tout en lisant עמל, et Sauer accepte B sans modification. Je suis Rickenbacher et Minissale.

51,28a. En B le premier mot *beaucoup* doit être rattaché à 51,27b, comme on vient de le dire; la suite du stique donne *ont écouté mon enseignement dans ma jeunesse*. S traduit: *Écoutez mon enseignement, si petit soit-il*. Sanders, Rickenbacher et Deutsch suivent partiellement B et Sauer totalement. G est difficile à accepter, car il contredit 51,25b. Avec Skehan, Di Lella, Minissale et déjà Lévi,[8] je suis S; pour *si petit soit-il*, Skehan propose מעט et Minissale כמספר.

51,28b. B=S est préférable: les deux stiques de 51,28 s'harmonisent bien. Ainsi Rickenbacher, Deutsch, Minissale et Sauer. *Or et argent*: littér.: *argent et or*. Skehan et Di Lella retiennent de G *par elle*.

51,29a. Pour G, cf. 32G(35H),25b: *sa miséricorde* (G) = *son salut* (H). Skehan et Di Lella suivent G; Deutsch et Minissale, B, mais en lisant avec S le singulier *votre âme*; Sanders, Rickenbacher et Sauer suivent B tel quel: *mon âme se réjouit* ou *je me réjouis de mon école* ou *de mon instruction*. Pour une explication détaillée, cf. Lévi.[9]

---

8 Lévi, Ecclésiastique (cf. n. 3), 230–231.
9 Lévi, Ecclésiastique (cf. n. 3), 231–232.

51,29b. B=S: *de mon chant,* mais G: *dans sa louange* (c.à-d. *de le louer*). Sanders, Rickenbacher, Deutsch Minissale et Sauer suivent B, mais Skehan et Di Lella, G, ce que je crois préférable (cf. Si 39,15b ; Ps 149,1).

51,30a. En B ce stique commence par la lettre מ. Ce complément de l'alphabet exige un פ, d'où mettre פעלו en tête (cf. Is 26,12), comme le font Skehan et Minissale (cf. Ps 25,22). B termine le stique par *en justice,* ce qu'acceptent Sanders, Rickenbacher, Deutsch et Sauer, mais G et S donnent *avant le temps:* בלא עת (cf. 30,24b; 46,19a), que j'accepte avec Minissale. Skehan et Di Lella proposent בעתו, *in due season.*

51,30b. B=G, confirmé par Q pour les deux derniers mots. S a le verbe au passif, ce qu'acceptent Rickenbacher et Sauer.

Le caractère hypothétique de cette reconstitution, comme de toute autre, n'échappe pas, en particulier pour 51,13b–14a.15ab.17a.20ab.28a.29a. A part notre proposition pour 51,17a, il n'y a rien dans cette reconstitution qui n'ait déjà été avancé. Mais il s'ensuit qu'une lecture érotique, proposée par Sanders et Muraoka, ne s'impose pas.

Notre texte comporte trois strophes, chacune d'elles se terminant par des expressions de louange référées au Seigneur, 51,17b.22.29. Les deux premières strophes forment ce que Deutsch appelle une *confession*: l'auteur parle de sa propre expérience. Dans la première, il raconte qu'à sa demande la sagesse, qu'il ne nomme pas encore, lui vint dès son jeune âge et que depuis il n'a cessé d'en tirer profit; il continuera jusqu'à sa mort à la chercher. Dans la deuxième, il justifie cette dernière affirmation par l'affection viscérale qui l'a lié à la sagesse dès qu'il la découvrit. Cette découverte exigea de lui une pureté totale, mais en retour ce fut l'éblouissement. Dans la troisième, l'*exhortation* selon Deutsch, il invite alors les jeunes qui n'ont pas fait une telle expérience à se mettre à son école pour découvrir à leur tour, grâce à lui, la sagesse qu'il nomme pour la première fois (51,25b).

Un tel texte est bien dans la manière de Ben Sira. Si 6,18–37 y prépare et surtout 24,30–34 où le sage se montre médiateur de la sagesse. De son expérience dévoilée comme jamais auparavant, l'auteur tire argument pour convaincre de plus jeunes que lui à devenir ses disciples afin d'expérimenter à leur tour et grâce à lui les bienfaits de la sagesse. Alors la louange du Seigneur qui est la sienne montera aussi de leurs lèvres.

Enfin cet appel conclut excellemment le livre. Pr 31,10–31, également alphabétique, montrait comment une mère de famille pouvait incarner la sagesse. Si 51,13–30 va plus loin en établissant le sage médiateur de la sagesse que seul le Seigneur octroie, comme le dit Si 1,1–10.

Göttliche Weisheit und menschliche Freiheit bei Ben Sira[1]

Otto Kaiser

1. Ben Sira und die geistige Situation seiner Zeit

Im ersten Viertel des 2. vorchristlichen Jahrhunderts formierten sich in der aristokratischen Oberschicht Jerusalems die Kräfte, die an seinem Ende für eine Öffnung des Judentums gegenüber der hellenistischen Kultur eintraten. Juda war im 5. Syrischen Krieg der Jahre 201/200 durch den Seleukiden Antiochos III. den es seit 301 v.Chr. beherrschenden Ptolemäern entrissen worden. Nur zwölf Jahre später wurde Antiochos III. von den Römern besiegt und zu einer Kriegsentschädigung verurteilt, an der noch seine Nachfolger Seleukos IV. und Antiochos IV. zu tragen hatten. Als Antiochos IV. 175 seinem Bruder auf dem Thron folgte, machte sich Jason, der Bruder des jüdischen Hohenpriesters Onias III., die Geldnot des Königs zunutze und erkaufte sich nicht nur das hohepriesterliche Amt, sondern auch die Genehmigung für die Errichtung eines Gymnasiums, die Einführung der Ephebie und die Auslegung einer Bürgerliste als Vorbereitung für die Gründung der Polis Antiocheia in Jerusalem (2 Makk 4,7ff.).[2]

Das Buch der Weisheit Ben Siras ist offensichtlich vor 175 geschrieben, weil es keine Anspielungen auf diese Ereignisse enthält. Da es den Tod des Hohenpriesters Simon II., des Vorgängers Onias III., voraussetzt, dürfte es etwa zwischen 195 und 185 entstanden sein.[3] Seine Polemiken gegen die Bagatellisierung der Verantwortlichkeit des Menschen vor Gott und entspre-

---

[1] Überarbeitete Fassung eines Vortrags, gehalten auf Einladung der Theologischen Fakultät der Ernst-Moritz-Arndt Universität, Greifswald, am 7. Juni 2000. Ich danke den Herren Kollegen Prof. Dr. Christof Hardmeier und Prof. Dr. Thomas Willi für die Einladung und ihnen und der Greifswalder Fakultät für die anregende Diskussion, die sich in dem vorliegenden Text spiegelt.

[2] Vgl. dazu z.B. Errington, Robert M., Rome and Greece to 205 B.C., in: Astin, Alan E. u.a. (Hg.), Rome and the Mediterranean to 133 B.C., CAH 8, Cambridge 1989, 274–289; Habicht, Christian, The Seleucids and Their Rivals, in: Astin, Rome, 324–387, hier 338–350, bzw. ausführlich Bringmann, Klaus, Hellenistische Reform und Religionsverfolgung in Judäa. Eine Untersuchung zur jüdisch-hellenistischen Geschichte (173–163 v.Chr.), AAWG.PH III/132, Göttingen 1983.

[3] Vgl. dazu auch Kaiser, Otto, Die alttestamentlichen Apokryphen. Eine Einleitung in Grundzügen, Gütersloh 2000, 79–90, bes. 82f.

chend auch der Gerechtigkeit Gottes,[4] seine Versuche, beide in einer zwielichtigen Welt auch unter Rückgriff auf stoische Konzepte zu erweisen,[5] seine Kenntnis griechischer Dichtung[6] und nicht zuletzt die Aufnahme hellenistischer Themen in seinen Lehren[7] weisen ihrerseits darauf hin, dass Ben Sira Zugang zu Kreisen der judäischen Oberschicht besessen hat, in denen schon damals hellenistisches Gedankengut diskutiert und vermutlich auch favorisiert wurde.[8] So dienen Ben Siras Lehren ebenso der denkenden Selbstversicherung des eigenen angefochtenen Glaubens wie dem Zweck, seinen zumal in der nachwachsenden Generation zu suchenden Adressaten ihre jüdische Identität mittels des Nachweises zu sichern, dass das in der Toraobservanz seine Mitte besitzende Judentum eine dem hellenistischen Denken nicht unterlegene Religion ist. Daher besitzt Ben Siras Werk gerade in seinen theologischen Abschnitten eine apologetische Tendenz.[9] Sie spiegelt sich in der eigentümlichen Zweipoligkeit seines Denkens, das zwischen Gottes universalem Schöpfungs- und partikularem Offenbarungshandeln zu vermitteln sucht.

---

4 Vgl. Sir 5,3ff.; 15,11ff. und 16,17ff. und dazu Crenshaw, James, L., The Problem of Theodicy in Sirach: On Human Bondage, JBL 94 (1975), 47–64, und Prato, Gian L., Il problema della teodicea in Ben Sira, AnBib 65, Rom 1975, bes. 379–387.

5 Vgl. Wicke-Reuter, Ursel, Göttliche Providenz und menschliche Freiheit bei Ben Sira und in der Frühen Stoa, BZAW 298, Berlin u.a. 2000, 275–283.

6 Vgl. dazu Middendorp, Theophil, Die Stellung Jesu Ben Siras zwischen Judentum und Hellenismus, Leiden 1973, 8–26, und dazu kritisch Kaiser, Otto, Judentum und Hellenismus. Ein Beitrag zur Frage nach dem hellenistischen Einfluß auf Kohelet und Jesus Sirach, VF 27 (1982), 68–86, hier 82f. = ders., Der Mensch unter dem Schicksal, BZAW 161, Berlin u.a. 1985, 135–153, hier 149f., und Kieweler, Hans-Volker, Ben Sira zwischen Judentum und Hellenismus, BEAT 30, Frankfurt a.M. u.a. 1992, 90–262.

7 Vgl. dazu Marböck, Johannes, Weisheit im Wandel. Untersuchungen zur Weisheitstheologie bei Ben Sira, BZAW 272, Berlin u.a. ²1999, 154–164.

8 Aus seiner Beurteilung des Umgangs der Reichen und Mächtigen mit den Armen kann man entnehmen, dass Ben Sira von Hause aus nicht zur Oberschicht gehörte, sondern es sich bei ihm um einen Aufsteiger handelt; vgl. z.B. Sir 13,1–13.15–24 und dazu Hengel, Martin, Judentum und Hellenismus. Studien zu ihrer Begegnung unter besonderer Berücksichtigung Palästinas bis zur Mitte des 2. Jh.s. v. Chr., WUNT 10, Tübingen 1969, ³1988, 249–252; Calduch-Benages, Núria, Fear for the Powerful or Respect of Authority?, in: Egger-Wenzel, Renate u.a. (Hg.), Der Einzelne und seine Gemeinschaft bei Ben Sira, BZAW 270, Berlin u.a. 1998, 87–102, bes. 96–100; Asensio, Victor Morla, Poverty and Wealth: Ben Sira's View of Possessions, in: Egger-Wenzel, Einzelne, 151–178, und Collins, John J., Jewish Wisdom in the Hellenistic Age, OTL, Edinburgh 1998, 29–32. Friedrich Vinzenz Reiterer (mündlich), dessen Ansicht ich mit seiner freundlichen Zustimmung gern zitiere, vermutet, dass Sirachs Kenntnis hellenistischer Sitten, Dichtung und Lehren auf seinem Verkehr mit Angehörigen der Oberschicht beruht.

9 Vgl. dazu auch Hengel, Judentum (s. Anm. 8), 252–275.

2. Die universale Weisheit und die Tora als Summe aller Weisheit[10]

Konkret suchte Ben Sira diese Aufgabe zu lösen, indem er die beiden Konzepte von Gottes Weisheit als dem Quell aller Weisheit mit dem von ihrer Einwohnung in Gestalt der göttlichen Weisung, der Tora als dem konkreten Quell aller Weisheit verband. Den Anknüpfungspunkt für dieses Konzept bot ihm die stoische Lehre vom göttlichen λόγος als dem formativen Prinzip des ganzen Kosmos, an dem auch die menschliche Vernunft Anteil hat.[11] So heißt es programmatisch in dem inneren, die Lehrreden Ben Siras eröffnenden Prolog[12] in 1,1–10*:[13]

> Alle Weisheit [kommt] von dem Herrn
> und bleibt bei ihm in Ewigkeit.
> Der Sand der Meere und die Regentropfen
> und die Tage der Ewigkeit – wer kann sie zählen?
> Die Höhe des Himmels und die Breite der Erde
> und die Tiefe des Meeres[14] – wer kann sie ergründen?
> Als erste von allem wurde die Weisheit geschaffen
> und die verständige Einsicht von Ewigkeit her.[15]
> Die Wurzel der Weisheit – wem wurde sie offenbart?
> Und ihre Allwissenheit[16] – wer hat sie erkannt?
> Einer ist sehr zu fürchten,
> der sitzt auf seinem Thron, der Herr![17]
> Er schuf sie und sah sie und zählte sie[18]

---

10 Vgl. dazu Marböck, Weisheit (s. Anm. 7), 81–96; ders., Gesetz und Weisheit. Zum Verständnis des Gesetzes bei Jesus Sirach, BZ NF 20 (1976), 1–21 = ders., Gottes Weisheit unter uns. Zur Theologie des Buches Sirach, HBS 6, Freiburg i.Br. u.a. 1995, 52–72; Schnabel, Eckart J., Law and Wisdom from Ben Sira to Paul, WUNT II/16, Tübingen 1985, 69–92, bes. 89–91; Wischmeyer, Oda, Die Kultur des Buches Jesus Sirach, BZNW 77, Berlin u.a. 1995, 270–278; Collins, Wisdom (s. Anm. 8), 42–61, und Wicke-Reuter, Providenz (s. Anm. 5), 188–223; zur Entwicklung des Gedankens in der spätbiblischen Weisheit vgl. Blenkinsopp, Joseph, Wisdom and Law in the Old Testament. The Ordering of Life in Israel and Early Judaism, OBS, Oxford ²1995, 151–182, und zu der in den zwischentestamentlichen Schriften einschließlich der Schriftfunde vom Toten Meer Schnabel, Law, 93–226 und bes. 162–165 bzw. 225f.
11 Vgl. dazu Marböck, Weisheit (s. Anm. 7), 93; Collins, Wisdom (s. Anm. 8), 56f., und Wicke-Reuter, Providenz (s. Anm. 5), 188–223, bes. 220–223.
12 Im Unterschied zu dem äußeren, der griechischen Übersetzung des Enkels vorangestellten Prolog.
13 Vgl. dazu Marböck, Weisheit (s. Anm. 7), 17–34, und Wicke-Reuter, Providenz (s. Anm. 5), 202–207.
14 Zur Auslassung des καὶ σοφίαν vgl. den Befund bei Ziegler, Joseph, Sapientia Iesu Filii Sirach, Septuaginta XII/2, Göttingen ²1980, z.St., und Rickenbacher, Otto, Weisheitsperikopen bei Ben Sira, OBO 1, Freiburg/Schweiz u.a. 1973, 9.
15 V. 4 ist erst in G II überliefert.
16 πανουργεύματα.
17 Zur Versabteilung vgl. Ziegler, Sapientia (s. Anm. 14), z.St.
18 Zur Zusammenziehung von V. 9b.c in ein Kolon vgl. Wicke-Reuter, Providenz (s. Anm. 5), 203 Anm. 82.

> und goss sie über all seine Werke.
> Sie ist bei allem Fleisch nach seiner Gabe
> und er verlieh sie reichlich denen, die ihn lieben.

Jeder Jude ergänzte bei dem letzten Kolon sogleich gemäß Ex 20,6 par Dtn 5,10 im Geiste ein „und seine Gebote halten."[19] Die universale Teilhabe aller Schöpfungswerke und mithin auch aller Menschen an der göttlichen Weisheit gipfelt in der Besonderheit der Mose offenbarten und Israel seither als Bundesvolk bindenden göttlichen Weisung (Sir 44,5; 24,10–12.23).[20] Aus dieser Beurteilung der Tora ergibt es sich, dass sie in Ben Siras Augen der Inbegriff und mithin auch die Quelle aller Weisheit ist. Demgemäß lautet sein Rat in 1,26:

> Begehrst du Weisheit, so halte die Gebote,
> und der Herr wird sie dir reichlich geben.

In dem Gedicht über die Weisheit in 14,20–15,10 werden in 15,1 die Furcht des Herrn, die nach 1,4 Anfang, nach 1,16 Quelle und nach 1,20 (nährende) Wurzel der Weisheit ist,[21] und der Toragehorsam zusammengebunden. Gleichzeitig wird der Mann, der über der Weisheit nachsinnt (14,20), mit dem identifiziert, der sich an das Gesetz hält:[22]

> Wer den Herrn fürchtet, handelt so,
> und wer sich an das Gesetz hält, erlangt sie.

Wie das konkret geschieht, gibt der Wahrspruch 21,11 zu erkennen:

> Wer das Gesetz hält, beherrscht seine Gedanken,
> und Vollendung der Weisheit ist die Furcht des Herrn.[23]

Der Mensch, der Tag und Nacht über die Tora nachsinnt (Ps 1,2), beherrscht auch seine Gedanken, so dass er sie nicht auf sündigen und daher verderblichen Bahnen umherschweifen lässt, sondern die Furcht des Herrn im Auge behält. Demgemäß kann es in 36(33),2 heißen:

---

19 Vgl. auch Dtn 10,12.
20 Vgl. auch Sir 1,15; 17,11f. und zur Sache Marböck, Weisheit (s. Anm. 7), 17–80; Rad, Gerhard von, Weisheit in Israel, Neukirchen-Vluyn 1970 (ND), 316f.; Rickenbacher, Weisheitsperikopen (s. Anm. 14), 125–129; vgl. weiterhin 3,29–4,1 und dazu Marböck, Weisheit (s. Anm. 7), 57, und Steck, Odil H., Das Buch Baruch, in: ders. – Kratz, Reinhard G. – Kottsieper, Ingo, Das Buch Baruch. Der Brief des Jeremia. Zu Ester und Daniel, ATDA 5, Göttingen 1998, 45–55.
21 Vgl. dazu Haspecker, Josef, Gottesfurcht bei Jesus Sirach. Ihre religiöse Struktur und ihre literarische und doktrinäre Bedeutung, AnBib 30, Rom 1967, 95; Rad, Weisheit (s. Anm. 19), 311–313, und Di Lella, Alexander A., Fear of the Lord as Wisdom: Ben Sira 1,11–30, in: Beentjes, Pancratius C. (Hg.), The Book of Ben Sira in Modern Research. Proceedings of the First International Ben Sira Conference, 28–31 July 1996, Soesterberg, Netherlands, BZAW 255, Berlin u.a. 1997, 113–134.
22 Vgl. Haspecker, Gottesfurcht (s. Anm. 21), 140f., und Schnabel, Law (s. Anm. 10), 45f.
23 Vgl. auch 6,37 und dazu Rad, Weisheit (s. Anm. 19), 314f.

Nicht weise ist, wer die Tora hasst,
denn er schwankt wie ein Schiff im Sturm.

Und nach 32(35),1f. besteht das vornehmste Opfer im Halten der Gebote:[24]

Wer das Gesetz hält, vermehrt die Opfer,
Heilsopfer schlachtet, wer sich an die Gebote hält.

3. Der Schöpfungsglaube als Stütze des Offenbarungsglaubens

Eine eigentümliche Verbindung des Gedankens der universalen, das sittliche Entscheidungsvermögen begründenden und der speziellen, nur Israel anvertrauten Offenbarung enthält dagegen das große Gedicht über Gottes Weisheit und Barmherzigkeit in 16,24–18,14. Nachdem Ben Sira in 16,24–30 berichtet hatte, wie sich Gottes Weisheit in seinen Werken spiegelt, kommt er in 17,1–10 auf die geschöpfliche Ausstattung des Menschen zu sprechen.[25] Dabei greift er in den V. 1–4 ganz offensichtlich zumal auf Gen 1–3 zurück:[26]

Der Herr erschuf aus Erde den Menschen
und ließ ihn wieder zu ihr zurückkehren.
Eine befristete Zeit[27] gab ihnen der Herr
und gab ihnen Macht über alles auf Erden.[28]
Sich selbst gleich bekleidete er sie mit Stärke
und machte sie nach seinem Ebenbild.
Er legte die Furcht vor ihm[29] auf alles Fleisch,
damit er herrsche über Landgetier und Vögel.

In den V. 6–7[30] folgen Aussagen über die Verleihung der Sinnesorgane und der Einsicht an den Menschen, die weder in dem priesterlichen Schöpfungsbericht noch in der jahwistischen Schöpfungserzählung eine Parallele besitzen:[31]

---

24 Dass sich daraus keine Ablehnung der in der Tora vorgeschriebenen Opfer ergibt, belegen die V. 6–13, wo V. 9 feststellt, dass nur das Opfer des gerechten Mannes angenommen wird; vgl. auch Plat. leg. IV,716d–717a und dazu Morrow, Glenn R., Plato's Cretan City. A Historical Interpretation of the Laws, Princeton 1960 (²1993), 399f.
25 Vgl. dazu Wicke-Reuter, Providenz (s. Anm. 5), 158–160.
26 Zu V. 1 vgl. Gen 3,19b; zu V. 2b Gen 1,28; zu V. 3 Gen 1,27f. V. 2a dürfte dagegen an Gen 6,3b anknüpfen; vgl. auch Ps 90,10; zu V. 4a vgl. wiederum Gen 1,27f. und Gen 9,2. Bei den zweiten Aufnahmen von Gen 1,27 hat Ben Sira vermutlich die Fische im Meer deswegen ausgelassen, weil der Mensch sie zwar fangen, aber nicht beherrschen kann.
27 Wörtlich: Tage der Zahl und Zeit (καιρός).
28 Wörtlich: über das, was auf Erden.
29 Scl. dem Menschen.
30 V. 5 ist erst in G II bezeugt.
31 Vgl. dazu Rad, Weisheit (s. Anm. 19), 327f.: „Gegenüber der steinernen Unbewegtheit der Aussagen in Gen 1 spricht sich hier (in 17,1ff.) zugleich auch etwas Emotionales, eine vom Pathos der Bewunderung bewegte Subjektivität aus. In die Darstellung der Menschenschöpfung mengt sich jetzt das Staunen über die geistige Ausstattung des Menschen. ... Besonders liegt Sirach daran, von dem geistigen Verhältnis des Menschen zu

> Er bildete[32] ihnen Zunge und Augen,
> Ohren und Herz gab er ihnen, um zu verstehen.
> Er erfüllte sie mit verständiger Einsicht
> und Gut und Böse zeigte er ihnen.

Keine Rede davon, dass die Menschen das Unterscheidungsvermögen zwischen Gut und Böse der Überlistung der Erzeltern durch die Schlange verdanken: Gott selbst hat es ihnen als seinen Geschöpfen verliehen. Des Menschen bestes Teil ist für den Siraziden keineswegs die Folge des Falls, sondern eine gute Gabe Gottes.[33] Dabei belegt der Wahrspruch in 25,24, nach dem der Anfang der Schuld und unser aller Tod von einer Frau stammt, dass ihm die Sündenfallgeschichte bekannt war.[34]

Die drei folgenden V. 8–10 benennen das Ziel der Vernunftbegabung des Menschen: Sie dient zusammen mit der Gottesfurcht der Befähigung, Gott zu rühmen, seine großen Taten zu erzählen und seinen heiligen Namen zu preisen.[35] Gewiss lässt sich das teleologisch dahingehend verstehen, dass alle Menschen im Sinne von Jes 45,23f. zum Gotteslob berufen sind. Vom Folgenden her liegt es jedoch näher, es auf Israel zu beziehen, in dem ebenso die Furcht wie das Rühmen seiner Großtaten[36] und sein Lob ihre Heimstatt besitzen. Die allgemeine Schöpfungsaussage findet so ihre erste Eingrenzung auf Israel:

> Er legte die Furcht vor ihm in ihre Herzen
> indem er ihnen die Größe seiner Taten zeigte.[37]
> Damit sie seine großen Taten erzählten
> und den heiligen Namen priesen.

In den V. 11–14 ist er dann ausdrücklich bei der speziellen, Israel geltenden Offenbarung angelangt:[38]

Gott zu sprechen, von dem in Gen 1 wiederum nicht (zumindest nicht explizit) die Rede war; dort ging es bekanntlich um die Bestimmung des herrschaftlichen Verhältnisses des Menschen zur Welt. Sirach aber interpretiert den alten Text auf die Erkenntnis der Werke Gottes hin und auf den Lobpreis, den ihm der Mensch schuldet."

32 Lies mit Smend, Rudolf (sen.), Die Weisheit des Jesus Sirach, Berlin 1906, 156, ein jāṣar.
33 Vgl. dazu Collins, Wisdom (s. Anm. 8), 59, und Sauer, Georg, Jesus Sirach / Ben Sira, ATDA 1, Göttingen 2000, 31.
34 Vgl. auch Kaiser, Otto, Der Mensch als Geschöpf Gottes. Aspekte der Anthropologie Ben Siras, in: Egger-Wenzel, Einzelne (s. Anm. 8), 1–22 und bes. 10f.
35 Vgl. dazu auch Marböck, Johannes, Sir 15,9f – Ansätze zu einer Theologie des Gotteslobes bei Jesus Sirach, in: Seybold, Irmtraut (Hg.), Meqor Ḥajjim. Festschrift für Georg Molin zu seinem 75. Geburtstag, Graz 1983, 267–276 = ders., Gottes Weisheit (s. Anm. 10), 167–175, sowie Sauer, Jesus Sirach (s. Anm. 33), 142, der mit Recht auf die von Sirach in 39 und 42,15ff. eingeschalteten Hymnen und den Abschluss durch die hymnischen Verse 50,22ff. hinweist.
36 Vgl. Ps 106,2.
37 Zu V. 8c vgl. Ziegler, Sapientia (s. Anm. 14), z.St.
38 Vgl. dazu auch Collins, Wisdom (s. Anm. 8), 59f.

> Er legte ihnen Erkenntnis vor
> und gab ihnen das Gesetz des Lebens zum Erbe.[39]
> Einen ewigen Bund richtete er mit ihnen auf
> und ließ sie seine Gebote erkennen.
> Die Majestät seiner Herrlichkeit sahen ihre Augen
> und seine hehre Stimme hörten ihre Ohren.
> Und er sagte zu ihnen: Enthaltet euch von allem Unrecht!
> und gab ihnen Anordnungen, jedem über seinen Nächsten.

Die Abfolge der Gedanken gibt zu erkennen, dass die universellen Aussagen über die schöpfungsmäßige Ausstattung des Menschen als Fundament für die besondere Berufung Israels und die ihm zuteil gewordene besondere Verpflichtung in der Sinai-Berit dienen. Generelle Schöpfung und spezielle Offenbarung sind so aufeinander bezogen, dass die eine den Gehorsam gegen die andere ermöglicht. Es bedarf daher keiner Hellenisierung des Judentums, weil das Judentum die der menschlichen Natur gemäße vernünftige Religion ist.

4. Gottes Allmacht und des Menschen Freiheit

Die herkömmliche alttestamentliche jüdische Entscheidungsethik hat ihre klassische Formel in dem Zeugenanruf Dtn 30,19f. gefunden, welcher die Gesetzesverkündigung Moses im Lande Moab beschließt:

> Ich nehme Himmel und Erde heute über euch zu Zeugen: Ich habe euch Leben und Tod, Segen und Fluch vorgelegt, damit du das Leben erwählst und am Leben bleibst, du und deine Nachkommen, indem ihr den Herrn, euren Gott, liebt und seiner Stimme gehorcht und ihm anhängt. Denn das bedeutet für dich, dass du lebst und alt wirst und wohnen bleibst in dem Lande, das der Herr deinen Vätern Abraham, Isaak und Jakob geschworen hat, ihnen zu geben.

Diese allen biblischen Büchern gemeinsame und hier auf ihr Verhältnis zur Tora hin spezialisierte Grundüberzeugung, dass der Mensch für seine Taten vor Gott verantwortlich ist, war im Juda des beginnenden 2. Jahrhunderts v.Chr. gefährdet, denn Ben Sira sah sich in seiner Lehrrede Sir 15,11–20 genötigt, sie unter Verweis auf Dtn 30 zu verteidigen: Die Rede setzt in den V. 11.12 mit zwei begründeten Abmahnungen ein:[40]

> Sage nicht: Von Gott kommt meine Sünde!
> Denn was er hasst, bewirkt er nicht.
> Sage ja nicht: Er ließ mich straucheln!
> Denn er hat keinen Bedarf an Übeltätern.

Die hier zitierte und zunächst knapp widerlegte Meinung geht offenbar von der Vorstellung aus, dass Gott allmächtig ist und demgemäß alles, was in der Welt geschieht, und also auch das menschliche Handeln bewirkt. Sie leugnet

---

39 Zu V. 11c vgl. Ziegler, Sapientia (s. Anm. 14), z.St.
40 Vgl. dazu Wicke-Reuter, Providenz (s. Anm. 5), 113–115.

mithin die Verantwortung des Menschen für seine Sünden und Missetaten. Das aber ist genau der Vorwurf, den die Gegner gegen die stoische Lehre von der durchgehenden Kausalität alles Geschehens vorbrachten. Gegen diese Konsequenz haben sich ebenso Kleanthes wie Chrysipp gewehrt. Schon Kleanthes hatte in seinem Zeus-Hymnus erklärt, dass Zeus alles mit Ausnahme der unvernünftigen und daher schlechten Handlungen bewirke (SVF I, frg. 537,15–17):

> Und nichts kommt zustande auf Erden, ohne dich, waltender Gott,
> noch im göttlichen Bezirk der Luft noch im Meer,
> ausser was schlechte Menschen tun auf Grund ihrer Unvernünftigkeit.[41]

In ähnlicher Weise erklärte Chrysipp, dass die Götter ebenso wenig Mitursache der Gottlosigkeit wie des Schändlichen seien (SVF II, frg. 1125).[42] Wir dürfen daher vermuten, dass sich die von Ben Sira zitierte Meinung auf eine popularisierte Version der stoischen Kosmologie stützte. Ben Sira beruft sich bei ihrer Abweisung zunächst auf ihre Unverträglichkeit mit der jüdischen Gottesvorstellung: Wenn der Gott, der von den Menschen das Halten seiner Gebote verlangt, zugleich Ursache der Gebotsübertretung wäre, verlöre jede in seinem Namen an den Menschen gerichtete Forderung ihren Sinn. Die Aussage in Jes 45,7, dass Gott das Licht und die Finsternis, das Heil wie das Unheil schaffe, bezieht sich in der zweiten Reihe nicht auf Gott als Ursache des ethischen Verhaltens, sondern des geschichtlichen Ergehens der Menschen.[43] Auf ihn kann sich daher die hier zurückgewiesene Position nicht berufen. Dagegen bestätigt der gestaffelte Zahlenspruch in Prov 6,16–19 die in V. 11bα enthaltene Aussage Ben Siras; denn dort wird festgestellt, dass Jahwe alle Formen von Falschheit und Bosheit verhasst sind.[44] Wenn Ben Sira in V. 12b erklärt, dass Gott keinen Bedarf (צֹרֶךְ) an den Bösen habe, so besagt das, dass ihr Handeln seiner Schöpfungsabsicht widerspricht. Das steht nicht im Gegensatz zu der anderen Aussage Ben Siras, dass Gott in seinem die ganze Weltzeit umspannenden Blick (Sir 39,19f.) ihre Existenz vorausgesehen und daher für die Guten die Güter und für die Bösen die

---

41 Übersetzung: Steinmetz, Peter, in: Flashar, Hellmut (Hg.), Die hellenistische Philosophie II, Grundriß der Geschichte der Philosophie/Die Philosophie der Antike 4/2, Basel 1994, 577.
42 Die Frage, ob und inwiefern es Chrysipp gelungen ist und überhaupt gelingen konnte, mittels einer differenzierten Lehre von den Ursachen diesen Vorwurf zu entkräften, können wir hier offenlassen; vgl. dazu z.B. Forschner, Maximilian, Die stoische Ethik. Über den Zusammenhang von Natur-, Sprach- und Moralphilosophie im altstoischen System, Stuttgart 1981, 98–113 und bes. 109–113.
43 Elliger, Karl, Jesaja, BK XI/1, Neukirchen-Vluyn 1978, 500, und zum redaktionellen Charakter des Verses Oorschot, Jürgen van, Von Babel zum Zion. Eine literarkritische und redaktionskritische Untersuchung, BZAW 206, Berlin u.a. 1993, 89.
44 Vgl. zu ihm Meinhold, Arndt, Die Sprüche, 1. Sprüche, Kapitel 1–15, ZBK.AT 16/1, Zürich 1991, 114–116, und Müller, Achim, Proverbien 1–9. Der Weisheit neue Kleider, BZAW 291, Berlin u.a. 2000, 43–47.

nötigen Übel bereitgestellt habe (Sir 39,25ff.).[45] V. 13a fasst daher die Begründungen der beiden Abmahnungen zusammen und zieht in V. 13b die positiven Folgen für die Guten, die hier als die Gottesfürchtigen vorgestellt werden:

> Böses und Greuel hasst der Herr,
> nicht lässt er es denen begegnen, die ihn fürchten.

Damit ist bereits gesagt, dass es die Gottesfurcht ist, die den Menschen dazu anhält, dem göttlichen Willen gemäß zu handeln.[46] Doch dann folgt in 15,14 der entscheidende, die Verantwortlichkeit des Menschen mit einer Schöpfungsaussage begründende Satz:[47]

> Als Gott am Anfang den Menschen erschuf,
> da gab er ihn die Hand seines יֵצֶר.[48/49]

Bei diesem Vers handelt es sich um den ersten biblischen Versuch, die Entscheidungs- oder Wahlfreiheit anthropologisch zu begründen.[50] Dem allgemeinen Trend gemäß habe auch ich das hier als Sitz des Entscheidungsprozesses bezeichnete יֵצֶר bisher mit *Wille* übersetzt. Aber vor dieser uns selbstverständlich in die Feder fließenden Wiedergabe sollte uns ebenso der alttestamentliche Befund wie die Feststellung von Alfred Dihle warnen, dass die Alten keine Vorstellung vom Willen als einem besonderen Element der menschlichen Konstitution besessen haben.[51] In der Tat bezeichnet auch das alttestamentliche Verb אָבָה nicht den Akt des Wollens, sondern des Begehrens und Wählens.[52] Das Alte Testament kennt mithin keine Willens-, wohl aber eine Wahlfreiheit. Besondere Beachtung verdient die Tatsache, dass das Wort *jeṣær* in Sir 15,14 das Mittel der Entscheidung und in 27,6[53] wiederum ethisch neutral den Ursprung des Denkens bezeichnet.[54] Scheinbar nimmt Ben Sira damit lediglich den übertragenen, durchgehend späten Wortgebrauch auf, nach dem es das denkende Streben bzw. die Intention oder Ab-

---

45 Zu 36(33),14f. vgl. unten S. 304.
46 Vgl. dazu auch oben S. 294.
47 Vgl. dazu Wicke-Reuter, Providenz (s. Anm. 5), 115–119
48 HB hat die Aussage verdoppelt, indem er ein וישתיחו ביד חותפו (abgeleitet von *ḥtp* rauben) voranstellte.
49 Zur hier vorliegenden neutralen im Gegensatz zur späteren negativ geprägten Verwendung des Wortes *jeṣær* vgl. Wicke-Reuter, Providenz (s. Anm. 5), 117–119.
50 Vgl. auch Hengel, Judentum (s. Anm. 8), 255. Sauer, Jesus Sirach (s. Anm. 33), 132, findet hier einen Rückgriff auf Gen 2.
51 Vgl. Dihle, Albrecht, Die Vorstellung vom Willen in der Antike, Sammlung Vandenhoeck, Göttingen 1985, 28–30.
52 Vgl. z.B. Jes 1,19; 28,12 und 30,15.
53 Gemäß der Pflege des Baums gerät die Frucht, so auch der Gedanke gemäß eines jeden Strebens.
54 Vgl. Maier, Gerhard, Mensch und freier Wille. Nach den jüdischen Religionsparteien zwischen Ben Sira und Paulus, WUNT 12, Tübingen 1971, 92f.

sicht der Erwägungen des Menschen bezeichnet.[55] In 15,14 bedeutet es ein dem Menschen eigenes, ethisch neutrales Entscheidungsvermögen,[56] das als solches in der Geschöpflichkeit des Menschen verankert ist.[57] Daher ist es nicht ausgeschlossen, dass hinter ihm das bedeutungsgleiche griechische ὁρμή steht, das die Besonderheit der stoischen Lehre von der Wahlfreiheit ausmacht.

In der griechischen Philosophie wurde der Entscheidungsprozess durchgehend als ein intellektueller Vorgang verstanden: So folgte bei Aristoteles auf die βούλησις oder Erwägung die προαίρησις oder Auswahl bzw. Entscheidung. Letztere zieht aus dem Urteil der φρόνησις, der Überlegung, und der ὄρεξις, dem zielgerichteten Streben, die Konsequenz. Dabei wird das affektive, im Widerspruch mit der Vernunft stehende Streben dem Urteil der zielgerichteten Vernunft unterworfen. Mithin ist die Entscheidung, die προαίρησις, eine ὄρεξις βουλευτική, ein beratendes Streben (Aristot. EN VI.1139a 23) und als solche ebenso strebende Vernunft, νοῦς ὀρεκτικός, wie denkendes Streben, ὄρεξις διανοητική (Aristot. EN VI.1139b.4f.).[58] Darüber hinaus ergibt sich für Aristoteles aus der Tatsache, dass die Entscheidung auf ein gewähltes Ziel gerichtet ist, dass die aus ihr folgenden Taten ἑκούσιοι,

---

55 Das *kål-jeṣær maḥšᵉbot libbô* in Gen 6,5 (vgl. 8,21) entspricht einem „alle Intentionen" bzw. „Erwägungen". Zur Diskussion des literarischen Befundes vgl. Kaiser, Otto, Der Gott des Alten Testaments. Theologie des Alten Testaments I: Grundlegung, UTB 1747, Göttingen 1993, 167; Otto, Eckart, Die Paradieserzählung Gen 2–3: Eine nachpriesterliche Lehrerzählung in ihrem religionshistorischen Kontext, in: Diesel, Anja A. u.a. (Hg.), „Jedes Ding hat seine Zeit ..." Studien zur israelitischen und altorientalischen Weisheit. Diethelm Michel zum 65. Geburtstag, BZAW 241, Berlin u.a. 1996, 167–192, hier 189, und Witte, Markus, Die biblische Urgeschichte. Redaktions- und theologiegeschichtliche Beobachtungen zu Genesis 1,1–11,26, BZAW 265, Berlin u.a. 1998, 171–184. Zu Jes 26,3, wo der *jeṣær såmûk* einen festen Sinn bzw. eine feste Denkungsart bezeichnet, vgl. Kaiser, Otto, Der Prophet Jesaja. Kapitel 13–39, ATD 18, Göttingen 1983, 165–167, vgl. 145; ders., Jesaja/Jesajabuch, TRE 16 (1987), 636–658, 652f., und zuletzt Scholl, Reinhard, Die Elenden in Gottes Thronrat. Stilistisch-kompositorische Untersuchungen zu Jesaja 24–27, BZAW 274, Berlin u.a. 2000, 285–288. 1 Chr 28,9 entspricht das *kål-jeṣær maḥšᵉbot* wiederum einem alle Absichten bzw. Erwägungen und dasselbe gilt für 1 Chr 29,18. An keiner anderen Belegstelle bezeichnet das Wort mithin ein konstitutionelles Vermögen des Menschen.
56 Vgl. aber auch Hengel, Judentum (s. Anm. 8), 255f.: Der Begriff des *jeṣær* erhält erstmalig bei Ben Sira seine zentrale anthropologische Bedeutung im Sinne von „Charakter", „Antrieb", wobei von vornherein die Tendenz zur Beurteilung als „bösem Trieb" besteht, den es gilt, im Zaume zu halten.
57 Vgl. dazu auch Maier, Mensch (s. Anm. 54), 91f.
58 Zum Zusammenspiel der Konstituenten des Entscheidungsprozesses bei Aristoteles vgl. auch Forschner, Ethik (s. Anm. 42), 126–134, bzw. Jedan, Christoph, Willensfreiheit bei Aristoteles?, Neue Studien zur Philosophie 15, Göttingen 2000, 88–134.

absichtlich bzw. freiwillig erfolgen. Demgemäß ist der Mensch für seine Taten verantwortlich (EN III.1113b 1–3).[59]

Da bei Aristoteles eine Unsicherheit über den Charakter der Affekte und mithin über die Freiheit des Menschen bestand,[60] führten die Stoiker im Rahmen ihrer Lehre von der οἰκείωσις oder dem, was jedem Lebewesen eigentümlich ist, die ὁρμή ein. Nach diesem Konzept besitzt jedes von ihnen eine spezifische πρωτή ὁρμή, ein besonderes, der Selbsterhaltung dienendes erstes Streben.[61] Demgemäß sucht es auf, was seiner Art gemäß ist, und flieht es, was ihm zuwider ist. Dabei zeichnet sich das menschliche Streben jenseits des animalischen Triebes zur Selbsterhaltung dadurch aus, dass es an der Weltvernunft, dem λόγος, teilhat und demgemäß auf Vernunft und Einsicht ausgerichtet ist.[62] Wenden wir das auf den *jeṣær* an, so ist er das zielgerichtete Vermögen, sich für oder gegen Gottes Gebot zu entscheiden und damit zwischen Feuer und Wasser, Leben und Tod die Wahl zu treffen 15,15–17:

> Wenn es dir gefällt, kannst du das Gebot halten,
> und Treue ist es, nach seinem Gefallen zu handeln.
> Vor dir liegen[63] Feuer und Wasser,
> was dir gefällt, strecke aus deine Hand.
> Vor dem Menschen liegen Leben und Tod,
> und was ihm gefällt, das wird ihm gegeben.

So bestätigt es sich auch hier: Die dem Menschen als Geschöpf eigene Wahlfreiheit zielt auf den Gehorsam gegen Gottes Gebot.[64] Die Schöpfungsaussage stützt die Gehorsamsforderung der Tora und das stoische Philosophem von der ὁρμή ermöglicht es dem jüdischen Weisen, die Entscheidungsfreiheit des Menschen in dem der Teilhabe an der göttlichen Weisheit fähigen Trieb zu orten.

5. Steht die Entscheidungsfreiheit des Menschen bei Ben Sira unter dem Vorzeichen der Prädestination?[65]

Doch ehe wir uns mit dem bisher erzielten Ergebnis zufrieden geben, müssen wir einen Blick auf den Text werfen, der in der Diskussion immer wieder zugunsten der Hypothese herangezogen worden ist, dass die menschliche

---

59 Vgl. dazu Dihle, Vorstellung (s. Anm. 51), 66–69, und zum νοῦς als Sitz der praktischen Vernunft auch Aristot. an. 433a 9–18; zum Problem der Determination der Handlungen vgl. Jedan, Willensfreiheit (s. Anm. 58), 128–134
60 Vgl. dazu Forschner, Ethik (s. Anm. 42), 134–141.
61 Vgl. Diog.Laert. VII.85f. = SVF III, frg.178; Diog.Laert. VII.87 = SVF I, fr. 179 und dazu Forschner, Ethik (s. Anm. 42), 142–159.
62 Vgl. Diog.Laert. VII.88 = SVF I, frg. 162.
63 Wörtlich: ausgegossen sind.
64 Vgl. dazu auch Nissen, Andreas, Gott und der Nächste im antiken Judentum. Untersuchungen zum Doppelgebot der Liebe, WUNT 14, Tübingen 1974, 140f.
65 Vgl. dazu Wicke-Reuter, Providenz (s. Anm. 5), 236–273.

Entscheidungsfreiheit durch die göttliche Prädestination begrenzt wird, auf 36(33),7–15:[66]

7 Weshalb unterscheidet sich ein Tag vom anderen,[67]
obwohl alles Licht des Jahres von der Sonne (stammt)?
8 Durch die Weisheit des Herrn wurden sie abgesondert,
denn er bestimmte unter ihnen Zeiten und Feste.
9 Etliche von ihnen erhöhte und heiligte er
und etliche von ihnen bestimmte er zu Alltagen.[68]
10 Jedermann ist ein Gebilde aus Ton,
und aus Staub wurde der Mensch geformt.
11 Die Weisheit des Herrn unterschied sie
und veränderte ihre Wege.
12 Etliche von ihnen segnete und erhöhte er
und etliche von ihnen heiligte er und ließ sie zu sich nahen.
Etliche von ihnen verfluchte und erniedrigte er
und verstieß sie von ihrem Posten.
13 Wie Ton in der Hand des Töpfers,
dass er ihn nach seinem Wohlgefallen formt,
So ist der Mensch in der Hand seines Schöpfers,
dass der sein Schicksal bestimmt.[69]
14 Gegenüber dem Bösen (steht) das Gute,
gegenüber dem Leben der Tod,
Gegenüber dem guten Mann der Frevler
und gegenüber dem Licht das Dunkel.[70]
15 Schaue alle Werke Gottes an:
sie alle sind paarweise, eins dem anderen gegenüber.

Der Abschnitt setzt in den V. 7–9 mit der Feststellung ein, dass Gott trotz der fundamentalen Gleichheit aller Tage in Gestalt ihrer Abhängigkeit vom Licht der Sonne einen Unterschied zwischen den ihm geheiligten[71] und den normalen Tagen gesetzt hat. Fundamentale Gleichheit und eine bestimmte von Gott vorgenommene Auszeichnung schließen also einander nicht aus. Von diesem Grundsatz her sollen die folgenden V. 10–13 verstanden werden, die durch das aus Jes 29,16 und 45,9[72] bekannte Töpfergleichnis in V. 10 ein- und in V. 13 ausgeleitet werden: Alle Menschen sind aus Lehm geformt, und doch steht es Gott frei, sie nach seinem Belieben zu erhöhen oder zu erniedrigen. Nach dem freilich problematischen, weil nur durch HB bezeugten

---

66 Vgl. z.B. Kaiser, Otto, Die Begründung der Sittlichkeit im Buche Jesus Sirach, ZThK 55 (1958), 51–63, bes. 61 = ders., Mensch (s. Anm. 6), 110–121, bes. 118; Rad, Weisheit (s. Anm. 20), 321, und vor allem Maier, Mensch (s. Anm. 54), 98–112.
67 Zum Text vgl. Wicke-Reuter, Providenz (s. Anm. 5), 227 Anm. 16.
68 Wörtlich: setzte er zu den Tagen der Zahl.
69 Wörtlich: dass sich vor ihn das Geschick (ḥelæq) hinstelle.
70 Vgl. aber Wicke-Reuter, Providenz (s. Anm. 5), 229 Anm. 35, die sich mit Rudolf Smend sen. für die Zusammenziehung von a und b zu einem Kolon und für den sekundären Charakter von e entscheidet, der nur durch HE und S bezeugt ist.
71 Vgl. Gen 1,14 mit Gen 2,3.
72 Vgl. auch Ijob 10,8f.

Beleg 34(31),10e–f segnet Gott den Mann, der untadlig befunden wird und auch in Versuchungen das Gesetz nicht übertritt. Nach 7,11 soll niemand einen Unglücklichen (*'ænôš b^{e}mar rû^{a}ḥ*) verachten, weil es einen gibt, der erhöht und erniedrigt. Nach 11,4–7 soll niemand über die Kleidung eines Zugrundegerichteten spotten, weil das Handeln des Herrn wunderbar ist, so dass einstige Könige erniedrigt und Reiche verachtet wurden. Andererseits kann er Arme und Leidende erhöhen (V. 11–13). Gottes souveräne Freiheit bei der Gestaltung der menschlichen Lose hebt V. 14 hervor:

> Glück und Unglück, Leben und Tod,
> Armut und Reichtum kommen vom Herrn.

Dass es sich bei ihrer Verteilung um keine Willkürakte handelt, hält der Wahrspruch in V. 22 (H: 21) fest:

> Der Segen des Herrn ist das Los des Gerechten
> und zur (bestimmten) Zeit wird ‚seine'[73] Hoffnung sprossen.[74]

Daher darf, wer Gott die Bundestreue hält, unbeschadet der scheinbaren Undurchschaubarkeit der menschlichen Lose auf ihn vertrauen, weil er den Armen plötzlich reich machen kann (V. 21).[75] Das letzte göttliche Urteil aber spricht der Tod, vor dem man angesichts der Wandelbarkeit der Lose keinen Menschen glücklich preisen sollte (V. 28 [HA: 26]).[76] Vor allem aber will beachtet sein, dass der uns beschäftigende Abschnitt 36(33),7–15 Teil der von V. 1 bis V. 18 reichenden Lehrrede ist und diese in V. 1 mit dem Wahrspruch eröffnet wird, dass den, der den Herrn fürchtet, kein Unglück trifft und der Herr ihn aus der Versuchung errettet. Ist Gott „der große Wundermann, der bald erhöhn, bald stürzen kann",[77] so hält er doch denen, die ihm treu bleiben, auch seinerseits die Treue.

Kann der Leser bei den in 36(33),12a–b erwähnten von Gott Gesegneten und Erhöhten an die ganze Kette der Frommen der Heilsgeschichte denken,[78]

---

73 Vgl. z.B. Sauer, Georg, Jesus Sirach (Ben Sira), JSHRZ III/5, Gütersloh 1981, 533 z.St.
74 Erst durch die von G II bzw. HA bezeugte Erweiterung in Gestalt von V. 15f. bzw. V. 14c–f, die Gott auch die Zuteilung der Weisheit, der Sünde und der Wege der Rechtschaffenen zuschreiben, wird eine prädestinatianische Note eingetragen, die aber nach HA V. 14g–h kaum beabsichtigt sein dürfte, denn hier wird festgestellt, dass den Sündern Kinderlosigkeit und Finsternis vorbehalten sind.
75 Zu den demotischen Parallelen vgl. Lichtheim, Miriam, Late Egyptian Wisdom Literature in the International Context. A Study of Demotic Instructions, OBO 52, Freiburg/Schweiz u.a. 1983, 138–150.
76 Zu den griechischen Parallelen vgl. Hdt 1.32,7; Soph. Oid.T. 1524–1530; Eur. Andr. 100–103 und zur Sache Marböck, Johannes, Gerechtigkeit Gottes und Leben nach dem Sirachbuch. Ein Antwortversuch in seinem Kontext, in: Jeremias, Jörg (Hg.), Gerechtigkeit und Leben im hellenistischen Zeitalter. Symposium anläßlich des 75. Geburtstags von Otto Kaiser, BZAW 296, Berlin u.a. 2001, 21–52, bes. 26–28.
77 Vgl. 1 Sam 2,7; Ps 76,8.11; Dan 4,14; vgl. Dan 5,19 und schließlich Ez 21,31 mit Mt 23,12.
78 Vgl auch Sir 47,11b, wo es darum geht, dass der Herr das Horn Davids erhöht hat.

so handelt es sich bei den von ihm Geheiligten und in seine Nähe Zugelassenen nach Sir 45,6a jedenfalls um Aaron samt seinen hohepriesterlichen Nachkommen (vgl. 45,25c–d). Weiterhin liegt es nahe, bei denen, die der Herr nach V. 12c–d verflucht und von ihrem Posten vertrieben hat, an den in 45,18f. erwähnten Untergang von Datan, Abiram und der Rotte Korach zu denken, die sich mit ihrem Aufruhr gegen Aaron gegen Gottes eigene, ewig gültige Satzung (*ḥōq*) vergangen hatten (45,17). So erscheint das unterschiedliche Schicksal der Menschen als Folge ihrer Gerechtigkeit bzw. ihrer Frevelhaftigkeit. Gottes Souveränität erweist sich also zum einen darin, dass er die Sünder in ihre Schranken verweist und den Gerechten (sowie den bußfertigen Sündern 18,13) gnädig ist, zum anderen aber darin, dass er in seinem Erwählungshandeln frei ist. Damit ist die grundsätzliche Frage bereits beantwortet: Von einer *gemina praedestinatio*, einer Vorausbestimmung zum Heil oder zum Gericht kann bei Ben Sira nicht die Rede sein.[79]

Ebenso wenig belegen die den Abschnitt beendenden V. 14–15 die These, dass Ben Sira einen die Menschenwelt einschließenden kosmischen Dualismus vertreten habe. Wenn er hier das Gute und das Böse in die alle Werke Gottes kennzeichnende Polarität einordnet, dürfte er vielmehr dieselbe Tendenz wie die Stoiker verfolgen, damit die Güte und Einheit der Welt trotz der Existenz des Bösen aufrecht zu erhalten.[80] Oder um es mit Ursel Wicke-Reuter zu sagen: „Wie die Stoiker widerlegt er (Ben Sira) mit dem Polaritätsprinzip die Infragestellung der Güte der Schöpfung durch die Existenz des Bösen."[81] So erweist es sich, dass Ben Sira auch diesen Topos aus der stoischen Philosophie aufgenommen hat, um damit den biblischen Schöpfungs- und Erwählungsglauben zu stützen.

6. Rückblick

Blicken wir zurück, so stellt sich uns der Sirazide in unserer exemplarischen Nachforschung als ein Jude dar, für den die Tora der Inbegriff aller Weisheit war. Seine universalen Schöpfungsaussagen besitzen keine missionstheologischen, sondern apologetische Absichten. Er will nicht die Nichtjuden, sondern die Juden davon überzeugen, dass ihr väterlicher Dienst vernunftgemäß ist und nichts von ihnen fordert, wozu sie nicht dank ihrer Geschöpflichkeit in der Lage sind. Demgemäß erfüllt sich bei ihm die Entscheidungsfreiheit des Menschen im Gehorsam gegen die Gebote des Gottes, dessen gegensätzliche Werke weder seine Güte noch seine Barmherzigkeit und Treue in Frage stellen, sondern darauf verweisen, dass wir Menschen nur begrenzte Einsicht

---

[79] Vgl. auch Wicke-Reuter, Providenz (s. Anm. 5), 236–270.
[80] Vgl. z.B. SFV II.1169, wo Chrysipp feststellt, dass es Gutes nicht ohne Schlechtes geben könne und wer das eine entferne, damit zugleich beide entferne; vgl. dazu ausführlich Wicke-Reuter, Providenz (s. Anm. 5), 36–50, mit weiteren Belegen und 277–285.
[81] Wicke-Reuter, Providenz (s. Anm. 5), 273.

in seine unermessliche Macht, Herrlichkeit und Weisheit besitzen und ihn daher auch nur unvollkommen zu rühmen vermögen (Sir 43,27–33):[82]

> Noch mehr von diesem fügen wir nicht zu,
> aber der Rede Ende lautet: Alles ist nur er.[83]
> Lasst uns denn jubeln, weil wir (ihn) nicht ergründen;
> denn er ist größer als alle seine Werke.
> Zu fürchten über alle Maßen ist der Herr,
> und wunderbar sind seine Machterweise.
> Die ihr den Herren preist, erhebt die Stimme
> mit aller Kraft, denn er ist noch mehr.
> Die ihr ihn rühmt, singt lauter,
> ermüdet nicht, weil ihr (ihn) nicht ergründet.
> Wer hätte ihn gesehen und könnte davon künden,
> und wer ihn preisen, wie er ist?
> Die Fülle des Verborgenen ist mehr als das,[84]
> wenig nur sah ich von seinen Werken.
> Das alles hat der Herr geschaffen
> und seinen Frommen gab er Weisheit.

---

[82] Vgl. auch den Hymnus auf die Güte der Werke Gottes in Sir 39,12–35.
[83] Zur Bedeutung der Formel τὸ πᾶν ἐστιν αὐτός vgl. Kaiser, Otto, Die Rezeption der stoischen Providenz bei Ben Sira, JNWSL 24/1 (1998) [Ferdinand Deist Memorial], 41–54, bes. 50.
[84] Ergänze: was wir wissen.

Textdarstellungen in den hebräischen Sirachhandschriften

Josef M. Oesch

Zu den zahlreichen Herausforderungen, die das Sirachbuch an seine Auslegung stellt, gehört noch immer die Frage des Aufbaus und der Struktur seines Stoffes. J. Marböck hat sich damit mehrfach beschäftigt, zuletzt in einer Studie über die Struktur und Redaktionsgeschichte des Buches, in der er u.a. feststellt: „Literary and thematic structures are more plausible if more points of view are considered (text criticism, stylistics, poetics, vocabulary, thematic connections...)".[1] Die vorliegende Untersuchung beschäftigt sich mit den Textstrukturierungen in den bisher bekannten hebräischen Sirachhandschriften, wollen also einen text- bzw. gliederungskritischen Beitrag zur angesprochenen Problematik leisten. Dazu soll zuerst in einer synchronen Analyse der Befund in den ältesten Handschriftenfunden von Qumran und Masada sowie in den rund 1000 Jahren jüngeren Handschriften aus der Kairoer Geniza erhoben werden. In einem diachronen Analyseschritt soll dann gefragt werden, welche Rückschlüsse auf Anfang und Verlauf der Textüberlieferung sich aus den leider nur spärlich vorhandenen Daten ziehen lassen.[2] Es freut mich, den kleinen Beitrag jenem Gelehrten widmen zu dürfen, der die Sirachforschung in der zweiten Hälfte des 20. Jh.s wie kein zweiter deutschsprachiger Exeget geprägt hat.

---

1 Marböck, Johannes, Structure and Redaction History of the Book of Ben Sira. Review and Prospects, in: Beentjes, Pancratius C. (Hg.), The Book of Ben Sira in Modern Research. Proceedings of the First International Ben Sira Conference 28–31 July 1996, Soesterberg, Netherlands, BZAW 255, Berlin u.a. 1997, 61–79, hier 75.
2 Zum methodischen Konzept der Gliederungskritik vgl. Oesch, Josef M., Skizze einer synchronen und diachronen Gliederungskritik im Rahmen der alttestamentlichen Textkritik, in: Korpel, Marjo C.A. u.a. (Hg.), Delimitation Criticism. A New Tool in Biblical Scholarship, Pericope 1, Assen 2000, 197–229.

I. Synchrone Analyse:
Der Gliederungsbefund in den hebräischen Sirachhandschriften

A. Die Handschriftenfragmente aus Qumran und Masada

Um eine Vorstellung der behandelten Handschriften geben zu können, sollen in Kürze ihre wichtigsten Daten in Tabellenform[3] geboten werden:[4]

Tab. 1: Eigenschaften der Handschriften von Qumran und Masada

HS / Merkmal	2Q18	11QPs^a	MasSir
Blätter / Kolumnen	1 (2?) Bl., 2 Kol.	1 Bl., 2 Kol.	2 Bl., 7 Kol.[5]
Größe	Frg.1: 4x4 cm (max.); Frg.2: 9,5x4,5 cm	Kol. XXI: 17,8x13 cm, Kol. XXII: 17,5x12 cm	Total: 20 cm; Breite d. Kol. ca. 4,5–7,5 cm

---

3 Die Daten der Tabelle zu den einzelnen Handschriften sind der Beschreibung in den Erstveröffentlichungen und den Fotografien der Handschriften entnommen. Die Angaben zu den Erstveröffentlichungen mit der Beschreibung der Handschriften aus Qumran und Masada finden sich in Beentjes, Pancratius C., The Book of Ben Sira in Hebrew. A Text Edition of All Extant Hebrew Manuscripts and a Synopsis of All Parallel Hebrew Ben Sira Texts, VT.S 68, Leiden u.a. 1997, 19. Für die Analyse der Faksimiles der hebräischen Sirachhandschriften ist mir eine digitalisierte Fassung zur Verfügung gestanden, für deren Beschaffung ich Franz Böhmisch, Linz, herzlich danke.

4 Abkürzungsverzeichnis:

11QPs^a	Sirachtext aus Qumran, Höhle 11	Hebr	Hebräischer Sirach
2Q18	Sirachtext aus Qumran, Höhle 2	HS	Handschrift
A	Ms. A (Beentjes [s. Anm. 3] 13–14)	Kol.	Kolumne(n)
Al	Alinea	LZ	Leerzeile
B	Ms. B (Beentjes [s. Anm. 3] 14–16)	MasSir	Sirachtext aus Masada
Bl.	Blatt/Blätter	Ms.	Manuskript
Bmarg	Randglossen in Ms. B	n.Chr.	nach Christus
Bst.	Buchstaben	RZ	Randzeichen
C	Ms. C (Beentjes [s. Anm. 3] 16–17)	S.	Seite(n)
D	Ms. D (Beentjes [s. Anm. 3] 18)	Sp	Spatium
E	Ms. E (Beentjes [s. Anm. 3] 18)	Syr	Syrische Sirachtradition (s. Anm. 52)
F	Ms. F (Beentjes [s. Anm. 3] 18)	ÜS	Überschrift
Frg.	Fragment	v.Chr.	vor Christus
fZE	freies Zeilenende	Zl.	Zeile(n)
Gr	Griechische Sirachtradition (s. Anm. 51)		

5 Yadin, Yigael, The Ben Sira Scroll from Masada, with Notes on the Reading by Elisha Qimron and Bibliography by Florentino García Martínez, in: Masada VI. Yigael Yadin Excavations 1963–1965. Final Reports, The Masada Reports, Jerusalem 1999, 151–252, hier 156 [3; die in eckiger Klammern stehenden Zahlen beziehen sich auf die Seitenangaben der ersten Auflage]. Yadin spricht von „13 columns belonging to seven pages". Offensichtlich rechnet er dabei die kolografische Schreibung als zweikolumnige Darstellung. Am Beginn des erhaltenen Rollenfragments (39,27–32) sind jeweils nur noch Reste des *zweiten* Kolons der Verse enthalten (Pl. I). Dies stellt nach Yadins Zählung demnach die erste Kolumne des Manuskripts dar, während die übrigen Texte (z.B. Pl. II: 40,11–41,2) in *zwei* Kolumnen geschrieben sind.

HS / Merkmal	2Q18	11QPs^a	MasSir
Zeilenzahl/ -abstand	≥ 12 / 0,7–0,8 cm	25 (rekonstruiert)[6] / 0,85–1,00 cm	25 (rekonstruiert) / 6 mm[7]
Textform[8]	> Hebr I	> Hebr I	> Hebr I
Textumfang	Frg. 1: 6,14–15 (od. 1, 19–20); Frg. 2: 6,20–31[9]	Sir 51,13–20.30b	Sir 39,27–44,17 (mit Lücken)
Layout	kolografisch[10]	prosaisch	kolografisch
Sof Pasuq	nein	nein	nein
Überschrift(en)	nein	nein	nein
Spatien der Makrogliederung	keine	Spatium vor 51,13 und nach 51,30	LZ, fZE
Randzeichen	keine	keine	∈-förmiges und winkelförmiges Zeichen
Zeit	1. Jh. v.Chr., 2. Hälfte	30–50 n.Chr.[11]	1. Jh. v.Chr., 1. Hälfte[12]

1. 2Q18

Die Textrekonstruktion von 2Q18 geht in den beiden erhaltenen Fragmenten von der Voraussetzung aus, dass das Layout kolografisch ist, und zwar in der Weise, dass das erste Kolon des Verses am Zeilenanfang und das zweite nach einem Spatium in die restliche Zeile geschrieben wurde. Diese Hypothese wird indirekt dadurch gesichert, dass in Frg. 2 Texte vom linken Kolumnenrand erhalten sind und so in einigen Fällen die Versschlüsse mit sehr hoher Wahrscheinlichkeit bezeugt werden (V. 28–31).[13] Demnach enthält die Handschrift mindestens ein einwertiges poetisches Gliederungssystem auf der

---

6 Anhand der sehr regelmäßigen Darstellung von Ps 119 in 11QPs^a lässt sich die Zeilenzahl 25 mit hoher Wahrscheinlichkeit rekonstruieren.
7 Yadin, Scroll (s. Anm. 5), 156 [3].
8 Die Angaben zur Textform stützen sich auf das Stemma der Textformen von Böhmisch, Franz, Die Textformen des Sirachbuches und ihre Zielgruppen, PzB 6 (1997), 87–122, bes. 88.
9 Baillet, Maurice, Les 'Petites Grottes' de Qumrân, DJD 3, Oxford 1962, 76. Das erste Fragment könnte von seiner Form her vom unteren Rand der dem Frg. 2 vorangehenden Kolumne stammen. Baillet erwägt deshalb die hier mögliche, aber eher unwahrscheinliche Rekonstruktion Sir 6,14–15 neben der besser passenden Rekonstruktion Sir 1,19–20.
10 Die Tatsache der kolografischen Schreibung des Sirachtextes in vorchristlicher Zeit stützt den Vorschlag Marböcks, das Lexem קו in Sir 44,5a als die Bezeichnung für das hebräische Metrum zu verstehen. Vgl. dazu: Marböck, Johannes, קו – Eine Bezeichnung für das hebräische Metrum?, in: ders., Gottes Weisheit unter uns. Zur Theologie des Buches Sirach, HBS 6, Freiburg i.Br. u.a. 1995, 144–146.
11 Flint, Peter W., The Dead Sea Psalms Scrolls and the Book of Psalms, StTDJ 17, Leiden u.a. 1997, 39; der Autor merkt an, dass auch J. Sanders und F. Cross in dieser Datierung übereinstimmen.
12 Yadin, Scroll (s. Anm. 5), 157 [4].
13 ‚Vers' meint hier und im folgenden ein Kolonpaar, das i.A. in der Septuaginta eine Versgröße darstellt.

Mikrotextebene, durch welches die einzelnen Kola bzw. Kolonpaare des Textes grafisch gekennzeichnet werden.

Dass es daneben ein Makrogliederungssystem gab, lässt sich im erhaltenen Text nicht nachweisen. Im zweiten Fragment geben die Vernähungsspuren an dessen linken Rand zu erkennen, dass es von der letzten Kolumne eines Blattes stammt. Es enthält nach den Herausgebern in 12 Zeilen den Text Sir 6,20–31. Dabei ist von den V. 23–25 nichts erhalten, doch füllt eine Textrekonstruktion nach der LXX diese Lücke, sodass von daher keine Leerzeile angenommen werden muss, wie dies aus literarischen Gründen und von G^Z und Syr her vor 6,23 erwartet werden könnte.[14]

2. 11QPs^a

11QPs^a bezeugt teilweise das akrostichische Schlussgedicht 51,13–20.30b, allerdings in davidischem Zusammenhang, nicht in einer eigentlichen Sirachhandschrift.[15] Von der ganzen Psalmenrolle sind Texte aus 28 Kolumnen erhalten, die unten alle beschädigt sind und einen Textverlust von ca. einem Drittel aufweisen. Kol. XXI 11–17 enthält Sir 51,13–20; in Kol. XXII finden sich von Sir 51,30 die letzten beiden Worte am Beginn von Zl. 1.

Sir 51,13 beginnt am Anfang einer neuen Zeile. Davor wird die vorangehende Zeile zu etwa zwei Drittel freigelassen. Nach 51,30 wird ebenfalls ein Spatium von etwa einem Drittel einer Zeile leer gelassen. Anfang und Ende des Akrostichons werden demnach durch das makrostrukturelle Layout von 11QPs^a klar gekennzeichnet. Innerhalb des Textes finden sich keine gliedernde Spatien, sodass im Textlayout ein einwertiges prosaisches Gliederungssystem vorliegt.[16]

Man kann sich fragen, ob der Form des Akrostichons nicht auch eine textgliedernde Funktion zuzuschreiben ist. In fast allen Fällen beginnt nämlich in diesem Gedicht dann ein neuer Vers, wenn das erste Mal ein Wort mit dem im Alphabet folgenden Buchstaben vorkommt.[17] Textlayout und Textform würden damit ein zweigliedriges poetisches Gliederungssystem bilden.

---

14 Ms. A enthält zwischen V. 22 und V. 23 Sir 27,5–6. Bei einer Rekonstruktion nach dieser Textform müsste eine Leerzeile angenommen werden. Eine textgliedernde Leerzeile würde zwar vor V. 23 entsprechend der griechischen und syrischen Tradition Sinn machen, nicht aber in der Textform von Ms. A.

15 Flint, Scrolls (s. Anm. 11), 83, weist zurecht darauf hin, dass dieser Text im Zusammenhang von 11QPs^a David zugesprochen wird.

16 Dies ist i.A. in der Darstellung der Psalmen in dieser HS ebenfalls der Fall, ausgenommen bei Ps 119, wo jeder Vers mit einer neuen Zeile beginnt und jede Alphabetgruppe durch eine Leerzeile von der nächsten getrennt wird.

17 Ausnahmen: Im א-Vers kommt ב als nächstfolgender Konsonant im Alphabet an dritter Position in einer Präpositionalfügung vor; und im ה-Vers kommt ו bereits am Beginn des zweiten Kolons vor. In beiden Fällen kann eine Leserirritation aber ausgeschlossen werden.

3. MasSir

Wie in 2Q18 ist der Text in MasSir kolografisch geschrieben, wobei das erste Kolon am Anfang der Zeile, das zweite nach einem immer etwa gleich großen Spatium in der Mitte der Zeile beginnt. Zwei Kola entsprechen sehr oft den heutigen Versgrößen, doch können Verse auch in mehrere Doppelkola unterteilt werden (z.B. 40,19 in I 9/10; 40,26 in I 17/18). In Kol. V 14/15 wurden die beiden Kola von 42,24 anscheinend wegen der Überlänge des ersten Kolons in zwei Zeilen geschrieben. In der zweiten Zeile (Kol. V 15) blieb dadurch die zweite Zeilenhälfte frei. Nichts spricht dafür, dass dem dadurch entstandenen freien Zeilenende eine Funktion in der Makrogliederung des Textes zuzuschreiben ist.

In Kol. VII 23 dagegen, wo eine halbe Leerzeile sichtbar ist, ergibt die Textrekonstruktion, dass hier eine ganze Zeile freigelassen wurde und dass damit sehr wahrscheinlich ein Makrogliederungszeichen signalisiert wird. Denn inhaltlich endet mit dem davorstehenden Text 44,15 die Einleitung zum Lob der Väter (44,1–50,24) und beginnt mit 44,17 die Aufzählung der einzelnen Vorfahren. Der überlange V. 16 kann dagegen unmöglich in der nicht erhaltenen ersten Hälfte der Zeile gestanden haben, sondern fehlt in dieser Handschrift.

Die Rekonstruktion des übrigen Textlayouts ergibt nur noch *eine* relativ wahrscheinliche Leerzeile oder Überschrift in Kol. VII 5, wenn der überlange Vers 43,30 wie in Ms. B in *einer* Zeile geschrieben wurde. Dann wäre auch vor dem Beginn des Väterlobes in Kol. VII 6 ein Makrogliederungszeichen in Form einer Leerzeile (oder einer Überschrift, ähnlich wie in Ms. B) gestanden. Ansonsten ergibt die Analyse der fragmentarisch erhaltenen Kolumnen keine Hinweise auf grafische Gliederungszeichen. Das ursprüngliche Textlayout in Kol. I ist nicht ganz geklärt. In I 1 dürfte 39,26c–d (nach Ms. B) gestanden haben. Aber in I 10–22 reichen die total fehlenden 13 Zl. für den dazwischen liegenden Text 39,33–40,9 (nach Ms. B) um eine Zeile nicht aus. In I 23 ist die Rekonstruktion von 40,10 durch die erhaltenen letzten Zeichen der Zeile (כלה עש[...) ausreichend gesichert. Dann fehlen weitere zwei Zeilen am Kolumnenende, doch Kol. II beginnt mit 40,11, sodass für diese zwei Zeilen kein Text überliefert ist. Eine bzw. wegen des Kolumnenendes zwei LZ vor 40,11 als Gliederungszeichen wären zwar denkbar, doch es gibt in der sonstigen Überlieferung dafür keine Parallelen.[18] Kol. I 24–25 dürfte also eher einen sonst an anderer Stelle überlieferten Sirachtext enthalten haben als in gliedernder Absicht leer gelassen worden sein. – In Kol. II fehlen nach Zl. 12 vier Zeilen und in Zl. 11 und 12 sind keine Zeichen mehr lesbar; nach Yadin dürfte Zl. 12 aber kaum leer gewesen sein, obwohl darin keine Buchstaben mehr lesbar sind.[19] Vielmehr dürften in diesen sechs Zeilen die sechs Verse 40,20–25 gestanden haben. – In Kol. VI sind nach Zl. 14 nur noch Fragmente erhalten. Nach Yadin fehlen die Zl. 15–16 und 21–23. In der ersten Lücke dürfen in der ersten Zl. 43,20c–d, in der zweiten Zl. 43,21, in den Zl. 21–23 die drei Verse 43,26–28 gestanden haben.

Im Textlayout enthält MasSir demnach ein zweiwertiges poetisches Gliederungssystem, in welchem eine Wertigkeit für die kolografische Darstellung, die zweite für die Makrostrukturierung des Textes eingesetzt wird.

---

18 Weder G^Z noch die syrische Tradition bezeugen hier einen Texteinschnitt.
19 Yadin, Scroll (s. Anm. 5), 174 [16].

Neben diesem Layout-Gliederungssystem kommen in MasSir auch Randzeichen vor. Ein ε-förmiges begegnet einmal oben rechts über Kol. V, wo in der ersten Zeile das ‚Lob der Schöpfung' (42,15–43,33) beginnt. Yadin, der es als Ψ-förmiges Zeichen beschreibt, erwägt die Möglichkeiten, dass es mit der einzigen Randnotiz in MasSir, die links über der gleichen Kolumne steht, in Zusammenhang steht, oder dass es als eine Art Überschrift über das ‚Lob der Schöpfung' gedacht ist. E. Tov listet es unter den Zahlenzeichen auf, die entweder Texteinheiten oder die Blätter einer Rolle nummerieren, macht aber auch auf das *ancora*-Zeichen, das in der griechischen Schreibtradition zur Kennzeichnung von Auslassungen bzw. Einfügungen gebraucht wird, und ein ähnlich geformtes Zeichen in 4QCant[b] und Mur17B aufmerksam.[20] Eher als an eine Blattzählung, die wegen des Umfangs des Buches kaum in Frage kommt, wäre an eine Zählung der Hauptabschnitte des Buches zu denken, beginnen doch auch moderne Autoren mit 42,15 einen neuen Buchteil.[21] Das andere ist ein winkelförmiges Randzeichen, das unmittelbar über bzw. rechts von einem Versbeginn steht und damit wohl eine textgliedernde Funktion einnimmt. Es begegnet in Kol. II 8 vor 40,18, II 25 vor 41,1 und IV 16 vor 42,9. E. Tov rechnet das Zeichen zu den Paragraphoi, die ebenfalls eine textgliedernde Funktion haben.[22] Wie bei diesen dürfte es sich aber um sekundär eingefügte Gliederungszeichen handeln, die nicht zum primären Layout-System gehören.[23] Ob die beiden Randzeichen zu einem gemeinsamen System sekundärer Textgliederung gehören, lässt sich alleine aus dem gegebenen Befund nicht erheben.

Die sekundär eingefügten winkelförmigen Randzeichen dürften die Funktion haben, Abschnitte bzw. Themen hervorzuheben, auf denen in der Benutzersituation der Handschrift ein besonderes Interesse lag. Konkret sind dies folgende Themen: Ehre durch Weisheit – Schande der Bettelei (40,18–30); das Doppelgesicht von Tod, Name und Scham (41,1–42,8); Sorge um die Tochter (42,9–14). Sie weisen wohl auf einen unterweisenden Gebrauch der Texte und eine Situation der Not hin, da sie Lebensweisheiten aus der Sicht

---

20 Yadin, Scroll (s. Anm. 5), 184 [26]; Tov, Emanuel, Scribal Markings in the Texts from the Judean Desert, in: Parry, Donald W. u.a. (Hg.), Current Research and Technological Developments on the Dead Sea Scrolls. Conference on the Texts from the Judean Desert, Jerusalem, 30 April 1995, StTDJ 20, Leiden u.a. 1996, 41–77, hier 68–69 (Fig. 15, 12,3 und 15,1).

21 So zuletzt Mulder, Otto, Simon de hogepriester in Sirach 50. Een exegetisch onderzoek naar de betekenis van Simon de hogepriester, als climax van de Lof der vaderen in Ben Sira's concept van de geschiedenis van Israël, Almelo 2000, 71. Nach Mulder beginnt mit 42,15 allerdings der sechste Hauptteil, nicht der fünfte, wie durch das Zahlzeichen ϵ angezeigt würde.

22 Tov, Markings (s. Anm. 20), 47.71 (Fig.1.5).

23 Dass es sich bei den Paragraphoi auch in 1QJes[a] um sekundäre Gliederungszeichen handelt, hat Steck, Odil H., Die erste Jesajarolle von Qumran (1QIs[a]), 1. Schreibweise als Leseanleitung für ein Prophetenbuch, SBS 173/1, Stuttgart 1998, 24–26.33–39, aufgewiesen.

des Erfahreneren und Älteren zu letzten Fragen des Lebens zu vermitteln versuchen.

B. Die mittelalterlichen Handschriften

Die wichtigsten Daten der heute bekannten hebräischen Sirachtexte sind in Tab. 2 zusammengestellt. Die Handschriften stammen alle aus der Synagoge von Altkairo, sind auf Papier geschrieben und datieren aus dem 11./12. Jh. Die Größe der Blätter variiert in der Höhe zwischen 20 cm (E), 19,5 cm (B), 18 cm (C), 16,3 cm (F), 16 cm (D) und 14,3 cm (C), in der Breite zwischen 17 cm (B), 16 cm (E), 14,4 cm (F), 12 cm (D), 11 cm (A) und 10 cm (C). Die stattlichsten HSS sind demnach E und B; von der Schriftgröße her B und C, vom Textlayout her B, E und F mit ihrer kolografischen Schreibung. Quadratschrift wird in B und C geschrieben, während die Schriften von A und D zur Kursive neigen und in E und F einen halbkursiven Duktus aufweisen. Die repräsentativste Handschrift stellt demnach Ms. B dar, von der zum Glück der umfangreichste Textausschnitt gefunden wurde; das ebenfalls stattliche Ms. E ist leider nur in einem Blatt erhalten.

Tab. 2: Eigenschaften der mittelalterlichen hebräischen Sirachhandschriften

HS / Merkmal	A	B	C	D	E	F
Bestand	6 Bl./12 S.	21 Bl./42 S.	6 Bl./12 S.	1 Bl./2 S.	1 Bl./2 S.	1 Bl./2 S.
Größe	18x11 cm	19,5x17 cm	14,3x10 cm	16x12 cm	20x16 cm	16,3x14,4 cm
Schrift	halbkursiv	Quadratschrift, zur Kursive tendierend	Quadratschrift	halbkursiv	halbkursiv	halbkursiv
Zl.zahl	29	17–18	11–12	19/20	24/22	24 (rek.)
Zl.abstand	0,5 cm	0,9 cm	0,9 cm	0,7 cm	0,7 cm	0,65 cm
Textform[24]	> Hebr II	> Hebr I	> Hebr I	> Hebr I; < Bmarg	> Hebr I	> Hebr I
Layout	prosaisch	kolografisch	prosaisch	prosaisch	kolografisch	kolografisch
Makro-Glz.	Sp 3–7 Bst.; fZE 4–5 Bst.; Al 2–4 Bst.	ÜS; LZ	–	–	–	LZ
ÜS	–	ja	–	–	–	–
RZ	–	֑ ֒ ב֔ / ב֕	–	–	–	–

1. Ms. A

Im prosaisch geschriebenen Layout von Ms. A fallen Spatien unterschiedlicher Größe sowohl am Anfang, in der Mitte und am Ende der Zeile auf.

---

24 Vgl. Böhmisch, Textformen (s. Anm. 8), 88.

Kleinspatien von ca. 2–3 Buchstaben finden sich am Versübergang, in das meist ein doppelter oder einfacher Sof Pasuq gesetzt ist.[25] Dieses Kleinspatium kann sich auch in den Anfang einer neuen Zeile erstrecken, wie z.B. Ir 25; Iv 13.23; IIr 6.21 u.ö. Es signalisiert damit, dass es auf den *Beginn* eines nachfolgendes Verses hinweisen will, da am Kolumnenbeginn der leicht eingerückte Versbeginn sofort ins Auge springt.

Daneben finden sich auch signifikant größere Leerzeichen, wie z.B. vor 4,11 (Sp 7), 6,1 (fZE 4 + Al 3) oder 6,32 (Sp 4), die offensichtlich auf einen größeren Texteinschnitt als nur auf den Versübergang hinweisen wollen. Die Unterscheidung zwischen den Gliederungszeichen vor den Versanfängen und diesen größeren Spatien stellt allerdings gelegentlich ein Problem dar. So sind z.B. auf Blatt VI die Spatien generell breiter angelegt als sonst, sodass ein rein quantitatives Kriterium wie die Spatiumgröße nicht angebracht wäre. Dies lässt sich auch von der Verteilung solcher größerer Spatien und von inhaltlichen Gesichtspunkten her bestätigen. Folgende Fälle wurden deshalb nicht als Großgliederungszeichen gerechnet, obwohl die Spatien größer als 2–3 Buchstaben sind: IIIv 26 (vor 10,10); IVr 25 (vor 11,8); Vv 11 (vor 13,19); Vv 28 (vor 14,10b) VIr 2 (vor 14,13b); VIr 10 (vor 14,21); VIr 22 (vor 15,12).[26] – Für eine weitere Differenzierung dieser Großgliederungszeichen gibt es keine Hinweise.

Die erwähnten Großgliederungszeichen unterteilen den enthaltenen Text in folgende Abschnitte:

4,11–5,15	Ertrag der Weisheit; falsche Scham; Reichtum; Selbstbeherrschung
6,1–6,31	Warnung vor schlechtem Ruf, Gier; Freundschaft; Mahnung zur Weisheit
6,32–7,5	Lust auf Weisheit bringt Weisheit; verschiedene Ratschläge
7,6–8,10	Richtige Selbsteinschätzung; verschiedene Anweisungen
8,11–13,1	Warnung vor dem לץ, dem gottlosen Spötter; verschiedene Ratschläge
13,2–13,15	Umgang mit Menschen des eigenen Standes
13,17–14,10	Umgang mit Seinesgleichen; gegen Missgunst und Habsucht
14,11–(26)	Richtigen Umgang mit Gütern lernen; Lob dessen, der Weisheit sucht ...

Wie die Spatien bei den Versübergängen primär auf den *Beginn* der folgenden Aussage aufmerksam machen, so wollen auch die Großgliederungszeichen primär auf das *erste* Thema des nachfolgenden Textes hinweisen. Wie aus der oben angeführten Zusammenstellung hervorgeht, können an die so hervorgehobenen thematischen Erörterungen weitere Ausführungen angeschlossen werden, die mit dem Thema eher assoziativ als inhaltlich verbunden sind. Wenn aus der Zusammenschau der hervorgehobenen Themen auf die Verortung der Textlektüre – sei es im schulischen, sei es im privaten Gebrauch – geschlossen werden darf, ergibt sich das Bild einer gesellschaft-

---

25 Der konstante Gebrauch des Sof Pasuq ist bereits in 4QtgLev belegt, aber nicht in biblischen HSS aus der Wüste Juda; vgl. dazu Tov, Markings (s. Anm. 20), 52. Tov nennt die zwei verstrennenden Punkte ‚colon'.

26 Diese Fälle wurden auch nicht als Großgliederungszeichen in Tab. 3 aufgenommen.

lich eher angefochtenen Gemeinde, die sich religiös behaupten („Spötter") sowie kulturell und gesellschaftlich ihren Ort suchen musste.

2. Ms. B

Ms. B enthält in 21 Blättern, auf denen teilweise die unterste oder die zwei unteren Zeilen wegen Beschädigung fehlen, den Text Sir 10,19–11,10; 15,1–16,7; 30,11–33,3; 35,11–38,27; 39,15–51,30.[27] Abgesehen von den unten erwähnten Ausnahmen beginnt jede Zeile mit einem Kolon und endet nach dem zweiten Kolon – soweit der Text erhalten ist – mit einem Sof Pasuq (׃). Zwischen den beiden Sprucheinheiten ist i.a. ein größeres Spatium, das mehr als 4 cm ausmachen kann, freigelassen, wobei ein gleichmäßiger Kolumnenabschluss am linken Rand nicht angestrebt wird.[28] Kleinere Spatien finden sich dort, wo viel Text in der Zeile unterzubringen war (IIIr 12; Vr 6; VIIr 12; VIIr 12; XIv 10[29]; XIIr 4; XIVv 14; XVv 4; XVIr 18[30]; XVIv 3). Auf der Mikrostrukturebene liegt demnach eine regelmäßige kolografische Schreibung vor, in der die systematische Kolonkennzeichnung nur dann fehlt, wenn zuviel Text in der Zeile unterzubringen war (IVr 10.14.16; IVv 2.4; Vr 4[31].7.9; VIIr 11.13; XIIIr 15[32]; XVv 8[33]; XVIv 1.2[34]; XVIIIv 12[35]; XIXv 18[36]; XXIr 8[37]), oder aus sonstigen Gründen (VIIIr 9[38]; XVIr 5[39]; XXIv 5.13–15[40]).

---

27 Unten fehlen *eine* Zeile in Bl. IV; VI–VII; IX, *zwei* Zeilen in Bl. XVIII.
28 In XXv 12–XXIr 7, dem nach dem Muster von Ps 136 konzipierten Danklied 51,12a–o, lautet die zweite Vershälfte immer gleich. Dennoch werden ihre Wörter nicht untereinander, sondern je nach Länge des ersten Kolons nach einem immer etwa gleichen Spatium geschrieben, sodass kein regelmäßiger Kolumnenabschluss entstehen kann.
29 In XIv 10 enthält das erste Kolon nur drei, das zweite dagegen sechs Wörter.
30 In der fragmentarisch erhaltenen Zeile XVIr 18 wird zwischen צר נציבי und ויא... deutlich ein Spatium freigelassen.
31 In Vr 4 (32,4a–c) werden Kolon b+c in immer kleinerer Schrift in die Zeile gedrängt.
32 In XIIIr 15 sind – ohne Spatium – drei Kola von Vers 43,30 in normaler, das vierte in kleinerer Schrift und abgekürzt in den Rand geschrieben.
33 XVv 8 enthält drei der vier Kola von 45,26. Das zweite Kolon fehlt.
34 Beide Zeilen sind ohne Spatien mit dem Text von 46,19 (6 Kola) gefüllt. Zl. 1: 19a–d, mit Sof Pasuq nach 19b; 19d ist ganz in den Rand geschrieben. Zl. 2: 19e–f.
35 XVIIIv 12 ist mit dem Text von 49,7cd gefüllt.
36 XIXv 18 enthält ohne Spatium 50,22ab.
37 XXIr 8 enthält – immer enger und am Schluss in den Rand hinaus geschrieben – mit den vier Kola von 51,12o sehr viel Text, der ohne Spatium bis in den Rand hinaus geschrieben ist.
38 In VIIIr 9 (38,3) fehlt das Spatium zwischen den Kola ohne Grund und die Zeile ist nur zu drei Vierteln gefüllt. Hat es der Schreiber vergessen?
39 In XVIr 5 wird 46,8b ohne Spatium geschrieben und es bleibt am Schluss ein über 2 cm großes fZE frei. Die vor allem aus dem Pentateuch und den Geschichtsbüchern geläufige Landbeschreibungsformel dürfte nicht als kolometrisch gestaltete Aussage verstanden worden sein.
40 XXIv 5 enthält 51,25 ohne gliederndes Spatium, obwohl die Zeile nicht gefüllt ist. Ein klarer Grund ist nicht erkennbar. – Zl. 13–15 enthalten die drei prosaisch geschriebene

Darüber hinaus enthält Ms. B im Textlayout auch Großgliederungszeichen in Form von Überschriften und Leerzeilen. „Überschriften" finden sich vor 31,12 (מוסר לחם ויין יחדו), 41,16 (מוסר בשת) und 44,1 (שבח אבות עולם). Sie haben die Form einer Leerzeile, in die in die Mitte Themenbegriffe zum unmittelbar nachfolgenden Text geschrieben sind. Bei den Leerzeilen wird eine ganze Zeile freigelassen. In zwei Fällen wurde ein ursprünglich in diese Zeile geschriebener Text wieder ausradiert (vor 11,10 und 16,6), offenbar um das Gliederungszeichen zu sichern.

„Überschriften" und Leerzeilen bilden zusammen nicht ein zweiwertiges Gliederungssystem in der Weise, dass durch die ersten Großabschnitte, durch die zweiten Unterabschnitte markiert würden. Dies ergibt die Analyse der erwähnten Vorkommen. In allen drei Fällen passen die Überschriften nur zu den unmittelbar folgenden Aussagen, die in 32,14 und in 50,22 unmittelbar, in 42,9 nach einer Leerzeile zu anderen Themen übergehen.

Die Analyse des Einsatzes der Leerzeilen ergibt ein ähnliches Bild. Zwar können durch sie auch thematisch relativ geschlossene Einheiten abgeteilt werden (38,1–23: Ermahnungen zu Arzt, Krankheit und Tod; 42,9–14: Die Sorge um die Töchter; Frauen; 42,15–43,33: Das Gedenken der Werke Gottes; 51,13–30: Schlussrede des Weisen), doch können die Textgrößen auch sehr unterschiedliche Themen ansprechen (10,28–11,9: „Mein Sohn"; verschiedene Ermahnungen; 38,24–41,15: Der Vorzug der Schriftgelehrten vor den Handwerkern; Aufforderung an „Fromme"; das menschliche Elend; der Tod).[41] Wie die „Überschriften" wollen demnach die Leerzeilen hauptsächlich auf die unmittelbar folgenden Aussagen aufmerksam machen, an die dann in lockerer Assoziation weitere Themen angeschlossen werden.

Außer diesen Gliederungszeichen durch Spatien scheint in Ms. B auch das Randzeichen פ auf, das je zweimal oben *über* einer Kolumne bzw. *rechts* im Kolumnenrand vorkommt. Der Schrifttypus spricht dagegen, dass es von der gleichen Hand wie der Text selbst geschrieben wurde, dass es also zur primären Textgliederung der Handschrift gehört. Aus der Stellung von drei der vier Vorkommen kann man erschließen, dass es dazu gesetzt wurde, um auf gewisse Textabschnitte aufmerksam zu machen: in Kol. VIv steht es über der ersten Zeile des Gebets 36,1–17, in Kol. VIv 17 am Rand nach dem Abschluss dieses Gebets und beim – grafisch nicht weiter gekennzeichneten – Beginn eines neuen thematischen Abschnitts und in Kol. XXv 12 am Rand

---

Abschlussverse nach 51,30, von denen nur die Benediktion am Schluss (=Ps 113,2) einen poetischen Charakter hat, trotzdem aber prosaisch geschrieben wurde. – Singulär ist XXr 10, wo der Text von 51,1 unmittelbar nach 50,28b mitten in der Zeile beginnt, am Ort, wo sonst das Spatium zwischen den beiden Kola steht. Sollte mit diesem engen Anschluss des Dankpsalms an das „Schlusswort" in 50,27–29 der Eindruck vermieden werden, er gehöre nicht mehr zum Sirachbuch?

41 Nach den Leerzeilen vor 11,10 und 16,6 bricht der Text nach 11,10 bzw. 16,7 ab, sodass über diese Fälle keine Aussagen gemacht werden können.

vor dem Beginn des Psalms 51,12a–o. Unklar ist einzig sein Vorkommen über der ersten Zeile von Kol. VIIIv, die den Text 38,13 enthält. Der Vers gehört zum Abschnitt über den Arzt (38,1–15), und es gibt keinen Grund anzunehmen, dass mit ihm ein neuer Abschnitt beginnen sollte. Wenn es sich auf diesen Vers beziehen sollte, wäre eher an einen Bezug auf ein bestimmtes Stichwort aus ihm wie z.B. „beten" (עתר) denkbar, da sich auch die Vorkommen in Kol. VIv und XXv 12 auf Gebete beziehen.

1. Das Zeichen ist unzweifelhaft eine Abkürzung für einen damals geläufigen Begriff. Dafür sprechen auch die drei Punkte über dem פ. „Damals" meint die Zeit nach der Abfassung der Handschrift, d.h. den Zeitraum ihres öffentlichen oder privaten Gebrauchs, also nach dem 11./12. Jh. n.Chr.[42]
2. Noch ist ungeklärt, für welchen Begriff das Randzeichen steht. Peters denkt an פסיקתא („Abteilung");[43] dafür steht nach Ginsburg in Ms. Add.9401–9402 „פריגמא = פריגמ, = πρηγμα, πραγμα, break, hiatus".[44] In Frage käme auch פרשה („Abschnitt"). Es dürfte demnach auf einen (besonderen) Textabschnitt hinweisen.
3. Das Zeichen über der Kol. VIIIv unterscheidet sich von jenem über Kol. VIv dadurch, dass es deutlich kleiner und feiner geschrieben ist, wie wenn es nicht ganz zum Folgenden passen würde. Es könnte die Funktion haben, auf den Beginn des Textabschnitts über den Schriftgelehrten in 38,24–41,15 aufmerksam zu machen. In Kol. VIv 17 und Kol. XXv 12 steht das Zeichen in dieser Funktion zwar am Rand neben dem entsprechenden Abschnittbeginn, doch ist dort durch das Textlayout kein Abschnittbeginn gekennzeichnet, während in Kol. VIIIv vor 38,24 eine Leerzeile steht.

Insgesamt enthält Ms. B demnach in der Mikrostruktur durch die Spatienkennzeichnung ein kolografisches System, das mit Spatien in der Mitte der Zeile und dem Zeilenwechsel arbeitet, und in der Makrostrukur ein mit Überschriften und Leerzeilen arbeitendes System, das nicht ein zweiwertiges System von Ober- und Unterabschnitten bildet, sondern durch das die unmittelbar folgenden Textaussagen hervorgehoben werden sollen, gelegentlich verstärkt durch Themenbegriffe, die überschriftenartig in die vorangehende Leerzeile geschrieben werden. Darüber hinaus findet sich in ihm ein Randzeichen-System, das von späterer Hand eingefügt wurde und mit dem auf besonders interessierende Abschnitte, besonders Gebete, hingewiesen wird.

3. Ms. C

Ms. C, das in sechs Blättern die Texte Sir 3,14–18.21–22; 41,16; 4,21; 20,22–23; 4,22–23.30–31; 5,4–7b.9–13; 36,19a; 6,18b.19.28.35; 7,1.4.6.17. 20.21.23–25; 8,7a; 18,31b–33; 19,1–2; 20,5–7; 37,19.22.24.26; 20,13; 25,8.

---

42 Ein weiteres Vorkommen dieser Abkürzung konnte ich – ohne für die Suche die geringste Vollständigkeit beanspruchen zu können – in den hebräischen Handschriften aus der Kairoer Geniza oder in mittelalterlichen Bibelkodizes nicht finden. Demnach war dieses Abkürzungszeichen nur in einem begrenzten Kreis üblich.
43 Peters, Norbert, Das Buch Jesus Sirach oder Ecclesiasticus, EHAT 25, Münster 1913, 293.
44 Ginsburg, Christian D., Introduction to the Massoretico-Critical Edition of the Hebrew Bible, London 1897, 547.

13.17–24; 26,1–2a; 25,8.20–21; 26,2b–3.13.15–17; 36,22–26 enthält, ist kein Zeuge des Sirachbuches, sondern eine Anthologie daraus.[45] Im prosaisch geschriebenen Text wird am Versübergang ein Spatium von ca. zwei Buchstaben freigelassen, in dem zumeist der einfache, gelegentlich der doppelte Sof Pasuq steht. Größere Spatien, die der Kennzeichnung der aus dem ursprünglichen Buchkontext entnommenen Teile oder der Hervorhebung einzelner Abschnitt dienen würden, sind nicht vorhanden. Es scheint vielmehr, dass die verschiedenen Teile aus dem Buch eng miteinander verbunden werden, um damit den Eindruck eines neuen Ganzen zu schaffen. – Ms. C enthält demnach ein einwertiges prosaisches Gliederungssystem auf der Ebene der Mikrostruktur.

4. Ms. D

Auf dem einen Blatt von Ms. D, das die Texte Sir 36,24–37,12a und 37,12a–38,1a enthält, sind textgliedernde Spatien von ca. 1½–2 Buchstaben im Zusammenhang mit dem Sof Pasuq (:) zu beobachten. Dieser steht regelmäßig nach zwei Kola, auch dann, wenn sie im überlieferten Text noch keinen ganzen Vers ausmachen.[46] Die einzelnen Kola werden aber nicht als solche gekennzeichnet. Weder beginnen sie regelmäßig am Zeilenbeginn noch steht zwischen den Paaren ein Spatium. Vor 37,15 ist das Spatium am Versübergang etwas größer (ca. 3 Buchstaben) als sonst. Aus dem vorhandenen Material ist kaum erhebbar, ob es ein Gliederungszeichen der Makrostruktur darstellen soll. – Wie in Ms. A Ir und IIr steht in Ms. D Ir ein Wort links unter der letzten Zeile der Kolumne. – In Ms. D ist mit Sicherheit nur ein einwertiges prosaisches Gliederungssystem auf der Mikroebene nachweisbar.

5. Ms. E

Ms. E enthält auf zwei Seiten in kolografischer Schreibung den Text Sir 32,16–34,1. Dabei steht je ein Kolonpaar auf einer Zeile. Das zweite Kolon beginnt jeweils am Beginn des kolumnenartig ausgerichteten zweiten Teils der Zeile, ähnlich wie in MasSir. Davor steht jeweils ein größeres Spatium von 2–3 cm. Soweit der Text auf dem erheblich beschädigten Blatt erhalten ist, endet jedes Kolonpaar am Ende der Zeile mit dem Sof Pasuq (:).[47] Dieser steht ca. in der Hälfte der Fälle auch am Ende des ersten Kolons, wobei ihm zumeist ein kleines pfeilförmiges, nach links gerichtetes Zeichen vorangeht (:<). Soweit die Texte in den beiden Handschriften erhalten sind, stimmen die

---

45 Beentjes, Pancratius C., Hermeneutics in the Book of Ben Sira. Some Observations on the Hebrew Ms. C, EstB 46 (1988), 45–59, hier 57.
46 So in 36,31LXX (Ir 3–4) und 37,8LXX (Iv 11–13), je einem Vers mit vier Kola, die durch zwei Sof Pasuq getrennt werden, und in 37,11LXX (Ir 15–19), einem Vers mit acht Kola, die durch vier Sof Pasuq getrennt werden.
47 Kein Sof Pasuq steht nach 33,4.7.12.

Kolaeinteilungen von Ms. B und Ms. E überein. Über dieses einwertige poetische Gliederungssystem hinaus sind in Ms. E keine Makrogliederungszeichen vorhanden.

6. Ms. F

Das eine Blatt von Ms. F gibt den Text von 31,24–33,8 ähnlich wie Ms. E kolografisch wieder, und zwar in der Weise, dass durch die Kolaverteilung in der Zeile eine zweikolumnige Textdarstellung erreicht wird. Das erste Kolon endet konsequent mit einem einfachen Sof Pasuq (·), dem zumeist ein größeres Spatium vorangeht, während das zweite Kolon mit einem doppelten Sof Pasuq (:) abgeschlossen wird.[48]

Neben diesem einwertigen poetischen Gliederungssystem auf der Mikroebene enthält Ms. F eine Leerzeile in Kol. Ir 21 vor 32,7. Der nachfolgende Abschnitt wendet sich an die Jungen mit Anleitungen zum klugen Verhalten bei Gastmählern. – Wie Ms. B enthält Ms. F demnach neben dem einwertigen poetischen System der Mikrogliederung ein mindestens einwertiges System der Makrostruktur, durch das auf wichtig befundene Aussagen aufmerksam gemacht wird.

II. Diachrone Analyse:
Die Überlieferung der Textstruktur des Sirachbuches

A. Die Überlieferung der Mikrostruktur

Eine umfassende Erforschung der Unterschiede in den Textdarstellungen auf der Mikroebene innerhalb der hebräischen Überlieferung steht ebenso aus wie der Vergleich mit den griechischen, lateinischen und syrischen Textformen und kann in diesem Rahmen nicht geleistet werden. Schon im Vergleich unter den hebräischen Handschriften zeigt sich, dass für eine solche Untersuchung auch textkritische Fragen miteinbezogen werden müssen. So bezeugen z.B Ms. B und Ms. F in 32,4a dieselbe Kolonabgrenzung, aber in 32,4b haben sie nur noch zwei Wörter gemeinsam und nach der Textvariante fügt Ms. B noch ein drittes Kolon in derselben Zeile hinzu. Generell stimmen die beiden Handschriften jedoch in der Kolon- und Zeilenstruktur miteinander überein. Dies gilt auch im Vergleich von Ms. E und Ms. F, die relativ weit den gleichen Text bezeugen und wo in Ms. E das erste Kolon i.A. durch den erweiterten Sof Pasuq (:<), in Ms. F durch den einfachen Sof Pasuq (·) be-

---

48 Diese regelmäßige Darstellung ist nur in Kol. Ir 11–12 durchbrochen, wo jeweils nach dem ersten Kolon sogleich mit dem zweiten, viel längeren Kolon begonnen wird (31,31cd bzw. 32,1bc), über dessen letzten Worten der Zeile jeweils mit kleinerer Schrift das Ende des Verses eingetragen wurde.

schlossen wird.[49] Der besonders interessierende Vergleich der Kolastrukturen zwischen MasSir und Ms. B ist zwar wegen des fragmentarischen Textzustandes vor allem in MasSir oft nicht in allen Einzelheiten möglich. Er zeigt aber prinzipiell keine Abweichungen in der Strukturierung der Kola und der Kolonpaare, d.h. der Verszeile. Zwar gibt es unterschiedliche Textbezeugungen; wenn aber Texte fehlen, fehlen ganze Kolazeilen, nicht einzelne Kola, die den Schreibrhythmus so verändern würden, dass ein erstes Kolon in der Zeile in der anderen Handschrift in der zweiten Zeilenhälfte stehen würde.[50]

B. Die Überlieferung der Makrostruktur

Tab. 3: Makrogliederungszeichen in den hebräischen Sirachhandschriften

Ms	Stelle	Seite/Zl	ÜS	Sp	RZ	Gr[51]	Syr[52]	Autoren
A[53]	vor 4,11	Iv 1	–	Sp 7	–	G^Z	7a1; 7h3; 10c1; SH	Smend; Peters; Di Lella; Marböck; vdBorn; Roth; Sauer[54]
A	vor 6,1	IIr 6	–	fZE4/Al3	–	–	–	–
A	vor 6,32	IIv 1	–	Sp4	–	G^Z	7a1; SH	–
A	vor 7,6	IIv 9/10	–	fZE2/Al2	–	–	–	–
A	vor 8,11	IIIr 18/19	–	fZE2/Al2	–	–	–	–
B	vor 10,28	Ir 11	–	LZ	–	–	7a1; 9c1; 10c1; 10c2; SH	–
B	vor 11,10	Iv 16	–	LZ[55]	–	G^Z	9c1; 10c2; SH	–
A	vor 13,2	Vr 22/23	–	fZE1/3 / Al4	–	–	–	–

---

49 Unterschiede in der Kennzeichnung der Kolaschlüsse treten ab 32,20 auf. Sie dürften teilweise auf Versehen der Schreiber zurückgeführt werden dürfen; in 33,2–4 könnten dabei auch Textvarianten im Spiel sein.

50 In Ms. B fehlen z.B. 40,12; 42,5.18cd.22.43b.c; 44,12; in MasSir 44,3ab.16.

51 Die eingetragenen Daten sind Ziegler, Joseph, Sapientia Iesu Filii Sirach, Septuaginta XII/2, Göttingen ²1980, entnommen. Ziegler beschreibt allerdings nicht, worauf sich seine Textdarstellung stützt.

52 Die eingetragenen Daten sind Jenner, Konrad – Peursen, Wido van, Unit Delimitation and the Text of Ben Sira, in: Korpel, Marjo C.A. u.a. (Hg.), Studies in Scriptural Unit Division, Pericope 3, Assen 2002, 144–201, hier 147–164, entnommen.

53 In Tab. 3 werden jene Stellen fett geschrieben, die Eigengut von Ms. A in der Gliederungsüberlieferung darstellen.

54 Die unter ‚Autoren' eingetragenen Werte sind Jenner – Peursen, Delimitation (s. Anm. 52), 179–185, entnommen und wurden mit den entsprechenden Daten aus Sauer, Georg, Jesus Sirach / Ben Sira, ATDA 1, Göttingen 2000, ergänzt.

55 Der ursprünglich in Iv 16 (10,10) geschriebene Text wurde ausradiert. Entweder vergaß der Schreiber die Kennzeichnung des neuen Abschnittbeginns, schrieb den Vers nochmals darunter und radierte den Text von Zl. 16 aus, oder es stand ein sonst nicht belegter Text in dieser Zeile.

Textdarstellungen in den hebräischen Sirachhandschriften 321

Ms	Stelle	Seite/Zl	ÜS	Sp	RZ	Gr	Syr	Autoren
A	nach 13,15, vor **13,17**	Vv 9	–	fZE5	–	–	–	–
A	vor 14,11	Vv 29	–	Al3	–	G^Z	9c1; SH	Sauer
B	vor 16,6	IIv 16	–	LZ^{56}	–	–	–	–
B	vor 34(31),12	IVr 1	x^{57}	–	–	G^Z	7a1; 9c1; 10c2	–
F	34(31),22	(Ir oben)	–	(–)	–	G^Z	7a1; 7h3; 8a1; 9c1; 10c2; SH	–
F	vor 35(32),7	I 21	–	LZ	–	G^Z	–	–
B	vor 33(36),1	über VIv 1	–	–	$\overset{\circ}{ פ }$	G^{Z58}	9c1; 10c1; 10c2	Marböck; Di Lella; Roth; Sauer
B	vor 36,23(20)	VIv 17	–	–	$\overset{\circ}{ פ }$	G^Z	7h3; 10c1	Peters; Sauer
B	vor 38,1	VIIIr 6	–	LZ	–	G^Z	7a1	Sauer
B	(vor 38,13?)	über VIIIv 1	–	–	$\overset{\circ}{ פ }$	–	–	–
B	vor 38,24	VIIIv 13	–	LZ	–	G^Z	9c1	Sauer
Mas Sir	40,18	II 8	–	–	ך am rechten Kol.-Rand	G^Z	–	Sauer
Mas Sir	41,1	II 25	–	–	ך am rechten Kol.-Rand	G^Z	7a1	Sauer; Smend; Peters; Di Lella; vdBorn; Roth
B	vor 41,16	XIr 15	x^{59}	–	–	G^Z	–	–
Mas Sir	42,9	IV 16	–	–	ך am rechten Kol.-Rand	G^Z	SH	Smend; Peters; Di Lella; Roth; vdBorn; Sauer
B	vor 42,9	XIv 12	–	LZ	–	–	–	–
Mas Sir	vor 42,15	über Kol. V	–	–	ε-förmiges Zeichen	G^Z	7a1; 7h3; 8a1; 9c1; 10c1; 10c2	Smend; Peters; Di Lella; Roth; Sauer
B	vor 42,15	XIIr 5	–	LZ	–	–	–	

---

56 Wie vor 11,10 wurde die Zeile vor 16,6 ausradiert; vgl. Anm. 55. – In der Diskussion um die Varianten in 16,6 sollte auch diese Rasur und die dadurch geschaffene Textstrukturierung mit einbezogen werden; vgl. Rüger, Hans-Peter, Text und Textform im hebräischen Sirach, BZAW 112, Berlin u.a. 1970, 85f.
57 Die ÜS מוסר לחם ויין יחדו steht in der Mitte der ersten Zeile.
58 Griechische und lateinische Handschriften bezeugen hier nach Ziegler, Sapientia (s. Anm. 51), 290, teilweise eine Überschrift.
59 In XIr 15 hat der Schreiber zuerst mit dem Beginn von 41,16 zu schreiben begonnen, dann aber die ersten beiden Wörter und die ersten beiden Buchstaben des dritten Wortes mit Hatscheks versehen und in die Mitte der Zeile מוסר בשת als Überschrift geschrieben.

Ms	Stelle	Seite/Zl	ÜS	Sp	RZ	Gr	Syr	Autoren
MasSir	vor 44,1	VII 5	$-^{60}$	LZ(rek)	–	G^{Z61}	8a1; 10c1	Sauer; Smend; Peters; Di Lella; vdBorn
B	vor 44,1	XIIIv 1	x^{62}	–	–	G^Z	8a1; 10c1; SH^{63}	Smend; Peters; Di Lella; vdBorn; Sauer
MasSir	vor 44,17	VII 23	–	LZ	–	G^Z	7a1; 7h3; SH	vdBorn
B	neben 51,12a^{64}	XXv 12	–	–	͡ properties^{65}	–	–	(Sauer)
B	vor 51,13	XXIr 9	–	LZ	–	G^Z	–	Sauer

1. Ein Vergleich innerhalb der hebräischen Textüberlieferung zwischen den mittelalterlichen Handschriften einerseits und denen aus der Wüste Juda andererseits lässt sich nur bei den Texten Ms. B und MasSir anstellen, die einen gemeinsamen Text zwischen Sir 39,27–44,17* enthalten. Er zeigt, dass in den Gliederungszeichen des Textlayouts die beiden Handschriften in 44,1 insofern übereinstimmen, als Ms. B vor dem Textbeginn eine Leerzeile, die eine Überschrift enthält, und MasSir eine rekonstruierte Leereile, in der eventuell eine Überschrift gestanden haben konnte, bezeugen. Drei Leerzeilen in Ms. B (vor 41,16; 42,9.15) finden dagegen in MasSir keine Entsprechung, wobei 42,9.15 auch in der griechischen und syrischen Tradition gut bezeugt sind, während 41,16 Sondergut von Ms. B zu sein scheint. Umgekehrt findet die einzige sicher bezeugte Leerzeile in MasSir vor 44,17 in Ms. B keine Entsprechung, obwohl die griechische und syrische Tradition Texteinschnitte an dieser Position bezeugen.
2. Von den drei in MasSir durch das winkelförmige Randzeichen gekennzeichneten Abschnittsanfängen findet jenes vor 42,9 eine Entsprechung in der Leerzeile von Ms. B und in Gliederungszeichen der griechischen und syrischen Tradition, während 40,18 und 41,1 Entsprechungen nur in die-

---

60 Das Vorhandensein einer LZ lässt sich auf Grund des in der Lakune fehlenden Textes errechnen. Ob darin eine Überschrift wie in Ms. B gestanden ist, kann nicht entschieden werden; vgl. dazu Yadin, Scroll (s. Anm.5), 192 [34].
61 Griechische und lateinische Handschriften bezeugen hier nach Ziegler, Sapientia (s. Anm. 51), 331, teilweise eine Überschrift.
62 Die in die Zeilenmitte geschriebene Überschrift vor 44,1 lautet: שבח אבות עולם.
63 Überschrift in SH.
64 Die Darstellung des im Muster von Ps 136 komponierten Dankliedes zeigt, nach welchen Kriterien der Schreiber von Ms. B das Spatium in der Mitte der Zeile bemessen hat. Es wird nicht soviel frei gelassen, dass die immer gleichen Kola des zweiten Versteiles untereinander zu stehen kommen; wenn das erste Kolon kurz ist, wird vielmehr mit der Schreibung des Refrains eher begonnen, wobei die Spatien eine Größe von 3–3,5 cm annehmen (XXv 12.15; XXIr 3.4.5.6). Wenn das erste Kolon dagegen lang ist, wird später mit Schreiben fortgesetzt, sodass der Refrain eher am Zeilenende steht (XXv 17–XXIr 2).
65 Das Dankgebet 51,12a–o findet sich in der Überlieferungstradition des Sirachbuches nur in Ms. B.

sen Übersetzungstraditionen aufweisen. Am Ort des ϵ-förmigen Randzeichens vor 42,15 bezeugt Ms. B eine Leerzeile. Zwei der vier Randzeichen von MasSir werden demnach in Ms. B in der Textgliederung des Layouts bezeugt.
3. MasSir als älteste hebräische Handschrift, die für einen Gliederungsvergleich beigezogen werden kann, weist gegenüber der späteren Übersetzungstradition kein Sondergut auf. Anders steht es um die mittelalterlichen hebräischen Textzeugen. Ms. A weist im Textlayout Gliederungszeichen vor Sir 6,1; 7,6; 8,11 und 13,17 auf, die nicht in der griechischen oder syrischen Überlieferung bezeugt werden. In Ms. B finden keine Entsprechung in der griechischen Tradition die Leerzeilen bzw. die Überschrift vor 10,28; 16,6; und 51,13, in der syrischen Überlieferung wird 51,13 nicht bezeugt, und in beiden fehlt eine Entsprechung zur Leerzeile vor 16,16. Eine Textgliederung vor 32,7, wo in Ms. F eine Leerzeile steht, findet sich nur noch in der griechischen Tradition, während sie in Ms. B und in der syrischen Überlieferung fehlt.

Schluss

Die Ausbeute aus der gliederungskritischen Textuntersuchung der hebräischen Sirachtexte ist nicht allzu ergiebig. Immerhin lassen sich einige Aussagen mit einiger Gewissheit treffen:
1. Die kolografische Schreibung des Sirachtextes auf der mikrostrukurellen Ebene ist schon in den ältesten Rollen (MasSir und 2Q18; 1. Jh. v.Chr.) belegt und ist auch noch in den mittelalterlichen Kodizes gepflegt worden. Es handelt sich dabei um eine Schreibweise in Kolonpaaren, in deren Überlieferung zwar Auslassungen bzw. Hinzufügungen und Textvarianten festgestellt werden können, aber die grundsätzliche Struktur als Kolonpaare („Verszeilen") stabil blieb.
2. Die spärlich erhaltenen makrostrukturellen Gliederungszeichen (Leerzeilen, Randzeichen) von MasSir sind zwar nur gut zur Hälfte in der stattlichsten und umfangreichsten mittelalterlichen Sirachhandschrift (Ms. B) erhalten; zieht man aber auch die griechische und syrische Tradition in den Vergleich mit ein, ist keines davon ein Eigengut dieser Textkopie. Vielmehr sind sie alle auch in der späteren Text- bzw. frühen Übersetzungstradition anzutreffen.
3. Das in den späteren hebräischen Kopien anzutreffende Sondergut sowohl in Ms. A, Ms. B und Ms. F bezeugt, dass auch Textauslegung in Form von grafischer Textstrukturierung eine Rolle im Abschreibevorgang gespielt hat. Leider fehlen für eine genauere zeitliche und örtliche Situierung dieser Auslegung die notwendigen Bindeglieder zu den älteren Textformen.

4. Über die Form des/der Originalbücher des Jesus ben Sirach wird man wohl soviel sagen können, dass sie ebenfalls kolografisch geschrieben waren wie die Abschriften aus der vorchristlichen Zeit und dass sie makrostrukturelle Textgliederungen enthielten, wie sie in den vorchristlichen und in den mittelalterlichen Kopien bezeugt sind.
5. In der Frage der heutigen exegetischen Relevanz der konkret überlieferten Gliederungsstrukturen lässt sich, vor allem wenn man die griechische Überlieferung und die Untersuchung zur syrischen Tradition mit einbezieht, soviel sagen, dass ohnehin viele Textgliederungen auch heute so gesehen werden, dass aber das eine oder andere Sondergut aus der Tradition heute überlegenswert wäre.

Der gottesfürchtigen Frau ein guter Mann?
Zur Lektüre der Aussagen über gute und schlechte Ehefrauen im Sirachbuch

Ursula Rapp

Jesus Sirach ist ein biblisches Buch, das wie kaum ein anderes durchgängig und in aller Deutlichkeit an Männer adressiert ist.[1] Es hat auf Gott, die Welt, die Menschen und ihre Beziehungen einen scheinbar ungebrochen androzentrischen Blick und spricht trotzdem oder gerade deswegen sehr häufig über Frauen und – wie das Buch der Sprichwörter schon vor ihm – über die göttlich vorgestellte Frau Weisheit. Es gibt AuslegerInnen, die in dieser Gestalt so etwas wie einen Ausgleich zur sonst durchgängigen Unsichtbarmachung oder Verobjektivierung von Frauen als „Wesen für den Mann" sehen. Die Frage ist aber, was eine weibliche Weisheitsgestalt, die zumindest weibliche Aspekte eines Gottesbildes andeutet und sichtbar macht, für die Lebensrealität von Frauen bedeutet hat und was es auch heute bedeuten kann. Wie geht es, dass man Gott weibliche Aspekte zuschreibt und gleichzeitig in realen Frauen hauptsächlich Bedrohung und Gottesferne für den Weisen, den gottesfürchtigen Mann erblickt?

Angelika Strotmann hat diese Frage für das Sirachbuch treffend im Untertitel ihres Artikels für das Kompendium Feministische Bibelauslegung formuliert: „Über die schwierige Beziehung zwischen göttlicher Weisheit und konkreten Frauen in einer androzentrischen Schrift". Sie hat auch darauf hingewiesen, dass Jesus Sirach zwar einerseits ein misogynes Frauenbild hat, dass aber andererseits der zentrale Abschnitt über die „gute Ehefrau" (26,1–4.13–18) an dieser sowohl Züge des Weisen als auch der Frau Weisheit selbst sichtbar macht.[2] Ihre Überlegungen zum Ausgangspunkt machend frage ich, ob und wenn, wie diese Texte als von und für Männer geschriebene und Frauen abwertende für Frauen rezipierbar sein können. Können wir sie nur

---

1   Vgl. die Anreden der Adressaten in 2,1; 3,1.17; 4,1.11.20 u.ö. Vgl. auch Strotmann, Angelika, Das Buch Jesus Sirach. Über die schwierige Beziehung zwischen göttlicher Weisheit und konkreten Frauen in einer androzentrischen Schrift, in: Schottroff, Luise u.a. (Hg.), Kompendium Feministische Bibelauslegung, Gütersloh 1998, 428–440, 430: „Er spricht also nicht Frauen direkt an, sondern entsprechend seinem Adressatenkreis (s.o.) versucht er, jüdische Männer aus seiner Schicht zu einem aus seiner Sicht klugen Verhalten gegenüber verschiedenen Gruppen von Frauen zu bewegen."
2   Vgl. Strotmann, Buch (s. Anm. 1), 434.438–440.

als Zeugnis androzentrischer Weltkonstruktion und in seiner pädagogischen Intention androzentrischer Weltaneignung verstehen oder gibt es jenseits dieses Urteils Möglichkeiten, die Texte so zu lesen, dass sie für eine weibliche Perspektivierung von Wirklichkeit und Existenz lebendige Potentiale bieten?

1. Feministische Lektüre im Sirachbuch

Das Buch Jesus Sirach wird von der feministischen Forschung eher zurückhaltend wahrgenommen. Während Warren C. Trenchard zwar sicher kein feministisches Interesse hegt, sei seine Studie nur kurz genannt, da sie die einzige Monographie zum Thema und deshalb jedenfalls einen Bezugspunkt darstellt. Er kommt zu dem Ergebnis, dass Sirach persönlich eine negative Haltung gegenüber Frauen einnimmt, wobei er dies auf seinen literargeschichtlichen Rekonstruktionen aufbaut, indem er Sirachs Bearbeitung älteren Materials, das ihm vorliegt, auf eine negativere Stellung von Frauen hin interpretiert.[3] Vorgangsweise und Ergebnis bedürfen zweifellos einer Revision, die hier sicher im besten Fall punktuell stattfinden kann.

Silvia Schroer hat einerseits die Frauenverachtung und andererseits die restriktive Theologie der Weisheit, die die in Spr noch viel selbständigere Frau Weisheit Gott unterordnet, betont.[4] Sie sieht vor allem die ungebrochen androzentrische Wirklichkeitskonstruktion des Ben Sira, die wahrscheinlich eher Wunsch denn Realität ist und die von dem Interesse getragen ist, die Handlungsspielräume von Frauen einzuschränken.[5]

Claudia V. Camp hat in zwei Artikeln gezeigt, dass dem Frauenbild Sirachs das in mediterranen Gesellschaften gängige Ethos von Ehre-Schande/Scham zugrunde liegt.[6] Dieses Ethos ist verbunden mit einer Theologie der

---

3 Vgl. Trenchard, Warren C., Ben Sira's View of Women. A Literary Analysis, BJSt 38, Chico 1982.
4 Vgl. Schroer, Silvia, Der eine Herr und die Männerherrschaft im Buch Jesus Sirach. Frauenbild und Weisheitsbild in einer misogynen Schrift, in: dies., Die Weisheit hat ihr Haus gebaut. Studien zur Gestalt der Sophia in den biblischen Schriften, Mainz 1996, 96–109. Deutlich ist der Aspekt der patriarchalen Inanspruchnahme der in Spr noch selbständigeren Weisheit im Sirachbuch auch bei McKinlay, Judith E., Gendering Wisdom the Host. Biblical Invitations to Eat and Drink, JSOT.S 216, Gender, Culture, Theory 4, Sheffield 1996, 133–159. McKinlay befasst sich mit dem Frauenbild des Siraziden nur am Rande.
5 Vgl. Schroer, Herr (s. Anm. 4), 97–99.
6 Vgl. Camp, Claudia V., Understanding a Patriarchy: Women in Second Century Jerusalem through the Eyes of Ben Sira, in: Levine, Amy-Jill (Hg.), „Women Like This". New Perspectives on Jewish Women in the Greco-Roman World, SBL.EJL 1, Atlanta 1991, 1–39.

Herrlichkeit Gottes.[7] Wenn die Konstruktion der Ehre eines Mannes mit der Kontrolle der sozial definierten Statussymbole und Werte wie der Ehefrau, Eigentum und sozialpolitischer Stellung des Mannes zusammenhängt, dann ist gerade auch die Kontrolle und Macht seiner Sexualiät, seines Körpers und damit – innerhalb dieses Systems – auch seiner Ehefrau zentral.[8] Im Zusammenspiel der Bedeutungssysteme von Ehre und Schande einerseits und Theologie der Herrlichkeit Gottes andererseits gibt es für die Darstellung von Frauen und weiblicher Weisheit einen Dreischritt, der aus Abstraktion (Personifikation der Weisheit),[9] Dämonisierung und Erhöhung/Überhöhung besteht.[10] Camp kann damit aus sozial- und geistes- sowie theologiegeschichtlicher Perspektive einiges zum Verständnis des Siraziden beitragen.[11]

Angelika Strotmann differenziert ihre Sicht entlang der drei Aspekte der göttlichen Frau Weisheit, ihrem „Gegenbild" in der ehebrecherischen Frau und der guten Ehefrau, die – ähnlich wie Tora und Tempel – eine Art Repräsentanz der Weisheit darstellen.[12] Die Verbindung zwischen guter Ehefrau und Weisheit macht Strotmann einerseits an ähnlich gestalteten Aussagen fest: Während in 26,3 das Geschenk für den Gottesfürchtigen eine gute Ehefrau ist, erhält er in 1,10 die Weisheit selbst. Andererseits trägt die gute Ehefrau in Kap. 26 auch Züge des Weisen und der Weisheit selbst, wie sie während der Liturgie im Tempel waltet. Die Selbstvorstellung der Weisheit in Kap. 24 steht zwischen Texten, die von Ehefrauen sprechen, was die Bedeutung der Ehe für Sirach sichtbar macht. Auch wenn man, wie Strotmann, das Frauenbild aus dem Kontext des gesamten Buches und seiner Theologie rekonstruiert und dann den Autor nicht rundum als Frauenfeind bezeichnen kann, bleibt die androzentrische Sicht Sirachs, die Frauen ausschließlich in ihrer Bedeutung für Männer sieht, dennoch nicht zu leugnen.

Welche Identifikationsmöglichkeiten bietet der Text dann für die Leserinnen? Dichotomische Frauenbilder (und Menschenbilder) sperren sich gegen die Identifikation von Frauen (bzw. von allen Menschen). Das in der christlichen Tradition über Jahrhunderte tradierte Bild „der Frau" als Maria oder Eva, Heilige oder Sünderin – wie es auch bei Sirach vertreten scheint – ist eine androzentrische Projektion und damit unbrauchbar und realitätsfern.

---

7 Zum Zusammenhang vgl. Camp, Claudia V., Honor and Shame in Ben Sira: Anthropological and Theological Reflexions, in: Beentjes, Pancratius C. (Hg.), The Book of Ben Sira in Modern Research. Proceedings of the First International Ben Sira Conference, 28–31 July 1996, Soesterberg, Netherlands, BZAW 255, Berlin u.a. 1997, 171–187, dazu bes. 172–178.
8 Vgl. Camp, Honor (s. Anm. 7), 173.
9 Vgl. dazu auch Schroer, Herr (s. Anm. 4), 38.
10 Vgl. Camp, Honor (s. Anm. 7), 178–186.
11 So wurde dieser Zugang auch im Women's Bible Commentary unhinterfragt übernommen (vgl. Eisenbaum, Pamela M., Sirach, in: Newsom, Carol A. u.a. (Hg.), Women's Bible Commentary, Westminster ²1998, 298–304.
12 Vgl. Strotmann, Buch (s. Anm. 1), 439.

Solche bipolaren Konstruktionen lassen immer nur Teilaspekte des Menschseins zu und spiegeln immer nur Teilperspektiven wider, auch wenn sie in den Formulierungen scheinbar umfassend dargestellt werden. Dieser Weg führt nicht über das „Engendering" der Weisheit oder der *Texte* des Sirachbuches. Vielmehr muss die *Lesewahrnehmung* „engendered" werden, d.h., die Kategorie der Geschlechterdifferenz wird nicht auf die positiven Textaussagen angewendet, sondern auf die Rezeption. Der Weg führt also nicht zu einer autor- und produktionsästhetischen, sondern einer rezeptionsästhetischen Sicht. Denn auch wenn sich die Forschung einig ist, dass Ben Siras Frauenbild in weiten Teilen „unfair and repugnant" ist, aber „without question ... the sexist mentality of that day"[13] widerspiegelt, bleibt eine solche Auslegung nur in der Beschreibung und Kritik des Patriarchats hängen. Sie schafft es aber noch nicht, zu einer Lesart zu gelangen, die jenseits des Patriarchats Potentiale des Textes sichtbar machen kann, aus denen neue symbolische Ordnungen für weibliche und männliche Existenz heute gefunden werden können. Wenn das aber nicht gelingt, bleibt nicht mehr zu sagen über die Texte als das bereits Zitierte: patriarchal und unfair, aber so war die Zeit damals.[14] Für den oben bereits formulierten Anspruch feministischer Lektüre ist das zu wenig.

Steht die Text*rezeption* in Frage und weniger die *-produktion*, so geht es dennoch nicht um eine unvermittelte, subjektive Textauslegung,[15] die einer vermeintlich objektiven, einer historischen Forschung gegenüber gestellt werden könnte: „Die Interaktion zwischen Text und Leser kann weder auf die Subjektivität des Lesers noch auf die Objektivität des Textes reduziert werden, denn dem Text ist aufgrund seiner polysemen Struktur immer ein Bedeutungsüberschuss zu eigen."[16] Wenn die Rezeptionsästhetik die Entstehung des Textsinnes im Lese- und Aneignungsprozess sieht, dann ist das besonders für die biblischen Schriften als Texte mit einem Anspruch auf Praxis- und Weltgestaltung bedeutsam.[17] Die Frage lautet deshalb im Hinblick auf die

---

13 Di Lella, Alexander A., Women in the Wisdom of Ben Sira and the Book of Judith: A Study in Contrast and Reversals, in: Emerton, John A. (Hg.), Congress Volume Paris 1992, VT.S 61, Leiden u.a. 1995, 39–52, 45.
14 So auch im Kommentar: Skehan, Patrick W. – Di Lella, Alexander A., The Wisdom of Ben Sira, AncB 39, New York 1987, 347 u.ö.
15 Vgl. zum Verständnis des Begriffs der „unmittelbaren Interpretation" Fuchs, Ottmar, Kriterien gegen den Mißbrauch der Bibel, JbTh 12 (1997), 243–274.
16 Erbele-Küster, Dorothea, Lesen als Akt des Betens. Eine Rezeptionsästhetik der Psalmen, WMANT 87, Neukirchen-Vluyn 2001, 46. Sie betont aber, dass diese Polysemie keine willkürliche Auslegung zulasse, da der Text es sei, der die Bedeutungsvielfalt angebe und nicht der Leser.
17 Vgl. dazu Utzschneider, Helmut, Zur vierfachen Lektüre des Alten Testaments. Bibelrezeption als Erfahrung von Diskrepanz und Perspektive, in: Bartelmus, Rüdiger u.a. (Hg.), Konsequente Traditionsgeschichte. Festschrift für Klaus Baltzer zu seinem 65. Geburtstag, OBO 126, Freiburg/Schweiz u.a. 1993, 383–401; ders., Text – Leser – Autor. Bestandsaufnahme und Prolegomena zu einer Theorie der Exegese, BZ 43 (1999), 224–

Texte, ob es über die positiven Textaussagen und über soziokulturelle Erklärungsversuche hinaus positive, sinnstiftende Zugänge zum Sirachbuch für Frauen heute geben kann. Das kann hier nur andeutungsweise versucht werden und ich möchte zunächst bezüglich der Aussagen über schlechte und gute Ehefrauen in Sir 25–26 drei Wege andeuten: 1. die Kommunikationsstruktur des Textes und die Art der „Belehrung", 2. die Allgemeinheit der Aussagen und 3. die Aussagen über die „gute" Ehefrau.

Alle drei Leseversuche gehen auf der Suche nach Identifikationsangeboten von unterschiedlichen „Leerstellen"[18] des Textes aus.

2. Einladungen an Imagination und Empathie des Lesers und der Leserin

2.1 Leserphantasie in der Kohäsion und Kohärenz des Textes

Eine erste Art von Leerstellen findet sich auf der Ebene der Konsistenz des Textes. Überall dort, wo der Text aufgrund fehlender Kohäsion und Kohärenz inhaltliche oder formale Brüche und Lücken aufweist, setzt die Phantasie des Lesers/der Leserin ein. Die Kohäsion des Textes ist auf der Textoberfläche, also der Zeichenebene, feststellbar. In Sir 25–26 ist sie sehr gezielt vorhanden und nicht vorhanden zugleich.

Der ganze Abschnitt 25,13–26,18 wird durch die häufige Wiederholung des Wortes γυνή („Frau") als thematische Einheit für den Leser/die Leserin nachvollziehbar. Die Wortwiederholung stellt also ein Mittel der Textkohäsion dar. Ausgenommen sind die Verse 26,10–12, in denen γυνή nicht vorkommt. Der Abschnitt widmet sich der in V. 10 genannten θυγάτηρ („Tochter").[19] V. 13 setzt dann auch die χάρις γυναικὸς („Wohlwollen/Anmut einer Frau") an die erste Stelle des Satzes und markiert damit deutlich, dass es im Folgenden wieder um „eine Frau" im Allgemeinen geht.

Gliederungsrelevante Merkmale finden sich ebenso auf lexikalischer und stilistischer Ebene sowie durch die intendierte Redesituation, also jene Stellen, in denen der Redner sich selbst nennt oder den Leser/die Leserin direkt

---

238; Kügler, Joachim, Auf dem Weg zur Pluralitätsfähigkeit? Bibelwissenschaft im Spannungsfeld von Sozialkonstruktivismus, Rezeptionsästhetik und Offenbarungstheologie, in: Bucher, Alexius J. (Hg.), Welche Philosophie braucht die Theologie?, ESt NF 47, Regensburg 2002, 135–160, 151–156.

18 Zum Begriff der Leerstellen vgl. Iser, Wolfgang, Der Akt des Lesens. Theorie ästhetischer Wirkung, UTB 636, München ²1984, 280.

19 Nichtsdestotrotz wird – vom Text her zu Unrecht – in den Auslegungen der „wahrlich obszöne" V. 12 (Strotmann, Buch [s. Anm. 1], 434) meist wieder von Frauen allgemein angenommen und auf Prostituierte bzw. „Dirnen" bezogen (vgl. z.B. Sauer, Georg, Jesus Sirach / Ben Sira, ATDA 1, Göttingen 2000, 195).

anspricht. Durch Wiederholungen und Gliederungsmerkmale ergibt sich folgende Doppelstruktur in 25,13–26,18:[20]

25,13–15:[21] καὶ πᾶσαν	Einleitung und Überschrift[22]	26,1–4:[23] „gute Frau"
25,16	Ich-Aussage	26,5–6[24]
25,17–20[25]	strukturell lose und inhaltlich eher assoziativ aneinandergereihte Aussagen, die an das Thema der Ich-Aussage anschließen	26,7–9
25,21	Prohibitive / Imperative	26,10–12[26]
25,22–24[27]	allgemeine Aussagen, formal nicht angebunden	26,13–18
25,25–26	Prohibitive bzw. Imperativ und LeserInnenanrede	26,19–21
	allgemeine Aussagen	26,22–27

Die einzelnen Aussagen sind einfach aneinandergereiht, ab und an durch καί verbunden. 26,1–4 beginnt mit einer Seligpreisung wie in 25,8.9, allerdings steht nicht μακάριος sondern γυναικὸς ἀγαθῆς an erster Stelle. Das dient als Überschrift, auf ihr ruht der Blick des Redners. Die Frau steht dreimal an erster Stelle (V. 1.2.3) und handelt als Subjekt selbständig in V. 1 und 2. Das ist in Kap. 25 nicht so. Es besteht aus Aussagen *über* „eine böse Frau". Sie handelt aber nicht. Am ehesten als Handlung kann in 25,17 die Bosheit der

---

20 Haspecker, Josef, Gottesfurcht bei Jesus Sirach. Ihre religiöse Struktur und ihre literarische und doktrinäre Bedeutung, AnBib 30, Rom 1967, 168–172, hält das Thema Gottesfurcht für grundlegend und strukturierend für den Abschnitt 25,1–26,27 und gliedert in 25,1–11, dann 13–26 sowie 26,13–18; 26,1–4 und 26,5–12. Zur Kritik dazu vgl. Trenchard, View (s. Anm. 3), 10f. Haspecker betont aber auch die Doppelstruktur in K. 25–26, die die positiven und negativen Aussagen über Frauen jeweils mit dem Thema Gottesfurcht (26,3 und 26,23) enden lässt (170f.).

21 V. 13–15 sind stilistisch gekennzeichnet durch die Vergleiche, die durch die Formulierungen πᾶσαν ... καὶ πᾶσαν und οὐκ ἔστιν strukturiert sind.

22 Formal ist der Abschnitt jeweils bestimmt durch das erste Wort, das in 25,13–15 als Stilmittel gilt und in 26,1–4 den Inhalt angibt. Das sind freilich unterschiedliche Ebenen. Ein formal gleiches Argument lässt der Text aber aufgrund seiner geringen Kohärenz nicht zu.

23 Gliedernd und verbindend zugleich sind die in 26,1–3 dreimaligen Nennungen der Frau zu Beginn der Verse: γυναικὸς ἀγαθῆς (V. 1), γυνὴ ἀνδρεία (V. 2) und γυνὴ ἀγαθὴ (V. 3), die andeuten, dass jetzt von weiblichen Eigenschaften gesprochen wird, die dem Erzähler als für den Mann günstig erscheinen (vgl. μακάριος ὁ ἀνήρ in V. 1). V. 4 schließt durch Aufnahme von ἀγαθή an.

24 26,5–6 stellen nicht nur als Ich-Aussage, sondern auch durch die Form des Zahlenspruches eine Einheit dar.

25 V. 17 stellt mit der Erststellung der γυνή einen Neubeginn dar, wobei πονηρία bereits in V. 13 (πονηρίαν γυναικός) und in V. 16 durch das letzte Wort (πονηρᾶς) eingeleitet wird.

26 ἐπὶ θυγατρὶ in 26,10 kündigt einen neuen Abschnitt an, der, wie oben bereits angedeutet, bis V. 12 reicht, da erst in V. 13 mit χάρις γυναικὸς wieder ein neuer thematischer Teil angedeutet wird.

27 In V. 23 werden Worte und Themen aus V. 13 und 17 aufgenommen.

Frau verstanden werden, die das Gesicht des Mannes verfinstert und die Frau, die den Mann unterhält (V. 22), sowie die, die sich nicht von der Hand des Mannes leiten lässt (V. 26). Diese Art der Passivität der „schlechten Frau" ist einer der Gründe, warum das Frauenbild so unscharf bleibt.

Die Kohärenz des Abschnittes 25,13–26,18 wird durch die Phorik als textinternem Verweissystem hergestellt, da γυνή – außer in 26,10–12 – in jedem Vers wiederholt wird und immer wieder mit αὐτῆς auf sie Rückbezug genommen wird. Die Referenz des Abschnittes ist auf sie bezogen, sie steht im Zentrum des Blickes. Dabei fällt auf, dass bestimmte Artikel als Mittel des Verweises bezüglich der Frau fehlen. Bereits im ersten Abschnitt (25,13–16), also beim ersten Leseeindruck, fehlen Artikel für die Frau völlig. Mit Artikel wird entweder der Mann oder Dinge und Sachverhalte, die sich auf ihn beziehen, bezeichnet,[28] nie aber die Frau. Damit ist der Verweis auf textexterne Größen in Frage gestellt. Da die Frau nie mit Artikel bezeichnet wird, kann keine bestimmte gemeint sein. Zusammenfassend können bereits auf der Textoberfläche können zwei wichtige Hinweise für die LeserInnenidentifikation gewonnen werden: Erstens wird durch die Strukturierung in Ich-Aussagen, allgemeine Bemerkungen ohne direkten Adressaten und Teile, die die Leserinnen und Leser direkt ansprechen, sichtbar, dass der Text mit Auseinandersetzung und mit der Meinung des Lesers oder der Leserin rechnet. Zweitens wird von konkreten Frauen abstrahiert – durch die fehlenden Aktionen der „schlechten Frau" und den fehlenden Verweis auf Frauen außerhalb des Textes.

2.2 Eine gute Frau ist besser als eine schlechte Frau: Die Allgemeinheit der Aussagen und die Kommentare des Redners

Die Aussagen über die Frauen bzw. Ehefrauen in Kap. 25f. sind sehr allgemein.[29] Sie sind so allgemein, dass man ihnen inhaltlich gar nicht widersprechen kann, und durch die Allgemeinheit auch wieder so realitätsfern, dass sie zum Widerstand richtiggehend einladen. Die Frage nach dem Sinn solcher Allgemeinplätze drängt sich auf. Vielleicht ist es gerade auch das, was evoziert werden soll: dass die Dinge nämlich gerade nicht so allgemein und einfach sind, wie sie hier scheinen. Die Notwendigkeit zu füllen zeigt sich wieder an den Leerstellen im Text.

Wolfgang Iser hat als eine mögliche Leerstelle, an der die Rezeption gelenkt wird, die „Wertungen und Kommentare des Erzählers" genannt. Es sind dies jene Stellen, in denen die Perspektive des Erzählers explizit ausgespro-

---

28 25,17: sein Gesichtsausdruck und sein Gesicht, 25,18: die Nachbarn, in deren Mitte der Mann sitzt, 25,26: sein Fleisch, von dem er die Frau abschneiden soll, 26,13: seine Glieder und der Mann selbst in 25,22.23; 26,1.2.7(der, der sie erwirbt, ist wie einer, der einen Skorpion nimmt).13.
29 Vgl. auch Strotmann, Buch (s. Anm. 1), 434.

chen wird. Der Erzähler tritt aus der Erzählung heraus und gibt direkte Hinweise für den Lese- und Verstehensprozess.[30]

Sir 25–26 ist zwar kein Erzähltext, trotzdem gibt es, wie oben bereits beschrieben, einige Stellen, an denen der Redner den Fluss seiner Rede unterbricht, sich direkt an den Hörer/Leser und die Hörerin/Leserin wendet oder sich selbst und seine eigene Situation in Form von Ich-Aussagen zur Sprache bringt. Es wurde bereits deutlich, dass diese direkten Einschaltungen des Redners wichtige Strukturmerkmale für den Text darstellen, da sie jeweils eine Reihe von Aussagen über „schlechte Frauen" (25,17–26; 26,7–9) einleiten.

Die erste Ich-Aussage in 25,16 ist durch das Verb εὐδοκέω („für gut heißen") ausgedrückt. Sie thematisiert das eheliche Zusammenleben (συνοικέω)[31] mit einer „schlechten/bösen Frau" (γυναικὸς πονηρᾶς), wobei der folgende V. 17 das Stichwort sofort aufnimmt und weiterführt. συνοικέω lässt den ersten intendierten Leser möglicherweise bereits Probleme einer Ehe mithören, da das Verb in Dtn 22,13 und 24,1 für Fälle steht, die auf eine (in Dtn 22,19 zumindest räumliche) Trennung der Paare zielen. Einen rechtlichen Zusammenhang deutet auch Tob 7,14 an. Ob aufgrund dieser spärlichen Belege bereits geschlossen werden kann, dass Sirachs Überlegungen darauf hinaus laufen, dass sich ein Mann von einer „schlechten Frau" scheiden lassen kann, sei zunächst dahin gestellt, aber nicht ausgeschlossen.

Mit der Aussage, eine „schlechte Frau" sei als Lebensgefährtin schlimmer als Löwen, vergleicht er die Frau nicht nur mit lebensgefährlichen Tieren, sondern mit Frevlern und Feinden, die das Leben des Psalmisten bedrohen.[32] Die Rettung für den Beter kann nur durch Gott kommen. Nebst der Lebensbedrohung wird durch den „Drachen" das Element der Bedrohung für die bestehende gesellschaftliche oder religiöse bzw. moralische Ordnung angedeutet, die jeweils nur durch Gottes Eingreifen zu überwältigen ist.[33] Die Auswirkungen der individuellen Lebensbedrohung für den Mann und der Gefährdung gesellschaftlicher Ordnung, die in der Ich-Aussage auf der Ebene von Metaphern präsentiert wird, wird andeutungsweise in V. 17–22 weiter

---

30 Vgl. Iser, Akt (s. Anm. 18).
31 LXX übersetzt unterschiedliche Begriffe mit συνοικέω: das Eingehen zu einer Frau (Dtn 22,13), das Ehemannsein (Dtn 24,1), aber auch das Zusammenleben von Brüdern außerhalb der Ehe in Dtn 25,5 (allerdings im Kontext der Leviratsehe). Das Verb steht ferner auch im Zusammenhang des Eheschlusses zwischen Tobias und Sara in Tob 7,14 und für die Vermählung zwischen Antiochus und einer Göttin in 1 Makk 1,14.
32 Vgl. Ps 7,3; 22,21; 35,17 oder 58,7 u.ö. Die Aussage, dass Löwen zwar gefährlich, aber dennoch unter Gottes Macht stehen und deshalb für „Gottesmänner" bezwingbar sind, ist auch in Erzähltexten zu lesen (Ri 14; Dan 6; 1 Sam 17,34–37).
33 Vgl. Jes 27,1; Ez 29,3; Dan 14,25; Jer 51,34.

ausgeführt, wobei die Begriffe allgemein bleiben und der konkreten Füllung durch den Leser oder die Leserin bedürfen.[34]

Das Ich des Redners deutet Überzeugung und Bekräftigung an. Allerdings sind die Aussagen auch nicht absolut und allgemein gültig zu verstehen. Sie zeigen innerhalb der in 2.1 beschriebenen kommunikativen Struktur des Textes *eine* Perspektive an, machen damit aber auch deutlich, dass es mehrere geben kann. Das ist gerade vor den negativen Aussagen über schlechte Frauen signifikant: Der Leser/die Leserin wird aufgerufen, selbst Stellung zu beziehen und seine/ihre Meinung zu reflektieren.

Während der männliche Leser zu Achtsamkeit in seinen Beziehungen zu Frauen aufgefordert ist, ist die direkte Identifikation für Frauen mit „schlechten/bösen Frauen" unmöglich. Auch eine Identifikation mit dem intendierten Leser „Mann" kann nicht übernommen werden. Die Lesewahrnehmung zu „engendern" kann in diesem Fall heißen, diese doppelte Unmöglichkeit der Identifikation wahrzunehmen und sie in Verbindung zu bringen mit den soeben beschriebenen Distanzierungen von konkreten Frauen durch Verallgemeinerung der Aussagen, durch die Selbstaussagen des Redners, die zur Auseinandersetzung aufrufen. Dann wird deutlich, dass der Text auf keiner Ebene irgendeine Identifikationsmöglichkeit mit realen Frauen bietet, weder für Leserinnen noch von konkreten Frauengestalten her. Die Frage ist, wofür diese extreme Abstraktion steht. Möglicherweise ist die „schlechte Ehefrau" tatsächlich eine Metapher für das Gegenteil von Weisheit, wie Strotmann andeutet: „Danach wäre die gute Ehefrau die konkret erfahrene Weisheit, die schlechte Ehefrau die konkret erfahrene Torheit."[35] So wie es aussieht, ist die Metaphorik sogar noch konsequenter zu denken: Weisheit und Torheit werden nicht in den konkreten Ehefrauen *erfahren*, sondern die nicht in der Realität verankerbaren *Bilder*, die der Text von Ehefrauen zeichnet, stehen für Weisheit und Torheit. Das Bild der Ehe dient dann der Veranschaulichung der Beziehung eines Mannes zu Weisheit oder Torheit und macht damit die Bedeutung dieser Beziehung für das Leben des Mannes sichtbar. Aber wie ist diese Ehemetaphorik für Leserinnen rezipierbar, oder bietet Sirach für Frauen eine Alternative, ihre Beziehungen zur Weisheit zu verstehen? Auch Strotmann betont, dass die „gute Frau" Züge des Weisen und der Frau Weisheit selbst trägt.

---

34 Die Begriffe tauchen zwar in anderen Kontexten, auch innerhalb von Sir, auf, allerdings bleiben sie auch dort allgemein. Die Rede vom „verfinsterten Gesicht" in 13,25 und von den „sorgenvollen, finsteren Nächten" aus 40,5 kann die Aussage über Frauen in Sir 25 nicht konkreter machen.

35 Strotmann, Buch (s. Anm. 1), 435.

2.3 Von Schönheit und Klugheit: die weise Frau

Kap. 26 beginnt unvermittelt mit dem Lob einer guten (Ehe-)Frau, das formal eine Seligpreisung des Mannes ist. Das zeigt gleich zu Beginn, dass es um die Bedeutung der Frau für den Mann geht.[36] In V. 2–3 ist die Frau erstmals als Subjekt zu erkennen und handelt – an ihrem Mann. Die mutige[37], tüchtige Frau, die vor allem aus Spr 31,10, aber auch aus Rut 3,1 und Spr 12,4 bekannt ist, ist innerhalb der Weisheitsschriften vor allem für ihren Mann ein Segen. Viel bedeutsamer ist aber der Aspekt der Selbständigkeit der אשת חיל im Bereich der Arbeiten, die sie verrichtet. Sie scheint über sich selbst bestimmen zu können, hat Macht und einen weiten Handlungsspielraum und sie ist gelehrt (V. 26). Sir 26 erzählt zwar nicht von diesen vielen Aktivitäten und Initiativen und den ökonomischen Möglichkeiten (Spr 31,16.20.24) der „tüchtigen" Frau, aber er spricht in 26,13 von ihrem Verstand (ἐπιστήμη / שׂכל).[38] V. 3 spitzt die Bedeutung der guten Frau für den Mann zu, indem er die gute Frau als Gabe für die Gottesfurcht, als Verdienst beschreibt. Das für „Gabe" stehende hebräische Wort מנה kann ganz allgemein eine Essensgabe, eine Portion, meinen.[39] Sehr häufig ist damit aber die im Zusammenhang von Opfern abfallende Gabe an Opfernde[40] und deren Familien und auch Priester gedacht.[41] Diese letzte Bedeutung mag anklingen, wenn es sich um eine Gabe durch Gott handelt. Die „gute Frau" als Geschenk ist mehr als nur ein fataler Glücksfall. Sie ist die Gabe, die jemandem „zusteht".

In 26,13 wird das Lob der guten Frau wieder aufgenommen. χάρις ist zwar ein recht allgemeiner Begriff für „Gefallen", allerdings kommt er auch nur bei Sirach im Zusammenhang mit der γυνή vor. Sir 7,19 verbindet den „Gefallen" (oder „Anmut") mit der Klugheit und Güte der Frau (γυναικὸς σοφῆς καὶ ἀγαθῆς). Es geht bei der Anmut hier also nicht nur – wie Trenchard meint[42] – um „Charme", bereits „Schönheit" ist mit Klugheit verbunden. Das wird im Folgenden deutlicher, wenn die Schönheit – wie oben bereits erwähnt – mit Einsicht weiter differenziert wird. Das „Stärken der Knochen" (ὀστᾶ πιανεῖ) erinnert einerseits an eine Eigenschaft des Gerechten bzw. Weisen in Spr 15,30, aber auch an Jes 58,11, wo dieses Handeln Rettungshandeln Gottes ist. Es ist im dürren Land und in der Hungersnot Lebensgabe für Israel schlechthin und es stellt das Handeln der Frau in der

---

36 Vgl. auch Trenchard, View (s. Anm. 3), 13.
37 Ganz wörtlich schwingt in ἀνδρεία der Aspekt des „Mannhaften" mit. Zumeist wird mit „tüchtig" übersetzt, was dem hebräischen חיל entspricht, das auch im hebräischen Text steht.
38 Die Übersetzungen verringern den Ausdruck teilweise auf „verständiges Wesen" (vgl. Sauer, Jesus Sirach [s. Anm. 19], 193).
39 Vgl. 1 Sam 9,23; Neh 8,10.12; Est 2,9; 9,12.22.
40 Vgl. 1 Sam 1,5.
41 Vgl. Ex 29,26; Lev 7,22; 8,29; 2 Chr 31,19.
42 Vgl. Trenchard, View (s. Anm. 3), 14f.

Metapher als lebensrettend hin.[43] In der Verbindung von weisem und göttlichem Handeln erscheint es etwas ernüchternd, wenn Trenchard schreibt: „In this setting *śkl* no doubt refers to the wife's sensitivity to her husband's health needs and her ability to provide for them."[44] Das „Stärken der Knochen" kann in keinem der angeführten Zusammenhänge auf eine physische Stärkung und Sorge reduziert werden. Es geht auch um die Lebensfreude, die Klugheit und das Leben, das göttliches Handeln schenkt.

Auch die schweigsame Frau in V. 14 ist nicht ein Geschenk Gottes, weil sie etwa ihren Mann nicht mit ihren Gedanken belästigt oder ihm nicht widerspricht.[45] Das Schweigen (σιγάω) ist ein Handeln des Weisen (vgl. Sir 20,7), denn es meint ein Reden zur rechten Zeit. Darüber hinaus verweisen die nicht sehr häufigen Formen von σιγάω ebenso auf die elterlichen Sorgen Hannas und Tobits in Tob 10,6.7 (GI und GII). Beide bitten einander zu schweigen, denn beide wissen nicht, wie es um den Sohn steht. Schweigen bedeutet auch in diesem Zusammenhang, nicht Dinge zu behaupten, über die es keine Gewissheit geben kann. Schweigen meint auch hier ein Reden zu gegebener Gelegenheit. Die gute Frau ist also nicht einfach schweigsam, sondern sie spricht wie eine Weise, sie gilt als Gebildete bzw. Wohlerzogene (πεπαιδευμένης). Auch das macht die Frau zur Weisen (vgl. Sir 21,23, ähnlich auch 40,29 und 42,8). Gute Erziehung meint hier mehr als bloß gutes Benehmen.

V. 15 lobt die Frau für „Schamhaftigkeit" (αἰσχυντηρά). In 41,27 erklärt Sirach, was er darunter versteht: es geht ganz allgemein darum, Diskretion bezüglich Anvertrautem zu üben. Auch im Zusammenhang mit der Frau muss die „Schamhaftigkeit" nicht auf den Bereich von Sexualität eingeschränkt werden.[46] Die zweite Vershälfte stellt einen ähnlichen Zusammenhang her wie Sir 41,27, wenn Scham im Zusammenhang der Zurückhaltung beim Reden gesehen wird. Auch das „Festhalten der Seele", so etwas wie Selbstbeherrschung, ist dann nicht auf Schamhaftigkeit zu begrenzen. Das „Festhalten" ist zumeist ein Festhalten an der weisheitlichen Lehre (Sir 6,27), der Weisheit selbst (Weish 8,21; Sir 15,1), wobei in allen drei Fällen die weibliche Weisheit als Frau ergriffen wird.

Die Formulierung κάλλος γυναικὸς in V. 16 erinnert an Spr 31,30, den Schluss des Lobes der tüchtigen Frau. Hier werden Anmut (חן/ἀρέσκεια) und Schönheit (יפי/κάλλος) der Frau ihrer Gottesfurcht gegenübergestellt. Die Gottesfurcht der Frau, die Sirach erst im Lob der guten Ehefrau in 26,25[47]

---

43 Auf der Ebene der Metaphern mag dies das bewusste Gegenbild zur Bedrohung durch die „schlechte" Frau in 25,13–16 sein.
44 Trenchard, View (s. Anm. 3), 15.
45 So Trenchard, View (s. Anm. 3), 16: „Her characteristic of silence is declared to be a gift from the Lord. In fact, such a trait in a wife is priceless."
46 So z.B. Trenchard, View (s. Anm. 3), 16.
47 Siehe dazu unten.

erwähnt, stellt sie aber auf dieselbe Stufe des ethischen und religiösen Ideals wie den Mann. Denn Gottesfurcht ist ja für Sirach bekanntlich die zentralste Eigenschaft des weisen Mannes. Schönheit steht in Sir 26,16 aber nicht im Gegensatz zur angedeuteten weisen Frau. Im Gegenteil: die Beschreibung ihres umsichtigen Sprechens und Handelns geht direkt in das – durchaus abstrahierte und überhöhte – Lob ihrer Schönheit über. Dieses führt dann noch weiter in die Tempelmetaphorik, die Sirach in 26,16–18 für sein Lob der guten Frau in Anspruch nimmt.[48]

3. Fazit: „Gendering" der Rezeption

Der Text verrät vielleicht kein durchgehend misogynes Frauenbild, wenn er weise und gottesfürchtige Frauen erwähnt, die sogar Züge der Frau Weisheit tragen. Problematisch bleibt dennoch der fehlende Bezug zur Lebensrealität von Frauen und zu konkreten Frauengestalten der biblischen Texte. In der Dichotomie von guten und schlechten Frauen konstruiert der Text eine Bipolarität, die der Realität nicht entspricht.[49] Für eine feministische Rezeption, die nicht dabei stehen bleiben will, das Patriarchat zu kritisieren, sondern auf der Suche nach neuen symbolischen Ordnungen ist, lassen sich vorerst drei Aspekte zeigen, die ihrerseits zweifellos weiter differenziert werden müssten:

1. Identifikation durch Abgrenzung: Die Identität kann als Abgrenzung von der schlechten Frau bzw. von dem, der Gott nicht fürchtet, gewonnen werden, da negative Schilderungen – auch wenn sie noch so allgemein sind – die Identifikation verhindern.[50] Die Beschreibung der „schlechten" Charaktere dient dann als Negativfolie für die Identifikation mit den guten.

2. Gebrochene Identifikation als Annäherung an reale Erfahrungen: Für den Rezeptionsprozess gilt es, zunächst bei der Wahrnehmung zu bleiben, dass diese Kategorisierungen in „gut" und „schlecht/böse" immer nur Teilaspekte realer menschlicher Wirklichkeiten spiegeln können. Es geht nicht um reale Darstellungen, sondern um die symbolische Ordnung zwischen den Geschlechtern, die in sexualisierten Metaphern präsentiert wird. Vielleicht

---

48 Strotmann, Buch (s. Anm. 1), 434, bemerkt, dass die Formulierung der „innersten Kammer" (ἐν κόσμῳ οἰκίας) in V. 16 darauf hindeutet, dass die Schönheit der Frau nur in der innersten Kammer des Tempels, also des Allerheiligsten sichtbar wird, was nur aus dem hebräischen Text hervorgeht, wo auch wirklich דביר steht. Die griechische Übersetzung hat nicht wie sonst mit δαβιρ wieder gegeben und dadurch den Zusammenhang zum Tempel entschärft.
49 Sie entspringt sozialgeschichtlich betrachtet möglicherweise jenem von Claudia V. Camp dargestellten Zusammenhang zwischen einem männlichen „honor-shame"-Ethos s.o. (vgl. Camp, Patriarchy [s. Anm. 6]) und einer Theologie der Herrlichkeit Gottes (vgl. dies., Honor [s. Anm. 7]).
50 Vgl. u.a. zur Funktion der Feindzitate in den Psalmen Erbele-Küster, Lesen (s. Anm. 16), 114–124.

liegt die Aufforderung an und das Identifikationsangebot für den Leser und die Leserin darin, in der Fragmentarität des Textes die eigene Identität ähnlich fragmentarisch gespiegelt zu finden.[51]

Vielleicht liegt in dieser Uneindeutigkeit der Identifikationsmöglichkeit auch ein Zweck der auf formaler Ebene großteils eher unverbundenen Aussagen. Der Text bietet nicht die Identifikation und Darstellung des Weisen und dessen, der Gott nicht fürchtet, schlechthin. Ebenso geht es nicht um die gute oder die böse (Ehe)Frau und schon gar nicht um eine Lesepraxis, die auf eine vollständige Identifikation mit der guten oder der schlechten (Ehe)Frau abzielt. Vielmehr geht es um das Aufzeigen von Facetten, Spielarten und von „Bösem" und „Gutem", von Torheit und Weisheit und der entsprechenden Teilidentifikation. Die Aufforderung an den Leser/die Leserin besteht darin, die eigene Identität immer wieder erneut in den unterschiedlichen Aussagen zu finden oder sie abzugrenzen. Die Unzulänglichkeit der Aussage, wenn man sie absolut und umfassend verstehen will, lädt die Leserin auch dazu ein, den Text öfter zu lesen, denn sie macht eine Unabgeschlossenheit sichtbar, die auch die je eigene Identifikation mit den im Text dargebotenen „Gestalten" als unabgeschlossen und sichtbar machen.

3. Identität mit der weisen und „guten" Ehefrau: Die Beobachtung, dass die „gute Ehefrau" Eigenschaften des weisen Mannes trägt, lädt zur Identifi-

---

51 Zu dieser Sicht kann man nur bei synchroner Fragestellung gelangen. Die traditionelle diachrone Sicht vermutet in der losen Zusammenstellung unterschiedliche Textstadien (vgl. Haspecker, Gottesfurcht [s. Anm. 20], 170–172) oder einfach eine Zusammenstellung unterschiedlicher Sprüche und Materialien durch den Autor (Strotmann, Buch [s. Anm. 1], 434). Abgesehen von der unterschiedlichen Herangehensweise scheint aufgrund der oben gezeigten Struktur die Umstellung der von Trenchard rein inhaltlich abgegrenzten Einheiten nicht notwendig. Die Überlegung, dass nach den Seligpreisungen in 25,7–11, einem Abschnitt darüber, was einen Mann glücklich machen kann (oder macht), der Text über die gute Frau folgen müsse, ist zu einfach gedacht und hat ein recht starres Bild von Belehrung. 25,13–15 ist formal (zweimaliges πᾶσαν ... καὶ πᾶσαν und einmal οὐκ ... καὶ οὐκ) und inhaltlich ein Einschnitt, der aufhorchen lässt und die Aufmerksamkeit des zu Belehrenden anspricht. Wichtiger mag noch sein, dass V. 8 Themen anspricht, die in V. 13–26 bezüglich des Verhältnisses von Frauen und Männern ausgefaltet werden: V. 8 nennt den, der nicht mit einem Gespann von Ochsen pflügen muss wie mit einem von Eseln, der also weiß, was er hat und wie er damit umgehen muss (V. 14, wobei hier die Frau explizit nicht vorkommt, sondern der Feind), nennt den, der redlich spricht (vgl. V. 20), und eine Art sozialer Rangordnung (V. 22.25). Das Verhältnis zu Frauen wird durch diese sachten Verbindungslinien (die man freilich noch genauer erheben müsste) in den umfassenderen Zusammenhang weiser Lebensführung gestellt. Didaktisch und rhetorisch ist es nicht unklug, nach dem positiven Zuspruch eine Entfaltung in einem offensichtlich konfliktreichen Lebensbereich darzulegen, denn man kann mit einer zustimmenden Haltung des Lesers/Hörers oder der Leserin/Hörerin rechnen. Ein weiteres Argument gegen die von Trenchard vorgeschlagene Aufteilung des Textes in Abschnitte zur „guten" und zur „bösen" Frau ist das der Realität: Gutes und Schlechtes nicht zu trennen entspricht dieser eher (so wie es Koh in 11,7f. formuliert). Trenchard manifestiert damit noch viel mehr als Ben Sira starre Kategorisierungen, die der Realität nicht entsprechen.

kation für Leserinnen ein. Weiter zu untersuchen bleibt aber, was es bedeutet, wenn Frauen sich mit der „guten Ehefrau" als *weiser* Frau identifizieren. Wie sind dann die Texte des Sirach, die an Weisheit suchende Männer gerichtet sind, zu lesen? Was passiert, wenn das Geschlecht im Lesen umgeändert wird und Frauen auf der Suche nach Weisheit die Texte lesen?

Auch wenn Sirach kein reines Schulbuch ist,[52] ist es doch ein Text, der belehren will, auch in Kap. 25–26. Vom Angebot der LeserInnenidentifikation her ist diese Lehre nicht so angelegt, dass die Aussagen des Textes einfach als Wahrheiten übernommen werden sollen. Vielmehr sollen diese zur Auseinandersetzung einladen. Dann ist Belehrung nicht Übernahme von Wahrheiten, sondern Auseinandersetzung mit Meinungen. Eine solche Sicht entspricht jenem Bild des Siraziden, das Johannes Marböck schon vor längerem gemalt hat: „Ben Sira als Weiser ist offen für Erfahrungen in ihrer Vielfalt ... Er ist dabei weder extrem konservativ noch progressiv zu nennen: ein Weiser überlegt, prüft, wägt ab."[53] – Die Wahrheit steht dann nicht positiv im Text, sondern entsteht in der rezipierenden Auseinandersetzung – in der Suche nach Weisheit für Männer und Frauen.

---

52 Vgl. Marböck, Johannes, Sirach/Sirachbuch, TRE 31 (2000), 307–317, 311.
53 Marböck, Johannes, Weisheit im Wandel. Untersuchungen zur Weisheitstheologie bei Ben Sira, BZAW 272, Berlin u.a. ²1999, 175.

Ben Sira in Jerusalem und sein Enkel in Alexandria

Georg Sauer

In meiner Übersetzung des Buches Jesus Sirach[1] hatte ich angekündigt, dass eine Einzeluntersuchung zu dem Problem „Ben Sira zwischen Judentum und Hellenismus" in Vorbereitung sei.[2] Die Erinnerung an die gegebene Zusage blieb stets wach. So benutze ich gern die Gelegenheit, den sehr verehrten Herrn Kollegen zu seiner Emeritierung mit diesen Überlegungen zu grüßen.

In den vergangenen zwanzig Jahren ist viel über das im Titel genannte spezielle Problem gearbeitet worden.[3] An einer Stelle in diesem Fragenkomplex scheint mir eine kleine Ergänzung möglich. Es soll im Folgenden das Augenmerk darauf gelenkt werden, dass in bestimmten Lebensbereichen Ben Sira, der im ausgehenden 3. Jahrhundert v.Chr. in Jerusalem lebte und seine Erfahrungen um 190 v.Chr. niederschrieb, andere Gewohnheiten hatte und andere Bilder zur Beschreibung seiner Umwelt und Lebensgewohnheiten gebrauchte als sein (leider namenloser) Enkel 60 Jahre später in Alexandria. Dieser Vergleich kann selbstverständlich nur da angestellt werden, wo neben dem vollständigen griechischen Text der Übersetzung auch der hebräische Urtext zur Verfügung steht.[4] Auf andere Übersetzungen, etwa die syrische, soll nicht eingegangen werden, da hier die Verlässlichkeit, auf den hebräischen Urtext zurückgehen zu können, sehr gering ist.

Zur Darstellung der Situation in Jerusalem einerseits und der veränderten in Alexandria andererseits kann sinnvollerweise nur thematisch vorgegangen werden. Dabei sind es häufig nur kleine und kleinste Differenzen, denen nachgespürt werden kann. Sie sollen ausfindig gemacht und gedeutet werden.

---

1 Sie ist, wie ich dankenswerterweise feststellen durfte, vom hoch geschätzten Emeritus mit Zustimmung benutzt worden.
2 Sauer, Georg, Jesus Sirach (Ben Sira), JSHRZ III/5, Gütersloh 1981, 491 Anm. 71.
3 Es sei nur an einige Veröffentlichungen erinnert: Middendorp, Theophil, Die Stellung Jesu Ben Siras zwischen Judentum und Hellenismus, Leiden 1973; Kieweler, Hans V., Ben Sira zwischen Judentum und Hellenismus. Eine Auseinandersetzung mit Th. Middendorp, BEAT 30, Frankfurt a.M. u.a. 1992; Wicke-Reuter, Ursel, Göttliche Providenz und menschliche Verantwortung bei Ben Sira und in der Frühen Stoa, BZAW 298, Berlin u.a. 2000; Marböck, Johannes, Gerechtigkeit Gottes und Leben nach dem Sirachbuch. Ein Antwortversuch in seinem Kontext, in: Jeremias, Jörg (Hg.), Gerechtigkeit und Leben im hellenistischen Zeitalter. Symposium anläßlich des 75. Geburtstags von Otto Kaiser, BZAW 296, Berlin u.a. 2001, 21–52, bes. 28–43.
4 Dabei wird in beiden Fällen auch auf die verschiedenen Texttraditionen zu achten sein.

Es ist textgemäß, beim engsten Lebensbereich, dem der Familie und des häuslichen Geschehens, zu beginnen. Das Denken und Lehren Ben Siras wird von diesem Zentrum her motiviert.[5] Dabei fällt auch der Blick auf den täglichen Ablauf in Arbeit und Beruf der Familie samt ihren Lebensäußerungen.

I.

3,6[6] artikuliert das Verhältnis der Kinder zu Vater und Mutter. G[7] bietet den ganzen Vers, während von H[8] nur die beiden letzten Wörter zur Verfügung stehen. 3,6a lautet: „Der, der den Vater ehrt, wird viele Tage sehen".[9] Hier klingt Ex 20,12 und Dtn 5,16 unmittelbar an. Dem δοξάζων in G entspricht zweifellos כבד in H. Anders in 3,6b. G liest: „und der, der auf den Herrn hört, erquickt (ἀναπαύσει) seine Mutter". H hat indessen auch hier: „ehrt seine Mutter (מכבד אמו)". Der Enkel hat sich von der strengen patriarchalischen Form einer jüdischen Familie, die die Formulierungen des Gesetzestextes des Dekalogs noch im Ohr hat, getrennt und übt der Mutter gegenüber ein freieres Verhalten, bedingt durch die Möglichkeiten der städtischen Kultur.

3,9 zeigt in gleicher Weise, dass der Enkel einen Wechsel seiner Lebenskultur verarbeitet hat. Ben Sira ist noch von seiner ländlichen Herkunft geprägt, wenn er sagt: „Der Segen des Vaters gründet die Wurzel (שרש) und der Fluch der Mutter reißt die Pflanze (נטע) aus". Der Enkel denkt in städtischen Kategorien, indem er übersetzt: „Denn der Segen des Vaters gründet die Häuser (οἴκους) der Kinder, aber der Fluch der Mutter reißt die Grundfesten (θεμέλια) aus."[10]

Ein gleicher Wechsel zwischen hebräisch שרש und griechisch θεμέλιον findet sich in 10,16, hier allerdings auf das Geschick von Völkern bezogen: Ben Sira: „Die Spur von Völkern verwischt Gott, und ihre Wurzel (שרש) schlägt er ab bis auf den Grund". In der Übersetzung des Enkels: „Länder von Völkern hat verwüstet der Herr und hat sie vernichtet bis auf die Grundfesten (θεμελίων) der Erde."

---

5 Der Aufbau des ganzen Buches Ben Sira folgt dieser Intention, vgl. Sauer, Georg, Jesus Sirach / Ben Sira, ATDA 1, Göttingen 2001, 34f.
6 Bei alleiniger Nennung von Kapitel- und Verszahl handelt es sich stets um Ben Sira.
7 G bezieht sich stets auf den griechischen Text. Textkritische Bemerkungen werden nur da geboten, wo es der Inhalt erfordert.
8 H bezieht sich stets auf den hebräischen Urtext. Eine Spezifizierung in Bezug auf die einzelnen hebräischen Handschriften erfolgt nur dort, wo es angezeigt ist.
9 Die Zitate aus Ben Sira folgen stets, wenn nicht anders angegeben, Sauer, Jesus Sirach (s. Anm. 5), z.St.
10 Zum Inhalt vgl. Bauer, Johannes, Des Vaters Segen ..., der Fluch der Mutter ..., BiLi 23 (1955/56), 295–296. Auf den Wechsel der kulturellen Situation geht der Aufsatz nicht ein.

Den Wechsel vom Leben auf dem Lande hin zum Leben in der Stadt zeigt auch 36,25 an: „Wenn keine Mauer (גדר) da ist, wird ein Weinberg (כרם) abgeweidet werden, und wenn keine Frau da ist, ist man unstet und flüchtig (נע ונד)." Die unstete Existenz Kains nach dem Mord an Abel und vor Gründung einer Familie (Gen 4,14: נע ונד) wird hier angesprochen. In Alexandria klingt dies ganz anders: „Wo kein Zaun (φραγμός) ist, wird ein Besitz (κτῆμα) ausgeplüdert werden, und wo keine Frau ist, da wird der Umherirrende seufzen." Die Bezugnahme auf das Leben im ländlichen Bereich ist aufgegeben zugunsten der Erfahrungen im Leben im verworrenen städtischen Milieu.

Der veränderte kulturelle Hintergrund wird auch in 6,29 deutlich. Ben Sira denkt noch in den Kategorien der Jagd und des ländlichen Lebens, wenn er von der Weisheit sagt: „Und ihr Netz (רשת) wird dir eine starke Festung sein, und ihre Stricke (חבל) werden dich kostbar kleiden." Der Enkel verlässt die Erfahrung des Jägers und überträgt die Bilder in das Rechtsleben: „Und es werden dir ihre Fußeisen (πέδαι) zu einem starken Schutz und ihre Halseisen (κλοιοὶ) zu einem Ehrenkleide werden".

Bei Ben Sira erscheint die Arbeit noch als ein selbstverständliches Tun, das von Gott verordnet ist (7,15): „Eile nicht beim Werk der Arbeit (בצבא מלאכת), ein Tun (עבדה) ist es, das von Gott zugeteilt wurde." Der Enkel hingegen sieht sich in seiner städtischen Umgebung mit einer starken Ablehnung der körperlichen, besonders der landwirtschaftlichen Arbeit konfrontiert. So greift er zu folgender Übersetzung: „Hasse nicht die mühevolle Arbeit (ἐπίπονον ἐργασίαν) und den Ackerbau (γεωργίαν), vom Höchsten ins Leben gerufen."

Ein Bild aus dem Landleben wird auch in 37,11 gebraucht. In diesem Vers warnt Ben Sira in langen Ausführungen davor, einen falschen Partner zu wählen, wenn man einen Ratgeber braucht. Dabei kommt er auf den Zeitpunkt des Ausstreuens der Saat zu sprechen: „[Hüte dich] vor einem Lohnarbeiter bezüglich des Ausstreuens der Saat." Ein solcher kann keinen guten Rat geben, weil ihm die Kenntnisse und Erfahrungen fehlen, die ein Bauer und Landwirt hat; denn ein Saisonarbeiter ist einmal da und einmal dort angestellt und kennt daher nicht die Voraussetzungen, die für eine richtige Entscheidung nötig sind. Diese Hintergründe versteht der Enkel nicht mehr. Er übersetzt verallgemeinernd: „[berate dich nicht] mit einem ständig als Tagelöhner dienenden Menschen über den Ausgang (einer Arbeit)". Die Verbindung mit der Abfolge der Arbeiten im bäuerlichen Leben ist abhanden gekommen.[11]

---

11 Nähere Einzelheiten zu diesem Text bei Sauer, Georg, Der Ratgeber (Sir 37,7–15). Textgeschichte als Auslegungsgeschichte und Bedeutungswandel, in: Egger-Wenzel, Renate u.a. (Hg.), Der Einzelne und seine Gemeinschaft bei Ben Sira, BZAW 270, Berlin u.a. 1998, 73–85.

Ein Zeichen für die veränderte Situation ist es auch, wenn man Gold mehr schätzt als Edelsteine (7,19): „Verachte nicht eine kluge Frau, besser ist Anmut als Edelsteine (פנינים)." So sah es Ben Sira. 60 Jahre später heißt es: „Sage dich nicht los von einer klugen und guten Frau; denn ihre Anmut ist mehr wert als Gold (χρυσίον)."

Eine verschiedenartige Wertung der Schätze kommt auch in 30,15 zum Ausdruck. Während H bietet: „Gesundheit des Körpers habe ich lieber als Gold (פז) und einen gesunden Geist lieber als Korallen (פנינים)", legt G mehr Wert auf die Aussage: „Gesundheit und Wohlbefinden ist besser als alles Gold (χρυσίον) und ein starker Geist ist besser als ein unermessliches Vermögen (ὄλβος ἀμέτρητος)". In der städtischen Kultur hat kapitalistisches Denken schon Einzug gehalten.

Unter der im griechischen Text geführten Überschrift „Selbstbeherrschung" liest in 18,33 H: „Sei nicht ein Fresser oder ein Säufer, sonst wird dir nichts im Beutel sein". Es wird also die alltägliche Erfahrung angesprochen, dass Menschen in ihrem Lebenswandel in Armut geraten durch übermäßiges Essen und Trinken. G hingegen weiß um die Gefahren der gemeinsamen Gelage: „Werde nicht arm, indem du Schmausereien (συμβολοκοπῶν) veranstaltest mit erborgtem Gelde (ἐκ δανεισμοῦ), weil du nichts im Beutel hast." Die städtische Kultur gab dazu eher Anlass als das familiär gebundene gemeinsame Leben.

Hingegen weiß Ben Sira durchaus die Freuden des Weingenusses zu schätzen (40,18): „Ein Leben mit Wein und Rauschtrank ist süß, mehr als beides aber bedeutet es, einen Schatz zu finden." Dem Enkel jedoch scheinen diese erfreulichen Seiten des täglichen Lebens zu gering zu sein. Er formuliert daher: „Ein selbständiges und tätiges Leben ist süß, aber über beiden steht der, der einen Schatz gefunden hat."

Bei einem Gastmahl gemeinsam zu essen und zu trinken, war eine Lebensäußerung, die Ben Sira durch die hellenistische Kultur bekannt geworden war.[12] Er setzt sich mit dieser Neuerung des Längeren auseinander (31,12–31 und 32,1–13). Innerhalb dieser Ausführungen kann im Zuge unserer aktuellen Thematik auf folgende Einzelbeobachtungen hingewiesen werden: Seit alters ist bekannt, dass nach einer Völlerei der Magen übermäßig beschwert ist. Als Folgeerscheinung wird ebenso immer wieder Unwohlsein und Brechreiz genannt. Am Ende tritt durch Ausspeien Erleichterung ein. Diesen letzten Schritt willentlich herbeizuführen, empfiehlt die Antike – und auch Ben Sira (31,21): „Ferner, wenn du beschwert wurdest durch Speisen, speie sie kräftig aus (קוה קוה) und es wird dir Ruhe bringen". Ben Sira hat dabei Jes 28,10.13 im Ohr: die trunkenen Priester sitzen in ihrem Gespei und können

---

12 Vgl. auch den Hinweis bei Marböck, Gerechtigkeit (s. Anm. 3), 35, und die Ausführungen von Kieweler, Hans V., Benehmen bei Tisch, in: Egger-Wenzel, Einzelne (s. Anm. 11), 191–215.

nur noch lallen: צו לצו קו לקו."[13] Der Enkel befleißigt sich, eine bessere Verhaltensweise zu wählen: „Und wenn du beschwert wurdest durch Leckerbissen, stehe auf und gehe hinaus, und du wirst zur Ruhe kommen." Die Szenerie, von der Jesaja einst sprach, wird dem Enkel und seinen Zeitgenossen kaum mehr vor Augen gewesen sein. Denn auch die griechische Übersetzung des Jesajabuches, die man in Alexandria zur Zeit des Aufenthalts des Enkels in dieser Stadt schon kannte, versteht das Wort vom Ausspeien nicht mehr. Sie übersetzt: „Hoffnung über Hoffnung". Im gleichen Zusammenhang ist es bezeichnend, dass Ben Sira von den Teilnehmern am Gastmahl spricht und deren Verhalten lobt oder tadelt (31, 23f.): „Den, der beim Mahle sich wohlverhält, preist die Kunde, das Zeugnis von seinem Wohlverhalten ist verläßlich. Aber der, der sich unanständig beim Mahle verhält, wird zittern im Tor, die Kunde von seiner Unanständigkeit ist ebenso verläßlich." Der Enkel hingegen scheint schon gesellschaftlich arriviert zu sein; denn er tadelt und lobt den, der das Gastmahl ausrichtet: „Den, der mit Speisen glänzt, preisen die Lippen, und das Zeugnis von seiner Großmut ist gerecht. Aber über den, der schlechte Speise bietet, murrt die Stadt, und das Zeugnis von seiner Schlechtigkeit trifft zu." Der soziale Aufstieg, der im Leben des Enkels in Alexandria festgestellt werden kann, zeigt sich auch darin, dass für Ben Sira die Funktion und die Aufgaben eines Speisemeisters noch nicht bekannt gewesen zu sein scheinen. Er erwähnt ihn nicht. Der Enkel hingegen fügt vor 32,1 noch ein: „Bist du zum Speisemeister (ἡγούμενος) gesetzt, überhebe dich nicht!"

In vielfältigen Bildern beschreibt Ben Sira die Freude und das Wohlergehen eines Mannes, der eine gute Frau sein eigen nennen darf (26,16): „Eine Sonne, die aufstrahlt an den Höhen oben, so schön ist eine Frau in der erwählten Kammer (בדביר בחור)." Der intimste Bereich des Paares ist hier angesprochen. G verlässt diesen engen persönlichen Bereich, wenn nun das städtische Leben mit seinen vielfältigen Beziehungen ins Blickfeld tritt: „Eine aufgehende Sonne an den Himmelshöhen des Herrn, so ist die Schönheit einer guten Frau in der Ordnung (κόσμος) ihres Hauses." Es ist hier an die Frau gedacht, die ihrem großen Hause vorsteht, und beim Empfang ihrer Gäste als überlegene Gastgeberin sich zeigt.

Ben Sira empfiehlt harte Prinzipien bei der Erziehung der Kinder, so in 30,13: „Züchtige deinen Sohn und beschwere sein Joch (הכבד עולו)." G mildert an dieser Stelle zu folgender Aussage: „Erziehe deinen Sohn und halte ihn zur Arbeit an." Das belastende Bild aus dem Landleben ist verschwunden; dafür werden die Kinder zu Mitarbeitern im gemeinsamen Streben.

---

13 Zu den vielen Erklärungsversuchen des änigmatischen Textes vgl. Wildberger, Hans, Jesaja, 3. Jesaja 28–39, BK X/3, Neukirchen-Vluyn 1982, 1053–1061.

Auf den Höhen des judäischen Gebirges kennt Ben Sira auch den Hagelschlag (32,10): „Vor dem Hagel strahlt der Blitz auf, und vor dem Bescheidenen leuchtet Anmut auf." In beiden Halbversen geht es um helle und glänzende Naturerscheinungen. Dem Enkel und seiner Umwelt ist das Phänomen des Hagels weniger bekannt. Er nennt dafür den Donner als Ereignis, das dem Blitz folgt, hat aber damit das Bild, das Ben Sira ansprach, zerstört: „Dem Donner eilt der Blitz voraus, und dem Bescheidenen geht Gunst voraus."

II.

Auch das Leben in der Öffentlichkeit, in der Gemeinde, in der Stadt und im Staat erfordert Besonnenheit und Weisheit. Bei den Gedanken Ben Siras in diesen Bereichen ist wiederum seine Bindung an die überkommenen Ordnungen und Bilder zu beobachten. Die Übertragung in die griechisch-hellenistische Welt bringt charakteristische Veränderungen mit sich. Es geht auch hier um kleine und kleinste Anzeichen für diesen charakteristischen Wandel, der mit der Übertragung aus der hebräischen Welt von Jerusalem in die hellenistische Welt der Großstadt Alexandria verbunden ist.

In 10,1–18 spricht Ben Sira über die Macht der Regierenden. Sie kommt ihnen von Gott zu (10,5): „In der Hand Gottes ruht die Herrschaft (ממשלת) eines jeden Verantwortlichen, und vor dem, der Gesetze gibt (מחוקק), steht sein (scil. Gottes) herrlicher Anspruch." Dieser Aussage im Zusammenhang mit den vorherigen Gedanken ist zu entnehmen, dass es sich um Funktionen regierender Personen im städtischen oder staatlichen Bereich handelt. Der Enkel verlässt diesen hohen Anspruch. Die Ableitung der irdischen Macht von der Einsetzung durch die göttliche Beauftragung wird verlassen. Seine Gedanken bewegen sich in der Umgebung zwischenmenschlicher Beziehungen: „In der Hand des Herrn liegt der glückliche Weg (εὐοδία) eines Mannes, und vor dem Schriftgelehrten (γραμματεύς) richtet er auf seinen Ruhm." Die religiöse Begründung des Gefüges der staatlichen Macht hat im Leben der Diaspora keinen Platz mehr.

Hingegen kennt im gleichen Zusammenhang, aber mit anderem Schwerpunkt, der Enkel die Sprache der Väter nicht mehr, die Ben Sira bewusst oder im Hintergrund seiner Gedanken noch als lebendiges geistiges Erbe sein eigen nennt. 10,14 lautet in H: „Den Thron der Stolzen stürzt Gott um, und er läßt die Elenden an ihrer Stelle dort wohnen." Worte aus dem Lobgesang der Hanna (1 Sam 2,8) klingen hier an: „Er hebt auf den Dürftigen aus dem Staub und erhöht den Armen aus der Asche, daß er ihn setze unter die Vornehmen (נדיבים; Luther nicht korrekt: Fürsten) und den Thron der Ehre erben lasse."[14] Ähnlich Ps 113,7; 147,6. Der Enkel überträgt diese Aussage im ersten Halbvers in den staatlichen Bereich und vermengt damit die beiden Bildebenen. Man hat vermutet, dass er dabei an die Erfahrungen seiner eigenen Zeit gedacht hat, in der im Gefolge der Diadochenkämpfe ein häufiger Machtwechsel geschah: „Throne von Fürsten (ἄρχοντες) hat der Herr umgestürzt und hat Sanftmütige an ihre Stelle hingesetzt."

Die veränderte Sozialstruktur wird auch in dem Wort deutlich, mit dem Ben Sira auf die Wertschätzung dessen hinweist, der in der Furcht Jahwes lebt: 10,22: „Gast (גר) und Fremder (זר), Ausländer (נכרי) und Armer (רש), ihre Ehre besteht darin, daß sie Gott fürchten." Im Zusammenhang seiner Ausführungen (10,19–31) kommt Ben Sira nach der Erwähnung des Hauptes (ראש) der Gemeinde (10,20) in diesem Vers auf die am Rand stehenden Glieder der Gemeinde zu sprechen. Für den Enkel in der Diaspora ist ein entscheidender Wandel eingetreten. Für ihn gehören in die gleiche Kategorie: „Proselyt und Fremdling und Armer, ihr Ruhm besteht in der Furcht des Herrn." Die jüdische Gemeinde in Alexandrien hatte nun auch Proselyten aufgenommen, die offenbar im Leben der Gemeinde eine gewisse Bedeutung erlangt hatten; denn gerade für diese Gruppe fühlt sich der Enkel verantwortlich. Der Antrieb, die hebräische Form des Buches seines Großvaters ins Griechische zu übersetzen, war nicht zuletzt der Gedanke, ihnen neben den bereits ins Griechische übersetzten Büchern des Alten Testaments auch die Gedanken seines Großvaters zugänglich zu machen. Im Prolog 30 schreibt er: „Daher fühlte ich mich um so mehr aufgefordert, auch selbst einen gewissen Eifer und Fleiß darauf zu verwenden, dieses (vorliegende) Buch zu übersetzen."

So wie Ben Sira in 10,5 die Herrschaft im Staate als Beauftragung durch Gott ansieht, so sieht er Übel und Unrecht, wenn von den Regierenden diese Bindung negiert wird (41,6): „Von einem nichtsnutzigen Kinde kommt schlechte Herrschaft und *bei seinen Nachkommen* bleibt beständig Schmach." Diese Aussage steht im Zusammenhang mit den Gedanken um den Fortbestand einer Familie (41,5–13). Dieser ist gewährleistet, wenn die Familie einen guten Namen hat (41,12). Wenn er von dem Verfall einer Herrschaft spricht, sobald „ein nichtsnutziges Kind" zur Macht kommt, dann könnte er auch an die politischen Verhältnisse gedacht haben. Die Machtkämpfe in den regierenden Häusern der Diadochen hatten zu wiederholten Malen Jerusalem direkt betroffen. Der Enkel, der nun im konstanten Herrschaftsbereich der Ptolemäer lebt, schwächt diese Aussage ab und zieht sie in die private Sphäre einer Familienerbfolge: „Sündhafter Kinder Erbe wird zugrunde gehen, und bei ihren Nachkommen wird beständig Schmach bleiben."

41,14–24 spricht Ben Sira von Gelegenheiten, bei denen der Weise sich zurückhalten solle. In 41,18 nennt er dabei Herr (אדון) und Herrin (גברת) im

---

14 „Er stößt die Gewaltigen vom Thron und erhebt die Niedrigen" (Lk 1,52).

zweiten Halbvers Gemeinde (עדה) und Volk (עם). G bietet dafür: Richter (κριτής) und Herrscher (ἄρχων), ferner Synagoge und Volk.

III.

Ben Sira lebte in unmittelbarer Nähe des Tempels in Jerusalem, räumlich ebenso wie gedanklich. Hochschätzung des Opfers, der priesterlichen Funktionen und schließlich die einmalig imposante Beschreibung des Opferdienstes des Hohenpriesters Simon in 50 legen darüber beredtes Zeugnis ab. Neben diesen klaren Bezugnahmen zum Tempelgeschehen, die auch in der griechischen Übersetzung selbstverständlich enthalten sind, gibt es kleinere Hinweise, aus denen eine veränderte Haltung des Enkels ersehen werden kann.

Bei den Worten über die Erziehung der Kinder erinnert Ben Sira an die Pflichten, die die Kinder den Eltern gegenüber haben (3,14): „Wohlverhalten gegen den Vater wird nicht vergehen, wie ein Sündopfer wird es eingepflanzt bleiben." Zwar ist deutlich, dass das ethische Verhalten an die Stelle des kultischen Opfers treten kann. Aber das Opfer selbst hat durchaus noch seine Berechtigung. 60 Jahre später jedoch steht der Enkel in einer anderen Umgebung: es gibt ja keinen Tempel in Alexandria. Ein Sündopfer darzubringen, ist nur anlässlich einer Wallfahrt möglich. Also müssen andere Folgerungen gezogen werden: „Denn Mitleid mit dem Vater wird nicht vergessen werden, und an Stelle der Sünden wird dir ein Hausstand zuteil werden." Das ethische Verhalten hat das kultische Denken ganz verdrängt. Gute Taten wiegen nicht nur Sünden auf, sondern werden zudem noch zum Guten vergolten. Der Gedanke wird in 3,15 noch weiter ausgeführt.

4,14 gehört in den gleichen Zusammenhang: „Die, die am Heiligtum dienen, dienen ihr (scil. der Weisheit), und die, die sie lieben, liebt der Herr." Der Tempel ist der Sitz der Weisheit, Kapitel 24. Diese Ansicht in Alexandria zu vertreten, ist nicht leicht. Der Tempel ist weit. Also formuliert der Enkel: „Die, die ihr dienen, verehren den Heiligen, und die, die sie lieben, liebt der Herr."

Die Andersartigkeit im kultischen Geschehen offenbaren auch die Worte in 30,18f.: „Ein Gut, das vor einem verschlossenen Mund ausgeschüttet wird, ist wie eine Opferspeise, die vor einen Götzen hingestellt wird. Was nützt es den Götzen der Heiden, die nicht essen und nicht riechen können?" Ben Sira konnte noch mit eindeutigen Worten gegen den heidnischen Götzendienst vorgehen. Anders der Enkel, der in einer Welt lebte, in der „Götzendienst" zum alltäglichen Geschehen gehörte. Er schwächt ab, indem er sagt: „Gute Dinge, ausgebreitet vor einem verschlossenen Mund, sind wie Gaben von Essen, bereitgelegt an einem Grab." Er fährt dann allerdings fort: „Was nützt eine Gabe einem Götzenbild? Denn es kann weder essen noch riechen."

In der Jerusalemer Gemeinde steht der in hohem Ansehen, der sein Leben nach dem Gesetz ausrichtet (31,8–10). Von ihm kann es heißen (31,11): „Darum hat Bestand sein Gut, und sein Lob (תהלה) verkündet die Gemeinde." Dem Enkel ist es zu wenig, wenn vom Loben allein gesprochen wird. Er denkt realer, wenn er sagt: „Deshalb wird sein Gut fest gegründet sein, und seine Almosen wird die Gemeinde verkünden."

Schließlich wird die veränderte Stellung zum Tempel und zum Kultgeschehen besonders deutlich in 50,24. Ben Sira steht fest zum Priesteramt und zur Priestertradition: „Es möge beständig bei Simon seine Treue bleiben, und er möge ihm erhalten den Bund des Pinchas, daß er ihm und seinen Nachkommen nicht gebrochen werde, solange der Himmel steht." Dagegen heben sich die Worte des Enkels sehr deutlich ab: „Es möge treu bei uns bleiben sein Erbarmen, und in unseren Tagen erlöse er uns." Die Bedeutung des Kultgeschehens war in der Diaspora gesunken, ja musste einen anderen Stellenwert einnehmen, da die Voraussetzungen fehlten. In einer synagogalen Gemeinde hatte das Gedenken an den Tempel mit all seinem Kultgeschehen nur noch Erinnerungswert, zwar stets lebendig erhalten und sehnsüchtig bedacht und dadurch beständiges Hoffnungsgut.

IV.

Differierende Wortwahl zeigt häufig den neuen geistigen Hintergrund an: G spricht von Wahrheit (ἀλήθεια), wo Ben Sira Gott (אל in 4,25) oder צדק (4,28) sagt. Philosophische Streitgespräche ahnt man, wenn G von διαλογισμός statt von Gedanken (חשבון in 27,5) spricht. Die Vorstellung vom „Bündel des Lebens" (צרור חיים, 6,15) ist nicht mehr lebendig, statt dessen: ἀντάλλαγμα. Tod als versammelt werden zu den Vätern (אסף, 8,7) wird zu τελευτόν. Die Grube wird zu ἀπώλεια (51,2), die שאול zu ᾅδης (51,6) oder zu θάνατος (51,9). Der Bann (חרם) wird als ἀπώλεια gesehen (16,9), der brennende Ofen wird zur Fackel (48,1) oder ganz übergangen (51,21). Das Bild vom „Stab des Brotes" (48,2) ist unbekannt, statt dessen: Hunger (λιμός). Aus einem Ölbaum kann eine Zypresse werden (50,10). Namen werden weggelassen oder gedeutet: Aus Moab (36,10) werden Feinde (36,12). Anders wird der „Feind" (צר) in der Lebensgeschichte Samuels anachronistisch zu „Tyrus" (צור), weil im zweiten Halbvers die Philister erwähnt werden (46,18). Nil und Euphrat bleiben unerwähnt (39,22). In 47,14 ist der Nil so bekannt, dass er nur ποταμός genannt wird. Aus Eden wird wie so häufig παράδεισος (40,27). Schließlich lebt der Enkel in der Eisenzeit und lässt daher Hiskia den Tunnel unter Jerusalem mit eisernem (σιδήρῳ) Werkzeug aushauen und nicht mit Bronze (נחשת, 48,17).

Erlässt Umkehr Schuld oder vermindert sie Strafe?
Jesus Sirach (Sir 17), Nabots Weinberg (1 Kön 21), Ezechiel (Ez 18), zugleich ein Beitrag zum Verhältnis zwischen massoretischem Text und Septuaginta in 1 Kön 21

Adrian Schenker

1. Umkehr bei Jesus Sirach

Die folgende Untersuchung ist Johannes Marböck in Freundschaft und in Bewunderung für seine Erschliessung des Buches Jesus Sirach gewidmet. Er wird mir nicht böse sein, dass Jesus Sirach und das Thema der Umkehr nicht allein die Untersuchung bestimmen, sondern auch Elija, Achab und Nabot sowie der Prophet Ezechiel hinzutreten werden und ein Problem der Textgeschichte zwischen massoretischem Text und Septuaginta in den Königsbüchern aufgeworfen wird.

Im Buch Ecclesiasticus ist Reue kein durchgehendes Thema wie etwa das der Furcht Gottes oder der Weisheit. Aber der Weise räumt ihr ganz klar einen bedeutenden Platz im Bilde ein, das er in Sir 14,20–17,14 vom Menschsein zeichnet. Im Zusammenhang mit der Freiheit des Menschen und seiner Verantwortung vor Gott für sein Tun und Lassen fehlt die für ihn so unentbehrliche und wunderbare Möglichkeit der Umkehr nicht (Sir 17,19–29 [Vulgata 17,16–28]). Die Reue entspricht der dritten Kategorie, in die sich alles menschliche Tun und Lassen einteilen lässt: das Böse (17,20), das Gute (Tat der Nächstenliebe; 17,22), Reue (17,24–26.29). Menschliches Handeln der beiden ersten Kategorien bleibt, weil der Herr das Böse in seiner Überlegenheit sieht und ahnden wird (17,20), so wie er umgekehrt auch das Gute nie vergessen wird. Es ist ja wie ein Siegel, das ihn verpflichtet, sodass er es unfehlbar belohnen wird (17,22–23).

Die Umkehr bildet eine dritte Kategorie: der Abscheu vor dem getanen Bösen und die Zuwendung zu Gott mit der Bitte um Vergebung (17,24–26.29). In gewissem Sinn ist das das Schwierigste, weil es Selbstdemütigung und Hoffnung auf Gottes Erbarmen verlangt, was beides den Menschen schwer fällt. Daher wird der Weise hier auch eindringlich. Er beschwört die Sünder direkt in der zweiten Person Einzahl, im Du, doch noch umzukehren, solange sie noch leben, weil es nach dem Tod zu spät sein wird (17,25–29). Dieser dritten Kategorie menschlichen Handelns, der Reue, ist auch der breiteste Raum gewährt. Das unterstreicht ihren besonderen Wert, ihre grosse Wichtigkeit.

Jesus Sirach schränkt die Reue durch keine Bedingungen ein. Sie ist unbeschränkt möglich. Darin stimmt Ecclesiasticus mit dem Propheten Ezechiel (Ez 18) überein,[1] aber er setzt sich in Widerspruch zur Erzählung von König Achabs Reue in 1 Kön 21 nach dem massoretischen Text (MT). Diese Erzählung hat in der Septuaginta (LXX) ein Seitenstück, das diese Geschichte leicht anders erzählt und namentlich hinsichtlich der Reue eine andere Situation und eine andere Auffassung entwirft.

In der Tat, in der Fassung des MT bereut Achab sein Verbrechen erst am Ende auf die Ankündigung schwerster Strafe hin, die er aus dem Munde des Propheten Elija vernimmt (1 Kön 21,17–24), während ihn in der Fassung der LXX die Reue über das Verbrechen schon bei der Nachricht erfasst, dass Nabot gestorben sei (1 Kön 21,16.27 = 3 Regn 20,16.27). Das ist ein die ganze Erzählung tiefgreifend verändernder Unterschied, der vor allem Folgen für das Bild der Reue hat.

2. Die zwei Gestalten der Erzählung von König Achabs Reue in 1 Kön 21 und 3 Regn 20

Die „synoptischen" Unterschiede zwischen den beiden Fassungen wurden in drei bekannten einschlägigen Untersuchungen gegeneinander abgewogen.[2] Alle drei Gelehrten kommen dabei zum selben Schluss, dass die Fassung der LXX sekundär sein müsse und narrativ mehr oder weniger unmöglich sei. Träfe dies zu, würde eine Interpretation der LXX-Fassung müssig sein.

Leider nehmen sich die wenigsten Kommentare des 1. Königsbuches die Mühe, die Differenz von König Achabs Reue in den Fassungen des MT und der LXX näher zu prüfen, und wo es wenigstens flüchtig geschieht, fallen die Würfel regelmässig zugunsten des MT.[3]

---

1 Ez 18 entfaltet die Macht der stets möglichen Umkehr, die Gott immer annimmt, Schenker, Adrian, Saure Trauben ohne stumpfe Zähne. Bedeutung und Tragweite von Ez 18 und 33,10–20 oder ein Kapitel alttestamentlicher Moraltheologie, in: Casetti, Pierre u.a. (Hg.), Mélanges Dominique Barthélemy, OBO 38, Freiburg/Schweiz u.a. 1981, 449–470, wiederabgedruckt in: Schenker, Adrian, Text und Sinn im Alten Testament. Textgeschichtliche und bibeltheologische Studien, OBO 103, Freiburg/Schweiz u.a. 1991, 97–119.

2 Burney, Charles F., Notes on the Hebrew Text of the Books of Kings, Oxford 1903, 248–249; Gooding, David W., Ahab According to the Septuagint, ZAW 76 (1964), 269–280; Bogaert, Pierre-Maurice, Le repentir d'Achab d'après la Bible hébraïque (1 R 21) et d'après la Septante (3 Règnes 20), in: Willems, Gérard F. (Hg.), Elie le prophète. Bible, tradition, iconographie. Colloque des 10 et 11 novembre 1985, Bruxelles, Publications de l'Institutum Iudaicum, Leuven 1988, 39–57.

3 Thenius, Otto, Die Bücher der Könige, KEH 9, Leipzig 1849, 245; Stade, Bernhard – Schwally, Friedrich, The Books of Kings, SBOT 9, Baltimore – London 1904, 165;

M.E. ist in der Sache das letzte Wort noch nicht gesprochen. Die Fassung der LXX verdient eine sorgfältige Interpretation, bevor sie als erzählerisch unannehmbar zurückgewiesen werden darf. Es ist, wie insbesondere Bogaert[4] gezeigt hat, anzunehmen, dass die LXX-Fassung in griechischer Übersetzung eine hebräische Vorlage getreu widerspiegelt. Die besondere Form der Erzählung und der Reue König Achabs ist daher nicht vom griechischen Übersetzer geschaffen worden, sondern ist das Werk eines hebräischen Erzählers. Der Vergleich bezieht sich infolgedessen auf zwei ursprünglich hebräische Versionen der gleichen Geschichte, von denen die eine freilich nur noch in griechischer Übersetzung erhalten ist. Hier also der Vergleich der Reue Achabs in der Fassung der LXX und in jener des MT.

3. Die Reue König Achabs in der LXX-Erzählung 3 Regn 20,16.27

Die Erzählung in der Fassung des MT ist gut bekannt. Daher soll zuerst die synoptische Form der LXX-Erzählung Gegenstand der Betrachtung werden. Es handelt sich hinsichtlich der Reue Achabs in 3 Regn 20,16.27 (= 1 Kön 21,16.27) um eine Textform, die praktisch alle LXX-Handschriften bezeugen. Sie darf somit als die ursprüngliche Gestalt der LXX gelten. Die hier durchgeführte Untersuchung wird sich auf einen Unterschied allein konzentrieren: Warum hat König Achab Reue empfunden, sobald er erfuhr, dass Nabot tot war (3 Regn 20,16)? Alle anderen, ziemlich zahlreichen Differenzen dürfen hier umso getroster beiseite gelassen werden, als Bogaerts sehr sorgfältige Studie dem genauen synoptischen Vergleich gewidmet ist.[5]

4. Vers 16 in der LXX

Hier der Wortlaut des Verses nach der LXX:

Und es geschah, als Achab hörte, dass der Jisraeliter Naboutai gestorben war, zerriss er seine Kleider und warf sich einen Sack über. Und es geschah nach diesen (Dingen), dass

---

Montgomery, James A. – Gehman, Henri S., The Book of Kings, ICC, Edinburgh 1986, 334; Buis, Pierre, Le livre des Rois, SBi, Paris 1997, 116. – Klostermann, August, Die Bücher Samuelis und der Könige, KK A 3, Nördlingen 1887, 384, übernimmt die LXX, da er den MT als durch Homoioteleuton verkürzt ansieht. – Es wird oft gesagt, Flavius Josephus, Ant. VIII 360–361, folge nicht der LXX. Immerhin folgt er auch nicht dem MT, denn König Achab bekennt aus eigenem Antrieb dem Propheten Elija, der zu ihm kommt, eine Sünde begangen zu haben, noch bevor Elija ihm das Strafgericht ankündigt. Ebenso wenig klagt Achab den Propheten an, sein Feind zu sein. Die spontane Reue des Königs, noch bevor ihn der Prophet anklagte, entspricht der ursprünglichen LXX, nicht dem MT! Es ist eine Art Kompromiss zwischen MT und LXX.

4 Bogaert, repentir (s. Anm. 2).
5 Bogaert, repentir (s. Anm. 2), 44–52.

Achab sich erhob und hinabging in den Weinberg Naboutais des Jisraeliters, um ihn seinem Eigentum einzuverleiben (wörtlich: zu erben oder in Besitz zu nehmen).

Diese Erzählung gibt einen ausgezeichneten Sinn! Jezabel, die Königin, hatte mit schneidender Verachtung für ihren schwächlichen Mann diesem die Sache aus der Hand genommen mit dem Versprechen, dass sie das Problem lösen werde (3 Regn 20,7 = 1 Kön 21,7). Das geschah mit Hilfe der falschen Zeugen in der LXX-Erzählung genau so wie in jener des MT. Auf Grund dieses falschen Zeugnisses wurde Nabot zum Tode verurteilt und gesteinigt, wie es Lev 24,16 entspricht, vgl. auch Ex 22,27.

Als Achab vernahm, welche Mittel die Königin eingesetzt hatte, nachdem er ihr durch seine Passivität freie Hand gelassen hatte, erschrak er. Einen solchen Justizmord, mit solchen Mitteln zuwege gebracht, hatte er nicht gewollt. (Wie Kaiser Wilhelm II. sagte er: Das habe ich nicht gewollt!) Mehr noch! Da er wohl einsah, dass er durch seine Schwäche und Passivität eine zwar indirekte, aber nichtsdestoweniger die Hauptschuld an dem begangenen Verbrechen trug, und da es ihm leid tat, nahm er die Verantwortung auf sich und bekannte sich selbst durch die allen sichtbare Busse öffentlich als schuldig. Er tat, was David in 2 Sam 12,13–16 schon getan hatte. Durch Kleidung und Haltung als schuldig auftretend demütigte er sich und bat um die Gnade der Vergebung Gottes.

Dann fährt aber der Erzähler in dem charakteristischen, durch äusserste Prägnanz gekennzeichneten biblischen Erzählstil fort, und zwar in einer dramatischen Wendung: „und es geschah nach diesen (Dingen) Folgendes", καὶ ἐγένετο μετὰ ταῦτα. Bogaert hat überzeugend nachgewiesen, dass diese Wendung höchstwahrscheinlich dem hebräischen Zeitindikatoren ויהי אחרי הדברים האלה entspricht.[6] Diese Wendung markiert in der Bibel einen längeren, aber unbestimmten Zeitabschnitt zwischen zwei erzählten Begebenheiten, weil für kurze Zeitabstände die entsprechenden Bezeichnungen zur Verfügung stehen, wie „am andern Tag", „nach drei Jahren" usw. Was also mit diesem unbestimmten Zeitraum zwischen Achabs Reue und seinem darauf folgenden Entschluss gemeint ist, ist klar. Achab lässt sich mit der Zeit versuchen, das Grundstück, das ihm so wichtig war, dass er es unter allen Umständen erwerben wollte, sich doch zuletzt anzueignen.

Der Erzähler impliziert den Konflikt in Achabs Herz zwischen seiner Reue und der Verlockung, von der Frucht des Verbrechens zu kosten. Dieser Verlockung konnte er auf Dauer nicht widerstehen. Zwischen Reue und Versuchung schwankte er lange Zeit, bis „es nach diesen Ereignissen dann doch geschah" und er das Grundstück in Besitz nahm. Es ist hier eine halbherzige, schwache und schliesslich unterliegende Reue geschildert.

---

6 Bogaert, repentir (s. Anm. 2), 50, mit Hinweis auf 1 Kön 17,17, wo für MT und LXX die respektiven Formeln belegt sind.

5. Vers 27 in der LXX

Zunächst wieder die Übersetzung des Wortlautes:

> Und wegen der Tatsache, dass Achab sich vor dem Angesicht des Herrn gedemütigt hat und weinend einherging und sein Obergewand zerrissen und seinen Leib mit Sacktuch umgürtet und gefastet hat, sich auch in einen Sack gekleidet hat an dem Tag, da man Naboutai den Jisraeliter erschlagen hatte, und er so einherging, (V. 28) erging das Wort des Herrn durch seinen Knecht Elija über Achab ...[7]

Der Erzähler blickt zurück auf die Reue König Achabs am Tage des Mordes an Nabot, den der König nicht gewollt, aber auch nicht verhindert hatte. Diese Reue war ernsthaft. Das zeigt die ausführliche Aufzählung von sechs Bussübungen (die im einzelnen nicht alle ganz klar voneinander unterscheidbar sind). Wozu diese Erinnerung an die damalige Reue, die doch nicht stark genug war, um Achab vor der zuletzt siegreichen Versuchung zu bewahren, unrechten Besitz zu erwerben? Offenbar um zu zeigen, dass auch eine solche unzulängliche Reue in den Augen Gottes nicht jeden Wert verloren hat, sondern ihren Lohn behalten wird.

Dies ist eine tiefe theologische Einsicht. Reue, die da war, verdient Anerkennung. Wenigstens soviel hatte Achab getan! Sie hätte ja überhaupt fehlen können – wie in der Fassung des MT. Aber hier tat Nabots Tod König Achab leid, und er wandte sich büssend an Gott um Gnade. Das wird ihm Gott nicht vergessen, auch nicht nach der neuen, zweiten Schuld des Königs (1 Kön 21,29 = 3 Regn 20,29). Er wird wegen des Profits, den er aus dem Verbrechen zog, bestraft werden, aber diese Strafe wird *gemindert,* weil er das Verbrechen wenigstens ein Stück weit bereut hat.

Abschliessend lässt sich der Sinn der Erzählung von König Achabs Reue in der Fassung der LXX wie folgt zusammenfassen: selbst eine halbherzige, zu früh aufgegebene und daher der Verlockung des Bösen zuletzt doch weichende Reue hat noch ihren Wert bei Gott. Sie mindert die Strafe, wie es ein mildernder Umstand tut. Eine nachfolgende Schuld macht die frühere Reue nicht einfach zunichte. So tritt diese Theologie der Reue in Gegensatz zu jener Ezechiels, derzufolge ein nachfolgendes Unrecht alle frühere Gerechtigkeit auslöscht (Ez 18,24.26; vgl. V. 5–13). König Achab ist Repräsentant einer solchen Umkehr, die sich wieder abkehrt und sich einem neuen Unrecht öffnet. Aber hier geht im Unterschied zu Ezechiel der Wert der vorhergehenden Reue nicht verloren.

---

7 Zu dieser Übersetzung siehe Bogaert, repentir (s. Anm. 2), 48 Anm. 51. Gooding, Ahab (s. Anm. 2), 274–277, erörtert den Text m.E. nicht ganz adäquat.

6. König Achabs Reue und Gottes Antwort in der Fassung des MT

In der Fassung des MT empfindet König Achab erst Reue, als ihm Elija Gottes Strafgericht wegen des Nabot angetanen schweren Unrechts ankündigt (1 Kön 21,17–24.27–29). Er tat daraufhin ernsthaft Busse, wie die Aufzählung der fünf Akte der öffentlichen Selbstdemütigung beweist (1 Kön 21,27). Diese Umkehr tilgt aber nicht die Schuld, sondern mildert nur die Strafe (1 Kön 21,28–29). Auch das steht im Widerspruch zu Ezechiel, dem zufolge eine Umkehr alles vorausgegangene Unrecht aufhebt und löscht (Ez 18,21–22; vgl. V. 14–17).

Nach 2 Sam 12,13–14 und im Vergleich mit Ezechiel überrascht das sehr. Denn Davids blosses Eingeständnis seiner Schuld hatte genügt, um ihm Vergebung zu erwirken, zu der dann freilich noch eine Strafe hinzutreten sollte, von der es jedoch klar ist, dass sie unvergleichlich milder ausfiel, als wenn David verstockt und ohne Reue geblieben wäre. Bei Achab ist es gerade umgekehrt: statt Vergebung mit einer erheblich milderen Strafe zu empfangen wird ihm die Vergebung verweigert, dafür aber Strafe gemildert.

Zusammengefasst hält die Erzählung des MT die Schuld des Königs für so schwerwiegend, dass dessen Umkehr sie nicht mehr aufwiegen kann. Sie ist unvergebbar! Alles, was Reue zu erwirken vermag, ist Minderung des Strafmasses.

7. Das Bild der Reue in Jesus Sirach, 1 Kön 21 und 3 Regn 20

Für Jesus Sirach gibt es keine Einschränkung der Reue. Sie ist grundsätzlich gewährt und möglich. Die einzige Grenze ist der Tod; daher darf sie nicht aufgeschoben werden (Sir 17,27–28).

Für 1 Kön 21 in der Fassung des MT gibt es indessen eine Grenze, nämlich die Schwere der Schuld Achabs, welche keine Umkehr mehr aufheben kann. In diesem Fall ist Reue zwar auch nicht ganz vergeblich, insofern sie wenigstens die Bestrafung mildert. Es ist der theologisch wichtige Gedanke, dass sich Gottes Barmherzigkeit selbst in der Strafe auswirkt, indem sie diese mildert. Unsühnbare Vergehen kennt Num 15,30–31. Es sind die mit „emporgereckter Hand" begangenen Sünden.[8] Joschijas Gerechtigkeit vermochte nach 2 Kön 23,26–27 die Schuld Manasses nicht aufzuwiegen. Es sind dies vergleichbare Konzeptionen wie die in 1 Kön 21.

---

8 Zu den Sünden „mit emporgereckter Hand", die schamlosen, in der Öffentlichkeit demonstrativ begangenen Sünden, also Frevel, siehe Schenker, Adrian, Versöhnung und Widerstand. Bibeltheologische Untersuchung zum Strafen Gottes und der Menschen, besonders im Lichte von Exodus 21–22, SBS 139, Stuttgart 1990, 83–85; Milgrom, Jacob, Cult and Conscience. The *asham* and the Priestly Doctrine of Repentance, SJLA 18, Leiden 1976, 108–110.

In der Fassung der LXX stellt der Erzähler die Frage, was eine *vorübergehende* Reue wert ist und bewirkt. Löscht sie der Rückfall ins Böse aus? Sie bewahrt ihre Gnade in der Form der Strafmilderung. Die Rückkehr zum Bösen hebt den Wert der Reue nicht völlig auf. Sie bringt somit zwei komplementäre Früchte: sie vergibt die erste, der Umkehr vorausgegangene Schuld (Mord an Nabot) und sie mildert die Strafe für das neue, nach der Reue getane Unrecht (Inbesitznahme von Nabots Weinberg).

Diese Auffassung eines bleibenden Wertes der Reue, die im Gegensatz zu Ezechiels Theologie der Umkehr und Abkehr steht,[9] wo die spätere Sünde die frühere Gerechtigkeit aufhebt, würde der bleibenden Bewahrung des guten Tuns entsprechen, die Sir 17,22–23 in schönen und stärksten Bildern einprägt: Gott bewahrt es wie ein Siegel und wie seine Pupille. Denn das Verhältnis zwischen gutem und bösem Tun ist nach der Sequenz Sir 17,22–24 asymmetrisch: während Gott die gute Tat wie ein verpflichtendes Siegel und wie seine Pupille hütet und bewahrt (Sir 17,22–23), vergisst er das böse Tun derer, die es bereuen (Sir 17,24). So scheint es wahrscheinlich, dass Jesus Sirach eine Auffassung von Reue vertritt, wie sie auch in der Erzählung von König Achabs Reue in der Fassung der LXX begegnet, obwohl er natürlich das besondere Problem der nur vorübergehenden Reue, das auch in Hos 6,1–3 erscheint, nicht ins Auge fasst.

8. Abschliessend: das Verhältnis der beiden Fassungen der Geschichte von König Achabs Reue

Ein Überblick über die Unterschiede zwischen den beiden Fassungen erlaubt es, ihr Verhältnis zueinander zu bestimmen. Denn zuerst erwähnt die LXX–Fassung in 3 Regn 20,27 am Ende des Verses die Ermordung des Sohnes Nabots. Diese Erwähnung findet sich nur in den antiochenischen Handschriften, welche hier die ursprüngliche LXX darstellen.

Diese Erwähnung erklärt sich nicht als Einfluss von 4 Regn 9,26 auf diese Stelle. Denn dort sind es Söhne Nabots *im Plural*. Sie kommen dort sowohl im MT als auch in der LXX vor. Ihre narrative Funktion ist an jener Stelle deutlich. Sie begründet, dass Jehus grausame Ermordung zahlreicher Söhne und Enkel von König Achab (2 Kön 10) insofern berechtigt war, als diese der Ermordung mehrerer Söhne Nabots entsprach. Daher musste 2 Kön 9,26 = 4 Regn 9,26 von mehreren Söhnen sprechen. Die Erwähnung nur eines ermordeten Sohnes in 3 Regn 20,27 steht in Widerspruch zu 4 Regn 9,26.

Aus alledem folgt, dass die alte LXX, d.h. die antiochenische oder lukianische LXX in 3 Regn 20,27 eine Lesart bietet, die zwei Schwierigkeiten schafft: erstens bereitet nichts in der Erzählung das überraschende Auftau-

---

9 Vgl. Schenker, Trauben (s. Anm. 1).

chen eines Sohnes vor, und zweitens bringt dieses einen Widerspruch oder doch eine Spannung mit 4 Regn 9,26 (2 Kön 9,26) mit sich. Die Annahme ist daher wahrscheinlicher, im MT sei diese Erwähnung von Nabots Sohn zu einem bestimmten Zeitpunkt getilgt worden (wohl schon im proto-massoretischen Text, da alle vom MT abhängigen alten Übersetzungen darin mit diesem übereinstimmen), als die gegenteilige Annahme, die LXX oder ihre hebräische Vorlage hätte diese Erwähnung von Nabots Sohn hinzugesetzt.

Der Sinn dieser Erwähnung ist einsichtig. Königin Jezabel wollte nicht nur den Eigentümer Nabot auf die Seite schaffen, sondern auch den Erben, um dem König den Besitz des Weingartens endgültig zu sichern. Denn solange Erben da sind, kann ein Grundstück nicht aus dem Patrimonium, dem Familienerbe herausgelöst werden. Auf diesen Zusammenhang mit dem Familienbesitz, dem Erbe (נחלה) weist die Erzählung selbst hin (1 Kön 21,4). Enteignung von Familieneigentum konnte es im alten Israel grundsätzlich gar nicht geben. Diese Unmöglichkeit folgt aus dem Löserecht (Ruth 4,1–4) und aus Konzeptionen wie dem des Jubeljahres (Lev 25,13–34). In solchem Zusammenhang ergibt sich daher nochmals eine Schwierigkeit gegen den Sinn der Erwähnung von Nabots Sohn und Erben. Denn es würde nicht genügen, den Erben auszuschalten, da die übrige Familie automatisch an die Stelle des verstorbenen Erben treten und ihren unumstösslichen Besitzanspruch geltend machen müsste. In israelitischer Konzeption wird die Enteignung somit auch durch den Tod des direkten Erben weder rechtskräftig noch endgültig, weil das Recht der Familie auf ihren Boden nie aufhört. Daher ist es in einer rechtlichen Perspektive gleichgültig, ob ein Sohn Nabots als direkter Erbe da war oder beseitigt wurde, weil das an der Rechtslage nichts änderte. König Achab trat in jedem Fall ein wesentliches israelitisches Eigentumsrecht mit Füssen, weil der Weinberg Nabots für immer seiner Familie gehörte, gleichviel ob ein Sohn da war oder nicht.

Zusammenfassend lässt sich nach alledem zeigen, dass die in 3 Regn 20,27 fallende Erwähnung, König Achab habe auch Nabots Sohn getötet, auf drei Schwierigkeiten stösst: erstens steht dieser knappste Bericht isoliert und ohne jeden Zusammenhang mit der ausführlichen, vorausgehenden Erzählung da; zweitens schafft sie eine scharfe Spannung mit 2 Kön 9,26 (4 Regn 9,26), wo es heisst, König Achab habe das Blut mehrerer Söhne Nabots vergossen; drittens ist es eine nutzlose Erwähnung, weil es der Tod von Nabots Erben dem König auch in rein formalrechtlicher Hinsicht in gar keiner Weise ermöglichen würde, Nabots Weinberg rechtens in Besitz zu nehmen, da das israelitische Eigentums- und Erbrecht keine Situation kennt, wo eine Familie ihren Rechtsanspruch auf ihr Patrimonium einbüssen würde.

Der einzige Grund, der somit diesen zusätzlichen Mord an Nabots Sohn erklären kann, ist der narrative Zug, König Achab sein Verbrechen in all seinen Konsequenzen bis zu Ende durchführen zu lassen.[10] Ferner hat sich der Erzähler nicht um Kohärenz mit israelitischem Recht gekümmert.

Dies alles erhebt die Annahme zu hoher Wahrscheinlichkeit, dass eine Überarbeitung diesen Zug der Erzählung entfernt hat. Die gegenteilige Annahme, der Zug wäre später eingetragen worden, ist demgegenüber unwahrscheinlich, weil sie soviel Schwierigkeiten auftürmt. Daraus folgt, dass wahrscheinlich die Erzählung in der Form der alten LXX als ganze die ältere Fassung darstellt, während jene in der Form des MT eine Überarbeitung davon ist. Ein solches Ergebnis bedarf selbstverständlich der Prüfung durch einen vollständigen Vergleich aller Unterschiede zwischen beiden Fassungen, um ganz gesichert dazustehen.

---

10 Jedenfalls widerspricht dieser Zug der Erzählung in der LXX Goodings Hauptthese, Gooding, Ahab (s. Anm. 2), 276–279, die LXX hätten ein günstigeres Porträt König Achabs zeichnen wollen. Denn die LXX fügt zum Mord an Nabot noch den seines Sohnes hinzu!

Enkomien in griechischer Literatur[1]

Armin Schmitt

Es fällt auf, dass in biblischen Texten, anders als in den Sagen der Völker, fast kein Raum für Enkomien[2] bedeutender Männer und Frauen bleibt. Weder Abraham noch Josef, Josua, Mose, David oder Salomo[3] gilt ein kompositorisch entfaltetes Loblied.[4] Diese Zurückhaltung hinsichtlich des Lobpreises eines Menschen wird im älteren biblischen Schrifttum konsequent beibehalten,[5] obgleich der altorientalischen Welt solch verherrlichende Rede auf

---

1 Eine erschöpfende Präsentation oder gar kritische Diskussion aller einschlägigen Texte kann im beschränkten Rahmen einer Festschrift nicht geleistet werden. – Vorliegende Untersuchung ist ein Teilergebnis des Projekts „Weish 6,22–10,21 und das Genos epideiktikon", das zwei Jahre (1999–2001) durch die Deutsche Forschungsgemeinschaft gefördert wurde.
2 ἐγκώμιον, sc. μέλος, ᾆσμα.
3 Auch für besonders belobigte Könige der späteren Zeit, wie Hiskija und Joschija, wurde kein Enkomion verfasst. Ebenso wenig hört man von einem Preisgesang auf große prophetische Persönlichkeiten, wie beispielsweise auf Jesaja, Jeremia oder Ezechiel.
4 Der Grund dafür, dass in der frühen und mittleren Literatur des AT keine Enkomien auf hervorragende Menschen anzutreffen sind, dürfte in der biblischen Anthropologie angelegt sein. Der Mensch ist aus dieser Perspektive zwar ein von Jahwe bevorzugtes Geschöpf und nach Ps 8,5–10 sogar „ein kleiner Gott auf Erden" – und trotzdem zugleich hinfällig und sterblich, wie zahlreiche Vergänglichkeitsklagen beweisen; vgl. Ps 39,5–7.12; 89,48f.; 144,3f.; Ijob 14,1f.; Jes 40,6b–7a. Krankheiten, Beschwernisse und Aporien begleiten den Menschen ein Leben lang. (Beispiele dafür sind Gebetslieder des Einzelnen und des Volkes; vgl. ferner die Bücher Kohelet und Ijob.) Der Mensch, der trotz seiner Kraft und seiner Fähigkeiten immer wieder an die Grenze seiner Endlichkeit stößt und schließlich auch fällt, ist zugleich auch ein sich verfehlendes Wesen (Sünde im Urgeschehen, in der Geschichte Israels, im Leben des Einzelnen). Bedeutende Könige (Saul, David, Salomo) verstießen zum Beispiel eklatant gegen Jahwes Weisung. Das deuteronomistische Geschichtswerk schließlich sieht als Ursache der Katastrophe von 587/6 v.Chr. eine stets fortschreitende Verstrickung in Unrecht und Schuld über Jahrhunderte hin. Derartige Fakten bieten Anlass für Vorbehalt und Misstrauen, Skepsis und Argwohn gegenüber einem Lobpreis, der auf den Menschen hin zielt. Letztlich kommt deshalb nur dem großen Gott das Lob zu und nicht dem kleinen Erdengast. Dieser Gott kann für sich selbst oder wegen seiner helfenden Taten gerühmt werden; vgl. die Loblieder des Psalters.
5 Ein Nachhall dieser Reserviertheit ist noch in der jüngeren Literatur festzustellen; obgleich man nämlich z.B. Judit großes Lob spendet, wird an erster Stelle der Gott Israels genannt (Jdt 13,18); vgl. ferner Lk 1,48; 17,15f.

hervorragende Personen nicht unbekannt ist.[6] Erst in jüngeren Werken des Alten Testaments zeigen sich Enkomien auf imponierende und achtunggebietende Figuren der Bibel.[7] Mit hoher Wahrscheinlichkeit sind diese letztgenannten Beispiele durch griechische Enkomien zur hellenistischen Zeit beeinflusst; denn griechische Poesie und Prosa haben kontinuierlich durch die Jahrhunderte diese literarische Gattung mit beachtlicher Meisterschaft gepflegt. Um nun eine literaturgeschichtliche und literaturwissenschaftliche Basis für die betreffenden alttestamentlichen Texte zu erreichen, muss man zunächst einen Überblick über die griechischen Enkomien gewinnen. Die Bearbeitung der einschlägigen biblischen Partien bleibt einer späteren Untersuchung vorbehalten.

I. Vorklassische Schriften (Archaik)

Enkomien als Preis- und Loblieder auf bestimmte Personen waren bereits im frühen Griechenland verbreitet. So findet sich z.B. ein derartiger Lobpreis in dem Gedicht, das Alkaios[8] an seinen Bruder Antimeneidas richtet, der siegreich aus der Schlacht heimkehrte:[9]

„Von den Grenzen der Welt kamst du: aus Elfenbein / war der Griff deines Schwerts, zierlich in Gold gefaßt; / s'war ein tüchtiger Strauß! Den Babyloniern / warst du Helfer im Kampf, du hast die Not gewandt. / Von des Königs Gefolg' schlugst du im Kampfe tot / einen Kämpen, der maß fast fünf Ellen, es fehlt' / eine Handbreit nur ..." (Übersetzung nach Treu).

---

6 *Aus dem Sumerischen*: Ein Lied mit Selbstlob des Königs Schulgi von Ur III (ca. 2093–2046 v.Chr. – TUAT II, 673–681); ein Lied auf Lipiteschtar von Isin mit Lobpreis des Königs (ca. 1934–1924 v.Chr. – TUAT II, 681–686). *Aus dem Akkadischen*: Ein Preislied auf Hammurapi von Babylon (1792–1750 v.Chr. – TUAT II, 726–727). *Aus dem Ägyptischen*: Lob des Königs Amenemhet III. (12. Dyn., 2. Hälfte des 19. Jh. v.Chr. – TUAT II, 898–899).

7 Dazu zählen die Makkabäer Judas (1 Makk 3,1–9) und Simeon (1 Makk 14,4–15), die Väter Israels (Sir 44,1–49,16) sowie als Klimax dieser Komposition der Hohepriester Simon (Sir 50,1–21), ferner Judit (Jdt 13,18–20; 14,7; 15,8–10), die personifizierte Weisheit (Weish 6,22–11,1; Sir 24,1–22), die tüchtige Frau (Spr 31,10–31). Betreffs 1 Makk, Sir, Weish und Jdt liegt die Entstehungszeit in der hellenistischen Epoche; bei Spr ist das Abfassungsdatum nicht sicher auszumachen. Doch dürfte auch für Spr 31,10–31 ein später Entstehungstermin wahrscheinlich sein (nachexilisch; näherhin persische oder frühe hellenistische Zeit); vgl. Yoder, Christine R., Wisdom as a Woman of Substance. A Socioeconomic Reading of Proverbs 1–9 and 31,10–31, BZAW 304, Berlin u.a. 2001, 15–38.

8 Lyrischer Dichter aus Mytilene auf Lesbos um 600 v.Chr. Er ist neben seiner Zeitgenossin Sappho der bedeutendste äolische Lyriker.

9 Treu, Max, Alkaios, TuscBü, München ²1963, 63; Voigt, Eva-Maria, Sappho et Alcaeus. Fragmenta, Amsterdam 1971, 319.

In diesem Zusammenhang sind auch die Gedichte der Sappho[10] zu erwähnen, die diese an ihre Freundinnen richtet,[11] sowie die Partheneien des Alkman[12].

II. Epinikion („Siegeslied")

Ein Enkomion spezieller Art stellt das Epinikion[13] dar, das zu Ehren des Siegers im sportlichen Wettkampf gedichtet und vorgetragen wurde. Als zu den Spielen in Olympia jene in Delphi[14], in Nemea und auf dem Isthmos hinzukamen, erhielten Dichter Aufträge, das Lob der Athleten gebührend hervorzuheben.[15] Als Autoren solcher Siegesgesänge sind zu nennen Simonides[16], Bakchylides[17] und Pindar[18]. Die Verherrlichung des Siegers hält sich

---

10 Griechische Dichterin, die um 600 v.Chr. auf der Insel Lesbos lebte. Sie gilt als die bedeutendste Lyrikerin des Altertums. Ihre Werke umfassen vornehmlich Hochzeitslieder, Götterhymnen und Liebeslieder.
11 Die Interpretation der Sapphoschen Dichtung ist dadurch erschwert, dass nur ein einziges vollständiges Gedicht von ihr auf uns gekommen ist. Alles weitere ist fragmentarisch. Soviel kann jedoch gesagt werden, dass Sappho mehrfach Schönheit und Unvergleichlichkeit ihrer Freundinnen preist: Campbell, David A., Greek Lyric I, LCL 142, Cambridge u.a. 1982, Nr. 16 (S. 67); Nr. 23 (S. 73f.); Nr. 34 (S. 83); Nr. 81 (S. 109); Nr. 94 (S. 117); Nr. 96 (S. 121); Nr. 112 (S. 137); Nr. 132 (S. 149). Weitere Textausgabe: Treu, Max, Sappho, TuscBü, München ⁶1979.
12 Lakonischer Dichter, der gegen Ende des 7. Jh. v.Chr. in Sparta wirkte. Bei den Partheneien handelt es sich um Kultgesänge, die von einem Mädchenchor zu Ehren von jungen Frauen vorgetragen wurden. Im Louvre Partheneion besingen die Choreutinnen die Schönheit zweier Mädchen namens Agido und Hagesichora: Agidos Anmut erinnert an einen Sonnenaufgang und Hagesichoras Gesicht ist von unbeschreiblichem Glanz erleuchtet; ihr eignet eine göttliche Stimme. Näheres: Page, Denys L., Alcman. The Partheneion, Oxford 1951; Campbell, David A., Greek Lyric II, LCL 143, Cambridge u.a. 1988, 360–369.
13 ἐπινίκιον, sc. μέλος, ᾆσμα.
14 Es handelt sich hierbei um die alle vier Jahre in Delphi zu Ehren Apollons ausgetragenen Pythien mit gymnischem, hippischem und musischem Programm. Die Pythien sind neben den Olympischen Spielen die wichtigsten panhellenischen Agone.
15 Derartige Siegesgesänge wurden für Wettläufer, Ringkämpfer, Fünfkämpfer, Faustkämpfer und Wagenlenker anlässlich ihres Erfolgs komponiert.
16 556/553–468/465 v.Chr. Er ist der früheste Verfasser epinikischer Dichtung. Zu den überkommenen Fragmenten seiner Epinikien siehe Werner, Oskar, Simonides – Bakchylides. Gedichte, TuscBü, München 1969, 6–13. Bei Simonides kann zur Form des Epinikions infolge der bruchstückhaften Überlieferung kein sicheres Urteil abgegeben werden. Unter dem geringen Restbestand sei auf das Siegeslied für den Faustkämpfer Glaukos von Karystos hingewiesen, dessen unvergleichliche Kraft folgendermaßen gerühmt wird:
„Selbst nicht Polydeukes' Kraft würd' ihm
Gegenüber kämpfend erheben die Fäuste
Und auch der eiserne Sohn Alkmenes nicht."
(Übersetzung nach Werner, Simonides, 9). „Polydeukes" ist einer der Dioskuren; mit „der eiserne Sohn Alkmenes" wird auf Herakles Bezug genommen.

innerhalb der Epinikien in Grenzen, da ein breiter Raum mythologischen Exkursen vorbehalten ist: Die Informationen hinsichtlich des siegreichen Athleten beschränken sich nämlich in der Regel auf folgende Fakten: Name, Patronym, Familie, Art des Sieges und frühere Erfolge. Mitunter hebt jedoch Bakchylides den Sieger besonders hervor: „stark", „tapfer" und „schnell"[19]; „herausragend unter den Menschen"[20]; „unvergleichlich"[21]; „schön" und „erhaben" im Vergleich mit dem Mond, der an Glanz die Sterne übertrifft[22]; der „strahlende Sieger"[23]. Von Pindars umfangreichem Werk[24] sind nur die Epinikien erhalten geblieben. Diese umfassen Olympische, Pythische, Nemeische und Isthmische Oden. Für die Porträtierung des Siegers gilt das bereits oben Erwähnte: Nur gelegentlich werden die gängigen Topoi (Patronym, Familie, Art des Sieges, frühere Triumphe) durch neue Aspekte erweitert.[25] Eine auffällige Entfaltung zum Lob des Arkesilaos aus Kyrene, dem Sieger mit dem Wagen[26], sei hier zitiert:

> „Jenen Mann preisen Verständige;
> was gesagt wird, will ich aussprechen;
> mächtig über sein Alter hinaus
> hegt Geist er
> und Zunge; an Mut wurde schwingenbreitend
> unter den Vögeln er ein Adler;
> im Kampf ist wie ein Wall seine Kraft;
> in den Musen ist er beflügelt von seiner Mutter her,
> und er hat sich gezeigt als Wagenlenker meisterhaft."[27]

Hier erfahren intellektuelle, rednerische und musische Fähigkeiten sowie Mut, körperliche Kraft und Geschick eine besondere Würdigung.

---

17 Geburtsjahr vor 500 v.Chr.; Todesjahr um 450 v.Chr. – Werner, Simonides (s. Anm. 16), 57–141.
18 Geb. 522/518; gest. nach 446 v.Chr. – Edition: Bremer, Dieter, Pindar. Siegeslieder, TuscBü, Darmstadt 1992.
19 Werner, Simonides (s. Anm. 16), 64f.
20 Werner, Simonides (s. Anm. 16), 78f.
21 Werner, Simonides (s. Anm. 16), 98f.
22 Werner, Simonides (s. Anm. 16), 102–105.
23 Werner, Simonides (s. Anm. 16), 110f.116f.128f.
24 Zu Pindars Œuvre zählten Hymnos, Paian, Enkomion, Threnos, Dithyrambos, Prosodion, Hyporchema, Partheneion; von diesen literarischen Formen sind allerdings nur Zitate bei Prosaautoren oder Papyrusfragmente auf uns gekommen.
25 Bremer, Pindar (s. Anm. 18), 6f.16f.30f.76–79.168–171.
26 Fünfte Pythische Ode 107–115.
27 Übersetzung nach Bremer, Pindar (s. Anm. 18), 174–177.

III. Epitaphios („Leichenrede")

Es überrascht nicht, dass gerade im Epitaphios[28] das Lob des/der Verstorbenen fest angesiedelt ist.[29] Bis heute hat sich daran nichts geändert; denn noch immer nimmt bei Trauer- und Grabansprachen die Laudatio eine beherrschende Stellung ein. Der Epitaphios ist für Athen bezeugt. Die erhaltenen Beispiele dieser Gattung setzen sich aus folgenden Elementen zusammen: Einleitung (προοίμιον), Lob (ἔπαινος), Klage (θρῆνος), Trost (παραμυθία). Von den antiken Autoren Griechenlands, die sich dieses literarischen Genres bedient haben, sind vorrangig zu nennen: Gorgias von Leontinoi[30], Thukydides[31], Lysias[32], Platon[33], Demosthenes[34] und Hypereides[35]. Bei dieser Unter-

---

28 ἐπιτάφιος, sc. λόγος.
29 Anklang an einen Epitaphios liegt auch in der Totenklage auf Saul und seinen Sohn Jonatan vor, die David zugeschrieben wird (2 Sam 1,19–27): Threnos (2 Sam 1,19–21.25–27) und Epainos (2 Sam 1,22–24) sind hier nachzuweisen. Besagte Affinität bedeutet nicht, dass hier etwa eine Beziehung bzw. Abhängigkeit zwischen Bibel und griechischer Literatur zu postulieren sei, sondern dass unabhängig in verschiedenen Kulturkreisen eine Leichen-/Trauerrede die Bausteine *Epainos* und *Threnos* verwendet.
30 Ca. 480–ca. 380 v.Chr. Leider ist dieser Epitaphios nur fragmentarisch erhalten. Edition: Diels, Hermann – Kranz, Walther, Die Fragmente der Vorsokratiker II, Berlin ⁹1959. Ferner: Hynd, James, Gorgias. Fragment from a Funeral Oration, Arion 9 (1970), 46–47.
31 Ca. 460–ca. 400 v.Chr. – Editionen: Jones, Henry S., Thucydidis Historiae I und II, Oxford ²1942, II 36–46; Luschnat, Otto, Thucydidis Historiae I, BSGRT, Leipzig 1960. Übersetzung: Smith, Charles F., Thucydides I, LCL 108, London 1956, 319–341. Ferner: Flashar, Hellmut, Der Epitaphios des Perikles. Seine Funktion im Geschichtswerk des Thukydides, SHAW.PH 1969,1, Heidelberg 1969. – Wahrscheinlich ist dieser Epitaphios nicht die Reproduktion einer Rede des Perikles im Jahr 431 v.Chr., sondern eine freie Schöpfung des Thukydides nach der Niederlage Athens infolge des Peloponnesischen Kriegs im Jahr 404 v.Chr.
32 Geb. um 440; gest. nach 380 v.Chr. – Editionen: Hude, Karl, Lysiae Orationes, SCBO, Oxford 1912, 2, 1–81; Gernet, Louis, Lysias. Discours I, CUFr, Paris 1967, 46–63; Schiassi, Giuseppe, Lisia. Epitafio, Bologna 1967; Snell, Friedrich J., Lysias. Epitaphios, Greek Texts and Commentaries, New York 1979. Übersetzung: Lamb, Walter R.M., Lysias. Text and Translation, LCL 244, London 1960; Ferner: Walz, Josef, Der lysianische Epitaphios, Ph.S 29/4 (1936), 1–55.
33 428/27–348/47 v.Chr. – Edition: Burnet, John, Platonis opera III, SCBO, Oxford 1909, 236d–249c. Übersetzung: Bury, Robert G., Plato VII. Text and Translation, LCL 234, London 1961. Ferner: Kahn, Charles H., Plato's Funeral Oration. The Motive of the Menexenus, CP 58 (1963), 220–234; Stern, Herold S., Plato's Funeral Oration, NSchol 48 (1974), 503–508; Maletz, Donald J., Plato's Menexenos and the Funeral Oration of Pericles, Diss. Ithaca 1976.
34 384/3–322 v.Chr. – Es handelt sich hier um die Rede Nr. 60, 1–37. Edition: Rennie, William, Demosthenis Orationes III, SCBO, Oxford 1931. Übersetzung: DeWitt, Norman W. – DeWitt, Norman J., Demosthenes VII. Text and Translation, LCL 374, London 1949. Ferner: Sykutris, Johannes, Der demosthenische Epitaphios, Hermes 63 (1928), 241–258.
35 390/89–322 v.Chr. – Die antike Literaturkritik weist Hypereides meist den zweiten Platz in der Beredsamkeit nach Demosthenes zu. – Es handelt sich hier um die Rede Nr. 6, 1–

suchung interessiert laut Thema vornehmlich innerhalb des Epitaphios das Element des *Epainos*. Mit Ausnahme des Epitaphios aus Platons Menexenus ist bei allen soeben aufgezählten Trauerreden das *Lob* der Verschiedenen anzutreffen. Dieses setzt sich aus den folgenden Bausteinen zusammen, die auch in der enkomiastischen Topik[36] anzutreffen sind: γένος („Herkunft") mit den Unterpunkten εὐγένεια („edle Abstammung") und ἔργα („Taten der Vorfahren"). Sodann wendet man sich der „Vaterstadt" (πατρίς) zu, der die Toten entstammen. Dabei können folgende Punkte zur Sprache kommen: πολιτεία („Verfassung"), ἐπιτήδευσις („Beschäftigung"), τρόποι („Sinnesart"), παιδεία („Erziehung"), τροφή („Lebensweise"). Schließlich finden die außergewöhnlichen und beispielhaften Taten (πράξεις) der Toten eine eingehende Würdigung. Der Epainos innerhalb des Epitaphios umschließt also folgende Themata: Genos, Patris, Praxeis.[37] Die genannten Autoren, die Epitaphien überliefern, behandeln jeweils das Lob mehrerer Verstorbener/Gefallener. Durchbrochen wird dieser kumulative Aspekt lediglich bei Hypereides. Innerhalb des dortigen Epainos (6,10–40) findet sich nämlich ein Abschnitt, der einem einzelnen Mann namens Leosthenes[38] (6,35–38) gewidmet ist. Dieser wird bei seiner Ankunft im Hades von griechischen Heroen früherer Zeit (Kämpfer gegen Troja und die Perser; Harmodios und Aristogeiton[39]) willkommen geheißen. In jedem dieser Fälle behauptet Hypereides die Überlegenheit[40] seines Helden Leosthenes über noch so berühmte Vorfahren.

IV. Enkomien aus klassischer Zeit

Die bisher behandelten Enkomien bieten entweder noch keine detaillierte Entfaltung bzw. liegen nur bruchstückhaft vor (vorklassische Periode) oder sind nur Teil einer eigenen literarischen Gattung wie im Fall des Epinikions

---

43. Edition: Kenyon, Frederic G., Hyperidis Orationes et Fragmenta, SCBO, Oxford 1906. Übersetzung: Burtt, John O., Minor Attic Orators II. Text and Translation, LCL 395, London 1954, 531–559. Ferner: Schlau, Wilhelm, De Hyperidis oratione funebri, Tübingen 1913; Colin, Gaston, L'oraison funèbre d'Hyperide, REG 51 (1938), 209–266. 305–394.
36 Vgl. hierzu: Krischer, Tilman, Die enkomiastische Topik im Epitaphios des Perikles (zu Thuk. II 35f), Mn. 30 (1977), 122–134.
37 Vgl. Beschreibung und Würdigung des Epitaphios in all seinen Nuancen bei Ziolkowski, John E., Thucydides and the Tradition of Funeral Speeches at Athens, Monographs in Classical Studies, Salem 1981.
38 Gegner Makedoniens und einflussreicher athenischer Redner; gefallen 323/2 v.Chr.
39 Freiheitskämpfer und Begründer der Demokratie gegen Tyrannei (6. Jh. v.Chr.).
40 Der Gedanke, dass der zu Lobende andere überragt, gehört, wie wir noch sehen werden, zur gängigen Topik eines Enkomions.

und des Epitaphios. Dies ändert sich in klassischer Zeit, aus der breit komponierte Lobreden auf bestimmte Persönlichkeiten[41] erhalten sind.

1. Die Enkomien des Isokrates[42]

Isokrates wurde am stärksten durch Gorgias von Leontinoi[43] geprägt, bei dem er wohl mehrere Studienjahre verbrachte. Er eröffnete in Athen eine Schule der Redekunst; rhetorische Unterweisung steht deshalb bei ihm im Mittelpunkt der Bildung, weil nach seiner Überzeugung „gut reden" und „gut denken" einander bedingen. Isokrates wollte seine Schüler und ganz allgemein seine Mitbürger zu guten Staatsbürgern erziehen. Ein entscheidender Faktor dabei war ihm die Lobrede; durch Verweis auf ein Vorbild suchte er zum Nacheifern anzuregen. Der Paideia sollte die Lobrede dienen und sie sollte Nutzen stiften. Bereits im Schülerkreis hat er die Lobrede theoretisch und praktisch behandelt; dabei wurden die verschiedenen Technai dazu vermittelt. Vier seiner Enkomien verdienen besondere Beachtung: Busiris, Evagoras, Helena und Alkibiades.[44]

---

41 In der dramatischen Dichtung des Sophokles, Ödipus auf Kolonos, findet sich sogar ein Enkomion auf einen Ort, nämlich auf Kolonos, ein Stück attischen Kulturbodens nördlich von Athen. Zunächst wird Anmut und Schönheit der Landschaft gepriesen, in der sogar Götter und Göttinnen gerne verweilen (668–693). Einzigartige Bedeutung erhält dieser Bezirk durch den Ölbaum, über den Zeus und Athene wachen (694–706). Das höchste Lob schließlich kommt Kolonos deswegen zu, weil Reitkunst und Seefahrt von hier ihren Ausgang nahmen (707–719). – Zitiert nach Willige, Wilhelm – Bayer, Karl, Sophokles. Tragödien und Fragmente, TuscBü, München 1966, 684–687. Vgl. das Lobgedicht des Kallimachos aus Kyrene (geb. zwischen 320 und 303 v.Chr.; gest. um 240 v.Chr.) auf die Insel Delos. Text: Cahen, Émile, Callimaque, CUFr, Paris [5]1961, 260–283. – Siehe ferner aus der altorientalischen Literatur neben einem nur sehr fragmentarischen (akrostichischen) Hymnus auf Babylon, den Preisgesang auf die Stadt Arbela (TUAT II, 768–770); als Beispiel aus dem NT ist die Beschreibung des neuen Jerusalems (Offb 21,9–22,5) zu nennen.
42 436–338 v.Chr.
43 Von ihm ist ein Loblied/eine Apologie auf Helena in unvollständiger Form erhalten; vgl. Diels, Hermann – Kranz, Walther, Die Fragmente der Vorsokratiker II, Berlin [6]1952, 288f.; Buchheim, Thomas, Gorgias von Leontinoi. Reden, Fragmente und Testimonien, PhB 404, Hamburg 1989, 2–5.
44 Für die Enkomien des Isokrates gelten die nämlichen sprachlich-stilistischen Prinzipien wie für dessen Gesamtwerk: Genauigkeit bei der Wortwahl, Harmonie und Ausgewogenheit im Satzbau (Antithesen, Parallelismen etc.); Konkurrenz von Kunstprosa mit der Poesie (Tendenz zur Rhythmisierung, strikte Hiatvermeidung). – Bei dem Enkomion auf Busiris handelt es sich um eine als Brief an Polykrates, einen Rhetor aus Athen (geb. vor 436/5; gest. nach 380 v.Chr.), gestaltete Rede über Busiris.

1.1 Das Enkomion auf Busiris[45]

Der Grund des Rühmens beruht auf folgenden Fakten:

a. Edle Herkunft (εὐγένεια) 10 [223]: Sein Vater war Poseidon; sein Urgroßvater Zeus.
b. Aufstieg zum Herrscher Ägyptens 11–14 [223–224].
c. Folgende Taten[46] zeichnen ihn als Regenten aus:
   c.a. Begründer der ägyptischen Verfassung/Organisation, die ihresgleichen nicht hat 15–20 [224–225].
   c.b. Förderer bedeutender Wissenschaftszweige: Medizin, Philosophie, Astronomie, Arithmetik, Geometrie 21–23 [225–226].
   c.c. Stifter der ägyptischen Religion 24–29 [226–227].

Negative Fakten finden in einem Enkomion keinen Platz.[47] So soll Busiris Fremde dem Gott Osiris geopfert haben und später von Herakles erschlagen worden sein.

1.2 Das Enkomion auf Evagoras[48]

Es geht hier Isokrates primär nicht darum, den Evagoras aufgrund historischer Tatsachen zu preisen, vielmehr sollte im Bild des zyprischen Fürsten ein Idealkönig geschildert werden. Dahinter stand die Absicht, Nikokles, dem Sohn und seit 374/3 Nachfolger des Evagoras, der selbst einmal Schüler des Isokrates gewesen war, den Vater als Idealbild zur Nachahmung zu empfehlen:

---

45 Name eines Königs der griechischen Sage, der sich an einen Ort gleichen Namens bei Alexandria anlehnt. – Editionen: Drerup, Engelbert, Isocratis opera omnia I, Leipzig 1906, 81–93; Mathieu, Georges – Brémond, Émile, Isocrate. Discours I, CUFr, Paris 1929 (=1963), 188–200; Marzi, Mario, Opere di Isocrate I, Classici Greci, Turin 1991, 519–539. Kommentar: Livingstone, Niall, A Commentary on Isocrates' Busiris, Mn.S 223, Leiden u.a. 2001.
46 Die Taten (πράξεις) gelten als Haupttopos (Kernpunkt) des Enkomions (*chief topic*).
47 Bezüglich der Aussparung negativer Tatbestände in laudationes hat sich bis zur Gegenwart nichts geändert. Allerdings ist man heute bei diesem Genre wesentlich unbekümmerter im Umgang mit der Wahrheit als in der Antike; im Klartext: Man lügt bei solchen Anlässen, dass sich die Balken biegen. Die Äußerung Ciceros, Brutus 42: „... concessum est rhetoribus ementiri in historiis, ut aliquid dicere possint argutius" („... Redner dürfen bei geschichtlichen Erzählungen von der Wahrheit abweichen, um etwas pointierter sprechen zu können") wirkt dagegen harmlos.
48 Er war griechischer Stadtkönig von Salamis auf Zypern (ca. 435–374/3 v.Chr.); s. Sykutris, Johannes, Isokrates' „Euagoras", in: Seck, Friedrich (Hg.), Isokrates, WdF 351, Darmstadt 1976, 74–105. – Dieses Enkomion wurde anlässlich eines Festes für den ermordeten König Evagoras verfasst. Damit suchte Isokrates zunächst seinem Schüler Nikokles und schließlich allen Fürsten ein Vorbild hinzustellen, in dem seine eigenen moralisch-politischen Anschauungen verwirklicht worden sind (didaktische und protreptische Tendenz). Dadurch hoffte er, auf die Tagespolitik seiner Zeit einwirken zu können. – Editionen: Drerup, Opera (s. Anm. 45), 146–165; Mathieu, Georges – Brémond, Émile, Isocrate. Discours II, CUFr, Paris ²1967, 146–168; Marzi, Opere (s. Anm. 45), 457–489. Erklärende Anmerkungen dazu bei Forster, Edward S., Isokrates. Cyprian Orations, Greek Texts and Commentaries, New York 1979 (Auszug S. 73–152).

a. Edle Abstammung (εὐγένεια)[49] 12–20 [191–192].
b. *Eigenschaften*: κάλλος („Schönheit"); ῥώμη („körperliche Kraft"); σωφροσύνη („Besonnenheit, Bescheidenheit") 22 [193]; ἀνδρεία („Tapferkeit") 23.65 [193.202]; σοφία („Weisheit") 23 [193]; δικαιοσύνη („Gerechtigkeit") 23 [193].[50] Jeder dieser Vorzüge, wie die in 22 und 23 benannten, kam ihm „im Übermaß" (εἰς ὑπερβολήν) zu 23 [193].
c. Taten des Evagoras:[51]
   c.a. „Kein Sterblicher, kein Halbgott, kein Unsterblicher" hat je „auf eine bessere, ruhmvollere und rechtschaffenere Art" die Königsherrschaft übernommen als Evagoras 39 [196].
   c.b. Kultivierung der verwahrlosten Stadt Salamis 47–48 [198].
   c.c. Aufstieg des Stadtstaats und Freundschaft mit Griechenland 49–50 [198–199].
   c.d. Hohes Ansehen in der griechischen Welt 51 [199].
   c.e. Sicherung der Freiheit Griechenlands gegen die Vorherrschaft Spartas 52–57 [199–200].
   c.f. Gebietserweiterung (Eroberung ganz Zyperns, Kilikiens, Phöniziens mit Tyros) und Friedensschluss mit dem persischen Großkönig 62–64 [201].[52]
d. Unvergleichlichkeit 70–71 [203]. Evagoras ist glücklicher und gottgefälliger als frühere Menschen, die aufgrund ihrer Tüchtigkeit unsterblich wurden. Ihn traf ein beseligteres Los als alle Halbgötter vor ihm.
e. *Ausklang*: Stabilisierung des Königtums bis zum Lebensende, unsterblicher Ruhm, Freiheit von den Beschwerden des Alters, bedeutende Nachkommenschaft 71–72 [203].[53]

Bei diesem Enkomion werden vereinzelt auch Synkriseis herangezogen; so findet sich ein ausgedehnter Vergleich in 37–38 [195–196] und kleinere Gegenüberstellungen in 23.27.35.64.65. Nach 37–38 [195–196] überragt Evagoras Kyros II. (= Kyros der Große, 601–530 v.Chr.), den Begründer des Perserreiches, in strategischer und moralischer Hinsicht. (Dieser bedeutende Achämenide galt im Altertum als hervorragender und tugendhafter Herrscher schlechthin.)

Nach der rhetorischen Theorie (Aristoteles Rhet. 1368a 19–29) dient derartiges Gegeneinanderhalten dem Lob. Nicht selten ergibt sich aus der Kon-

---

49 Er entstammte dem Königsgeschlecht der Teukriden, dessen Ahne Aiakos ein Sohn des Zeus war.
50 Auch an späterer Stelle werden weitere ehrenvolle Eigenschaften Evagoras' benannt: φρόνησις („Klugheit") 41.65; φιλανθρωπία („Menschenfreundlichkeit") 43; πραότης („Milde, Sanftmut") 49; μετριότης („Mäßigkeit") 49; ὁσιότης („Frömmigkeit") 51. Diese Aufreihung wirkt wie ein Tugendkatalog, bei dem die Kardinaltugenden eine hervorragende Rolle spielen; vgl. Burgess, Theodore C., Epideictic Literature, Studies in Classical Philology 3 (1902), 89–261, hier: 126, Anm. 4.
51 Dabei zeichnet sich eine chronologische Sequenz ab. Man gewinnt den Eindruck, Isokrates beabsichtige nichts anderes, als die im Anfang dem Evagoras zugesprochenen Tugenden in dessen Taten aufzuweisen.
52 Wie wichtig die Taten innerhalb eines Enkomions sind, geht daraus hervor, daß Isokrates im Anschluß an die soeben detailliert zitierten Taten noch ein Summarium eben dieser Leistungen zwecks Vertiefung bietet 65–69 [202–203].
53 Niederlagen Evagoras' (er scheiterte 381 v.Chr. in der Seeschlacht von Kition, konnte allerdings trotz dieser Schlappe das Stadtkönigtum von Salamis auf Zypern behaupten) sowie dessen Ermordung bleiben unerwähnt.

trastierung die überragende Größe und damit die Unvergleichlichkeit des Gefeierten.[54]

2. Die Enkomien des Xenophon[55]

2.1 Das Enkomion auf Kyros[56]

Nachdem Xenophon in der Anabasis vom Tod des persischen Prinzen Kyros in der Schlacht bei Kunaxa berichtet hat, widmet er dem Gefallenen eine Lobrede (Anabasis I, 9, 1–31).[57] Bereits bei der Eröffnung dieses Enkomions wird Kyros als außergewöhnlicher Thronprätendent charakterisiert: βασιλικώτατός τε καὶ ἄρχειν ἀξιώτατος („der Königlichste und Würdigste für das Herrscheramt" – I, 9, 1)[58]; πάντων πάντα κράτιστος („der von allen in allen Belangen Beste" – I, 9, 2). Sodann werden dessen rühmliche charakterliche und körperliche Begabungen und Qualifikationen hervorgehoben:

a. Bescheidenheit und Gehorsam (I, 9, 5)
b. Geschick als Reiter (I, 9, 5)
c. Militärische Tüchtigkeit (I, 9, 5)
d. Können und Mut bei der Jagd (I, 9, 6)[59]
e. Verlässlichkeit und Bundestreue (I, 9, 7–10)

---

54 Auch die beiden Enkomien Isokrates' auf Helena und Alkibiades weisen die nämliche Topik wie die soeben besprochenen Lobreden zu „Busiris" und „Evagoras" auf: Edle Abstammung, rühmenswerte Eigenschaften, vorzügliche Taten/Leistungen, Unvergleichlichkeit. Editionen zu *Helena*: Drerup, Opera (s. Anm. 45), 65–81; Marzi, Opere (s. Anm. 45), 491–517; Editionen zu *Alkibiades*: Drerup, Opera (s. Anm. 45), περὶ τοῦ ζεύγους („Über das Pferdegespann") 22–32 (1–50), näherhin: 25–30 (16–41); Marzi, Opere (s. Anm. 45), 319–343 (1–50), näherhin: 326–339 (16–41). Übersetzung: Ley-Hutton, Christine – Brodersen, Kai, Isokrates. Sämtliche Werke II, BGrL 44, Stuttgart 1997, 21–34.179–189. Ferner: Zajonz, Sandra, Isokrates' Enkomion auf Helena. Ein Kommentar, Hyp. 139, Göttingen 2002.
55 Ca. 430–nach 355 v.Chr.
56 Es handelt sich hierbei um Kyros den Jüngeren (423–401 v.Chr.), den Sohn Dareios' II. und der Parysatis, der gegen seinen Bruder Artaxerxes II. (Regierungszeit: 405/4–359 v.Chr.) militärisch vorging und scheiterte.
57 Die Zitate erfolgen nach Marchant, Edgar C., Xenophontis opera omnia III, SCBO, Oxford ²1969 (Reprint der Erstausgabe 1904).
58 Der Kontext setzt diese Superlative in Relation zu all den Persern, die seit Kyros dem Älteren geboren wurden: ... ἀνὴρ ὧν Περσῶν τῶν μετὰ Κῦρον τὸν ἀρχαῖον γενομένων ...
59 Aufgrund der Vergleiche mit Gleichaltrigen des persischen Prinzen Kyros liegen hier relative Superlative vor; d.h. es handelt sich um den höchsten Grad einer Eigenschaft bei Gegenüberstellung und nicht um die höchste Steigerungsstufe des Adjektivs ohne vergleichende Komponente (Elative – absolute Superlative): αἰδημονέστατος („der Bescheidenste"); φιλιππότατος („der größte Pferdefreund"); φιλομαθέστατος („der Lernfreudigste, der Wissbegierigste"); μελετηρότατος („der Fleißigste" – jeweils I, 9, 5); φιλοθηρότατος („der größte Jagdliebhaber"); φιλοκινδυνότατος („der Kühnste" – jeweils I, 9, 6). Vgl. auch die oben bereits angeführten relativen Superlative βασιλικώτατος, ἀξιώτατος, κράτιστος.

f. Gerechtigkeit (I, 9, 11–13)
g. Kluge Menschenführung (I, 9, 14–19)
h. Großmut gegenüber Freunden (I, 9, 20–28)
i. Als Konsequenz derartiger positiver Eigenschaften errang er die Zuneigung und das Vertrauen vieler (I, 9, 29–31).[60]

2.2 Das Enkomion auf Agesilaos II.[61]

Für diesen König von Sparta hat Xenophon ein umfangreiches Enkomion[62] geschaffen.[63] In großer Ausführlichkeit werden nach den bekannten Topoi der Herkunft und des Aufstiegs des Helden (I 2–5) dessen glanzvolle Taten[64] beschrieben (I–II), die ihn als vorzüglichen Strategen ausweisen. Bei den geschilderten militärischen Operationen treten Klugheit (I 6–8.17–19), Ver-

---

60 Xenophon zieht den Schluss, dass noch nie, weder bei Griechen noch bei Barbaren, jemand von mehr Menschen geliebt wurde als Kyros (I, 9, 28).
61 Agesilaos II. (444/3–360/59 v.Chr.) war König von Sparta. – Zur Person dieses Regenten siehe Nickel, Rainer, Xenophon, EdF 111, Darmstadt 1979, 52–56. Auf S. 113–116 äußert sich Nickel über den ehrenvollen Nachruf auf Kyros den Jüngeren im 9. Kapitel der Anabasis sowie über die Schrift „Agesilaos". Beide Texte rechnet er den Enkomien zu. – Edition: Marchant, Edgar C., Xenophontis opera omnia V, SCBO, Oxford ²1969 (Reprint der Erstausgabe 1920). Übersetzung: Marchant, Edgar C., Xenophon. Scripta minora, LCL 183, London u.a. 1962, 61–133.
62 Xenophon greift bei seinem „Agesilaos" auf die älteren vorsokratischen Formen des Epinikions, des Epitaphios und sonstiger zu seiner Zeit gebräuchlicher Gattungen zurück, deren Dispositionsschemata sowohl bei ihm selbst als auch bei Isokrates nachzuweisen sind. Xenophon kannte zudem bei Abfassung des „Agesilaos" wohl die Schrift „Evagoras" des Isokrates, die um 370 v.Chr. – also vermutlich vor dem „Agesilaos" – entstanden ist. Mit dem „Evagoras" hat Isokrates das Genos „Enkomion" als literarische Größe etabliert. Besagte Programmschrift diente mit hoher Wahrscheinlichkeit Xenophon als anregendes Vorbild; vgl. Krömer, Dietfried, Xenophons Agesilaos. Untersuchungen zur Komposition, Augsburg 1971, 116f. Nach Krömer, Agesilaos, 70–72, liegt die Abfassungszeit des „Agesilaos" um 360 v.Chr.
63 Vgl. Krömer, Agesilaos (s. Anm. 62). Parallel zu dieser Lobrede verfügen wir über verstreute Angaben zur nämlichen Persönlichkeit in den „Hellenika" des Xenophon von III, 3, 1 bis zum Ende des VII. Buches. In den „Hellenika", die den Zeitraum von 411–362 v.Chr. umfassen, geht es vor allem um die paradigmatische und exemplarische Bedeutung der Geschichte. Wie ein Vergleich zwischen „Hellenika" und „Agesilaos" zeigt, wahrt Xenophon den Unterschied zwischen Geschichtsschreibung und Enkomion. Die „Hellenika" zeichnen daher ein realistischeres Bild von dem Herrscher Agesilaos, als dies für das Enkomion „Agesilaos" zutrifft. Xenophon hat im „Agesilaos" vielfach auf die Übernahme historischer Fakten, die in den „Hellenika" erwähnt sind, verzichtet, weil sie seiner Absicht, den ehemaligen Gebieter Spartas rühmend darzustellen, nicht förderlich waren. Für den größeren Teil der Agesilaoserzählung kann jedoch eine Abhängigkeit von den „Hellenika" konstatiert werden; siehe dazu Krömer, Agesilaos (s. Anm. 62), 110. – Zum Vergleich zwischen „Hellenika" und „Agesilaos": Bruns, Ivo, Das literarische Porträt der Griechen im fünften und vierten Jahrhundert vor Christi Geburt, Berlin 1896; Gallina, Teresa, Studio sull' Agesilao e le Elleniche di Senofonte, Rom 1919; Breitenbach, Hans R., Xenophon von Athen, Stuttgart 1966.
64 Xenophon merkt an (I 6), dass gerade die *Taten* des Heroen ein helles Licht auf dessen Vorzüge werfen.

lässlichkeit (I 9–12), Frömmigkeit (I 13–14) und Philanthropie (I 20–22) des Agesilaos hervor. Speziell die Vorgänge um die Schlacht von Koroneia[65] (II 6–16) manifestieren die vier Kardinaltugenden φρόνησις, ἀνδρεία, σωφροσύνη und δικαιοσύνη, ohne dass deren Namen genannt werden.

Nach den Taten (πράξεις, ἔργα), die bereits die guten Eigenschaften des Agesilaos erkennen ließen, folgt nun die Schilderung der Tugenden (ἀρεταί)[66]: Pietät (III 1–5); Integrität (IV 1–6); Selbstbeherrschung (V 1–7); Mut (VI 1–3); Weisheit und Klugheit (VI 4–8); Vaterlandsliebe (VII 1–7); Bildung (VIII 1–4); Bescheidenheit (VIII 5–8). Besonders der *Vergleich* (σύγκρισις) mit dem persischen Großkönig offenbart die wahre Größe dieses Regenten aus Sparta (IX 1–7).

Es folgt eine Rückschau auf die vorausgehende Aufzählung (X 1–4) und eine Zusammenfassung der positiven Eigenschaften (XI 1–12) zum Zweck besonderen Nachdrucks und leichterer Fasslichkeit. Am Schluss begegnet man fünf rhetorischen Fragen (XI 13), die alle mit einem klaren Nein zu beantworten sind und das Außergewöhnliche und Singuläre an der Person des Agesilaos unterstreichen.

Für Xenophon zählen folgende Persönlichkeiten zu den Idealherrschern: Kyros der Ältere[67], Kyros der Jüngere und Agesilaos. Den beiden letztgenannten setzte er jeweils durch ein Enkomion ein literarisches Denkmal; Kyros den Älteren glorifizierte er aufgrund der Kyrupädie[68].

---

65 394 v.Chr. besiegte Agesilaos in der Nähe dieser böotischen Stadt die Böotier und ihre Bundesgenossen.
66 Die folgenden Stichworte sind keine direkte Übersetzung aus dem griechischen Original, sondern fassen die zugrunde liegende breitere Beschreibung schlagwortartig zusammen.
67 Es handelt sich hierbei um Kyros II., den Großen, den Gründer des persischen Weltreichs (601–530 v.Chr.). Dieser ist auch aus der Bibel bekannt: Jes 41,2.25; 44,24–45,8; 2 Chr 36,22f.; Esra 1,1–4. – Zumindest zwei achämenidische Großkönige dieses Namens sind bekannt und von besonderer Bedeutung: Kyros I. (Regierungszeit ca. 650–600 v.Chr.); Kyros II. (601–530 v.Chr.). Kyros der Jüngere, „der den Thron seiner Väter anstrebte und dann in der Schlacht von Kunaxa im Jahr 401 fiel, ist ja nie Großkönig geworden, obwohl er als höchstes Mitglied des Königshauses und Satrap von Kleinasien den schlichteren Königstitel durchaus führte"; Eilers, Wilhelm, Cyrus, IGF 79 (1974), 53–66, hier: 57f. Irrtümlich bezeichnet Eilers Kyros den Jüngeren als Sohn Artaxerxes' II. (richtig Dareios' II.).
68 Weder bei Burkert, Walter, Xenophon, LAW 3 (1990), 3292, noch bei Nickel, Xenophon (s. Anm. 61), 56–58.89f.120–122, wird im Zusammenhang mit der Kyrupädie angegeben, um welchen Kyros es sich handelt.

3. Die Agathonrede[69] in Platons[70] Symposion[71]

Die Agathonrede auf den Gott Eros im Symposion des Platon zählt nach Gestalt und Gehalt zu den eindrucksvollsten Enkomien antiker Literatur.[72] Im Anschluß an Phaidros, Pausanias, Eryximachos und Aristophanes (Abschnitt 178a–193d), die sich alle in lobender Weise verschiedenartig über den Eros geäußert hatten,[73] ergreift Agathon das Wort zur nämlichen Thematik im Abschnitt 193e–197e.[74] Einleitend legt Agathon dar, dass jede Lobrede zunächst die Beschaffenheit des betreffenden Gegenstandes und dann dessen Gaben zu behandeln und zu rühmen habe. Dieser Grundsatz sei auch bei einer Preisrede auf den Eros zu beachten (... οἷός ἐστιν, ἔπειτα τὰς δόσεις – 195a).

3.1 Die Schönheit (κάλλος) des Eros (195a–196b)

a. Der Glücklichste (εὐδαιμονέστατος), Schönste (κάλλιστος), Beste (ἄριστος) unter den Göttern (195a; 197c.e).
b. Der Jüngste (νεώτατος) unter den Göttern und allzeit jung (καὶ ἀεὶ νέος – 195c; 196a).
c. König der Götter (... Ἔρως τῶν θεῶν βασιλεύει – 195c).[75]
d. Der Zarte und Zarteste (ἁπαλός – ἁπαλώτατος – 195e; 196a).
e. Geschmeidig an Gestalt (ὑγρὸς τὸ εἶδος – 196a).
f. Sittsamkeit (εὐσχημοσύνη) eignet ihm.
g. *Resümee:* „Über die Schönheit des Gottes ist dieses wohl hinreichend, wie auch vieles noch zurückbleibt"[76] (196b).

3.2 Die Tugenden (ἀρεταί) des Eros

a. Gerechtigkeit (δικαιοσύνη – 196b.c).
b. Besonnenheit (σωφροσύνη – 196c).

---

69 Agathon war ein attischer Tragiker (ca. 455–ca. 401 v.Chr.). Seine Rede in Platons Symposion zeigt stilistischen Einfluss des Gorgias (Isokola, Antithesen).
70 Athenischer Philosoph (428/7–348/7 v.Chr.).
71 Die Symposion-Literatur ist eine Gattung der Prosa-Literatur, die einen Bericht über ein „Trinkgelage" oder „Gastmahl" enthält. Im Vordergrund stehen die von den Teilnehmern geführten Gespräche, die auch zusammenhängende Reden oder Vorträge bieten können. Die zwei ältesten Symposien von Platon und Xenophon haben die Gattung begründet, und ihre Geltung als Muster ist bis zu den spätesten Beispielen zu spüren.
72 Edition: Eigler, Gunther – Kurz, Dietrich, Platon. Werke III, Darmstadt 1974, 209–393 (172a–223d).
73 Dabei stößt man sowohl auf die Nomina ἐγκώμιον (177b) bzw. ἔπαινος (177b) als auch auf die Verben ἐγκωμιάζειν (177e; 180c; 188e) bzw. ἐπαινεῖν (180d).
74 Auch hier begegnet man sowohl dem Verbum ἐγκωμιάζειν (194e) als auch dem Nomen ἐγκώμιον (194c).
75 Sowohl die relativen Superlative (a.b) als auch die dem Eros zuerkannte Königswürde (c) sprechen ihm den höchsten Rang unter den Göttern zu (σύγκρισις).
76 Formulierungen wie „es bliebe noch vieles zu sagen" als Abschluss oder „man wisse nicht, womit man beginnen solle" zu Anfang der Ausführungen gehören zu den beliebten Topoi antiker Schriftstellerei; vgl. Isokrates, περὶ τοῦ ζεύγους 328.336 [21.39] (zitiert nach Marzi, Opere [s. Anm. 45]).

c. Tapferkeit (ἀνδρεία – 196c).
d. Weisheit (σοφία – 196d).
e. Kreativität (Eros als ποιητὴς ἀγαθός – 196e).

3.3 Die Gaben (δόσεις) des Eros an die Götter

a. Bogenschießen, Heilkunde, Weissagung für Apollon (τοξική, ἰατρική, μαντική – 197a).
b. Tonkunst für die Musen (μουσική – 197b).
c. Schmiedekunst für Hephaistos (χαλκεία – 197b).
d. Weberei für Athene (ἱστουργία – 197b).
e. Regierungskunst für Zeus über Götter und Menschen (... κυβερνᾶν θεῶν τε καὶ ἀνθρώπων – 197).

3.4 Die Gaben des Eros an die Menschen

In virtuoser und ästhetischer Sprache werden die von Eros für die Menschen erwirkten Wohltaten aufgelistet (197c–e), die ein gedeihliches und glückliches Zusammenleben der Menschen ermöglichen.[77] Dabei erhält Eros sieben[78] Namen, teilweise mit Ergänzungen[79] (197d–e):

ἐν ἑορταῖς, ἐν χοροῖς, ἐν θυσίαισι γιγνόμενος ἡγεμών[80] („bei Festen, bei Chören, bei Opfern sich als *Anführer* erweisend"); Τρυφῆς, Ἁβρότητος, Χλιδῆς, Χαρίτων, Ἱμέρου, Πόθου πατήρ („des Wohllebens, der Behaglichkeit, der Schönheit, der Anmut, des Verlangens, der Sehnsucht *Vater*"); ἐν πόνῳ, ἐν φόβῳ, ἐν πόθῳ, ἐν λόγῳ[81] κυβερνήτης, ἐπιβάτης, παραστάτης τε καὶ σωτὴρ ἄριστος („in Beschwernis, in Angst, in Sehn-

---

[77] Die hochartifizielle Sprache zeigt sich u.a. formal in der Wiederholung von Morphemen, die zu Assonanzen führt, sowie inhaltlich in Antithesen: ἀλλοτριότητος μὲν κενοῖ, οἰκειότητος δὲ πληροῖ ... πραότητα μὲν πορίζων, ἀγριότητα δ' ἐξορίζων· φιλόδωρος εὐμενείας, ἄδωρος δυσμενείας· ... ζηλωτὸς ἀμοίροις, κτητὸς εὐμοίροις· ... ἐπιμελὴς ἀγαθῶν, ἀμελὴς κακῶν· (197d). *Übersetzung:* „Er" (sc. Eros) „entledigt uns des Fremdartigen und erfüllt uns mit Vertrautheit ... Milde verleihend, Wildheit zerstreuend; Begründer des Wohlwollens, Verhinderer des Übelwollens; ... beneidenswert denen, die ohne Anteil sind, erwünscht den Teilhaftigen; ... sorgsam für die Guten, sorglos für die Schlechten."

[78] Die Primzahl sieben gilt seit alters her interkulturell als heilige und symbolische Zahl: Speziell im Griechischen sei auf die „*Sieben* gegen Theben", die „*Sieben* Weisen" und die „*Sieben* Weltwunder" verwiesen.

[79] Diese Ergänzungen zu den Namen bestehen aus Präpositionalphrasen oder attributiven Genitiven.

[80] Nach Aufzählung der sieben Namen/Titel des Eros wird in 197e nochmals der erste Name ἡγεμών mit der erweiternden Beifügung κάλλιστος καὶ ἄριστος aufgegriffen (Inklusion).

[81] Die konjunktionslose Verknüpfung der Satzglieder mit gleicher syntaktischer Funktion (Asyndeton) dient der besonderen Hervorhebung: Bei verschiedenen Anlässen agiert Eros als *Anführer*; in vielfältigen Situationen erweist er sich als *Vater*; bei mannigfachen Unternehmungen wird er zum *Steuermann, Helfer, Beistand* und *Retter*.

sucht, im Denken der beste *Steuermann, Helfer, Beistand* und *Retter*"); ξυμπάντων τε θεῶν καὶ ἀνθρώπων κόσμος („aller Götter und Menschen *Zierde*").[82]
Den Abschluss der Rede bildet 197e.[83]

V. Enkomien aus hellenistischer Zeit

1. Theokrits[84] Enkomion auf Ptolemaios II. Philadelphos[85]

Nicht nur das vorklassische und klassische Griechisch[86] pflegte das Lobgedicht, sondern auch die hellenistische Epoche bediente sich dieser Gattung in vielfältiger Weise. Theokrit zählt zu den Dichtern, die sich im dritten vorchristlichen Jahrhundert vor allem im höfischen Umkreis Alexandriens, der Metropole des Ptolemäerreiches, etabliert hatten („alexandrinische Dichtung"). Neben ihm ragen vor allem Kallimachos und Apollonios Rhodos hervor. Das Œuvre Theokrits stellt sich als eine Sammlung von kürzeren, gelegentlich auch umfangreicheren Einzelgedichten (*Eidyllien*) dar, die ursprünglich getrennt publiziert und wohl erst nach dem Tod des Autors zu einem Korpus vereinigt wurden.[87] Die Preisrede auf Ptolemaios II. (Nr. XVII)[88] weist wie die meisten Kompositionen Theokrits die Versform des daktylischen Hexameters auf und ist somit als epische Kleinform (*Epyllion*) einzustufen. Gattungskritisch kann man sie dem Genre der Herrscherpanegyrik[89] zuordnen. Bereits die Überschrift verwendet das Nomen „Enkomion":[90]

---

82 Eine Affinität zwischen dem Enkomion auf den Eros im Symposion sowie der Laudatio auf die Weisheit in Weish 7,22–11,1 ist nicht zu übersehen. Näheres dazu werde ich in einer späteren Untersuchung vorlegen.

83 Nach der Agathonrede folgen im weiteren Verlauf des Symposions noch die Ausführungen des Sokrates über den Eros (198a–212c) sowie der Vortrag des Alkibiades betreffend Sokrates (212c–222b). Beide Darbietungen nähern sich einem Enkomion an, ohne allerdings die Nähe zu sonstigen Enkomien der griechischen Literatur zu erreichen, wie dies für die konzise und wohlproportionierte Form der Agathonrede zutrifft.

84 Wir verfügen über keine genauen biographischen Angaben und sind hinsichtlich der Vita ausschließlich auf Indizien angewiesen, die sich dem Werk selbst entnehmen lassen. Geburt etwa zu Beginn des 3. Jh. v.Chr.; als Todesdatum kommen die 60er Jahre des 3. Jh. v.Chr. ebenso in Frage wie ein erheblich späterer Zeitpunkt.

85 Herrscher über das Ptolemäerreich von 283/2–246 v.Chr.

86 Ca. 800–300 v.Chr.

87 Editionen: Gow, Andrew S.F., Theocritus I. Introduction, Text and Translation; II Commentary, Appendix, Indexes and Plates, Cambridge 1952; Effe, Bernd, Theokrit. Gedichte, Sammlung Tusculum, Darmstadt 1999, 128–137.

88 Dieses Gedicht dürfte zwischen 278 und 270 v.Chr. entstanden sein; näheres dazu Gow, Theocritus II (s. Anm. 87), 326.

89 Ob Theokrit in den engsten Umkreis des ptolemäischen Herrscherhauses vorgedrungen ist, muss offen bleiben. Mit diesem Enkomion auf Ptolemaios II. dürfte er sich jedenfalls um Gunst und Förderung seitens des Hofes bemüht haben.

1.1 *Eröffnung* (1–12): Dabei äußert der Verfasser in hyperbolischer Manier, dass er nicht wisse, womit er beginnen solle, da „Unzähliges" von Ptolemaios zu rühmen sei (11–12).[91]
1.2 Hervorragende Abstammung (13–55).[92]
1.3 Glückliche Geburt und Gunst der Götter (56–76).
1.4 Ptolemaios als Herrscher über das weite und reiche Land Ägypten (77–85).[93]
1.5 Ptolemaios als Regent auch über Gebiete außerhalb Ägyptens (86–94).
1.6 Erfolg und Generosität des Gepriesenen (95–120).
1.7 Die besondere Tat: Ptolemaios errichtet für seine Eltern mehrere Tempel; daraufhin initiiert und etabliert er dort deren Kult (121–128).[94]
1.8 Parallelisierung der ptolemäischen Geschwisterehe[95] mit derjenigen von Zeus und Hera[96] aus Gründen der Rechtfertigung gegenüber kritischen Vorbehalten mancher Zeitgenossen (128–134).
1.9 *Schluss:* Gruß und Mahnung an Ptolemaios (135–137).

---

90 ΘΕΟΚΡΙΤΟΥ ΕΓΚΩΜΙΟΝ ΕΙΣ ΠΤΟΛΕΜΑΙΟΝ, bezeugt durch die Handschriften L W Tr A S U (Varianten: εἰς Πτολεμαῖον P3; ἔπαινος Πτολεμαίου K); siehe Gow, Theocritus I (s. Anm. 87), 130. Wahrscheinlich ist diese Überschrift kein originaler Bestandteil des Textes, sondern eine Zutat späterer Überlieferung.
91 τί πρῶτον καταλέξεως; ἐπεὶ πάρα μυρία εἰπεῖν οἷσι θεοὶ τὸν ἄριστον ἐτίμησαν βασιλήων („Was soll ich zuerst benennen? Denn Unzähliges ist zu sagen, womit die Götter den Besten unter den Königen geehrt haben."). Diese Redeweise zählt zu den beliebten Topoi antiker Schriftstellerei; vgl. Anm. 76. – Die überragende Stellung des Ptolemaios findet in der Eröffnung beredten Ausdruck: „Er soll bei den Ersten und zuletzt und in der Mitte genannt werden" (ἀνδρῶν δ' αὖ Πτολεμαῖος ἐνὶ πρωτοῖσι λεγέσθω καὶ πύματος καὶ μέσσος – 3–4); er ist der „Hervorragendste unter den Menschen" (ὃ γὰρ προφερέστατος ἀνδρῶν – 4). Wie Zeus „der Beste unter den Unsterblichen" ist (ἀθανάτων τὸν ἄριστον – 2.2), so kommt Ptolemaios dieselbe Prädikation unter den irdischen Herrschern zu (12).
92 Die Eltern von Ptolemaios II. sind Ptolemaios I. Soter und Berenike; beide wurden divinisiert.
93 Nach Aufzählung des Reichtums und der Macht Ägyptens folgt zusammenfassend: „Über das alles ist der stolze Ptolemaios König" (τῶν πάντων Πτολεμαῖος ἀγήνωρ ἐμβασιλεύει – 85).
94 Ptolemaios I. und Berenike wurden nach ihrer Vergöttlichung speziell als „rettende Götter" kultisch verehrt.
95 Ptolemaios II. heiratete seine Schwester Arsinoë. Der Skandal der Ehe zwischen Vollgeschwistern sollte durch den griechischen Beinamen *„Philadelphos"*, der das neutrale Konzept der Geschwisterliebe wiedergibt, gemildert werden.
96 Zeus und Hera sind Kinder von Kronos und Rhea und daher Vollgeschwister; vgl. aus der ägyptischen Mythologie die Ehe zwischen den Geschwistern Isis und Osiris sowie Tephnut und Schu.

2. Das Enkomion des Isidorus auf den ägyptischen König Porramenres[97]

Im Jahr 1935 wurden im südlichen Fajjum[98] nahe der heutigen Stadt Medinet Madi[99] vier Hymnen in griechischer Sprache entdeckt.[100] Drei dieser Texte (I, II, III) wenden sich an Isis, die bedeutende Göttin der ägyptisch-griechischen Welt, während es sich beim vierten Werk (IV) um einen Preisgesang auf den König Porramenres handelt. Alle vier Texte wurden auf Pilastern[101] am Eingang zum ptolemäischen Pronaos in metrischer Form[102] eingemeißelt. Als Schreiber/Verfasser signiert jeweils ein Mann namens Isidorus ('Ισίδωρος ἔγραψε).[103] Die Abfassungszeit besagter Kompositionen liegt mit hoher Wahrscheinlichkeit im frühen ersten vorchristlichen Jahrhundert.[104] Die Dichtung Nr. IV preist Ansehen, Vorzüge, Macht und Taten des Königs

---

97 Es handelt sich dabei um Amenemhet III. (sechster König der 12. Dynastie; Regierungszeit: 1842–1797 v.Chr.). Dieser Pharao wurde bis in die römische Zeit hinein im Fajjum als lokale Schutzgottheit unter seinem Thronnamen Lamares verehrt; bei Herodot heißt er durch Verwechslung der Namensvariante Mares mit dem Namen des Sees Moiris. Siehe dazu Beckerath, Jürgen von, Amenemhet III., LÄ 1 (1975), 190–191. – Einen Text lobender Art zu Ehren von Amenemhet III. besitzen wir bereits aus der Zeit des Mittleren Reichs (11.–12. Dynastie: 2040–1786 v.Chr.), der in die 2. Hälfte des 19. Jh. v.Chr. zu datieren ist; vgl. Anm. 6.
98 Eine seit dem Altertum berühmte, ca. 173.000 ha große, mit dem Niltal verbundene Oase, 80 km südwestlich von Kairo. In ptolemäischer Zeit entstand dort eine Vielzahl größerer Siedlungen, die sich zu kleinen Zentren griechischer Kultur in Ägypten entwickelten. Der Wüstensand hat im Fajjum Ruinen ehemaliger Wohnbereiche und vor allem viele Papyri besser konserviert als im Niltal, so dass reiche Textfunde gerade in dieser Region zu verzeichnen sind.
99 Dorf im Fajjum, am Rande der Wüste gelegen. Die Geschichte des Ortes beginnt, soweit bekannt, im Mittleren Reich mit dem Bau eines Tempels, angefangen unter Amenemhet III. und beendet von Amenemhet IV. (Regierungszeit: 1798–1789 v.Chr.). In ptolemäischer Zeit wurden weitere Tempelanlagen errichtet.
100 Editionen: Bernand, Étienne, Inscriptions métriques de l'Égypte gréco-romaine. Recherches sur la poésie épigrammatique des Grecs en Égypte, ALUB 98, Paris 1969, 635–636.638.648–652 [175]; Vanderlip, Vera F., The Four Greek Hymns of Isidorus and the Cult of Isis, ASP 12, Toronto 1972. Ferner: Bollok, János, Du problème de la datation des hymnes d'Isidore, Studia Aegyptiaca 1 (1974), 27–37. – Außerdem stieß man dort auf Papyri sowie auf griechische und demotische Ostraka.
101 Sie befinden sich heute im Museum in Alexandria.
102 Die Stücke I und III weisen durchgängig den Hexameter auf, während die Werke II und IV vom sogenannten elegischen Distichon, bestehend aus Hexameter und Pentameter, bestimmt sind. Das elegische Distichon ist innerhalb der griechischen Literatur vornehmlich Elegie und Epigramm zugeordnet.
103 Ob es sich bei der Benennung *Isidorus* um den ursprünglichen Namen des Schreibers/Verfassers handelt, oder nur um einen Kulttitel, der dem Träger als Diener/Priester der Isis verliehen worden war, oder den er sich selbst gegeben hatte, kann mit Sicherheit nicht entschieden werden.
104 Terminus post quem 96 v.Chr.; terminus ante quem 80 v.Chr. Vgl. Vanderlip, Hymns (s. Anm. 100), 12f.

Porramenres[105]; daher läßt sich diese Schöpfung der enkomiastischen Gattung zuordnen. Bei dem gefeierten Herrscher namens Porramenres handelt es sich, wie bereits erwähnt, um Amenemhet III.[106] Das Œuvre Nr. IV läßt folgenden Aufbau erkennen:

2.1 Eröffnung durch zwei Fragen: „Wer erbaute diesen heiligen Tempel der größten Hermuthis[107]? Welcher Gott[108] erinnerte sich der Allheiligen[109] unter den Seligen/ Unsterblichen?" (1–2).
2.2 Aufzählungen weiterer Leistungen kultischer Art des namentlich noch nicht Genannten (3–6).[110]
2.3 Zwei Distichen (7–10) unterstreichen Macht und löbliche Eigenschaften des zunächst noch anonymen[111] Potentaten: Er ist sowohl der göttliche König Ägyptens (... θεῖον ἄνακτα) als auch der Beherrscher der gesamten Erde (7–8).[112] Er ist reich (πλούσιος) und fromm (εὐσεβής); ihm eignet Machtfülle (δυνάμει πάσηι τε μεγίστηι), Ruhm (κλέος) und himmlische Tugend (ἀρετὴ οὐράνιος, 9–10).
2.4 Er gebietet über die vier Elemente (Erde, Wasser, Luft, Feuer; 11–14).
2.5 Auf ihn hören alle gefiederten Geschöpfe und lassen sich, alter Überlieferung zufolge, von ihm sogar in den Dienst nehmen (15–20).
2.6 Nun folgt der für das Enkomion beinahe unverzichtbare Abschnitt, der die edle Herkunft des Gefeierten thematisiert (21–26).[113] Sein Stammbaum, der väterlicher- und

---

105 Vanderlip, Hymns (s. Anm. 100), 63–74.
106 Er gilt als Gründerheros des Fajjum, da er die ursprüngliche Sumpflandschaft durch Senkung des Wasserspiegels in bewohnbares und fruchtbares Land umgestaltet hat. Er soll auch am Eingang zum Fajjum ein Labyrinth erbaut haben, das möglicherweise zum Prototyp von Bauwerken dieser Art wurde. Ein Bild dieses Dynasten fand sich auf der Wand des inneren Schreins des Tempels von Medinet Madi, und als Porramenres stand eine Skulptur im nämlichen Tempel neben Hermuthis Sokonopis. Der Kult dieses Pharao fand große Förderung im späten 2. Jh. v.Chr. unter Ptolemaios X., Alexander I. Weitere Einzelheiten dazu bei Vanderlip, Hymns (s. Anm. 100), 72f.
107 Hermuthis oder Thermuthis ist die griechische Transkription von Rnn-wtt (Renenutet) oder Rnnt (Renenet), einer meist schlangengestaltigen ägyptischen Göttin, deren Hauptaspekt als lebenserhaltende Macht mit Begriffen wie „Nahrung", „Versorgung", „Gedeihen", o.ä. umschrieben werden kann und gleichermaßen den menschlichen wie vegetabilischen Bereich betrifft. Der Name Hermuthis ging später – wie im hiesigen Fall – auf die Göttin Isis über: Isis Hermuthis.
108 Die Frage nach dem Gott, der als Begründer des Tempels gilt, bezieht sich auf Porramenres, der als Pharao göttlichen Status beanspruchen kann.
109 Die „Allheilige" (πανίερος – bei Vanderlip, Hymns [s. Anm. 100], 63, falscher Akzent) unter den Göttern ist Isis.
110 Durch Aufwendungen im Sakralbereich ehrt er Götter und Göttinnen (Isis, Anchoes, Sokonopis).
111 Vgl. das Pronomen indefinitum τὶς („irgendjemand"): Αἰγύπτου τινά φασιν γενέσθαι θεῖον ἄνακτα („man sagt, ein göttlicher Herrscher Ägyptens sei geboren worden ..." – 7).
112 ... ὃς πάσης χώρας κύριος ἐξεφάνη („... der als Herr der gesamten Erde erschienen ist." – 8). Besondere Beachtung verdient die religiös-kultische Dimension der Wendung κύριος ἐξεφάνη in hellenistischer Zeit; vgl. dazu Bultmann, Rudolf – Lührmann, Dieter, φαίνω κτλ., ThWNT 9 (1973), 1–11, 8–11.
113 Dieses Element der εὐγένεια (21–26) als wesentlicher Bestandteil eines Enkomions wird von Vanderlip, Hymns (s. Anm. 100), in seiner Bedeutung nicht erkannt; sie

mütterlicherseits zurückverfolgt wird, ist in beiden Fällen göttlichen Ursprungs: Suchos (= Sobek)[114] und Ammon[115]. Innerhalb der Erwähnung des göttlichen Ausgangspunktes des Königs Porramenres (21–26) ist in Relation zu κύριος ἐξεφάνη (8) die Wendung ἄναξ ἐφάνη (24) gesetzt.[116]

2.7 Als Folge der überragenden Abstammung des Gelobten (τοὔνεκα ... – 27) hören auf ihn alle Kreaturen, die sich auf der Erde und in der Luft bewegen (27–28).[117]

2.8 Als Pendant zu den eingangs gestellten zwei Fragen nach dem Erbauer des Heiligtums, der sich stets um den allheiligen Gott kümmerte (1–2), wird nun zweifach nach dem im Gedicht Verherrlichten gesucht (29–30).[118]

2.9 Die Antworten darauf erfolgen durch 31–34: Zunächst wird berichtet, daß sein Vater ihm „einen schönen Namen der hellglänzenden Sonne gegeben hat" (32).[119] Weiter erfährt man, dass bei den Ägyptern der bis jetzt verschwiegene Name Porramenres lautet.[120]

2.10 Mit 35–36 wird unmittelbar nach Kundgabe des Namens eine staunenerregende Tat[121] des sagenhaften Herrschers erwähnt: Von ihm erzählt man sich, dass er im Gebirge/in der Wüste[122] „mit Rädern" (= mit einem Wagen) „und einem Segel dahinfuhr"

---

spricht vielmehr hinsichtlich 21–26 auf S. 71 nur allgemein von einem „laudatory refrain".

114 Bei Suchos (= Sobek) handelt es sich um einen Wasser- und Fruchtbarkeitsgott, der seit ältester Zeit speziell im Fajjum verehrt wurde; später wurde diese Gottheit zu einem Urgott, Schöpfergott und Erhalter der Welt. Die griechische Namensform *Suchos* begegnet in Zusammensetzungen als *Sok-* oder *Sek-* (seltener als *Suk-* und *Ske-*).

115 Griechische Form des ägyptischen Namens *Amun*; es handelt sich dabei um den ägyptischen Hochgott, dessen Hauptkultort in Theben (Oberägypten) liegt. Den Griechen galt er als Zeus. Für die hohe Einschätzung des Amunkultes in hellenistischer Zeit ist die Überlieferung vom Orakelempfang Alexanders des Großen im Amunheiligtum der Oase Siwa bedeutsam, wodurch dessen Anspruch auf die Weltherrschaft legitimiert werden sollte.

116 In beiden Fällen zeichnet sich möglicherweise ein formelhafter Gebrauch ab; vgl. Vanderlip, Hymns (s. Anm. 100), 70.

117 27–28 hat Bezug zu 15–20 aufgrund der gemeinsamen Feststellung, dass alles, was sich in der Luft bewegt, auf den großen Herrscher hört. Bei 15–20 wird allerdings nur vermerkt, dass die gefiederten Geschöpfe in der Luft ihm gehorchen. 27–28 hingegen erweitern den Kreis der dem König unterstellten und fügsamen Wesen um die Kreaturen, deren Lebensraum die Erde ist.

118 οὔνομα δ'ἦν ποταπὸν τούτῳ; καὶ τίς τόδ' ἔθηκε κοίρανος ἢ βασιλεὺς ἠέ τις ἀθανάτων; („Welcher Name kam diesem zu? Und welcher Herrscher oder König oder welcher der Unsterblichen setzte diesen Namen fest?").

119 οὔνομ' ἔθηκε καλὸν ἡλίου εὐφεγγέος.

120 ἑρμηνευσάμενοι δ' Αἰγύπτιοι οὔνομα τούτου Πορραμάνρην κλήζουσι, τὸν μέγαν, ἀθάνατον („Wenn die Ägypter den Namen dieses Herrschers in ihrer Sprache aussprechen, dann nennen sie ihn Porramenres, den Großen, den Unsterblichen"; 33–34). Im Fall der beiden Adjektive ... τὸν μέγαν, ἀθάνατον handelt es sich kaum um weiterführende Appositionen zum Eigennamen Porramenres, sondern um eine Übersetzung dieser für Griechen unverständlichen Benennung. Wie oben bereits ausgeführt, handelt es sich bei Porramenres um Amenemhet III., den sechsten König der 12. Dynastie (1842–1797 v.Chr.). Er erfreute sich gerade im Fajjum besonderer Verehrung und Beliebtheit.

121 θαῦμα δὲ καὶ παράδοξον („eine wunderbare und unbegreifliche Begebenheit"; 35).

122 Im Ägyptischen verwendet man für „Gebirge", „Hügel" die nämliche Vokabel wie für „Wüste". Diese semantische Besonderheit rührt daher, dass gebirgige Regionen ebenso

(36).[123]

2.11 Abschließend verweist Isidorus darauf, dass das von ihm Überlieferte auf sorgfältigen Recherchen beruht (37–38).[124]

2.12 Mit einem Verweis auf den unvergleichlichen und damit singulären Status dessen, dem das Enkomion gewidmet ist, klingt der Text aus (39–40): Er besaß eine Machtfülle, wie sie bisher noch keinem Menschen zuteil geworden war.[125]

Ergebnis

Vorliegende Studie, die keinen Anspruch auf Vollständigkeit erhebt, zeigt, dass Enkomien in griechischer Literatur einen markanten Platz einnehmen und in vielfältigen Variationsarten ausgebildet wurden.[126] Dabei wendet man allgemeine Wertbegriffe auf einen Menschen an, um zu zeigen, dass er sie in ausgezeichneter Weise erfüllt. Enkomien treten sowohl in Prosaform als auch in poetisch-metrischer Gestalt auf. Vorrangig wurden diese zur Verherrlichung bestimmter Menschen komponiert; in Sonderfällen kann das literarische Lob jedoch auch Göttern sowie ausgezeichneten Orten/Städten gelten. Besagte Gattung durchzieht die verschiedenen Stadien der griechischen Literaturgeschichte, angefangen von der vorklassischen Epoche (Alkaios, Sappho, Alkman) über die klassische Periode (Isokrates, Xenophon, Platon) bis hin zur hellenistischen Zeit (Theokrit, Isidorus).[127] Mitunter boten einschneidende Ereignisse Anlass zur Abfassung von Lobliedern. Dazu zählen die Epinikien, die für den Sieger im sportlichen Wettkampf gedichtet wurden (Simonides, Bakchylides, Pindar). Nicht minder evoziert der Tod von Kriegern in der Schlacht neben Klage und Trostgedanken das Lob der (zu früh) Dahingeschiedenen. Leichenreden (Epitaphien), die rühmend der Toten

---

wie die Wüste nicht vom Nil überflutet wurden und deshalb beide zu den trockenen und vegetationslosen Zonen zählen.

123 Vielleicht verbirgt sich dahinter die Vorstellung vom *carrus navalis* („Schiffswagen"), der oftmals auf Tempelreliefs zu sehen ist.

124 ἀσφαλέως δὲ μαθών τε παρ' ἀνδρῶν ἱστορούντων ταῦτα καὶ αὐτὸς ἐγὼ πάντ' ἀναγραψάμενος („Zuverlässig erfuhr ich diese Begebenheiten von Leuten, die sich mit Geschichtsschreibung beschäftigen, und ich selbst schrieb alles auf."; 37–38).

125 ἡρμήνηυσ' Ἕλλησι θεοῦ δύναμίν τε ἄνακτος, ὡς βρο[το]τὸς οὐδ' ἕτερος ἔσχεν ἴσην δύναμιν („Und ich erklärte/deutete den Griechen die Macht eines göttlichen Herrschers, eine Macht, wie sie in gleichem Maß noch kein anderer Sterblicher besaß."; 39–40). Bei βρο[το]τος handelt es sich hinsichtlich der eingeklammerten Silbe -το- um eine Dittographie.

126 Vgl. Fraustadt, Georg, Encomiorum in litteris Graecis usque ad Romanam aetatem historia, Leipzig 1909.

127 Auch in der lateinischen Literatur wird das Enkomion rezipiert und tradiert. In diesem Fall waren die Römer, wie auf vielen anderen Feldern, Erben der griechischen Kultur. Für ein Enkomion in lateinischer Sprache vgl. Ciceros Lob der Philosophie im fünften Buch der Gespräche in Tusculum § 5.

gedenken, sind v.a. von Gorgias von Leontinoi, Thukydides, Lysias, Platon, Demosthenes und Hypereides bezeugt.

Wenn auch hinsichtlich der Enkomien kein starres Kompositionsschema zu eruieren ist, so schälen sich doch bei näherem Zusehen charakteristische Bausteine und Elemente heraus, die immer wiederkehren. Deshalb kann man von einem typischen Bestand geprägter Topoi in der enkomiastischen Literatur sprechen:

1. Fest eingebettet in die enkomiastische Topik ist die *edle Abkunft* (εὐγένεια) des Geehrten. Der Stammbaum weist hervorragende Persönlichkeiten auf; nicht selten zählen sogar Götter zu den Ahnen. Bereits die Genealogie also lässt eine außergewöhnliche Biographie erwarten.

2. Einen hohen Stellenwert innerhalb der Enkomien nimmt die *Aufzählung der guten Eigenschaften* ein. Derartige Qualitäten können sich auf körperliche (Gesundheit, Ausdauer, Schnelligkeit, Geschick, Kraft, Schönheit usw.) und geistig-moralische (Besonnenheit, Tapferkeit, Gerechtigkeit, Klugheit [= Kardinaltugenden]; Treue, Bescheidenheit, Großmut, Selbstbeherrschung, Vaterlandsliebe, Altruismus, Frömmigkeit usw.) Vorzüge beziehen. Diese hervorragenden Beurteilungen provozieren nach Auskunft des jeweiligen Enkomions keinen Widerspruch, sondern finden allgemeine Anerkennung.

3. Die *Taten/Leistungen* können als Kernpunkt des Enkomions angesehen werden (*chief topic*). Hier ist der wichtigste Grund für das Rühmen angesiedelt: Alkaios würdigt den Erfolg seines Bruders in siegreicher Schlacht; bei den Athleten spendet man der sportlichen Leistung Beifall; hinsichtlich der im Krieg Gefallenen hebt man vornehmlich deren bedingungslosen Einsatz im Kampf für das bedrohte Vaterland hervor. Meist geht es um die Erfolge von Königen (oder Thronprätendenten); dies gilt bevorzugt für Isokrates (Busiris, Evagoras), Xenophon (Kyros der Jüngere, Agesilaos), Theokrit (Ptolemaios II. Philadelphos), Isidorus (Porramenres = Amenemhet III.). Dabei werden die Bemühungen des jeweiligen Regenten dargetan, die dieser zum Wohle des Staates und seiner Bürger vollbracht hat. Man gewinnt den Eindruck, dass die zum Ruhm eines bestimmten Herrschers geschaffenen Enkomien insgesamt ein königliches Idealporträt zeichnen. Wenn es sich um das Enkomion eines Gottes (Eros) handelt, dann werden als rühmenswerte Taten die von ihm den Göttern und den Menschen verliehenen Gaben gewürdigt.

4. Charakteristisch für Enkomien ist ferner der *Gedanke der Unvergleichlichkeit*. Diejenigen, denen ein Loblied gewidmet ist, überragen alle übrigen Menschen: So spricht Sappho davon, dass ihre Freundinnen aufgrund von Anmut und Schönheit unbestritten den ersten Platz unter den jungen Frauen einnehmen. Simonides rühmt die unbändige Kraft des Faustkämpfers Glaukos von Karystos; seine Stärke ist größer als die der mythischen Helden Polydeukes und Herakles. Bakchylides stellt für Liparion aus Keos fest, dass keiner von seinen Zeitgenossen so viele Siege in Hellas errungen hat wie

dieser. Über den in der Schlacht gefallenen Leosthenes weiß Hypereides zu berichten, dass er noch so berühmte Heroen früherer Epochen übertrifft. Isokrates würdigt die unvergleichliche Tugend und Tatkraft des Evagoras. Das Moment des Einzigartigen, Konkurrenzlosen und Unerreichbaren spielt in Theokrits Enkomion auf Ptolemaios II. Philadelphos und Isidorus' Lobgedicht auf Porramenres eine wichtige Rolle. Grammatikalisch werden zwecks Unterstreichung beispielloser Tüchtigkeit relative Superlative gesetzt, die den höchsten Grad einer Eigenschaft bei Vergleichen anzeigen; so in den Enkomien auf Kyros den Jüngeren von Xenophon, auf den Gott Eros in Platons Symposion, auf Ptolemaios II. Philadelphos von Theokrit und auf Porramenres, den König Ägyptens, von Isidorus.

5. *Negative Tatbestände* bleiben, im Gegensatz zur Biographie[128], in einem Enkomion unberücksichtigt; sie liefen dem Skopos eines auf Verherrlichung gerichteten Textes zuwider. Einzig die preisende Rede über die betreffenden Personen, deren Ruhm und Ansehen gemehrt werden sollen, bleibt Thema der Ausführungen: So verlautet beispielsweise nichts davon, dass der Regent Busiris dem Gott Osiris Fremde geopfert haben soll und in der Folgezeit von Herakles erschlagen wurde. Ebenso werden die Niederlage des Stadtkönigs Evagoras in der Seeschlacht von Kition und dessen spätere Ermordung stillschweigend übergangen. Unter den vielfältigen lichten Seiten aus der Vita des Letztgenannten erfährt man, dass dieser Evagoras auch von den Beschwerden des Alters verschont blieb. Damit hat Isokrates möglicherweise dem jähen, gewaltsamen und auch verfrühten Tod des Potentaten sogar einen positiven Aspekt abgewonnen.

6. Gemäß den sozio-kulturellen Vorgaben und Grundlagen der Antike thematisieren die Enkomien zumeist das *Lob männlicher Personen*. Dieser dominierende Zug wird allerdings mitunter durchbrochen: Sappho widmet ihren Freundinnen enkomiastische Texte und in den Partheneien besingen Choreutinnen Grazie und Schönheit bestimmter Mädchen. Gorgias von Leontinoi sowie Isokrates schufen Lobgedichte auf Helena, mit denen sie dieser bisweilen getadelten und geschmähten Frau Gerechtigkeit widerfahren lassen wollten.

7. Enkomien dienen erstrangig der *Verherrlichung* und *Verklärung*, der *Erhöhung* und *Huldigung* bestimmter Personen. Opportunismus und Schmeichelei gegenüber Mächtigen und Einflussreichen und damit der Eigennutz des Verfassers mögen dabei eine nicht zu unterschätzende Rolle gespielt haben. Trotz besagter Tendenzen, die auf die Abfassung von Enkomien eingewirkt haben können, sollte man die Wurzeln nicht übersehen, aus denen eine derartige Darstellungsform möglicherweise entstanden ist. Als Triebfeder dabei hat sich mit hoher Wahrscheinlichkeit eine idealistische Sicht des

---

128 Die Biographie in der griechisch-hellenistischen Literatur blieb immer offen für Kritik; vgl. Bruns, Porträt (s. Anm. 63); Leo, Friedrich, Die griechisch-römische Biographie nach ihrer litterarischen Form, Leipzig 1901.

Menschen erwiesen. Nach griechischer Vorstellung trägt nämlich jeder Mensch die Potenz zum *homo perfectus* in sich; d.h. sowohl vielfältige körperliche als auch mannigfache geistig-moralische Qualitäten schlummern im Menschen und können sich bei günstigen Voraussetzungen realisieren. Wenn es nun zur Verwirklichung dieser guten Anlagen kommt, dann weckt eine solche Manifestation preisendes und verherrlichendes Reden. Bei den Enkomien ist außerdem ein didaktischer, paränetischer und protreptischer Zug wirksam, gemäß der Devise: verba docent, exempla trahunt („Worte belehren, Beispiele reißen mit")[129]. Musterfälle überragender Tüchtigkeit wirken als Leit- und Idealbilder. Laut Xenophon, Symposion 4,6 wünschte sich ein junger Athener, dem Achilles, Aias, Nestor oder Odysseus gleich oder zumindest ähnlich zu werden.[130] Somit dienen Lobschriften der Paideia und stiften Nutzen in kommenden Generationen, die davon begeistert und angespornt werden sollen. Das παρακαλεῖν und παροξύνειν werden also zumindest als Nebenzweck rühmenden Sprechens erkennbar.

Das Loblied, das die Überhöhung und Glorifizierung des Menschen zum Thema hat, konnte auch auf Tiere, auf Unbelebtes sowie auf abstrakte oder personifizierte Begriffe ausgedehnt werden. Die Tatsache, dass Enkomien auch zur größeren Ehre von Göttern gedichtet wurden, bedarf keiner eigenen Begründung, da man im Bereich des Göttlichen alles Erstrebenswerte und Vollkommene angesiedelt und vereinigt sah (vgl. den rühmenden Impetus im griechischen Hymnus). Eingangs dieser Untersuchung wurde darauf verwiesen, dass Enkomien auffälligerweise erst in den jüngeren Partien der alttestamentlichen Literatur vorkommen (s. Anm. 7) und wahrscheinlich von griechischen Vorbildern beeinflusst wurden. Deshalb war zunächst eine Bearbeitung des einschlägigen griechischen Materials notwendig. Nun ist eine Basis erstellt, von der aus man die biblischen Texte des AT und NT mit enkomiastischer Ausrichtung angehen kann.

---

129 Die Quelle dieses Sinnspruchs ist nicht nachzuweisen; vgl. jedoch Seneca, Briefe an Lucilius 6,5: „... quia longum iter est per praecepta, breve et efficax per exempla" („... weil der Weg lang ist über die Vorschriften, kurz und wirkungsvoll über die Beispiele").
130 Zwei interessante Beispiele aus der griechischen Literatur (Aristophanes, Frösche; Platon, Protagoras) für die Bedeutung von Vorbildern als Stimulans der Jugend bietet Sykutris, Euagoras (s. Anm. 48), 95f.

David, der weise Toragelehrte

Zur Funktion Davids im babylonischen Talmud

Gerhard Bodendorfer

Kaum eine andere Figur des Ersten Testaments hat so viele Facetten wie die des Königs David. Während Salomo auch einem nichttheologischen Publikum als großer weiser Herrscher im Gedächtnis ist,[1] erinnert man sich bei seinem Vater David an den kleinen Musiker, dessen Spiel den König Saul bezaubert, den unerschrockenen Knaben, der den Goliat besiegt, den sündhaften Liebhaber, den feinsinnigen und den rücksichtslosen König, an den Dichter des Buchs der Psalmen.[2] Und letztlich wird einer christlich sozialisierten Leserschaft David als Vorbild und Identifikationsfigur der messianischen Erlösung in Erinnerung sein, nennt man ihn im Zusammenhang mit Stammbaum und Geburt Jesu in Betlehem. Denkt man an Stefan Heyms faszinierend vielschichtigen „König David Bericht",[3] an Arthur Honeggers Sinfonische Psalmenvertonung „Le Roi David", an die mehrfachen Verfilmungen des Stoffs, so wird deutlich, dass David auch in der Moderne nicht an Ausstrahlungskraft verliert. Als biblische Schlüsselfigur[4] und europäische Leitgestalt kommt er heute erneut zu Ehren.[5] Von diesen Voraussetzungen ausgehend erwartet man sich noch stärker in der jüdischen Tradition ein Bild Davids, das den siegreichen Feldherrn, den messianischen König und natürlich den Psalmenbeter in den Mittelpunkt des Interesses stellt. Sieht man

---

1 Vgl. dazu Wälchli, Stefan, Der weise König Salomo. Eine Studie zu den Erzählungen von der Weisheit Salomos in ihrem alttestamentlichen und altorientalischen Kontext, BWANT 141, Stuttgart u.a. 1999.
2 Vgl. dazu jetzt Kleer, Martin, „Der liebliche Sänger der Psalmen Israels". Untersuchungen zu David als Dichter und Beter der Psalmen, BBB 108, Bodenheim 1996.
3 Vgl. dazu Eckstein, Pia, König David. Eine strukturelle Analyse des Textes aus der Hebräischen Bibel und seine Wiederaufnahme im Roman des 20. Jahrhunderts, Bielefeld 2000.
4 Vgl. jetzt beispielhaft für einige neue Literatur zu David Dietrich, Walter, Von David zu den Deuteronomisten. Studien zu den Geschichtsüberlieferungen des Alten Testaments, BWANT 156, Stuttgart u.a. 2002.
5 Vgl. Dietrich, Walter u.a. (Hg.), König David – biblische Schlüsselfigur und europäische Leitgestalt. 19. Kolloquium (2000) der Schweizerischen Akademie der Geistes- und Sozialwissenschaften, Freiburg/Schweiz u.a. 2002; Nitsche, Stefan A., König David. Gestalt im Umbruch, Zürich 1994.

jedoch näher hin, kommt man zu dem erstaunlichen Schluss, dass gerade die maßgebliche Traditionsliteratur der Rabbinen David als weisen Toralehrer darstellt.

Auf die komplexe Beziehung zwischen Tora und Weisheit hat nicht zuletzt der Jubilar maßgeblich hingewiesen und dies beispielhaft am Verständnis des Gesetzes bei Jesus Ben Sira und in seinem Artikel zum schriftgelehrten Weisen herausgearbeitet.[6]

In diesem letztgenannten Beitrag schlägt Marböck die Brücke zwischen Sira (38) und der Qumranliteratur mit Hinweis auf David als Weisen und Schriftgelehrten. In 11QPs findet er nämlich in Bezug auf den Psalmendichter David, dass „genau dieselben Motive zu dieser eigenartigen Kombination verklammert sind wie in der Gestalt des Sofer Sir 38,24–39,11". Denn David trägt dort die Bezeichnung „Weiser" und „Schriftgelehrter", Gott gibt ihm den Geist des Verstandes, um die Psalmen zu schreiben, wie Salomo die Sprüche dichtet. Er sage dies alles in „Weissagung (Prophetie), die ihm vor dem Angesicht des Höchsten gewährt wird... Sirach ist, selbst wenn er hier bereits eine abgeschlossene Entwicklung zum Ausdruck bringen sollte, der erste explizite lokalisierbare Zeuge für eine derartige Ausweitung der Konzeption des Weisen bzw. der Prophetie, wie sie in der Fortsetzung (durch das Werk Ben Siras angeregt?) in Qumran für David verwendet wird".[7]

Was aber nun für Qumran gilt, lässt sich deutlich in der rabbinischen Tradition weiter verfolgen. Am Beispiel der Darstellung Davids im wichtigsten Dokument des traditionellen Judentums, dem babylonischen Talmud, möchte ich der Daviddeutung im rabbinischen Judentum nachgehen. Ich analysiere den Talmud dabei als kanonisches Produkt des babylonischen Diasporajudentums und gehe nicht auf Parallelen, Abhängigkeiten, Abfassungszeiten oder einzelne Zuweisungen an Rabbinen ein, die ohnehin immer problematisch sind. Dem Anliegen entsprechend soll eine möglichst prägnante kurze Zusammenfassung des Davidbildes entstehen. Ich möchte dabei immer wieder die Brücke zu den Beiträgen des Jubilars schlagen, vor allem zu denen, welche die Herausgeberin Irmtraud Fischer unter dem Titel „Gottes Weisheit unter uns" gesammelt und in der HBS 6 dankenswerterweise einem breiten Publikum zur Verfügung gestellt hat.

Die zahlreichen talmudischen Belege zu David lassen sich vielleicht wie folgt gliedern, wobei die einzelnen Kategorien ineinander greifen können. Ich gliedere nach Häufigkeit des Vorkommens in aufsteigender Reihenfolge.

---

6 Vgl. Marböck, Johannes, Gottes Weisheit unter uns. Zur Theologie des Buches Sirach, HBS 6, Freiburg i.Br. u.a. 1995; ders., Weisheit im Wandel. Untersuchungen zur Weisheitstheologie bei Ben Sira, BZAW 272, Berlin u.a. ²1999.
7 Marböck, Johannes, Sir 38,24–39,11: Der schriftgelehrte Weise. Ein Beitrag zu Gestalt und Werk Ben Siras, in: ders., Gottes Weisheit (s. Anm. 6), 25–51, 43.

David, der weise Toragelehrte

1. Belege, die das messianische Königtum ansprechen.[8]
2. Belege, die sein in den Samuel- und Königsbüchern sowie in der Chronik dargelegtes Leben reflektieren.[9] Diese Belege dienen häufig zur Klärung von Fragen der Rechtsauslegung (Halacha).
3. Belege, die David als Psalmendichter zeigen bzw. ihm Psalmzitate in den Mund legen.[10]

---

[8] Verhältnismäßig wenige: Sohn Davids als Messias Ber 29a; Er 43a; Joma 10a, Sukka 52a/b (mit Ps 2 als mess. Ps); Meg 17b; Jeb 62a/63b (Guf) // Nid 13b; Ket 112b; Sota 48b; San 38a; 97a; AZ 5a. Messianischer Hinweis mit David in Ber 48b/49a (zur Amida); nur implizit Ber 55b; Pes 117b (Schild Davids in einer Benediktion); Pes 119b (Ps 116,13: messianischer Kontext); RH 22b (Worterklärung: 2 Sam 5,21); Joma 76a (Becher des David in der zukünftigen Welt); Meg 17b/18a (Amida); Chag 14a (Thron für ihn; ähnlich San 38b); BB 123b (Esau wird unter einem Davididen zugrunde gehen, von 1 Sam 30,17 abgeleitet); San 94a (mess. Würde durch Psalmen); San 98b (neuer David, an einer Stelle auch zweimal: neuer David und alter als Vizekönig); San 108b (Ps 110,1).

[9] Ohne Anspruch auf Vollständigkeit: Ber 62b (Volkszählung – Satan); Ber 64a (Absalom); Schab 55a (König); Schab 151b (Halacha zum Sabbat: Vergleich Tod Davids und totes Kind am Sabbat); Schab 152a (Barzilai der Gileaditer macht Äußerungen über das Alter zu ihm); Er 45a (1Sam 23,2); Er 63a (2Sam 20,26); Pes 3b (1 Sam 25,20); 66b (Eliab); 86a (1Chr 28,11 im Kontext einer halachischen Frage); RH 18a (1 Sam 25,38: Nabal); Joma 72b (David als König); 73b (David hatte zu Saul Fragen in falscher Reihenfolge gestellt); 77a (2 Sam 17,29; 15,30); Taan 5b (Beginn der Regierungszeit Davids); Taan 17a (Lebenszeit Davids im Kontext Gebete); 27a (hat Mischmarot erweitert); Meg 10b; 12b/13a (tötete Schimi nicht); 14a (dauerhaftes Königtum, mit Salomo, weil mit Horn gesalbt – wie Hor 12a, Ker 6a); MQ 15b (dient einer halachischen Entscheidung); 22b und 26a (2Sam 1,11); 29a („Geh in Frieden" zu Absalom war Todeszeichen); Jeb 76b (Saul und Abner); 77a (Königtum bereits in der Gen vorausgesagt); 78b (2 Sam 21,1f.: Saul und die Gibeoniten); Sota 10b (Absalom); 11b (1 Sam 17,12); 35a (zu 2Sam 6,8); 40a (zu 1 Chr 28,2: dient halachischer Entscheidung in Fragen der Priesterschuhe); 40b (Vergleich mit Priester. Nur David saß vor Gott – 2 Sam 7,18); 42b (Goliatgeschichte); BQ 60b (2 Sam 23,15f.); BM 85a (1 Sam 23,17); BB 21ab (Joab); 110a (1Chr 26,24); 116a (David und Joab: Schlaf und Tod); San 18a (Mischna: heiratet Sauls Witwe), 19b (Ehen Davids als Thema); 20a (Mischna: David und Abner mit Gemara – 2 Sam 3,31); San 21 (Michal bzw. andere Frauen); 22a (Abischag = Batseba); 36a (1 Sam 25: Halacha); 48b (Joab); 49a (2 Sam 3,26); 95a (Legende um tödliche Bedrohung durch den Bruder des Goliat – 2 Sam 21,16f. u.a.); 107a (Batsebageschichte ausführlich); AZ 24b (Arauna // Men 22a; über ihn auch Zeb 116b); Hor 11b; Zeb 118b; 119a und Tem 15a (Regierungszeit); Zeb 62a (David und Tempelbau).

[10] Auswahl: Ber 3b–4b; 7b; 9b;10a (aschre); 28b; 30b; 31a; Schab 30a (Ps 115,17); 116a (139,21f. – Minim); Pes 2b; 112a (Ps 29); 117a; 119ab (Ps 118; 116); RH 17a (Ps 116); 25a (Ps 89,38); 32a; Joma 36b (Ps 106,6); Suk 53ab (Aufstiegspsalmen //Mak 11a; Meg 17b (Ps 10); 21a (Hallel); 29a (26,8); Chag 12b (Ps 148,7f. – Seeungeheuer auf Erde gebracht); BB 14b; Jeb 64b (Ps 90,10); Jeb 77a (Ps 116,16); 96b/97a (Ps 61); Sota 49a (Ps 9,21); Git 57a (Ps 60,12 – allerdings im Mund eines Anderen); 57b (Ps 137,1 – Vision von der Zerstörung der beiden Tempel); BM 59a (Ps 35,15); BB 10b; San 92b; 93b (Ps 106,4); 94a (mess. Würde durch Psalmen); 108b (Ps 110,1: Abraham – David als Messias); Schebu 15b; Mak 10a; 11a; 24a (Ps 15 – Reduktion der Gebote auf 11). Im Zusammenhang mit Tempelinstrumenten siehe auch Ar 10b, 11b (Tempelinstrumente Da-

Es passt in das Generalkonzept des talmudischen Judentums, die messianische Funktion Davids zwar nicht zu verleugnen, sie aber im wahrsten Sinn des Wortes an den (eschatologischen) Rand zu stellen und dafür die Funktion Davids als Toragelehrter zu betonen, die im biblischen Text und in der herkömmlichen christlichen Interpretation Davids kaum eine Rolle spielt. Um dies darzulegen werden sowohl die Geschichtsbücher als auch die Psalmen herangezogen, wobei die Psalmen oft im Leben Davids konkret verortet – sozusagen historisiert[11] – werden.

David als Toragelehrter

Im Talmud entfaltet sich eine Entwicklung voll, die sich in Sir 24 beispielhaft Bahn bricht. Dort verklammert die Weisheit alle großen Bereiche der biblischen Überlieferung und „verdichtet" sich im Gesetz. Marböck formulierte es einmal so: „Für Israel ist die Weisheit, mit allem, was darunter verstanden werden kann ... am sichersten und besten greifbar in der Torah; vor den Völkern der Welt ist die Torah Israels Weisheit. Beide aber kommen vom Herrn, sind Weisen seines Wirkens und seiner Gegenwart in der Welt."[12] Eine Reihe von Kommentatoren[13] hat in Sir 39,2–3 bereits einen Hinweis auf das Studium der mündlichen Tora als Aufgabe des Weisen vermutet, und mit Sicherheit liegt in Sir 38,34 ein Auftrag zum Erforschen der Tora vor, ähnlich in 6,37 und 15,1. Anders als in Esra 7 – dort „stellt die Tora Um und Auf seiner Beschäftigung dar"[14] – liegt bei Sira allerdings der „Akzent ... zweifellos ähnlich wie in den Torapsalmen 1 und 119 auf dem Studium, nicht auf einer autoritativen Verkündigung und Anwendung des Gesetzes, wie es nach Sir 45,5 Mose und nach 45,17 auch Aaron zusteht, zweifellos mit Bezug auf Ben Siras Gegenwart."[15]

Dieses Ideal einer Toragelehrsamkeit als Haltung erfüllt nun für die Rabbinen David in ganz besonderer Weise.

Er lernt bei den besten Lehrern – Doeg (1 Sam 21f.) und Ahitofel (2 Sam 15ff.) – die ihn schließlich, nicht zuletzt aus Eifersucht, verraten werden, sowie Mefi-Boschet (2 Sam 21,8). Ahitofel dient ihm als wichtiger Rechts-

---

vids); Men 43b; Zeb 54b (Doeg ist eifersüchtig auf David wegen der Festlegung des Ortes des Tempels: Ps 132,2–6); Nid 31a.
David hat auch Anteil an Formulierungen des 18-Bitten Gebets: Ber 48b.

11 Vgl. dazu Bodendorfer, Gerhard, Zur Historisierung des Psalters in der rabbinischen Literatur, in: Zenger, Erich (Hg.), Der Psalter in Judentum und Christentum, HBS 18, Freiburg i.Br. u.a. 1998, 215–234.
12 Marböck, Weisheit (s. Anm. 6), 94f.
13 Vgl. Marböck, Weise (s. Anm. 7), 45 Anm. 81.
14 Marböck, Weise (s. Anm. 7), 34.
15 Marböck, Weise (s. Anm. 7), 35.

beistand.[16] Nach Sukka 53ab und Parallele Mak 11a dichtet David die Stufen- oder Aufstiegspsalmen 120–134 in lebensbedrohlicher Situation. Denn als er Gräben beim Tempelberg aushebt, droht die Urflut aufzusteigen und die Welt zu überschwemmen. Nach einer Version komponiert David die Aufstiegspsalmen, um die Flut zurückzudrängen. Dann, so ein Einwand, hätten sie aber „Abstiegspsalmen" heißen sollen. Deshalb gibt es die weitere Version, wonach David die Wasser zurückdrängt, indem er eine Scherbe aufs Wasser legt, in die der Gottesname eingeritzt ist. Ahitofel ist der einzige, der sich aufgrund seines Wissens mit einem Analogieschluss imstande sieht, ihm dazu die halachische Erlaubnis zu erteilen, den Gottesnamen zu verwenden. Nun wären aber die Wasser zu weit zurück gegangen, weshalb David sie mit Hilfe der Aufstiegspsalmen wieder auf ein gutes und gesundes Maß „herauf beschwört". Die Tempelgründung Davids – und David ist nach rabbinischer Ansicht der „eigentliche" Erbauer des Tempels – wird hier vom Hereinbrechen der Urflut als Symbol der Chaosmacht bedroht, die Gott in seiner Schöpfung bezwingt und auf ihr seine Welt errichtet. Das hat nicht zuletzt „David" in Ps 24,1–2 deutlich gemacht, ein Psalm, der auch im Hintergrund der vorliegenden Erzählung steht.[17] Die Psalmen halten das empfindliche Gleichgewicht aufrecht.

Sie sind Davids größte Leistung und entstehen nach Pes 117a kurz bevor oder während die Schekhina auf ihm ruht, denn, so heißt es erklärend, die Schekhina ruht auf dem Menschen „aus der Freude heraus, die aus einer Gebotserfüllung kommt" (davar simcha shel mitsva).

Er wird durch Ps 61,5 auch zum Begründer des den Rabbinen wichtigen Traditionsprinzips, wonach ein Spruch eines Gelehrten in seinem Namen tradiert werden soll (Bek 31b und Jeb 96b/97a). Demnach habe David mit dem Psalmvers nicht das ewige Leben erbitten wollen, wohl aber, dass seine Worte in seinem Namen in den Lehr- und Bethäusern weitertradiert werden. Dadurch würden sich die Lippen des Autors noch im Grab bewegen.

In San 93b legt man Doeg folgende Erläuterung der sechs Segenssprüche in 1 Sam 16,18 über David in den Mund:

> „Der Zither zu spielen versteht" – weil er zu fragen versteht; „und er ist tapfer" – weil er zu antworten versteht; „ein guter Krieger" – weil er zu nehmen und zu geben versteht im Kampf der Tora; „wortverständig" – weil er eine Sache aus einer anderen versteht; „von schöner Gestalt" – weil er sein Gesicht in der Halacha zeigt; „und der Herr ist mit ihm" – weil überall die Halacha nach ihm entschieden wird."

An dieser Stelle wird deutlich, dass neben das Studium als Haltung des Weisen auch die praktische Folgerung, die Anwendung des Spruchs in der Diskussion im rabbinischen Lehrhaus, tritt. So beantwortet David die schwierigsten Rechtsprobleme. In der Frage, was schwerer wiege, eine Frau zu

---

16 Vgl. auch ySan X,2,29a und NumR 12.20.
17 Zur Psalmenverwendung am Tempel vgl. etwa RH 31a; Tam 33b.

heiraten, von der man nicht sicher wüsste, ob sie geschieden sei oder seinen Mitmenschen öffentlich zu beschämen, entscheidet er mit Ps 35,15 für letzteres (BM 59a). Natürlich werden seine Taten mehrfach in Verbindung mit Fragen der Halacha gebracht.[18]

Besonders eindrucksvoll ist Davids Beschäftigung mit Problemen der Reinheit und Unreinheit von Frauen im Abschnitt Ber 4a: So erklärt er den Begriff chassid aus Ps 86,2 („denn ich bin fromm" – chassid):

„Alle Könige des Ostens und Westens sitzen mit all ihrem Pomp in ihrer Gesellschaft, während meine Hände beschmutzt sind mit dem (Menstruations-)blut, dem Fötus und der Plazenta, um eine Frau rein für ihren Ehemann zu erklären."

Dabei fragt er stets bei seinem Lehrer Mefi-Boschet an und scheut keineswegs davor zurück, ihn als Autorität zu benennen. Deshalb verdient es David, dass ihm sein Sohn Kilab geboren wird (2 Sam 3,3), den die Rabbinen mit Daniel identifizieren, der wiederum als große Halacha-Autorität gilt, die Mefi-Boschet in den Schatten stellt. Auf ihn hin dichtet Salomo Spr 23,15: „Mein Sohn, wenn dein Herz weise ist, so freut sich auch mein eigenes Herz." Daraus geht unzweifelhaft hervor, dass Weisheit mit der Kenntnis der Tora gleichgesetzt wird.

Ein Chassid zu sein, heißt also, im umfassenden Sinn des Wortes „in der Tora bewandert" zu sein, mit ihr zu wandern auf dem Weg Gottes. David selbst hat nach Ansicht von Ber 4a Zweifel, ob er dem hohen Anspruch gerecht wird. Deshalb stünden in den Textausgaben im Ps 27,13 Punkte über dem „lule", die nichts anderes andeuteten als Davids Unsicherheit.

Davids Halachaautorität zeigt ihn als Maskil, als verständigen Weisen nach 1 Chr 28,19 (vgl. die Diskussion in Chul 83b).

Berühmt geworden ist die Legende um Davids Harfe, die nach Ber 3b–4a und San 16a jede Mitternacht von einem sagenhaften Nordwind angeblasen selbst zu spielen beginnt und ihn zum Torastudium aufweckt (Zitat Ps 57,9). Er versenkt sich bis morgens in die Tora und empfängt daraufhin die Weisen Israels, um ihnen Anweisungen zu geben. Nach einer Ansicht aber braucht David überhaupt keinen Schlaf, studiert abends die Tora und komponiert nach Mitternacht die Psalmen.

Um David als Toragelehrten zu zeichnen, vergleichen ihn die Rabbinen mit Mose, so in Joma 86b, Sota 9a oder in AZ 36b, wo eine biblische Anordnung in Bezug auf verbotene Verbindungen zwischen Juden und Jüdinnen und Juden mit Nichtjüdinnen zur Debatte stehen. David steht dabei in einer

---

[18] Um nur zwei Beispiele zu nennen: 2 Sam 23 in BQ 60b; 1 Chr 28,19 in Bek 17b (Fragen zum Sprengen des Bluts im Tempel). Erwähnt werden soll hier, dass neben David auch die „Weisheit" Salomos als Entscheidungshilfe für halachische Probleme herangezogen werden kann, so Koh 12,6 in Schab 151b in Bezug auf die Totenversorgung am Sabbat. Zum Verständnis der Rabbinen, möglichst auch Weisheitssprüche als Texte zur Tora zu deuten, passt Sota 44a, wo man Spr 24,27 auf Schrift, Mischna, Gemara und gute Taten hin interpretiert.

Linie zwischen Mose und Hillel und Schammai, was ihn als Toraautorität auszeichnet. Verhaltene – wenn auch nicht unwidersprochene – Nachreihung des Mose hinter David findet sich auch in Zeb 102a, wo Ulla von Mose behauptet, er habe das Königtum angestrebt, es aber – im Unterschied zu David – nicht erhalten.

David macht sein Torastudium öffentlich (Er 53a), weshalb sich seine Lehre auch erhält.

Nach talmudischer Ansicht geht der Ausschluss der sog. Netinim, also der Gibeoniter, aus der Gemeinde Israels auf David zurück (Jeb 78b/79a). Die Begründung des Ausschlusses mutet gegenüber der biblischen Version in 2 Sam 21 allerdings erstaunlich „weise" an: Nach dem Zitat von 2 Sam 21,2–4 heißt es:

> „Er (David) versuchte sie zu befrieden, aber sie wollten sich nicht befrieden lassen. Darauf sagte er zu ihnen: Dieses Volk (Israel) unterscheidet sich durch drei Eigenarten: Sie sind barmherzig und schamvoll und wohltätig. Barmherzig, wie es heißt: und dir wieder sein Erbarmen schenkt, sich deiner annimmt und dich wieder zahlreich macht (Dtn 13,18); schamvoll, wie es heißt: Die Furcht vor ihm soll über euch kommen (Ex 20,20); wohltätig, wie es heißt: dass er seinen Söhnen und seinem Haus nach ihm aufträgt, (den Weg des Herrn einzuhalten und zu tun, was gut und recht ist) (Gen 18,19). Nur wer diese drei Eigenschaften innehat, ist geeignet, diesem Volk anzugehören."

Auch wenn David in der Folge den unmenschlichen Bedingungen der Gibeoniter nachgibt, habe er sie dennoch wegen ihrer Rachsucht aus Israel ausgeschlossen. Neben dieser Begründung erscheint in Jeb 79a auch noch ein direkter Vergleich mit Mose, der bereits einmal die Netinim ausgeschlossen habe, dies im Gegensatz zu David aber nur auf eine Generation beschränkte.

Nach San 49a kann sich David auf das Torastudium konzentrieren, weil ihm Joab als Heerführer zur Seite steht, was man ebenfalls aus der Abfolge von 2 Sam 8,15–16 ableitet. Dies ist nicht die einzige Stelle im Talmud, die – unbeschadet der realen kriegerischen Fähigkeiten Davids – seiner Rolle als Toragelehrter den eindeutigen Vorzug gibt (vgl. oben zu San 93b).

David steht nicht zufällig am Beginn einer Traditionskette von Gelehrten, an dessen Ende Rabba b. Nachmani genannt wird. Dazu erzählt man folgende amüsante Geschichte in Sukka 26b:

> „Rab sagte: Es ist einem Menschen verboten, am Tag mehr als den Schlaf eines Pferdes zu schlafen. Und was ist der Schlaf eines Pferdes? Sechzig Atemzüge. Abaje sagte, der Schlaf des Meisters ist der von Rab, und der von Rab der von Rabbi (Jehuda ha-Nasi) und der von Rabbi der von David, und der von David der eines Pferdes, und der eines Pferdes ist sechzig Atemzüge lang."[19]

---

19 Der Schlaf Davids wird auch in Ber 55b thematisiert, um ihn als vorbildlich guten Menschen darzustellen. Da nur böse Menschen gute Träume haben (die sie in Sicherheit wiegen, während gute Menschen von Gott ermahnt und gewarnt werden), hat David nie gut geträumt.

Im Hintergrund ist natürlich zu vermerken, dass David als Ahnherr der Familie des Patriarchen Jehuda ha-Nasi gilt, der die weltliche Autorität des Judentums im Westen verkörperte, während sich das Exilarchat in Babylonien ebenfalls auf David zurückführte.[20] Daraus erklärt sich wohl auch, warum die Rabbinen Davids 400 Kinder nicht nur wunderschön erscheinen und als hervorragende Heerführer in goldenen Streitwägen fahren lassen, sondern auch noch ihr Outfit an der römischen Mode orientieren (Kid 76b; San 21a; 49b). Schließlich gilt dies auch für die Familie des Patriarchen.[21]

David und Salomo

In einer Aufzählung der biblischen Bezeichnungen des bösen Triebs folgt in Sukka 52a die Aussage Davids gleich nach der des Mose und vor Salomo: Gott (Gen 8,21), Mose (Dtn 10,16), David (mit Ps 51,12), Salomo (Spr 25,21f.), Jesaja (57,14), Ezechiel (36,26), Joel (2,20).[22] Er ist damit in gewisser Weise – und keineswegs zufällig – die Brücke zwischen Tora und Weisheit, eine Brücke, die an vielen Stellen deutlich wird. Denn das umfassende Wissen des David in halachischen Fragen paart sich mit der Weisheit und dem Verstand eines an den biblischen Weisheitsidealen erprobten Menschen.

David übereignet Salomo alle notwendigen Baupläne für den Tempel, die er selbst wiederum nach 1 Chr 28,19 durch göttliche Inspiration erhielt (Pes 86a).

In Ber 57b heißt es, dass einer, der David im Traum sieht, Frömmigkeit erwarten darf, wer aber Salomo sieht, Weisheit. Dasselbe wird gleich darauf über das Buch der Psalmen bzw. über die Weisheit gesagt. Diese Aufteilung ist nicht als Gegensatz, aber als Unterscheidung des je Spezifischen zu interpretieren.

In der durchaus komplexen Diskussion in Schab 30a werden anhand von Ps 115,17 und Koh 4,2 sowie Koh 9,4 und Ps 88,6 die unterschiedlichen Aussagen von David und Salomo zum Tod verglichen und auf ihre Bedeutung befragt. Auch hier interpretiert man Ps 115,17 auf die Bedeutung von Toragelehrsamkeit und guten Werken und stellt somit wiederum den Konnex zu David als Toragelehrten her. Zugleich aber stehen die Psalmverse mit den Koheletzitaten in einem weisheitlichen Wettstreit. Am Ende des Abschnitts will David nach Ps 39,5 sein eigenes Schicksal, seine Lebensspanne und seinen Todestag von Gott erfahren, der aber teilt ihm nur mit, dass er an

---

20 Vgl. dazu Jacobs, Martin, Die Institution des jüdischen Patriarchen. Eine quellen- und traditionskritische Studie zur Geschichte der Juden in der Spätantike, TSAJ 52, Tübingen 1995, zusammenfassend 224f.
21 Vgl. Sota 49b.
22 Nach BB 17a hat der böse Trieb auf David nach mancher Ansicht keinen Einfluss haben können, ebenso wenig wie auf die Erzväter, was ihn mit ihnen in eine Reihe stellt.

einem Sabbat sterben würde. Die Bitte, am Sabbatbeginn zu sterben, lehnt Gott mit folgender Begründung ab: „Denn ein einziger Tag in den Vorhöfen deines Heiligtums ist besser als tausend andere (Ps 84,11). Jeder Tag, an dem du sitzt und dich mit Lernen beschäftigst, ist für mich wertvoller als die tausend Brandopfer, die mir dein Sohn Salomo auf dem Altar darbringen wird." (vgl. bMakkot 10a und KohR 5.10 § 2). So widmet sich David an jedem Sabbat der Tora und kann erst sterben, als der Todesengel ihn mit einem Trick davon ablenkt.

Opfer wird gegenüber Studium abgewertet, deutlich hebt der Abschnitt auf das Torastudium als Mitte jüdischen Lebens ab. So steht auch das Buch Kohelet im Kontext zur Diskussion. Es wird im Kanon behalten, weil es in 1,3 und 12,13 nach Ansicht der Rabbinen auf die Tora verweist. Gerade im Kontext der weisheitlichen Diskussion im Vorfeld erscheint David die perfekte Verkörperung wahrer Weisheit zu sein, die sich in der Tora ausdrückt. Er wird damit zum Vorbild des Israeliten schlechthin. Dazu passt auch die Zusammenstellung in Spr 31,26 („Sie öffnet ihren Mund mit Weisheit und gütige Tora ist auf ihrer Zunge"), die sich nach Ber 10a nur auf David beziehen könne. Er habe in fünf „Regionen" Psalmen gedichtet, im Mutterleib (103,1), als er zur Welt kommt (103,20f.), an der Mutterbrust (103,2), beim Sturz der Frevler (104,35) und im Angesicht des Todes (104,1).[23]

In diesen Zusammenhang gehört auch BB 10b, wo Salomo die Frage beantwortet, wie weit sich die Macht der Wohltätigkeit (tsedaqa) erstrecke, indem er auf seinen Vater David verweist und den Ps 112,9 auf ihn hin zitiert.[24]

Nach Schab 56b habe David ein vollkommenes Herz für Gott besessen, Salomo hingegen nicht. Die Rabbinen diskutieren, ob dies bedeutet, dass Salomo für den Götzendienst anfällig gewesen sei (– verführt durch seine Frauen), ob er gesündigt habe oder die Sünde doch noch abwenden konnte. Allerdings kommt auch David in diesem Abschnitt nicht ungeschoren davon. Immerhin habe nach Ansicht Rab Judas im Namen Rabs sein offenes Ohr für Verräter (Ziba in 1 Sam 16) die Teilung des Reichs und letztlich das Exil zur Folge gehabt.

---

23 Alle Psalmenteile beginnen mit „Segne, meine Seele, JHWH". Absicht des Textabschnittes ist auch, zusammengehörige Psalmen (hier 103–104) als übergreifende Textzusammenhänge festzuhalten. Im späten Midrasch Tehillim zu Ps 103, der die Überlieferung aufnimmt, wird die fünffache Abfolge von „Segne, meine Seele, JHWH" auch mit den fünf Büchern der Tora in Verbindung gebracht.
24 Die enge Verbindung von David und Salomo zeigt sich an vielen Stellen im Talmud. Beispielhaft sei BQ 97b erwähnt, wonach eine Münze auf der einen Seite Davids, auf der anderen Salomos Porträt abgebildet habe. Nach Jeb 24b u. 76a // AZ 3b hat man zur Zeit Davids und Salomos keine Proselyten akzeptiert, ebenso wie es einst in der messianischen Zeit sein wird (der Grund liegt im Wohlstand und der Heilszeit, die Proselyten anzieht, während als Begründung für die Akzeptanz von Proselyten nur die religiöse Überzeugung gilt).

David und Salomo treffen auch in der Erläuterung der schwierigen Frage aufeinander, warum die Söhne Aarons sterben mussten. Nach Zeb 115b seien sie für die Ehre Gottes gestorben. Aaron beruhigt sich daraufhin und schweigt. Dieses Schweigen ist Zeichen der Anerkennung der Autorität Gottes, die auch David in Ps 37,7 als weise empfindet und die Salomo in Koh 3,7 meint, wenn er von der „Zeit zu schweigen"[25] spricht. Dass der Mensch Gottes Macht nicht ergründen kann und letztlich seine Werke staunend anerkennen muss, ist ein Zug, den David hier wieder mit Ben Sira, vor allem Sir 1; 18,4–7 und 43,28–32 gemein hat.

David zeigt vorbildhaft, wie ein an der Tora orientierter Weiser handelt. Dazu dient besonders die Episode um Batseba.

Das Gebet des Weisen

„Das Gebet des Weisen – Vollendung und Höhepunkt des Engagements" nennt Marböck einen Unterabschnitt seines Beitrags „Der schriftgelehrte Weise"[26] in Bezug auf Sir 39,5. Tatsächlich zeigt sich auch im Talmud das Gebet – neben dem Studium – als eines der markantesten Kennzeichen des „rabbinischen" David. Dabei ist auch für David – um noch einmal mit Marböck zu sprechen – „Sündenvergebung ... ein Grundanliegen des Gebets".[27]

San 107a beschreibt ausführlich die Geschichte um David und Batseba. David will sich von Gott in seiner Glaubensstärke wie die Erzväter prüfen lassen. Der als Halacha bezeichnete weisheitliche Spruch, dass es ein Glied im Menschen gäbe, das vom Stillen des Hungers nur noch mehr Appetit bekommt, leitet die Geschichte ein. David sieht Batseba hinter einem Paravent. Der Teufel selbst schießt in Gestalt eines Vogels (hier wird der Psalm 11 zitiert) einen Pfeil auf die Trennwand, die den Blick auf Batseba verhüllte, um David zu versuchen. Die weitere Geschichte ist bekannt. David fleht vor Gott um Vergebung der Sünden, dass Menschen ihn nicht nach Ps 11,1 auslachen, er sei durch den Flug eines Vogels besiegt worden. Nach Raba habe sich David andererseits mit Ps 51,6 geschickt heraus gewunden. Er habe Gott in den Augen der Öffentlichkeit Recht geben wollen, obwohl er imstande gewesen sei, seine Lust zu besiegen. Taan 11a (und Sifre Dtn § 307 zu Dtn 32,4 – „Er heißt: Der Fels. Vollkommen ist, was er tut; denn alle seine Wege sind recht. Er ist ein unbeirrbar treuer Gott, er ist gerecht und gerade") legt den Psalmvers in den Mund des sterbenden Sünders, der die Gerechtigkeit Gottes preist und anerkennt.

---

25 Zum Schweigen vgl. auch den Artikel von Stemberger, Günter, „Ich habe nichts Besseres für den Menschen gefunden als Schweigen" (mAv 1,17), in diesem Band S. 401–410.
26 Marböck, Weise (s. Anm. 7), 36.
27 Marböck, Weise (s. Anm. 7), 37.

Zur Schuld Davids gehört seine große Bereitschaft zur Umkehr und Sühne. In San 107a wird ihm daher ein Weisheitsspruch Salomos vor Augen gehalten. Aus Spr 6,27f. kann David entnehmen, dass eine begangene Schuld nicht einfach weggewischt werden kann. Gott drängt darauf, dass David die Strafe annehmen soll, was er schließlich tut.

Auch Ps 51,9 hat daher einen Anklang in San 107a. Sechs Monate wird er mit Lepra geschlagen, selbst die Schekhina entfernt sich von ihm (Verweis auf Ps 51,14) und der Sanhedrin wendet sich von ihm ab (Verweis auf Ps 119,79). Lev 4,4 sieht die Reinigung mit Ysop für die Aussätzigen vor, was das Zitat von Ps 51,9 hier erklärt. Joma 22b nimmt diese Tradition ebenfalls auf, zitiert aber den V. 9 nicht, sondern nur die V. 14 und Ps 119,79: Es zählt drei Vergehen auf, die David begangen habe: Den „Mord" an Urija, den Ehebruch mit Batseba und die Volkszählung. Für die Geschichte mit Batseba sei er vierfach bestraft worden. Dreimal durch den frühen Tod seiner Kinder Amnon, Tamar und Absalom. Dazu kommt noch die Strafe an seinem eigenen Körper, indem er sechs Monate mit Aussatz gestraft wurde, sich der Sanhedrin von ihm abwandte und die Schekhina ihn verließ,

> „wie es heißt: (Herr, ich weiß, dass deine Entscheide gerecht sind; du hast mich gebeugt, weil du treu für mich sorgst. Tröste mich in deiner Huld, wie du es deinem Knecht verheißen hast. Dein Erbarmen komme über mich, damit ich lebe; denn deine Weisung macht mich froh. Schande über die Stolzen, die mich zu Unrecht bedrücken! Ich aber sinne nach über deine Befehle.) Mir sollen sich alle zuwenden, die dich fürchten und ehren und die deine Vorschriften kennen (Ps 119,79 – der Kontext, hier in Klammern ab V. 75 ist mitzudenken) und geschrieben steht: Mach mich wieder froh mit deinem Heil (Ps 51,14)."

Der ganze Abschnitt pendelt zwischen der Verteidigung des Verhaltens Davids und der Darlegung des Werts der Umkehr, den David hervorragend vermittelt. So finden sich im Talmud mehrfach Versuche, die Geschichte mit Batseba und die damit verbundene Todesmission ihres Mannes Urija abzuschwächen bzw. David zu entlasten.[28] Schab 56a ist die wohl eindringlichste Stelle dazu. Jehuda ha Nasi tritt persönlich an, um David von jeder Schuld freizusprechen, da er Ansprüche an Batseba gehabt hätte. David sei zwar fast dem Trieb erlegen, Urija anzuklagen, habe es aber dann doch nicht getan.

Daneben aber nimmt Davids Umkehr breiten Raum ein. AZ 5a nennt ihn deshalb den Mann, der das Joch der Umkehr erhöht hat (s. unten zu MQ 16b). Die Vorgänge um Batseba werden vorher mit der Sünde um das Goldene Kalb verglichen und bekommen eine pädagogische Dimension. Wie der

---

28 In Sota 21a wird darauf verwiesen, dass eine Übertretung zwar den Lohn für ein Gebot aufhebe, nicht aber den Lohn für das Torastudium an sich. Da David sich ununterbrochen mit Tora beschäftigt, hat auch die Sünde mit Batseba nur begrenzte Wirkung. Eine gewisse Entlastung in der Sache mit Batseba wird auch in Kid 43a deutlich, wo Urija schlecht gemacht wird.

einzelne sich bei der Umkehr auf David berufen könne, habe die Gemeinschaft das Verhalten ganz Israels vor Augen.

An mehreren Stellen ist davon die Rede, dass die Verzeihung für Davids Tat erst in der Zeit Salomos öffentlich wird, weil dieser mit der Bundeslade die Tore des Tempels erst öffnen kann, nachdem er 2 Chr 6,42 zitiert. Die Feinde Israels werden in diesem Augenblick blass und jeder weiß, dass David verziehen worden ist (Schab 30a; MQ 9a; San 107b).

2 Sam 23,3f. überliefert die letzten Worte Davids: MQ 16b liest und interpretiert so:

> „R. Samuel b. Nachmani im Namen R. Jonatans erklärte: Spruch Davids, des Sohnes Isais, Spruch des hochgestellten Mannes, (des Gesalbten des Gottes Jakobs, des Lieblingshelden der Lieder Israels – 2 Sam 23,1) – Spruch Davids, des Sohnes Isais, der das Joch der Umkehr aufgerichtet hat. Der Gott Israels sprach, zu mir sagte der Fels Israels: Wer herrscht über die Menschen, der Gerechte herrscht durch die Gottesfurcht (23,3f.). Was heißt das? – R. Abbahu sagte: Es bedeutet: Der Gott Israels sagte, zu mir sprach der Fels Israels: Ich beherrsche den Menschen, wer beherrscht mich? Der Gerechte: denn ich mache einen Beschluss und er löst ihn auf."

Die unterschiedlich lesbare Satzstruktur in 2 Sam 23,3f. zeugt nach Ansicht der Rabbinen also von der Herrschaft der Gerechten über Gott. Sie können ihn dazu bewegen, seine negativen Edikte zurückzunehmen. Vorbild ist David, der seinerseits das Joch der Umkehr aufgerichtet hat. Das ist ein Spiel mit Worten aus (hagever) huqam 'al („des hochgestellten Mannes") in V. 1, das als heqim 'ol („der das Joch aufrichtet") gelesen wird. Mit der Umkehr paart sich in MQ auch die Bescheidenheit Davids, der sich nicht wie die anderen Gelehrten auf bequeme Polster lagert, sondern am kalten Boden lehrt. Rab interpretiert deshalb auch: „Der Heilige, gepriesen sei Er, sagte zu (David): Da du dich selbst erniedrigt hast, sollst du mir gleich sein: Ich mache einen Beschluss und du löst ihn auf." Im Hintergrund steht der Name des Helden Joscheb ba-Shebet der Tachkemoniter[29] in 2 Sam 23,8, der so aufgelöst wird, als säße David in der Jeschiba und würde „mir (Gott) gleich sein" (kemoni). Und weiter heißt es – in Auflösung des Textes auf David hin:

> „Haupt der Drei (2 Sam 23,8) – du wirst zum Haupt für die drei Väter. Er ist Adino der Eznite (nach 2 Sam 23,8) – wenn er in die Tora vertieft saß, wurde er weich ('adan) wie ein Wurm, aber wenn er in den Krieg hinauszog, verhärtete er sich wie ein Holz ..."

Das Gebet ist hier und grundsätzlich Mittlerin zwischen Gott und Mensch. Dass der Psalm Gott buchstäblich „besiegt" thematisiert u.a. Pes 119a, wobei sich Gott allerdings darüber freut. Hätte David nicht den Ps 9,21 (bei dem mora als „Ansehen/Referenz" verstanden wird) gesprochen, würden die Israeliten noch heute ein erbärmliches Leben führen (Sota 49a). Das Beten des Psalms 145 sichert nach Ber 4b das ewige Leben. Er enthält in seiner alphabetischen Anordnung einen umfassenden Lobpreis Gottes und im V. 16

---

29 Tachkemoni hat als Wurzel chakam („weise").

eine Versicherung der Zuwendung Gottes. Allerdings fehlt dem Psalm ein Vers mit NUN, worin die Rabbinen einen deutlichen Hinweis auf Israel sehen, das nicht mehr den Feinden in die Hände fallen wird. NUN weist auf nafal – „fallen" hin. Am 5,2 wird den Fall Israels berichten, David aber hat bereits durch den Heiligen Geist erkannt, dass Israel wieder aufstehen wird.

In seiner Wirkung bleiben die Psalmen über David hinaus für den einzelnen Beter und für die Gemeinde von Bedeutung. Es ist sicher nicht verkehrt, für die rabbinische Literatur analog anzunehmen, was Kleer in seinem wichtigen Buch zu den Psalmen schon für die Redaktion des Psalters sagte:

> „Die Psalmen Davids laden den Beter dazu ein, wie David mit Hilfe seiner Psalmen vor und mit Gott sein Leben und besonders dessen Krisensituationen zu bewältigen ... Gebet/Meditation und (Lebens-)Lehre gehen ineinander über. Die Psalmen Davids weisen den Weg zum Leben und sind in diesem Sinn zutiefst weisheitlich, und David, ihr Dichter, ist ein Weiser."[30]

Der Weise ist hart gegenüber den Sündern

In Sir 12,4 heißt es: „Gib dem Guten, nicht aber dem Bösen, unterstütze den Demütigen, gib nicht dem Hochmütigen!", und V. 6 setzt fort, dass Gott die Sünder hasst. David konkretisiert diese Haltung gegenüber den beiden Verrätern Doeg und Ahitofel und übertrifft in seiner kompromisslosen Haltung dabei nach rabbinischer Ansicht sogar Gott. Den nach San 105a–106b will Gott u.a. den inzwischen zu Verrätern gewordenen Lehrern Davids, Doeg und Ahitofel, einen Anteil an der zukünftigen Welt oder zumindest ihren Kindern Verzeihung zukommen lassen, während David auf ihre dauerhafte Verurteilung pocht und sich wohl auch durchsetzt (Zitat Ps 52,7). Der Verräter hat keinen Platz in der Gesellschaft, er bedroht sie gerade in einer Zeit politischer Abhängigkeit und immer wieder gefährdeter Autonomie. Davids Wort wirkt wieder stellvertretend über die Zeit in die konkrete Welt der Juden in der Diaspora hinein.

„Lobpreis als Ziel und Vollendung der Weisheit"

So nennt Marböck einen Abschnitt seines Artikels zu Frömmigkeit und Ethos.[31] Das Gotteslob sei „die höchste von Gott zugewiesene Aufgabe des Weisen in der Schöpfung." Diesen auf Ben Sira zugeschnittenen Auftrag erfüllt David nach talmudischer Ansicht als Psalmenbeter vorbildlich. Schließlich ist es nach San 94a der Lobpreis Gottes, der einen Menschen zum

---

30 Kleer, Sänger (s. Anm. 2), 118.
31 Vgl. Marböck, Johannes, Sir 15,9f – Ansätze zu einer Theologie des Gotteslobes bei Jesus Sirach, in: ders., Gottes Weisheit (s. Anm. 6), 167–175, 172.

Messias befähigt. Dort meldet sich das Attribut der Gerechtigkeit vor Gott und möchte ihn davon abhalten, Hiskija als Messias einzusetzen, da es doch David gewesen sei, der so viele Lieder und Hymnen vor ihm gesprochen habe. Und im Gegenzug wurde bereits in 92b Nebukadnezzar der Mund durch einen Schlag eines Engels verschlossen, damit dieser Frevler nicht angesichts der Auferstehenden im Tal von Dura und seiner damit verbundenen Gotteserkenntnis in ebendiese Lieder und Hymnen des Psalters ausbrechen könnte. Die Lieder sind machtvoll, wie wir schon am Beispiel der Stufenpsalmen gesehen haben, sie wirken auf Gott ein.[32]

Achtmal täglich preist David nach Men 43b Gott (Ps 119,164), siebenmal für die vier Schaufäden, die zwei Tefillin und die Mesusa und einmal schließlich für das Gebot der Beschneidung. Er signalisiert damit wieder die Bedeutung der Toragebote für Israel, die sich in den genannten Zeichen jüdischer Identität „zeigen".

David „der Kleine" (1 Sam 17,14) als Vorbild der Bescheidenheit und Klugheit

Im Abschnitt Meg 11a und 12b im Rahmen eines Ester-Midrasch findet sich ein Vergleich zwischen David und dem Perserkönig Achaschverosch. Während in 11a die Bescheidenheit im Vordergrund steht, zielt 12b auf die Klugheit Davids ab. In 11a heißt es aussagekräftig, David sei der bescheidenste Gerechte in der Abfolge Abraham, Aaron und Mose gewesen. In seiner Jugend habe er sich jedem gegenüber hintangestellt, der ihm in der Tora überlegen, in seiner Königsherrschaft schließlich jedem, der ihm an Weisheit überlegen war. Während Achaschverosch nach Ansicht des Midrasch von Anfang an verdorben ist, zeichnet sich David von Anfang an durch seine Bescheidenheit aus.

In Meg 12b unterscheidet sich David von Achaschverosch durch seine Klugheit. Kontext ist die Suche nach einer Frau für den König:

> „Was bedeutet, was geschrieben steht: Jeder Kluge handelt mit Verstand, ein Narr aber breitet Torheit aus (Spr 13,16). Jeder Kluge handelt mit Verstand – das ist David, wie geschrieben steht: Seine Diener sagten zu ihm: Man suche meinem Herrn, dem König, ein Mädchen (1 Kön 1,2). Jeder, der eine Tochter hatte, brachte sie ihm. Ein Narr aber breitet Torheit aus (Spr 13,16) – das ist Achaschverosch, wie geschrieben steht: Da bestellte der König Aufseher (Est 2,3). Jeder, der eine Tochter hatte, versteckte sie vor ihm." (vgl. BB 15b)

Die Bescheidenheit gilt als Tugend, die David vorbildhaft für Israel auszeichnet. Denn Gott erwählt Israel nicht wegen seiner Größe, sondern weil er weiß, dass es sich erniedrigt, obwohl es von ihm erhöht worden ist (Chul

---

32 Vgl. als Beispiel die verschiedenen Arten von Liedern mit unterschiedlichen Stoßrichtungen in Scheb 15b.

89a). Nichts anderes habe David in Ps 22,7 zum Ausdruck bringen wollen. Wieder wird er in einer Reihe mit Abraham, Mose und Aaron genannt.

Nach Chul 60b heißt David „der Kleine" in einer Reihe von Gerechten wie Jakob und Samuel. Er entspricht damit dem Mond, der nach einem Dialog mit Gott verkleinert wurde und dafür das Privileg erhielt, dass Israel den Kalender nach ihm berechnet und die Gerechten nach ihm benannt werden.[33]

Sota 10b zeigt am Beispiel von Ps 56,1 deutlich, dass David selbst mach („milde") und tam („vollkommen/makellos") ist (deshalb Michtam). Er stammt von der ruhigen Taube Rut ab. Aber neben mach und tam kann Michtam auch von makka („Wunde") und tamma („ganz") abgeleitet werden, was heißt, dass David bereits beschnitten geboren wurde.[34] Eine andere Erklärung deutet wieder auf die Bescheidenheit hin, da er sich nicht nur in der Jugend – wie bekannt – den besseren Toragelehrten unterstellt.

Allerdings erstreckt sich Davids Milde nicht auf die Frevler oder jene, die Gottes Willen nicht erfüllen wie eben Doeg und Ahitofel oder auch in der Episode mit Joab (BB 21ab), der sich weigert, alle Amalekiter zu töten und David ihm deshalb schwere Vorwürfe macht.

Im Krieg erweist sich David als strenger Feldherr. Im Moabiterfeldzug wird er wegen seiner Herkunft aus der Moabiterin Rut sogar Gegenstand eines Sprichwortes in San 39b: Aus dem Wald selbst kommt die Axt, (die ihn fällt).

David erfüllt das Ideal des wohltätigen Gerechten. In San 6b, wo David als König in die Rolle des gerechten Richters schlüpft, wird der wichtige Ausspruch von 2 Sam 8,15 präzisiert. Gerechtigkeit und Wohltätigkeit werden als mögliche Gegensätze empfunden, die sich in einem Schiedsspruch ausgleichen. David habe aus eigener Kasse schuldigen armen Menschen geholfen, die er gerechterweise verurteilt hatte.

David ist der toragelehrte (Herrscher), der milde und barmherzig im sozialen Handeln gegenüber den Mitmenschen und bescheiden vor Gott sein soll, der dem Kundigen Ehre erweist, aber auch klar und kompromisslos gegenüber Unrecht und Verrat auftritt. Auf eindrückliche Weise untermauert David damit in der rabbinischen Tradition das Ideal, das vom Weisen gezeichnet

---

33 Vgl. GenR 6.3, wo Rom mit der Sonne, Israel aber mit dem Mond verglichen wird, der Tag und Nacht scheint und Symbol für die eschatologische Herrschaft Israels ist.
34 Beschneidung als körperliches Zeichen der Zugehörigkeit zu Israel ist eines der aufgeladensten Symbole von Identität. Erst die Beschneidung macht den Menschen zum Abbild Gottes, also perfekt. Darum wurde nach ARN 2.5 schon Adam wegen Gen 1,27 beschnitten geboren, dann auch Set, Noach, Sem, Melchisedek, Josef, Jakob, Mose, Balaam, Samuel, David, Jeremia, Zerubbabel (hierzu einige Parallelen und Varianten). In der Beschneidung repräsentiert sich Abrahams Entscheidung zur Verehrung eines Gottes, mit der er viele Proselyten warb. In Tan Schemini 8//Tazri'a 5 heißt es, dass der Gottesname selbst sich im Körper Israels einschreibt. Die Nase symbolisiert das „Schin", die Hand das „Dalet" und der beschnittene Penis das „Jod" (= „Schaddaj"). Als Abgrenzung von anderen wird sie vielfach beschrieben (NumR 12.8; KlgIR 2.17; PRK 15.3 u.ö.).

wurde. Marböck hatte in seinem Beitrag zu Frömmigkeit und Ethos in Bezug auf Sir 35,15–26 u.a. von einer „Option für das Recht und für die Armen" als Maßstab gesprochen, „Macht und Einfluß" – schreibt er dort – „sind in diesem prophetischen Wort des Weisen unausweichlich an den biblischen Gott des Rechtes und der sozialen Verantwortung gebunden."[35]

„Erfüllt vom Geist"[36] – David als Prophet

Erfüllt vom Geist ist auch David. Im schon genannten Abschnitt in Pes 119a hat David durch den Heiligen Geist[37] erkannt, dass Israel wieder aufstehen wird. Der Text ist Zeichen der Hoffnung und im Hinblick auf die dialogische Bedeutung des Gebets zugleich Anrede an Gott, die Gewissheit des David in die Tat umzusetzen.

Im Sinne des wirkmächtigen Spruchs versteht auch Ar 15b Ps 12,4 als Wort, das David im Heiligen Geist spricht und damit einem Verräter jeden Zugang zu einem Mittel verwehrt, das ihm Verzeihung möglich machen würde.

Das gezeichnete Bild vervollkommnet sich durch den Hinweis, dass David auch im Talmud (wenngleich nicht gerade häufig) als (früher) Prophet bezeichnet wird (Sota 48b). Das Bild des Propheten in der rabbinischen Literatur lässt sie nicht als „Künder des Gotteswortes, sondern als Tradenten der Mose am Sinai verliehenen Tora" erscheinen.[38] Die Propheten sind Glieder der Traditionslinie hin zu den Weisen des rabbinischen Zeitalters, den toragelehrten Rabbinen.

Zusammenfassung

In seinem Artikel „Die jüngere Weisheit im Alten Testament" nimmt Johannes Marböck unter dem Titel „Ethos und Frömmigkeit"[39] beispielhaft auf das Buch Tobit Bezug (20), das ihm als „ein kostbares, sympathisches Zeugnis für das frühjüdische Ethos in der Diaspora" erscheint. Er spricht in diesem

---

35 Marböck, Johannes, Macht und Mächtige im Buch Jesus Sirach. Ein Beitrag zur politischen Ethik in der Weisheitsliteratur des Alten Testaments, in: ders., Gottes Weisheit (s. Anm. 6), 185–194, 193.
36 So Marböck, Weise (s. Anm. 7), 39, zu Sir 39,6–8.
37 Der heilige Geist ist in der rabbinischen Literatur Hinweis auf prophetische Begabung, vgl. dazu Schäfer, Peter, Die Vorstellung vom Heiligen Geist in der rabbinischen Literatur, StANT 28, München 1972.
38 Stemberger, Günter, Propheten und Prophetie in der Tradition des nachbiblischen Judentums, JBTh 14 (1999), 145–174, 157.
39 Marböck, Johannes, Die jüngere Weisheit im Alten Testament. Zu einigen Ansätzen in der neueren Forschungsgeschichte, in: ders., Gottes Weisheit (s. Anm. 6), 3–22, 19–22.

Zusammenhang darin von der „Zuverlässigkeit und Gerechtigkeit und dem Tun von Barmherzigkeit als Summa der Antwort des Menschen auf das entsprechende Verhalten bzw. Geschenk Gottes" und von der „entscheidende(n) Rolle von Gebet. Die Konkretisierung der Gerechtigkeit in der Diaspora geschieht identitätsfestigend als Abgrenzung nach außen durch Speisegesetze und Familiensolidarität ... nach innen durch Barmherzigkeit und Lobpreis (Gebet)". Die bei Tobit schon anklingende Rede von der „sündentilgenden Macht ethischen Handelns" begegnet ihm dann vor allem im Buch Ben Sira. Was Marböck hier anhand der Analyse eines Bibeltextes der Weisheitsliteratur beschreibt, klingt wie eine Kurzzusammenfassung der rabbinischen Rede vom idealen Weisen, dem Toragelehrten David. Nicht zuletzt Marböcks Analysen zur Weisheitstradition, vor allem zu Ben Sira, helfen zu zeigen, dass zwischen der Verkündigung der Tora, den Büchern der Weisheit und schließlich der rabbinischen Literatur eine durchgängige Linie und kein Bruch besteht.

In dieses Bild passt ausgezeichnet, dass auch Erich Zenger in seinem bahnbrechenden Beitrag zum „Psalter als Buch"[40] bereits den Sitz im Leben der Psalterredaktion „im Milieu jener Weisheitsschule" verortet, „die in gewisser Distanz zur Tempelaristokratie und deren hellenisierenden Tendenzen stand und die mit ihrer Verbindung von Tora-Weisheit, Eschatologie und »Armenfrömmigkeit« den Psalter als ein *Volksbuch* für Laien ausgestaltete und verbreitete" und sich durch „sprachliche und theologische Verwandtschaft ... mit dem Sirachbuch" (45) auszeichnete. Hieran hat die rabbinische Tradition angeknüpft.

Die Bedeutung der Tora als „Weisheit in ihrer Fülle"[41], als identitätsstiftende Größe, die Betonung der Wirkmächtigkeit von Gebet, die sündentilgende Macht des rechten Verhaltens, die Milde und Bescheidenheit gegenüber dem Mitmenschen, all dies sind Elemente, die nach rabbinischer Meinung den vorbildlichen Menschen auszeichnen. David bietet die Identifikationsfigur für den an der Tora orientierten Juden, er vermittelt aber auch die Zuversicht im Blick auf Umkehr und Rettung angesichts von Schuld und die Hoffnung auf eine von Gerechtigkeit durchwirkte Zukunft.

---

40 Zenger, Erich, Der Psalter als Buch. Beobachtungen zu seiner Entstehung, Komposition und Funktion, in: ders. (Hg.), Der Psalter in Judentum und Christentum, HBS 18, Freiburg i.Br. u.a. 1998, 1–56.
41 Marböck, Johannes, Gesetz und Weisheit. Zum Verständnis des Gesetzes bei Jesus Ben Sira, in: ders., Gottes Weisheit (s. Anm. 6), 52–72, 62.

„Ich habe nichts Besseres für den Menschen gefunden als Schweigen" (mAv 1,17)

Günter Stemberger

In biblischer Weisheit spielt das Schweigen kaum eine Rolle, wenn man von Koh 3,7 („eine Zeit zum Schweigen und eine Zeit zum Reden") und vor allem Sir 20 absieht, wo die biblisch stärkste Konzentration einschlägiger Begriffe vorkommt. Doch auch zu dieser Stelle betont Johannes Marböck viel mehr den Aspekt des Redens als den des Schweigens: „Wer Weisheit erworben hat, wird sie vor allem in der Rede, im rechten Wort zur rechten Zeit zur Geltung bringen (4,23–24; 20,1.5.7.13)".[1] In rabbinischem Denken findet man Aussagen zum Schweigen im rechtlichen[2] oder rituellen[3] Kontext – welche rechtlichen Wirkungen hat das Schweigen bzw. welche rituelle Handlungen vollzieht man schweigend? Auch gilt das schweigende Annehmen von Schicksalsschlägen als vorbildliche Fügung in den Willen Gottes[4]. Doch Schweigen an sich wird nur selten thematisiert[5]. Um so mehr verwundert die im meist als Weisheitstext eingestuften Mischna-Traktat Avot Schim'on ben Gamaliel zugeschriebene Aussage in ihrer Absolutheit:

---

1 Marböck, Johannes, Weisheit im Wandel. Untersuchungen zur Weisheitstheologie bei Ben Sira, BZAW 272, Berlin u.a. ²1999, 126.
2 So z.B. Schweigen als Zustimmung bei Gelübden schon Num 30,9. Jemand darf nicht schweigen, wenn er vor Gericht zugunsten eines Armen aussagen könnte: tSan 1,8 (Zuckermandel 415), ähnlich bei belastender Aussage SifDev 89 (Finkelstein 152). „Schweigen ist wie ein Eingeständnis" (bYev 87b; bBM 37b).
3 Schweigen bei Opferhandlungen, z.B. mZev 2,4, bzw. als Haltung des Trauernden. Dazu (auch zum Schweigen Gottes): Böhl, Felix, „Dir gilt Schweigen als Lob" (Ps 65,2). Das Schweigen nach der alten jüdischen Tradition, in: Sesterhenn, Raimund (Hg.), Das Schweigen und die Religionen, Schriftenreihe der Kath. Akademie der Erzdiözese Freiburg, München u.a. 1983, 74–89.
4 So heißt es von Aaron nach dem Tod seiner Söhne Nadab und Abihu (Lev 10,2): „Er schwieg und empfing Lohn für sein Schweigen. Von daher sagten sie: Jeder, der [Unheil] auf sich nimmt und schweigt, für den ist es ein gutes Zeichen" (Sifra, Shemini Mekhilta de-Millum, Weiss 45d). Vorbild darin ist Gott selbst: „dem ziemt es, Held genannt zu werden, der die Zerstörung seines Hauses sieht und schweigt" (yBer 7,4,11c).
5 Dies trotz der Feststellung von Sperber, Daniel, A Commentary on Derech Ereṣ Zuta Chapters Five to Eight, Ramat Gan 1990, 18: „Numerous Rabbinic statements speak of the virtues of silence". In den meisten Texten geht es eher um Zurückhaltung im profanen Gespräch, nicht um Schweigen an sich.

„All meine Tage bin ich unter den Weisen groß geworden und habe nichts Besseres für den Menschen gefunden als Schweigen (ולא מצאתי לגוף טוב אלא שתיקה). Und nicht die Auslegung (*midrash*) ist das Wesentliche, sondern das Tun. Und jeder, der Worte mehrt, bringt Sünde" (1,17).

Die Aussage von 1,17 verlangt nach Meinung von R. Travers Herford kaum einen Kommentar: „as an ethical maxim it is scarcely of universal application, while, coming from one who says that he grew up among the Wise, it conveys a somewhat severe criticism of them ... Ethically of no importance, the saying is psychologically interesting, as a disclosure of the character and disposition of the speaker"[6]. Nicht ganz so negativ, im Prinzip aber ähnlich, urteilt Benedict T. Viviano: „In Simeon's reference to his childhood we catch a glimpse of the exhausting schedule of studies ... The whole saying could almost be read as an outburst of adolescent rebellion. It breathes a certain weariness with the interminable and excessive wrangling, with the overproduction of scholarly refinements, which characterized one side of the Sages' learned activity"[7].

Darf man die Aussage so persönlich nehmen, als Ausdruck eines Mannes, der es in der rabbinischen Gesellschaft nicht weit gebracht hat, sich daher missmutig zurückzieht oder zumindest dem Ganzen höchst skeptisch gegenübersteht? Heutiger Zugang zu rabbinischen Aussagen lehnt biographische Auslegung fast allgemein ab. Noch mehr muss dies wohl für Avot gelten; durch Aufnahme in diesen Traktat ist der Satz Teil einer umfassenderen Lebensweisheit geworden, seit dem Mittelalter auch ins Gebetbuch aufgenommen und damit Gegenstand regelmäßiger Meditation.

1. mAv 1,17 im Rahmen des Traktates

Der Traktat Avot ist weder eine Sammlung persönlicher Leitsprüche einzelner Rabbinen noch ein einheitlich redigierter Text, sondern über längere Zeit gewachsen. In seiner Endgestalt ist er jedoch als kohärente Einheit zu betrachten und daher in erster Linie aus sich selbst zu verstehen. Der Ausspruch ist ein dreigliedriger Satz, dessen Glieder als Einheit zu sehen sind. Sein letzter Teil schließt sinngemäß an Spr 10,19 an: „Bei vielem Reden bleibt die Sünde nicht aus, wer seine Lippen zügelt, ist klug". Das Lob des Schweigens ist nicht absolutes Ablehnen der Rede, sondern traditionell weisheitliche Warnung vor den Gefahren ungezügelten Redens, das leicht zur Sünde führt.

---

6 Herford, Robert T., The Ethics of the Talmud: Sayings of the Fathers, New York 1962 (=1925), 35f. Die dort und öfter diskutierte Frage, ob sich „Schim'on, sein Sohn" auf den zuvor genannten Gamaliel bezieht (und welchen Gamaliel) oder nicht, ist in unserem Kontext unwichtig, wenn man den Satz nicht einfach als rein persönliche Aussage betrachtet.

7 Viviano, Benedict T., Study as Worship. Aboth and the New Testament, SJLA 26, Leiden 1978, 29.

Der Schluss relativiert die apodiktisch klingende Aussage zu Beginn; beide Teilsätze rahmen den Mittelteil, der das Tun der Tora als das eigentliche Ziel ihrer Auslegung und ihres Studiums sieht.

Der Traktat warnt besonders vor einem Zuviel an „Gespräch, Unterredung", die nicht auf die Tora bezogen ist (שיחה): „Rede nicht viel (wörtlich: ‚Mehre nicht das Gespräch') mit einer Frau" (mAv 1,5). Da die Frau nicht zum Studium der Tora verpflichtet ist, wird das Gespräch mit ihr, so betont die der Aussage angeschlossene Erklärung, kaum etwas mit der Tora zu tun haben: „Von daher sagten die Weisen: Jeder, der viel mit einer Frau spricht, zieht sich Unheil zu, *er vernachlässigt die Worte der Tora* und wird schließlich das Gehinnom erben".

Die Aussage ist nicht frauenfeindlich gemeint, sondern betont die Pflicht, sich so viel als möglich der Tora zu widmen. Doch auf Dauer begnügte man sich nicht mit dieser Erklärung, sondern ergänzte die Aussage sekundär mit zwei weiteren Glossen. „Frau" steht hier beide Male mit dem bestimmten Artikel (האשה); im Rahmen des Mischna-Hebräischen bedeutet das am ehesten die Gesamtheit der Frauen. Für den Glossator aber verschärft der Artikel die Aussage: „Von der eigenen Frau haben sie das gesagt, um wieviel mehr von der Frau des Nächsten". Einem anderen Bearbeiter war dies wohl zu scharf. Er ergänzte daher den Schlussteil: „Jeder, der viel mit einer Frau spricht, *während sie ihre Regel hat*, zieht sich Unheil zu, er vernachlässigt die Worte der Tora ...". Zu große Nähe mit der eigenen Frau während ihrer Tage könnte das biblische Verbot ehelicher Kontakte während der Regel gefährden, wie das unnötige Gespräch mit fremden Frauen zu Unzucht und Ehebruch führen könnte. Diese Warnung ist traditionell, jene vor zu großer Nähe mit der eigenen Frau während ihrer Tage eher rabbinisch; beides aber überlagert nur sekundär das Grundmotiv der Aussage, nicht durch übermäßiges Gespräch, das nicht der Tora gilt, diese zu vernachlässigen, heißt es doch: „Nachsinnen sollst du über sie bei Tag und Nacht" (Jos 1,8).

Dass nicht moralische Bedenken im Vordergrund stehen, sondern die Sorge um die Tora, zeigt mAv 3,11: „R. Dosa ben Harkinas sagt: Schlaf am Morgen, Wein zu Mittag, Unterhaltung mit Kindern (שיחת הילדים) und Sitzen in den Versammlungen der Ungebildeten bringen den Menschen aus der Welt". Die Unterhaltung mit Kindern nimmt hier den Platz ein, den im vorigen Text die Unterhaltung mit Frauen hatte, wird hier aber noch durch andere Verhaltensweisen ergänzt, wie den Schlaf bis in den Vormittag, die den Menschen vom Studium der Tora abhalten.

Das ist auch im Zentrum der Schammai zugeschriebenen Aussage von 1,15: „Mach deine Tora zu etwas Festem, sag wenig und tue viel und empfange jeden Menschen mit einem freundlichen Gesicht". Wie bei Schim'on ben Gamaliel wird das Tun dem Sagen, der Auslegung, vorgereiht, vielleicht aber auch schon innerhalb des Studiums und der Diskussion der Tora Zurückhaltung im Wort empfohlen, wie das auch andere Aussagen tun. Zwar heißt es: „Zwei, die zusammen sitzen und es sind keine Worte der Tora zwischen ihnen, siehe, das ist ein Sitz der Spötter" (Ps 1,1); wenn sie dagegen von der Tora sprechen, ist die Schekhina unter ihnen (mAv 3,2; 3,3 dann ähnlich über drei, die zusammen bei Tisch sitzen, vgl. 3,6). Doch hat auch das Sprechen von der Tora gewissen Regeln zu folgen: „Der Weise spricht nicht vor dem, der größer ist als er; er fällt seinem Nächsten nicht ins Wort und er antwortet nicht überstürzt. Er fragt gemäß der Halakha und antwortet zur Sache; er nennt das Erste Erstes und das Letzte Letztes; und wozu er nichts gehört hat, sagt er: Ich habe nichts gehört. Und er bekennt die Wahrheit" (5,7).

Auch ist das Sprechen von der Tora nicht ohne Gefahr, wie es im Namen Abtalions heißt: „Abtalion sagt: Weise, seid vorsichtig mit euren Worten, damit ihr nicht der Verbannung schuldig und an einen Ort schlechten Wassers verbannt werdet. Die Schüler, die euch nachkommen, könnten trinken und sterben, und der Name des Himmels wäre dadurch entweiht" (1,11). Was genau die Verfehlung ist, die Verbannung nach sich ziehen könnte, ist nicht gesagt; der „Ort schlechten Wassers" ist in rabbinischer Bildsprache ein Ort unsicherer oder gar falscher Lehre, die dann auch die Schüler ins Unheil führt. Deswegen warnt auch R. Jehuda: „R. Jehuda sagt: Sei vorsichtig in der Lehre; denn ein Versehen in der Lehre gilt als vorsätzlich" (4,13). Auch der Schüler muss gegenüber den Worten der Weisen vorsichtig sein: „all ihre Worte sind wie feurige Kohlen" (2,10), man könnte sich an ihnen verbrennen.

Somit ergeben die verschiedenen Aussagen des Traktates den Kontext, in dem auch der Spruch von 1,17 zu sehen ist. Zurückhaltung im Umgang mit dem Wort gilt dem rabbinischen Weisen als Grundtugend; das Sprechen sollte zwar möglichst ausschließlich der Tora gelten, doch auch dabei sollte man nicht nur auf die richtige Etikette innerhalb der Gemeinschaft der Gelehrten achten, sondern vor allem auch jede falsche, nicht auf Tradition gestützte Aussage meiden.

Der einzige Text von Avot außer 1,17, der das Schweigen als solches betont und daher besonders zum Vergleich heranzuziehen ist, wird R. Aqiva zugeschrieben: „Scherzen und Leichtsinn gewöhnen den Menschen an Unzucht. Zehnte[8] sind ein Zaun für die Tora, Gelübde ein Zaun für die Enthaltsamkeit. Ein Zaun für die Weisheit ist Schweigen" (סייג לחכמה שתיקה) (3,14). Die Warnung vor „Lachen und Leichtsinn" steht im Kontext der Warnung vor zu vielen Worten im Umgang mit der Frau (1,5), besonders im Verständnis, das die spätere Erweiterung des Satzes eingetragen hat; auch an

---

8 Ich übersetze MS Kaufmann, das mit dem Genizatext von St. Petersburg übereinstimmt: Katsh, Abraham, Ginze Mishna, Jerusalem 1970, 111. MS Parma 138 setzt nach „Unzucht" neu ein: „Er pflegte zu sagen", und liest מסורות „Traditionen", statt מעשרות, und fügt dann hinzu: „Zehnte sind ein Zaun für Reichtum". Die Textüberlieferung dieses Abschnitts ist auch sonst nicht einheitlich.

die Warnung vor Unterhaltung mit Kindern (3,11) ist hier zu erinnern. So wie die Erfüllung von Geboten Einübung in die Tora, damit ein Zaun um diese ist, so ist auch die freiwillige Selbstbeschränkung durch Gelübde ein Zaun für die Entfaltung einer der Tora gemäßen Persönlichkeit. Als letzter der drei „Zäune", damit wohl auch als wichtigster, wird das Schweigen genannt, Absicherung der Weisheit im allgemeinen Sinn, zugleich aber auch im tieferen rabbinischen Verständnis, nämlich der Tora.

Mit der Aussage Aqivas ist in der tannaitischen Literatur am ehesten tPes 9,2 (Lieberman 190) vergleichbar. Zum Vorteil, der im Fehlen einer näheren Festlegung hinsichtlich des Pesachlamms liegen kann (mPes 9,9), heißt es in der Tosefta: „Daher ist das Schweigen gut für Weise und umso mehr für Toren. Und so heißt es: ‚Auch ein Tor kann als weise gelten, wenn er schweigt, als einsichtig, wenn er seine Lippen verschließt' (Spr 17,28)". Im Kontext besagt dies, dass sogar der Weise, der die Halakha im Detail kennt, oft besser daran tut, sich nicht unnötig genau festzulegen. Der dazu zitierte Beleg Spr 17,28 ist allerdings weiter, entspricht eher dem lateinischen Motto *Si tacuisses*. Auch der Satz über das Schweigen des Weisen, den die Tosefta zitiert, ist wohl erst durch die Einfügung in diesen Kontext eingeengt worden und war ursprünglich viel allgemeiner[9].

2. mAv 1,17 in Avot deR. Natan und anderen rabbinischen Texten

Der Traktat Avot (bzw. eine leicht abweichende Fassung seines Textes) ist in Avot deR. Natan kommentiert worden (etwa 6.–8. Jh.). Schim'ons Satz über das Schweigen wird in der wohl älteren Rezension ARN B 32 (Schechter 70) ohne jedweden Kommentar mit einem größeren Textblock von Avot zitiert; ARN A 22 (Schechter 75) ergänzt den Satz mit der schon angeführten Aussage von tPes 9,2: „Für Weise ist Schweigen gut, um so mehr für Toren", und fügt an: „Nicht bringt Weisheit Worte, noch bringen Worte Weisheit, sondern das Tun. Jeder, der Worte mehrt, bringt Sünde; denn es heißt: ‚Bei der Fülle von Worten bleibt die Sünde nicht aus' (Spr 10,19). Auch heißt es: ‚Auch ein Tor kann als weise gelten, wenn er schweigt, als einsichtig, wenn er seine Lippen verschließt' (Spr 17,28)". Als alleiniger Kommentar wird also ein Bibelbeleg sowie die verwandte Aussage von tPes mit dem dort angeführten

---

9 bPes 99a folgt der Tosefta, zitiert den Satz als (anonyme) Lehre der Weisen. yPes 9,8,37a dagegen bringt den Satz über das Schweigen zusammen mit Spr 17,29 zwar auch in diesem Rahmen, aber nicht genau zu diesem halakhischen Problem, und leitet ihn als Lehre des Bar Qappara ein; die Zitatensammlung von En Ya'aqov nennt R. Chijja als ihren Urheber, wie auch DEZ 7,4, wo aber der halakhische Kontext völlig fehlt. Siehe dazu Sperber, Commentary (Anm. 2), 134–136; er sieht in der Zuschreibung an R. Chijja einen Beleg, dass DEZ in Wirklichkeit die Tosefta zitiert, die vielfach R. Chijja zugeschrieben wurde (Anm. 63).

Bibelvers geboten, damit der traditionelle weisheitliche Akzent verstärkt. Ein besonderes Interesse an der Aussage über das Schweigen scheint nicht zu herrschen.

Das wird noch deutlicher, wenn man die Rezeption von Aqivas Aussage „Ein Zaun für die Weisheit ist Schweigen" (mAv 3,14) ansieht: „Ein Zaun für die Weisheit ist Schweigen. Ein Zaun für die Ehre ist, nicht zu scherzen. Ein Zaun für Heiliges ist Reinheit. Ein Zaun für Gelübde ist Enthaltsamkeit. Ein Zaun für die Tora ist die Tradition" (ARN B 33, Schechter 71). Was wofür als Zaun dient, ist hier etwas variiert (schon die Texttradition von Avot ist hier nicht einheitlich); das Schweigen wird mit dem Nicht-Scherzen parallel gesetzt, also der Anfang von Aqivas Aussage hier herein genommen, Weisheit und Ehre (im weiteren Sinn von *kavod*, „Würde") parallelisiert. Würdevolles Auftreten verträgt sich nicht mit scherzhafter Rede, wie zu viel Reden leicht den Eindruck der Weisheit gefährdet. ARN A 26 (Schechter 82) führt nicht weiter; hier steht der Teilsatz über das Scherzen vor jenem über das Schweigen und entspricht so der Reihenfolge von Avot, doch sonst kommt nichts Neues dazu. Das Thema des Schweigens ist offenbar für die Redaktoren/Tradenten von ARN nicht wirklich wichtig.

Früher als die Aufnahme von mAv 1,17 in ARN ist seine Zitierung in WaR 16,5 (Margulies 360; 5. Jh.). Den Vers „Lass nicht zu, dass dein Mund dein Fleisch in Sünde stürzt" (Koh 5,5) bezieht der Midrasch der Reihe nach auf jemanden, der Spenden verspricht, sie dann aber nicht gibt, auf den, der die Tora falsch auslegt, der böse Nachrede übt oder der ein Gelübde nicht einhält, und schließlich auf Mirjam (Num 12). Gleichsam als Schlusspunkt des Abschnitts führt R. Jehoschua ben Levi das Sprichwort (wie üblich in Aramäisch) an: „Ein Wort um ein Sela und Schweigen um zwei", und ergänzt: „denn wir haben gelernt: Schim'on, sein Sohn, sagt: All meine Tage bin ich unter den Weisen groß geworden und habe nichts Besseres für den Menschen gefunden als Schweigen" (manche Textzeugen führen das Zitat weiter, doch die besten Texte enden hier). Das Sprichwort, unserem „Reden ist Silber, Schweigen ist Gold" vergleichbar, passt gut zu den vorher gebrachten Beispielen sündhafter oder zumindest unüberlegter Rede; der Satz Schim'ons scheint durch diese Verknüpfung aber doch sehr abgeschwächt.

Mit geringen Unterschieden wird der Text von WaR in QohR 5,5 (um etwa 800) aufgenommen und auch ähnlich abgeschlossen: „Es lehrt R. Oschaja: Ein Wort um ein Sela und Schweigen um zwei, wie ein Edelstein. Es sagte R. Oschaja: Das Höchste von allem[10] ist Schweigen (סמא דכולא משתוקא), wie wir dort in Avot gelernt haben: Schim'on, sein Sohn...". Das R. Oschaja zugeschriebene Sprichwort, als solches wieder aramäisch formuliert, begegnet schon in yBer 9,1 (12d), hier in liturgischem Kontext. Man darf den von den Weisen festgelegten Segenssprüchen keine weiteren Lob-

---

10 Möglich wäre auch die Übersetzung: „Ein Heilmittel für alles...".

preisungen Gottes anfügen. „Es sagte R. Abun: ‚Wer kann die Großtaten des Herrn erzählen?' (Ps 106,2). Es deutete Jakob von Kefar Neburaja: ‚Dir gilt Schweigen als Lob (לְךָ דֻמִיָּה תְהִלָּה), Gott in Zion' (Ps 65,2). Das Höchste von allem ist Schweigen. Ein unschätzbarer Edelstein – jeder, der ihn preist, wertet ihn ab" (vgl. bMeg 18a und MTeh 19,2, Buber 82a–b). Auch hier ist Schweigen nicht ein Wert in sich, sondern das angemessene Verhalten gegenüber Gottes Größe: Sie übertrifft jeden menschlichen Lobpreis; ein Anhäufen von Worten ist hier die falsche Reaktion, die karge Beschränkung rabbinischer Benediktionen der rechte Mittelweg.

Schließlich wird mAv 1,17 auch in Tan Wa-yetse 6 (zeitlich zwischen WaR und QohR einzuordnen) zitiert, hier als Kommentar zum Verhalten Rahels, die schwieg, als ihr Vater Laban alle Geschenke, die Jakob ihr sandte, Lea gab. „Rahel hielt am Schweigen fest und ihre Nachkommen hielten sich ans Schweigen; sie sah ihre Geschenke in der Hand ihrer Schwester und schwieg". Ebenso schwieg ihr Sohn Benjamin, obwohl er vom Verkauf Josefs wusste, und auch ihr Nachfahre Saul sagte seinem Onkel nichts über das Königtum (1 Sam 10,16). Ebenso heißt es von Ester (die ebenfalls als Nachfahrin Rahels gilt): „Ihre Abstammung erzählte Ester nicht" (Est 2,10). Als Lohn für ihr Schweigen „erinnerte sich Gott an Rahel" (Gen 30,22), sie empfing Josef und ihr wurden noch zwei Söhne geschenkt, Efraim und Manasse.

Als Motiv des Schweigens Rahels nennt im Midrasch R. Schim'on ben Jochai ihre Befürchtung, sonst könnte Laban Jakob wegschicken – lieber teilt sie Jakob mit Lea als ihn ganz zu verlieren. An anderer Stelle wird das Schweigen Rahels, als Lea an ihrer Stelle Jakob ins Brautzelt zugeführt wird, als Rücksichtnahme auf ihre Schwester erklärt, die sie nicht beschämen wollte. Ihr Schweigen ist ebenso vorbildlich wie das von Tamar, der „stummen Taube" (Ps 56,1), die ihren Schwiegervater Juda nicht als den Vater ihres Kindes bloßstellen wollte und darauf hoffte, dass er selbst für sie sprechen würde (bSot 10b zu Gen 38,24–26). Das Schweigen Benjamins oder Sauls wird sonst nicht thematisiert, könnte auch nicht so leicht als Vorbild dargestellt werden. Vorbildlich dagegen ist für die Rabbinen das Schweigen der beiden Frauen Rahel und Tamar, die sich nicht gegen Vater oder Schwiegervater stellen, sich nicht gegen die familiäre Rangordnung stellen, auch wenn sie im Recht sind, und ihre Hoffnung allein auf Gott setzen, wie dies auch Sara tat, als Abraham sie in den Harem des Pharao ziehen ließ, um sich selbst zu retten (Tan Lekh 6 zu Gen 12,13). Dieses Schweigen als Frauentugend ist aber etwas völlig anderes als die allgemeine Aussage Schim'ons über das Schweigen; sein Satz ist hier im Kontext sekundär und vielleicht auch erst nachträglich eingefügt.

3. Schweigen in der sonstigen rabbinischen Tradition

Außer in WaR wird somit mAv 1,17 erst spät aufgenommen, neben ARN erst im Tanchuma und in QohR zitiert. Aber auch in anderer Formulierung ist das Thema des Schweigens rabbinisch nicht wichtig geworden, wenn man von den kultischen bzw. halakhischen Aspekten absieht, die für das Verständnis von mAv 1,17 kaum Bedeutung haben. Darin ist dieser Text allerdings keine Ausnahme; für ganz Avot gilt mit ganz wenigen Ausnahmen, dass der heute populärste rabbinische Text in der rabbinischen Tradition lange ein Schattendasein geführt hat[11].

Ein Teilaspekt, der sachlich aber eher an mAv 5,7 über den Weisen anschließt, der, „wozu er nichts gehört hat, sagt: Ich habe nichts gehört", ist das Schweigen der Rabbinen zu halakhischen Fragen. Viele Male im babylonischen Talmud (erstaunlicher Weise aber nie in Mischna, Tosefta oder Yerushalmi[12]) heißt es von diesem oder jenem Rabbi, der in einem konkreten Fall nach der Halakha gefragt wird: „Er schwieg und sagte gar nichts". Im Fall von Rav Isaak wird dies mit der tannaitischen Lehre begründet: „Wer etwas sagt, das er nicht aus dem Mund seines Lehrers gehört hat, bewirkt, dass die Schekhina sich von Israel entfernt" (bBer 27a–b). Oft fügt der Text die Frage an, warum er geschwiegen habe, er hätte doch so und so argumentieren können (z.B. bMen 9b); doch dies ist schon der spätere Kommentar, der die Lösung eines Problems schon kennt; für viele Rabbinen des Bavli ist dagegen das Ideal, prinzipiell eigenen Ableitungen der Halakha zu misstrauen und nur dort eine Antwort zu geben, wo man von seinem eigenen Meister eine klare Tradition überkommen hat. Und sogar da reagiert man oft mit Schweigen, wenn der Fragesteller die richtige Antwort zu falschen Folgerungen verwenden könnte; in solchen Fällen gibt der Rabbi seine Erklärung, wenn er mit seinen Schülern allein ist (z.B. bShab 38a, bYev 57a u.ö.).

Wenn wir vom Schweigen der Frau, die nicht gegen die Entscheidung der Männer in der Familie aufbegehrt, und dem der babylonischen Rabbinen, wenn sie keine halakhische Tradition haben, absehen, wird das Thema des Schweigens – genauer: der Zurückhaltung in der Rede, die nicht der Tora gilt – erst spät wichtiger. Profane Unterhaltung (שיחה) gilt als typisch für Frauen – von zehn Maß, die davon in die Welt kamen, haben Frauen neun genommen (bQid 49b), ein Gelehrter dagegen zeichnet sich durch wenig Unterhaltung aus (מיעט שיחה: DEZ 5,1).

Natürlich wenden sich die Rabbinen immer wieder gegen Lüge, Verleumdung und böse Nachrede, das Schweigen als solches gilt aber kaum als Wert:

---

11 Siehe Stemberger, Günter, Die innerrabbinische Überlieferung von Mischna Abot, in: Cancik, Hubert u.a. (Hg.), Geschichte – Tradition – Reflexion. Festschrift für Martin Hengel zum 70. Geburtstag, 1. Judentum, Tübingen 1996, 511–527.

12 Nicht vergleichbar sind tNaz 5,1 (Lieberman 142) und yPes 2,1 (28d), wo jeweils nach längerer Diskussion ein Rabbi kein Argument mehr weiß und schweigt.

„Manchmal schweigt einer und erhält Lohn für das Schweigen; manchmal redet einer und erhält Lohn für das Reden" (bZeb 115b). In ARN A 25 (Schechter 80) kann man sagen: „Stirbt jemand beim Reden, ist es für ihn ein gutes Zeichen; beim Schweigen, so ist es für ihn ein schlechtes Zeichen. [Stirbt jemand] mitten unter Worten der Tora, ist es für ihn ein gutes Zeichen; unter Worten über den Handel, ist es für ihn ein schlechtes Zeichen".

4. Maimonides und andere Bemerkungen zum Schluss

Die Weisheitsschrift aus der Geniza von Kairo[13], ein nicht spezifisch rabbinischer Text aus nachtalmudischer Zeit, kommt völlig ohne das Motiv des Schweigens aus. Vielmehr preist die Schrift die Gabe der Rede, die allein dem Menschen geschenkt ist; das Sprechen zeigt den Weg des Lebens; die Rede der Weisheit im Herzen der Menschen ist Gnade (10,19–11,3). „Den Mund öffnet der Weise in Weisheit, der Tor aber öffnet auch im Unglück nicht seinen Mund" (14,1). Im Sprechen offenbart sich der Weise; das Verstummen dagegen kennzeichnet den Toren. Mit mAv 1,17 hätte der Autor nicht viel anfangen können.

Aber auch Maimonides zeigt in seinem Kommentar zu mAv 1,17, dass er den Text nur stark relativiert bejahen kann. Ausgehend von Spr 10,19 betont er, dass der Großteil der Worte unnötig oder gar sündhaft ist, da bei vielem Reden ganz sicher Worte dabei sind, die besser ungesagt geblieben wären. Nur „der Ungebildete macht viele Worte" (Koh 5,2), wie auch die Araber lehren: „einen Weisen erkennt man am vielen Schweigen". In leichter Abwandlung arabischer Tradition teilt Maimonides die Rede in fünf Gruppen ein:

1) *Geboten* ist das Lesen der Tora, ihr Lernen und das Studium ihrer Auslegung: „Davon sollst du reden" (Dtn 6,7). 2) *Verboten* ist falsches Zeugnis, Lüge und Lästerung. 3) *Fern* sei das meiste Gerede über das, was geschehen ist; es ist nichtiges Gerede ohne Nutzen oder Schaden. Davon halten sich die Weisen und Frommen fern. 4) *Gewollt* ist das Lob vernünftiger oder sittlicher Eigenschaften, das Lob der Rabbinen und ihres Vorbilds sowie der Tadel der Frevler. 5) *Erlaubt* ist alles, was Beruf, Lebensunterhalt und tägliche Bedürfnisse betrifft. Darüber darf man reden, soviel man will, doch auch hier raten die Sittenbücher zur Zurückhaltung. Der Mensch soll also seine Rede auf das

---

13 Rüger, Hans P., Die Weisheitsschrift aus der Kairoer Geniza. Text, Übersetzung und philologischer Kommentar, WUNT 53, Tübingen 1991. Eine etwas jüngere Weisheitsschrift aus der Geniza kennt ebenso keine Aufforderung zum Schweigen, sondern allein zu weiser Zurückhaltung im Wort: „Sei nicht in der Versammlung der erste der Sprecher, und mehre nicht Worte, wenn du unter Gefährten sitzst": Fleischer, Ezra, The Proverbs of Sa'id ben Bābshād, Jerusalem 1990, 219 (7,1–2).

Gebotene und Gewollte konzentrieren, doch darauf achten, dass die Worte mit dem Tun übereinstimmen und man sich im Reden kurz fasse[14].

Das Schweigen ist für Maimonides kein eigener Wert. Worauf es ankommt, ist die Beherrschung der Rede, die Konzentration auf Tora und alles, was sittlich gut ist; im Übrigen wird Zurückhaltung empfohlen. Damit steht Maimonides voll in der Tradition. Nur in dieser domestizierten Form hat sich das Lob des Schweigens von mAv 1,17 durchgesetzt; ob dies aber auch der ursprüngliche Sinn war, muss offen bleiben. Anders als im christlichen Mönchtum ist das Schweigen in jüdischer Tradition nie ein Wert an sich geworden, weder als Teil der Askese noch als Weg zur Begegnung mit Gott.

---

14 Qafiḥ, Joseph (Hg.), Mishna ʿim Perush Rabbenu Moshe ben Maimon, Jerusalem 1965, IV 272f.